Jens Holzhausen
Euripides Politikos

Beiträge zur Altertumskunde

Herausgegeben von
Michael Erler, Dorothee Gall, Ernst Heitsch,
Ludwig Koenen, Reinhold Merkelbach,
Clemens Zintzen

Band 185

K · G · Saur München · Leipzig

Euripides Politikos

Recht und Rache in 'Orestes' und 'Bakchen'

Von
Jens Holzhausen

K · G · Saur München · Leipzig 2003

Bibliografische Information Der Deutschen Bibliothek

Die Deutsche Bibliothek verzeichnet diese Publikation in der
Deutschen Nationalbibliografie; detaillierte bibliografische Daten sind
im Internet über **http://dnb.ddb.de** abrufbar.

Gesamtherstellung: Druckhaus „Thomas Müntzer" GmbH, 99947 Bad Langensalza
ISBN 3-598-77737-X

Udalricae, uxori carissimae

Vorwort

Die vorliegende Arbeit über den 'Orestes' und die 'Bakchen' des Euripides enthält, ihrem Titel entsprechend, zwei Teile. Der erste Teil über den 'Orestes' entspricht im wesentlichen dem Hauptteil meiner Habilitationsschrift, die ich im Herbst 1998 unter dem Titel „Abschied von Athen. Eine Studie zum Euripideischen 'Orestes'" an der Freien Universität Berlin einreichte[1]. Das damalige Einleitungskapitel über Aristoteles' Katharsis-Theorie und die 'Frösche' des Aristophanes habe ich im Jahre 2000 separat unter dem Titel „Paideia und Paidia. Aristoteles und Aristophanes zur Wirkung der griechischen Tragödie" publiziert. Der zweite Teil dieser Arbeit über die 'Bakchen' ist jetzt neu hinzugekommen.

Die Beschäftigung mit Euripides wurde in vielfältiger Weise von der universitären Lehre und durch die Arbeit mit den Studenten geprägt. Am Anfang meiner Auseinandersetzung mit Euripides stand eine im privaten Rahmen veranstaltete Lesegruppe, die im Jahre 1990 mit den 'Bakchen' begann und sich über viele Jahre allein Euripides' Tragödien widmete. An dieser Stelle möchte ich allen, die daran teilnahmen, für ihr Engagement und ihre Interpretationsfreudigkeit danken[2].

Ein besonderes Ereignis war die Inszenierung der 'Bakchen' mit einer Gruppe von Studenten im Jahre 2000 mit Aufführungen in Frankfurt am Main, Berlin, Erlangen, Dresden und Hamburg[3]. Dank dieser Zusammenarbeit war es mir möglich, das theoretisch Durchdachte auch praktisch zu erproben; so ist an vielen Stellen meine Interpretation durch die dramaturgische Arbeit beeinflußt worden.

---

[1] Das Habilitationsverfahren wurde im Juni 1999 abgeschlossen.

[2] Teilnehmer waren Wilhelm Brandl, Friederike Fischer, Judith K. Golas, Marek Hahn, Christina Heynen, Birgit Kramer, Friederike Neumeyer, Markus Stelter und Axel Thun.

[3] Es traten auf Sabine Bally, Sonja Ernst, Nicole Hensel, Christina Heynen, Birgit Kramer und Annette Tummuseit als Bakchen, Maximilian Hort als Dionysos, Jens-Olaf Lindermann als Pentheus, Felix Mundt als Kadmos, Bettina Schwarz als Teiresias, Marek Hahn und Fabian Schulz als Boten und Susanne Plewa als Agaue. Die Aufführung in Hamburg in leicht veränderter Besetzung hat Felix Mundt geleitet, der im übrigen auch die Chorlieder vertont hat (s. Literaturverzeichnis).

Zu danken habe ich vielen weiteren Personen: Professor Dr. Bernd Seidensticker hat das eingereichte Manuskript durchgearbeitet sowie das Habilitationsverfahren durch sein freundliches Gutachten unterstützt. Studiendirektorin Irmgard Huhn hat das Entstehen der Habilitationsschrift mit vielfältiger Kritik sehr gefördert. Professorin Dr. Karin Alt bewahrte mich vor manchen Fehlern. Privatdozentin Dr. Agnes Schwarzmeier half mir bei der Behandlung archäologischer Fragestellungen. Wolfgang Unterzaucher hat den Teil über die 'Bakchen' mit großer Sorgfalt durchgesehen. Professor Dr. Clemens Zintzen hat freundlicherweise die Studie in die „Beiträge zur Altertumswissenschaft" aufgenommen. Dr. Elisabeth Schuhmann vom Saur Verlag begleitete die Drucklegung mit viel Engagement.

Mein Dank gilt ferner dem „Center for Hellenic Studies" in Washington (Harvard University), seinem Leiter Professor Dr. Gregory Nagy und den Stipentiaten des Jahres 2000/2001 für eine glückliche Zeit des gemeinschaftlichen Lebens und Forschens.

André Krigar, dem Maler und Gräzisten, danke ich für seinen künstlerischen Beitrag zu diesem Buch. Seine Darstellung des Euripides mag in einem Bild das Wesen des großen Tragikers erfaßt haben, das zu beschreiben es vieler Seiten des Philologen bedarf.

Widmen möchte ich die Arbeit meiner Frau, Ulrike Wagner-Holzhausen, die mich nicht nur immer wieder zu ihrer Veröffentlichung drängte und ermutigte, sondern auch in geduldiger Weise und mit vielen Anregungen und hilfreicher Kritik den Prozeß ihrer Entstehung begleitete.

Berlin im Oktober 2002   Jens Holzhausen

Inhalt

Einleitung

„Man rät bis heute daran herum." Dieser berühmte und oft wiederholte
Satz K. Reinhardts über die 'Bakchen' des Euripides hat wohl bis in unsere
Tage nur wenig von seiner Gültigkeit verloren[1]. Dabei mangelt es gerade
in der letzten Zeit nicht an Versuchen, das Rätsel zu lösen. Philologen,
Religionswissenschaftler, Literaturwissenschaftler, Theaterleute und andere versuchen von unterschiedlichen Blickwinkeln aus den Inhalt und Sinn
der Tragödie zu erfassen: zu nennen sind vor allem der politische, psychologische, religionshistorische, strukturalistische und nicht zuletzt der metatheatralische Ansatz der Interpretation[2]. Alle diese Versuche der Deutung
schließen sich durchaus nicht gegenseitig aus, sondern können sich ergänzen. Dennoch bleibt es unbefriedigend, daß keine Einigkeit darüber
herrscht, aus welchem darstellerischen Anliegen heraus der Dichter selbst
sein Stück verfaßt hat[3]. In diesem Sinne folgt die vorliegende Arbeit nicht
einem literaturtheoretischen Ansatz, der den Autor und seine Intentionen
in den Hintergrund des Interesses rücken läßt[4]. Sie versucht vielmehr herauszuarbeiten, mit welcher Absicht Euripides in einer bestimmten historischen und gesellschaftlichen Situation sein Stück verfaßt hat[5]. Daß eine

---

[1] REINHARDT 1957, 646 (= 1960, 256 = SCHWINGE 1968b, 542); er spielt damit auf G.
NORWOOD, The Riddle of the Bacchae, 1908 an. Vgl. FRIEDRICH 2000, 115: „... the most
difficult tragedian's most difficult play."

[2] Eine Forschungsgeschichte findet sich an vielen Stellen, so daß sie hier nicht wiederholt werden muß; vgl. NIHARD 1912, MERKLIN 1964, 30–8, ROHDICH 1968, 162–7,
BREMER 1976b, ORANJE 1984, 7–19, LEFÈVRE 1995, 157–70, vgl. SEGAL [2]1997, 349–93.
Zum psychologischen Ansatz s. S. 246ff., zum metatheatralischen s. S. 285f. Die Literatur
zu den 'Bakchen' ist unübersehbar; für bestimmte Forschungsmeinungen werden jeweils
nur einzelne Vertreter genannt, eine Auseindersetzung kann nur selektiv erfolgen.

[3] Vgl. VERSNEL 1990, 96: „Every reader gets the Bacchae he deserves." FRIEDRICH
2000, 117: „For the past decades we have had a bit too much of the cult of transgression,
subversion, anti-structure, self-referentiality, ambiguity, ambivalence, paradox, and refu-
sal of closure - the whole postmodern enchillada currently served up the tribes of structu-
ralists, poststructuralists, and Girardians as the true stuff tragedy is made of."

[4] Vgl. dazu z.B. SEGAL 1986 und GOLDHILL 1986. Zum „Tod des Autors" im Rahmen
der sog. Dekonstruktion s. jetzt SCHMITZ 2002, 138ff.

[5] Eine solche Aussage kann zugleich zeitlos sein; s. S. 205. Mit dem Autor ist hier
die Person gemeint, die allein in ihrer Dichtung zum Vorschein tritt und sich in diesem
Medium ausdrückt; es geht nicht um eine biographische Studie, die an dem Autor als

solche Fragestellung angesichts unseres fragmentarischen Wissens mit vielen Unsicherheiten belastet ist, muß nicht betont werden[6]. Diesem Umstand soll hier durch die Methode des Vergleichs begegnet werden. Denn die Arbeit vertritt die These, daß zwischen 'Orestes' und 'Bakchen' in Dramaturgie und Intention der Aussage eine Parallelität vorliegt, die es ermöglicht, vom 'Orestes' ausgehend das darstellerische Anliegen der kaum zwei Jahre jüngeren 'Bakchen' herauszuarbeiten.

In der Forschung sind die 'Bakchen' wegen ihrer Sonderstellung unter den Werken des Dichters oft isoliert betrachtet worden[7]. Diese Sonderstellung bezieht sich einerseits auf den dargestellten Mythos, der den Kult desjenigen Gottes in den Mittelpunkt der Handlung stellt, dem auch die Aufführung des Stückes gewidmet ist, andererseits auf die fast durchgängige Anwesenheit des Gottes auf der Bühne, wenn auch in menschlicher Verkleidung[8]. Mit dem bakchischen Ritus wird etwas dargestellt, was nicht oder nicht nur in eine mythische Vergangenheit gehört, sondern in direkter Weise Teil der Gegenwart des Autors und seines Publikums ist. Hier entsteht also nicht nur ein mittelbarer Bezug zur Lebenswelt des Publikums, indem die mythischen Personen sich in einem gesellschaftlichen Umfeld bewegen, das mehr an das Athen im 5. Jh. v. Chr. als eine mythische Vorzeit erinnert, und in ihrem Handeln und Sprechen Grundsätze und Probleme zum Ausdruck bringen, die die Gegenwart der Zuschauer betreffen[9], sondern die 'Bakchen' widmen sich unmittelbar einem wichtigen Bestandteil der Lebenswirklichkeit der griechischen Poleis in klassischer

---

Menschen interessiert wäre; eine solche Studie ist allein wegen des Mangels an (zuverlässigen) Quellen unmöglich.

[6] Da es sich um eine literarische Studie handelt, wird auf eine historische Darstellung der Ereignisse in den Jahren 415 bis 405 v. Chr. verzichtet, die den Hintergrund der Stücke bilden; s. dazu KAGAN 1987 und BLECKMANN 1998, 315ff.

[7] Ein Vergleich wird wegen der Parallelität der göttlichen Rachehandlung zumeist mit 'Hippolytos' unternommen; s. z.B. MERKLIN 1964.

[8] Eine terminologische Klärung soll vorweggenommen sein: in der gesamten Interpretation spreche ich vom „Lyder" und von „Dionysos" (ihr Kostüm ist identisch; s. S. 273 A. 292), um deutlich zu unterscheiden, wann Dionysos als Gott und wann er als verkleideter Mensch spricht. Die rationalistischen Erklärungsversuche, denen zufolge der Lyder rein menschlicher Natur sei (VERRALL 1908 und NORWOOD 1908, von ihm 1954, 58 widerrufen), dürften in der neueren Forschung keine Rolle mehr spielen.

[9] Zu diesem Phänomen s. NEUMANN 1995.

Zeit[10]. Dies hat dazu geführt, daß viele das Drama als religionsgeschichtliches Dokument ersten Ranges ansehen (auch aus Mangel anderer, vor allem schriftlicher Quellen)[11]. So ist u.a. das Mißverständnis entstanden, Dionysos sei ein erst spät nach Griechenland gekommener Gott, was durch die mykenischen Texte widerlegt wird[12]. Insofern bezweifeln andere, daß die Tragödie überhaupt als historische Quelle benutzt werden kann. An anderer Stelle habe ich zu zeigen versucht, daß dies nur mit allergrößter Vorsicht geschehen kann[13]. Denn der Dichter möchte keine religionshistorische Abhandlung, sondern ein dramatisches Bühnenstück schreiben[14]. Hier hat er die Freiheit eines literarischen Synkretismus[15] und kann mit dem Ritus der mänadischen Oreibasie, der im Zentrum der Handlung

---

[10] Mänadische Oreibasie ist für Delphi belegt und für Theben anzunehmen, wobei das dortige Fest der Agrionia um den Mythos der Minyaden kreist; s. S. 210 A. 6. Evidenz für mänadische Kulte in Athen und Attika ist kaum vorhanden (überhaupt nicht für eine rituelle Oreibasie); s. HENRICHS 1990, 264: „complete absence of ritual maenadism within the borders of Attica"; vgl. VERSNEL 1990, 146ff. (bes. 149 A. 211). Vgl. aber Aristoph. Lys. 1 ἀλλ' εἴ τις εἰς Βακχεῖον αὐτὰς ἐκάλεσεν (ein privater Kult?). OSBORNE 1997 interpretiert die sog. Lenäen-Vasen als „good evidence for ecstatic maenadic cult in Athens" um 490 und 450 v. Chr.; athenische „Thyiaden", die alle zwei Jahre nach Delphi ziehen, erst bei Paus. 10,4,3. Zu Dionysos-Mysterien in Attika s. OBBINK 1993, 78: „Initiation into Dionysiac mysteries possibly did not take place in Attica, and anything like evidence for the mysteries of Dionysos at Thebes … is nonexistent."

[11] Vgl. GLOVER 1929, 82: „Euripides is here, as elsewhere, a realist, giving us a picture of Dionysus worship as it really was." Die konsequenteste Deutung stammt hier von SEAFORD (1981a, 1994, 1996a), der die 'Bakchen' als ἱερὸς λόγος der Dionysos-Mysterien versteht; zur berechtigten Kritik s. FRIEDRICH 2000, bes. 133: „The Athenian tragedians and their audiences alike must have shared the modern obsession with ritual"; vgl. BIERL 1999, 586: „Damit reduziert S. das ganze Drama zum eindimensionalen Vorspiel und Begründungsmythos aktueller mystischer Praktiken in Theben, von denen wir jedoch außer einer späten Erwähnung von λύσιοι τελεταί keine Belege haben."

[12] Vgl. dazu z.B. HALL 1989, 151f.

[13] HOLZHAUSEN 2003; dort habe ich auch die wichtigsten Dokumente neben Euripides behandelt und Hinweise auf die reiche Sekundär-Literatur gegeben; ebenso versuche ich dort zu zeigen, daß ein Zusammenhang der Pentheus-Zerreißung mit dem orphischen Zagreus-Mythos nicht gegeben ist.

[14] Vgl. LEINIEKS 1996, 5: „The 'Bakchai' is no more a treatise on Dionysiac religion than the 'Ion' is a guidebook to the oracle at Delphoi." Dies hindert ihn allerdings nicht, in drei Kapiteln „Dionysos and the mysteries", „The Cult of Dionysos", „Festivals of Dionysos" die 'Bakchen' als religionshistorische Quelle auszuwerten.

[15] Vgl. die Gleichsetzung Rhea/Zeus/Kureten, Kybele/Sabazios/Korybanten und Semele/Dionysos/Satyrn (s. LEINIEKS 1996, 305f.); zum Synkretismus im zweiten Stasimon der 'Helena' vgl. KANNICHT 1969, 328–33; zur Erfindung von Aitia s. SCULLION 2000.

steht, Elemente anderer dionysischer Kulte verbinden[16], darunter wohl auch solche der Dionysos-Mysterien[17]. Der auf die Bühne gebrachte Kult ist also ein Kunstprodukt[18], das Bezüge zur Realität hat, diese Realität aber nicht in einem historischen Sinne abbildet[19]. Das vielfach vorgebrachte Argument, das Publikum hätte im besseren Wissen eine nicht realitätsgetreue Darstellung nicht toleriert, steht unter der unbewiesenen Voraussetzung, daß die Zuschauer eine solche erwartet hätten. Wie sie aber auch bei der Darstellung von anderen Ereignissen der heroischen Vergangenheit keine historische Lehrstunde[20], sondern eine Deutung der mythischen Stoffe verlangten, die in vielem von anderen Versionen abweichen durfte[21], so ist *mutatis mutandis* auch bei einem Stoff, der die

---

[16] So ist es vor allem zu erklären, daß bei Euripides drei Männer (Teiresias, Kadmos und der Lyder) am Kult der Mänaden teilnehmen, ein Kult, der zumindest im 5. Jh. auf Frauen beschränkt war (zum Lyder s. S. 266 A. 264). Der Chor ruft die Männer Thebens auf, den Frauen in die Berge zu folgen (115–17 Βρόμιος εὖτ᾽ ἄγῃ θιάσους / εἰς ὄρος εἰς ὄρος, ἔνθα μένει / θηλυγενὴς ὄχλος), was Kadmos und Teiresias als einzige tun, ohne sich als Frauen zu verkleiden (s. S. 271 A. 286). Kadmos kommt mit Teiresias von den Bakchen zurück (1224 βάκχων πάρα; nicht zutreffend: HENRICHS 1984, 69: „Nor do Cadmus and Teiresias … ever join in the rites of the real maenads on the mountain."). Die Teilnahme der Männer zeigt, daß Euripides Elemente aus anderen dionysischen Kulten mit der mänadischen Oreibasie verbindet, z.B. die Iakchos-Prozession (Aristoph. ran. 156–7 θίασοι εὐδαίμονες / ἀνδρῶν γυναικῶν) und die Phallos-Prozessionen (vgl. Heraklit B 15 mit männlichen βάκχοι), an der natürlich auch Männer teilnahmen.

[17] Zur Mysterien-Frage s. meinen in A. 13 genannten Aufsatz; zu weit geht LEINIEKS 1996, 123–52, der jeden Einfluß von Mysterien-Terminologie leugnet.

[18] Vgl. DILLER 1960, 335: „Dichterische Schöpfung, auch wenn sie, wie die griechischen Tragödien, eine Kultfeier zum Anlaß haben, müssen vor allem als Kunstwerke betrachtet werden." SCULLION 2000, 232: „I conclude then not only that in this as in other respect tragedy has 'nothing to do with Dionysos', but that it actually admits of the ad hoc generation for literary purposes of entirely imaginery aitia, rituals and cults."

[19] Vielmehr muß man damit rechnen, daß Euripides' Darstellung ihrerseits religiöse Realität geschaffen hat, s. LEINIEKS 1996, 5: „It may well be that Dionysiac religion owes more to Euripides than Euripides owes to Dionysiac religion."

[20] Den besten Vergleich scheint mir Wagners 'Parsival' zu bieten: auch hier wird der christliche Ritus des Abendmahls künstlerisch verwandelt, ohne daß die Besucher der Oper (jedenfalls die Mehrheit) daran Anstoß nehmen würden. Und in 2000 Jahren würde wohl eine auf dem 'Parsival' basierende Rekonstruktion der christlichen Eucharistiefeier zu schweren Mißdeutungen führen!

[21] Die Grundlinien des Geschehens lagen fest, aber man kann nicht mit einer jeweils autoritativen „Standardfassung" rechnen; s. ALLAN 2000, 38: „It is the fluidity of myth which enables tragedy to engage with matters of interest to the audience, to use the world of the heroes as a setting for the provocative exploration of contemporary issues."

eigene Gegenwart berührte, mit einer Toleranz des Publikums gegenüber der dichterischen Freiheit zu rechnen[22].

Mit der Tatsache, daß Euripides in den 'Bakchen' ein direkt in die Gegenwart der Zuschauer gehörendes Phänomen berührt, verbindet sich ein zweites höchst kontrovers diskutiertes Problem. Welche Einstellung hatte der Dichter selbst zum Dionysos-Kult? Hier stehen die Vertreter der sog. „Palinodie"-Theorie, der zufolge Euripides sich im hohen Alter zu Dionysos und seiner Religion bekehrt habe[23], denen gegenüber, die in dem Stück anti-dionysische Polemik sehen[24]. Diese beiden gegensätzlichen Grundpositionen[25] werden in vielerlei Variationen immer wieder vertreten, ohne daß sich ein Konsens herausgebildet hätte[26]. In der hier vorliegenden Ar-

---

[22] Gleiches gilt im übrigen auch für die selten behandelten historischen Stoffe, vgl. HALL 1996, 5 über die 'Perser': „The important point is surely not its historical veracity in terms of detail, but its interest as a document of the Athenian collective imagination."

[23] Erster Vertreter diese Theorie ist T. TYRWHITT (1730–86), seine Nachfolger werden bei BIERL 1991, 177 A. 1 genannt. Vgl. PÖTSCHER 2000, 50: „So ergibt sich doch wohl eine nicht ganz unbeachtliche Wahrscheinlichkeit, daß Euripides in den Bakchen u.a. zeigen wollte, daß es *nach seiner Auffassung* sträfliche ἀσέβεια sei, einen der Götter ... abzulehnen ..." (Hervorhebung von mir). BOUVRIE 1997, 114: „This particular drama, with its inversion, staging the violation of the maenadic rites of Dionysos, may confirm the existence of maenadism as a central polis-institution of Athens."

[24] Erster Vertreter TYRRELL 1892; vgl. z.B. WILAMOWITZ-MOELLENDORFF 1923, 156: „Der Dichter hat es erreicht, uns die Macht des Dionysosglaubens vorzuführen, aber nicht um uns zu bekehren, sondern uns zu warnen." WINNINGTON-INGRAM 1948, 179: „Euripides recognized, but hated Dionysos." Eine mittlere Position bei POHLENZ [2]1954, I 456: „Welche Kraft solch ein Geist in einer ganzen großen Gemeinde entfalten und wie er jeden Einzelnen im Innersten wandeln konnte, das war es, was Euripides in Makedonien staunend erlebte und was er nicht einfach als menschlichen Irrwahn abtun konnte"; vgl. ZIMMERMANN [2]1992, 137: „... eine Deutung des Dionysischen in seiner bipolaren Erscheinungsform, der überwältigenden Schönheit und Anziehungskraft auf der einen und der unmenschlichen Grausamkeit auf der anderen Seite."

[25] Eine Sonderform sieht eine Kontinuität des „frommen" Dichters, der wie in früheren Dramen so auch in den 'Bakchen' für eine geläuterte traditionelle Religiosität eingetreten sei; in ähnliche Richtung geht neuerdings SCHLESIER 1995, die im Drama ein Plädoyer für die Mysterien des Gottes sieht; s. dazu S. 229ff.

[26] Die abgewandelte Palinodie-Theorie z.B. bei STEIGER 1912, 121: „(Euripides) bezweifelt nur, ob es von seiner Seite klug gewesen sei, sich so viel mit diesen Göttern zu befassen, ob er nicht besser getan hätte, die Freuden des Tages harmlos zu genießen." MURRAY 1957, 106: „Ein Widerruf war es nicht, auch keine Rückkehr zur Orthodoxie ... Aber seine Meinung gegenüber der Frömmigkeit des gemeinen Mannes hat sich, glaube ich, nicht unbedeutend verändert." JÄKEL 1993, 104: „Euripides, selbst ein Sohn der

beit wird eine dritte Position vertreten[27]: Euripides beabsichtigte in seinem Stück keine Stellungnahme zum dionysischen Kult[28]. Dem Dichter ging es vielmehr darum, im Treiben der Bakchen menschliche Handlungsprinzipien aufzudecken[29]. Welche Haltung er Dionysos gegenüber einnahm, erfahren wir aus dem Stück nicht, da er das Drama nicht als Bekenntnis seiner eigenen Religiosität konzipierte[30]. Ein wesentliches Ziel der folgenden Interpretation ist es, diese These zu beweisen.

Die Forschung ist im Hinblick auf die euripideischen Götter zumeist einen anderen Weg gegangen und hat die religiösen Positionen oder die in reicher Zahl vorhandenen Antipositionen, die die Bühnenpersonen in ihrem Sprechen oder Handeln zum Ausdruck bringen, auf den eigenen Glauben des Dichters bezogen[31]. Dieser Schluß ist vorschnell. Keine der

---

Sophistik und Aufklärung, scheint am Ende seines Lebens auch die fatalen Folgen erkannt zu haben, die der Menschheit entstehen in einer 'aufgeklärten' Welt, die nur noch von einem Denken beherrscht wird, das allein Erfolg, dem Sieg über die Widersacher, und nicht mehr dem Erkennen zu dienen hat."

[27] Diese Position ist keineswegs neu; vgl. z.B. KITTO ³1961 mit anderer Argumentation: „Did Euripides approve or disapprove of Dionysus? The question is silly, as silly as to ask whether he approved or disapproved of Aphrodite."

[28] Diese Interpretation fügt sich zu der generellen Überzeugung, daß Tragödie nicht als Vollzug eines dionysischen Rituals zu verstehen ist; s. jetzt den wichtigen Beitrag zu den angeblich dionysischen Ursprügen des Theaters von SCULLION 2002; bedenkenswert auch seine Schlußthese (135f.): „Athenian tragedy was connected with Dionysus for a very simple reason. The first requisite for a dramatic festival is a theatre, and the best location for a theatre was the south-east slope of the Acropolis, in the sanctuary of Dionysus Eleuthereus. ... this was already a sanctuary of Dionysus, when it suggested itself also as an excellent site for a theatre. It followed naturally that the dramatic contest should be instituted at a festival of the god of the sanctuary."

[29] Zur Geschichte dieses Motivs bei Euripides s. S. 209ff.

[30] SEGAL 2000 macht deutlich, daß eine Lektüre der 'Bakchen', die im Stück Euripides' Stellungnahme zu Dionysos erwartet, keine Antworten erhält (291): „This ending, while it magnifies Dionysus' power, also raises the underlying questions about his nature implicit in these resistance myths ... Euripides' plays generally leave us with more questions than answers about the gods, and the 'Bacchae' is not exception."

[31] Vgl. den wohl neuesten Versuch von WILDBERG 2002 mit einer Übersicht über die bisherige Forschung (1–6); er selbst nimmt an (108), „daß sich in der zweiten Hälfte des fünften Jh. in einem Kreis von Intellektuellen in Athen, zu dem wohl auch Euripides und Sokrates ... gehörten, eine neue Vision des Verhältnisses von Mensch und Gott herausgebildet hat." Nach dem Vorbild z.B. der Alkestis und Medeia beruhe dieses Verhältnis auf „Hyperesie" (das Nomen nie in der Tragödie): der Mensch stelle sich aus freien Stükken in den unterstützenden Dienst der Gottheit und trage dazu bei, daß „die Macht und

auftretenden Personen, auch nicht der Chor, ist Sprachrohr des Dichters - dies gilt auch und insbesondere für alle religiösen Aussagen[32]. Macht man diesen oft angeführten[33], aber selten wirklich ernst genommenen Grundsatz zum methodischen Leitfaden der Interpretation, dann dienen alle religiösen Aussagen der Figuren des Stückes zuerst deren Charakteristik und helfen, ihre Handlungsentscheidungen zu begründen oder plausibel zu machen. Darin porträtiert Euripides religiöse Positionen, die in seiner Umwelt vertreten werden[34], die aber nicht seine eigenen sein müssen[35]. Und er stellt diese Positionen nicht nur dar, er zeigt auch und vor allem, in welcher Weise sie instrumentalisiert werden[36]. So wird in seinen Dramen viel eher deutlich, in welcher Weise religiöse oder anti-religiöse

---

Wirklichkeit eines Gottes in dieser Welt durchgesetzt und offenbar wird" (ebd.). Abgesehen davon, daß es m.E. nur zwei Belege für eine solche religiöse Bedeutung von ὑπηρέτης bei Euripides gibt (Hipp. 1397, El. 892 vgl. Hek. 844 τῇ δίκῃ ὑπηρετεῖν), überträgt WILDBERG Motive des Handelns einer Bühnenperson (wenn man die religiöse Motivation einmal zugesteht) auf den Dichter selbst. Mit der Möglichkeit, daß Euripides darstellen wollte, wie rein menschliche Handlungsziele (z.B. die Rache) religiös überhöht werden, rechnet WILDBERG nicht.

[32] Ebensowenig ist es zulässig, aus dem Handlungsverlauf, besonders wenn er durch einen „Deus ex machina" beeinflußt wird, die religiöse Position des Dichters abzuleiten. Denn er ist zumindest in den wesentlichen Linien der Handlung an die Tradition gebunden, so daß es problematisch ist, z.B. aus dem Erfolg des Muttermörders abzuleiten, Euripides habe die Rache als religiöse Pflicht angesehen; zum Deus ex machina s. S. 150ff.

[33] DIHLE [2]1991, 149: „Die einfache Regel, daß Aussprüche dramatischer Figuren nie unbesehen mit der Meinung des Dichters identifiziert werden dürfen..." Was der Dichter sagen will, wird nur aus dem Zusammenklang aller Stimmen deutlich; s. z.B. S. 118.

[34] Vgl. PARKER 1997, 157: gegenüber der „civic theology" zeige die Tragödie „the more immediate, uncensored play of emotion" im Hinblick auf die Götter. Zu beachten ist auch, daß Euripides nur eine bestimmte Auswahl religiöser Positionen seiner Zeit dargestellt hat; daneben gab es sicherlich einen „Volksglauben" („popular religion"), der wenig Bezug zu den Göttern der Tragödie hatte, s. dazu MIKALSON 1991.

[35] Dies gilt im besonderen für einen Glauben an die Macht des Zufalls und des Irrationalen, die sich in den Göttern symbolisiere; vgl. z.B. DODDS 1929 und EFFE 1990.

[36] Ein besonders deutliches Beispiel ist Kadmos' Empfehlung in den 'Bakchen' (333–6): κεἰ μὴ γὰρ ἔστιν ὁ θεὸς οὗτος, ὡς σὺ φής,/ παρὰ σοὶ λεγέσθω· καὶ καταψεύδου καλῶς / ὡς ἔστι, Σεμέλη θ' ἵνα δοκῇ θεὸν τεκεῖν,/ ἡμῖν τε τιμὴ παντὶ τῷ γένει προσῇ. „Denn wenn es auch diesen Gott nicht gibt, wie du sagst, dann soll seine Existenz nach deinem Urteil behauptet werden. Und denke dir schön die Lüge aus, daß er von Semele stammt, damit man glaubt, sie habe einen Gott geboren, und unserem ganzen Geschlecht Ehre zuteil wird." Vgl. Plat. Nom. 636d2–4 zur Erfindung des Ganymedes-Mythos, um Homosexualität zu ermöglichen: τοῦτον τὸν μῦθον προστεθηκέναι κατὰ τοῦ Διός, ἵνα ἑπόμενοι δὴ τῷ θεῷ καρπῶνται καὶ ταύτην τὴν ἡδονήν.

Grundsätze im gesellschaftlichen Diskurs benutzt oder mißbraucht wurden, weniger aber, wie das griechische Pantheon nach seiner Sicht beschaffen ist. Euripides war mit Sicherheit ein herausragender Regisseur[37], aber nur in einer sehr eingeschränkten Weise auch „Theologe".

Was seine eigene religiöse Grundhaltung angeht, möchte ich dem Dichter die Position unterstellen, die Protagoras nach der Legende in einem Lehrvortrag in Euripides' Haus einnahm (80 B 4 D.K.)[38]:

περὶ μὲν θεῶν οὐκ ἔχω εἰδέναι, οὔθ' ὡς εἰσὶν, οὔθ' ὡς οὐκ εἰσὶν, οὔθ' ὁποῖοί τινες ἰδέαν· πολλὰ γὰρ τὰ κωλύοντα εἰδέναι ἥ τ' ἀδηλότης καὶ βραχὺς ὢν ὁ βίος τοῦ ἀνθρώπου.

Über die Götter kann ich nichts wissen, weder daß sie existieren noch daß sie nicht existieren, noch welche Eigenschaften und Gestalt sie besitzen. Vieles ist es, was das Wissen hindert, die menschliche Ungewißheit und die Kürze des menschlichen Lebens.

Wenn Euripides ähnlich dachte, war er kein Atheist, wie ihm seit der Antike so gerne unterstellt wird[39]. Denn aufgrund einer agnostischen Position ist es unmöglich, die Frage zu entscheiden, ob es göttliche Mächte gibt (sei es daß sie ein vernünftiges Weltregiment ausüben, auch wenn diese Vernunft vom Menschen vielleicht nicht verstanden wird, sei es daß ihr Walten irrational ist) oder ob nur blinder Zufall (τύχη) herrscht, der sich in den Emotionen persönlich gedachter Götter lediglich symbolisieren

---

[37] Insofern versuchen die folgenden Interpretationen stets die Bühnensituation zu berücksichtigen, wobei sich zeigen wird, daß gewisse Aussagen und Handlungssequenzen nur im Hinblick auf ihre szenische Realisierung verständlich werden.

[38] Anders KULLMANN 1987, 19: „Der erste Teil dieses Standpunktes wurde von Euripides sicher nicht geteilt. Es gibt in seinem Werk keine derartigen Äußerungen." Die „Sprachrohr"-Theorie wird hier umgedreht: weil keine Bühnenperson eine bestimmte Position ausspricht, kann sie der Dichter nicht vertreten haben. Vgl. EFFE 1990, 70, der einen Zweifel des Euripides an der Existenz der Götter leugnet mit dem Hinweis auf das „Destruktiv-Chaotische", an dessen Wirken der Dichter geglaubt habe. Dies überzeugt nur, wenn man begrifflich das Göttliche mit dem Wider-Göttlichen gleichsetzt.

[39] Zuerst bei Aristophanes, Thesm. 451 als Position einer Verkäuferin von Kränzen: τοὺς ἄνδρας ἀναπέπεικεν οὐκ εἶναι θεούς. Auch hier sollte man die Meinung der alten Frau nicht dem Dichter selbst unterstellen. Er stellt lediglich eine in Athen vorhandene Reaktion auf Euripides' Tragödien dar. Vgl. Satyr. vit. Eur. 10: Asebieanklage durch Kleon, P. Oxy. 24, 2400: Εὐριπίδης Ἡρακλέα μαινόμενον ἐν Διονυσίοις ποιήσας ἐν δράματι κρίνεται ἀσεβείας. Zum Thema vgl. LEFKOWITZ 1987 und 1989.

kann[40]. Beide Grund-Positionen können sich in vielerlei Spielarten ausdrücken[41] - der Dichter entscheidet sich für keine von ihnen, oder besser: stellt seine eigene Überzeugung in seinen Dramen nicht dar[42]. Bedingt durch die Einsicht in die menschliche Begrenzung wird er strenge Zurückhaltung geübt haben, was das Wissen der Sterblichen über die Götter angeht[43]. Gerade diese Zurückhaltung ermöglicht es ihm, die religiösen und anti-religiösen Überzeugungen seiner Mitmenschen kritisch wahrzunehmen, vorurteilsfrei zu analysieren und in seinen Stücken darzustellen[44].

---

[40] Vgl. Eur. fr. 991 ἀλλ' ἔστι, κεἴ τις ἐγγελᾷ λόγῳ, Ζεὺς καὶ θεοὶ βρότεια λεύσσοντες πάθη. Dagegen Hek. 488–92 ὦ Ζεῦ, τί λέξω; πότερά σ' ἀνθρώπους ὁρᾶν / ἢ δόξαν ἄλλως τήνδε κεκτῆσθαι μάτην / ψευδῆ δοκοῦντας δαιμόνων εἶναι γένος,/ τύχην δὲ πάντα τὰν βροτοῖς ἐπισκοπεῖν; Beide Positionen werden dem Dichter von den Forschern unterstellt, erstere z.B. von GAVRILOV 1996, 225: „Nach Euripides müßte man vor dem Walten der Götter einfach verstummen ... Der Tragiker fordert zur Resignation vor dem Willen der Götter und zum Sich-Fügen in die göttliche Ordnung auf ...“; zum Τύχη-Glauben s. jetzt GIANNOPOULOU 2000. Vgl. KULLMANN 1987, 13: „Bei Euripides stehen sich also die beiden unterschiedlichen theologischen Konzeptionen der beiden homerischen Epen: 'Die Götter als Urheber menschlichen Unglücks' und 'Die Götter als Garanten der Gerechtigkeit' in bewußter Antithese gegenüber“, und 20: „Die äußerste Erkenntnis, die dem Menschen erreichbar ist, ist die Einsicht in die Widersprüchlichkeit der vom Göttlichen bestimmten Geschicke.“

[41] Das göttliche Weltregiment kann sich auch als Νοῦς nur auf den Makrokosmos beziehen, nicht aber auf die irdischen Verhältnisse der Menschen.

[42] Beides läuft auf dasselbe hinaus; denn angesichts der Quellenlage ist für den Rezipienten kein anderer Zugang zu dem Dichter möglich als über seine Werke; s. A. 5.

[43] Diese Offenheit für beide Positionen wird auch deutlich in dem wohl von Euripides stammenden (s. GAVRILOV 1996) Grabepigramm für die in Sizilien gefallenen Athener (Plut. Nik. 17,4): οἵδε Συρακοσίους ὀκτὼ νίκας ἐκράτησαν / ἄνδρες, ὅτ' ἦν τὰ θεῶν ἐξ ἴσου ἀμφοτέροις. Das Epigramm drückt in unnachahmlicher Weise zugleich menschliche Stärke (ἄνδρες) und ihre Begrenzung aus; die Formulierung τὰ θεῶν ist offen für zwei Interpretationen: a) „solange der Wille der Götter nicht ihren Untergang bestimmte“ (sei der Untergang Strafe für die Aggression gegen Sizilien [so HEITSCH 1967] oder Ausdruck des φθόνος θεῶν [so GAVRILOV 1996]); b) „solange ihnen das Göttliche hold war“ (τὰ θεῶν wird hier als das ungewisse Walten des Schicksals verstanden, beinahe wie τύχη, vgl. IT 476–9 und Ph. 1202). Jeder Leser kann seine eigene religiöse Grundposition hineinlesen, ohne daß der Dichter selbst diese festlegt.

[44] Die Vielfalt der dargestellten Positionen dürfte auch die Erklärung dafür sein, daß man „aus den Dramen fast jede erdenkliche theologische Grundposition herausgelesen hat ... vom Atheismus bis zum religiösen Traditionalismus, vom Agnostizismus bis zum theologischen Reformismus“ (WILDBERG 2002, 2). Untauglich ist das Argument von YUNIS 1988, 60, der aus der Seltenheit der Belege für einen radikalen Atheismus, der die Existenz der Götter leugnet, schließt, daß Euripides diese Position nicht vertreten haben könne (76 A. 1): „... there is little evidence to lead one to suppose that radical atheism

Auf der anderen Seite hindert diese persönliche Einstellung den Dichter
nicht, ein Stück auf die Bühne zu bringen, in dem ein Gott für die Anerkennung seiner Existenz mit allen Mitteln kämpft und den Leugner
schwer bestraft. Denn die Götter sind vom Mythos vorgegeben und sind
dort, wo der Mythos als Inhalt des Bühnenspiels dies vorgibt, selbstverständlicher Teil der tragischen Handlung[45]. Nur wäre es wiederum vorschnell, diese Selbstverständlichkeit in die reale Lebenswelt des Autors zu
übertragen und ihm den Glauben an die im Mythos handelnden Götter zu
unterstellen[46]. Es soll nicht bezweifelt werden, daß der Dichter eine solche
Übertragung als eine mögliche und von seinen Zeitgenossen vollzogene
Deutung des Mythos angesehen hat. Dies machen vor allem die Äußerungen der Frauen des Chores deutlich, die in Pentheus' Schicksal eine Mahnung zur Frömmigkeit und Warnung vor menschlicher Überhebung gegenüber den Göttern sehen[47]. Aber, wie oben gesagt, wird die folgende Interpretation zu zeigen versuchen, daß diese Sichtweise des Chores nicht die
des Dichters ist.

Die Überzeugung, daß der Verbindungspunkt zwischen mythischer
Handlung und der eigenen Gegenwart in den 'Bakchen' nicht bei Dionysos
und seinem Kult liegt, wird vor allem von denjenigen Interpreten geteilt,

---

was a serious alternative for anyone in Euripides' day." Eur. Fr. 286 (s. dazu RIEDWEG
1990) und das Sisyphos-Fr. des Kritias (TrGF I 43 fr. 19) machen allein schon hinrei-
chend deutlich, daß die These von der Nicht-Existenz und vom menschlichen Ursprung
der Götter im Gespräch war und vertreten wurde; vgl. im übrigen Plat. Nom. 885c (Rede
der Gottlosen): ἡμῶν γὰρ οἱ μὲν τὸ παράπαν θεοὺς οὐδαμῶς νομίζομεν.

[45] Vgl. GRUBE ²1961, 61: „The question whether Euripides does or does not believe,
or wish us believe, in the gods, does not arise, at least while the play is going on. He
wants us to accept the divine framework as part of the story." Zur dramaturgischen Funktion der Götter s. auch LEFÈVRE 1981.

[46] So z.B. MERKLIN 1964, 175: „Die Götter sind; diese Gewißheit steht hinter der
Konzeption der 'Bakchen' deutlicher und unleugbarer als hinter allen anderen, v.a. den
späten Stücken des Euripides."

[47] In gleiche Richtung gehen die Aussagen des zweiten Boten (1150–3) und das Re-
sümee des Kadmos (1325–6), s. dazu S. 289f. Ähnlich versteht YUNIS 1988, 77–81 das
Stück; aus dem 'Herakles' schließt er allerdings, daß Euripides einen neuen Glauben an
moralisch integere Götter intendiert habe und kehrt damit zu NESTLE 1901 zurück; vgl.
dagegen EFFE 1990, 66: „Das dramatische Geschehen führt die Reflexion des Herakles ad
absurdum. Mag die aufklärerische Vernunft zu recht an dem anthropomorphen Götterbild
des Mythos und der Dichtung Kritik üben, so greift sie doch viel zu kurz, wenn sie mit
ihrer gereinigten Gottesvorstellung die Wirklichkeit des Lebens erklären will."

die im Dionysischen Symbole für andere Phänomene sehen[48]. So ist z.B. nach VERSNEL Dionysos und sein Kult Bild für die nach Athen eindringenden orgiastischen Kulte[49], nach ROHDICH für das anti-sophistische mythisch-tragische Weltverständnis als solchem[50] oder nach SEGAL für „die Sprache eines unterdrückten, unbewußten Selbst"[51]. Einem solchen Ansatz folgen auch meist diejenigen, die in dem Stück eine politische Aussage suchen. Leider herrscht auch hier keineswegs Konsens, welche

[48] Vgl. auch KRUMMEN 1998, 301: „Bei Sophokles sind die jeweiligen Passagen konkreter unter Berücksichtigung eines religiösen, rituell-kultischen Kontextes gestaltet, während bei Euripides die einzelnen Handlungen und Bilder gleichsam abgelöster von der Wirklichkeit erscheinen, 'literarischer' geworden sind, wodurch sich neue Dramatisierungsmöglichkeiten ergeben."

[49] VERSNEL 1990, 99: „I shall argue that the poet deliberately presented Dionysiac religion as one of the new 'sects' that invaded Greece and especially Athens in his time." Vgl. bereits DODDS 1960, XIX–XXII. Ein Einwand bezieht sich auf die Historizität eines angeblichen Asebie-Gesetzes: Diopeithes' Eisaggelia (Plut. Pericl. 32 εἰσαγγέλλεσθαι τοὺς τὰ θεῖα μὴ νομίζοντας ἢ λόγους περὶ τῶν μεταρσίων διδάσκοντας) sagt nichts über neue Kulte; Sokrates' δαιμόνιον hat mit solchen ebenfalls wenig zu tun; weswegen Ninos im 4. Jh. (!) angeklagt wurde, muß offen bleiben (wohl wegen Zauberei, so auch Theoris nach Plut. Demosth. 14), aber Josephus' Zeugnis (c. Ap. 2,267: νόμῳ δ' ἦν τοῦτο παρ' αὐτοῖς κεκωλυμένον καὶ τιμωρία κατὰ τῶν ξένον εἰσαγόντων θεὸν ὥριστο θάνατος) ist sicher nicht historisch, sondern beschreibt seine eigene Situation; auch Phyrnes Asebie wird erst von einem unbekannten und undatierten Rhetoriker (Orat. Attic. II 320 Baiter-Saupe) als Einführung neuer Götter begründet; ebensowenig geht es an, den röm. Bacchanalien-Skandal von 186 v. Chr. und augusteische Religionspolitik (Cass. Dio 52,36) in das Athen des 5. Jh. zu übertragen. Das, worauf Euripides' Darstellung also angeblich zielt, das Verbot neuer Götter, hat es m.E. nicht gegeben. Der Versuch von VERSNEL, das Drama aus der späteren „religious atmosphere" (205), die der Dichter vorausgesehen habe, zu interpretieren, scheint mir nicht gelungen. Zur Kritik vgl. auch OSBORNE 1997, 191ff., bes. 211: „What Euripides should be seen as doing in the Bacchae is not helping Athenians to come to terms with the alien but helping them to see just how shocking were the rituals to which they were so accustomed."

[50] Vgl. ROHDICH 1968, 146: „Der Glaube an göttliche Macht und besonders der gläubige Augenblicksrausch, den der dionysische Kult bereithält, ist die einzige mögliche Weltbewältigung, die einzig mögliche Freiheit vom Leiden und das einzig mögliche Glück." In der Auseinandersetzung mit der Sophistik müsse sich dieses Weltverständnis aber den Kriterien des Gegners anpassen und entlarve so seinen mythischen Grund als „trostreiche Erfindung, als φάρμακον für eine vom Leiden unabänderlich beherrschte Welt" (147); zur ähnlichen Deutung von EFFE 1990 s. S. 276 A. 306.

[51] SEGAL 1987, 147, vgl. 157: „Als psychologisches und religiöses Drama forschen die 'Bakchen' nach den Bedürfnissen und Möglichkeiten der Kulturleistungen des Menschen - der Stadt, der Familie, der Religion und der Kunst, um das aufzugreifen, was dies alles am stärksten aufzulösen bedroht."

politische „Botschaft" Euripides beabsichtigte. Einige Versuche aus neuerer Zeit, das Stück im Hinblick auf die politische Situation seiner Zeit zu
interpretieren, sollen dies demonstrieren.

In gewisser Nähe zu VERSNEL, aber mit umgekehrten Vorzeichen sieht
SCHMIDT 1989 den Dichter als einen späten Aufklärer, der gegen einen
neureligiösen Irrationalismus kämpft, der als Reaktion gegen die sophistische Aufklärung entstanden sei. Dieser Irrationalismus habe sich vor allem in orgiastischen Kulten geäußert, die seit den dreißiger Jahren in
Athen heimisch wurden. Der Chor verkörpere die Massenpsychose dieser
Kulte, Pentheus dagegen einen Konservatismus, der in seiner geistigen
Erstarrung schließlich unterliege[52]. Nach EUBEN 1990 fungiert die Darstellung von Thebens Schicksal als Warnung für Athen. Scheitert in Dionysos' Heimat die Integration all dessen, was einer zivilisierten Ordnung,
die auf Grenzziehungen und Rationalität beruht, widerspricht, so könne
dies in Athen mittels der Institution des Theaters gelingen[53]. In ähnlichen
Bahnen interpretiert auch BIERL (1991) das Stück. Er deutet die
'Bakchen' im Hinblick auf die von strukturalistisch orientierten Interpreten herausgestellte Funktion der Tragödie, das Zusammenleben innerhalb
der Polis zu stabilisieren[54]. Die politische Botschaft sei die Ermahnung zu
einer „ausgeglichenen Koexistenz" zwischen der „linear-rationalen und
zirkulär-theonomischen" Lebenskonzeption (72f.). Pentheus sei eine
autoritär verkrustete Herrscherfigur und zugleich Vertreter eines rationalen „Könnens-Bewußtseins", der deshalb scheitere, weil er die „andere"

---

[52] Zustimmend LEFÈVRE 1995, 174f.; zur Kritik s. HOSE 1995, 163ff.; besonders 165:
„Dies bedeutet, daß die von Schmidt lokalisierte 'Überschwemmung' keineswegs eine
neue Erscheinung am Ende des 5. Jh. bildete, sondern die neuen, orgiastischen Kulte
bereits seit einer Generation in Athen heimisch waren." Gern wird im übrigen übersehen,
daß an der „Massenpsychose" außer zweien auch kein einziger Mann teilnimmt!

[53] EUBEN 1990, 138: „Thebes is unable to find a place for Dionysus until it is too late.
… How does one contain a god, especially this god, within civic and aestetic structures
without compromising him or exploding those structures? The answer is drama, which
dismembers the city on stage within an institutionalized ritual and makes it whole again,
doing in Athens what Cadmus could not do at Thebes." Hier gehen politische und
„metatheatralische" Deutung ineinander über.

[54] Zu dieser Theorie s. VERNANT/VIDAL-NAQUET 1972 und [3]1986, MEIER 1988 und
GOLDHILL 1990, einführend FINLEY 1975, 102–9; zur notwendigen Kritik s. GRIFFIN 1998.

Seite, die Dionysos verkörpere, nicht integriere (ebd.)[55]. Einen stabilisie-
renden Effekt sieht auch SEAFORD (1994, 281ff. und 1996a), allerdings
in völlig anderer Weise. Dionysos verkörpere den demokratischen Gott
par excellance; er zerstöre das Königshaus und gründe den (Mysterien)-
Kult, der den Zusammenhalt der ganzen Polis erst garantiere: „And yet
Dionysos' victory in this conflict, his complete elimination of the powerful ruling household by death and exil, could hardly be seen by an
Athenian audience in isolation from the politically salutary honour paid
to Dionysos by an Athens ruled by law but threatened nevertheless, especially at the end of the fifth century, by disintegration at the hands of
powerful individuals" (1996a, 49)[56]. Ist in dieser Deutung die Vernichtung
des Königs heilsam, weil sie zur Gründung des Kultes führt[57], so sieht
HOSE 1995 deren negativen Aspekte. Euripides habe in den 'Bakchen' die
Erfahrungen der „Restaurationszeit" verarbeitet. Der Interpret beachtet
vor allem die traditionellen Werte, die der Chor in seinen Liedern vertritt; aber diese traditionellen Gerechtigkeitsvorstellungen würden „nicht
vor Exzessen schützen" (168), besonders wenn fanatisierte Massen sich
ihrer bedienen und sie pervertieren[58]. Einen Gegenschlag erfährt diese
Sicht des Dionysischen wiederum durch LEINIEKS (1996), der in Euripides' Drama den revolutionären Entwurf einer „City of Dionysos" sieht,
die im Gegensatz zur politischen Realität am Ende des 5. Jh. von den
Prinzipien der „Freiheit" („freedom"), „Universalität" („universality")

---

[55] Während des Festes erreiche Athen den „glückseligen Zustand" des Ausgleichs
„zwischen den autonomen Ansprüchen der Menschen und der Abhängigkeit von den
Göttern" (74). Ich zweifle, daß Euripides diesen Optimismus geteilt hätte.

[56] Zur Widerlegung s. FRIEDRICH 2000, 139ff., dessen Argumente hier nicht wiederholt
werden müssen; ergänzend kann man auf Kadmos und den zweiten Boten verweisen;
warum stellt Euripides gerade den ältesten Vertreter des Königshauses nicht als Gegner
des Dionysos dar, wenn er die von SEAFORD angenommenen Gegensätze im Sinne hatte?
Und warum läßt er den Boten, einen Vertreter des Volks, so schwer um den König klagen
(1024–40), dessen Beseitigung Demokratie und Zusammenhalt erst ermögliche? Vgl.
auch SEGAL 2000, 284 und KYRITSI 1993, 127: „Am Ende der Bakchen zerstört Dionysos
die Polis ... Mit der Verwandlung des Kadmos und der zukünftigen Niederlage der Thebaner, die Dionysos ankündigt, wird die Gründung Thebens rückgängig gemacht."

[57] Zu der Frage der Kultgründung s. S. 232 A. 98.

[58] Vgl. auch HOSE 1991, II 394, zur Kritik s. S. 240 A. 144.

und „Einheit" („unity") geprägt sei[59]. Das tragende Element dieser neuen religiös fundierten Gesellschaftsordnung, die auch die Barbaren und die Frauen einbeziehen solle, sei die Freude („joy"). Pentheus dagegen erscheine als Tyrann, dessen Beseitigung erst das dionysische Glück aller ermögliche (325)[60]: „Thebes is a much better place than it was before the coming of Dionysos"[61]. Die dabei angewendete Gewalt sei zu entschuldigen, da sie in erster Linie „reaktiv" und „defensiv" sei[62]. In ähnlichen Bahnen bezieht NICOLAI 1997 das Stück direkt auf die politische Situation nach 410 v. Chr. in Athen. Seiner Deutung zufolge steht Dionysos für das anthropologische Grundbedürfnis nach Frieden und Glück, das von den radikalen Demokraten der Kriegspartei, die von Pentheus verkörpert würden[63], unterdrückt werde (112): „Wonach sich die Mehrzahl der Bürger (und zumal der Frauen) naturgemäß sehnt, nach endgültiger Erlösung von der Kriegsnot oder zumindest vorübergehender Erholung davon, das wird ... von den tonangebenden Scharfmachern in der Volksversammlung

---

[59] LEINIEKS 1996, 342: „His approach consists of advocating the concepts of universal freedom and unity by presenting them as essential principles of a universal Dionysiac religion. These concepts are to be implemented by the God Dionysos. They apply not only to the Greeks but also to the barbarians. The implementation of these concepts will presumably lead to a more satisfactory life of peace, prosperity, and joy for all." Ähnlich bereits JÄKEL 1993, 98: wenn Pentheus die neue Religion als Staatsreligion einführe, „würde ein neues Zeitalter beginnen können und ein Gemeinwesen entstehen zum Wohle aller auf der Basis einer durch echte religiöse Ekstase gewonnenen ἰσότης."

[60] LEINIEKS 1996, 321: „Pentheus is the most violent character in Greek tragedy." Daß keine der Bühnenfiguren, selbst nicht der Chor, Freude über die Befreiung des Hauses äußert, sondern vielmehr Agaue und Kadmos schwer über Pentheus' Verlust klagen, scheint LEINIEKS nicht anzufechten.

[61] LEINIEKS 1996, 137 und 307 ist der Auffassung, der von Euripides dargestellte Kult seien die thebanischen Λύσιοι τελεταί, die dem Dionysos Lysios galten (er verweist auf Pindars Dithyrambos fr. 70b SNELL). Abgesehen davon, daß wir überhaupt nicht wissen, ob dieses Fest mänadische Oreibasie beinhaltete, wird im Stück Dionysos nie mit seinem Kultnamen Λύσιος angesprochen.

[62] LEINIEKS 1996, 321: „ The violence of Dionysos and his worshipers ... is exaggerated because of its effectiveness and grotesque nature. ... Dionysiac violence is in every instance reactive and defensive", und 322: „These reactions ... may appear disproportionate to the provocation. From divine point of view, however, they are fully justified."

[63] NICOLAI 1997, 114: „Wer dagegen die einfachen Freuden des Volkes verachtet, und auch sich selbst keine Entspannung gönnt, sondern von rastlosem Ehrgeiz getrieben, nur immer höher hinaus will, der läuft Gefahr, ein moralischer Eiferer oder ... ein politisch-militärischer 'Endsieg'-Fanatiker zu werden."

als unmoralisches Begehren diskriminiert und so lange unterdrückt, bis der Zorn des mißachteten Gottes und die Wut der Unterdrückten eines Tages explodieren und die grausame Vergeltung üben werden."

Die Liste der historisch-politisch orientierten Interpretationen könnte weiter fortgeführt werden. Deutlich ist geworden, daß sie im Grunde den alten Streit um Euripides' religiöses Verhältnis zu Dionysos auf anderer Ebene fortführen. Sehen die einen das Dionysische „eindeutig positiv" (NICOLAI 1997, 118), so sehen die anderen Irrationalismus und Exzesse von Gewalt, denen der Dichter entgegenzutreten versuche. Wie kann man diesen Gegensatz der Positionen in der Frage, in welchem Lichte der Dichter selbst das von ihm dargestellte Phänomen (oder das darin symbolisch Abgebildete) sah, überwinden?

Der hier unternommene Versuch beruht, wie gesagt, auf der Methode des Vergleichs. Daß zwei auf den ersten Blick völlig unterschiedliche Tragödien verglichen werden, mag überraschen. Immerhin stammen sie beide aus der gleichen Schaffensperiode des Dichters und widmen sich einem seiner großen Themen: dem Phänomen der Rache[64]. Die Arbeit versucht zu zeigen, daß Euripides in beiden Tragödien sich in analoger Weise diesem Thema genähert hat; und dies sowohl, was seine darstellerischen Absichten angeht, als auch was seine dramatische Technik betrifft[65]. Um die Methode des Vergleichs zum Erfolg zu führen, sollen nicht Parallelitäten und Analogien von Einzelszenen oder Einzelmotiven behandelt werden, sondern die beiden Stücke als Einheiten interpretiert und im Hinblick auf ihre Gesamtkonzeption nebeneinandergestellt werden[66]. So ist es am ehesten zu erwarten, daß die Intentionen des Dichters deutlich werden, die er mit dem dramaturgischen Gesamtplan seiner Stücke verfolgte. Bevor aber

---

[64] Dessen ungeachtet widmet BURNETT in ihrem Buch über die Rache-Dramen (1998) den 'Bakchen' kaum mehr als zwei Fußnoten. Die beiden anderen erhaltenen Tragödien dieser letzten Schaffensjahre, 'Phoinissen' und 'Iphigenie in Aulis', widmen sich einem anderen großen Motiv: der Opferung der Jugend für die Interessen einer machtbesessenen Herrscherklasse. Der Vergleich dieser beiden Dramen muß einer eigenen Studie vorbehalten sein.

[65] Im Aufbau sind beide Tragödien ganz unterschiedlich, s. die Schemata auf S. 296f.

[66] Insofern wird auf Einzelhinweise auf Parallelitäten in anderen Tragödien weitgehend verzichtet. Dies entspricht dem methodischen Grundsatz, eine Tragödie nur als geschlossene Einheit zu interpretieren; vgl. dazu z.B. EFFE 1990, 58.

mit der Interpretation des 'Orestes' begonnen werden kann[67], sollen die
äußeren Daten ihrer Aufführung kurz angesprochen werden.

Die Datierung der beiden Stücke ist verhältnismäßig gesichert. In einem Scholion zu Aristophanes' 'Frösche' 67 erfahren wir über die
'Bakchen' folgendes (= DID C 22):

οὕτω γὰρ καὶ αἱ διδασκαλίαι φέρουσι τελευτήσαντος Εὐριπίδου
τὸν υἱὸν αὐτοῦ δεδιδαχέναι ὁμώνυμον ἐν ἄστει Ἰφιγένειαν τὴν ἐν
Αὐλίδι, Ἀλκμαίωνα, Βάκχας.

So überliefern denn auch die Didaskalien, daß nach Euripides' Tod sein Sohn,
der den gleichen Namen trug, in Athen die 'Iphigenie in Aulis', den 'Alkmaion'
und die 'Bakchen' aufgeführt habe[68].

Wann diese postume Aufführung, die den ersten Preis erhielt, genau stattfand, ist unbekannt; in der Regel rechnet man mit den Jahren 405 bis 400
v. Chr., wobei das Jahr 404 v. Chr. ausfällt, weil in diesem Jahr keine
Dramen aufgeführt wurden (DID A 1, 140)[69]. Der im Scholion genannten
Reihenfolge der Stücke folgend wären die 'Bakchen' als letztes erhaltenes
Wort des Dichters zu betrachten[70]. Verfaßt hat er die Stücke in den Jahren
408 bis 406 v. Chr. in Makedonien. Wie von der Mehrheit der Forscher
angenommen wird[71], hat Euripides, nachdem er im Jahre 408 v. Chr. in
Athen aufführte, die Stadt verlassen[72] und ist über Magnesia (?) an den

---

[67] Eine Forschungsgeschichte zum 'Orestes' findet sich bei PORTER 1994, 1–44; auch
diese muß hier nicht wiederholt werden; eine Auseinandersetzung mit den bisherigen
Positionen hauptsächlich auf S. 229ff. und 256ff.

[68] Die Suda s.v. Euripides 12 spricht anstelle des Sohnes vom Neffen (ἀδελφιδοῦς).

[69] DIRKZWANGER 1978 plädiert für die Lenäen im Jahre 405. Ich halte es für undenkbar,
daß man nach einer Aufführung der letzten Stücke des Dichters die 'Frösche' anschloß.
Die von DIRKZWANGER genannten Indizien, daß Aristophanes die 'Bakchen' beim
Schreiben der 'Frösche' kannte, scheinen mir nicht zwingend, s. S. 293 A. 372.

[70] Dem widerspricht nicht, daß der Dichter diese Tragödie vorher vollendete als die
'Iphigenie in Aulis'. Nach seinem Plan wäre immerhin noch ein Satyrspiel gefolgt.

[71] Zweifel z.B. bei WILLINK 1986, XXV: „if it was a fact", und LEFKOWITZ 1981, 103:
„But it is equally possible that the notion of his exile in Macedonia was created to explain the presence of these unusual references (sc. Anspielungen auf Pierien) in the play
(sc. 'Bakchen')." Warum hat man dann nicht die Anwesenheit des Dichters in Zypern
erdichtet, das er im Stück preist (Ba. 402ff.)? Vgl. HOSE 1995, 144: „… die Beweislast
muß denen aufgebürdet werden, die den Aufenthalt in Abrede stellen."

[72] Der Zeitpunkt des Weggangs aus Athen scheint mir allerdings keineswegs sicher
(die 'Vita' und andere Quellen machen keinerlei Angaben). Es ist möglich, daß der Dich-

Hof des Makedonenkönigs Archelaos in Aig(ei)ai gegangen[73]; dort verstarb er wohl in den ersten Monaten des Jahres 406 v. Chr.[74]. Umstritten ist das Problem, ob Euripides die postum aufgeführten Dramen überhaupt für ein athenisches Publikum geschrieben hat. Da es keine äußeren Daten gibt, die dieses Problem entscheiden helfen, muß versucht werden, eine Antwort aus der Interpretation des Stückes zu gewinnen (s. S. 293).

Die Erstaufführung des 'Orestes' ist durch das Scholion zu V. 371 für das Jahr 408 v. Chr. gesichert (Archontat des Diokles)[75]. Welche drei anderen Stücke zu der Tetralogie gehörten, ist umstritten (der Abschnitt

---

ter bereits vor 408 v. Chr. Athen verließ; das Krisenjahr 411 v. Chr. wäre als ein Datum z.B. gut denkbar. Der gerne übergangene Hinweis, Euripides sei zuerst nach Magnesia gegangen (s. A. 73) und habe in Makedonien öffentliche Ämter übernommen (ἐπὶ τῶν διοικήσεων ἐγένετο) spricht nicht dafür, daß er nur für die letzten eineinhalb Jahre seines Lebens Athen verließ; vgl. auch Satyr. vit. Eur. 18 κατεγήρασε ἐν Μακεδονίᾳ. Sollte er schon 411 v. Chr. nach Makedonien gegangen sein, hat er vielleicht im Jahre 410 nicht in Athen aufführen lassen, sondern in diesem Zeitraum in Makedonien den 'Archelaos' (mit 'Temenos' und 'Temeniden' ?) aufgeführt.

[73] Vit. Eur. 10–11 (1. Jh. v. Chr. ?) μετέστη δὲ ἐν Μαγνησίᾳ καὶ προξενίᾳ ἐτιμήθη καὶ ἀτελείᾳ. ἐκεῖθεν δὲ εἰς Μακεδονίαν παρὰ 'Αρχέλαον γενόμενος διέτριψε καὶ χαριζόμενος αὐτῷ δρᾶμα ὁμωνύμως ἔγραψε καὶ μάλα ἔπραττε παρ' αὐτῷ, ὅτε καὶ ἐπὶ τῶν διοικήσεων ἐγένετο. Ebd. 17 καὶ ἐτάφη ἐν Μακεδονίᾳ, vgl. Satyr. vit. Eur. 18 μεθελθὼν δ' οὖν κατεγήρασε ἐν Μακεδονίᾳ μαλ' ἐντίμως, Suda s.v. Eur. ἀπάρας δὲ ἀπ' 'Αθηνῶν ἦλθε πρὸς 'Αρχέλαον τὸν βασιλέα τῶν Μακεδόνων, παρ' ᾧ διῆγεν τῆς ἄκρας ἀπολαύων τιμῆς ... τὰ ὀστᾶ αὐτοῦ ἐν Πέλλῃ μετακομίσαι τὸν βασιλέα, AP 7,45 (evtl. von Thukydides): ὀστέα δ' ἴσχει γῆ Μακεδών, τῇ γὰρ δέξατο τέρμα βίου, vgl. AP 7,44, Aul. Gell. 15,20, Ael. var. hist. 13,4, Plut. apophtheg. reg. et imp. 177A. Das früheste Zeugnis ist Aristot. pol. 1311b30ff.; vgl. GAVRILOV 1996, der die dort berichtete Geschichte über den Mundgeruch des Dichters für historisch hält. Die Nachricht, daß Archelaos die sterblichen Überreste nach Pella umbettete (μετακομίσαι), spricht dafür, daß Euripides nach Aig(ei)ai ging (s. RIDGEWAY 1926, 1), wo sich zu dieser Zeit noch die Residenz befand; s. HAMMOND/GRIFFITH 1979, 140: „The move (nach Pella) was made near the end of his reign (399)."

[74] TrGF I DID D 1,63 (Antigenes war Archont); vgl. Timaios FGrH 566 F 195, nach vit. Eur. § 20 kam die Todesnachricht kurz vor dem Proagon (8. Elaphebolion ≈ März) im Jahre 406 v. Chr. nach Athen.

[75] Wenn Euripides zu diesem Zeitpunkt bereits in Makedonien weilte (s. A. 72), kam er vielleicht zu den wesentlichen Proben nach Athen oder ließ seine Stücke von anderen, vielleicht seinem Sohn oder Neffen, in Athen inszenieren, s. Vit. Eur. 14 νεώτατον δὲ Εὐριπίδην, ὃς ἐδίδαξε τοῦ πατρὸς ἔνια δράματα (üblicherweise wird dies auf die postume Aufführung bezogen); anders ohne weitere Begründung MÜLLER-GOLDINGEN 1985, 6: „Voraussetzung ... ist natürlich, daß er während seines Aufenthaltes in Makedonien nicht an den Dionysien aufführte oder aufführen ließ."

der Hypothesis des Aristophanes, der diese Informationen möglicherweise enthielt, ist nicht erhalten)[76]. Besondere Brisanz erhält diese Frage durch ein Scholion zu Aristophanes, 'Frösche' 53 (= DID C 15c):

τῶν καλλίστων Εὐριπίδου δρᾶμα 'Ανδρομέδα, διὰ τί μὴ ἄλλο τι τῶν πρὸ ὀλίγου διδαχθέντων καὶ καλῶν, 'Υψιπύλης, Φοινισσῶν, 'Αντιόπης; ἡ δὲ 'Ανδρομέδα ὀγδόῳ ἔτει προεισῆλθεν[77].

Das Drama 'Andromeda' zählt zu den schönsten des Euripides. Warum aber nennt er (Dionysos) nicht ein anderes von denen, die kurz vorher aufgeführt wurden und auch schön sind, nämlich 'Hypsipyle', 'Phoinissen' oder 'Antiope'? Denn die Aufführung der 'Andromeda' liegt sieben Jahre zurück.

Die 'Frösche' wurden an den Lenäen 405 v. Chr. uraufgeführt. Dionysos spricht dort von seiner Lektüre (!) der 'Andromeda' (nach dem Scholion 412 v. Chr. aufgeführt), wodurch seine Sehnsucht nach dem verstorbenen Euripides ausgelöst wurde. Der Scholiast wundert sich, daß Aristophanes den Dionysos ein verhältnismäßig lang zurückliegendes Stück nennen läßt, wohingegen 'Hypsipyle', 'Phoinissen' und 'Antiope' kurz vor den 'Fröschen' aufgeführt worden seien. Als Aufführungsdaten dieser Stücke, die wohl zu einer Tetralogie gehörten[78], kommen also die Jahre 409 bis 407 v. Chr. in Frage[79]. Schließt man aber aus dem sog. MÜLLERschen Gesetz, daß in den Jahren 409 und 407 keine Stücke des Dichters in Athen gespielt wurden[80], was für das Jahr 407 v. Chr. durch die Tatsache des Exils

---

[76] WEBSTER 1967, 238f. plädierte für 'Auge' und 'Oedipus'.

[77] JOUAN/VAN LOOY 1998, 220 lesen nach DINDORF προεισῆκται.

[78] Zu weit geht MÜLLER-GOLDINGEN 1985, 8, wenn er von einer „Inhaltstrilogie" spricht. Wie die Angabe der Hypothesis zu den 'Phoinissen' (ed. DIGGLE 1994, 81 Z. 1–2): καὶ γὰρ ταῦτα ὁ Οἰνόμαος καὶ Χρύσιππος zu verstehen ist, ist umstritten; sehr unwahrscheinlich ist, daß diese Stücke mit den 'Phoinissen' eine Trilogie bildeten.

[79] Die Datierung auf die Jahre 411/10 v. Chr. entspricht nicht der Angabe des Scholions πρὸ ὀλίγου; der Scholiast hätte auch keinen Grund, sich zu wundern. Im Jahre 406 ist Euripides schon tot; zwar hätte er noch im Sommer 407 einreichen können, aber es handelte sich dann um eine zweite postume Aufführung, von der wir nichts wissen.

[80] MÜLLER 1984; das durch keinen bekannten Fall widerlegte „Gesetz" besagt, daß die tragischen Dichter nicht in zwei aufeinanderfolgenden Jahren an den Dionysien teilnahmen. Anders z.B. MASTRONARDE 1994, 12, der für 409 v. Chr. für die 'Phoinissen' plädiert; vgl. PORTER 1994, 294: „Still more problematic is the assertion that Euripides could not have produced a tetralogy in 409." Für 407 v. Chr. als Aufführungsdatum sprechen sich BOND 1963, 144 und KAMBITSIS 1972, XXXI aus (der Dichter sei erst im Frühsommer 407 v. Chr. nach Makedonien gegangen, was ich für ganz unwahrscheinlich

in Makedonien weiter nahegelegt wird, so ergibt sich das Frühjahr 408 v.
Chr. als Aufführungsdatum einer Tetralogie mit den Stücken 'Hypsipyle',
'Phoinissen', 'Antiope', 'Orestes'[81]. In dieser Tetralogie habe der
'Orestes' an vierter Stelle gestanden und sei deshalb als „prosatyrisch"
einzustufen[82]. Diese Hypothese hat einiges für sich, sieht man einmal von
der Reihenfolge der Stücke ab[83]. Denn was spricht dagegen, daß die
'Hypsipyle' oder 'Antiope' an vierter Stelle gestanden haben, zumal der
Titel des letzten Stücks vielleicht sogar fehlerhaft ist[84]? Gerade der
Inhalt der 'Hypsipyle', in der ein mythisches Detail des Zuges der Sieben
gegen Theben dargestellt wird, nämlich wie eine Schlange den kleinen
Sohn von Eurydike und Lykurgos tötet, auf den Hypsipyle aufpassen sollte, und wie Hypsipyle dann dennoch einer Bestrafung durch das Eingreifen
des Amphiaraos entgeht und sogar ihre eigenen Söhne wiedersieht, scheint
für ein „prosatyrisches" Spiel nicht unpassend[85]. Die 'Hypsipyle' würde

---

halte; s. A. 72); man müßte denn annehmen, Euripides habe in den Jahren 408 und 407
nicht selbst inszeniert.

[81] So bereits HARTUNG 1849, V–VII. Über die Reihenfolge der anderen Stücke ist an
dieser Stelle nicht zu spekulieren; in der Regel werden die 'Phoinissen' für das dritte
Stück gehalten, obwohl sich das ΣThom Or. 1472 und 1492 über die 'Phoinissen': ἐν τῷ
τρίτῳ δράματι auf die Stellung des Stücks in der byzantinischen Trias bezieht.

[82] MÜLLER 1984, 66–9; ihm folgt sein Schüler MÜLLER-GOLDINGEN 1985, 6–11; zustimmend auch MANUWALD in seiner Rez. von MÜLLER GGA 237, 1985, 189 und HOSE
1995, 113. Viele Foscher lehnen die Hypothese ab: SUTTON 1980, WILLINK 1986, XXV A.
16: „the idea, that Or. was the forth play, 'instead of a satyr-play' is without foundati-
on"; MASTRONARDE 1994, 14: „I am inclined to discount this hypothesis", und besonders PORTER 1994, 291–7. Zur Annahme, der 'Kyklops' sei das Satyrspiel gewesen, mit
dem zusammen der 'Orestes' aufgeführt wurde, s. S. 217 A. 38. SUTTON 1980, 60f. plädiert
dagegen für 'Busiris'.

[83] Gegen die Hypothese, die 'Phoinissen' seien im gleichen Jahr wie der 'Orestes'
aufgeführt worden, spricht die Angabe der Hypothesis: Nausikrates sei der eponyme
Archon im Aufführungsjahr gewesen (ἐπὶ Ναυσικράτους ἄρχοντος); dazu LUPPE 1987:
er versucht den Widerspruch aufzuheben durch die Annahme, Nausikrates, ein Name, der
sonst nicht für einen Archon belegt ist, sei der Name des Vaters von Diokles, der 408 v.
Chr. Archon war; dagegen MASTRONARDE 1994, 12 A. 3: „The fatal flaw in Luppe's pro-
posal is the question, how the archon's father's name could have been known."

[84] Schwierig ist, daß die metrischen Analysen der erhaltenen Fragmente die 'Antiope'
in die Zeit von 427 bis 419 v. Chr. weisen; CROPP/FICK 1985, 75f. schlagen deshalb vor,
'Antigone' anstelle von 'Antiope' zu lesen.

[85] Sollte nicht Hypsipyle, die Verbannte, das Gegenstück zum tragischen Polyneikes
sein? Die Rettung der schon zum Tode Verurteilten erinnert auch ein wenig an Alkestis'
Schicksal; Parallelen zum 'Ion', der möglicherweise auch „prosatyrisch" war, sieht

dann das nicht-tragische Gegenstück zu den 'Phoinissen' darstellen. Die
Tatsache, daß der Scholiast den 'Orestes' nicht nennt, fände seine einfache Erklärung darin, daß er gegenüber 'Andromeda' nur Stücke mit weiblichen Protagonisten anführt. Die Annahme schließlich, 'Orestes' habe an
vierter Stelle gestanden und sei „prosatyrisch", wird erschwert durch die
Wiederaufführung des Stücks im Jahre 340 v. Chr. als „alte" Tragödie (s.
TrGF I, S. 14)[86]. Was also die äußeren Daten betrifft, ist die Hypothese,
der 'Orestes' sei als viertes Stück der Tetralogie von 408 v. Chr. aufgeführt worden, abzulehnen.

Ein anderes Argument wird aus der Tragödie selbst gewonnen. Schon
Aristophanes von Byzanz vergleicht den 'Orestes' mit der 'Alkestis',
dem einzigen sicheren Beispiel eines „prosatyrischen" Stückes, indem er
in seiner Hypothesis zu beiden Dramen jeweils urteilt: „Das Drama hat ein
Ende, das mehr zu einer Komödie paßt" (τὸ δὲ δρᾶμα κωμικωτέραν
ἔχει τὴν καταστροφήν)[87]. Aus dieser Einschätzung des Schlusses hat
schon ein unbekannter byzantinischer Philologe die „prosatyrische"
Stellung der 'Alkestis' auf den 'Orestes' übertragen und geurteilt:
„'Orestes' und 'Alkestis' fallen heraus, weil sie nicht den Kriterien der
(echten) tragischen Dichtung genügen" (ἐκβάλλεται ὡς ἀνοίκεια τῆς

HOSE 1995, 136f. Nicht ganz ohne Beweiskraft ist vielleicht auch die Erwähnung des
Dionysos am Beginn des Stückes. So rechne ich bei allem Zweifel mit einer Tetralogie im
Jahre 408: 'Orestes', 'Antiope' (?), 'Phoinissen', 'Hypsipyle'. Weilte Euripides zu
diesem Zeitpunkt schon in Makedonien (s. A. 72), gewänne Phoin. 388–9 neue Brisanz:
τί τὸ στέρεσθαι πατρίδος; ἢ κακὸν μέγα; μέγιστον· ἔργῳ δ' ἐστὶ μεῖζον ἢ λόγῳ.

[86] Ein weiteres Gegenargument dürfte die Länge des Stückes sein; 'Kyklops' und
'Alkestis' sind kurz, so daß man geneigt ist, als heiteren Ausklang einer Tetralogie nicht
ein solches „Schwergewicht" wie den 'Orestes' anzunehmen.

[87] Zitiert nach der Ed. von DIGGLE 1984, 34, Z. 19 und 1994, 188, Z. 32. Aristophanes' Urteil beruht auf Aristoteles (s. S. 203). Da unser Wissen bezüglich der „prosatyrischen" Stücke zu gering ist (Euripides muß insgesamt ca. 10 solcher „Tragödien" verfaßt haben), ist unklar, ob ein positives Ende ein hinreichendes Kriterium dafür darstellt;
die größten Zweifel wird man diesbezüglich bei der 'Elektra' haben; vgl. auch 'Helena'
und 'Andromeda', die gleichzeitig aufgeführt wurden, von denen also höchstens ein
Stück (wenn überhaupt) „prosatyrisch" sein kann. Im übrigen führt die Tradition, die ein
unglückliches Ende der Tragödie, ein positives der Komödie (und dann dem Satyrspiel)
zuschreibt, in die Irre; so schon das Schol. zu Or. 1691: καὶ ἁπλῶς εἰπεῖν πολλὰ
τοιαῦτα (sc. ein glückliches Ende) ἐν τῇ τραγῳδίᾳ εὑρίσκεται.

τραγικῆς ποιήσεως ὅ τε Ὀρέστης καὶ ἡ Ἄλκηστις)[88]. Man wird also zu fragen haben, ob auch für 'Orestes' das Urteil zutrifft, das dieser Philologe über die Alkestis äußert: „Das Drama ist satyrisch, weil es am Ende im Widerspruch zum Wesen der Tragödie zu Freude und Vergnügen führt" (τὸ δὲ δρᾶμα ἐστι σατυρικὸν, ὅτι εἰς χαρὰν καὶ ἡδονὴν καταστρέφει παρὰ τὸ τραγικὸν)[89]? Eine Antwort auf diese Frage kann erst aus der Interpretation des Stückes, besonders seiner abschließenden Deus-ex-machina-Szene, erwachsen. Dieser soll der folgende erste Teil der Arbeit gewidmet sein.

Die Interpretation des 'Orestes' ist durch den Kommentar von WILLINK (1986) und die Oxford-Ausgabe von DIGGLE (1994a) in besonderer Weise belastet mit der Frage der Textkonstituierung. Denn DIGGLE hält abgesehen von zahlreichen Konjekturen und angezeigten Verderbnissen immerhin 114 Verse (6,73%) für unecht[90]. Die Untersuchung muß sich also auch der Frage widmen, ob dieses Urteil berechtigt ist. Damit der Fortgang der Interpretation nicht unnötig erschwert wird, findet die Diskussion in den Fußnoten statt (das Register auf S. 339–40 enthält eine Übersicht über die textkritisch behandelten Stellen)[91].

---

[88] DIGGLE 1984, 34, Z. 25f.; DIGGLE ordnet den Abschnitt dem Aristophanes zu; s. aber DALE 1954, xl; vgl. auch SUTTON 1973, die zeigt, wie Tzetzes das Urteil erst übernommen und um die sophokleische 'Elektra' erweitert hat, später aber widerrufen hat.

[89] DIGGLE 1984, 34, Z. 24f.; wieweit die 'Alkestis' zu Freude und Vergnügen führt, soll hier nicht gefragt werden. 'Orestes' als viertes Stück wegen der „Travestierung der Charaktere" schon bei RADERMACHER 1902. Zur Problematik von Satyrspiel-Elementen in den Tragödien s. SANSONE 1978, der solche in reicher Zahl auch in den 'Bakchen' findet, ein Stück, das unter keinen Umständen „prosatyrisch" war.

[90] Das andere Extrem bei GUZMÁN GUERRA 2000, der keinen einzigen Vers athetiert. Bei WILLINK 1986 und KOVACS 2002 sind es 88 Verse, d.h. 5,19 %; vgl. BURNETT 1998, 247: „Those who want tragedy to show a reasonable sequence of serious events make heavy cuts in the Euripidean 'Orestes', but lop off everything inconsequent or ridiculous, calling it 'interpolator's deadwood', and this vast play becomes a bare stick." Meine Untersuchungen versuchen zu zeigen, daß auch bei Annahme einer vernünftigen Handlungsfolge das Stück nicht zum „bare stick" werden muß; so halte ich nur 13 Verse (0,76 %) für unecht: 957–9 (s. S. 113 A. 306), 1024 (s. WILLINK 1986), 1366–8 (s. S. 139 A. 400), 1631–2 (s. 152 A. 445), 1638 (s. HOLZHAUSEN 1995, 279f.), und die Schlußanapäste 1691–3 (s. S. 188 A. 586). Verweise auf Anmerkungen ohne die Angabe von Seitenzahlen beziehen sich auf den Teil (S. 23–208 und S. 209–300), in dem sie stehen.

[91] In den 'Bakchen' athetiert DIGGLE dagegen nur 16 Verse (1,15 %). Darin liegt der einfache Grund, daß der 'Orestes'-Teil doppelt so lang ist, wie der über die 'Bakchen'.

Die Untersuchung folgt im wesentlichen dem Gang der Handlung (s. das Aufbau-Schema auf S. 296). Zu beachten ist die Zweiteiligkeit des Stückes mit seinem entscheidenden Umbruch in Vers 1098. Der erste Teil ist etwa doppelt so lang wie der zweite (11:6) und zerfällt in drei Abschnitte (7:10:5). So ergibt sich folgende Einteilung:

1. Teil	1– 347	Exposition: Elektra, Helena, Orestes
	348– 724	Der Agon: Tyndareos - Orestes - Menelaos
	725–1097	Pylades - Orestes, Botenbericht, Abschied
2. Teil	1098–1690	Planung und Ausführung der Intrige

Die ersten beiden Abschnitte des ersten Teils werden je in einem Kapitel behandelt, der Abschnitt drei und der zweite Teil werden im dritten Kapitel untersucht[92]. Das vierte Kapitel widmet sich der Frage, in welcher Weise die beiden Hauptteile der Handlung sich zu einer Einheit verbinden. Abschließend wird die Wirkung der Tragödie auf das antike Publikum, einerseits im Hinblick auf Aristoteles' Tragödien-Theorie, andererseits im Hinblick auf die Intentionen des Autors diskutiert.

---

[92] Da ich das zweite Stasimon (807–43) für den gedanklichen Abschluß des Agons halte, wird es am Ende des zweiten Kapitels behandelt (S. 110–20).

1. Teil: 'Orestes'

1.1 Die Exposition

Die Tragödie beginnt mit der Klage Elektras über das Leid, das die Menschen ihrer Natur nach (ἡ ἀνθρώπου φύσις) erdulden müssen (1–3)[1]. Denn neben ihr vor dem Haus liegt schlafend auf einer Liege ihr Bruder Orestes[2], dessen hoffnungslose Situation sie im Prolog beschreibt. Seine körperliche Verfassung ist desolat. Seit fünf Tagen hat er nichts gegessen und sich nicht gewaschen (39–42)[3]. Elektra und der Chor ihrer Freundinnen fürchten sein baldiges Ableben (187, 210). Menelaos glaubt einen Toten zu sehen (385); die Schwester nennt ihn „Leichnam" (83–4 νεκρός).

Ursache für diesen körperlichen Verfall ist sein psychischer Zustand[4]. Schwerstes Schuldbewußtsein[5] aufgrund des Mutter-Mordes manifestiert sich als Vision der drei Erinyen, die ihn töten wollen[6]. Wahnsinnsanfälle packen ihn, die ihm seine letzten Kräfte rauben (34–8, 227–8)[7]. Einen

---

[1] Zum Sprachlichen s. HOLZHAUSEN 1995b, 270–2; zum Inhaltlichen s. S. 191.

[2] Vgl. VERRALL 1905, 215: „The Athenians of that day knew nothing of domestic state and little of domestic comfort; and living themselves chiefly in the open air, would probably find it natural that such a patient should prefer the *aulé*." Sie befinden sich, der attischen Bühnenkonvention folgend, vor dem Palast; Elektra erwartet Menelaos' Ankunft und beobachtet deshalb alle Wege zum Haus (67–8). Es entsteht der Eindruck, daß die Geschwister das Haus meiden, in dem Klytaimestra wohnte und jetzt Helena weilt.

[3] Die Zahl der Tage bezieht sich evtl. auf das attische Prozeßrecht, wo ein Zeitraum von fünf Tagen zwischen Vorladung und Sitzung lag; s. STEPHANOPOULOS 1980, 159f.

[4] Vgl. Eur. 'Elektra', die mit der Verzweiflung der Geschwister über ihre Tat endet.

[5] V. 396 ἡ σύνεσις (sc. ἀπόλλυσίν με), ὅτι (weil) σύνοιδα δείν' εἰργασμένος. Die Konjunktion ὅτι ist kausal und hängt nicht von dem im Nomen liegenden Verb ab (συνίημι ὅτι σύνοιδα wäre abundant). Zur σύνεσις s. CLASS 1964, 102ff., RODGERS 1969, 241ff., STEBLER 1971, 118ff., BOSMAN 1993, 11ff., PORTER 1994, 298ff. (besonders 302 A. 14), ASSAEL 1996. Es ist die Einsicht (s. LSJ s.v. συνίημι II 3), die Orestes quält; sie macht ihm bewußt, daß er Schreckliches getan hat (vgl. Aristoph. Vesp. 999, Thesm. 477).

[6] Zu V. 37–8 und der Paradoxie von Namenstabu und Namensnennung s. HENRICHS 1991a, 172f. (vgl. V. 409–10); er hält auch zu Recht die Überlieferung und billigt den transitiven Gebrauch von ἐξαμιλλᾶσθαι (s. Σ: ἀντὶ τοῦ φιλονεικοῦσιν ἐκβάλλειν σε, V. 38 und 431 stützen sich gegenseitig); so auch GUZMÁN GUERRA 2000.

[7] Euripides hat evtl. medizinische Beschreibungen der Epilepsie herangezogen; s. ERBSE 1975, 437 A. 7, FERRINI 1978 (mit Hinweisen auf die zeitgenössische medizinische Literatur); Orestes leidet aber gerade nicht an dieser Krankheit, sondern seine Ausbrüche

solchen Ausbruch bringt der Dichter direkt auf die Bühne (253–76)[8]. Dazu kommt es, als Orestes die Schwester ermahnt, in Wort und Tat sich von schlechten Menschen, besonders den Töchtern des Tyndareos abzusetzen (251 σύ νυν διάφερε τῶν κακῶν). Allein die Erwähnung der Mutter, deren Schlechtigkeit er mit dem Tod bestrafte, genügt, um seinen Anfall auszulösen[9]. Nur Vergessen (πότνια Λήθη) und Schlaf schaffen kurze Erleichterung von seinen inneren Qualen (211–14)[10]. Apollon bleibt fern, und alle Freunde haben Orestes verlassen (306)[11]; einzig Elektra steht ihm

---

entspringen der Verzweiflung über die unselige Tat. SMITH 1967, 294 A. 1 weist auf Hipp. Epid. 3,11 und 15, wo λύπη als Ursache von Krankheit geschildert wird. Zum bakchischen Vokabular, mit dem der Wahnsinn beschrieben wird, s. S. 209 A. 1.

[8] FUQUA 1976, 64ff. und FALKNER 1983, 290f. vergleichen 'Orestes' mit Sophokles' 'Philoktet'; abgesehen von dem chronologischen Problem, ob Euripides von dem im Frühjahr 409 aufgeführten Stück (möglicherweise kannte er es vorher) in der Konzeption seiner Tragödie, die er im Sommer einreichte, beeinflußt gewesen sein konnte, ist die Konzeption des Wahnsinns beider Protagonisten unterschiedlich: beim sophokleischen „Helden" fehlt die psychische Verursachung; δόλος und βία richten sich gegen den Protagonisten und werden nicht von ihm verübt, eine φιλία entsteht (im 'Orestes' ist sie gegeben), Philoktet versucht, sich durch Selbstmord den Feinden zu entziehen (Orestes unterliegt ihnen und wird zum Freitod gezwungen) und das Erlangen von σωτηρία muß innere, nicht äußere Widerstände überwinden. Im Detail mag es dagegen Anspielungen geben (s. A. 269). Vielleicht stellt die an sich überflüssige Bemerkung Apollons über Neoptolemos (1655–7) einen Seitenhieb gegen den Konkurrenten dar: Achilleus' Sohn wird nicht als Hermiones Gatte glücklich enden, sondern in Delphi sterben.

[9] SMITH 1967, 298 meint dagegen, die Erinnerung an Helena und Klytaimestra löse bei ihm die Angst aus, von Elektra verraten zu werden.

[10] Anders interpretiert THEODOROU 1993, 37: „Orestes would become sane only if he were to admit consciously his guilt and face his shame - which he never does." Elektra sagt deutlich, daß Orestes, wenn ein Anfall vorbei ist (ἔμφρων), sich verhüllt und weint (42–4). Was soll dies anderes bedeuten als Scham und Schuldbewußtsein? Im Text sehe ich keine Hinweise darauf, daß Orestes wahnsinnig wird, weil er seine Emotionen nicht zulassen und akzeptieren kann.

[11] Zur Diskussion über die reale Anwesenheit des von Apollon versprochenen Bogens s. WILLINK 1986, 129f. Der Befehl δός τόξα μοι (268) richtet sich m.E. an Elektra (s. CROPP 1982, 211 A. 6), von der er sich losgerissen hat (266–7) und nun in seinem Wahnsinn dieselbe, die er eben noch für eine Erinye hielt, zur Hilfe auffordert (die Athetese von CROPP der V. 268–70 ist unnötig). Allein damit wird klar, daß es diesen Bogen, der bei Stesichorus vorkommt (fr. 217 P. τόξα [...] τάδε δώσω ... ἐπικρατέως βάλλειν), nur in seiner Phantasie gibt, anders Σ 268, GREENBERG 1962, 164f., BURNETT 1971, 203f. u.a. Immerhin bewirkt die Einbildung, sich verteidigen zu können, das Ende des Anfalls. Orestes hält im Gegensatz zu vielen bildlichen Darstellungen (s. LIMC VII 2, 52f.) auch kein Schwert in der Hand, was ebenfalls für die Sterbeszene gilt (s. 1123). Erst in der Phrygerszene erscheint er mit dem Schwert in der Hand; s. A. 478.

als aufopferungsvolle Pflegerin zur Seite[12]. Aber selbst sie hat für seine
Gewissensnöte wenig Verständnis. Sie hält seine Visionen für bloße Einbildung (258–9 und 312–15)[13]:

μέν᾽, ὦ ταλαίπωρ᾽, ἀτρέμα σοῖς ἐν δεμνίοις·
ὁρᾷς γὰρ οὐδὲν ὧν δοκεῖς σάφ᾽ εἰδέναι.

Bleib, du Armer, ganz ruhig auf deinem Bett; denn du siehst nichts von dem,
was du sicher zu erkennen meinst.

ἀλλὰ κλῖνον εἰς εὐνὴν δέμας,
καὶ μὴ τὸ ταρβοῦν κἀκφοβοῦν σ᾽ ἐκ δεμνίων
ἄγαν ἀποδέχου, μένε δ᾽ ἐπὶ στρωτοῦ λέχους.
κἂν μὴ νοσῇ γάρ, ἀλλὰ δοξάζῃ νοσεῖν,
κάματος βροτοῖσιν ἀπορία τε γίγνεται.

Aber lege dich auf dein Lager, und was dich ängstigt und dich vom Bett auf-
schreckt, darauf achte nicht gar zu sehr, sondern bleibe auf deinem ausgebreiteten
Lager. Denn auch wenn man nicht krank ist, sondern nur glaubt, krank zu sein,
überkommt die Sterblichen Erschöpfung und Ratlosigkeit.

So berichtet sie im Prolog auch nur von den objektiven Gegebenheiten
seines Zustandes, ohne nach den psychischen Ursachen zu fragen, wobei
sie selbst keine Schuldgefühle wegen ihrer Beteiligung an dem Muttermord
zu empfinden scheint[14]. Orestes' Verlassenheit von allen Freunden wird
noch dadurch gesteigert, daß er in seiner seelischen Not sogar von der
Schwester allein gelassen wird. Ihre Worte lassen den Eindruck entstehen,
daß sie Orestes' Leid als verdiente Strafe akzeptiert[15]: wie Tantalos müsse

---

[12] STEIDLE 1968, 101 vergleicht Elektras οὔτοι μεθήσω (262) mit Apollons οὔτοι
προδώσω (Aischyl. Eum. 64). An die Stelle des helfenden Gottes tritt die hilflose Frau
(301–6). Nach ZEITLIN 1980, 55 erinnert Elektras Fernhalten des Chores an Apollons
Vertreiben der Erinyen (Eu. 179–85), was mich nicht überzeugt.

[13] Anders HEATH 1987, 57: „Everyone in the play accepts without question that the
psychological disturbance of Orestes is evidence of real demonic action." Nur stellt sich
HEATH nicht dem Problem, weshalb diese realen Daimones verschwunden sind, wenn
Orestes wieder Selbstvertrauen gewinnt; s. S. 104.

[14] Sie fühlt sich auch nicht von den Erinyen verfolgt. In Eur. 'Elektra' ist sie im Haus
beim Mord zugegen (1147ff., vgl. 1183 αἰτία δ᾽ ἐγώ und 1225 ξίφους τ᾽ ἐφηψάμην
ἅμα); im 'Orestes' dagegen plant sie vor allem (s. A. 375). Vgl. GRUBE ²1961, 379: „It is
the actual consequence, rather than the horror of the deed itself, that she deplores."

[15] An der verbrecherischen Natur der Tat läßt sie keinen Zweifel; s. V. 194 καλῶς δ᾽
οὔ, vgl. 30, 160, 162; nur Apollons Urheberschaft gilt ihr als Entschuldigung. Liegt in

er für ein Verbrechen büßen; Vorwürfe deswegen will sie in beiden Fällen
nicht erheben[16]. Bei aller Klage über ihr gemeinsames schlimmes Los fügt
sie sich in das göttliche Regiment, das auf Vergeltung und Sühne beruht[17].

Zu dem persönlichen Unglück kommt die Bedrohung von außen. Die
Bürger der Stadt Argos wollen den Muttermörder für seine Tat bestrafen
und in einer Volksversammlung zum Tode verurteilen[18]. Die Ausgänge der
Stadt sind versperrt, Orestes kann nicht einmal nach Delphi aufbrechen,
wie es sein Vorbild bei Aischylos tut (Choeph. 1035–9). Im ersten Teil
des Stückes bis zum Botenbericht wird an mehreren Stellen und in unterschiedlichen Gesprächssituationen auf die Haltung der Bürger und die be-
vorstehende Gerichtsverhandlung hingewiesen[19]. Obwohl der Wortlaut an
fast all diesen Stellen in seiner Authentizität umstritten ist[20], ergibt sich
m.E. aus ihrer Zusammenschau, die im folgenden unternommen werden

---

der Tatsache, daß Orestes Elektra mit einer Erinye verwechselt (264–5), eine psychologische Reaktion auf die Haltung der Schwester vor? Auch von ihr fühlt er sich angeklagt.

[16] V. 4 κοὐκ ὀνειδίζω τύχας (auf Tantalos bezogen) entspricht V. 85 τὰ τούτου δ'
οὐκ ὀνειδίζω κακά (auf Orestes bezogen). Tantalos' freche Zunge wird αἰσχίστη νόσος
(10) genannt, Orestes' Tat ist ebenfalls eine νόσος (831). Tantalos büßt Strafe (7 δίκην
τίνειν) wie Orestes (531, 1090) (beide bedroht ein Stein bzw. Steine!). Tantalos war vor
seinem Fall μακάριος, auch Orestes war als Agamemnons Sohn beneidet (972–3 ὅ τ' ἐπὶ
μακαρίοις / ζῆλος ὤν ποτ' οἴκοις; dazu s. A. 310, vgl. 807: μέγας ὄλβος im Atridenhaus). Elektras Zweifel an Tantalos' Schicksal (8 ὡς μὲν λέγουσιν) bezieht sich auf die
Tischgemeinschaft mit den Göttern, nicht auf die Tatsache seiner Bestrafung; zum Tanta-
los-Paradeigma im 'Orestes' s. O'BRIEN 1988; vgl. unten A. 595. Der Grund der Bestrafung (ἀκόλαστον ἔσχε γλῶσσαν) macht Tantalos nicht zum „atheistic sophist" (so
LEFKOWITZ 1987, 164), sondern bezieht sich eher auf den Demagogen, der später die
Verurteilung der Agamemnon-Kinder bewirkt: ἀνήρ τις ἀθυρόγλωσσος (903).

[17] Das menschliche Leid nennt sie gottverhängt (2 θεήλατος) und fragt resignativ
(28): „Was soll es, Apollon des Unrechts anzuklagen?"

[18] Zu dieser entscheidenden Erfindung einer Gerichtsverhandlung in Argos nach dem
Vorbild des Areopag-Prozesses s. STEPHANOPOULOS 1980, 156–60 und NEUMANN 1993,
79f. Die Tatsache, daß Euripides nicht von ἐκκλησία spricht, hat ihren Grund darin, daß
es kein tragisches Wort ist (nur in Eur. Rhes. 139) und daß Orestes' Tat als φόνος
δίκαιος in Athen wohl nicht vor der Volksversammlung, sondern am Delphinion vor den
51 Epheten verhandelt worden wäre; so spricht FLASHAR 1997b, 107 von einem
„volksversammlungsähnlichen Gremium".

[19] Elektra (50–1), Orestes - Menelaos (427–47), Tyndareos (536–7 = 625–6; 613–
14), Orestes - Pylades (756–8), Chor (847–8).

[20] Umstritten sind die Verse 51, 441–2, 536–7 = 625–6 (s. A. 30) und 847–8.

soll, ein einheitliches und facettenreiches Bild, so daß die vorgeschlagenen Athetesen unnötig werden.

Es empfiehlt sich, von dem in seiner Textgestalt unstrittigen Botenbericht (866ff.) auszugehen und von ihm her die Gegebenheiten in Argos, wie sie Euripides für sein Stück konzipierte, zu rekonstruieren. In dem vom Boten zitierten Heroldsspruch wird deutlich, daß die Bürgerversammlung zuerst darüber zu urteilen hatte, ob der Muttermörder durch Todesstrafe zu bestrafen sei oder nicht (886–7 κατθανεῖν ἢ μὴ χρεών / μητροκτονοῦντα)[21]. Neben dem Antrag auf Hinrichtung oder Freispruch, den der Demagoge bzw. der Landmann einbringen, steht die Strafe der Verbannung, für die sich Diomedes ausspricht[22]. Nachdem man für Tod votiert hat (857–8 und 944–5), wird in einem zweiten Schritt die Art der Hinrichtung festgelegt, wobei Orestes für sich und seine Schwester später die Selbsttötung erreichen kann (946–9)[23]. Dem entspricht, daß Elektra, nachdem sie vom Boten den Todesbeschluß erfahren hat (857–8), fragt, ob man sie steinigen (λευσίμῳ χερί) oder enthaupten (διὰ σιδήρου) werde (863–4). Diese Alternative betrifft also den zweiten Teil des Gerichtsverfahrens. Wenn sie im Prolog sagt, die Bürger würden an diesem Tag über Steinigung oder Enthauptung entscheiden (50–1), ist dies nur vordergründig mißverständlich. Ihre Aussage ist sinnvoll, wenn man voraussetzt, daß sie am Tötungsbeschluß selbst gar nicht zweifelt[24]. Einzig über die Art

---

[21] Die Phrase θανεῖν ἢ μή (oder ähnlich) findet sich in V. 441, 758, 848 und 1245; vgl. 878 ἀγὼν θανάσιμος. Die Athetese von V. 847–8 durch WILLINK 1986 und DIGGLE scheint mir nicht sinnvoll; die Antwort des Chores wäre unerträglich knapp, und die singuläre Phrase ἀγῶνα διδόναι kann man m.E. durch δίκας διδόναι „to submit to trial" (s. LSJ s.v. δίκη IV 3, vgl. Thuk. 1,28,2) verteidigen, vgl. KAMERBEEK 1989, 536.

[22] Wofür Talthybios sich ausspricht, bleibt offen. Menelaos' Frage, ob über Verbannung oder Todesstrafe abgestimmt werde (441), findet hier also eine Entsprechung.

[23] Möglicherweise wird hier auf das athenische Verfahren angespielt, bei dem zuerst über Schuld oder Unschuld, dann über das Strafmaß entschieden wurde (s. Plat. apol.). Da bei Orestes die Schuld evident ist, wird zuerst über das Strafmaß, dann über die genaue Ausführung debattiert.

[24] In meiner Argumentation für die Echtheit von V. 51 (zuerst von VAN HERWERDEN 1855, 359–62 athetiert) folge ich ERBSE 1975, 436 und VAN DER VALK 1984, 188. In V. 51 ist τινά zu ergänzen (s. 1193–4), zum Subjektswechsel (θανεῖν in V. 50 ist zu halten) s. V. 513–15; zur Formulierung vgl. Il. 20,481 φασγάνῳ αὐχένα θείνας. Ohne V. 51 müßte man einen Zwischengedanken (hier in Parenthese) ergänzen: „Heute ist der Tag, an dem die Bürger abstimmen werden, ob wir beide den Tod durch Steinigung finden (sc.

der Hinrichtung erwartet sie noch eine Entscheidung. So wird Elektras Einschätzung der Lage deutlich: das Todesurteil hält sie bereits für eine beschlossene Sache. Denn sie hatte ja erfahren müssen, wie die Bürger der Stadt sie ächten und nicht einmal mehr grüßen (46–7, vgl. 428–30).

Mit dieser negativen Einschätzung steht Elektra nicht allein. Orestes faßt seine Situation so zusammen (446):

πάντων πρὸς ἀστῶν (sc. εἱλισσόμεθα), ὡς θάνω· βραχὺς λόγος.

Von allen Bürgern der Stadt (werden wir umzingelt), damit ich den Tod finde.
So kurz und bündig kann man das sagen.

Auch er weiß, daß die Bürger die Steinigung planen (442). Im Gespräch mit Menelaos schildert er die Hintergründe: auf dessen Vermutung, daß Aigisthos' Familie, vor allem sein Sohn Aletes, sich als „Freunde" für diesen einsetzen (οἱ ἀπ' Αἰγίσθου φίλοι) und Orestes' Untergang betreiben (435)[25], antwortet er etwas ausweichend (436): „Es wollen diejenigen mir Gewalt antun, die in der Stadt jetzt das Sagen haben."[26]. Nicht nur der Mord an Klytaimestra und Aigisthos, auch Palamedes' Tötung in Troja

---

oder nicht). - Ich erwarte das Todesurteil. - Noch etwas Hoffnung haben wir aber, nicht sterben zu müssen: es ist nämlich Menelaos ins Land gekommen aus Troja."

[25] Zum φίλος-Begriff s. S. 77f. V. 434–5 sind mißverstanden worden; so setzen WILLINK 1986 und DIGGLE V. 435 in cruces (die Lösung von WILLINK: φθόνος für das überlieferte τῶν kann nicht überzeugen). Orestes sagt: διὰ τριῶν δ' ἀπόλλυμαι und meint damit die drei φόνοι (Palamedes, Klytaimestra und Aigisthos), die ihn vernichten: „Auch wenn ich an Palamedes' Tod keine Schuld trage, hilft mir das nichts, denn es lasten zwei weitere Morde auf mir." Anders WEST 1987a, 91: „I am ruined by it at two removes", und 213: „across three (inclusive reckoning)"; er meint wohl den Dreierschritt: Palamedes - Agamemnon - Orestes; aber die Aussage: „durch den Palamedes-Fall werde ich vernichtet" ist sachlich falsch. Menelaos versteht Orestes richtig und fragt deshalb nach den weiteren Personen, die neben Oiax Orestes' Untergang betreiben, und vermutet: „Wohl einer von Aigisthos' Nachkommen" (435 τίς δ' ἄλλος; ἦ που τῶν ἀπ' Αἰγίσθου φίλων;); zu ὁ/οἱ ἀπό τινος s. LSJ s.v. ἀπό III 1, Isokr. 9,13 οἱ ἀπὸ Διός, Xen. hell. 3,1,6 οἱ ἀπὸ Δαμαράτου, Anab. 7,8,18, Aristot. rhet. 1390b29–30; zu ergänzen wäre γεγονότες s. Hdt. 5,22,1, Isokr. 12,206; vgl. Eur. Or. 347 τὸν ἀπὸ Ταντάλου sc. οἶκον. Als Nachkommen sind sie Aigisthos' „Freunde" (φίλοι). Als männlicher Nachkomme ist Aletes bekannt, s. Hygin. fab. 122. 124 und SIMON in LIMC I 2, 485f.; unsicher ist, ob Klytaimestra seine Mutter ist, was für unsere Stelle nicht nötig ist (in diesem Fall wäre er höchstens 17 Jahre alt). Kinder von Aigisthos und Klytaimestra werden Soph. El. 589 und Eur. El. 62, vgl. 626 genannt. Der Plural bezieht sich auf diese Kinder und deren Angehörigen (in 894 wird allgemeiner von Aigisthos' Freunden gesprochen).

[26] Statt Kolon ist Komma zu setzen: οὗτοι antizipiert ὧν; s. KG II 1, 647 § 467,9.

werde ihm angelastet, obwohl er daran schuldlos sei (432–4)[27]. Allerdings ist es keinesfalls erstaunlich, daß Palamedes' Bruder Oiax in der Volksversammlung nicht mehr auftaucht[28]. Euripides deutet an, daß der Tötungswille der Bürger noch durch andere Faktoren ausgelöst wird als durch den objektiven Tatbestand des Muttermordes, der in der Volksversammlung verhandelt wird, wo der Palamedes-Fall naturgemäß keinen Platz hat. Es ist die Vielzahl der Gründe und Faktoren, der berechtigten wie der unberechtigten, die die Gefährlichkeit des Volkszornes ausmachen. Mit der Erwähnung des Palamedes soll nicht an die gleichnamige Tragödie des Euripides erinnert werden[29], sondern der Charakter eines kollektiven Vergeltungswunsches beschrieben werden: er gründet sich auch auf Gegebenheiten, für die der Betroffene gar nicht verantwortlich ist.

Noch gefährlicher werden die Emotionen der Masse, wenn ein Einzelner sie sich zu Nutze macht. Diesen Aspekt hat Euripides in der Gestalt des Tyndareos verdeutlicht. Auch er kennt den Wunsch der Bürger, den Muttermörder zu steinigen, und dies kommt seinen eigenen Rachegelüsten entgegen. Zweimal warnt er Menelaos davor, sich der Hinrichtung entgegenzustellen (536–7 = 625–6)[30]. Er selbst beabsichtigt, die Bürger, die von sich aus schon dazu drängen, noch weiter anzustacheln (612–14)[31]:

---

[27] Oiax' Verbindung mit Aigisthos (s. das von Paus. 1,22,6 beschriebene athenische Gemälde: Oiax, Nauplios' Sohn, kommt Aigisthos zu Hilfe, als Orestes ihn tötet) spielte wohl schon in Stesichoros' 'Orestie' eine Rolle (s. PMG 213), wo Palamedes' Erfindung der Buchstaben erwähnt wird; anders STEPHANOPOULOS 1980, 137.

[28] Anders z.B. WEST 1987a zu V. 435.

[29] WEST 1987b, 282f. hält 431–6 für eine Zweitfassung des Dichters, um an seine Tragödie 'Palamedes' zu erinnern. Warum sollte Euripides an seine Tragödie erinnern? Die Verse 431–6 gehören notwendig in Menelaos' Situationsanalyse, da er wissen muß, welche Bürger auf der Gegenseite stehen.

[30] Zu der Dublette 536–7 = 625–6 s. PORTER 1994, 333f. (Appendix 5) und MÜLLER-GOLDINGEN 1985, 289: „Die Wiederholung dient der Hervorhebung des Starrsinns des Tyndareos und des Beharrens auf seiner Position." DIGGLE athetiert 537 und 625. Mir scheint es durchaus sinnvoll, daß Tyndareos zweimal dieselbe Drohung mit den gleichen Worten ausspricht; anders GRUBE [2]1961, 385 A. 2, VAN DER VALK 1984, 177; vgl. Theseus' Drohung gegen Hippolytos in Eur. Hipp. 898 und 1048–9. Das Phänomen, daß alte Menschen in ihrem Starrsinn oft dasselbe sagen, dürfte von zeitloser Gültigkeit sein. Und in dieser Drohung liegt der dramaturgische Sinn der Tyndareos-Gestalt; ihretwegen wird Menelaos Orestes die Hilfe versagen.

[31] Wie Klytaimestra die Erinyen (255–6 ὦ μῆτερ, ἱκετεύω σε, μὴ 'πίσειέ μοι / τὰς ... κόρας), so hetzt Tyndareos die Bürger gegen Orestes.

μολὼν γὰρ εἰς ἔκκλητον ᾿Αργείων ὄχλον
ἑκοῦσαν οὐκ ἄκουσαν ἐπισείσω πόλιν
σοὶ σῇ τ᾿ ἀδελφῇ, λεύσιμον δοῦναι δίκην.

Ich werde in die Versammlung der Argiver gehen und die Bürger, die schon dafür und nicht dagegen sind[32], dazu antreiben, dich und deine Schwester mit Steinigung zu bestrafen.

So wird Tyndareos mit Hilfe der allgemeinen Stimmung seinen persönlichen Wunsch nach Vergeltung für die Tötung der Tochter durchsetzen.

Der Wille der Bürger hat auch bereits in konkreten Taten seinen Ausdruck gefunden. Man bewacht alle Ausgänge der Stadt, um einer möglichen Flucht des Muttermörders vorzubeugen[33]. Dies berichtet Orestes zweimal in einer nahezu identischen Gesprächssequenz[34]. Diese Verdop-

---

[32] Ich folge den Hss. ἑκοῦσαν οὐκ ἄκουσαν; s. ᾿Herakliden᾿ 531, Andr. 357, Soph. Oid. T. 1230, Phil. 771; anders MURRAY [2]1913, BENEDETTO 1965, WEST 1987a, DIGGLE und GUZMÁN GUERRA 2000: sie lesen nach CANTER [2]1597 ἑκοῦσαν οὐχ ἑκοῦσαν (s. Σ καὶ μὴ βουλομένους), vgl. PORTER 1994, 108 A. 24; für diese Verbindung finde ich allerdings keine einzige Parallele; die Phrase ἑκοῦσί τε καὶ ἄκουσιν (Pl. Phil. 14c, leg. 632b) ist keine, da es hier um verschiedene Menschengruppen geht. Die Argiver betreiben die Steinigung eben nicht „willy nilly" (vgl. WILLINK 1986), sondern wollen sie, auch ohne von Tyndareos angestachelt zu sein. In der Versammlung agiert Tyndareos durch den Demagogen, dessen Antrag auf Todesstrafe die erwartete Mehrheit erringt. Wichtig für Tyndareos ist, daß Menelaos, der allein zugunsten der Geschwister die allgemeine Stimmung ändern könnte (69–70, 243–4), sich nicht für sie einsetzt.

[33] Wenn BURNETT 1971, 204 ihre Interpretation darauf aufbaut, daß der „Held" sein Vertrauen in Apollon verloren habe („forgetful of that god") und anführt (203): „he makes no move towards the Pythian shrine", übersieht sie die tatsächlichen Gegebenheiten. Auch dürfte er zu keinem lokalen Heiligtum zugelassen werden, wo ihm jeder Herd versperrt wird (V. 47).

[34] V. 440–4
Ορ. **ψῆφος καθ᾿ ἡμῶν** οἴσεται τῇδ᾿ ἡμέρᾳ.
Με. φεύγειν πόλιν τήνδ᾿; ἢ **θανεῖν** ἢ **μὴ θανεῖν**;
Ορ. θανεῖν ὑπ᾿ ἀστῶν λευσίμῳ πετρώματι.
Με. κᾆτ᾿ οὐχὶ **φεύγεις** γῆς ὑπερβαλὼν ὅρους;
Ορ. κύκλῳ γὰρ **εἱλισσόμεθα** παγχάλκοις ὅπλοις.
   V. 756–60
Ορ. **ψάφον ἀμφ᾿ ἡμῶν** πολίτας ἐπὶ φόνῳ θέσθαι χρεών.
Πυ. ἦ κρινεῖ τί χρῆμα; λέξον· διὰ φόβου γὰρ ἔρχομαι.
Ορ. ἢ **θανεῖν** ἢ **ζῆν**· ὁ μῦθος οὐ μακρὸς μακρῶν πέρι.
Πυ. **φεῦγέ** νυν λιπὼν μέλαθρα σὺν κασιγνήτῃ σέθεν.
Ορ. οὐχ ὁρᾷς; **φυλασσόμεσθα** φρουρίοισι πανταχῇ.
WEIL [2]1879 schreibt zu V. 441–2: „Ces deux vers sont peut-être interpolés"; WILLINK

pelung sollte man nicht durch Streichungen zu beseitigen suchen. Sowohl
Menelaos als auch Pylades reagieren auf die Information, daß eine Gerichtsversammlung über Leben und Tod bevorsteht, mit dem Rat zur
Flucht, und beiden gegenüber muß Orestes darauf hinweisen, daß dies angesichts der bewachten Straßen und Tore unmöglich ist. Die Tatsache, daß
auch der wahre Freund keinen anderen Rat weiß als der vermeintliche
Freund, zeigt, wie aussichtslos für Orestes die Lage in Argos ist. Einzig die
Flucht könnte ihn vor den Bürgern schützen, aber dieser Weg ist versperrt. Sogar für Pylades besteht die Gefahr, daß man ihn töten werde
(770). Orestes und seine Freunde sind im höchsten Maße von ihren Mitbürgern bedroht, und es ist keineswegs erstaunlich, daß allein der außerhalb
der Stadt wohnende Landmann das Wort zugunsten des Muttermörders
erhebt. Von ihren Mitbürgern haben die Geschwister nur den Tod zu erwarten, und dies wird dem Zuschauer bis zum Bericht von der eigentlichen
Verurteilung immer wieder deutlich gemacht. Die verstreuten Hinweise
und Beschreibungen ergeben ein geschlossenes Bild, so daß kein Anlaß
besteht, am überlieferten Text zu zweifeln.

Für die Interpretation der Tragödie ist es wichtig, die Frage zu klären,
welche Reaktionen des Publikums Euripides auf diesen beklagenswerten
Zustand seines „Helden" intendiert hat. Im ersten Teil des Stückes bis zu
Menelaos' Erscheinen führt er in Elektra und Helena und dem Chor drei
verschiedene Möglichkeiten vor, auf Orestes' Lage zu reagieren. Allen
drei gemeinsam ist das Mitleid mit dem Kranken in jeweils unterschiedlicher Intensität und Ausprägung. Die unermüdliche Pflege der Schwester
beschreibt Euripides in teilweise anrührenden Einzelheiten, wodurch ihr
Mitgefühl bei allem Unverständnis für die seelischen Ursachen anschaulich wird. Andererseits darf man aber nicht übersehen, daß ihr eigenes
Schicksal, wie sie selbst sagt, ganz von dem des Bruders abhängt (307–10),
so daß ihre Sorge um ihn natürlicherweise nicht ganz ohne Eigeninteresse

---

1986, DIGGLE und KOVACS 2002 athetieren diese Verse; die dargestellte Parallele spricht
dagegen. Die Tatsache, daß Menelaos trotz Orestes' Aussage in V. 438 („Wo sie mich
nicht einmal mehr leben lassen wollen?") von Verbannung spricht, zeigt lediglich, wie
wenig er bereit ist, den Ernst der Lage zu begreifen. Übrigens sollte man nicht meinen,
Orestes übertreibe; so VERRALL 1905, 224: „a travesty of the real situation", vgl. GRUBE
²1961, 382. Der weitere Verlauf zeigt, daß Orestes die Lage richtig beschreibt.

ist. Dennoch bildet ihr liebevoller Einsatz für den Bruder den denkbar deutlichsten Gegensatz zu der oberflächen Reaktion Helenas, die zwar einen Seufzer „Ach, der Unglückliche" (90 ὦ μέλεος) von sich gibt[35], im gleichen Atemzug aber auch Klytaimestra nennt und weit mehr an ihren eigenen Geschäften interessiert ist als an der Lage ihres Neffen. In ihrer taktlosen Bitte, Elektra solle der ermordeten Mutter Grabspenden bringen, werden vollkommene Oberflächlichkeit und Ichbezogenheit sichtbar, Eigenschaften, die bei ihrem Gatten wiederkehren werden[36]. So steht in ihrer Bitte an die tote Klytaimestra um Glück und Segen das unglückliche Geschwisterpaar auch ganz am Ende der Reihe (120–1 ἐμοί τε καὶ σοὶ [= Ἑρμιόνῃ] καὶ πόσει .../ τοῖν τ' ἀθλιοῖν τοῖνδ'), wobei sie zu übersehen scheint, daß die Schwester ihren Mördern schwerlich gewogen sein wird[37]. Dennoch bedauert auch Helena in dem ihr möglichen Maße das unglückliche Los ihrer Verwandten.

---

[35] Die andere Mitleidskundgebung (74 τλήμων Ὀρέστης) ist textkritisch umstritten; DIGGLE, WILLINK 1986 u.a. athetieren nach KIRCHHOFF 1855 diesen Vers. Ich halte dies nicht für unumgänglich, obwohl πῶς ... ἔφυ (73–4) auffällig, aber tolerierbar bleibt (KAMERBEEK 1989, 534 schlägt nach HEATH vor: πῶς ... ἔχει); im Perf. ist der Gebrauch mit Adv. üblich, s. Hdt. 2,9,1, Xen. hell. 7,1,7, Plat. polit. 275c, leg. 822b u.ö., Aesch. in Ctes. 174, für den Aor. finde ich nur späte Belege: Liban. decl. 44,1,62 πῶς ἔφυ τὸ κακόν, Σ Soph. Oid. T. 592 πῶς ἡ τυραννὶς ἔφυ (die Nuance „von Natur aus" ist verblaßt); WEST 1987a (nur im Kommentar) und KOVACS 2002 lesen nach PORSON ³1824 ὅς φονεὺς ἔφυ, das deiktische Pronomen ὅδε ist aber erwünscht, und πῶς (73) ist dann ohne Prädikat (Ellipse von ἔχετε scheint mir trotz Eur. Kykl. 206 problematisch); Weitschweifigkeit des Ausdrucks übt Helena auch in V. 71–2 (71 ebenfalls von DIGGLE nach HASLAM 1979, 100, der dies nicht näher begründet, athetiert) und V. 110–11; aber V. 110 wird von DIGGLE und KOVACS 2002 nach SANSONE 1990, 65 athetiert; warum soll Euripides den Vokativ κόρη nicht ohne Attribut benutzen? Vgl. [Aischyl.] Prom. 739: ὦ κόρη; V. 111 von WILLINK 1986 nach MATTHIAE 1813 athetiert; gegen beide Athetesen zu Recht VAN DER VALK 1984, 180, KAMERBECK 1989, 534. Wenn Helena an drei Stellen weitschweifig ist, stützen sich die Stellen gegenseitig und dienen der Charakterisierung.

[36] Vgl. dazu S. 39ff.; Helena will Hermione nicht auf die Straße schicken (108), weil es sich für eine παρθένος nicht zieme, aber Elektra, deren „Jungfräulichkeit" sie selbst betont (72), soll es tun, vgl. LEINIEKS 1996, 25. Unverständlich BURNETT 1998, 267: „Helen, for all her vanity, shows the same large pity for the avenger that was gravely voiced by Athena in the Aeschylean treatment of this tale. ... Helen's kindly intervention (durch die Grabspenden) continues toward its successful conclusion."

[37] Vgl. GRUBE ²1961, 378: „If Clytemnestra's soul was indeed hovering over her tomb, we can imagine the grim amusement with which the prayer would be received!"

Tiefer geht das Mitleid des Chores; dreimal nennen die argivischen Frauen Orestes „unglücklich" (156, 161, 327 τάλας) und bitten Menelaos um Hilfe (680). Sie sprechen in einem Anruf an Zeus ausdrücklich von dem Schmerz des Mitleids, den sie angesichts der Angriffe der Erinyen auf Orestes fühlen[38]. Sie bitten die Rachegöttinnen, von ihrem Opfer abzulassen, und beklagen den Fall des einst gesegneten Hauses (340–7).

Mit dieser dreifachen Darstellung von Mitleid hat der Dichter wohl eine ähnliche Reaktion beim Publikum provoziert. Aber dieses Mitleid gilt einem Muttermörder. Leidet der tragische „Held" angesichts seiner furchtbaren Tat nicht völlig zu Recht? Ist die Reaktion der Bürger von Argos nicht die angemessenere? Euripides begegnet diesem Problem in zweierlei Hinsicht. Einerseits klammert er durch einen dramatischen Kunstgriff im ersten Viertel der Tragödie die Schuldfrage aus, andererseits rückt er das Verhalten der Mitbürger durch bestimmte Details in ein negatives Licht. Beides soll, mit letzterem beginnend, im folgenden betrachtet werden.

Was die Bürger von Argos angeht, so sind die Verweigerung der rituellen Entsühnung[39] und die Verhinderung einer freiwilligen Verbannung durch die Bewachung der Straßen und Tore auffällig[40]. Erstaunlich ist weiterhin die Tatsache, daß bei einem moralisch so schwierigen Fall wie der tödlichen Bestrafung der Mörder des Vaters durch den Sohn die Stadt einhellig dessen Hinrichtung betreibt, so daß Elektra schon vor dem Prozeß

---

[38] V. 332–4 ἰὼ Ζεῦ, / τίς ἔλεος, τίς ὅδ' ἀγὼν / φόνιος ἔρχεται / θοάζων σε τὸν μέλεον. Ich verstehe τίς ἔλεος, τίς ὅδ' ἀγών im Sinne eines Hendiadyoin: „Was für ein Mitleid angesichts des tödlichen Kampfes, der dich armen Orestes umtreibt, erfaßt mich!" Die Frage ist natürlich exklamatorisch; WILLINK 1986 setzt τίς ἔλεος, τίς in cruces, was angesichts V. 968 ἔλεος, ἔλεος ὅδ' ἔρχεται fragwürdig ist, vgl. V. 832 τίς ἔλεος μείζων κτλ.; GÜNTHER 1989, 114: τί σ' ἔλεος, τί σ' ὅδ' ἀγών (würde man σε nicht hier auf Zeus beziehen?); zum Verb vgl. Phoin. 1286 ἔλεος, ἔλεος ἔμολε κτλ. Das Wort ἔλεος meint hier (im aristotelischen Sinne) das „Mitleid", das der Chor angesichts Orestes' Todeskampfes (ἀγὼν φόνιος) empfindet und von dem er gerne verschont bliebe (ἔλεος ist eine λύπη!). Der ἀγών bezieht sich auf das in der Strophe besungene Wirken der Erinyen (322–3): αἵματος / τινύμεναι δίκαν, τινύμεναι φόνου.

[39] Vgl. Aischyl. Choeph. 1059–60 und Eum. 282–3; s. PARKER 1983, 386: „The first is the physical rite performed at Delphi by Apollo, who in this assumes the role that normally belongs to a human purifier." Vgl. Paus. 2,31,4; 3,22,1; 8,34,2.

[40] Zum freiwilligen Exil s. A. 96; immerhin war nach Pollux 8,117 der Elternmörder davon ausgenommen. Vgl. Lykos' Maßnahmen in Eur. HF 82–3 ὡς οὔτε γαίας ὅρι' ἂν ἐκβαῖμεν λάθρᾳ·/ φυλακαὶ γὰρ ἡμῶν κρείσσονες κατ' ἐξόδους.

seinen Ausgang für entschieden hält. Gegen Orestes werden Gründe geltend gemacht, für die er in keinem Fall die Verantwortung trägt
(Oiax/Palamedes); sogar das Leben des nicht zur Stadt gehörenden Freundes schwebt in Gefahr (Pylades). Allein die gewaltsamen Strafen der Steinigung oder Enthauptung, die in Athen unüblich waren[41], deuten den Charakter der Volksemotionen an[42]. Verstärkt wird dieser Eindruck durch den
Bericht von der Volksversammlung, die an dem Orte stattfindet, wo schon
einmal zugunsten von Frauen, die ihre Gatten mordeten, entschieden wurde[43]. Auch wenn man sich vor Augen hält, daß der Bote ein Freund des
Hauses ist und somit kein neutrales Bild der Versammlung gibt[44], fällt auf,
daß es nicht abgewogene Argumente sind, die das Urteil der Bürger be-

---

[41] Steinigung und Enthauptung werden in historischen Zeiten sehr selten erwähnt;
zur Steinigung s. Hdt. 1,167,1 (Agylla), 5,38,1 (Mytilene), 9,5,2 (Athen), Thuk. 5,60,6
(Argos) u.ö., vgl. Plat. leg. 873b; in der Tragödie wird sie zuweilen angedroht (Aischyl.
Sept. 198–9, Ag. 1615–16; Soph. Aias 254–5, 728, Ant. 36, Oid. K. 435; Eur.
'Herakliden' 59–60, 141, Ion 1112 (?), 1237, 1240, Iph. A. 1350, Ba. 356), an Neoptolemos wird sie vollzogen (Andr. 1153–4); vgl. Aristoph. Ach. 184–5, 234–6, 280ff. Die
Enthauptung findet sich in persischem Kontext bei Hdt. 9,78,3, Xen. an. 1,10,1; 2,6,1,
hell. 3,4,25, Kyr. 8,8,3; für die Römer s. Polyb. 1,7,12 (κατὰ τὸ παρ' αὐτοῖς ἔθος
ἐπελέκισαν), s. Σ B 13,203 ὠμὸν καὶ οὐχ Ἑλληνικόν. Zum ἀποτυπανισμός (Lys.
13,56. 67, Demosth. 8,61, 9,61, 10,63, 19,137), womit wohl keine Enthauptung gemeint
ist, s. MacDowell 1963, 111f.

[42] Noch deutlicher wäre dies, wenn Piccirilli 1992 zu Recht annimmt, es werde auf
die Steinigung von Nikias und Demosthenes in Sizilien angespielt; leider ist die Lesung
καταλευσθέντας in Plut. Nik. 28,5 (= FGrHist 566 fr. 101) unsicher; Thuk. 7,86,2
spricht nur von ἀπέσφαξαν. Zur Gefährlichkeit der Masse s. nur. Hdt. 3,81,1
(Megabyzos): ὁμίλου γὰρ ἀχρηίου οὐδέν ἐστι ἀξυνετώτερον οὐδὲ ὑβριστότερον.

[43] Wie man zugunsten der Danaos-Töchter entschied, wird man es jetzt zugunsten
Klytaimestras tun (872–3, s. 876, 1250, 1279, 1621). Vielleicht spielt Euripides auf
Aischylos' 'Danaiden' an, wo die Gattenmörderinnen wohl in einem Prozeß freigesprochen und dann neu verheiratet wurden; vgl. Garvie 1969, 210: „Robertson too assumes
an acquittal, and almost everyone agrees. Probable as this assumption is, it cannot be
regarded as absolutely certain"; zur zweiten Hochzeit s. Pind. Pyth. 9,112, Hdt. 2,98,2,
Paus. 3,12,3, Hyg. fab. 170. Dann ist m.E. auch V. 933 πάλαι Πελασγοί, Δαναΐδαι δὲ
δεύτερον nicht zu streichen (vgl. van der Valk 1984, 189 und Guzmán Guerra 2000):
was als „captatio" gemeint ist, weist in Wahrheit auf die Erfolglosigkeit der Rede.

[44] Vgl. Easterling 1997, 31. Bereits in seinem ersten Vers (852) zeigt er (sprachlich
etwas übertrieben) Mitleid mit Elektra (die Athetese des Verses nennt Kamerbeek 1989,
636 zu Recht „arbitrarily"). Ebenso übertrieben urteilt Verrall 1905, 237: „The repor-
ter is a witness manifestly and extremely incompetent; and his mind is a medium of intense
refraction." Er versucht, die Feindseligkeit der Bürger zu leugnen und allein Orestes, der
sich provozierend verteidigt habe, die Verantwortung für das Urteil zuzuschieben.

stimmen. So erfahren wir von den Worten des siegreichen Demagogen nichts weiter als den Antrag, die Geschwister zu steinigen[45]. Ob die Lautstärke des Beifalls der Menge oder eine korrekte Abstimmung entscheiden, wird nicht berichtet, geschweige denn ihr genaues Ergebnis. Nicht juristischer Sachverstand, sondern geschickte Rhetorik bestimmt den Ausgang im Sinne der machtpolitischen Verhältnisse. Neben Aigisthos' Anhängern, denen der stets auf der Seite der Stärkeren stehende Talthybios es recht zu machen wünscht[46], ist es vor allem Tyndareos, der, ohne auf der Versammlung als Spartaner reden zu dürfen, das Geschehen steuert (894, 915[47]). Der Teil der Bürger, der Diomedes' Antrag auf Verbannung zuneigt (901), wird von denen überstimmt, die im Sinne des aus persönlichen

---

[45] Die ausführliche Charakterisierung des Demagogen (904–13) wird von WILLINK 1986, DIGGLE und KOVACS 2002 nach HARTUNG 1849 athetiert (DEGANI 1967, 46 und WEST 1987a streichen 906–13, BENEDETTO 1965 u.a. nach KIRCHHOFF 1855 die Verse 907–13). Der typisch Euripideische (s. BREITENBACH 1934, 236–8, vgl. Aristoph. Ach. 395) Ausdruck Ἀργεῖος οὐκ Ἀργεῖος ἠναγκασμένος muß den Parallelen entsprechend (s. besonders Hek. 948 γάμος οὐ γάμος, Hel. 690 γάμον ἄγαμον) bedeuten: „ein Argiver, der diesen Namen nicht verdient, weil er sich hatte nötigen lassen", d.h. der Demagoge ist gerade kein Ausländer, wie man aufgrund der angeblichen Kleophon-Anspielung vermutete (Σ νόθος πολίτης, vgl. aber WANKEL 1974, 90: Kleophon aus „arrivierter attischer Familie"), sondern ein Argiver, der sich nach dem Urteil des Boten nicht dementsprechend verhält, sondern sich von dem Nicht-Argiver Tyndareos (durch Geld?) beeinflussen ließ (zum Passiv s. MENGE [10]1999, 173 A. 5), gegen Orestes aufzutreten (s. V. 915–16). In V. 406 bezieht sich αὐτούς auf die anwesenden Bürger, die während der Rede mehrmals genannt werden (871, 884, 900 [ζημιοῦντας], 901–2), ἀστούς von VALCKENAER ist überflüssig; ἔτι ist steigernd (s. LSJ s.v. II 1): „durch seine Redegabe in der Lage, sie noch in ein Unglück zu stürzen." Schwieriger ist die Frage der Echtheit von 907–13 zu beurteilen; immerhin entspricht der Exkurs dem ebenso überflüssigen über die Herolde (895–7), den DIGGLE freilich auch streicht (s. OAKLEY 1992). Das schwer verständliche „Kauderwelsch" (so WILLINK ebd. 233) soll vielleicht die Ansichten des einfachen Boten charakterisieren, der seine politischen Grundsätze hier anbringt, ohne dem Thema inhaltlich wie sprachlich gerecht werden zu können (die Echtheit verteidigt auch VAN DER VALK 1984, 174f.).

[46] HALL 1993, 268 vermutet mit anderen Interpreten hinter der Gestalt des Talthybios Theramenes „the famous turncoat". Aber er wird nicht der einzige gewesen sein, der nach 411/10 v. Chr. die Parteien wechselte.

[47] Vgl. FLASHAR 1997b, 108: „Der Antrag dieses Demagogen (ist) dem Rat des Tyndareos zu verdanken (915), wodurch sich eine seltsame Koalition von uraltem Adel und radikalem Demos ergibt." Solche Koalitionen werden im Athen dieser Zeit keine Seltenheit gewesen sein.

Motiven agierenden Spartaners entscheiden[48]. So findet der Antrag auf
Exil, der dem komplizierten Tatbestand am ehesten gerecht würde, keine
Mehrheit. Hatte doch sogar Tyndareos dem Enkel vorgehalten, daß er
allein dadurch den Gesetzen genügt hätte, daß er die Mutter vertrieben
hätte (515; s. S. 50ff.). Unabhängig von der Frage also, ob der Tod für
einen Muttermörder nicht die angemessene Strafe wäre, stellt Euripides
das Treiben der Bürger in ein wenig günstiges Licht und provoziert damit
gegenteilige Reaktionen des Publikums zugunsten Orestes'[49].

Was die entscheidende Schuldfrage angeht, so besteht die dramatische
Technik des Dichters, mit deren Hilfe er die Problematik des Muttermordes gleichsam ausblendet, darin, daß alle in den ersten Szenen des Dramas
auftretenden Personen Apollon als den allein Verantwortlichen für den
Muttermord benennen[50]. Die Akteure können so Mitleid mit dem Muttermörder empfinden, weil er seine Tat aufgrund eines göttlichen Befehls
vollbrachte und selbst unschuldig ist. Bereits Helena rechtfertigt ihr (ober-
flächlich) freundliches Verhalten gegenüber den Geschwistern damit, daß
sie dem Gott die Schuld an der bösen Tat gibt (76 εἰς Φοῖβον ἀναφέρουσα
τὴν ἁμαρτίαν, vgl. 121–2)[51]. Der Chor spricht von dem „von Gott ver-
anlaßten hassenswertesten Verbrechen" (160 ἐχθίστων θεόθεν ἐργμά-
των) und begründet seine Bitte an die Erinyen, von Orestes abzulassen,
mit Apollons Spruch vom delphischen Dreifuß (329–31)[52]. Elektra klagt

---

[48] Zur negativen Wertung der Gestalt des Tyndareos s. S. 66f.; zu Rhetorik und Macht
in der Gerichtsversammlung s. z.B. NEUMANN 1995, 90f.

[49] Zu Menelaos s. S. 39 und 107ff.

[50] VOGT 1994 zeigt, daß Euripides im Gefolge von Aischylos die Umstände der Ora-
kelbefragung im unklaren lassen mußte, da die göttliche Verursachung relativiert würde,
wenn Orestes nur die Billigung seines eigenen Rachewunsches zu erlangen strebte.

[51] Vgl. dazu PARKER 1983, 311: „Helen's 'I'm not polluted by speaking to you' is
simply an expression of her glib moral laxity."

[52] Im Fortgang des Liedes drückt sich dann der Zweifel des Chores aus, ob wirklich
Apollon es war, der den Muttermord befahl (335–7): „dir schafft Tränen auf Tränen ein
rächender Geist (τις ἀλαστόρων), der dich ins Haus führte"; vgl. Aischyl. Ag. 1501: in
Klytaimestras Tat verkörpert sich der παλαιὸς δριμὺς ἀλάστωρ des Hauses. Die Tex-
tänderung von LONGMAN (1962, 64f.): πορεύων τέ σ' εἰς δόμον ἀλαστόρων (= Hades)
scheint mir wegen der Wiederholung des Pronomens nicht sinnvoll; GÜNTHER 1989, 114
will συμβάλλειν intr. verstehen (s. LSJ s.v. II 1c [sic!] „come to blows, engage") und
δάκρυα πορεύων verbinden; s. dagegen bereits die Scholien, die auf Il. 4,453 hinweisen. Ich sehe keinen Grund, an dem mehrheitlich überlieferten πορεύων (χορεύων Hs. G,

Apollons Ungerechtigkeit (28 ἀδικία) an: er befahl eine Tat, die nirgends Anerkennung findet (30 οὐχ ἅπαντας als Litotes), und „opferte" (191 ἐξέθυσε) dann die Täter. So sagt sie in der Parodos (162–5):

ἄδικος ἄδικα τότ᾽ ἄρ᾽ ἔλακεν ἔλακεν, ἀπό-
φονον ὅτ᾽ ἐπὶ τρίποδι Θέμιδος ἄρ᾽ ἐδίκασε
φόνον ὁ Λοξίας ἐμᾶς ματέρος.

Ungerecht war Apollon und Ungerechtes verkündete er damals, ja verkündete er, als er als Richter auf dem Dreifuß der Themis den durch einen Mord bedingten[53] Mord an meiner Mutter als Strafe bestimmte[54].

Orestes fordert nach seinem Wahnsinnsanfall die Erinyen auf, nicht ihn, sondern Phoibos und seine Orakel anzuklagen (276), und macht dem Gott Vorwürfe, ihn zu einer frevelhaften Tat angetrieben zu haben (285–6)[55].

Diese Sicht des Muttermordes bleibt aber auf den ersten Teil des Dramas (bis 455) beschränkt[56]. Im nachfolgenden Agon zwischen Orestes und

---

so DIGGLE und KOVACS 2002) zu zweifeln (das Obj. ist aus dem Relativum ᾧ zu ergänzen, s. WEIL [2]1879: „il faut, sans doute, construire πορεύων [σε] εἰς δόμον"); μάτερος αἷμα σᾶς (338) kann nicht das Objekt von πορεύειν sein, da dieses Blut mit dem Muttermord bereits anwesend ist, anders BIEHL 1965, NORDHEIDER 1980, 70; zu 338–9 s. A. 59; das Part. Präs. steht, weil der Alastor Tränen schafft, nicht nachdem er Orestes in seine Heimat zurückführte, sondern indem er dies tat; vgl. Aischyl. Choeph. 649–51 τέκνον δ᾽ ἐπεισφέρει δόμοις /... βυσσόφρων Ἐρινύς, Eur. Med. 362–3 εἰς ἄπορόν σε κλύδωνα θεὸς /... ἐπόρευσε. Eine schöne Parallele stellt V. 1668–9 dar, wo Orestes zweifelt, o b wirklich Apollon und nicht ein ἀλάστωρ zu ihm spricht. Wenige Verse später spricht der Chor noch allgemeiner von einem δαίμων, der die vom Glück und Reichtum Gesegneten wie bei einem Schiffsunglück in die Tiefe reißt (340–4).

[53] Das schwierige Adj. ἀπόφονος, das nur hier und in V. 192 vorkommt, übersetzt LSJ s.v. „unnatural murder" nach dem Vorbild von ἀπόμουσος (≈ ἄμουσος, Aischyl. Ag. 801), ἀπόξενος (≈ ἄξενος in Soph. Oid. T. 196) und ἀπόθεος (≈ ἄθεος in Soph. fr. 267), vgl. WILLINK 1986, 111. Dagegen wäre einzuwenden, daß die wörtliche Übersetzung „fern von einem Mord", die bei den genannten Beispielen möglich ist („fern den Musen", „fern von Gastlichkeit", „fern vom Göttlichen"), hier zu Unsinn führt. Weiter stehen bei den von BREITENBACH 1934, 236f. aufgezählten Oxymora Substantiv und Adj. stets in direkter Nachbarschaft, hier stehen sechs Wörter dazwischen. Ich folge deshalb WEST 1987a und verstehe φόνος ἀπόφονος im Sinne von ἀπὸ φόνου γενόμενος „ein Mord, der von einem anderen Mord seinen Ausgang nahm", vgl. LSJ s.v. ἀπόγειος „from land, coming off land".

[54] Zu δικάζειν mit einem Akk., der die Strafe bestimmt, s. Hdt. 6,139,2, Aischyl. Ag. 1412. Einen „Mord" (φόνος) richterlich zu bestimmen, ist ein Oxymoron.

[55] Die cruces in V. 286 (DIGGLE) halte ich angesichts von KG II 1, 311 § 410 A. 6 (ἐπαίρειν τί τινα) für unnötig; vgl. KAMERBEEK 1989, 534 und GUZMÁN GUERRA 2000.

Tyndareos, in der die rechtliche Auseinandersetzung über den Muttermord stattfindet, spielt Apollon beinahe keine Rolle und wird nur an einer einzigen Stelle erwähnt (591–9)[57]. Der Chor verurteilt in seinem zweiten Stasimon den Muttermord eindeutig, wobei die göttliche Urheberschaft der Tat vergessen zu sein scheint[58]. In der Versammlung der Argiver fällt der Name Apollon überhaupt nicht, und auch Orestes und sein Verteidiger berufen sich nicht auf ihn[59]. Erst am Schluß des Dramas wird Apollon als „Deus ex machina" die Verantwortung für den Muttermord auf sich nehmen (1665). Damit stellt sich die Frage, welchen Grund es hat, daß Apollon nur am Beginn des Dramas als Urheber des Muttermordes erscheint[60].

Eine Antwort ergibt sich m.E. aus der dramatischen Funktion, die Apollon und sein vom Mythos vorgegebener Befehl im ersten Teil der Tragödie haben. Durch den göttlichen Auftrag wird Orestes entschuldigt, so daß auch beim Publikum Mitgefühl entstehen kann für einen von körperlicher Schwäche und Wahnvorstellungen geplagten Menschen, der für sein Unglück aber nicht voll verantwortlich ist, weil er einem Gott ge-

---

[56] Viele Interpreten haben übersehen (anders z.B. GRUBE [2]1961, 397 A. 1), daß bis V. 420 Apollon zehnmal genannt wird, in den restlichen drei Vierteln des Dramas aber nur noch zweimal (591–9, 955–6), abgesehen vom Schluß; s. ERBSE 1984, 25: „Der Hinweis auf die Verbindlichkeit des göttlichen Befehls durchzieht das ganze Stück ...."

[57] Zu Apollon im Agon s. S. 79f.

[58] Vgl. S. 117. Die spätere Verurteilung deutet sich m.E. zu Beginn nur an einer Stelle an, die textlich umstritten ist. Anders als DIGGLE und WEST 1987a u.a. setzte ich in V. 335 Komma (nach μέλεον) und am Ende von 337 Fragezeichen (nach ἀλαστόρων), wobei die Frage τίς ἔλεος einen Ausruf darstellt (s. A. 38). V. 338–9 gehören zusammen (mit der Lesung ὅ σ' ἀναβακχεύει): „Das Blut der Mutter, das dich in Wahnsinn versetzt, beklage ich, beklage ich." Möglicherweise trifft sogar Π[8] (= P. Vind. G 2315, 3./2. Jh. v. Chr.) das Richtige, wo die Verse 338 und 339 umgestellt und somit verbunden werden; s. LONGMAN 1962, 61–6, vgl. GRIFFITH 1967, 147; GUZMÁN GUERRA 2000 stellt dagegen V. 339 nach V. 340. Hier äußert der Chor auch Mitleid mit dem Opfer Klytaimestra, woraus sich die spätere Ablehnung von Orestes' Tat ergibt.

[59] Vgl. BURNETT 1971, 209: „The argument from Apollo would have been as impossible in the democratic assembly as it was before the tyrant and the aristocrat." Nur in seinem abschließenden Fazit sagt der Bote (954–6): „Eure edle Abkunft hat nichts genutzt, auch nicht der pythische Apollon, der auf dem Dreifuß sitzt, sondern er hat euch vernichtet." Es dürfte kein Zufall sein, daß gerade der Bote, der dem Haus gewogen ist (868–70) und Mitleid mit den Geschwistern hat, den Gott für verantwortlich erklärt.

[60] Zur Schlußszene s. S. 150ff.

horchte[61]. Wie für die Bühnenpersonen ist auch für die Zuschauer die
Schuldfrage vorerst geklärt, so daß ihre Sympathie dem Unschuldigen
gelten kann. Orestes wird zum Opfer in jeder Hinsicht: von einem Gott
getäuscht und im Stich gelassen, von fast allen Freunden verraten, von
seinen Mitbürgern bedroht und selbst körperlich und seelisch am Ende.
Eine solche Darstellung war dem Dichter offensichtlich als Exposition des
Dramas wichtig[62], und sie wird möglich, wenn die Ursachen und Gründe
aus dem Blick geraten, die zu diesem Zustand der Not geführt haben, oder
besser gesagt: wenn sie in eine mythologische Ebene jenseits des menschlichen Geschehens verlagert werden und der „Held" so von der eigenen
Verantwortung entlastet wird. Erst in einem zweiten Schritt wird sich
Euripides den menschlichen, vom göttlichen Befehl unabhängigen Ursachen und Beweggründen der Tat zuwenden, und dann wird Orestes keineswegs nur als Opfer erscheinen. Die göttliche Verursachung des Muttermordes stellt also keineswegs die Sicht des Dichters dar, sondern Apollons
Befehl dient ihm in erster Linie der Lenkung der intendierten Reaktionen
des Publikums in den ersten 455 Versen, ohne daß damit das letzte Wort
zur Schuldfrage gesprochen wäre.

Das Bild der Verlassenheit und Einsamkeit des „Helden" hat Euripides
noch gesteigert durch das Auftreten seines Onkels. Menelaos ist in dieser
verzweifelten Situation der einzige, der nach Ansicht der Geschwister
helfen könnte (68–70, 243–4). Aber bereits in seinen ersten Worten wird
deutlich, daß auch von ihm keine Hilfe zu erwarten ist. Euripides zeichnet
ihn als einen Menschen, der schlechterdings nicht in der Lage ist, sich in
die Situation eines anderen Menschen hineinzuversetzen, und somit die
erste Bedingung für eine wirkliche Hilfeleistung nicht erfüllt. Dieser erstaunliche Mangel an Einfühlungsvermögen hat allerdings Zweifel am
überlieferten Text ausgelöst. So streichen viele Interpreten den Vers 361,

---

[61] Mit JAUß kann man von „sympathetischer Identifikation" mit dem „Helden" sprechen (so HOSE 1994, 239). Einen vom Wahnsinn Geplagten würde ich aber nicht einen
„alltäglichen Helden" nennen, der „in mancher Hinsicht unvollkommen" ist (ebd. 240).

[62] Zu den Gründen dieser Darstellung s. S. 171f. Ähnlich wird im 'Hippolytos'
Phaidra entlastet, indem für ihre Liebe zum Stiefsohn Aphrodite verantwortlich gemacht
wird. Vgl. die Argumentation des Sophisten Gorgias, der Helena u.a. durch die βου-
λεύματα θεῶν entschuldigt (§ 6).

in dem Menelaos sagt, er habe bereits vor der Landung in Nauplia gewußt,
daß Klytaimestra seinen Bruder ermordet habe. WILLINK 1986 bemerkt
dazu (146): „For Euripides cannot have intended to suggest that Menelaos
(the epitome of σοφία) is an idiot"[63]. Denn in Anlehnung an Od. 4,512ff.
wird berichtet, wie Glaukos dem Menelaos Agamemnons Tod verkündet
habe, worüber er und seine Seeleute Tränen vergossen hätten; als er aber
in Nauplia landete, habe er geglaubt, Klytaimestra und Orestes in wohlbe-
haltenem Zustand antreffen und begrüßen zu können. Nach WILLINK sei
diese Erwartung nur verständlich, wenn Menelaos zwar von Agamemnons
Tod, nicht aber von der Ermordung durch die Gattin erfahren habe
(deshalb die Streichung von V. 361). Betrachten wir also, was Glaukos
nach Menelaos' Worten verkündet hat (366–7):

Μενέλαε, κεῖται σὸς κασίγνητος θανών,
λουτροῖσιν ἀλόχου περιπεσὼν πανυστάτοις.

Menelaos, dein Bruder liegt tot da; ihm hat die Gattin sein letztes Bad bereitet.

Wie man es von einem Propheten erwarten kann, benutzt er eine orakelhafte mehrdeutige Formulierung: die Ermordung wird als rituelle Toten-
waschung beschrieben[64]. Hat Menelaos diese Euphemie als solche durchschaut? WILLINK und andere leugnen dies m.E. zu Unrecht. Denn nach
der eindeutigen Aussage über Agamemnons Ableben (366) mußte Menelaos erwarten, auch etwas über die Umstände des Todes zu hören. Wenn er
darüber nichts, sondern nur von der selbstverständlichen kultischen
Handlung hörte, dürfte er aufmerksam geworden sein. Gefördert wird dies
durch die Ambivalenz des Ausdrucks: das Verb περιπεσεῖν τινι bezieht

---

[63] Den Vers streichen nach DINDORF 1832 auch DEGANI 1967, 28f., WEST 1987a,
DIGGLE und KOVACS 2002. REEVE 1973, 155 argumentiert: „Since τύχας can only stand
for θάνατον, the καί is indefensible, and the intervention of ὤλετο makes Μαλέα
προσίσχων πρῷραν ambiguous." Alle diese Einwände sind nicht stichhaltig. καί hat
hier spezifizierende Funktion wie in der Verbindung πόλιν καὶ δῶμα (Ion 813–14) oder
ἐκ πόλεως τε καὶ δόμων (Aischyl. Ag. 1586), vgl. Med. 253, Or. 1077; die Verbindung
τύχαι und θάνατον findet sich in fr. pap. 66,27 Austin ('Kresphontes') wieder: πῶς
τόν γε θάνατον καὶ τύχας ὑπεκφυγών; Zur angeblichen Ambiguität des Partizips s.
BENEDETTO 1965, 78; eine ähnliche Postposition des Partizips nach Parenthese in Tro.
869–71; zu einem ähnlichen Subjektswechsel nach Relativ-Satz s. El. 321–2.

[64] Zur Formulierung vgl. Phoin. 1667 σὺ δ' ἀλλὰ νεκρῷ λουτρὰ περιβαλεῖν μ' ἔα
und Hek. 611–13 ὡς παῖδα λουτροῖς τοῖς πανυστάτοις ἐμήν /... λούσω.

sich in der Regel auf ein Übel, in das man gerät[65]. Es ist also mehr als wahrscheinlich, daß Menelaos, der „kluge" (σοφός) Mann, die orakelhafte Auskunft richtig interpretiert hat, zumal er zumindest von Kassandra und ihrem Verhältnis zum Feldherrn wußte. Um auch dem Zuschauer deutlich zu machen, daß Menelaos richtig verstanden hat, ist also der vorhergehende Vers 361 unentbehrlich, wo Menelaos im vorhinein seine (zutreffende) Interpretation der Worte des Meeres-Propheten vorträgt (360–1)[66]:

'Αγαμέμνονος μὲν γὰρ τύχας ἠπιστάμην
καὶ θάνατον, οἵῳ πρὸς δάμαρτος ὤλετο κτλ.

Ich wußte ja von Agamemnons Schicksal und seinem Tod, den er durch die Hand seiner Gattin fand ...

Hält man dagegen den Vers 361 für interpoliert, kann man, wie WILLINK es tut, mit der Möglichkeit rechnen, daß Menelaos den Propheten mißverstand und (zunächst) nichts von der Beteiligung Klytaimestras am Tod seines Bruders wußte. Er hätte ihre Tat dann erst nach der Landung in Nauplia von einem der Schiffer erfahren. Aber genau dies sagt Menelaos nicht. Hätte Euripides einen solchen Hergang im Sinn gehabt, hätte er nach Vers 373 der Deutlichkeit halber einfügen müssen, daß Menelaos erst jetzt von dem Anschlag der Gattin und der daraus resultierenden Rache des Sohnes erfuhr.

Es empfiehlt sich also, den überlieferten Text zu halten und davon auszugehen, daß Menelaos schon durch Glaukos vom Gattenmord wußte. Wie aber kann er unter diesen Umständen damit rechnen, Mutter und Sohn wohlbehalten und glücklich anzutreffen (373 ὡς εὐτυχοῦντας)? Menelaos hört zwar von der Ermordung seines Bruders durch dessen Frau, bricht darüber sogar in Tränen aus, ist aber weder fähig noch gewillt, die

---

[65] Eur. Hek. 498 αἰσχρᾷ τύχῃ, fr. 460,1 αἰσχρᾷ ἄτῃ (bei Eur. nur an diesen Stellen), vgl. Ar. Ran. 969 κακοῖς, Philem. fr. 202,4 (PCG II) δίκη τις περιπεσὼν ἀπώλετο, Men. Asp. 288 ἔρωτι οὐκ αὐθαιρέτῳ, Dysk. 244 αἰσχύνη, fr. 630,3 (K.-Th.) ἀδίκοις συμπτώμασιν.

[66] W. DINDORF 1839, IIIa 92, der den Vers 361 wohl als erster bezweifelte, ihn aber im Text nicht athetierte, argumentiert, der Vers nehme die spätere Erzählung vorweg. Richtiger ist, daß dieser Vers die folgende Erzählung für den Hörer von vornherein eindeutig macht in dem Sinne, daß Menelaos bereits vor der Landung von der Tat seiner Schwägerin erfuhr. So kann der Dichter dem Meeres-Propheten dann die ambivalenten Worte in den Mund legen. GUZMÁN GUERRA 2000 hält den Vers ebenfalls.

Folgen dieser Tat zu ermessen. Den Konflikt, den diese Tat zwischen
Mutter und Sohn auslöst, erfaßt er nicht. Es handelt sich bei Menelaos
nicht um einen Mangel an Intelligenz, sondern um die fehlende Fähigkeit
und Bereitschaft, sich in die Lage anderer Menschen hineinzuversetzen.
Dem äußeren Prunk, mit dem er sich in Szene setzt[67], entspricht größte
Oberflächlichkeit, wenn es nicht um ihn, sondern um die Belange seiner
Mitmenschen geht. In dieser Hinsicht paßt er gut zu seiner Gattin Helena.
Euripides gelingt es, in den ersten Worten des siegreichen Trojakämpfers
deutlich zu machen, mit wem es Orestes zu tun hat[68]. Hilfe wird er von
dem einzigen Menschen, der helfen könnte, nicht erwarten dürfen.

In diesem Sinne läuft dann auch das Gespräch der beiden vor Tyndareos' Erscheinen ab. Bereits in den ersten Versen der Stichomythie wird
die Unsensibilität des Agamemnon-Bruders deutlich, auf die Orestes immer gereizter reagiert (385–8):

Με. ὦ θεοί, τί λεύσσω; τίνα δέδορκα νερτέρων;
Ορ. εὖ γ' εἶπας· οὐ γὰρ ζῶ κακοῖς, φάος δ' ὁρῶ.
Με. ὡς ἠγρίωσαι πλόκαμον αὐχμηρόν, τάλας.
Ορ. οὐχ ἡ πρόσοψίς μ', ἀλλὰ τἄργ' αἰκίζεται.

Me.: Götter, was sehe ich? Wen erblicke ich aus dem dunklen Reich der Toten?
Or.: Recht hast du; ich lebe nicht mehr vor lauter Unglück, aber das Licht sehe
ich noch.
Me.: Wie verwildert und schmutzig sind deine Haare, du Unglückseliger!
Or.: Nicht mein Aussehen, sondern was ich tat, quält mich.

Sicherlich wäre Menelaos vieler Probleme ledig, wenn sein Neffe nicht
mehr lebte; Orestes betont, daß es so weit noch nicht ist[69]. Und der Zustand der Haare, der für den Schönling Menelaos (349) sicherlich wichtig ist,
dürfte wenig Bedeutung haben in der Lage, in der sich Orestes aufgrund des

---

[67] V. 349–51 πολὺς ἀβροσύνῃ,/ δῆλος ὁρᾶσθαι τοῦ Τανταλιδῶν / ἐξ αἵματος
ὤν. πολύς ist die Konjektur von WILLINK 1986 für das überlieferte πολλῇ oder πολὺ δ'.

[68] HOSE 1994, 237 meint, Menelaos' Auftritt erinnere an den des Agamemnon in
Aischylos' 'Agamemnon'.

[69] Ähnlich V. 390: „Mein Körper ist dahin, mein Name aber blieb mir." KLEINSTÜCK
1945, 21 meint fälschlich, der Name sei „Muttermörder" (s. V. 392), was keine Antithese
ergäbe; 'einen Namen besitzen' meint hier soviel wie 'noch unter den Lebenden weilen'.

Muttermordes befindet[70]. Von diesem aber will Menelaos nichts wissen (393)[71]; auf Orestes' schmerzliches Bekenntnis hin, daß ihn das Bewußtsein seiner Untat plagt, ermahnt er ihn, sich klarer zu äußern, denn nur in der Klarheit läge „Weisheit" (396–7)[72]. Man fragt sich, was einleuchtender sein könnte als die Gewissensqualen eines Muttermörders und wie wenig es in Orestes' Fall auf „Weisheit" (σοφία) ankommt. Aber für Menelaos ist die Gleichsetzung von Bewußtsein und Wissen (σύνεσις) mit Krankheit nicht nachvollziehbar. Auf Orestes' Erklärung hin nennt er diese Seelenqual (λύπη) heilbar (399) und zeigt damit wieder nur sein Unverständnis.

Man hat Menelaos' Nachfragen mit einem Anamnese-Gespräch eines Arztes verglichen[73]. Man wird nur hoffen können, daß antike Ärzte mehr Sensibilität als Menelaos an den Tag legten. So lautet sein knappes Fazit mit Anspielung auf Aischylos' δρασάντα παθεῖν (413):

οὐ δεινὰ πάσχειν δεινὰ τοὺς εἰργασμένους.

Nicht furchtbar ist es, wenn der, der Furchtbares getan hat, auch furchtbar leidet.

Im Grunde sind auch alle Auskünfte über Beginn, Ort und Art der Wahnvorstellungen wenig hilfreich und eher quälend, weil Orestes wohl kaum von Menelaos Hilfe gegen die Erinyen, sondern vielmehr gegen die Hinrichtungspläne der Bürger erwartet. Angesichts dieses verständnislosen Verhaltens wird Orestes in die Verteidigung gedrängt. Er nennt auch Menelaos gegenüber den göttlichen Befehl. Den aber beeindruckt dies über-

---

[70] Anders hatte bereits Elektra auf das dreckige und verwilderte Haar hingewiesen (225–6); vgl. dazu DIGGLE 1993, wobei das überlieferte ἄθλιον κάρα zu halten ist, da es ein Wortbild darstellt, s. Herakl. 1198. 1226, Ba 1139; vgl. ἄθλιον δέμας Tro. 777, Soph. Trach. 1079, Oid. T. 1388, Oid. K. 576.

[71] Auch den Namen „Erinyen" will er nicht in den Mund nehmen (409), anders Elektra in V. 238 (vgl. 264); Orestes antwortet darauf recht bissig (410): „Denn sie sind ehrwürdig; mit feinem Takt (εὐπαίδευτα) hast du es unterlassen, sie mit Namen zu nennen", als ob es hier um Takt und gute Erziehung ginge (HENRICHS 1991a, 173 übersieht die Bissigkeit). Ich folge HERMANN 1841 in der Lesung ἀπετρέπου für das überlieferte ἀποτρέπου (so auch GUZMÁN GUERRA 2000; zum Impf. s. KG II 1, 144 § 383,3, ἀπετρέπου λέγειν wird wie οὐκ ἔλεγες gebraucht; DIGGLE: ἀπετράπου). Allein in solchen Äußerlichkeiten zeigt sich, wie wenig Menelaos mit Orestes solidarisch ist.

[72] Ebenso hält er das mißverstandene Verlangen nach Selbstmord für nicht weise (414–15); s. GREENBERG 1962, 169: „The survival of self is the primary goal of *sophia.*" Für Menelaos kann es keine Situation geben, in der Selbstmord als Ausweg erscheint. Später wird er nichts dagegen unternehmen, daß Orestes zum Selbstmord gewungen wird.

[73] WEST 1987b, 282

haupt nicht. Der Gott habe eben zu wenig darüber nachgedacht, was gut
und recht ist (417 ἀμαθέστερός γ᾽ ὢν τοῦ καλοῦ καὶ τῆς δίκης), und
helfe jetzt auch nicht (419)[74]. Auf diese Weise wird Orestes gezwungen,
sich auf anderer Ebene zu verteidigen. Als letzte Ausflucht führt er an,
seinem Vater als „Freund" (φίλος) zur Seite gestanden und ihn gerächt zu
haben (424)[75]. „Freundschaft" meint die Bindung der Blutsverwandt-
schaft, aus der die Pflicht zur Rache erwächst[76]. Hier taucht zum erstenn-
mal das Motiv auf, das für das gesamte Stück von größter Bedeutung sein
wird. Wichtig scheint mir, daß Orestes zu dieser Verteidigung gedrängt
wird, nachdem es ihm nicht gelungen ist, die Verantwortung für die Tat
Apollon anzulasten (414 ἀναφορά). Damit wird der Agon vorbereitet, in
dem Orestes seine Verteidigung nicht auf den Gott, sondern auf eben dieses Freundschaftsmotiv aufbauen wird. Aber auch diesem Beweggrund setzt
Menelaos lapidar entgegen, daß ihm der Einsatz für den Vater ja wenig
genutzt habe, was Orestes zugeben muß (425–6). Ohne jede Schonung
zwingt er den Neffen, seine hoffnungslose Situation einzugestehen. So
bleibt diesem nach dem Bericht über die Lage in der Stadt nichts anderes,

---

[74] V. 421–3 bilden eine Einheit und stellen Menelaos' Antwort auf Orestes' Aussage dar, daß das Göttliche von Natur aus zögerlich ist (420): er verweist dagegen auf das
schnelle Eingreifen der Erinyen. „Wann tat deine Mutter ihren letzten Atemzug?" (421)
ist keine echte Sachfrage - den Zeitpunkt des Todes dürfte er längst von dem Schiffer in
Nauplia erfahren haben (373–4), sondern soll die Schnelligkeit des Göttlichen beweisen.

[75] Leider ist der Text schwer verderbt, und eine wirklich überzeugende Textherstel-
lung fehlt noch (GÜNTHER 1989, 115ff. hilft nicht weiter). Der oben genannte Inhalt geht
aus Menelaos' Antwort (425 πατρὸς τιμωρία) zweifelsfrei hervor. Viele Editoren lesen
nach BRUNCK 1798, was auch mir noch die beste Lösung zu sein scheint (so auch
GUZMÁN GUERRA 2000): οὐ σοφός, ἀληθὴς δ᾽ ἐς φίλους ἔφυν φίλος (codd. ἔφυς
κακός): „Nicht ein kluger, sondern ein wahrhaftiger Freund war ich gegenüber Freunden" (σοφός gehört wie ἀληθής zum Nomen φίλος und antwortet auf V. 397). JACKSON
1955, 58 hat die Konjektur kritisiert, seine Lösung rechnet mit doppelter Lacuna;
WILLINK 1986 schlägt vor (von KOVACS 2002 übernommen): οὐ σοφὸς ἀληθῶς ἐς
φίλους ὁ φὺς κακός: „Wer sich gegenüber seinen Freunden als schlecht erweist, ist
nicht wahrhaft weise." Seine Umstellung (412–13 vor 424) ist unnötig; schwierig
scheint mir hier die Stellung von ἀληθῶς, vgl. immerhin Eur. Alk. 802. WEST 1987a (s.
1981, 69) versucht: οὐ σοφός, ἀληθὴς δ᾽ ἐς φίλους ἔφυν θεός. Eine erste Fassung hätte
nur 401–2, 421–3, 412–17, 424 enthalten; 418–23 sei eine Zweitfassung des Dichters;
war der Dichter nicht in der Lage, beide Fassungen sinnvoll zu verbinden? Vor allem
kann V. 425 nicht nach dem so hergestellten V. 424 folgen.

[76] Zur φιλία s. ausführlich S. 76f.; dort auch zu φίλος als Blutsverwandter.

als demütig um Hilfe zu bitten, indem er den Onkel beschwört, sich als echter „Freund" zu verhalten, der das vom Bruder Empfangene nun an dessen Sohn vergilt (450–5). Aber Orestes hat gehört, wie Menelaos auf seine Verteidigung, sich als wahrer „Freund" verhalten zu haben, reagierte; so könnte er schon hier wissen, daß von diesem Mann ein Einsatz für Freunde, der ihm selbst keinen Nutzen bringt, nicht zu erwarten ist; seine „Freundschaft" wird der „Klugheit" (σοφία) gehorchen[77] und den eigenen Vorteil nicht außer acht lassen.

Aristoteles hat Menelaos' Charakter als schlecht und diese Schlechtigkeit als unnötig für das Drama bezeichnet[78]. Abgesehen von der Frage, ob derartige Schematisierungen hilfreich und richtig sind[79], dürfte Aristoteles' Meinung der Rolle des Menelaos in diesem Drama nicht gerecht werden[80]. Das Bild von Orestes als dem einsamen und verlassenen „Helden", dem man Mitgefühl entgegenbringt, erhält durch Menelaos' Auftritt eine weitere Dimension[81]. Dem faktisch in Not Befindlichen selbstlos zu helfen, dazu ist nicht einmal der nächste Angehörige bereit - und dies nicht deswegen, weil er die Ungeheuerlichkeit der Tat verurteilt, sondern weil er

---

[77] Zu Menelaos als „Sophist" s. S. 109f.

[78] Aristot. poet. 1454a28–9 ἔστι δὲ παράδειγμα πονηρίας μὲν ἤθους μὴ ἀναγκαίας οἷον ὁ Μενέλαος ὁ ἐν τῷ Ὀρέστῃ und 1461b20–1 ὀρθὴ δ' ἐπιτίμησις ... τῇ πονηρίᾳ, ὥσπερ ἐν Ὀρέστῃ ⟨τῇ⟩ τοῦ Μενελάου. Zu den Scholien, die evtl. Aristoteles' Urteil übernehmen, s. HOSE 1994, 235 A. 9. Zu Aristoteles s. S. 202f.

[79] Menelaos ist zumindest kein „Bühnenbösewicht", der von sich aus Gewalttaten unternimmt, wie etwa Lykos im 'Herakles' oder Polymestor in der 'Hekabe'; anders ZEITLIN 1980, 56: „Menelaos who, in fact, is the doublet of Lycus ..." Der Begriff πονηρία wäre also zu differenzieren. Seine politischen Ambitionen (s. dazu S. 107f.) fügen sich allerdings gut in das Bild des oberflächlichen und nur auf eigenen Nutzen bedachten Menschen der ersten Szene ein (anders HOSE 1994, 251).

[80] Man sollte ELSE 1957, 464–8 nicht folgen, der Aristoteles' Urteil verteidigt, da Orestes trotz Menelaos' Eingreifens verurteilt worden wäre (zumindest Tyndareos sieht das anders); s. CILLIERS 1991, 28: „It is precisely his πονηρία, his villainy, because that is the impulse that sets the second part of the drama going." Dennoch nimmt auch sie an, „Euripides over-motivated Menelaos' role as villain in this drama" (ebd. 28).

[81] HOSE 1994, 251 hält Aristoteles' Urteil ebenfalls für falsch; die permanent negative Zeichnung des Spartaners verhindere eine spätere „sympathetische Identifikation" (s. dazu S. 177), wie sie etwa bei Jason in der 'Medeia' vorliege. Damit bleibe das Publikum auf das Bandentrio fixiert. Es bleibt mir unklar, warum es mit Hermione, auch wenn sie während der Geiselnahme stumm bleibt, nicht zur „sympathetischen Identifikation" kommt (1994, 250). Ihr Schweigen macht ihre Opferrolle nur offensichtlicher.

nicht willens ist, sich auf die Situation seines Gegenüber einzulassen und den eigenen Vorteil außer acht zu lassen. In Menelaos scheint Euripides eine Gesellschaft zu spiegeln, die auf äußerliche Pose größten Wert legt, mit dem Unglück eines andern aber möglichst wenig zu tun haben will, und für die sich freundschaftlicher Einsatz wenigstens lohnen soll[82]. Die tieferen Gründe für eine solche Handlungsweise werden erst in den nächsten Szenen deutlich werden (s. S. 107f.). Im Gang des Dramas ist das Verhalten des Menelaos, mit dem die ähnlich charakterisierte Gattin Helena eine Einheit bildet, eine wichtige Bedingung für die späteren Taten der Agamemnon-Kinder[83]. Denn das völlige Versagen der Umwelt angesichts der entstandenen Not ist eine bedeutungsvolle Voraussetzung für den Umschwung von der Hoffnungslosigkeit der Opfer zur Gewalt der Täter. Dieser Umschwung soll nach der Behandlung des Agons betrachtet werden.

---

[82] Vgl. Aristot. eth. Nic. 8,14 1163b 26–7 εὖ πάσχειν γὰρ οἱ πολλοὶ βούλονται, τὸ δὲ ποιεῖν φεύγουσιν ὡς ἀλυσιτελές.

[83] KYRIAKOU 1998, 294 sieht eine Beziehung zwischen Menelaos und Pelops: beide hätten den geforderten Dank nicht geleistet: „Myrtilus helped Pelops win his bride and Agamemnon helped Menelaos win back his wife. When time came for both beneficiaries to pay their dept before living happily ever after with their women, they both got rid of the troublesome third party in a ruthless manner." Deutliche Hinweise im Text kann ich allerdings nicht finden; vgl. aber zumindest Myrtilos und Menelaos in V. 1548–9.

1.2 Der Agon: Tyndareos - Orestes - Menelaos

Tyndareos' Rede

Das Gespräch zwischen Orestes und Menelaos wird durch den für den Zuschauer überraschenden Auftritt des Tyndareos unterbrochen (456ff.). Es kommt zum großen Agon zwischen Orestes und dem spartanischen Alten[84], in dem der Muttermord nun unabhängig von dem göttlichen Befehl verhandelt wird. In der Interpretation des Agons werden die unterschiedlichen Bewertungen der tragischen Hauptpersonen deutlich. In der Forschung stehen sich zwei gegensätzliche Positionen gegenüber. Auf der einen Seite wird Tyndareos' Rede als Ausdruck echter Moralität gewertet, so daß der Spartaner sogar als „porte-parole" des Dichters erscheint[85], und Orestes' Verteidigung als Ausdruck eines moralisch desorientierten und damit potentiell kriminellen jungen Mannes angesehen. Auf der anderen Seite wird Tyndareos als bösartiger alter Mann aufgefaßt, der mit kluger Rhetorik seine Emotionen zu verdecken weiß[86] und dem ein verzweifelter Jüngling gegenübersteht, der aus seiner hoffnungslosen Lage das Beste zu machen sucht[87].

---

[84] Formal handelt es sich um die komplizierte Verschlingung zweier Agone; s. DUBI-SCHAR 2001, 79. In die Hikesie zwischen Orestes und Menelaos (375–447 Stichomythie, 448–55 Beginn der Rede des ἱκέτης, 640–79 Fortsetzung dieser Rede, 682–716 Antwort des ἱκετευόμενος) wird das Streitgespräch zwischen Tyndareos und Orestes (491–629 Tynd.-Or.-Tynd.) eingeschoben, wobei die Verbindung zwischen beiden Agonen dadurch hergestellt wird, daß Menelaos gleichzeitig als Schiedsrichter des Streitgespräches fungiert (vgl. Agamemnon in Hek. oder Menelaos in Tro.). Auf die Hikesie-Szene bezogen ist Tyndareos die Figur, die der Hikesie entgegenhandelt (vgl. Kopreus in Heraclid.).

[85] STEIGER 1898, 13 und 49: „Auch in der Anklagerede gegen Orestes vertritt er im wesentlichen den Standpunkt des Dichters." Vgl. WEDD ²1942, XXXI, NORWOOD 1920, 270, WILAMOWITZ 1924, 255, BLAIKLOCK 1952, 184f., CHAPOUTHIER 1959, 8, WILL 1961, 98f., BURNETT 1971, 206: „... a sensible old aristocrat, the Argive equivalent of a good Athenian dicast"; VAN DER VALK 1984, 178: vergleichbar sei Theseus' Rede in Hik. 429–41; FLASHAR 1997b, 108: „... dessen Charakterisierung in der Forschung als 'fragwürdiger Edelgreis', als 'wandelnde Pietät', als 'greisenhaft übertreibende Karikatur' mir stark verzeichnet zu sein scheint ..."

[86] KRIEG 1934, 30f., REINHARDT 1960, 245 (er vergleicht Tyndareos mit Pheres in Alk.), LANZA 1961, 60–2, WOLFF 1968, 143f., SCHMIDT-BERGER 1973, 33–5, ERBSE 1975, 441f., ZEITLIN 1980, 65, EUCKEN 1986, 158f., O'BRIEN 1988, 196f. u.a.

[87] Letzteres wird besonders von PORTER 1994 vertreten (162): „Yet it seems that neglect of the rhetorical tradition, in conjunction with a predisposition to condemn Ore-

In der Einschätzung von Tyndareos' Person und Position hat es Euripides seinen Interpreten in der Tat nicht leicht gemacht. Seine Rede ist
gekennzeichnet durch eine Vielzahl positiver Begriffe: Gerechtigkeit, Gesetzlichkeit, Besonnenheit und Frömmigkeit. Andererseits verwendet eben
diese Begriffe ein Mann, den in erster Linie Wut, Haß und Bitterkeit bestimmen. Kaum hat der aus Sparta Kommende die Bühne betreten und
Orestes wider Erwarten, wie er vorgibt, erblickt[88], beschimpft er ihn
(479–81), so daß sogar Menelaos die Erregung des alten Mannes (490
ὀργή σου καὶ τὸ γῆρας) zurückweist. Es fragt sich, ob diese Emotionen

---

stes, has led critics to find signs of moral depravity or, at best, folly in Orestes' words,
where an ancient audience would have seen merely the justifiable use of familiar rhetorical stratagems", und 163: „The speech that he delivers is desperate in the extreme, but its
arguments, while reflecting the depth of that despair, are by no means contemptible - if,
that is, one considers them in light of the forensic practices of the day."

[88] Nach dem Ausruf des Erstaunens (ἔα) fügt er hinzu: „Wie schlimm, daß man die
Zukunft nicht kennt!" (478 τὸ μέλλον ὡς κακὸν τὸ μὴ εἰδέναι) und betont damit
seine schmerzliche Überraschung angesichts Orestes' Anwesenheit und seine Enttäuschung über Orestes, den er in Kenntnis der Zukunft wohl nicht wie einen Sohn aufgezogen hätte (s. 462–5); bei diesem pathetischen Ausruf dürften wohl Zweifel aufkommen, ob
Tyndareos wirklich nicht ahnen konnte, daß er im Palast auch Orestes antreffen werde.
Die ungewöhnliche Erweiterung des Ausrufes scheint mir der Charakterisierung zu
dienen, vgl. Tyndareos' Neigung zu Verallgemeinerungen (492, 512–17, 518, 523–5,
540–1). DIGGLE hat dagegen τὸ μέλλον κτλ. nach WECKLEIN gestrichen (s. FRAENKEL
1950, III 580 A. 4; anders GUZMÁN GUERRA 2000); zum Hiat μὴ εἰδέναι s. Soph. Trach.
321, Ant. 33, 263, 535, Oid. K. 1155; Eur. Hipp. 1335, Ion 313, Iph. T. 1048 u.ö. Euripides benutzt das ἐκπλήξεως ἐπίρρημα (Σ Prom. 114) durchaus mit einer gewissen Gesetzmäßigkeit: von 39 überlieferten Stellen (ohne fr.) folgt in 32 Fällen eine Frage, meist
eine τίς-Frage (ohne τίς: El. 747, Herakl. 514 und 815; oft mit einem Verb des Sehens; in
Ion 241 und Ba. 644 steht zwischen Exklamation und τίς-Frage noch ein Aussagesatz),
fünfmal in der Form τί χρῆμα; mit anschließendem Verb ὁρῶ (Andr. 896, Hik. 92, Hipp.
905, Herakl. 525, Or. 1573, vgl. Or. 277). Es macht keinen Unterschied, ob die Exklamation „extra metrum" steht (17mal, doppeltes ἔα: Ion 170 [Anapäste], Hipp. 856, Ba. 644;
dreimal vom Chor: Herakl. 815 [an], Tro. 1256 [an], El. 747 [ia]) oder in den Vers integriert ist (15mal; doppeltes ἔα nur vom Chor in 'Herakliden' 73 [ia]). An den übrigen
sieben Stellen folgt ein Aussagesatz (Ion 154, Herakl. 1089, Hel. 1177, Iph. A. 1132)
oder ein Ausruf (Hipp. 1391, Iph. A. 644 [hier liegt m.E. durchaus Erstaunen über Agamemnons unerwartetes Verhalten vor]). Unserer Stelle vergleichbar wäre Hel. 1177ff., wo
vor der konkreten Aussage („Helena hat das Grab verlassen") eine Bewertung der Lage
erfolgt (πάντα διαπεπραγμένα ηὕρηκα) oder Hipp. 1391ff., wo vor der Aussage
„Artemis ist hier", der Ausruf ὦ θεῖον ὀσμῆς πνεῦμα κτλ. steht (vgl. KAMERBEEK 1989,
535, der τὸ μέλλον κτλ. als Parenthese auffaßt). Euripides hat sich also bei aller Regelmäßigkeit besondere Ausdrucksformen erlaubt.

berechtigt und verständlich sind oder ob der Gegensatz zwischen dem moralischen Anspruch und dem eigenen Verhalten nach einer anderen Erklärung verlangt.

Gegen den Vorwurf, in seinen Emotionen nicht weise zu sein (490 οὐ σοφόν), setzt Tyndareos zu einer weit ausholenden Verteidigung an[89], die in die Drohung mündet, er werde Menelaos aus Sparta verstoßen, wenn er nicht davon ablasse, Orestes zu unterstützen. Ihren dramaturgischen Sinn hat die Rede in dieser Drohung; unter ihrem Eindruck wird Menelaos seinen Neffen im Stich lassen, wodurch das weitere Handeln von Agamemnons Sohn auslöst wird[90]. In der ausführlichen Begründung seiner Ankündigung stellt Tyndareos seine Haltung zum Muttermord dar. Orestes' Tat bedeutet für ihn einen Rückfall in ein unzivilisiertes Leben (524 τὸ θηριῶδες τοῦτο καὶ μιαίφονον „dieses bestialische und grausame Morden"). Denn die Anwendung der Blutrache fordere immer neues Blut und lasse die Gewalt kein Ende finden[91]. Aber er verurteilt nicht nur, sondern zeigt auch auf, welches Handeln dem Gesetz konform gewesen wäre. Hätte Orestes den gesetzlichen Weg gesucht, hätte er vor einem Gericht ein

---

[89] Der erste Vers der Rede (491) ist umstritten, s. DEGANI 1967, 34f. und WEST 1987b, 285f., der vorschlägt: πρὸς τόνδ' ἀγὼν τίς τοῦ σοφοῦ γ' ἥκει πέρι (γε scheint nicht „very much in place"); mit WILLINK 1986 und GUZMÁN GUERRA 2000 möchte ich die Konjektur von BOTHE verteidigen: πρὸς τόνδ' ἀγὼν τις <ἀ>σοφίας ἥκει πέρι. „(Nicht mit mir), mit ihm muß man einen Streit darüber, wer oder was nicht weise ist, ausfechten." Zu ἀσοφία, das erst bei Plut. vit. Pyrrh. 29,4 und Lucian Syr. dea 35, astrol. 2. 26 belegt ist, vgl. das Adj. ἄσοφος bei Thgn. 370, Eur. El. 1302, Xen. mem. 3,9,4 und das Nomen ἀξυνεσία bei Demokrit B 183,2, Eur. Phoin. 1727, fr. 257,2, Thuk. 1,122,4, 3,42,4, 6,36,1 und Xen. oik. 8,18, schließlich die Neubildung συνασοφεῖν (Phoin. 394). Zu ἀγὼν ἥκει s. Iph. A. 1254, vgl. ἀγὼν ἔρχεται Or. 333, Hik. 71, Aristoph. Ran. 883 ἀγὼν σοφίας ὁ μέγας χωρεῖ. Zu πρὸς τόνδε ἀγών ἐστι/τίθεται vgl. 'Herakliden' 116, Ion 863. Einen Streit, wenn überhaupt (τις), kann man nur darüber führen, ob Orestes unweise ist, nicht aber über Tyndareos, wie es Menelaos tut.

[90] Deswegen darf man die Tyndareos-Szene nicht als „dramentechnisch eigentlich überflüssig" einstufen (so NORDHEIDER 1980, 77).

[91] Besonders V. 511 πέρας δὴ ποῖ κακῶν προβήσεται; („Wo werden Leid und Übel dann ein Ende finden?") und V. 516–17 ἀεὶ γὰρ εἰς ἔμελλ' ἐνέξεσθαι φόνῳ,/ τὸ λοισθίον μίασμα λαμβάνων χεροῖν („Denn immer gab es einen, der die letzte Blutschuld eigenhändig auf sich nahm und nun dem Tod verfallen war"), zu φόνῳ ἐνέχεσθαι s. Hdt. 6,56,1 τῷ ἄγεϊ ἐνέχεσθαι, Plat. leg. 935c ζημίᾳ ἐνέχεσθαι, zur Endlosigkeit der Blutrache vgl. Aischyl. Choeph. 1066–76, Soph. El. 582–3, Eur. El. 1093–6. Vgl. Demosth. 20,157 ὅπως μὴ γενήσονται οἱ περὶ ἀλλήλους φόνοι, περὶ ὧν ἐξαίρετος ἡ βουλὴ φύλαξ ἡ ἐν Ἀρείῳ πάγῳ τέτακται.

Verfahren wegen Mordes (δίκη φόνου) anstrengen und die Mutter aus dem
Hause vertreiben müssen (500–2).

Tyndareos nimmt hier die zeitgenössische Diskussion um Wert und
Ursprung der Gesetze auf[92]. Sie sind nicht naturgegeben, sondern stellen
menschliche Satzung dar (512 ἔθεντο ταῦτα πατέρες οἱ πάλαι); insofern bedürfen sie immer wieder menschlicher „Hilfe", um ihre Einhaltung
zu gewährleisten (523)[93]:

ἀμυνῶ δ', ὅσονπερ δυνατός εἰμι, τῷ νόμῳ.

Ich werde, soweit ich dazu in der Lage bin, für das Gesetz eintreten.

In dem hohen Bewußtsein, Anwalt der Gesetzlichkeit zu sein, verurteilt
Tyndareos Orestes' Tat. Unter der für ihn selbstverständlichen Voraussetzung, daß allen bekannt ist, was gut und böse, Recht und Unrecht ist
(492 τὰ καλά καὶ τὰ μὴ καλά), erweist sich derjenige als der Unein-
sichtigste, der das bei allen Griechen gültige Gesetz vernachlässigt[94]. Die
alten Gesetzgeber hätten, so behauptet Tyndareos, im Falle von Blutschuld Verbannung, nicht aber Tötung vorgesehen (512–15):

καλῶς ἔθεντο ταῦτα πατέρες οἱ πάλαι·
ἐς ὀμμάτων μὲν ὄψιν οὐκ εἴων περᾶν
οὐδ' εἰς ἀπάντημ', ὅστις αἶμ' ἔχων κυροῖ,
φυγαῖσι δ' ὁσιοῦν, ἀνταποκτείνειν δὲ μή.

---

[92] Besonders nah sind die Entsprechungen zum Kritias-Fragment (TrGF 43 F 19; s.
dazu meine Bemerkungen in Hermes 127, 1999): die Gesetze werden erfunden, um das
unzivilisierte Leben (θηριώδης βίος) zu beenden; vgl. SPOERRI 1959, 152ff., GUTHRIE
1969, III 80 A. 2, O'BRIEN 1985, 264f.; θηριῶδες ist ein Schlagwort der sophistischen
Theorie vom kulturellen Aufstieg des Menschen, s. Eur. Hik. 202, Hipp. prisc. med. 3,17,
7,4, Demokr. (?) VS 68 B 5,40 (= Did. Sic. 1,8,1), Aischyl. (?) fr. 181a (= fr. adesp. 470
N.²): βίος θηρσὶν ὅμοιος, [Demost.] 25,20 λυθέντων γε τούτων (sc. τῶν νόμων) ...
οὐδ' ὁ βίος ἡμῶν τοῦ τῶν θηρίων οὐδὲν ἂν διενέγκαι, vgl. § 58 μιαρὸν, μιαρὸν, ὦ
ἄνδρες Ἀθηναῖοι, τὸ θηρίον καὶ ἄμεικτον, [Lys.] 2,19, Isokr. 3,6, 11,25, 15,254,
Plat. polit. 309e u.ö.; parodiert bei Athenio fr. 1,4–5.

[93] Die menschliche Hilfe, die die Gesetze im Kritias-Fr. erhalten, besteht in der Erfindung der Götter als deren allwissende Hüter; vgl. auch LATTE 1968, 250.

[94] Nach V. 493 muß ein Komma, nach V. 495 ein Fragezeichen stehen, s. z.B. MURRAY
²1913 und GUZMÁN GUERRA 2000; anders DIGGLE: τούτου meint nicht Orestes, sondern
ist Antecedenz zu ὅστις. Die Tatsache, daß alle wissen, was gerecht und gut ist, ist für
Tyndareos selbstverständliche Voraussetzung seiner Verurteilung des Orestes.

Gut haben in alter Zeit unsere Vorfahren dies geregelt: Sich vor anderen sehen zu lassen oder ihnen zu begegnen, erlaubten sie nicht dem, der Blutschuld auf sich geladen hatte, sondern bestimmten, durch Verbannung die Situation zu bereinigen, nicht aber, ihn zur Vergeltung zu töten.

Diese Aussage entspricht nicht dem, was wir aus der athenischen Gerichtspraxis des 5./4. Jh. v. Chr. wissen. Denn hier ist die Todesstrafe[95], der man sich allerdings durch freiwilliges lebenslängliches Exil vor oder noch während des Prozesses (vor der Urteilsverkündung) entziehen konnte[96], für den vorsätzlichen Mord gebräuchlich, mit dem wir es in Klytaimestras (und Aigisthos') Fall zu tun haben. Ein anderes Bild ergibt sich aber möglicherweise, wenn man auf Drakon und seine Mordgesetze blickt, auf die Tyndareos mit dem Hinweis auf die alte Zeit anspielt. Diese Gesetze wurden im Jahre 409/8 v. Chr. unter eben dem Archon Diokles, der auch den 'Orestes' zur Aufführung angenommen hatte, neu auf einer Stele aufgezeichnet und vor der Stoa Basileia aufgestellt (IG I² 115 = I³ 104)[97]. Wenn Tyndareos von den Vorfahren (πατέρες οἱ πάλαι) spricht, wird jeder Athener im Publikum an den vor über 200 Jahren lebenden Gesetzgeber gedacht haben, dessen Mordgesetze aus dem Jahre 621/0 v. Chr. von Solon beibehalten wurden[98]. Die Interpretation der lückenhaften Inschrift ist allerdings höchst umstritten. Dennoch muß sie hier einbezogen werden,

---

[95] Demosth. 21,43 οἱ φονικοὶ τοὺς μὲν ἐκ προνοίας ἀποκτιννύντας θανάτῳ καὶ ἀειφυγίᾳ καὶ δημεύσει τῶν ὑπαρχόντων ζημιοῦσι, Antiph. 1,25-7, 2b,9, 4a,7, 5,10; Lys. 1,50, 3,36, 6,14, 13,56; Deinarch. 1,6 u.ö.; s. IG I³ 14 (453/2 v. Chr. aus Erythrai) Z 29 ἐὰν δέ τις ἀποκτείνει ['Ερυθραῖ]ος ἕτερον 'Ερυθραῖον, τεθνάτο, ἐὰν [γν]οσθεῖ (worauf sich die folgende Bestimmung der Verbannung bezieht, ist wegen der Lücke unklar); zur Todesstrafe s. den Sammelband „Du châtiment dans la cité. Supplices corporels et peine de mort dans le monde antique" (Coll. d' école franç. de Rome) 1984.

[96] Antiph. 4d,1, 5,13, 6,14, Demosth. 13,69, Pollux 8,117; unklar ist, ob der Angeklagte noch die zweite Rede des Anklägers hören durfte oder vorher fliehen mußte.

[97] Den Weg der hölzernen Axones Drakons zur Kodifizierung von 409/8 rekonstruiert STROUD 1979. Umstritten ist, inwieweit der Text den ursprünglichen Wortlaut enthält, s. KOERNER 1993, 30. Das einleitende Dekret spricht von ἀναγράφειν („aufschreiben, veröffentlichen" Z. 5; s. HEITSCH 1984b, 13 A. 16), was Änderungen zumindest im Jahre 409/8 ausschließt, s. ROBERTSON 1990; die erhaltene, 409/8 v. Chr. aber überholte Rückwirkungsklausel (Z. 19-20) läßt auf Ursprünglichkeit schließen; zur Gesetzeskodifikation zwischen 410 und 399 v. Chr. s. RHODES 1991, 87ff.

[98] Antiph. 5,14-15, 6,2, And. 1,81-3, Demosth. 20,158, 23,51 und 66, 47,71, Aristot. Ath. pol. 7,1, Plut. vit. Sol. 17, Gell. 11,18, Ael. var. 8,10, Eus. Chron. 99b (Helm).

da sich auf diese Weise eine enge Verbindung des Gesetzestextes zu den Worten des Tyndareos ergeben könnte.

Exkurs: Drakons Mordgesetz

GAGARIN hat 1981 zu zeigen versucht, daß aus den erhaltenen Resten des drakontischen Gesetzes hervorgehe, daß sowohl für den unvorsätzlich als auch für den vorsätzlich begangenen Mord als staatlich vollzogene Strafe allein die Verbannung vorgesehen war[99]. Dies würde auch mit einem Homer-Scholion übereinstimmen, in dem es heißt[100]:

Ἑλληνικόν ἐστι τὸ μὴ φόνῳ φόνον λύειν, φυγαδεύειν δὲ τὸν
ἅπαντα χρόνον.

In Griechenland gilt, Mord nicht mit Mord zu sühnen, sondern durch Verbannung für immer.

Wäre die Theorie von GAGARIN zutreffend, würde sich Tyndareos auf Drakons Gesetze (und nicht auf die Praxis im 5. Jh.) berufen und auf dieser Grundlage Orestes' Tat verurteilen, was seinen Worten starkes Gewicht gäbe[101]. Nun ist es aber keineswegs sicher, daß Drakon auch für vorsätzlichen Mord nur die Verbannung festsetzte. Dagegen spricht ganz allgemein die sprichwörtliche drakonische Strenge seiner Gesetze, der zufolge nach Plutarch (vit. Sol. 17,1) auf beinahe jedes Vergehen die Todesstrafe stand[102]. Sollte da ausgerechnet das Kapitalverbrechen eine Aus-

---

[99] Ähnlich THÜR 1990, 66: „Presumably, Drakon did not ordain different consequences for premeditated and unpremeditated killing; exile was the only one."

[100] Σ Il. 2,665 (= Solon fr. 7 RUSCHENBUSCH). Aus Naupaktos haben wir eine Inschrift (um 500), die möglicherweise ein Blutrecht bezeugt, das als staatliche Strafe lebenslängliche Verbannung, Frohnung und Wüstung vorsieht (IG IX 1² 3,609 = MEIGGS/LEWIS 13): Z. 11–13 αὐτὸς (wer eine andere Landaufteilung durchsetzen will) μὲν ϝερρέτο καὶ γενεὰ ἅματα πάντα, χρέματα δὲ δαμευόσθον καὶ ϝοικία κατασκαπτέσθο κὰτ τὸν ἀνδρεφονικὸν τετθμόν. Aber hier geht es nicht um Mord.

[101] FLASHAR 1997b, 107: „Euripides spielt damit auf die drakontische Gesetzgebung an, wonach Mord an Blutsverwandten durch Verbannung außer Landes gesühnt wird."

[102] Vgl. Aristot. rhet. 1400b9 οὐκ ἂν ἀνθρώπου οἱ νόμοι ἀλλὰ δράκοντος, vgl. pol. 1274b5, s. RUSCHENBUSCH 1960, 151f.; GAGARIN 1981, 116ff. bleibt skeptisch; s. THÜR 1990, 156: „Der Versuchung ist nur schwer zu widerstehen, jene scharfe Kritik, die Drakon noch in klassischer Zeit erfahren hat, als spätes Echo jener Emotionen zu deuten, die anlässlich der solonischen Reform geweckt worden sein dürften."

nahme gebildet haben[103]? Das sich aus der Inschrift ergebende Problem liegt darin, daß sich in ihrem erhaltenen Rest keine Strafbestimmung für vorsätzlichen Mord findet. Sie beginnt mit den Worten[104]:

καὶ ἐὰμ μὲ 'κ προνοίας κτένει τίς τινα, φεύγεν.

Auch wenn jemand einen anderen nicht mit Vorsatz tötet, soll er verbannt werden.

GAGARIN meint, daß in diesem Anfangssatz der vorsätzliche Mord implizit mitgeregelt sei und für ihn folglich ebenfalls die Verbannung als Strafe gegolten habe. Die Bestimmung habe dem Zweck gedient, das Recht der Familien auf Blutrache einzuschränken. Die Todesstrafe sei erst nach Solon eingeführt worden[105]. Als Argument für seine Interpretation führt er vor allem die Tatsache an, daß der folgende Text der ersten Tafel (πρῶτος ῎Αχσον) auch Regelungen enthält, die den vorsätzlichen Mord betreffen. So sei die Differenzierung von „eigenhändig" oder „durch Anstiftung" (12–13 βολεύοντα) nur auf einen solchen Mordfall zu beziehen.

Es ist also zu untersuchen, ob der erhaltene Text sich auch auf die vorsätzliche Tat bezieht. Was die Unterscheidung „eigenhändig" oder „durch Anstiftung" angeht[106], halte ich es für nicht ausgeschlossen, daß schon im 7. Jh. das Bedürfnis bestand, wie bei vorsätzlichem (s. Z. 27) so auch bei

---

[103] Keineswegs überraschend scheint mir dagegen, daß die unabsichtliche Tötung nicht mit dem Tod bestraft wird; unter die Vergehen, die Plutarch nennt, dürfte diese wohl wegen des fehlenden Vorsatzes nicht fallen, anders THÜR 1990, 145.

[104] Zur Übersetzung des strittigen καὶ ἐάν s. GAGARIN 1981, 80–110, s. auch S. 59; für einen solchen Beginn eines Gesetzes s. Demosth. 24,39, vgl. schon MASCHKE 1926, 46; vgl. auch Z. 37 καὶ ἐάν ... κτένει, νεποινὲ τεθνάναι (nach Demosth. 23,60).

[105] Vgl. RUSCHENBUSCH 1960, 139; nach THÜR 1990, 149ff. hat Solon die Todesstrafe eingeführt, als er die Blutgerichtsbarkeit dem Areopag übergeben habe (s. Pollux 8,125); Demosth. 23,22 δικάζειν δὲ τὴν βουλὴν τὴν ἐν Ἀρείῳ πάγῳ φόνου καὶ τραύματος ἐκ προνοίας καὶ πυρκαιᾶς καὶ φαρμάκων, ἐάν τις ἀποκτείνῃ δούς.

[106] Als Ergänzung der Lücke in Z. 12–13 schlage ich vor: [δ]ικάζεν δὲ τὸς βασιλέας αἴτιον φόνο ἒ[ναι τὸν χερ' ἀράμενον] ἢ βολεύσαντα, vgl. Soph. El. 54 τύπωμα ἠρμένοι χεροῖν, s. GAGARIN 1981, 47 ἒ[ναι τὸν ἐργασάμενον], HEITSCH 1984b, 20 ἢ [τὸν χειρὶ φονεύσαντα], den Vorschlag von THÜR 1990, 58 ἒ[ναι ἢ χειρὶ ἀράμενον] kann man nicht übersetzen: „the basileis imposed on him to swear that the accused was guilty of homicide either by killing with his own hands or by participating" (wo steht „on him" [sc. der Ankläger] und „the accused" im Text?). Zu den zahllosen Vorschlägen s. NÖRR 1983, 647ff., dessen eigene, wenn man richtig ἄκοντα statt ἄκονα schreibt (649), 18 statt 17 Buchstaben umfaßt.

unvorsätzlichem Mord einen Fall zu berücksichtigen, bei dem die unabsichtliche Tötung nicht durch direkte körperliche Einwirkung geschah,
sondern jemand einen anderen zu einer Handlung motivierte (βουλεύειν),
die dann, ohne daß dies beabsichtigt war, zu einem Todesfall führte[107]. In
klassischer Zeit handelt Antiphons sechste Rede von einem solchen
Fall[108]. Auch an anderen Stellen im erhaltenen Text ist ein Bezug auf den
vorsätzlichen Straftatbestand keineswegs sicher. Folgende Punkte werden
abgehandelt: Zuerst wird die Strafe für den unvorsätzlichen Täter bestimmt[109]. Die Phrase μὴ ἐκ προνοίας meint, daß die todbringende Handlung ohne eine solche Intention ausgeführt wurde[110]. Es folgt die Nennung
der für das Verfahren zuständigen Gremien (Z. 11–13)[111]. Als dritter

---

[107] Vgl. NÖRR 1983, 646: „Von modernen Vorstellungen über die Rechtsentwick-
lung her mag es unwahrscheinlich sein, daß der Gesetzgeber des 7. Jh. bereits (auch?) die
„mittelbare" nichtvorsätzliche Tötung ins Auge gefaßt hatte; doch können diese Vorstellungen durchaus Vorurteile sein." Die nicht eigenhändige Täterschaft wird in Z. 12–
13 durch βουλεύειν, in Z. 27 durch αἴτιος φόνου ausgedrückt; HEITSCH 1984b, 15–20
sieht in βουλεύειν eine nachdrakontische Neuformulierung; dagegen spricht der alter-
tümliche Ausdruck Antiph. 6,16 μήτε χειρὶ ἀράμενος μήτε βουλεύσας (s. dazu
WILAMOWITZ, Kl. Schriften III 199 A. 1). Nachdem Drakon in Z. 12 die Entscheidung der
Schuldfrage mit αἴτιος ausdrückte (s. Hom. h. Merc. 275 und 383), mußte er für die Bezeichnung der nicht eigenhändigen Verursachung ein anderes Wort (βουλεύειν) wählen;
in Z. 27 kann er den Ausdruck αἴτιος φόνου benutzen, wobei sich αἴτιος vom epischen
Sprachgebrauch her als Ausdruck der Anstiftung oder Mittelbarkeit anbot (Hom. Il.
1,335, 3,164, Od. 1,348).

[108] Vgl. Aristot. Ath. pol. 57,3.

[109] Vgl. Demosth. 23,72 τί οὖν ὁ νόμος κελεύει; τὸν ἁλόντ' ἐπ' ἀκουσίῳ φόνῳ
ἔν τισιν εἰρημένοις χρόνοις ἀπελθεῖν τακτὴν ὁδὸν καὶ φεύγειν, ἕως ἂν αἰδεσθῇ
παρὰ (codd. αἰδέσηταί τινα) τῶν ἐν γένει τοῦ πεπονθότος, vgl. § 52.

[110] Vgl. LOOMIS 1972, 94: „I suppose, therefore, that the most accurate translation of
προνοια at least in the context of homicide, would be 'harmful intent'"; STROUD 1968,
41 differenziert zwischen „unintentional" und „without premeditation"; für Drakon
scheint dies unzutreffend; s. A. 107.

[111] Die Aufgabe des Archon Basileus und der vier Phylenkönige (MACDOWELL 1963,
86–8 u.a. meinen, im Plural seien die jährlich wechselnden Inhaber des Amtes des Archon Basileus gemeint; dagegen KOERNER 1993, 34; auch Solons Amnestie-Gesetz
spricht von βασιλεῖς, Plut. vit. Sol. 19,4) mag, wie WOLFF 1946, 67–78 dargelegt hat,
keine richterliche Tätigkeit, sondern nur die Verkündigung und Inkraftsetzung des Spru-
ches der Epheten gewesen sein; vgl. HUMPHREYS 1990, 27: „It seems to me therefore that
the dikasia by the basileis in Drakon's law must have included formal acknowledgement
that the accusation of having caused death ... was valid." Wahrscheinlicher ist mir, daß
δικάζειν die rechtskräftige Feststellung der Schuldfrage (evtl. nach einem formalen Be-
weisverfahren der Diomosia) meint; vgl. Hes. erg. 39 (βασιλῆας) οἳ τήνδε δίκην

Punkt werden die Umstände einer möglichen Rückkehr aus der Verbannung geregelt (Z. 13–19)[112]. HEITSCH hat m.E. überzeugend gezeigt, daß diese Regelungen nur den ohne Vorsatz Tötenden betreffen[113]. Dies wird besonders in Z. 17 deutlich: wenn kein Verwandter des Opfers mehr lebt, entscheiden zehn gewählte Phratriegenossen über die Rückkehr des Täters. In diesem Falle, wo kein Angehöriger die Interessen des Opfers mehr wahrnimmt, wird ausdrücklich als Bedingung genannt, daß die 51 Epheten die Unvorsätzlichkeit der Tat auch gerichtlich festgestellt haben (Z. 16–18 ἐὰν δὲ τούτον μεδὲ hε̃ς ε̃ι, κτένει δὲ ἄκον, γνο̃σι δὲ hοι πεντέκοντα καὶ hε̃ς hοι ἐφέται ἄκοντα κτε̃ναι)[114]. Diese Entscheidung der Epheten hat Drakon bereits am Anfang seines Gesetzes (Z. 13) als Bestandteil des Verfahrens erwähnt, hier erscheint sie als Voraussetzung einer möglichen Rückkehr[115]. Schließlich wird die rückwirkende Kraft der zuvor genannten Regelungen angeordnet (Z. 19–20)[116]. Die Tatsache, daß die Bestimmungen der Aidesis vor den weiteren Ausführun-

---

ἐθέλουσι δικάσσαι („Recht sprechen"); s. MASCHKE 1926, 48: „δικάζειν also bedeutet die Entscheidung nach formalem Recht, im älteren Prozeßrecht nach formaler Beweistheorie"; den 51 Epheten (nach Pollux 8,125 ein von Drakon geschaffenes Gremium) oblag dann nur die Unterscheidung (διαγιγνώσκειν, vgl. Il. 7,424; 23,240; Od. 23,470), ob der Schuldige vorsätzlich oder unvorsätzlich gehandelt hatte (Z. 17–18).

[112] Unklar bleibt, ob die Verbannung auf eine Mindestzeit festgelegt wurde (ein ungefährdeter Verbleib in der Heimat scheint mir ausgeschlossen); s. auch Z. 18 ἐσέσθον: die 10 Phratores sollen wieder in das Land „hineinlassen."

[113] HEITSCH 1984a, 13–15; Zweifel bei KOERNER 1993, 36f.

[114] Umstritten ist, ob μὴ ἐκ προνοίας κτείνειν (Z. 11) und ἄκων κτείνειν (Z. 17) dasselbe meinen; s. HEITSCH 1984b, 16 A. 29, LOOMIS 1972, 89f.; HEITSCH ebd. 17 meint, das „modernere μὴ ἐκ προνοίας sei gelegentlich einer Neuformulierung an die Stelle eines älteren ἄκων getreten". Für die Identität beider Ausdrücke spricht die Tatsache, daß der von Drakon in Z. 11 gemeinte Straftatbestand später φόνος ἀκούσιος genannt wird (s. Demosth. 23,72, Aristot. Ath. pol. 57,3, vgl. m. mor. 1188b29ff.). Terminologische Einheitlichkeit zeichnet den Text auch an anderer Stelle nicht aus: Z. 13 αἰδέσασθαι Z. 18 ἐσέσθον - Z. 13, 29, 35 hοι ἐφέται, Z. 17 hοι πεντέκοντα καὶ hε̃ς, hοι ἐφέται, Z. 19 hοι πεντέκοντα καὶ hε̃ς.

[115] Drakon spricht in Z. 13 von διαγιγνώσκειν, da es um eine alternative Entscheidung geht; in Z. 17 bezieht er sich auf die bereits in dem Prozeß, der der Verbannung vorausging, getroffene Entscheidung (Aor.) für eine der beiden Möglichkeiten; hier fällt die Präposition weg.

[116] Ein Problem dieser Klausel liegt darin, daß bei einer zurückliegenden unvorsätzlichen Tötung evtl. noch kein Ephetenurteil vorlag. In diesem sicher seltenen Falle, wenn keine Verwandten mehr leben, werden die Epheten nachträglich urteilen müssen.

gen zum Prozeßablauf festgelegt werden und ihre rückwirkende Kraft betont wird, zeigt, daß sie für Drakon ein wichtiges Anliegen gewesen sein
müssen. Die weiteren Regelungen zum Prozeß grenzen den Kreis der Angehörigen des Opfers ein, von denen die öffentliche Anklage und der
Rechtsbeistand für die Ankläger im Mordfall zu erwarten sind (Z. 21–
3)[117]. Auch hier deutet nichts darauf hin, daß auch das Verfahren gegen
einen vorsätzlichen Täter gemeint sei; möglicherweise hat Drakon im
Abschnitt über den vorsätzlichen Mord diese Regelungen wiederholt oder
auf sie verwiesen. Nach einer Lücke (Z. 23–6)[118] folgt eine Schutzvor-
schrift für den flüchtigen Täter (ἀνδροφόνος): wer ihn jenseits der Ge-
meindegrenzen tötet oder seine Tötung veranlaßt, obwohl der Flüchtige
die Märkte an den Grenzen, die Wettspiele und Heiligtümer der Amphik-
tyonen auch außerhalb Attikas gemieden hat, wird so behandelt, als ob er
einen Athener getötet habe (Z. 26–9 nach Demosth. 23,37)[119]. Die ersten 15 Zeilen des Gesetzes behandelten also Vorschriften für den Umgang mit dem unvorsätzlichen Mörder; so ist es eigentlich selbstverständlich, daß er auch an dieser Stelle gemeint ist[120]. Aus Demosthenes' Diskussion des Gesetzes (§ 37–43) geht dies allerdings nicht eindeutig hervor[121].
Die Tatsache aber, daß dieser die zur Verbannung führende Mordtat als

---

[117] Vgl. MacDowell 1963, 17 und 1978, 111; Humphreys 1990, 25f.; Tulin 1996,
8ff.; s. Gagarin 1979, 303: „The law implies that relatives would be exspected to
prosecute, but they would suffer no legal penalty if they did not." Demosth. 23,82 überliefert ein Gesetz, das Geiselnahme bis zu drei Personen erlaubt, wenn der Täter und seine
Familie sich nicht dem Prozeß stellen wollen; s. Ruschenbusch 1960, 141f.

[118] Nach Gagarin 1981, 150 und Koerner 1993, 39 standen hier evtl. Bestimmungen zum Schutz des Täters bis zum Gerichtsverfahren und bei seinem Gang ins Exil.

[119] Das angefügte διαγιγνώσκειν δὲ τὸς ἐφέτας (Z. 29) meint entweder, daß die
Epheten entscheiden, ob der Mord an dem Verbannten vorsätzlich oder nichtvorsätzlich
war, woraus das Strafmaß resultiert, oder ihre Zuständigkeit ergibt sich daraus, daß der
Getötete juristisch gesehen Nicht-Athener ist (später sind die Epheten am Palladion
zuständig für einen οἰκέτης, μέτοικος und ξένος, s. Aristot. Ath. pol. 57,3). In Z. 30–1
stand evtl. das bei Demosth. 23,28 überlieferte komplementäre Gesetz, das die Tötung des
Bluttäters erlaubt, wenn er unerlaubt Attika betrat.

[120] Vgl. Koerner 1993, 39: „... wobei hier wohl immer noch an den unvorsätzlichen
Totschläger gedacht ist." Das Gesetz Demosth. 23,44, das eindeutig den unvorsätzlichen
Täter meint, nennt ihn ebenfalls ἀνδροφόνος; ein Wort für Totschläger gibt es eben
nicht. Nach § 29 ist ἀνδροφόνος nur der verurteilte Mörder (τὸν ἐαλωκότα ἤδη τῇ
ψήφῳ), was Stroud 1968, 53 bezweifelt.

[121] Das gibt selbst Gagarin 1981, 60 zu.

Unglück (ἀτύχημα) bezeichnet[122], spricht aber für den Bezug auf den unvorsätzlichen Täter. Ob bereits Drakon den vorsätzlichen Mörder im freiwilligen Exil in dieser Weise schützte (und den entsprechenden Rechtssatz an zutreffender Stelle noch einmal wiederholte) oder ob wir es hier mit einer späteren „Humanisierung" zu tun haben, muß offen bleiben. Eine in gleiche Richtung weisende Rechtspraxis betrifft jedenfalls auch nur den unvorsätzlichen Täter: Die Gerichtsstätte „in Phreattys" wurde wohl geschaffen, um einem Verbannten, der Aussicht auf Aidesis hatte, eine Möglichkeit zur Verteidigung einzuräumen, wenn er während der Verbannung in einen zweiten Mordfall verwickelt war. Wenn diese Verteidigung gelang und das Gericht urteilte, daß er einen Angreifer rechtmäßig getötet habe, blieb für ihn die Möglichkeit der Rückkehr bestehen[123]. Auch hier ist es allein der ohne Vorsatz Handelnde, dem Schutz und Verteidigung eingeräumt wird.

Der erhaltene Text behandelt also offenbar nur den unvorsätzlichen Mord und die damit zusammenhängenden Rechtsfragen[124]. Aus der zweiten Hälfte der ersten Tafel (ἄξων) ist fast nichts mehr zu erkennen[125]. Man erwartet noch Festlegungen der Frist und des Weges, auf dem der Verurteilte in die Verbannung gehen muß (Demosth. 23,72)[126], sowie eine Regelung der Vermögensfragen (Demosth. 23,44) und des möglicherweise zu zahlenden Wergeldes, wenn ein unvorsätzlicher Täter zurückkehren will[127].

---

[122] § 39 ἵνα ... μηδ' ἀπέραντοι τῶν ἀτυχημάτων αἱ τιμωρίαι κτλ., der verbannte Mörder ist ein ἀτυχῶν (§ 39 und 42).

[123] Vgl. HEITSCH 1984a, 20–2 und 1989, 77f.

[124] LATEINER 1983, 407: „In fact, IG I² 115 says nothing of intentional homicide."

[125] In Z. 33–6 wurde wohl das Recht der Selbstverteidigung geregelt, wenn jemand den Flüchtigen angreift (Plat. leg. 869c/d, s. GAGARIN 1981, 61f.), und in Z. 37–8 (= Demosth. 23,60) dürfte dieses Recht bei versuchter Beschlagnahme seines Besitzes oder Entführung festgesetzt gewesen sein. Möglicherweise wurden im ersten Axon noch andere Fälle gerechtfertigter Tötung abgehandelt: straflos bleibt unvorsätzlicher Totschlag bei Wettkämpfen, vorsätzlicher bei Notwehr unter bestimmten Bedingungen (Demosth. 23,53, 24,113).

[126] Gab es auch eine gesetzlich festgelegte Dauer des Exils? Plat. leg. 865e–66a setzt ein Jahr fest, vgl. die bei HEITSCH 1984a, 5 gesammelten Zeugnisse; für die Angabe im Σ Il. 2,665 ὅθεν Σόλων ἔτη πέντε ὥρισεν erwägt er (ebd. 6f.) „frühestens nach 5 Jahren".

[127] STROUD 1968, 57 bezieht den Terminus τὲν ἀπόστασιν (Z. 39–40) auf die Regelung der Vermögensfragen. Beim vorsätzlichen Mord ist von einer Konfiskation des Vermögens zugunsten des Staates auszugehen (Demosth. 21,43, 23,45, Lys. 1,50, Aristot.

Die These von GAGARIN dürfte also nicht zutreffend sein, daß im ersten Satz des Gesetzes auch der vorsätzliche Mord mitgemeint ist[128]. Wo
standen also die ihn betreffenden Satzungen? Unter der Vielzahl von
Theorien[129] scheint mir immer noch die wahrscheinlichste Hypothese,
daß der vorsätzliche Mord im Anschluß an den unvorsätzlichen Mord
abgehandelt wurde[130]. STROUD hat unwiderlegbar eine abgesetzte zweite
Überschrift (δεύτερος ῎Αχσον) entziffert, die wohl einen mindestens genauso langen Text auf dem abgebrochenen, heute fehlenden zweiten
Marmorblock einleitete[131]. GAGARIN äußert sich nicht über den mögli-

---

Ath. pol. 47,2). Zum Wergeld s. Σ Il. 9,632–3 ἔθος γὰρ ἦν τοῖς συγγενέσι διδόναι
πρὸς τὸ μὴ πλέον τοῦ ἐνιαυτοῦ φεύγειν, Eust. Il. 779,60 ἰστέον δὲ ὅτι ἔθος παλαιὸν
ἦν φονευθέντος τινὸς ποινὴν ὑπὲρ τοῦ φόνου δίδοσθαι τοῖς συγγενέσιν, εἴπερ
ἐθέλοιεν, Poll. 9,61 κἂν τοῖς Δράκοντος νόμοις ἔστιν ἀποτίνειν εἰκοσάβοιον. Bezeugt ist das Wort ἄποινα im solonischen Gesetz (fr. 12 RUSCHENBUSCH, ὑποφόνια
bezeugt für Deinarchos [fr. 9]); möglicherweise handelte es sich dabei um ein Verbot, s.
LATTE 1968, 274 und 387; in späterer Zeit ist Zahlung von Sühnegeld verboten, s. Demosth. 23,28, 58,28–9, s. MASCHKE 1926, 43f.

[128] Vgl. KOERNER 1993, 32: „Dem muß man entgegenhalten, daß ein so klar und
knapp formulierter Tatbestand wie in unserer Inschrift ganz bestimmt nicht mehr enthält
oder mehr umfaßt, als ausdrücklich gesagt wird, und das schon gar nicht im 7. Jh., aus dem
ja die Formulierung stammen soll. Es war in dieser Vorschrift also nur von der unbeab-
sichtigten Tötung die Rede und von nichts anderem." LATEINER 1983, 406: „No explana-
tion of such an extreme and unparalleled ellipsis and such obscurity concerning a serious
and more common crime in a basic codification of the law can be offered."

[129] Die Regelungen für die Tötung aus Vorbedacht seien vor dem Beginn des jetzt erhaltenen Textes abgefaßt gewesen und bei der Veröffentlichung im Jahre 409/8 v. Chr.
entweder auf einer eigenen Stele eingemeißelt oder aus unterschiedlichen Gründen weggelassen worden, s. LIPSIUS 1905, I 25, BUSOLT-SWOBODA 1926, 811f., HARRISON 1961, 3–
5, WALLACE 1989, 17f., BRAUN 1998, 25 (das Gesetz über vorsätzliche Tötung sei nicht
kopiert worden, weil es durch eine andere Vorschrift ersetzt worden sei; die Partikel καί
sei versehentlich stehengeblieben). GILBERT 1897, 490 ergänzt nur einen ersten, 409/8 v.
Chr. weggefallenen Satz: ἐὰν ἐκ προνοίας κτένει τίς τινα, ἀποθανεῖν (ἢ φεύγειν καὶ
τὰ ἐκείνου ἄτιμα εἶναι), καὶ ἐὰμ μὴ κτλ. RUSCHENBUSCH 1960, 140–2 erfindet einen
Satz, dem zufolge der vorsätzliche Täter den Verwandten des Opfers übergeben wurde
(vgl. ders. 1968, 15); nach NÖRR 1983, 635f. (s. THÜR 1985, 509) habe Drakon den vorsätzlichen Tatbestand gar nicht geregelt, da hier ein „selbstverständlicher Zustand"
weitergegolten habe.

[130] Vertreten von STROUD 1968, 38–40, HEITSCH 1984a, 22 A. 57, 1984b, 14; ähnlich
schon KÖHLER 1867, 36. Die Existenz von drakontischen Gesetzen zum vorsätzlichen
Mord bezeugt Demosth. 20,158 und evtl. [Demosth.] 47,71 (s. STROUD 1968, 39f.).

[131] STROUD 1968, 16–18; s. ebd. 38: „Finally, the cleaning of the stone and the physical characteristics of the bottom surface show, that only a fragment, perhaps not even

chen Inhalt dieser Fortsetzung. Warum soll an dieser Stelle nicht der vorsätzliche Mord abgehandelt worden sein, zumal Platon diese Straftatbe-
stände in gleicher Reihenfolge diskutiert[132]? Drakon mag die Regelungen
über den unvorsätzlichen Mord an den Beginn seines Gesetzes gestellt
haben, da hier der größte Handlungsbedarf bestand, wenn er die Intention
der Tat berücksichtigen und Mord und Totschlag unterscheiden wollte.
Der erste Satz des Gesetzes „auch wenn einer einen nicht mit Vorsatz
tötet, soll er verbannt werden" wird dann möglicherweise vor dem Hintergrund eines bis dahin in Athen sehr laxen Umganges mit unbeabsichtig-
tem Mord zu verstehen sein[133]. Auch in dieser Hinsicht eignet Drakons
Gesetzen ihre sprichwörtliche Strenge; selbst nichtvorsätzlicher Mord
kann nicht durch die einfache Zahlung eines Wergeldes, sondern muß
durch Verbannung gesühnt werden[134], die nur unter bestimmten Bedingungen, die Drakon genau festlegt, aufgehoben werden kann.

Von Drakons Regelungen im Falle vorsätzlichen Mordes wissen wir
nichts[135]. Hypothetisch kann man entweder annehmen, daß er die Verfolgung und Tötung des vorsätzlichen Mörders den betroffenen Familien
überließ und diese lediglich durch ein vorheriges Gerichtsverfahren

---

one-half, of the inscribed stele has survived. There was ample space on the original mo-
nument for at least twice as much text as we now have."

[132] Plat. leg. 865a–74d; dies ist zugegebenermaßen kein starkes Argument, da Platon
an anderen Stellen gerade im Gegensatz zu athenischer Praxis vorgeht. Immerhin zeigt
Platon, daß diese Reihenfolge möglich war.

[133] Vgl. GAGARIN 1981, 104: „resisting a trend to greater leniency" und THÜR 1985,
509; zum restriktiven Charakter der Aidesis-Regelungen s. HEITSCH 1984b, 12: „Neu
waren (sc. bei Drakon) ... die gesetzliche Einschränkung der Möglichkeit, durch Zahlung eines Wergeldes sich von der Verfolgung durch die Angehörigen des Getöteten
freizukaufen", und ders. 1984a, 10. Die Möglichkeit, daß die Verwandten des Opfers dem
Täter auch ohne gerichtliches Urteil verzeihen können (ebd. 16), scheint mir von Drakon
gerade nicht vorgesehen: eine bestimmte Zeit der Verbannung ist unumgänglich; ein
Sonderfall ist es, wenn das Opfer selbst dem Täter verzeiht (Demosth. 37,59).

[134] Vgl. THÜR 1990, 147 A. 19. Drakon geht es nicht in erster Linie um die Bestrafung
an sich, sondern um die staatspolitischen Konsequenzen, wenn Mörder und Verwandte
des Opfers sich in der Polis begegnen, zumal wenn die Angehörigen in ihrer Haltung
dem Täter gegenüber unterschiedliche Positionen einnehmen. Die Konflikte, die es um
die Zahlung eines Wergeldes geben kann, illustriert schon Hom. Il. 18,497–508.

[135] Auch das Grab von 17 Hingerichteten im Bereich des antiken Phaleron hilft nicht
weiter, weil es sich hier wahrscheinlich nicht um Mörder, sondern um Seeräuber handelt;
s. LATTE 1968, 400; J. VELISSAROPOULOUS in: Archaiologia 11, 1984, 42–4.

(Gerichtszwang) und evtl. durch Schutzbestimmungen für den Angeklagten
zumindest während des Prozesses einschränkte[136]. Oder man schließt aus
der konservativen Haltung der Athener in Fragen des Blutrechts[137], daß
bereits Drakon für das vorsätzliche Verbrechen die staatlich vollzogene
Todesstrafe vorsah, der man sich nur durch lebenslängliches Exil entziehen konnte[138]. Auch können wir nicht mit Sicherheit behaupten, welches
Gremium an welchem Gerichtsort bei den unterschiedlichen Tötungsdelik-
ten zu Gerichte saß, da Aristoteles' diesbezügliche Darstellung in ihrer
Historizität angefochten wird[139]. Ebenfalls unsicher muß bleiben, ob bereits Drakon auch den vorsätzlichen Mörder, wenn er die Verbannung
wählte, auf seinem Weg dorthin und dann im Exil selbst schützte[140]. Zu-

---

[136] Diese Position vertreten RUSCHENBUSCH 1960, 140ff. und 1968, 15, NÖRR 1983,
636, HEITSCH 1989, 80f. bes. A. 22, KOERNER 1993, 33. RUSCHENBUSCH 1968, 15 u.ö.
betont, daß die drakontische und solonische Zeit nur „negatives Strafrecht" kannte, also
„keinerlei Strafe, die seitens staatlicher Organe aktiv vollstreckt wird" (13). Wir müssen
dann annehmen, daß ein Anonymus nach Solon die Todesstrafe einführte.

[137] Vgl. A. 98.

[138] So die herrschende Meinung, s. LIPSIUS 1905, I 601–12, BUSOLT-SWOBODA 1926,
II 808–12, MACDOWELL 1963, 110–29 und 1978, 109–20, LATTE 1968, 383, HANSEN
1976, 114–17 u.a.

[139] Bereits vor Drakon scheint der Areopag Gerichtsort gewesen zu sein, s. die
Gründungs-Mythen (s. JACOBY FGrH IIIb Suppl. 1, 22–5, vgl. BRAUN 1998, 18) und
Solons Amnestie-Gesetz (Plut. vit. Sol. 19,4), vgl. WALLACE 1985, 7ff., anders aber
RUSCHENBUSCH 1960, 132–5 u.a. Fraglich ist, welches Gremium dort richtete; Plutarch
betont (19,3), daß in Drakons Gesetz nicht von Areopagiten, sondern nur von Epheten
die Rede war (woraus man schloß, daß zu Drakons Zeiten die Epheten an unterschiedlichen Orten über alle Delikte urteilten, s. SEALEY 1983, 285f. u.a.); in Solons Amnestiege-
setz wird aber zwischen Areopag und Epheten unterschieden (ὅσοι ἐξ Ἀρείου πάγου ἢ
ὅσοι ἐκ τῶν ἐφετῶν ἢ ἐκ πρυτανείου); zur möglichen Erklärung dieses Widerspruchs
s. BRAUN 1998, 26, der ebenfalls annimmt, die Epheten richteten in der Zeit zwischen
Drakon und Solon, der das Areopag-Gremium aus den ehemaligen Archonten geschaffen
habe, auch auf dem Areopag. Evtl. hat Drakon aber das auf dem Areopag urteilende Gremium anders genannt (WILAMOWITZ 1893, II 200 denkt an βουλή), denn der Name
„Areopagit" ist erst im 4. Jh. belegt; zudem nennt Drakon auch im Falle des unvorsätzlichen Mordes keinen Gerichtsort; s. BUSOLT-SWOBODA 1926, II 813: „Vermutlich fehlen
diese (Gerichtsstätten) im Gesetz Drakons deshalb, weil sie gemäß dem sakralen Ur-
sprunge des Blutrechts mit Heiligtümern verbunden waren und ihre Zuweisung ... in das
Gebiet des Sakralrechtes fiel, dessen Auslegung den Exegeten oblag." Welches Gremium
zu Drakons Zeiten auf dem Areopag über vorsätzlichen Mord richtete, muß offen bleiben.

[140] Es scheint mir nicht ausgeschlossen, daß die Schutzvorschriften für den unvorsätzlichen Täter erst allmählich auch auf den vorsätzlichen ausgedehnt wurden; die Regelung, daß der Angeklagte nach seiner ersten Rede fliehen darf (s. A. 13), muß jedenfalls

mindest aus den homerischen Fällen ersehen wir, daß der fliehende Mörder
der Verfolgung durch Mitglieder der Familie seines Opfers ausgesetzt
blieb[141]. Unser Wissen bleibt hier fragmentarisch.

Tyndareos' Aussagen müssen nun mit dem aus den Quellen rekonstruier-
ten Bild von Drakons Mordgesetzen verbunden werden. Die Annahme,
daß der alte Mann aus Sparta den Unterschied zwischen vorsätzlicher und
nicht vorsätzlicher Tat absichtlich verwischen und auch für ersteren Fall
zugunsten seiner Tochter die Verbannung als Strafe behaupten wollte,
liegt nicht nahe. Dies widerspräche seinen eigenen Worten. Wenig später
bezeichnet er nämlich die Todesstrafe der Tochter als gerecht (538
θυγάτηρ δ' ἐμὴ θανοῦσ' ἔπραξεν ἔνδικα „Meiner Tochter ist mit ihrem Tod recht geschehen") und fordert seinerseits Orestes' Steinigung
(534 = 625)[142]. Wenn er also im folgenden im Einklang mit Drakon[143]
und der Praxis des 5. Jh. die Todesstrafe für den vorsätzlichen Mörder
voraussetzt, wie sind seine Ausführungen zu den „Gesetzen der Väter"
dann zu verstehen? Der scheinbare Widerspruch löst sich auf, wenn man
Tyndareos' Verbot des Tötens allein auf die eigenhändige Vergeltung be-

---

später sein, da die zweimaligen Reden erst in das 5. Jh. gehören; s. HEITSCH 1989, 81. Aus
dem 5. Jh. haben wir aus Milet eine Inschrift, auf der zur Tötung einer wegen Blutschuld
in die Verbannung gegangenen Familie aufgerufen wird (Syll.³ 58, MEIGGS-LEWIS 43);
allerdings ist hier politischer Hintergrund anzunehmen.

[141] Am deutlichsten ist dies Il. 2,662-70 und Od. 15,271-82; im Epos wird auch die
unvorsätzliche Tat mit Tötung geahndet, s. Od. 22,1-33; interessanterweise ist im Epos
die Ermordung des Aigisthos (Od. 1,29-43. 298-300, 3,193-8. 303-10, 4,546-7) und
der Klytaimestra (angedeutet in Od. 3,309-10) der einzige Fall, wo die, die gemordet
haben, nicht in die Verbannung fliehen, sondern ihrerseits getötet werden.

[142] Zu der Verswiederholung s. A. 30. Euripides läßt hier Gegenwart und Vergangenheit eine eigenartige Verbindung eingehen; denn die Steinigung zählt nicht zu den
staatlich vollstreckten Todesstrafen, dürfte also nicht durch eine Volksversammlung nach
Art des 5. Jh. beschlossen werden.

[143] Oder, wenn man für Drakon die staatlich vollzogene Todesstrafe leugnet (s. A.
105), in Übereinstimmung mit der späteren Interpretation des drakontischen Gesetzes.
Denn es dürfte unumstritten sein, daß die Athener des 5. Jh. die Todesstrafe bei vorsätzlichem Mord - mit welchem Recht auch immer - als drakontisch ansahen.

zieht (515 ἀνταποκτείνειν), die dem Blutsverwandten untersagt ist[144].
Denn wäre die Hinrichtung des Mörders nicht Sache der Polis, gäbe es
kein Ende des gegenseitigen Mordens[145]. Auch die Verwandten können
gegen das eigene Familienmitglied lediglich einen Prozeß anstrengen[146].
Diesem Prozeßzwang hätte sich Orestes unterwerfen müssen[147]. Vor dem
ordentlichen Prozeß hätte er die Möglichkeit gehabt, die Mutter aus dem
Hause zu verjagen (513–14 ἐς ὀμμάτων μὲν ὄψιν οὐκ εἴων περᾶν / οὐδ'
εἰς ἀπάντημ'). Denn bei Erhebung einer Mordanklage wird dem Angeklagten aus Angst vor möglicher Befleckung der Zutritt zu allen öffentli-
chen und kultischen Stätten versagt[148]; aus diesem Grunde durfte Orestes
der Mutter den Zugang zum häuslichen Herd verbieten (501 ἐκβαλεῖν

---

[144] Von V. 508 an geht es um den Fall, daß Mörder und Kläger verwandt sind: so beschreibt Tyndareos den hypothetischen Parallelfall, daß Orestes' Sohn seine Mutter,
Orestes' Frau, tötet, um an ihr Rache zu nehmen, weil sie seinen Vater ermordete (gegen
VON DER MÜHLL 1966, 190f. finde ich keine Belege für τόνδε im Sinne von τὸν δεῖνα, mit
τόνδε muß Orestes gemeint sein); s. PORTER 1994, 117.

[145] Dies an einem Mordfall zu demonstrieren, bei dem ein Mord innerhalb einer Famile
gerächt wird, ist nicht ganz einfach. In Tyndareos' hypothetischem Fall (s. A. 144) tötet
schließlich Orestes' Enkelsohn, um die Ermordung der Großmutter zu rächen, seinen
Vater. Der Fall einer endlosen Blutrache, den wohl auch Drakon zu verhindern suchte,
tritt vielmehr ein, wenn Mörder und Gemordeter zwei verschiedenen Familien angehören.

[146] Aus historischer Zeit kennen wir den Prozeß eines Atheners gegen seine Stiefmutter, die er des Mordes an seinem Vater anklagt (Antiphon 1). Interessant ist, daß er
sich selbst als Orestes, seine Stiefmutter als Klytaimestra stilisiert (§ 1, 17, 29f.; s.
HEITSCH 1984b, 24 A. 55). Er betont zwar seine Skrupel, gegen ein Familienmitglied
gerichtlich vorzugehen (bes. gegenüber seinen Halbbrüdern), bewegt sich damit aber auf
dem Boden der Gesetze. So hätte sich nach Tyndareos auch Orestes verhalten sollen.

[147] Vgl. Antiph. 5,48 καίτοι οὐδὲ οἱ τοὺς δεσπότας ἀποκτείναντες, ἐὰν ἐπ'
αὐτοφώρῳ ληφθῶσιν, οὐδ' οὗτοι ἀποθνῄσκουσιν ὑπ' αὐτῶν τῶν προσηκόντων,
ἀλλὰ παραδιδόασιν αὐτοὺς τῇ ἀρχῇ κατὰ νόμους ὑμετέρους πατρίους, vgl. dazu
GAGARIN 1981, 79. In dieser Hinsicht war auch Aigisthos' Ermordung nicht gesetzes-
konform; Tyndareos geht darauf nicht ausdrücklich ein, da sich Orestes' Fehlverhalten
natürlich am Muttermord effektiver demonstrieren läßt.

[148] Zur sog. πρόρρησις s. Z. 20–1: προειπεῖν δὲ τõι κτέναντι ἐν ἀγορᾶι μέχρι
ἀνεφσιότετος καὶ ἀνεφσιõ, Demosth. 20,158 ἐν τοίνυν τοῖς περὶ τούτων νόμοις ὁ
Δράκων φοβερὸν κατασκευάζων καὶ δεινὸν τό τιν' αὐτόχειρ' ἄλλον ἄλλου
γίγνεσθαι, καὶ γράφων χέρνιβος εἴργεσθαι τὸν ἀνδροφόνον, σπονδῶν, κρατήρων,
ἱερῶν, ἀγορᾶς, πάντα τἆλλα διελθών, οἷς μάλιστ' ἄν τινας ᾤετ' ἐπισχεῖν τοῦ
τοιούτόν τι ποιεῖν κτλ., vgl. Antiph. 6,34–6 und 48; Plat. leg. 871a, 873a, Aristot. Ath.
pol. 57,2. Später sprach der Archon Basileus die πρόρρησις aus, s. WILAMOWITZ 1893, I
253.

δωμάτων). Die „Verbannung" (515 φυγαί) bezieht sich hier also auf den Akt der Entfernung des Mörders aus dem Umfeld der Opfer, das damit „gereinigt" wird (ὁσιοῦν), wobei Tyndareos dem rechtlichen Terminus absichtlich eine andere Bedeutung gibt[149]. Allein dies ist den Betroffenen erlaubt, nicht aber, selbst aus Vergeltung zu töten (515 ἀνταποκτείνειν). Wenn Tyndareos sich auf die Vorfahren bezieht, die auch dem Blutsverwandten die Tötung eines Mitgliedes aus der eigenen Familie untersagten, kann man daraus schließen, daß nach seinem Verständnis des drakontischen Gesetzes allein ein öffentliches Gericht die Todesstrafe hätte verhängen dürfen, die er dann als die gerechte Strafe bezeichnet. Seine Ausführungen können möglicherweise als Beleg gelten für eine schon seit Drakon staatlich vollzogene Todesstrafe, die an die Stelle „privater Selbsthilfe" der rächenden Verwandten tritt[150]. Und die erneute Veröffentlichung des Mordgesetzes zur Zeit der Aufführung der Tragödie dürfte diesem Beleg einiges Gewicht geben.

Die Worte des mythischen „Helden" aus Sparta sind also in sich ohne Widerspruch und stehen im Einklang mit der zeitgenössischen athenischen Rechtspraxis, die ihren Ursprung in Drakons Vorschriften hat. Dieser Anachronismus als solcher stellt m.E. keinen Einwand gegen Tyndareos' Position dar. Die Verschmelzung von heroischer Zeit und Gegenwart ist ein durchgängiges Charakteristikum euripideischer Darstellung[151]; im 'Orestes' wird dies besonders deutlich im Hinblick auf die Volksversammlung, die über Orestes entscheidet. Euripides stellt das mythische Geschehen im Rahmen der Rechts- und Verfassungsnormen seiner eigenen Zeit dar. Wie konsequent Tyndareos seine Ansichten vertritt, zeigt sich auch darin, daß er die eigene Tochter nicht in Schutz nimmt, sondern ihre Tat wiederholt verurteilt und als strafwürdig bezeichnet (498, 519, 538). Im

---

[149] Bei einem Gerichtsverfahren hätte Orestes die Mutter nicht verbannen, sondern sie hätte sich nur selbst dazu entschließen können, um dem Urteil auszuweichen (s.o.).

[150] Vgl. vor allem WOLFF 1946, 75f.; Elemente der privaten Rache sind in die staatlichen Regelungen integriert; so sind nur die Verwandten die Ankläger (es gibt keinen Staatsanwalt; eine γραφὴ φόνου ist nicht zu belegen, vgl. TULIN 1996, anders HANSEN 1976, 108f.) und dürfen bei der Hinrichtung zugegen sein (Demosth. 23,69).

[151] Vgl. NEUMANN 1995, 16ff.; vgl. TAPLIN 1986, 67: „Ich zweifle, ob es überhaupt Anachronismen in der gr. Tragödie gibt, die als solche wahrgenommen werden sollen."

Bewußtsein der Stärke seiner Position greift er sogar Menelaos indirekt an[152], den er doch dafür gewinnen will, dem Neffen nicht zu helfen.

Tyndareos' Position entspricht der aischyleischen Lösung des Muttermord-Konfliktes: die Blutrache wird durch die Einrichtung staatlicher Gerichtsbarkeit überwunden. Seine Argumentation ist in sich geschlossen und unanfechtbar. Was gerecht und gut ist, ist allgemein bekannt, und durch Gehorsam gegenüber den althergebrachten Gesetzen wäre alles weitere Leid vermeidbar gewesen[153]. Selbst für eine solche Situation, in der sich Orestes befand, lieferten die Gesetze klare Handlungsmaximen. Alles ist gut und klar geregelt, so daß rechtliche Diskussionen eigentlich überflüssig sind.

Aber diese Zuversicht wird höchst fragwürdig, wenn man die Tatsache berücksichtigt, daß angesichts der Umstände der Gewalttat an Aigisthos und Klytaimestra die Anwendung der Gesetze in keiner Weise gegeben war[154]. Niemand hatte gegen die Mörder Klage eingereicht[155], so daß die Gemeinschaft der Bürger im Sinne der Gesetze hätte handeln können, um den Mord an Agamemnon zu sühnen. Orestes hatte, nachdem er in der Fremde herangewachsen war, überhaupt nicht die Möglichkeit, die Mutter

---

[152] In V. 521–3 verurteilt Tyndareos den Troja-Zug wegen der Ehebrecherin. Darin macht er Menelaos deutlich, daß dieser kein Recht habe, sich als siegreicher Kämpfer dem Schwiegervater zu widersetzen. Zu dieser auch von Rhetoriklehrern empfohlenen παρρησία s. PORTER 1994, 120.

[153] Vgl. ARROWSMITH 1958, 188: „Tyndareus ... is permitted the only valid insight into the murder of Clytemnestra and its alternative."

[154] Vgl. PORTER 1994, 111: „Far from representing the idealism of an old-fashioned and rigidly moral elder, or a manifesto on the part of the poet himself, Tyndareus' indictment of Orestes should be seen as a ruthlessly logical and superbly skillful exploitation of rhetorical weapons, employed to present Orestes' deed in the most damning light possible." EUCKEN 1986, 158: „Aber im Blick auf die realen Verhältnisse ist klar, dass ein Weg, wie ihn Tyndareos hier vorschreibt, gar nicht gegeben war." Ähnlich bereits GRUBE [2]1961, 384, STEIDLE 1958, 105, FALKNER 1983, 296; anders CONACHER 1967, 219: „Apparently the dramatist intends us to accept precisely this possibility."

[155] In Drakons Gesetz werden als mögliche Ankläger in einer δικὴ φόνου genannt: Väter, Brüder, Söhne, Vetter ersten Grades und deren Söhne (Z. 20–1); zum Rechtsbeistand werden außerdem die Schwiegerväter, Schwiegersöhne und Phratriegenossen aufgefordert (Z. 21–3); vgl. TULIN 1996. Tyndareos konnte also nicht Anklage erheben, und Orestes scheint, solange Menelaos abwesend ist, der einzige zur Klage Berufene gewesen zu sein. Und Menelaos ist weit davon entfernt, den Mord zu sühnen (372 φίλαισι χερσὶ περιβαλεῖν καὶ μητέρα), wie er auch keine moralischen Bedenken gegenüber dem Muttermörder hat.

(und Aigisthos) aus dem Palast zu vertreiben und einen Prozeß gegen sie durchzusetzen. Tyndareos' Worte beruhen auf einer Verkennung der tatsächlichen Machtverhältnisse, in denen die Gesetze gar nicht zur Wirkung kommen konnten. Im übrigen scheint Tyndareos selbst in diesem Fall die von ihm beschworene Hilfeleistung für die Gesetze (523) nicht sonderlich ernst genommen zu haben: auch von ihm erfuhr der Enkel in dieser Hinsicht keine Unterstützung. Für die von ihm als gerecht bezeichnete Bestrafung der Gattenmörderin und ihres Buhlen hat er augenscheinlich jahrelang nichts unternommen.

Infolgedessen sah sich Orestes in eine Situation gestellt, die bereits durch Ohnmacht der Gesetze, Ungerechtigkeit und Gottlosigkeit in der Weise charakterisiert war, daß das Mörderpaar den Thron usurpieren und unangefochten regieren konnte[156]. Die tatsächliche Lage entsprach der Unzivilisiertheit, die Tyndareos warnend vor Augen stellt. Eine sich um Objektivität bemühende Beurteilung von Orestes' Tat müßte sich auf diese Gegebenheiten beziehen. Tyndareos aber ignoriert sie und mißt Orestes an einem angeblich intakten Rechtssystem. Auf diese Weise gelingt ihm als Anwalt der hehren Gesetze eine vordergründig überzeugende Verurteilung. Es will den Eindruck entstehen lassen, daß Orestes die Anwendung der Gesetze böswillig unterließ, um sein Verbrechen begehen zu können. Das Dilemma, das für Orestes dadurch gegeben war, daß die Gesetzlichkeit versagt hatte und ihm selbst keinerlei Handlungsspielraum innerhalb ihres Rahmens bot, wird bewußt ausgeblendet. Die realen Zustände lassen die angebliche Offensichtlichkeit und Eindeutigkeit der Gesetze (492) zur Illusion werden[157]. Orestes wird in seiner Verteidigung aufzeigen, wie es darum bestellt ist (s. S. 73).

---

[156] Diese Situation wird im 'Orestes' nicht eigens beschrieben; sie gehört zur Vorgeschichte, die Euripides in der 'Elektra' dargestellt hatte; s. bes. V. 32–3: Aigisthos setzt eine Belohnung aus für den, der Orestes tötet. Die harsche Verurteilung der Tochter selbst durch den Vater läßt keinen Zweifel daran, in welchem Licht Euripides Klytaimestras und Aigisthos' Handeln erscheinen lassen wollte, s. auch S. 172 und A. 523.

[157] So behauptet z.B. Eteokles das genaue Gegenteil von Tyndareos' Worten (Phoin. 499–502): εἰ πᾶσι ταὐτὸ καλὸν ἔφυ σοφόν θ᾽ ἅμα,/ οὐκ ἦν ἂν ἀμφίλεκτος ἀνθρώποις ἔρις·/ νῦν δ᾽ οὔθ᾽ ὅμοιον οὐδὲν οὔτ᾽ ἴσον βροτοῖς / πλὴν ὀνομάσαι (Text nach MASTRONARDE 1988); vgl. NEUMANN 1995, 85f.

Das Fundament, auf dem Tyndareos' Einsatz für Gesetz und Moral ruht, trägt daher nicht. Hier liegt das darstellerische Anliegen des Dichters. Die Gesellschaft hat sich durch Aufstellen von Gesetzen ein Mittel geschaffen, dem Unrecht und der Gewalt Schranken zu setzen. Aber gerade derjenige, der auf die althergebrachten Traditionen pocht, Frömmigkeit und Besonnenheit für sich in Anspruch nimmt und sich zum Helfer der Gesetze macht[158], agiert in Euripides' Darstellung nicht im Sinne der Intentionen, mit denen sie geschaffen wurden. Durch das Vernachlässigen der tatsächlichen Möglichkeiten und Grenzen der Gesetze dienen Gerechtigkeit und Gesetzlichkeit nur noch als Mittel zu weiterer Konfrontation, wenn es gilt, die Rache am Gegner moralisch zu begründen[159]. Denn Tyndareos' Weg nach Argos hat in erster Linie den Sinn, den Mörder der eigenen Tochter zu bestrafen. Was zur Überwindung von Aggression und Gewalt gedacht war, wird zu ihrem Instrument[160].

Es liegt nahe, daß der Dichter in Tyndareos die Konservativen der eigenen Zeit abbildet, und man wird nicht fehlgehen, eine Verbitterung über all diejenigen herauszuhören, die sich zwar auf Drakon berufen, aber nur dann für Gesetz und Moral eintreten, wenn es ihren eigenen Interessen entgegenkommt, und damit die Kraft der Gesetze schwächen. So fällt auch ein kritisches Licht auf den Versuch, durch Neuveröffentlichung der drakontischen Gesetze dem allgemeinen Verfall entgegenzusteuern[161]. Denn

---

[158] Unter diesem Gesichtspunkt sind die Parallelen von PORTER 1994, 112–14 aus den attischen Gerichtsreden zu sehen, in denen sich der Redner zum Verteidiger der Gesetze stilisiert.

[159] In der Gestalt des Tyndareos wird illustriert, was Thukydides in einem Satz beschreibt (3,82,8): ὥστε εὐσεβείᾳ μὲν οὐδέτεροι ἐνόμιζον, εὐπρεπείᾳ δὲ λόγου, οἷς ξυμβαίη ἐπιφθόνως τι διαπράξασθαι, ἄμεινον ἤκουον. „Frömmigkeit galt weder hüben noch drüben; man schaffte sich vielmehr einen guten Namen, wenn es gelang, gerade durch den Schönklang eines Wortes eine Tat des Hasses zu vollführen."

[160] Vgl. LEINIEKS 1996, 26: „Tyndareos' desire to punish Orestes and Electra appears to be based not so much on respect for law as on personal hostility toward Orestes." NEUMANN 1995, 86 A. 47 verweist auf Thuk. 6,61,6, wo geschildert wird, wie persönliche Affekte ein Gerichtsverfahren beherrschen.

[161] Vgl. BURKERT 1974, 107; anders HOSE 1994, 248: „Über den Erfolg dieses Weges konnte Euripides noch kein Urteil abgeben." Auch wenn die innenpolitische Situation von 408 v. Chr., wie HOSE zu zeigen versucht, Grund zum Optimismus gab, kann Euripides die Situation anders - und im Blick auf die kommenden Ereignisse richtiger - eingeschätzt haben. Sein Porträt des Tyndareos zeigt m.E., daß er bezüglich des Erfolges

gerade der alte Mann aus Sparta beruft sich auf dieses Gesetz, wobei aber
sein Verhalten demonstriert, wie leicht ein solches Gesetz gegen seine
eigentlichen Intentionen benutzt werden kann und wie wenig seine bloße
Existenz bewirkt. Gerechtigkeit kann erst aus seiner vorurteilsfreien Anwendung und der Berücksichtigung der jeweiligen Umstände erwachsen.
Tyndareos dagegen versucht in keiner Weise, dem Enkel und dessen Situation gerecht zu werden[162], sondern seine Rechtsposition zielt allein auf die
Vernichtung des persönlichen Gegners, die er mit allen Mitteln erreichen
will. Der Kontrast zwischen haßerfüllter Erregung und moralisierender
Rede, von dem die Untersuchung ihren Ausgang nahm, findet hier seine
Erklärung: Moralität steht im Dienste der eigenen Interessen. Euripides
läßt es offen, ob und in welcher Weise ein um Sachlichkeit und Unpartei-
lichkeit ringender Umgang mit den Gesetzen eine Lösung für Orestes'
fatale Situation hätte bieten können[163]; seine Darstellung zeigt, daß den
beabsichtigten Nutzen der Gesetzlichkeit gerade derjenige verspielt, der sie
für sich in Anspruch nimmt. Es dürfte offensichtlich sein, daß auf diese
Weise die Gesetze alle Kraft verlieren, das „tierische" Treiben der Menschen zu steuern. Der Fortgang des Stückes wird es dem athenischen Publikum weiter vor Augen führen.

Orestes' erste Rede

Hat sich Tyndareos' Haltung zum Muttermord nur dem äußeren Schein
nach als gerecht und gesetzestreu erwiesen, so ist nun zu untersuchen, wie
Orestes seine eigene Tat verteidigt. Die Schwierigkeit der Deutung liegt
darin, daß seine Äußerungen sehr uneinheitlich, ja sogar widersprüchlich
sind. Daher rühren auch die Differenzen in der Auffassung seiner Worte.

---

der Rechtsreform sehr skeptisch war. Es liegt nahe, daß schon 409 v. Chr. die Neuveröffentlichung der drakontischen Gesetze diskutiert wurde; der Ruf nach Drakon, der dann
zur Neuveröffentlichung führt, ist sicherlich seit 411 v. Chr. erhoben worden.

[162] Hierher gehört auch die sog. διατύπωσις (525–9), mit der Tyndareos Abscheu vor
dem Muttermörder erregen will.

[163] Zur argivischen Volksversammlung s. S. 33f. und 84f.

Das Ziel der Analyse ist es, die unterschiedlichen Facetten in ein Gesamtbild einzufügen, ohne jedoch die bestehenden Spannungen zu eliminieren.

Eine der Ursachen für die Gegensätzlichkeit der Interpretationen liegt auch in der Unsicherheit der Überlieferung. Besonders umstritten ist die textliche Gestalt des Proömiums der ersten Rede. DIGGLE (1994a) athetiert die Verse 545 und 554–6 und stellt die Verse 546–7 vor Vers 557[164]. Er begründet diese Eingriffe folgendermaßen (1990, 102): „There are two features here which disturb us: a) two different reasons are offered why Orestes may be inhibited from speaking, and b) the second reason interrupts the argument." Der erste Grund betrifft Orestes' Sorge und Scheu, durch seine Erwiderung (544 πρὸς σὲ δειμαίνω λέγειν) Tyndareos zu kränken (545 σε μέλλω σήν τε λυπήσειν φρένα)[165], und der zweite die Scheu vor dessen Alter; zwischen der Nennung dieser beiden Gründe scheint Orestes bereits mit der eigentlichen Argumentation zu beginnen (546–7). In der Nachzeichnung des Proömiums wird sich allerdings zeigen, daß beide Einwände dem Text nicht gerecht werden.

Das Eingeständnis von Scham entspricht dem in den ersten Szenen von Orestes gezeichneten Bild. Abgesehen von den allgemeinen Reue- und Schuldbekundungen ist besonders auf seine spontane Reaktion zu verweisen, als er Tyndareos kommen sieht (459–61):

ἀπωλόμην, Μενέλαε· Τυνδάρεως ὅδε
στείχει πρὸς ἡμᾶς, οὗ μάλιστ' αἰδώς μ' ἔχει
ἐς ὄμματ' ἐλθεῖν τοῖσιν ἐξειργασμένοις.

---

[164] Zur Begründung s. DIGGLE 1994, 364–70; vgl. PORTER 1994, 335–9 (Appendix 6) zu V. 544–50. DIGGLE streicht in Orestes' Rede von 61 Versen insgesamt 12 Verse als unecht und nimmt eine weitere Versumstellung vor (585–7 nach 578).

[165] Deshalb streicht DIGGLE V. 545 nach PALEY [3]1889 (so auch KOVACS 2002). Wie WILLINK 1986 nimmt er Anstoß an σὲ ... σήν τε ... φρένα (vgl. aber Soph. Oid. K. 750 σὲ καὶ τὸ σὸν κάρα ohne ein weiteres Adjektiv); WILLINK athetiert nicht, liest aber nach MUSGRAVE [2]1797 ὅπου γε (so bei einigen Textzeugen, s. DIGGLE) μέλλω σήν τι λυπήσειν φρένα. Aber weder γε (ὅπου γε bei Euripides nur Hik. 442 [del. KOVACS 1982, 36–9]; vgl. Soph. fr. 677,2; ὅποι γε kommt gar nicht vor, s. KAMERBEEK 1989, 535) noch τι sind hier erwünscht. DIGGLE rekonstruiert die Versfolge: „Alter, ich habe Angst, dir zu erwidern, aber (δέ statt des überlieferten δή nach PALEY) dein Alter soll meinen Worten nicht hinderlich sein etc."

Ich bin verloren, Menelaos. Da kommt Tyndareos zu uns; ihm unter die Augen
zu treten habe ich die größte Scheu nach dem, was ich tat.

Wichtig ist seine Begründung: Leda und Tyndareos hätten ihn wie einen
Sohn aufgezogen, er aber habe es ihnen schlecht vergolten (466–7):

οἷς, ὦ τάλαινα καρδία ψυχή τ᾽ ἐμή,
ἀπέδωκ᾽ ἀμοιβὰς οὐ καλάς.

Ihnen, mein Herz und meine Seele, die untröstlich, erwies ich schlechten Dank.

Hier erscheint ein Motiv, das sich für Orestes und sein Denken im Laufe des
Stückes als von größter Bedeutung erweisen wird. Der Ausbruch seines
Schmerzes rührt daher, daß er den guten Taten seines Großvaters (und seiner
Großmutter) ihm gegenüber nicht gerecht wurde. Tyndareos hat sich in seinem Verhalten als Freund (φίλος) erwiesen, aber der Enkel hat nicht in gleicher Weise geantwortet[166]. In dem Bewußtsein, eine als gültig empfundene
ethische Regel verletzt zu haben, fühlt sich Orestes dem alten Mann gegenüber schuldig, weil er dessen Liebe und Freundschaft so schwer enttäuscht
hat[167]. Voller Schuldbewußtsein würde er gerne eine Begegnung vermeiden.

Dieser Haltung entspricht die am Anfang seiner Verteidigung ausgedrückte Hemmung; auch Elektra gegenüber nimmt Orestes sie ein: er fühlt Scham
(281 αἰσχύνομαι), weil er ihr Kummer bereitet, während sie ihn so aufop-
fernd pflegt. Ein Zuschauer, der den Fortgang der Rede und der weiteren
Handlung nicht kennt, dürfte - wie manche Interpreten es tun - kaum annehmen, daß der junge Mann ein Gefühl äußert, das er gar nicht empfindet.
Der Zweifel an der Ehrlichkeit seiner Worte entsteht erst, wenn in den folgenden Sätzen sehr wenig davon zu spüren ist, daß Orestes seinem Großvater
eigentlich keinen weiteren Kummer (λύπη) bereiten will. Scheu und Rücksicht gegenüber einem Menschen, dessen Wohltaten er erfahren hat, sind
nicht zu erkennen; im Gegenteil, seine Worte sind vehement und von großer

---

[166] Zur „Freundschaft" im Hinblick auf einen Verwandten s. SCHEIN 1988, 179:
„φιλία cuts across our usual distinction between kinship and friendship. It allows, even
requires, that one person think of another as someone on whom to rely and who can rely
on in turn ...." Überdeutlich ist diese Bedeutung von φιλία in Aristot. poet. 1453b19–
21: ὅταν δ᾽ ἐν ταῖς φιλίαις ἐγγένηται τὰ πάθη, οἷον ἢ ἀδελφὸς ἀδελφὸν ἢ υἱὸς
πατέρα ἢ μήτηρ υἱὸν ἢ υἱὸς μητέρα ἀποκτείνῃ κτλ.

[167] Im Gegensatz zu Orestes vergilt (τίνειν) Hermione der toten Klytaimestra ihre
Pflege, indem sie ihr die Grabspenden bringt (109).

Aggressivität. Aus diesem Grund wurde seine anfängliche Beteuerung wiederholt als reines Lippenbekenntnis abgetan[168].

Zur Erklärung dieser Spannung muß Orestes' Sichtweise eines zwischenmenschlichen Verhältnisses beachtet werden: Solange Orestes seinen Großvater als Freund, der ihm wohltat, betrachtet, empfindet er über sein eigenes Verhalten Scham, weil er seinerseits dem Freund nichts Gutes tat, sondern dessen Tochter tötete. Nun kann aber nach der haßerfüllten Rede des Alten (480–541) von Freundschaft keine Rede mehr sein. Für Orestes ist Tyndareos zum Gegner geworden[169]. Dem entspricht der Wandel im eigenen Verhalten. Zwar ist eine Erinnerung an die aus früheren Zeiten sich ergebende Verpflichtung noch vorhanden, aber sie tritt durch die gewandelte Situation in den Hintergrund. So zeigt sich bereits im Proömium (544–9) der Umbruch von Schuld- und Schamgefühlen zu einer aggressiven Haltung gegenüber einem Menschen, der sich nicht mehr als Freund erweist[170]. Dieser Wandel ist für Euripides' Darstellung seines Protagonisten wichtig und für das gesamte Stück zentral, wobei die Schnelligkeit solcher Übergänge besondere Aufmerksamkeit erregt. Im weiteren Verlauf des Stückes wird darauf zurückzukommen sein.

Nach der kurzen Ansprache an Tyndareos[171] geht Orestes sofort in die Konfrontation über. In einer provozierenden Antithese beschreibt er seine Situation (546–7)[172]:

---

[168] Vgl. CONACHER 1967, 216f., O'BRIEN 1988, 188.

[169] VERRALL 1905, 227 ist der m.E. irrigen Auffassung, Tyndareos hätte Orestes verziehen, wenn er nur darum gebeten hätte: „Nevertheless he is there; and when all is said, he must have come there in order to be asked, and to grant, forgiveness."

[170] Das Proömion enthält also keine „captatio benevolentiae" (so PORTER 1994, 134; ähnlich LLOYD 1992, 120: „This is a defensive proem of the type in which the speaker knows that he is likely to cause offence but tries to counteract this."). Indem Orestes ausdrücklich Ehrfurcht vor dem Alter ablehnt (548–9), entspricht er wohl schwerlich den Empfehlungen rhetorischer Handbücher (PORTER 1994, 136).

[171] Auch in seiner Rede an Menelaos geht Orestes nach zwei Versen Einleitung (640–1) „medias in res".

[172] Die Konjektur von HERMANN 1841: ἐγῷδ', übernommen von MURRAY ²1913, WILLINK 1986, GUZMÁN GUERRA 2000 u.a., ist abzulehnen; Orestes spricht selbstbewußt, ein schuldbewußtes Eingeständnis („ich weiß ...") entspräche nicht dieser Haltung; s. PORTER 1994, 336. Zu ἐγὼ δέ (110mal bei Eur.) s. DENNISTON ²1954, 170f. und FRIIS JOHANSEN 1959, 138f., vgl. Alk. 681, Med. 526, Phoi. 473; s. WEST 1987a: „my position is". Im wiederholten ἐγώ (nach 544 ἐγώ τοι) drückt sich die Bereitschaft zu energischer

ἐγὼ δ' ἀνόσιός εἰμι μητέρα κτανών
ὅσιος δέ γ' ἕτερον ὄνομα, τιμωρῶν πατρί.

Ich bin gottlos, weil ich die Mutter tötete, aber gleichzeitig muß man mich gottesfürchtig nennen als Rächer des Vaters.

Diese Verse stehen hier an der richtigen Stelle[173]. Denn eben sie enthalten
die im vorhergehenden Vers angekündigte Kränkung (545 σε μέλλω ...
λυπήσειν)[174]. In den zwei Versen faßt Orestes zusammen, was er im folgenden ausführen wird. Er bekennt sich fast trotzig zur „Unheiligkeit" des Muttermordes und nennt sich doch gerade wegen dieser Tat „heilig". Damit
antwortet er auf Tyndareos' gesamte Verurteilung und besonders auf dessen
einleitende Schmähung: ἀνόσιον κάρα (481). Mit dem selbstbewußten Bekenntnis gegenüber dem Ankläger will er sich gegenüber dem alten Mann,
der ihm einst Gutes tat und deswegen keinen Kummer verdient hat, von aller
Rücksichtnahme befreien, die ihn im Moment noch belastet (548–50)[175]:

ἀπελθέτω δὴ τοῖς λόγοισιν ἐκποδὼν
τὸ γῆρας ἡμῖν τὸ σόν, ὅμ' ἐκπλήσσει λόγου
καὶ καθ' ὁδὸν εἶμι· νῦν δὲ σὴν ταρβῶ τρίχα.

Es soll nun bei meinen Worten nicht dein Alter mir im Wege stehen, das mir die
Sprache raubt, und ich werde meine Sache vertreten. Aber in diesem Moment noch
fühle ich Respekt vor deinem weißen Haar.

Verteidigung aus; die ungewöhnliche Häufung dient der Charakterisierung. Einem solchen Umgang mit der Sprache ist schwerlich mit Konkordanzen beizukommen.

[173] HARTUNG 1849 und KIRCHHOFF 1855 hatten die Verse nach V. 550 versetzt, ihnen
folgen CHAPOUTHIER 1959, WEST 1987a u.a.; DIGGLE versetzt die Verse nach V. 556.

[174] PORTER 1994, 135 verteidigt die überlieferte Versfolge als „enthymematische"
Struktur: „(a) αἰδώς at having to oppose his grandfather (544–5); (b) grounds on which
he might reasonably do so (546–7); (c) decision to throw off αἰδώς and proceed with his
defence (548–9)" (V. 550 athetiert er).

[175] Trotz der Schwierigkeit von V. 550: καὶ καθ' ὁδὸν εἶμι· νῦν δὲ σὴν ταρβῶ
τρίχα möchte ich nicht der Athetese durch OERI 1898, 18 („lästige Geschwätzigkeit")
und PORTER 1994, 339 folgen, s. WILAMOWITZ 1924, 257: „Daß dann noch mit νῦν δέ
zugefügt wird: 'trotzdem empfinde ich die Hemmung', ist besonders respektvoll. Man
merkt freilich nachher von der Rücksicht nichts ..." DIGGLE paraphrasiert inkorrekt
(1990, 104): „If respect for Tyndareos' old age does not inhibit him, he will proceed
(548–50a). But the fact is (νῦν δέ) that he stands in awe of Tyndareos' grey hair (550b)."
Wo steht „if"? Ich verstehe νῦν δέ rein zeitlich. Orestes hat Schwierigkeiten, sich sofort
seines Respekts vor dem alten Mann zu entledigen, auch wenn er das wünscht; zu καθ'
ὁδὸν εἶμι im metaphorischen Sinne vgl. Plat. rep. 435a und leg. 688.

Orestes will sich der Verpflichtungen, deren Versäumnis ihn zuvor noch
Scham empfinden ließ, entledigen, so sehr dies auch seiner guten Erziehung
und seinem Bewußtsein des schuldigen Danks widerspricht[176]. Nach dem
maßlosen Angriff des Alten tritt er diesem seinerseits ohne Schonung entgegen[177]. Die Sorge, Kummer zu bereiten, und die Ehrfurcht vor dem Alter
zielen beide auf das gleiche Phänomen: auf die generellen und in Orestes'
Situation noch gesteigert empfundenen Verpflichtungen, die ein junger
Mensch gegenüber einem Älteren hat, der ihn ernährte und aufzog[178]. Hätte
Tyndareos seine haßerfüllte Anklage unterlassen, so hätte der Enkel ihm
gegenüber weiterhin nur Schuld und Scham gefühlt, jetzt aber möchte er sich
durch nichts daran hindern lassen, mit aller verletzenden Schärfe seinen Fall
zu vertreten. Dieses Verhalten zu erklären, bedeutet allerdings nicht zugleich, es zu billigen. An späterer Stelle wird zu untersuchen sein, welche
Reaktionen der Dichter auf einen solchen Wechsel der Haltung intendierte
(s. S. 80f.).

Mit der selbstbewußten Frage „Was hätte ich tun sollen" (551 τί χρῆν με
δρᾶσαι) beginnt Orestes den ersten Gedankengang im Hauptteil seiner Rede. Diese rhetorische Frage bezieht sich inhaltlich zurück auf den Konflikt
zwischen dem gottlosen Verbrechen (ἀνοσιότης) des Muttermordes und der
frommen Tat (ὁσιότης), den Vater zu rächen. Er verweist seinen Großvater
ausdrücklich auf die im Proömium aufgestellte Antithese: „Denn die beiden
Gegebenheiten stelle den beiden anderen gegenüber!" (551 δύο γὰρ ἀντίθες
δυοῖν)[179]. Damit sind die Gegensätze „heilig - unheilig" und „Vaterrache -
Muttermord" gemeint. Dieser Rückbezug hat viel Verwirrung ausgelöst[180].

---

[176] Zum δή im Anschluß an V. 546–7 s. WILAMOWITZ 1924, 257.

[177] Euripides scheint mir mit diesem Verhaltenswandel nicht das Porträt eines potentiell Kriminellen zu zeichnen (so VERRALL 1905, 230f., MULLENS 1941, 154f. u.a.), sondern vielmehr die Mechanismen zwischenmenschlicher Beziehungen zu charakterisieren.
An die Stelle von Schuld- und Schamgefühlen gegenüber einem bisher wohlmeinenden
Freund kann aggressive Verteidigung treten, sobald man sich angegriffen fühlt.

[178] Zum „Generationenvertrag" s. Il. 4,477–8 οὐδὲ τοκεῦσι / θρέπτρα φίλοις
ἀπέδωκε (das Verbum ἀποδιδόναι wird in Orestes' zweiter Rede eine zentrale Rolle
spielen, s. V. 643, 652); vgl. Eur. Ion 733–4; in Orestes' Fall haben ihn nicht die Eltern,
sondern der Großvater aufgezogen.

[179] Zur möglichen Anspielung auf sophistische Δισσοὶ Λόγοι (vgl. Prot. VS 80 B 6a)
und gorgianische Rhetorik s. BENEDETTO 1965, PORTER 1994, 338, NEUMANN 1995, 87.

[180] NAUCK [3]1871 und WECKLEIN 1900 änderten sogar den Text. Zu den unterschiedli-

Aber aus der vorangestellten Antithese ergeben sich folgerichtig: a) die rhetorische Frage, b) die im folgenden zur Klärung der Entscheidungsnot ange-
stellte Erwägung (552–4), ob die Mutter oder der Vater für einen Nachkommen größere Bedeutung haben, und schließlich c) die Entscheidung
(555–6)[181]:

ἐλογισάμην οὖν τῷ γένους ἀρχηγέτῃ
μᾶλλον μ' ἀμῦναι τῆς ὑποστάσης τροφάς.

Ich entschied mich also, dem Urheber meiner Herkunft eher zu helfen als der, die es
übernahm, mich zu ernähren und aufzuziehen.

Hätte Orestes im Hinblick auf seine Mutter den heiligen Gesetzen der Natur
gehorcht (und sie nicht ermordet), hätte er seinem Vater die geschuldete
Sohnespflicht versagt. Und erfüllt er die hehren Pflichten gegenüber dem
Vater, muß er sich an seiner Mutter vergehen. Diese nicht auflösbare Alternative ist als Antwort auf die von Tyndareos behauptete Eindeutigkeit der
moralischen Beurteilung von Orestes' Tat konzipiert. Bemerkenswert an
diesem Dilemma, in dem sich Orestes sah und sieht, ist die Tatsache, daß er
die Verletzung der Pflichten gegenüber dem Vater, den er mit Emphase
„Urheber meiner Herkunft" (555 ἀρχηγέτης τοῦ γένους)[182] nennt, auf eine

---

chen Vorschlägen, was sich hinter dem doppelten Gegensatzpaar verbirgt s. DIGGLE 1994,
366f.; sein eigener Vorschlag kommt dem meinigen nahe, ist aber unnötig kompliziert: die
Paare seien: „Vater - Mutter" und „unheiliger Muttermord - heilige Vaterrache". Verfehlt
scheinen mir die Versuche, die den unterschiedlichen Anteil der Eltern an der Zeugung in
der Antithese ausgedrückt sehen (so nach WILLINK 1986 PORTER 1994, 338; vgl. Σ^{mvc});
es handelt sich nicht um Handlungsalternativen (man beachte γάρ), sondern um Tatsa-
chen (jedenfalls in Orestes' Augen), die das durch die Antithese ausgelöste Dilemma entscheiden sollen. Ebenso spielt der Ehebruch in der Antithese noch keine Rolle; er wird
erst in einem nächsten Schritt (ab 557) zur Entscheidung des Dilemmas herangezogen.

181 Diese Abfolge: 'Aufstellung des Konflikts - Argumente zu seiner Lösung -
Entscheidung' geht bei DIGGLE verloren. Seine Argumente gegen die Echtheit der Verse
554–6 können nicht überzeugen (anders KOVACS 2002); zur metrischen Besonderheit
von ἐλογισάμην ∪ ∪∪ ∪ —vgl. immerhin Iph. A. 1409 (von DIGGLE ebenfalls für unecht befunden); sie läßt sich durch die prosaische Diktion dieser Rede verteidigen, s.
WILLINK 1986 und GUZMÁN GUERRA 2000; die Außergewöhnlichkeit der Konstruktion
ἐλογισάμην ... μ' ἀμῦναι wählte der Dichter bewußt, um auch sprachlich Orestes'
Position zwischen Vater und Mutter umzusetzen: τῷ ἀρχηγέτῃ - με - τῆς ὑποστάσης
(in drei Kasus!); zu Orestes' häufiger Verwendung des Personalpronomens s. A. 172;
toleriert man dies nicht, wäre μᾶλλον γ' ἀμῦναι ein Ausweg (zu μᾶλλόν γε s. Hel. 994
[von DIGGLE athetiert] und Plat. rep. 469c).

182 DIGGLE 1994, 368 nimmt an diesem Ausdruck Anstoß (zur Athetese von 554–6 s.

Ebene mit der Ermordung der Mutter stellt. Denn Orestes sah sich gezwungen zu entscheiden, ob er mit dem Muttermord oder dem Vaterverrat die größere Schuld auf sich lade. Erst in dieser Gegenüberstellung wird das Gewicht anschaulich, das die Sohnespflicht für Orestes hat. Denn er versucht zu zeigen, daß das Vergehen, den Vater nicht zu rächen, größer gewesen wäre als das, die eigene Mutter zu töten.

Orestes unternimmt diesen Versuch mit Hilfe von zwei Argumenten. Zuerst legt er dar, daß generell der Vater als Zeugender in biologischer Hinsicht Priorität vor der Mutter genieße, die den Samen nur wie ein Saatfeld (ἄρουρα) empfange und deshalb lediglich zu seiner weiteren Entwicklung beitrage (552–3)[183]. Zweitens führt Orestes in seinem individuellen Falle Klytaimestras Verhalten als Grund für die Bevorzugung des Vaters an. Denn sie hat ihren Pflichten als Mutter nicht genügt, um von einer emotionalen Bindung ganz zu schweigen (557 μητέρ' αἰδοῦμαι λέγειν „Mutter scheue ich mich, sie zu nennen"). Durch den Ehebruch mit Aigisthos hat sie alle Ansprüche an ihren Sohn eingebüßt[184]. Orestes durfte nach dem Buhlen, auf den, wie er hier behauptet, seine berechtigte Rache in erster Linie zielte[185], auch die Mutter, die keine war, „opfern"[186]. So schließt sich mit Vers 563 der Kreis:

A. 181); BENEDETTO 1965 hat gezeigt, daß γένος nicht „Geburt" wie γονή im Sinne des Aktes bedeuten kann. Aber jeder Mensch hat qua Geburt ein γένος, eine „Abstammung" oder „Herkunft" (s. LSJ s.v. I 1, vgl. besonders die Phrase γένος εἶναι ἔκ τινος Il. 5,544, Od. 15,267, Soph. Phil. 239 u.ö.), s. Eur. Ion 268 τὸ δὲ γένος μ' οὐκ ὠφελεῖ. Agamemnon ist „Urheber" von Orestes' γένος, so daß er eine „Abstammung" hat. Der Ausdruck wirkt übertrieben, da ἀρχηγέτης für Götter/Heroen vorbehalten ist, die Städte oder Familien gründen (s. LSJ s.v. 1); hier geht es nur um die Herkunft eines einzelnen.

[183] Der Ausdruck ὑποστῆναι τροφάς (556) ist wohl nur als Verkürzung von ὑποστῆναι τοὺς πόνους τοῦ τρέφειν zu verstehen (s. LSJ s.v. B II 3).

[184] Vgl. PORTER 1994, 147: „Having become alienated from Agamemnon, Clytemnestra has acquired a new φίλος and thereby rendered her former family ἐχθροί."

[185] Die Athetese des Verses 561 (so DIGGLE nach REEVE 1973, 156) ist abzulehnen (der Artikel bedeutet hier: „der gemeinte" und bezieht sich auf V. 558: ἰδίοισιν ὑμεναίοισι). Der Ausdruck λέξω δ' ὅμως (560) kommt in der Tragödie nur noch Eur. Ion 934 vor, wo er ebenfalls eine dann folgende Kundgabe einleitet (von REEVE ebd. A. 25 nicht beachtet); τοῦτον (562) kann sich schwerlich auf das unspezifische ἐς ἀνδρός λέκτρα (559) beziehen (zu letzterem s. PORTER 1994, 147 A. 171).

[186] Der Euphemismus (ἐπὶ δ' ἔθυσα μητέρα) nach dem Vorbild von Aischyl. Ag. 1504 (Agamemnons „Opferung" nach der des Thyest-Kindes). Zur Opfersprache in der Orestie s. ZEITLIN 1965 und 1966; zu den Opfertermini im 'Orestes' s. A. 340.

ἀνόσια μὲν δρῶν, ἀλλὰ τιμωρῶν πατρί.

Ich handelte zwar gottlos, aber ich rächte den Vater.

In verkürzter Fassung wiederholt Orestes seine Ausgangsantithese; das Gewicht der rächenden Hilfe für den Vater wird mit identischen Worten unterstrichen[187].

Diese Argumentation erstaunt. Einerseits fällt auf, daß der Muttermord auf einer intellektuellen Ebene abgehandelt wird (s. V. 555 ἐλογισάμην). Weder wird eine besondere emotionale Bindung zum Vater deutlich (Orestes sah ihn zuletzt als Kleinkind), noch läßt sich ausgeprägter Haß auf die Mutter feststellen. Es geht mehr um ethische Prinzipien als um persönliche Gefühle. Andererseits verblüfft, daß Orestes den Gehorsam gegenüber Apollons Orakel, der im bisherigen Verlauf des Stückes an mehreren Stellen genannt wurde[188], nicht erwähnt. Orestes' Argumentation ist nicht-religiös und „innerweltlich" und wird anschaulich in der zweimal benutzten Phrase: „den Vater rächen / ihm die Ehre wahren / ihm helfen" (547, 563 τιμωρεῖν πατρί)[189]. Orestes' Gedankengang stützt sich auf ein sehr einfaches Prinzip, das bereits im Gespräch mit Menelaos kurz auftauchte (424) und dann in seinem Verhalten gegenüber Tyndareos deutlich wurde[190]. Es ist das der Freundschaft (φιλία). Freund ist derjenige, der einem Gutes tat[191]. Das sind in erster Linie die Verwandten, vor allem die Eltern[192], aber auch jeder ande-

---

[187] „Vater" ist das erste und letzte Wort seines ersten Gedankengangs (552, 563).

[188] Zu Apollon als Urheber des Muttermordes s. S. 36f.; dazu s. S. 171f.

[189] τιμωρεῖν (erst in 5. Jh. belegt) bezieht sich zuerst auf die Rache, kann dann aber auch in einem weiteren Sinn die Hilfe bedeuten, die man einem Angegriffenen oder Mißhandelten zuteil werden läßt (s. LSJ s.v. II); vgl. Demokr. VS 68 B 261 ἀδικουμένοισι τιμωρεῖν κατὰ δύναμιν χρὴ καὶ μὴ παριέναι· τὸ μὲν γὰρ τοιοῦτον δίκαιον καὶ ἀγαθὸν, τὸ δὲ μὴ τοιοῦτον ἄδικον καὶ κακόν. Lys. 13, 3 ... δίκαιον καὶ ὅσιον ἡγοῦμαι εἶναι καὶ ἐμοὶ καὶ ὑμῖν πᾶσιν τιμωρεῖσθαι, καθ' ὅσον ἕκαστος δύναται.

[190] Man kann also keineswegs behaupten: „His positions and arguments are literally unprincipled" (so EUBEN 1986, 235).

[191] Thuk. 1,41,3 φίλον τε γὰρ ἡγοῦνται τὸν ὑπουργοῦντα, ἢν καὶ πρότερον ἐχθρὸς ᾖ, πολέμιόν τε τὸν ἀντιστάντα, ἢν καὶ τύχῃ φίλος ὤν, Demosth. 23,56 οὐ γένος ἐστὶν φιλίων καὶ πολεμίων, ἀλλὰ τὰ πραττόμεν' ἐξεργάζεται τούτων ἑκάτερον. Vgl. HERMAN 1987, 48: „euergesia was unabashedly recognised as a secular strategy in the conduct of inpersonal relations."

[192] Il. 4,477 ≃ 17,301-2 οὐδὲ τοκεῦσι / θρέπτρα φίλοις ἀπέδωκε, Hes. erg. 187-8 als Übel der eisernen Zeit: οὐδέ κεν οἵ γε / γηράντεσσι τοκεῦσιν ἀπὸ θρεπτήρια δοῖεν, Thales bei Stob. 3,1,172 (VS 10,3 δ 8) οἵους ἂν ἐράνους ἐνέγκῃς τοῖς γονεῦσι,

re, der helfend zur Seite steht, besonders in schwieriger Lage[193]. Aus dem
Empfangen von Hilfe und Unterstützung im weitesten Sinne ergibt sich die
Verpflichtung, im Gegenzug in gleicher Weise zu handeln, d.h. die Freundschaft zu erwidern[194]. Diese Verpflichtung ist besonders gefordert, wenn der,
der gegeben hat, nun seinerseits in Not gerät und der Hilfe bedarf[195]. Ein
Sonderfall dieser Hilfe liegt darin, daß man Angriffe von Feinden abwehrt
und erlittene oder subjektiv empfundene Demütigungen dadurch „heilt", daß
man dem feindlichen Verursacher Gleiches oder Entsprechendes antut und
damit die Ehre des Geschädigten wieder herstellt[196]. Daraus ergibt sich das
der Freundschaft analoge Prinzip, dem Feind zu schaden: τοὺς μὲν φίλους εὖ
ποιεῖν, τοὺς δ' ἐχθροὺς κακῶς[197]. In dieser Maxime liegt die Berechtigung

---

τοιούτους αὐτὸς ἐν τῷ γήρᾳ παρὰ τῶν τέκνων προσδέχου, Xen. mem. 2,2 über die
Pflicht, die Wohltaten der Mutter zu vergelten (s. § 13 über öffentliche Strafen bei Miß-
achtung der Eltern, s. D.L. 1,55, Aristot. Ath. pol. 56), Antiph. VS 87 B 66 γηροτροφία
γὰρ προσέοικε παιδοτροφία.

[193] Aristot. eth. Nic. 8,1 1155a11–12 ἐν πενίᾳ τε καὶ ταῖς λοιπαῖς δυστυχίαις
μόνην οἴονται καταφυγὴν εἶναι τοὺς φίλους.

[194] Pind. Pyth. 2,24 τὸν εὐεργέταν ἀγαναῖς / ἀμοιβαῖς ἐποιχομένους τίνεσθαι,
Thgn. 111–12 οἱ δ' ἀγαθοὶ τὸ μέγιστον ἐπαυρίσκουσι παθόντες,/ μνῆμα δ' ἔχουσ'
ἀγαθῶν καὶ χάριν ἐξοπίσω (vgl. 1263–6), Carm. conv. 25 (908 P.) ὅστις ἄνδρα φίλον
μὴ προδίδωσιν, μεγάλην ἔχει / τιμήν κτλ. Lys. 19,59 εἶναι ἀνδρὸς ἀγαθοῦ ὠφελεῖν
τοὺς φίλους, Thuk. 2,40,4 (Perikles) βεβαιότερος δὲ ὁ δράσας τὴν χάριν ὥστε
ὀφειλομένην δι' εὐνοίας, ᾧ δέδωκε, σῴζειν, Xen. mem. 4,4,24 τοὺς εὖ ποιοῦντας
ἀντευεργετεῖν οὐ πανταχοῦ νόμιμόν ἐστι; Demokr. VS 68 B 93 χαριζόμενος
προσκέπτεο τὸν λαμβάνοντα, μὴ κακὸν ἀντ' ἀγαθοῦ κίβδηλος ἐὼν ἀποδῷ,
Aristot. eth. Nic. 1156b34–5 ὅμοια ἑκατέρῳ παρ' ἑκατέρου, ὅπερ δεῖ τοῖς φίλοις
ὑπάρχειν. Dieser Grundsatz wird auch auf das Verhältnis Gott-Mensch („do, ut des")
übertragen; s. dazu DIHLE 1962, 21f. und ADKINS 1972, 11ff.

[195] Il. 13,463–6 (zu Aineias) νῦν σε μάλα χρὴ / γαμβρῷ ἀμυνέμεναι, εἴ πέρ τί σε
κῆδος ἱκάνει./ ἀλλ' ἕπου, Ἀλκαθόῳ ἐπαμύνομεν, ὅς σε πάρος γε / γαμβρὸς ἐὼν
ἔθρεψε δόμοις, Il. 18,394ff., wo Hephaistos Thetis ihre Hilfe mit Achilleus' Waffen
vergilt; Pind. Nem. 8,42–3 χρεῖαι δὲ παντοῖαι φίλων ἀνδρῶν· τὰ μὲν ἀμφὶ πόνοις /
ὑπερώτατα. Auch im politischen Bereich gilt die Hilfe den Unrecht Leidenden: s. Thuk.
1,33,1 ἀδικουμένοις καὶ οὐχ ἑτέρους βλάπτουσι τὴν ἐπικουρίαν ποιήσεσθε.

[196] Thgn. 361–2 ἀνδρός τοι κραδίη μινύθει μέγα πῆμα παθόντος / Κύρν'·
ἀποτεινυμένου δ' αὔξεται ἐξοπίσω. Im gr. Wort für Rächer τιμα-ϝορος „der die Ehre
wahrt" ist dieser Bezug gegeben; die Zusammenhänge von Ehrverlust und dem nach
Rache verlangenden Zorn hat besonders Aristoteles herausgearbeitet; s. dazu COURTOIS
1984, 92ff.

[197] Plat. Men. 71e, s. Hom. Od. 6,184–5 πόλλ' ἄλγεα δυσμενέεσσιν,/ χάρματα δ'
εὐμενέτῃσι, Hes. erg. 353 τὸν φιλέοντα φιλεῖν καὶ τῷ προσιόντι προσεῖναι, Archil.
23,14–15 (W.) ἐπίσταμαί τοι τὸν φιλέοντα μὲν φιλεῖν,/ τὸν δ' ἐχθρὸν ἐχθαίρειν,

und Pflicht, am Feind, der dem Freund oder einem selbst unrecht tat, Rache zu üben[198]. M.W. BLUNDELL hat in ihrem Buch „Helping friends and harming enemies" einen guten Überblick über die grundlegende Bedeutung dieser Maxime im Denken der Griechen gegeben, so daß dies hier nicht wieder-

---

Sappho 5,6–7 (LP) καὶ φίλοισι ϝοῖσι χάραν γένεσθαι,/ [...] δ' ἐχθροῖσι, Solon 13,5–6 (W.) εἶναι δὲ γλυκὺν ὧδε φίλοις, ἐχθροῖσι δὲ πικρόν,/ τοῖσι μὲν αἰδοῖον, τοῖσι δὲ δεινὸν ἰδεῖν, Pind. Pyth. 2,83–4 φίλον εἴη φιλεῖν·/ ποτὶ δ' ἐχθρὸν ἅτ' ἐχθρὸς ἐὼν λυκοῖο δίκαν ὑποθεύσομαι, Thgn. 871–2 εἰ μὴ ἐγὼ τοῖσιν μὲν ἐπαρκέσω, οἵ με φιλεῦσιν,/ τοῖς δ' ἐχθροῖς ἀνίη καὶ μέγα πῆμ' ἔσομαι (s. 1032–3, 1107–8 u.ö.), Eur. Med. 809 βαρεῖαν ἐχθροῖς καὶ φίλοισιν εὐμενῆ, HF 585–6 τοῖς φίλοις <τ'> εἶναι φίλον / τὰ τ' ἐχθρὰ μισεῖν, Aristoph. Av. 419–20 κρατεῖν ἂν ἢ τὸν ἔχθρον ἢ / φίλοισιν ὠφελεῖν ἔχειν, Dissoi Logoi VS 90, 2,7 καὶ τὼς μὲν φίλως εὖ ποιεῖν καλόν, τὼς δὲ ἐχθρὼς αἰσχρόν (vgl. 1,13 und 3,2–3), Plat. rep. 332d (Polemarchos) τὸ τοὺς φίλους ἄρα εὖ ποιεῖν καὶ τοὺς ἐχθροὺς κακῶς δικαιοσύνην λέγει (sc. Σιμωνίδης), Xen. mem. 2,6,35 ἀνδρὸς ἀρετὴν εἶναι νικᾶν τοὺς μὲν φίλους εὖ ποιοῦντα, τοὺς δ' ἐχθροὺς κακῶς (vgl. 2,1,19, 4,5,10, anab. 1,3,6, 1,9,11, Kyr. 1,4,25), Lys. 9,20 τετάχθαι τοὺς μὲν ἐχθροὺς κακῶς ποιεῖν, τοὺς δὲ φίλους εὖ (vgl. 15,15), Isokr. 1,26 ὁμοίως αἰσχρὸν εἶναι νόμιζε τῶν ἐχθρῶν νικᾶσθαι ταῖς κακοποιίαις καὶ τῶν φίλων ἡττᾶσθαι ταῖς εὐεργεσίαις, Aristot. rhet. 1,6 1363a20–1 προαιροῦνται δὲ πράττειν ... τὰ τοῖς ἐχθροῖς κακὰ καὶ τὰ τοῖς φίλοις ἀγαθά. Schwersten Tadel erhält der, der den Freunden schadet, den Feinden aber nützt: Gorg. Palam. (VS 82 B 11a) 25: Zeichen von μανία sei es, Dinge zu tun, ἀφ' ὧν τοὺς μὲν φίλους βλάψει, τοὺς δ' ἐχθροὺς ὠφελήσει, Lys. 6,7 τοὺς μὲν ἐχθροὺς μηδὲν ποιεῖν κακόν, τοὺς δὲ φίλους ὅ τι ἂν δύνηται κακόν, Men. Mon. 805 φίλος με λυπῶν οὐδὲν ἐχθροῦ διαφέρει.

[198] Hom. Il. 9,615 (Achilleus zu Phoenix) καλόν τοι σὺν ἐμοὶ τὸν κήδειν, ὅς κ' ἐμὲ κήδῃ, Il. 18,95ff. mit Plat. apol. 28c: Achilleus nahm für die Rache den Tod in Kauf: πολὺ δὲ μᾶλλον δείσας τὸ ζῆν κακὸς ὢν καὶ τοῖς φίλοις μὴ τιμωρεῖν, Od. 24,433–4 (Eupeithes) λώβη γὰρ τάδε γ' ἐστὶ καὶ ἐσσομένοισι πυθέσθαι,/ εἰ δὴ μὴ παίδων τε κασιγνήτων τε φονῆας τισόμεθ', Archil. 126 (W.) ἓν δ' ἐπίσταμαι μέγα,/ τὸν κακῶς <μ'> ἔρδοντα δεινοῖς ἀνταμείβεσθαι κακοῖς, Epich. VS 23 B 32 ποτὶ πονηρὸν οὐκ ἄχρηστον ὅπλον ἁ πονηρία, Thgn. 363–4 εὖ κώτιλλε τὸν ἐχθρὸν· ὅταν δ' ὑποχείριος ἔλθῃ,/ τεῖσαί νιν πρόφασιν μηδεμίαν θέμενος, Aischyl. Choeph. 123 τὸν ἐχθρὸν ἀνταμείβεσθαι κακοῖς (vgl. Soph. Ant. 643), Demokr. VS 68 B 193 φρονήσιος ἔργον μέλλουσαν ἀδικίην φυλάξασθαι, ἀναλγησίης δὲ τὸ γενομένην μὴ ἀμύνασθαι, Antiph. VS 87 B 58 ὅστις δὲ δράσειν μὲν οἴεται τοὺς πέλας κακῶς, πείσεσθαι δ' οὔ, οὐ σωφρονεῖ, [Aristot.] rhet. Al. 1422a36–8 καθάπερ γὰρ τοὺς κακόν τι ποιήσαντας δίκαιόν ἐστι τιμωρεῖσθαι, οὕτω καὶ τοὺς εὐεργετήσαντας προσήκει ἀντευεργετεῖν. Es dürfte kein Zufall sein, daß DIHLE 1962, 41ff. auf der Suche nach Belegen für die graduelle Überwindung des Vergeltungsgedankens im wesentlichen nur Cheilon bei Stob. 3,1,172 (VS 10,3 γ 20) ἀδικούμενος διαλλάσσου, ὑβριζόμενος τιμωροῦ, Pittakos (D.L. 1,76) συγγνώμη τιμωρίας κρείσσων, Hdt. 3,53,4 πολλοὶ τῶν δικαίων τὰ ἐπιεικέστερα προτιθεῖσι und Men. Dysc. 727ff. zitieren kann (Euripides wird nicht genannt). Zum Vokabular der Rache s. SAID 1984, 48–51.

holt werden muß[199]. Einige Hinweise in den Fußnoten auf die wichtigsten Belege mögen deutlich machen, daß Orestes in seinem Handeln keineswegs isoliert ist, sondern einer allgemein akzeptierten und befolgten Norm folgt[200].

Als Sohn Agamemnons steht Orestes in einem φιλία-Verhältnis zu seinem Vater. Nach dessen Ermordung kann die vom Sohn geforderte Pflicht des helfenden Beistandes nur bedeuten, den gewaltsamen Tod zu rächen. Solange der Mörder ein Feind ist, ist die geforderte Rache - jedenfalls auf den ersten Blick - unproblematisch. Aigisthos' Ermordung stellt in dieser Hinsicht kein moralisches Problem dar und spielt im 'Orestes' nur eine geringe Rolle[201]. Was aber Klytaimestra angeht, so ist sie als Mutter des Orestes ebenfalls eine φίλη. Hier treten zwei Ansprüche miteinander in Konflikt. Orestes muß sich entscheiden, ob er den Ansprüchen des φίλος πατήρ oder denen der φίλη μήτηρ entsprechen will. Er entscheidet sich für den Vater, erstens weil eine Mutter dem Sohn gegenüber generell nur die Funktion einer Amme einnehme und zweitens weil Klytaimestra ihre berechtigten Ansprüche durch den Ehebruch schwer verletzt habe. An die Stelle des göttlichen Auftrags ist hier das Prinzip der Freundschaft getreten, das die Tötung der Mutter als Rache für den von ihr ermordeten Vater fordert.

Nun dürfte wahrscheinlich der Mehrheit des Publikums in Erinnerung gewesen sein, daß das biologische Argument im Gedankengang des Agamemnon-Sohnes aus den 'Eumeniden' des Aischylos (658–63) stammt, wo Apollon ebenfalls den Vorrang des Vaters vor der Mutter behauptet und damit Orestes' Freispruch erreicht. Welche Bedeutung liegt in dieser

---

[199] BLUNDELL 1989, 26–59 (in A. 1 nennt sie ältere Literatur); vgl. außerdem FRAISSE 1974, 72ff., HERMAN 1987, SCHEIN 1988, 182ff.; zur Rache s. auch S. □184f.

[200] Nach seiner Betrachtung der Fluchtäfelchen resümiert GEHRKE 1987 in seinem wichtigen Aufsatz zur Rache (143): „Im Bereich von Gefühlen und Einstellungen waren also ... Rachebegehren und Rachebereitschaft quicklebendig, die Kontrolle solcher Bereitschaft war eher äußerlich: durch ein Rechtssystem, das mit der Rache eng verbunden war, ja teilweise geradezu von ihr gespeist wurde, - nicht gerade eine feste Sicherung"; zur im Recht „domestizierten" Rache s. A. 608.

[201] Der Name fällt zuerst in V. 435 (s. A. 25; vgl. V. 894), die Tötung wird in V. 561–2 und 1158 erwähnt. Sogar Tyndareos, der auch in Aigisthos' Falle die Eigenhändigkeit der Rache ohne jede Beteiligung der Öffentlichkeit hätte kritisieren können, unterläßt dies bezeichnenderweise.

Anspielung? Einerseits wird damit auf indirekte Weise die Abwesenheit des Gottes noch betont, indem zwar seine Argumentation, nicht aber sein Name und sein Auftrag erwähnt werden. Das Zitat seiner Worte betont den Umstand, daß der göttliche Befehl als solcher seine Bedeutung verloren hat. Andererseits fällt auf, daß das Argument des delphischen Gottes einen neuen Platz im Zusammenhang des Muttermordes gefunden hat. Bei Aischylos versucht Apollon, den Erinyen das Recht streitig zu machen, in Orestes' Fall Strafe für den Mord am Blutsverwandten zu verlangen, da die Mutter als Fremde (ξένη) nur den Sproß des Vaters nähre (τροφός). Der Gott möchte dort also den, der auf seinen Befehl hin bereits gehandelt hat, vor der drohenden Vergeltung in Schutz nehmen. In der Darstellung des Euripides gehört das Argument in die Vorgeschichte der Tat. Die größere Bedeutung des Vaters für das Entstehen des Kindes soll begründen, warum Orestes das Verbrechen des Muttermordes in Kauf nehmen konnte, um seine Sohnespflichten gegenüber dem Vater zu erfüllen. Würden Vater und Mutter in ihren Ansprüchen an das Kind gleichberechtigt nebeneinander stehen, hätte Orestes sich nicht entscheiden können. Apollons Argument hilft also einen Konflikt zu lösen, der sich auf menschlicher Ebene aus einer bestimmten Ethik heraus ergibt. Es ist nicht mehr der göttliche Befehl, sondern das Freundschafts- und Rachekonzept, das Orestes' Tat seinen eigenen Worten zufolge veranlaßt hat, und der in den 'Eumeniden' von Apollon vorgetragene Standpunkt findet innerhalb dieses Konzeptes seinen Platz. Die göttliche Beweisführung wird dem menschlichen Handlungsmodell untergeordnet, indem sie für den sich aus diesem Denken ergebenden Konflikt ein wichtiges Argument liefert. Die menschliche Maxime erhält damit eine religiöse Facette, die allerdings nur für den deutlich wird, der die Anspielung auf die 'Eumeniden' bemerkt.

Was sich in Orestes' Übernahme von Apollons Argument im Agon nur implizit andeutet, wird am Schluß des Dramas offensichtlich werden, wenn Apollon sich zum Muttermord bekennt (1665). Freundschaft und Rache haben in Euripides' Darstellung religiöse Dimension. Apollons Auftrag, der im Anfang des Stückes mehrmals genannt wird, hat nicht nur dramaturgische Funktion (s. S. 36ff.), sondern ist für den Dichter gleichzeitig Chiffre für den Zwang gesellschaftlich vorgegebener Handlungsmuster, dem Orestes in seinem Verlangen nach Rache unterliegt. Diese ethische

Norm hat in zweifacher Hinsicht eine religiöse Qualität: sie steht einerseits im Einklang mit der religiösen Tradition Delphis[202] und wirkt andererseits mit der gleichen Macht wie einst der göttliche Befehl. Bei dieser
doppelten Motivation durch göttlichen und menschlichen Anstoß[203] wird
die äußere, göttliche Einwirkung entpersonalisiert und säkularisiert: sie
vollzieht sich auf dem Wege der Internalisierung von Regeln und Maximen (hier der Freundschaft). Zu der sich damit stellenden Frage der Freiheit soll an dieser Stelle nur soviel gesagt sein, daß Orestes zwar unter dem
Einfluß einer religiös überhöhten, ethisch-moralischen Übereinkunft handelt, aber insofern frei ist, als er dieser Übereinkunft theoretisch auch
nicht hätte folgen können[204]. Wie groß der Dichter diese Möglichkeit
einschätzt, wird an anderer Stelle zu untersuchen sein[205]. Die vom Mythos
vorgegebene göttliche Ursache behält jedenfalls auch bei Euripides in neuer Interpretation seine Bedeutung für die Erklärung des Muttermordes.

Welche Reaktion hat der Dichter auf Orestes' ersten Gedankengang
beim Publikum erwartet oder provozieren wollen? Wir wissen von einer
Reaktion des Publikums (wahrscheinlich aus nacheuripideischer Zeit) auf
den Vers 554:

ἄνευ δὲ πατρὸς τέκνον οὐκ εἴη ποτ' ἄν.

Ohne einen Vater aber könnte es niemals ein Kind geben.

Man habe ihn ausgepfiffen und gerufen: „Aber ohne die Mutter, du Schuft
Euripides?"[206] Die Banalität und Anfechtbarkeit des Satzes sollte nicht

---

[202] Zur delphischen Theologie der Blutrache und Blutsühne s. ZIELINSKI 1899, 95–7.

[203] Vgl. dazu STINTON 1975, 244: „In early Greek thought divine and human motivation run parallel, a particular act is unaccountable in human terms not so much because no
human motive explains it, as because no human motives explain it completely."

[204] Vgl. z.B. ARROWSMITH 1963, 46: „Orestes is ... a man who kills not from necessity
but in freedom." PARKER 1983, 311: „For no serious Greek thinker did divine involve-
ment ever exclude human responsibility."

[205] Dazu s. S. 173f. Allgemein zum Problem der Selbständigkeit des tragischen Menschen s. SCHMITT 1997, 10ff., zum 'Orestes' und den von ihm daraus gezogenen Folgerungen für die Interpretation der Tragödie s. S. 180–3.

[206] Eustathios in Od. 1498,57–9: ... περιεσυρίχθη θεατρικῶς. ἀκούσας τὸ
ᾀδόμενον τὸ ἄνευ δὲ μητρός, ὦ κάθαρμ' Εὐριπίδη, vgl. die Scholien zu V. 554:
ἄνευ δὲ πατρός· λέγεταί τις αὐτοῦ εἰπόντος τοῦτο εἰρηκέναι· ἄνευ δὲ μητρός, ὦ
κάθαρμ' Εὐριπίδη; Den Vers 554 athetieren NAUCK ³1871, PALEY ³1889, WECKLEIN
1900, REEVE 1973, 155f., WILLINK 1986, DIGGLE u.a.; die Aischylos-Reminiszenz Eum.

zur Athetese führen, sondern für die Interpretation genutzt werden[207]. Orestes' absurd anmutendes Argument ist nur angesichts seiner seelischen Ausnahmesituation, in der er sich in dieser äußerst bedrängten Lage befindet, nachvollziehbar[208]. In seiner provozierenden Überzogenheit wird es damit aber zugleich zu einem Mittel, mit dem der Dichter eine Distanzierung des Publikums von dem Muttermörder erreicht. Auch wenn vielleicht nicht wenige der athenischen Zuschauer den Vorrang des Vaters vor der Mutter in biologischer Hinsicht akzeptierten[209], so wird ihnen dennoch Orestes' Rechtfertigung des Muttermordes mit Hilfe solcher Argumente problematisch erschienen sein. Es wird zu prüfen sein, ob eine solche kritische Haltung des Publikums dem „Helden" gegenüber auch an anderer Stelle vom Dichter beabsichtigt war. Das wichtigere Problem, in welchem Licht Euripides das Freundschafts- und Rache-Konzept erscheinen lassen wollte, kann erst im Hinblick auf das gesamte Drama geklärt werden.

Das Konzept der Rache, die zu nehmen ein Freund (φίλος) verpflichtet ist, stellt für Orestes das Fundament seiner Verteidigung dar. Im folgenden Gedankenschritt beschreibt er dessen Bedeutung für die Allgemeinheit und deutet damit seine generelle Tragweite an[210]. Hatte Tyndareos im Muttermord einen Angriff auf die zivilisierte Ordnung gesehen, so setzt Orestes dagegen, daß seine Tat der Abschreckung diene und somit die allgemeine Moral erhalte[211]. Die Rache für den Vater nütze allen Griechen

---

663 πατὴρ μὲν ἄν γείνατ᾽ ἄνευ μητρός spricht eher für als gegen die Echtheit; s. BIEHL 1955, 31, BENEDETTO 1965, WEST 1987a und LLOYD 1992, 121 A. 34.

[207] NAUCK 1859, 44: „Wie ist es möglich, daß ein vernünftiger Dichter den Gedanken ausspricht 'ohne Vater gibt es kein Kind', wenn er nicht etwa eine komische Wirkung beabsichtigt, die hier vorauszusetzen keinem einfallen wird"; vgl. REEVE 1973, 155f. Zu fragen wäre, welcher Interpolator diesen Effekt beabsichtigt haben könnte.

[208] Vgl. auch A. 182 zum ἀρχηγέτης τοῦ γένους.

[209] Apollons Argument stammt möglicherweise von Anaxagoras (s. Aristot. gen. an. 763b31–3); wie verbreitet die Position zu Euripides' Zeiten war, ist schwer zu beurteilen; s. LESKY 1950, SOMMERSTEIN 1989, 206–8, DEAN-JONES 1994, 148–53 und HALPERIN 1990, 278: „Recent studies of Greek embryology, however, have shown that a major, if not the dominant, theme in ancient thinking on this topic emphasized the contribution which the female makes to conception."

[210] Es fällt auf, daß Orestes nicht als „Tyrannenmörder" dargestellt wird, s. VERRALL 1905, 205: „There can be no tyrannicide, for there is no tyrant"; vgl. HALL 1993, 266f.; dieser politisch-soziale Aspekt der Tat wird in Euripides' Darstellung vernachlässigt.

[211] Er folgt damit gleichsam einer Empfehlung aus [Aristot.] rhet. Alex. 1444a5–7: ἄν

insofern, als eine Regel (νόμος), die die Straflosigkeit von Frauen garantieren würde, die ihren Mann aus beliebigem Grund töten, durch diese seine Tat aufgehoben sei[212]. Das Prinzip der strafenden Vergeltung läßt keine Schonung der Täter zu und verhindert durch ihre abschreckende Wirkung weitere Verbrechen.

Mit diesem Argument[213] allerdings kann Orestes Tyndareos nicht widerlegen. Denn dieser hatte nicht die Notwendigkeit der Bestrafung ehebrecherischer und mordender Ehefrauen in Abrede gestellt, sondern allein die eigenhändige Rache durch den Sohn verurteilt, weil durch sie eine Kette weiterer Bluttaten ausgelöst werde[214]. Dieser offensichtliche Argumentationsfehler ist vom Dichter beabsichtigt und dient der Charakterisierung von Orestes' Position. Wenn Orestes von Vergeltung und Rache spricht, meint er die einmalige Strafe für ein individuelles Vergehen, ohne die Folgen der vergeltenden Tat zu sehen. Das Anliegen von Drakons Gesetzen, das Tyndareos in seiner Rede zum Ausdruck bringt, nämlich der Gewalt gegenseitiger Vergeltung ein Ende zu setzen, ignoriert er. In den Augen des Protagonisten wird eine Vergeltung nur dann vollzogen, wenn Mord mit Mord bestraft wird; nur so kann sie die Funktion der Abschreckung erfüllen. Eine andere Art der Bestrafung der Mutter, etwa auf dem Gerichtswege, scheint für Orestes völlig außerhalb seines Blickfeldes zu liegen[215]. Mit keinem Wort geht er auf die Vorstellungen des Großvaters ein,

---

δὲ ὁμολογῶμεν τὰ ἐγκαλούμενα πεποιηκέναι, ἐκ τῶν δικαίων καὶ νομίμων μετιόντες ἐννομώτερα καὶ δικαιότερα τὰ ἡμέτερα ἀποδεικνύναι πειρασόμεθα.

[212] In dem Ausdruck τόνδ' ἔπαυσα τὸν νόμον (571) werden Tyndareos' Worte (524–5): τὸ θηριῶδες τοῦτο καὶ μιαιφόνον / παύων beantwortet; der für Tyndareos zentrale Begriff νόμος wird lächerlich gemacht, indem Orestes zu zeigen versucht, daß die angebliche Gesetzlichkeit die Übeltäter schont. So kann er einem Gefühl wie der Barmherzigkeit gegenüber der Mörderin (von Tyndareos 526–9 angemahnt) nur Verachtung entgegenbringen, s. WILLINK 1986 zu V. 568: μαστοῖς τὸν ἔλεον θηρώμενοι „the pl. is abnormal in this topos, and has a 'scornful' force; likewise the def. article."

[213] Den analogen Gedanken (bezogen auf den Muttermörder) äußern bereits die Erinyen in Aischyl. Eum. 494–515: funktioniert nicht die Abschreckung durch die Bestrafung eines Verbrechens, geht jede rechtliche Ordnung zugrunde; s. Eur. Hik. 538–41, Tro. 1031–2 und 1056–60; vgl. Plat. Prot. 324b, leg. 880d/e, vgl. SAUNDERS 1991, 133ff.

[214] Vgl. VERRALL 1905, 230, BLAIKLOCK 1952, 185, EUCKEN 1986, 159 u.a.

[215] Vgl. WILLINK 1986 zu 581–2: „... despite what Tynd. has said, Or. still sees no middle course between killing Cl. and 'silently approving' her crimes."

wie er sich hätte korrekt verhalten sollen, obwohl er gut die Unmöglichkeit des von Tyndareos geforderten Verfahrens hätte darlegen können[216].
Das Konzept der Vergeltung beruht auf dem Prinzip der Reziprozität, und
dieses Gesetz der Talion ist gnadenlos[217]. Nur wenn allen Griechen bewußt
sei, daß Gleiches mit Gleichem beantwortet wird, könne der Verwilderung
der Sitten vorgebeugt werden.

In der Diskussion über Strafe und Abschreckung geht es dem Dichter
offensichtlich nicht um die Sicht eines mythischen „Helden" grauer Vorzeit, sondern um Positionen seiner eigenen Zeit. So sagt z.B. Euphiletos
am Ende seiner Verteidigung gegen die Anklage der Ermordung des Ne-
benbuhlers (Lys. or. 1,47–8)[218]:

---

[216] Die Zuschauer dürften durchaus erwartet haben, daß Orestes die Unmöglichkeit
eines geregelten Gerichtsverfahrens gegen seine Mutter und den neuen Herrscher in
Argos darlegt; s. LLOYD 1992, 121f. PORTER 1994, 151 meint dagegen ohne mir ersichtli-
chen Grund, eine solche Verteidigung wäre „poor strategy on Orestes' part" und
„impossible within the framework of the drama".

[217] Gen. 9,6: „Wer Menschenblut vergießt, des Blut soll auch von Menschen vergossen werden", s. Ex. 21,23–4, Deut. 19,21, Num. 35,33. Einige markante Beispiele zur
Talion aus dem gr. Bereich: Il. 2,354–6: Nestor ermahnt die Griechen, nicht eher nach
Hause zu fahren, bis die Soldaten troische Frauen vergewaltigt und so Helenas Tränen
gesühnt hätten; Il. 4,40–3: Zeus will für sein geliebtes Troja eine andere für Hera wichtige Stadt zerstören; Hdt. 8,106,3–4: Hermotimos rächt seine Entmannung an Panionios,
indem er ihm und seinen Söhnen das gleiche Schicksal zuteil werden läßt; ein solches
Verhalten entspräche dem νόμος δίκαιος; Hdt. 9,78,3: der Vorschlag der Pfählung des
Mardonios für die gleiche Tat an Leonidas; Thuk. 2,67,4: die Athener töten am Helle-
spont ergriffene korinthische und spartanische Gesandte und werfen sie in eine Schlucht,
um das entsprechende Verfahren der Spartaner zu vergelten: δικαιοῦντες τοῖς αὐτοῖς
ἀμύνεσθαι (vgl. 1,42,1, 4,63,2 u.ö.), Plat. leg. 872e ὁ γὰρ δὴ μῦθος ἢ λόγος ... ἐκ
παλαιῶν ἱερέων εἴρηται σαφῶς, ὡς ἡ τῶν συγγενῶν αἱμάτων τιμωρὸς δίκη
ἐπίσκοπος ... ἔταξεν ἄρα δράσαντί τι τοιοῦτον παθεῖν ταὐτὰ ἀναγκαίως, ἅπερ
ἔδρασεν, in ironischer Brechung: Aristoph. Nub. 1409ff.: Kinder dürfen Eltern schlagen
als Vergeltung für erlittene Prügel (τοὺς πατέρας ἀντιτύπτειν) (vgl. Aristot. eth. Nic.
1149b 6–13), Thesph. 46ff.: Euripides wird als Weiberkritiker entschuldigt: οὐδὲν
παθοῦσαι μεῖζον ἢ δεδράκαμεν (519).
Bisweilen soll die Rache auch schwerer als die Tat sein; s. Hes. erg. 709–11 εἰ δέ σέ γ'
ἄρχῃ / ἤ τι ἔπος εἰπὼν ἀποθύμιον ἠὲ καὶ ἔρξας,/ δὶς τόσα τείνυσθαι μεμνημένος,
Thgn. 1089–90 εἴ ποτε βουλεύσαιμι φίλῳ κακόν, αὐτὸς ἔχοιμι·/ εἰ δέ τι κεῖνος
ἐμοί, δὶς τόσον αὐτὸς ἔχοι, Antiph. 4b,2 οὐ γὰρ ταὐτὰ ἀλλὰ μείζονα καὶ πλείονα
δίκαιοι οἱ ἄρχοντες ἀντιπάσχειν εἰσίν, s. dazu HIRZEL 1907, 190 A. 4.

[218] Weitere Beispiele zur Rolle der Abschreckung in den Gerichtsreden bei PORTER
1994, 150 A. 182; vgl. [Demosth.] 25,17 τοὺς παραβαίνοντας ταῦτα (τὰ δίκαια)
κολαζομένους βελτίους τοὺς ἄλλους ποιεῖν. Zur Abschreckung als Grundlage einer

ἐγὼ μὲν οὖν, ὦ ἄνδρες, οὐκ ἰδίαν ὑπὲρ ἐμαυτοῦ νομίζω ταύτην
γενέσθαι τὴν τιμωρίαν, ἀλλ' ὑπὲρ τῆς πόλεως ἁπάσης· οἱ γὰρ
τοιαῦτα πράττοντες, ὁρῶντες οἷα τὰ ἆθλα πρόκειται τῶν
τοιούτων ἁμαρτημάτων, ἧττον εἰς τοὺς ἄλλους ἐξαμαρτήσονται .

Ihr Herren, ich bin der Meinung, daß diese Strafe nicht aus persönlichen Motiven
vollzogen worden ist, sondern im Interesse der ganzen Stadt. Denn wer dabei ist,
solches zu tun, und sieht, was für „Belohnungen" für solche Vergehen bereitste-
hen, der wird sich in geringerem Maße an den anderen vergehen.

Die Ähnlichkeit der Argumentation dürfte kein Zufall sein und zeigt, daß
Euripides bei seiner Behandlung des Muttermordes die grundsätzlichere
Problematik von Strafe und Vergeltung im Auge hat und die im damaligen
Athen üblichen Positionen widergibt.

Klytaimestras Bestrafung lag aber in Orestes' Augen noch in einem besonderen Sinne im Interesse der Allgemeinheit (572–8). Hatte doch Agamemnon zum Wohle ganz Griechenlands (574 πάσης ὑπὲρ γῆς Ἑλλάδος) das Heer nach Ilion geführt, so muß die Wiederherstellung seiner
Ehre zu Recht (573 ἐνδίκως) ein allgemeines Anliegen sein[219]: auch hier
geht es wieder um das Prinzip eines auf Gabe und Gegengabe beruhenden
Verhaltens. Orestes hat im Sinne der Gemeinschaft aller Griechen gehandelt, wenn er seiner Mutter die verdiente Strafe zuteil werden ließ. Selbst
in der Angabe des Grundes für den Gattenmord bleibt Orestes seinem Denkansatz treu: Klytaimestra tötete Agamemnon, um der erwarteten Vergeltung für ihren Ehebruch zu entgehen (577). Auch sie kannte nach Orestes'
Darstellung die Gesetze der Rache und handelte dementsprechend.

Diese gesellschaftliche Relevanz der Tat kommt in ähnlicher Form noch
zweimal in der argivischen Volksversammlung zur Sprache. Der vom Boten
gepriesene[220] Landmann schlägt vor, Orestes mit einem Kranz zu ehren,

---

zivilisierten Gesellschaft s. das Kritias-Frg. und meinen Aufsatz in Hermes 127, 1999.

[219] Vgl. Aischyl. Eum. 625–39. In der Phrase αὐτῇ δίκην / ἐπέθηκεν (576–7)
nimmt Orestes Tyndareos' Worte auf (500).

[220] Dieses Lob über fünf Verse hin (918–22) gilt dem, der eine extrem einseitige Position vorträgt, die übersieht, daß Orestes nicht nur eine κακὴ καὶ ἄθεος γυνή tötete
(925), sondern seine Mutter. Dies wirft ein bezeichnendes Licht auf den Boten, der aus
Sympathie zum Königshaus zu einem abgewogenen Urteil nicht in der Lage ist (s. A. 44);
immer wieder halten jedoch die Interpreten den Vers 930: „Und in den Augen der an-
ständigen Bürger (τοῖς χρηστοῖς) hatte er gut gesprochen." für eine Wertung des Dich-

weil er die Tötung des Heerführers rächte (924 τιμωρεῖν) und so der Ge-
fahr entgegenwirkte, daß niemand mehr Haus und Hof verläßt, um in den
Krieg zu ziehen, weil er fürchtet, die Daheimgebliebenen könnten die
Ehefrauen verführen. Und dieses Argument verallgemeinernd, verteidigt
Orestes sich selbst in der Versammlung in analoger Weise (935–7)[221]:

εἰ γὰρ ἀρσένων φόνος

ἔσται γυναιξὶν ὅσιος, οὐ φθάνοιτ᾽ ἔτ᾽ ἂν

θνῄσκοντες, ἢ γυναιξὶ δουλεύειν χρεών·

Denn wenn die Ermordung ihrer Männer den Frauen erlaubt sein wird, dann
sterbt besser sogleich, sonst müßt ihr Sklaven eurer Frauen sein.

Nur durch die Vergeltung von Klytaimestras Tat könne die allgemeine
Moral aufrecht erhalten werden; unterbliebe sie, würde ihr Beispiel zum
Vorbild für andere, und die gesellschaftliche Ordnung würde zusammenbre-
chen. Deswegen sei seine Bestrafung nicht im Interesse der Allgemeinheit
(940–2)[222]:

---

ters und beziehen die Aussage nicht auf den Sprecher, der durch sie porträtiert wird; s.
z.B. VICKERS 1973, 582. In der Rede des Landmanns wird die von Euripides möglicherweise sonst geschätzte arbeitende Landbevölkerung charakterisiert; mit den ethisch-
moralischen Problemen einer von Mord und Vergeltung geprägten Zeit ist auch diese
Schicht überfordert; GOOSSENS 1962, 645f. vermutet eine Anspielung auf die Ideen des
Phormisios. Der Landmann ist sicherlich kein „Double" von Phormisios (s. V. 919
ὀλιγάκις ἄστυ κἀγορᾶς χραίνων κύκλον), aber indem Euripides diesen als der Situation nicht gewachsen darstellt, nimmt er vielleicht Stellung zu dessen Idee, das Bürger-
recht auf Landbesitzer zu beschränken.

[221] Nach WILLINK 1986 ist Orestes' gesamte Rede vor der Volksversammlung interpoliert; Euripides' Text lautete: „Da trat dein Bruder vor, aber er konnte die Versammlung
nicht überzeugen, obwohl er (mir) gut zu reden schien." Es ist m.E. ganz unwahrscheinlich, daß der Bote den Inhalt aller vier Reden referiert, über Orestes' Worte aber schweigt.
Auch kann ich das Urteil von WILLINK zu den zitierten Worten nicht nachvollziehen:
„The language is as odd as the logic." Zur Athetese von 938–42 s. A. 222.

[222] DIGGLE und KOVACS 2002 folgen WECKLEIN in der Athetese von 938–42, s. REEVE
1973, 158. Diese Verse erläutern das in V. 935–7 pointiert Gesagte (besonders 941b
nimmt 936b auf) und fügen den entscheidenden Punkt hinzu: die Tötung der Ehemänner
ist den Frauen dann erlaubt (ὅσιος), wenn Orestes verurteilt wird, d.h. die Bestrafung
Klytaimestras ein Unrecht genannt wird; der Zusammenhang mit Orestes' Verurteilung
würde bei Athetese verloren gehen, es handelt sich m.E. nicht um eine entbehrliche Wiederholung. Die Ellipse τοὐναντίον δὲ δράσετ᾽ (sc. ἐμὲ κατακτείναντες) ἢ δρᾶσαι
χρεών ergibt sich zwanglos aus der Situation des Prozesses; die Wiederholung οὐ
φθάνω ἄν mit Part. ist trotz der etwas unterschiedlichen Bedeutung nicht anstößig.

εἰ δὲ δὴ κατακτενεῖτ᾽ ἐμέ,
ὁ νόμος ἀνεῖται, κοὐ φθάνοι θνῄσκων τις ἄν·
ὡς τῆς γε τόλμης οὐ σπάνις γενήσεται.

Wenn ihr aber mich nun tötet, dann wird das Gesetz aufgehoben: bald wird mancher des Todes sein; denn es wird keinen Mangel an dreister Frechheit geben.

Es fällt auf, daß von den Argumenten, die für Orestes sprechen, allein dieses, und das in wiederholter Form, in der Volksversammlung zur Sprache kommt. Vor den Bürgern der Stadt verhieß wohl einzig der Hinweis auf die allgemeine gesellschaftliche Dimension der Tat Erfolg, so daß der Landmann und Orestes - wenn auch zu Unrecht - auf ihre Überzeugungskraft vertrauen[223]. Der Muttermord wird damit zu einem die gesamte Polis angehenden Problem, weil durch ihn ethisch-moralische Grundsätze berührt werden, auf denen die staatliche Ordnung beruht. In seiner Rede im Agon mit Tyndareos hat Orestes den gesellschaftlichen Bezug mit seinen ethischen Überlegungen zu Freundschaft und Vergeltung verbunden. Denn das Ordnungsgefüge der Gesellschaft wird mit Hilfe derselben Prinzipien organisiert, die auch für das private Miteinander gelten und dort ihren Ursprung haben. Wird eine Mordtat nicht gerächt, wird das öffentliche Gesetz seiner Gültigkeit beraubt, Kriegführen unmöglich und die patriarchalische Hierarchie aufgehoben.

Gleichzeitig aber wird das gesellschaftliche Argument, das dem Muttermörder die Straffreiheit sichern sollte, vom Dichter in Frage gestellt; denn Orestes benutzt genau das Argument, das die Erinyen im athenischen Prozeß gegen ihn anführten (Aischyl. Eu. 490ff., besonders 511–15)[224]:

‘ὦ δίκα, ὦ θρόνοι τ᾽ Ἐρινύων᾽
ταῦτά τις τάχ᾽ ἂν πατὴρ ἢ τεκοῦσα νεοπαθὴς
οἶκτον οἰκτίσαιτ᾽, ἐπειδὴ πίτνει δόμος δίκας.

„Du Gerechtigkeit und ihr Erinyen auf eurem Thron!" So wird bald mancher Vater, manche Mutter, von neuem Schmerz getroffen, weinen und klagen; denn es stürzt das Haus des Rechts.

---

[223] Zum Fehlen von Apollons Auftrag s. S. 38f.

[224] Die Mahnung, daß bald andere durch den Wegfall vergeltender Strafe zum Opfer werden, findet sich ganz analog bei Orestes in den oben zitierten Versen 940–2.

Durch diesen zweiten Bezug zu den 'Eumeniden' gerät Orestes' Gedankengang ins Zwielicht. Aus der gesellschaftserhaltenden Kraft der Vergeltung kann sowohl die Bestrafung des Mörders als auch seine Freisprechung abgeleitet werden. Die behauptete staatstragende Wirkung der Vergeltung fordert also je nach Interpretation diametral entgegengesetzte Handlungen. Damit wird deutlich, wie wenig eindeutig der gesellschaftliche Nutzen einer Rachehandlung in Wahrheit ist. Die Ambivalenz der Heiligkeit und Unheiligkeit von Orestes' Tat spiegelt sich so auch in ihrer Bedeutung für die Allgemeinheit.

Nach dem gesellschaftlichen Aspekt seiner Tat kommt Orestes schließlich explizit auf ihre religiöse Begründung zu sprechen (579–84)[225]. Zu der genannten Auffälligkeit, daß Apollon in der Rede bisher überhaupt nicht direkt genannt wurde, kommt nun hinzu, daß die Racheverpflichtung zunächst nicht durch Apollons Auftrag[226], sondern ausgerechnet mit den Erinyen begründet wird, deren Wirken Tyndareos als Beweis der Gottverhaßtheit des Enkels ins Feld geführt hatte (530–3). Orestes dagegen erklärt, daß sein Vater, hätte er ihm nicht beigestanden, die strafenden Gottheiten gegen ihn mobilisiert hätte[227]. Der für den Vater geforderte Beistand wird durch eine höhere göttliche Ebene sichergestellt[228]: auch

---

[225] In V. 580 möchte ich das überlieferte φόνον δικάζων (DIGGLE und GUZMÁN GUERRA 2000 nach WILLINK 1986: φόνου δικαστῶν) halten; das Partizip gehört zur Parenthese (s. O'BRIEN 1988, 187): „Bei den Göttern - zu meinem Unglück dachte ich an die Götter, als ich den Mord (als Strafe) verfügte." Der Vers schließt direkt an V. 576–8 an, wo es um die Bestrafung der Mutter ging; zu φόνον δικάζειν s. V. 164–5 (Apollon); vgl. Eur. El. 1093–4 εἰ δ' ἀμείψεται / φόνον δικάζων φόνος (vgl. KELLS 1966, 129f.: δικάζω „adjudge can take an accusative of the award or penalty adjudged"), Aischyl. Ag. 1412 δικάζειν φυγήν. KELLS 131 versteht ἐμνήσθην präsentisch und δικάζειν als „weighing-up the rights and wrongs of Clytaemnestra's murder of Agamemnon."

[226] DIGGLE hat durch Umstellung (585–7 nach 578) und Athetese (588–90), WILLINK 1986 durch Umstellung (579–84) und REEVE 1973, 156f. durch Athetese (585–90) den Zusammenhang von 579–84 (Erinyen) und 591–9 (Apollon) herstellen wollen; KOVACS 2002 versetzt 585–7 nach 599; all dies scheint unnötig, s. WEST 1987b, 283 A. 9.

[227] Bei Aischylos ist es Apollon selbst, der mit den väterlichen Erinyen droht, s. Choeph. 283–4, vgl. 924–5, Eur. El. 977–8; in den 'Eumeniden' erklären sich die Erinyen nur für den Verwandtenmord zuständig, s. BRAUN 1998, 191ff. Die Problematik des in den Erinyen verkörperten Gesetzes der Vergeltung (sie müßten auch Agamemnons Ermordung ahnden) wird hier von Euripides herausgestellt, indem er Orestes gegen die mütterlichen Rachegeister die väterlichen stellen läßt.

[228] Zur Rachepflicht des Sohnes s. auch Hik. 1143–51 und 1214–26 (von Athena

Agamemnon besitzt „helfende Göttinnen" (583 σύμμαχοι θεαί), und das mit größerem Recht, da er größeres Unrecht erleiden mußte. Sie sorgen dafür, daß dem Vater Hilfe geleistet wird. Das traditionelle Argument der väterlichen Rachegeister[229] wird somit ebenfalls eingebunden in das φι-λία-Konzept, das Orestes' Denken prägt. Wie bei der Abschreckung wird auch hier deutlich, daß ein und dieselbe Vorstellung für entgegengesetzte Positionen in Anspruch genommen wird. In subtiler Weise gelingt wiederum eine Relativierung einer vorgegebenen - hier religiösen - Denkform.

Ob es Orestes mit diesem Argument allerdings ernst meint, daran läßt eine andere Stelle Zweifel aufkommen. Orestes' Worte an Elektra nach seinem Wahnsinnsanfall müssen hier einbezogen werden (288–93):

οἶμαι δὲ πατέρα τὸν ἐμόν, εἰ κατ' ὄμματα
ἐξιστόρουν νιν μητέρ' εἰ κτεῖναί με χρή,
πολλὰς γενείου τοῦδ' ἂν ἐκτεῖναι λιτὰς
μήποτε τεκούσης ἐς σφαγὰς ὦσαι ξίφος,
εἰ μήτ' ἐκεῖνος ἀναλαβεῖν ἔμελλε φῶς
ἐγώ θ' ὁ τλήμων τοιάδ' ἐκπλήσειν κακά.

Ich glaube, daß mein Vater, wenn ich ihn von Angesicht zu Angesicht gefragt hätte, ob ich die Mutter töten solle, zu meinem Kinn dringlich bittend seine Hände ausgestreckt hätte, daß ich niemals das Schwert zur Ermordung der Mutter erheben solle, da er das Leben nicht zurückbekommen werde, ich Unglücklicher aber dieses Elend voll auskosten müsse.

Der Kontrast könnte größer nicht sein: hier ein Agamemnon, der den Sohn flehentlich bittet, die Mutter nicht zu töten, dort ein Agamemnon, der die Erinyen gegen den Sohn hetzt, wenn dieser das erlittene Unrecht nicht sühnt. Gebraucht Orestes Tyndareos gegenüber Argumente, an die er in Wahrheit gar nicht glaubt? Ist seine Verteidigung pure Rhetorik, die allein zur Erhaltung des eigenen Lebens eingesetzt wird? Die Diskrepanz

---

gefordert), vgl. Lys. 13,41 (Testament des von den 30 Tyrannen getöteten Dionysodoros) καὶ τῇ γυναικὶ τῇ αὑτοῦ ἐπέσκηπτε, νομίζων αὐτὴν κυεῖν ἐξ αὐτοῦ, ἐὰν γένηται αὐτῇ παιδίον, φράζειν τῷ γενομένῳ ὅτι τὸν πατέρα αὐτοῦ Ἀγόρατος ἀπέκτεινε, καὶ κελεύειν τιμωρεῖν ὑπὲρ αὐτοῦ ὡς φονέα ὄντα, vgl. PORTER 1994, 156–7 mit Hinweis auf Plat. leg. 871b.

[229] Vgl. Il. 9,454: Amyntor verflucht seinen Sohn Phoinix, weil dieser auf Bitten der Mutter seine Geliebte verführte; vgl. Oidipus' Fluch gegen die Söhne (Phoin. 624).

zwischen den Scham- und Schuldgefühlen, die Orestes am Anfang des
Stückes quälen, und der verletzenden Verteidigung gegen Tyndareos' An-
klagen ist an dieser Stelle noch einmal gesteigert[230]. Denn seiner Schwester gegenüber hatte Orestes das Konzept, auf dem jetzt seine gesamte
Verteidigung beruht, in Frage gestellt[231]. Die Rache für den Vater sei
sinnlos, weil sie ihn nicht wieder lebendig gemacht und Orestes selbst in
größte Bedrohung gebracht habe[232]. Hat Orestes seine eigenen Zweifel an
der Tat verdrängt, als er zu Tyndareos spricht?[233] Die Frage ist zu bejahen - und darin liegt ein wichtiger Aspekt der Tragik des Titelhelden.
Euripides bringt einen Menschen auf die Bühne, der aufgrund einer bestimmten ethischen Grundeinstellung einen Mord vollbracht hat. Nach
dem Verbrechen bricht diese aber für ihn zusammen (395–6)[234]:

Με. τί χρῆμα πάσχεις; τίς σ' ἀπόλλυσεν νόσος;

Op. ἡ σύνεσις, ὅτι σύνοιδα δείν' εἰργασμένος.

Me.: Was quält dich? Welche Krankheit richtet dich zugrunde?

Or.: Die Einsicht; denn ich bin mir bewußt, Schreckliches getan zu haben.

Die Gründe, die die Gewalttat forderten, erscheinen nach der Tat als
sinnlos, und Entsetzen über das Vollbrachte erfaßt den Täter: ganz gottlos
war die Tat (286 ἔργον ἀνοσιώτατον). Er muß erkennen, daß er dem
Vater nicht geholfen und sich selbst am meisten geschadet hat. In dieser
Lage wird Orestes in den ersten Szenen präsentiert: körperlich und seelisch zerstört und als ein von der Mitwelt bedrohter Mensch, dem man

---

[230] In dieselbe Richtung geht die Spannung zwischen V. 396 und 571: gegenüber
Menelaos nennt er seine Tat „schrecklich" (δείν' εἰργασάμενος), gegenüber Tyndareos
widerspricht er diesem Urteil (δράσας δ' ἐγὼ δείν', ὡς σὺ κομπεῖς κτλ.).

[231] PORTER 1994, 311 versucht den Widerspruch abzuschwächen: „The focus is on
Orestes' present situation rather than on his character or abstract questions of morality.
The passage, like so much else in Orestes, is extreme, even melodramatic, in its pathos."
Zu fragen bleibt, warum der Dichter derartige „Melodramatik" auf die Bühne bringt.

[232] Ähnlich argumentiert auch Menelaos (425): „Aber was nützt dir nun die rächende
Hilfe für deinen Vater?", worauf Orestes antworten muß (426): „Noch nichts; und was in
der Zukunft liegt, das setze ich dem gleich, was nicht geschieht."

[233] Vgl. NEUMANN 1995, 82: „Das Argument 'Agamemnon' ist so verfügbar und kann
inhaltlich derart variiert werden, daß es für alle genannten Zusammenhänge geeignet ist
... wie auch bei Herodot politische Redner mythische Details mit ganz verschiedener
Stoßrichtung gebrauchen."

[234] Zur σύνεσις s. A. 5.

Mitleid entgegenbringt und der einen Gott für seine Taten verantwortlich
macht[235]. Aber Euripides läßt es dabei nicht bewenden. War Orestes bereit, sich selbst und den engsten Angehörigen, die ihm helfend zur Seite
stehen oder von denen er Hilfe erhofft, sein Scheitern einzugestehen, so
schwindet diese Bereitschaft, sobald er einem feindlichen Ankläger gegenübertritt[236]. Dies deutet sich im Dialog mit Menelaos an (s. S. 43f.) und
wird dann im Agon mit Tyndareos offensichtlich. Hier sucht er wieder
Halt - und findet ihn in den alten Handlungsmaximen. Orestes fällt zurück
in die alten Denkschemata, die ihn überhaupt erst in die hoffnungslose
Lage gebracht haben[237]. Durch die Reaktion der Umwelt, die ihm mit
Vergeltung droht, wird Orestes geradezu in ein solches Verhalten gedrängt.
Es hieße etwas Übermenschliches oder psychologisch Unglaubhaftes verlangen, wollte man von Orestes angesichts des Hasses, der ihm entgegen-
schlägt, ein Verharren in Schuld und Scham erwarten. Will Orestes sich
nicht völlig aufgeben, muß er einen Standpunkt finden, von dem aus er
seine Person schützen und seine Taten verteidigen kann. Die Tragik liegt
darin, daß er dafür auf Überzeugungen zurückgreifen muß, deren Unhalt-
barkeit seine eigene Lage ihm deutlich vor Augen führt. Aber welche Alternativen stellten sich ihm? Tyndareos hat sich einer Auseinandersetzung mit Orestes' Dilemma entzogen. Seine den Tatumständen nicht gerecht werdende Verurteilung bietet keinen Ansatz zur Überwindung der sich
für Orestes ergebenden Aporien. Der Sohn Agamemnons bleibt in einer aus-
wegslosen Lage. In seiner Erwiderung auf Tyndareos' Worte spiegelt sich
nicht die Überlegenheit eines gekonnten Rhetorikers, der bewußt fragwür-
dige Schlüsse zu seiner eigenen Rettung einsetzt[238], sondern die verzwei-

---

[235] Zur Gestaltung von Orestes als Opfer s. S. 23ff. und 124f.

[236] Vgl. REINHARDT 1968, 530: „Zur Psychologie des Schuldgefühls gehört, daß derselbe Mensch, der unter der Last seiner Schuld zusammenbrach, zu einem ganz anderen
wird, sobald ihm dieselbe Schuld von einem anderen, Übelwollenden vorgehalten wird."

[237] Dieses Phänomen wird sich wiederholen angesichts der äußersten Bedrohung
durch das Todesurteil der Bürger (s. S. 125ff.). Hier moralische Degeneration zu sehen,
wie A. & B. MANUWALD 1994/5, 111 vorschlagen, setzt voraus, daß sich Orestes auch
anders verhalten könnte; dies scheint mir zweifelhaft; s. auch S. 173 und 182f.

[238] So NEUMANN 1995, 90: „Die Rhetorik des Orestes setzt auf Schein und kann deshalb im besten Fall eine scheinbare Lösung, keine richtige garantieren." Gäbe es für
Orestes' Fall eine „richtige" Lösung? Die Frage zu stellen, heißt, sie zu verneinen.

felte Situation eines Menschen, der sich nur noch wehren kann mit Hilfe von Grundsätzen, deren Fragwürdigkeit ihm zuvor längst klar geworden war. Aber weil allein diese Halt zu bieten scheinen, gerät ihre Problematik in den Hintergrund, und alle Kraft wird zu ihrer Verteidigung eingesetzt.

Dem Dichter gelingt es, diese innere Zerrissenheit bei aller Vehemenz der Rede anzudeuten. Im letzten Drittel der Rede ist der Gedankengang konfus und sprunghaft[239]. Die Übergänge sind abrupt, der Ton ist emotional und aufgeregt[240]. Hier spricht ein Mensch, der spürt, daß ihm das Fundament seiner Worte immer mehr schwindet, und der nun in stets neuen Anläufen Boden zu gewinnen sucht, der ihm aber immer wieder entgleitet. Zuerst greift er Tyndareos direkt an (585–7). Er selbst sei schuld am Muttermord, weil er der Vater der ruchlosen Ehebrecherin und Mörderin sei. Es folgt der aus der Odyssee bekannte Vergleich zwischen Klytaimestra und Penelope[241]. Telemachos mußte seine Mutter nicht ermorden, weil ihr Bett rein blieb (590 μένει δ' ἐν οἴκοις ὑγιὲς εὐνατήριον). In den verzweifelten Versuchen, andere als Schuldige zu benennen, zeigt sich die Schwäche der eigenen Position. Orestes ist nicht mehr der mit Gründen handelnde Täter, sondern selbst Opfer der Handlungen anderer. So bleibt am Ende nur Apollon selbst, dem Orestes sich in blindem Gehorsam ergeben zeigt[242]. Nach Agamemnon (579–84), Tyndareos (585–7) und

---

[239] PORTER 1994, 156 A. 206 weist zu Recht auf die Übergangsfunktion der Verse 579–84 (an dieser Stelle!) hin: „579ff. do introduce a distinct alteration in the rhetorical tenor of the speech, but they announce this shift (and buffer it somewhat) by means of the elaborately self-conscious 579–80."

[240] Diesem Phänomen sollte man nicht durch Texteingriffe beizukommen ˈversuchen. Auffällig ist das wiederholte, mit δέ angeschlossene ὁρᾷς (588 und 591, δέ von DIGGLE nach einigen Hss. weggelassen): Orestes ringt nach Worten, spricht abgehackt.

[241] Od. 11,444–6 und 24,192–202, s. 1,298–305. Zur Authentizität der Verse 585–90 s. MIRTO 1980, 383–402, VAN DER VALK 1984, 172f., LLOYD 1992, 125 A. 46, PORTER 1994, 340f. (Appendix 7) und GUZMÁN GUERRA 2000; zweifelnd LANGE 2002, 160.

[242] Auch die Athetese von Vers 593, die DIGGLE nach NAUCK ³1871 vornimmt, scheint mir unberechtigt. Clem. Al. Protr. 7,76,3–4, der den Vers nicht zitiert, unterbricht genau an der Stelle sein Exzerpt und läßt auch τί χρῆν με δρᾶν (596) fort (an V. 596 fügt er V. 417 an). Die Überbetonung des Gehorsams (vgl. V. 418 δουλεύομεν θεοῖς, ὅτι ποτ' εἰσὶν οἱ θεοί) und die wenig geschickte Sprache (zwei Relativsätze, Wiederholung des Verbs, die Folge κεῖνος, τούτῳ, ἐκεῖνον, ἐκεῖνος) zeigen, wie weit sich Orestes von seinem anfänglichen Selbstbewußtsein und der damit einhergehenden Sprachgewandtheit entfernt hat. Ich kann mir keinen Interpolator vorstellen, der Euripides in

Klytaimestra (588–90) wird schließlich sogar der Gott als schuldig bezeichnet (595–6)[243]:

ἐκεῖνον ἡγεῖσθ᾽ ἀνόσιον καὶ κτείνετε·
ἐκεῖνος ἥμαρτ᾽, οὐκ ἐγώ.

Haltet ihn für unheilig und tötet ihn. Er hat falsch gehandelt, nicht ich.

In diesem 'Adynaton' der Tötung eines Gottes zeigt sich weder moralische Verdorbenheit noch rhetorische Strategie[244], sondern schlicht Verzweiflung. Apollons Befehl wird in Orestes' Rede nicht zur Begründung der Tat angeführt, sondern erscheint ihm als letzte Zuflucht, nachdem der Täter sich von den Motiven für den Mord bereits selbst distanziert hat. Erst nach der Tat, die Orestes begründet und selbstverantwortlich beging, schwindet das Vertrauen in die Richtigkeit der eigenen Entscheidung, und er sucht Halt in einer göttlichen Person, die den Mord zu verantworten habe[245]. In der Hinwendung zum Gott liegt der psychologisch verständliche, aber den wahren Gegebenheiten nicht gerecht werdende Versuch, die eigene Verantwortung abzuwälzen, ein Versuch, den Orestes schon vor dem Agon unternommen hat (414 und 416):

ἀλλ᾽ ἔστιν ἡμῖν ἀναφορὰ τῆς συμφορᾶς. ...
Φοῖβος, κελεύσας μητρὸς ἐκπρᾶξαι φόνον.

Aber es gibt eine Möglichkeit, mich von der Last des Unheils freizumachen. ...
Apollon war es, der befahl, die Mordtat an der Mutter zu vollbringen.

Nach all den selbstbewußten Ausführungen des Täters zu Beginn der Rede ist Orestes nun wieder angelangt bei dem Bild des Elends, das er in den ersten Szenen bot, in denen allein der personale Gott für die Tat verantwortlich gemacht wird. An die Stelle der Freundschaftsethik tritt wieder der mythische Orakelspruch, durch den - wie zu Beginn - der Mord entschuldigt wird. Aber auch von dieser Seite winkt keine Rettung: „Was

---

seiner Charakterisierungskunst gleichkommt und den vom reinen Sachgehalt her unnötigen Relativsatz ergänzt hätte.

[243] Vgl. V. 414–16, wo Orestes die gleiche Schuldübertragung (ἀναφορά) vornimmt, und V. 276 zu den Erinyen: τὰ Φοίβου δ᾽ αἰτιᾶσθε θέσφατα.

[244] Ersteres vertreten von MULLENS 1940, 154f., letzteres von PORTER 1994, 161.

[245] Aus diesem Grund ist der von GREENBERG 1962, 163 behauptete Chiasmus nicht ganz zutreffend: „The former crime, at divine behest, is accomplished by human agency; the latter crime, at human behest, is blocked by divine agency." Beide Taten entspringen menschlichem Anstoß und beide gelingen auf menschlicher Ebene (s. dazu S. 137).

sollte ich tun? Wohin könnte man noch fliehen ...?" (596 τί χρῆν με
δρᾶν, 598 ποῖ τις οὖν ἔτ' ἂν φύγοι)²⁴⁶. Weder Menelaos noch Tyndareos zeigen sich von Apollon und seinem Befehl im geringsten beeindruckt, von der argivischen Volksversammlung ganz zu schweigen, in der
der Gott nicht einmal mehr erwähnt wird. Und der Gott selbst, der den
Mord befahl, will offenbar für die Folgen nicht zuständig sein. Bis zum
Erscheinen des „Deus ex machina", der den Mythos wieder in seine
'richtigen' Bahnen lenkt, bleibt Orestes ohne göttliche Hilfe. Die göttliche Abwesenheit symbolisiert die Verlassenheit und Hoffnungslosigkeit, in
der sich Orestes befindet. In der Ferne des Gottes zeigt sich das faktische
Ausbleiben der von der göttlich sanktionierten Rachetat erhofften Folgen: der Geschädigte bleibt geschädigt und der Rächer ist nicht nur ohne
Gewinn, sondern seinerseits in schlimme Gefahr geraten. In dieser Verlassenheit kommt Orestes schließlich zu einem wenig selbstbewußten Fazit
(600–1)²⁴⁷:

ἀλλ' ὡς μὲν οὐκ εὖ μὴ λέγ' εἴργασται τάδε
ἡμῖν δὲ τοῖς δράσασιν οὐκ εὐδαιμόνως.

Aber sage nicht, daß meine Tat nicht recht geschehen sei, wohl aber daß sie uns
Tätern keinen Segen brachte.

Die Selbstgewißheit der ersten zwei Drittel der Rede ist geschwunden. Die
Tat, die allen Griechen nützte, ist jetzt nur noch „nicht nicht-gut getan".
Und der Täter selbst ist ein Opfer, dessen Unglück andere verschuldet
haben. So kehrt er noch einmal zur Mutter zurück, die die Quelle all seines
Unglückes ist²⁴⁸. Wie Tyndareos am Schluß seiner Rede sich allein im Hinblick auf seine Töchter für unglücklich erklärt hatte, so antwortet Orestes,
daß auch er einer dieser Töchter all sein Unglück verdanke (602–4)²⁴⁹:

---

²⁴⁶ Wie anders klang noch τί χρῆν με δρᾶσαι (551) am Beginn der Rede.

²⁴⁷ WOLFF 1968, 144 vergleicht Gorgias Hel. 15 οὐκ ἠδίκησεν, ἀλλ' ἠτύχησεν.

²⁴⁸ Ähnlich bereits Elektra (195–9): „Du tötetest, du starbst, Mutter, die du mich geboren hast; den Vater hast du vernichtet und uns Kinder hier aus deinem Blute."

²⁴⁹ Die Athetese der Verse, die Stobaios 4,22,81 zitiert, durch VAN HERWERDEN,
1874, 439 (von den meisten Editoren angenommen, vgl. E. FRAENKEL, Eranos 44, 1946,
86, anders DEGANI 1967, 39 und GUZMÁN GUERRA 2000) ist abzulehnen (allerdings wurde der Bezug von τὰ θύραζε bisher auch mißverstanden). Erstens schließt der Chor
direkt an diese Worte an, und zweitens dürfte die bewußte Anspielung auf das Ende der
Tyndareos-Rede von Euripides selbst stammen (s. VAN DER VALK 1984, 173).

γάμοι δ' ὅσοις μὲν εὖ καθεστᾶσιν βροτῶν,
μακάριος αἰών· οἷς δὲ μὴ πίπτουσιν εὖ,
τά τ' ἔνδον εἰσὶ τά τε θύραζε δυστυχεῖς.

Ehen bedeuten für alle Menschen, die gut verheiratet sind, eine glückliche Zeit; wo
sie aber nicht gut verlaufen, bedeuten sie innerhalb und außerhalb ein Unglück.

Eine unglückliche Ehe, wie sie Agamemnon und Klytaimestra führten,
wirkt sich nicht nur auf die betroffenen Eheleute aus (τὰ ἔνδον), sondern
auch auf alle, die sie umgeben (τὰ θύραζε). Orestes, der hier so weit geht,
daß er sich außerhalb der Ehe seiner Eltern stellt (in der Fremde ist er
aufgewachsen) und sich damit noch einmal von seiner Mutter distanziert,
war derjenige, der die Folgen am deutlichsten zu spüren bekam: durch die
Tat der Mutter, die ihre Ehe zerstörte, ist auch sein Leben vernichtet[250].

Fassen wir zusammen. In Orestes' Rede vollzieht sich vor den Augen
der Zuschauer der Wandel des „Helden" von der Haltung eines mit Gründen handelnden Täters zu der Desorientierung und Verzweiflung hin, in
der Orestes im ersten Epeisodion anzutreffen ist. Diese Entwicklung ver-
läuft in umgekehrter Richtung zu derjenigen, die sich im bisherigen Verlauf des Dramas vor den Augen der Zuschauer abspielte. Denn sie erleben
zuerst den an der Tat innerlich und äußerlich Verzweifelnden, der sich
allein durch den göttlichen Befehl zu entschuldigen weiß (wie am Ende
seiner Rede), und lernen dann erst in einem zweiten Schritt in der ersten
Hälfte seiner Rede vor Tyndareos und Menelaos den selbstbewußt Handelnden kennen, der seine Tat mit Gründen zu verteidigen weiß und in dessen Verteidigung der göttliche Befehl keine Rolle mehr spielt. Dieser Wechsel von Opfer und Täter verhindert eine eindeutige Reaktion des Publikums.
Für das Opfer wird, wie oben gezeigt, Sympathie und Mitleid provoziert,
gegenüber den Argumenten des Täters gelingt es dem Dichter, an mehreren Stellen Distanz zu erzeugen. Wie wenig tragfähig seine Argumente
sind, ergibt sich nicht zuletzt auch daraus, daß er selbst an ihnen zu zweifeln scheint. Das zuvor erregte Mitleid für den Muttermörder wird durch
diese erste Rede wohl nicht aufgehoben[251], aber eine gewisse Irritation

---

[250] Vgl. 559–60: „Mich selbst werde ich treffen, wenn ich schlecht von ihr spreche"
(ἐμαυτόν, ἢν λέγω / κακῶς ἐκείνην, ἐξερῶ).
[251] So wird es beim Publikum nicht zu Menelaos' Reaktion kommen (413): „Man

wird nicht ausbleiben. Doch auch sie ist intendiert und bereitet den Boden für die vom Dichter beabsichtigte Aufnahme des weiteren Geschehens.

Tyndareos' Antwort, Orestes' zweite Rede und Menelaos' Erwiderung

Es ist das geschehen, was Orestes zwar fürchtete, aber dennoch in Kauf nahm: er hat mit seinen Worten den Großvater tief verletzt (608). In zorniger Empörung will dieser die zur Tat bereiten Bürger weiter aufhetzen, seine Enkelkinder zu steinigen (612–14, s. dazu S. 29f.). Ihr Tod werde für ihn ein schöner Nebeneffekt (610 καλὸν πάρεργον) seiner zur Bestattung der Tochter unternommenen Reise sein. Verächtlicher könnte er nicht sprechen. Mit keinem einzigen Wort geht er auf Orestes' Argumente ein. Vielmehr weitet er seinen Haß auf Elektra aus, die Orestes selbst an keiner Stelle erwähnt hatte: auch sie solle sterben, da sie den Bruder immer wieder zur Tat angestachelt habe[252]. Man gewinnt den Eindruck, Tyndareos habe überhaupt nicht zugehört. Von der Verzweiflung des jungen Mannes hat er nichts gemerkt. Vollkommene Gefühlskälte und Verständnislosigkeit zeichnen ihn aus. Der einstige Ziehvater verweigert seinem Enkel nicht nur jegliche äußere Unterstützung, er läßt ihn auch allein in dem inneren Konflikt, der zu seiner Tat führte, indem er das Problem, vor das sich Orestes durch die Ansprüche seines Vaters gestellt sah, völlig ignoriert. Dieses Verhalten hatte sich bereits in der ersten Rede

---

soll sich nicht wundern, wenn der, der Furchtbares tat, auch furchtbar leidet."

[252] In V. 618 sollte man die Überlieferung ὄνειρατ' ἀγγέλλουσα τἀγαμέμνονος (= τὰ 'Αγ-) nicht antasten (DIGGLE und KOVACS 2002 nach WILLINK 1986 ὄνειδος ἀγγέλλουσα); wer träumt, wird nicht explizit gesagt, aber nach Stesich. fr. 219 P., Aischyl. Choeph. 523ff. und Soph. El. 410ff. ist es evident, daß Klytaimestra gemeint ist (zum Plur. s. Aischyl. Choeph. 523–4 und Soph. El. 460; in Eur. El. fehlt der Traum); sie träumt von Agamemnon (Gen. obj., s. Long. Daphn. et Chloe 2,30,4 τὰ τῶν Νυμφῶν ὀνείρατα, vgl. Soph. El. 417–23); im Traum zeigt sich, daß Rache zu befürchten ist. Davon berichtet (s. LSJ s.v. I 2 „report") Elektra immer wieder durch Boten, die Orestes heimlich Mitteilung machen (616–17 ἐς οὓς ἀεὶ / πέμπουσα); Klytaimestras Träume sollen Orestes bestärken, die Rache zu vollstrecken. Die Boten erwähnen nach Elektras Auftrag auch immer wieder die Liaison mit Aigisthos, die die Unterirdischen hassen (μισῆειαν ist Opt. obl.: Meinung der Elektra), aber auch schon in Elektras Umgebung, d.h. im Palast und in der Stadt, Mißfallen erregte (620 καὶ γὰρ ἐνθάδ' ἦν πικρόν).

gezeigt, nun aber wird noch ein Weiteres sichtbar. Tyndareos unterläßt nicht nur eine Auseinandersetzung, sondern folgt seinerseits den Prinzipien, die Orestes zum Muttermord führten. In seiner Drohung, er werde Menelaos die Rückkehr nach Sparta verwehren, verweist auch er auf die Bindungen der Freundschaft (627–8)[253]:

μηδὲ δυσσεβεῖς
ἕλῃ παρώσας εὐσεβεστέρους φίλους.

Wähle nicht die gottlosen Freunde, indem du die gottesfürchtigeren von dir stößt.

Damit stellt Tyndareos seinen Schwiegersohn ebenfalls in einen Freundschaftskonflikt. Hält dieser zum Neffen, wird ihn der Schwiegervater verstoßen; stellt er sich dagegen auf Tyndareos' Seite, kann er dem Sohn des Bruders nicht helfen und das ihm drohende Todesurteil nicht abwehren (ἀμύνειν)[254]. Obwohl Tyndareos Orestes' Tat kategorisch ablehnt, folgt auch er dem ihr zugrunde liegenden Konzept[255]. Orestes ist für ihn zum Feind geworden; wer dem Feind hilft, wird selbst zum Feind. Hier gibt es keine Vermittlung, keinen Kompromiß. Wie für Orestes die Wahl des einen „Freundes" den Tod des anderen bedingte, so muß auch Menelaos zwischen zwei Freunden wählen, wobei die geforderte Entscheidung für den einen den Tod des anderen impliziert. Selbst die Kriterien bei dieser Auswahl liegen auf der gleichen Ebene: hatte Orestes das ruchlose Treiben der Mutter angeführt, so nimmt Tyndareos größere Gottesfurcht für sich in Anspruch (628). Um sich die Freundschaft dieses Frommen zu erhalten, wird Menelaos den Tod des Neffen in Kauf nehmen müssen. Mit Hilfe seiner Gottesfurcht will der vorgeblich Gesetzestreue die Rache am Feind, der die Tochter erschlug, durchsetzen. Der Zynismus ist vom Dichter beabsichtigt. In den Worten des Alten wird die von allen Beteiligten akzeptierte Freundschaftsmaxime weiter demaskiert. Eine Alternative zu Orestes'

---

[253] Bereits bei seinem ersten Auftritt nennt Tyndareos seinen Schwiegersohn „Freund" (475 φίλος). Anders LEINIEKS 1996, 27: „For respectable people like Menelaos, Helen, and Tyndareos it (the concept of philia) has no meaning whatsoever."

[254] ἀμύνειν gehört wie τιμωρεῖν in den Kontext der Freundschaftsethik. Der Freund hat die Aufgabe, dem Freund Feindliches und ihn Schädigendes abzuwehren.

[255] Vgl. auch SCHEIN 1975, 57: „We see that Tyndareos really is just as interested in revenge for his daughter's death as Orestes had been in revenge for his father's - not in the rule of law."

Denken tut sich in Tyndareos' Worten nicht auf. Im Gegenteil, beide sind in den selben Vorstellungen befangen: Orestes ist nicht umsonst von seinem Großvater aufgezogen worden. Er hat seine Lektion gut gelernt.

Wie gut er sie gelernt hat, kann man an seiner zweiten Rede sehen[256]. Nach Tyndareos' Abgang schwankt Menelaos (635 ὅπη τράπωμαι τῆς τύχης, ἀμηχανῶ „Ich bin ratlos, wohin ich mich in meinem Geschick wenden soll"). Tyndareos' Worte haben größten Eindruck auf ihn gemacht. Orestes muß reden, muß den Onkel für sich zu gewinnen suchen[257]. Er tut es nicht als verzweifelt Bittender, sondern als Fordernder. Wiederum findet er Halt in dem Modell von Gabe und Gegengabe (642–3):

ἐμοὶ σὺ τῶν σῶν, Μενέλεως, μηδὲν δίδου,

ἃ δ' ἔλαβες, ἀπόδος πατρὸς ἐμοῦ λαβὼν πάρα.

Du sollst mir nichts geben, Menelaos, von dem, was dir gehört, aber gib mir zurück, was du von meinem Vater bekommen hast.

Orestes knüpft an seine Worte vor Tyndareos' Erscheinen an (449–55): ein Freund darf nicht nur die Vorteile der Freundschaft genießen, er muß auch die Not der Freunde teilen und auf diese Weise Empfangenes vergelten (453 χάριτας πατρῴας ἐκτίνων ἐς οὕς σε δεῖ „vergilt das, was dir der Vater Gutes tat, an denen du es mußt"). In seinem zweiten Anlauf scheut sich Orestes nun auch nicht, dieses Freundschafts-Modell in einer pervertierten Form zu präsentieren. Denn er verlangt, daß ein Freund nicht danach fragen darf, ob seine Hilfe ethisch auch vertretbar sei. Ein Freund muß auch dann helfen, wenn ein Unrecht vorliegt, und die Gefahr auf sich nehmen, Mittäter zu werden.

Damit geht Orestes sogar noch über die Empfehlungen des Sophisten Gorgias hinaus, der für einen Freund zwar Ungerechtes tun, dies aber seinerseits von dem Freund nicht fordern würde (B 21 DK)[258]:

---

[256] Vgl. FALKNER 1983, 296: „Orestes' education has been extensive, including lessons in sham heroic glory, ambitiousness, duplicity, neglect of family ties, revenge, and the sheer hypocrisy of conventional politics and the law."

[257] Orestes stellt sich ganz auf sein Gegenüber ein, wenn er eine lange Rede voller Klarheit verspricht, s. Menelaos in V. 397 σοφόν τοι τὸ σαφές, οὐ τὸ μὴ σαφές, vgl. V. 439. So wird er sich auch eines sophistischen Kunstgriffs bedienen.

[258] Vgl. Gorg. Palam. (VS 82 B 11a) 18 ἀλλὰ δὴ φίλους ὠφελεῖν βουλόμενος ἢ πολεμίους βλάπτειν· καὶ γὰρ τούτων ἕνεκά τις ἂν ἀδικήσειεν.

ὁ μὲν γὰρ φίλος ... αὐτῷ μὲν ἀξιώσει τὰ δίκαια τὸν φίλον ὑπουρ-
γεῖν, ἐκείνῳ δ' αὐτὸς ὑπηρετήσει πολλὰ καὶ τῶν μὴ δικαίων.

Ein Freund wird es für recht halten, daß ihm der Freund nur mit gerechten Taten
hilft, er selbst wird jenem aber auch vielfach mit Nicht-Gerechtem helfen.

Eine solche Maxime überbietend, beginnt Orestes seinen ἄδικος λόγος[259].
Er bezeichnet seine Tat als Unrecht (646 ἀδικῶ). Gegenüber Menelaos
verzichtet er auf jeden Versuch, die Untat zu beschönigen. Er sieht hier ab
von den in seinen Augen gerechten Motiven, die das Verbrechen des Muttermordes, das er schon in seiner ersten Rede unmißverständlich als „gottlos" bezeichnete (563 ἀνόσια δρῶν, 546 ἀνόσιός εἰμι), entschuldigen
könnten[260]. Menelaos soll also einem Übeltäter helfen und damit selbst
Unrecht begehen. Das Recht zu seiner Forderung sieht Orestes in der Tatsache begründet, daß auch sein Vater dem Bruder half, als dieser sich in
Not befand[261]. Auch diese Hilfeleistung sei, so sagt Orestes, ein Unrecht
gewesen. Agamemnon, der selbst nichts Böses getan hatte, habe sich,
indem er Helenas Übeltaten „heilte", selbst schuldig gemacht (647–50):

καὶ γὰρ 'Αγαμέμνων πατὴρ
ἀδίκως ἀθροίσας 'Ελλάδ' ἦλθ' ὑπ' "Ιλιον,
οὐκ ἐξαμαρτὼν αὐτός, ἀλλ' ἁμαρτίαν
τῆς σῆς γυναικὸς ἀδικίαν τ' ἰώμενος.

Denn mein Vater Agamemnon sammelte zu Unrecht ein griechisches Heer und
zog gegen Troja, nicht weil er selbst gefehlt hatte, sondern weil er das Vergehen
und das Unrecht deiner Frau wiedergutzumachen suchte.

---

[259] WILLINK 1986, 188 erinnert an den ἄδικος λόγος in Aristophanes' 'Wolken'.

[260] Vgl. auch V. 286 ἔργον ἀνοσιώτατον. Wenn er in V. 572 die Tat als „gerecht"
(ἐνδίκως) bezeichnet, bezieht sich dies im Kontext der ersten Rede auf das Motiv der Tat,
das in der ethischen Verpflichtung, dem Vater zu helfen, bestand. KRIEG 1934, 15 und
BIEHL 1965 (zu V. 646) sehen in obigem Bekenntnis nur eine rhetorische „consensio"; s.
O' BRIEN 1988, 188f.; SMITH 1967, 301, FALKNER 1983, 295 und PORTER 1994, 170 sprechen von einem „argumentum ad hominem".

[261] Auch Agamemnons Tun wird mit dem Verb „zurückgeben" (652 ἀποδιδόναι) beschrieben, d.h. Agamemnon war durch bestimmte Verpflichtungen Menelaos gegenüber
gebunden; ob diese allein im Bruderverhältnis lagen oder andere Ursachen hatten, bleibt
offen; nach Eur. Iph. A. 58–65 ist es der Schwur zwischen den Freiern der Helena, die im
Falle eines Raubes dem Ehemann Beistand leisten (62 συναμυνεῖν) müssen.

Agamemnons Unrecht lag also nicht in dem Krieg an sich oder der Zerstörung Trojas als solcher, sondern in dem Kriegsgrund, der darin bestand,
Unrechttätern Hilfe zu leisten[262]. Die Parallelisierung der Situation des
Trojakrieges mit Orestes' eigener beruht allerdings auf einem argumenta-
tiven Kunstgriff, der als solcher leicht zu durchschauen ist. Denn an sich
möchte man Menelaos als das Opfer der Ungerechtigkeiten seiner Gattin
und ihres Liebhabers bezeichnen, nicht aber als einen, dessen Not durch
eigene (Unrechts)-Taten verursacht war. Wenn Orestes aber behauptet,
Agamemnons Hilfe für seinen Bruder entspreche der Hilfe, die er für sich
selbst, den Übeltäter, fordere, so folgt daraus, daß Menelaos von Orestes
für die Fehler seiner Frau mitverantwortlich gemacht wird[263]. Agamemnon habe infolgedessen ein Unrecht begangen, als er dem Bruder half, dem
die Vergehen seiner Gattin angelastet werden. Denn nur ein schuldiger
Menelaos taugt als Parallele zu Orestes. So soll auch Menelaos dem Muttermörder helfen und wie sein Bruder nicht zögern, damit ein Unrecht zu
tun. Unrecht soll mit Unrecht vergolten werden (646–7):

λαβεῖν χρή μ' ἀντὶ τοῦδε τοῦ κακοῦ
ἄδικόν τι παρὰ σοῦ·

Als Gegenleistung für diese meine Untat bin ich darauf angewiesen, daß du ein
Unrecht für mich tust.

Orestes beansprucht für die Hilfe, die er Agamemnon zuteil werden ließ,
von Menelaos eine Gegengabe; Orestes als Sohn will die Gegengabe entge-
gennehmen für die Hilfe, mit der sich Agamemnon seinem Bruder gegenüber nicht nur mit Worten, sondern mit Taten (653 ἀληθῶς 653) als

---

[262] Die Scholien kommentieren: ὁ πατήρ μου διὰ σὲ ἠδίκησε βαρβάρους ohne
genau zu sagen, worin das Unrecht bestand. Gleichzeitig ist der Feldzug natürlich Vergeltung für den Raub der griechischen Frau und deshalb im Interesse von ganz Griechenland (s. V. 574 πάσης ὑπὲρ γῆς Ἑλλάδος); anders O'BRIEN 1988, 183.

[263] Im 'Orestes' gibt es sonst keine Hinweise, daß Menelaos tatsächlich mitschuld
am Ehebruch seiner Gattin sei (anders Tro. 943–4, wo Helena ihm seine Reise nach Kreta
während Paris' Anwesenheit in Sparta vorwirft); im Gegenteil nimmt Helena alle Schuld
auf sich (78–9): πρὸς Ἴλιον / ἔπλευσ' ὅπως ἔπλευσα θεομανεῖ πότμῳ. Daraus wird
deutlich, was von Orestes' Argumentation hier zu halten ist. Agamemnon half eben im
Gegensatz zu dem, was Orestes von Menelaos erwartet, einem Unschuldigen.

Freund erwiesen hatte (652 ὡς χρὴ τοῖς φίλοις τοὺς φίλους „wie Freunde
an Freunden handeln müssen")[264].

Die Gabe des Unrechts, die Orestes von seinem Onkel erwartet, meint
nichts anderes als die Vereitelung der drohenden Todesstrafe, die für den,
der die eigene Mutter tötete, zu erwarten ist[265]. Unrecht bedeutet es, die
Ahndung der Blutschuld zu verhindern. Gabe und Gegengabe werden genau
gegeneinander aufgerechnet (651)[266]:

ἓν μὲν τόδ' ἡμῖν ἀνθ' ἑνὸς δοῦναι σε χρή ·

Nur zu dieser einen Gegenleistung bist du mir für das eine, was du empfingst,
verpflichtet.

Die eine Tat Agamemnons soll mit einer einzigen vergolten werden. Damit zeigt sich Orestes großzügig[267]. Denn er läßt den Onkel im Vorteil
sein (661 πλέον φέρεσθαι) und übt Nachsicht (661 συγγνώμην

---

[264] Orestes unternimmt hier einen einfachen logischen Dreischritt: Orestes half Agamemnon (Muttermord), Agamemnon half Menelaos (Rückführung der Helena): Menelaos
muß also an Orestes die empfangene Hilfe vergelten. So leuchtet das auf den ersten Blick
mißverständliche ἀντὶ τοῦδε τοῦ κακοῦ (= ἀντὶ τῆς ἐμῆς ἀδικίας) ein, das durchaus
provokativ gemeint ist (denn an sich verdient ein Unrecht keine Gegengabe): als Gegenleistung (s. LSJ s.v. ἀντί III 3: „to denote exchange: ‚in return for'") für das zugunsten
Agamemnons begangene Unrecht des Muttermordes kann Orestes ein Unrecht von Menelaos fordern, weil dieser in Agamemnons Schuld steht, vgl. V. 651 ἓν ἀνθ' ἑνός.

[265] Anders WILLINK 1986 zu 640–79: „Plain common sense might have suggested
that Or.'s best chance of ‚saving his life' lies in φυγή, which Men. could do something
to secure in a perfectly legal way by agreeing to act as his advocate; but Or. can visualize
only ἄδικον action on his behalf." Orestes geht es in erster Linie um das Entkommen vor
der Todesstrafe, die er nach dem Talionsprinzip zu erwarten hat; die Alternative: Freispruch oder Verbannung ist zweitrangig.

[266] Diesen Vers stellt DIGGLE nach PALEY [3]1889 um und setzt ihn nach V. 657. Damit
wird m.E. nicht viel gewonnen. Denn an der neuen Stelle betont Orestes die Unterschiede zwischen Gabe und Gegengabe (ein Tag - zehn Jahre, Hermione darf leben - Iphigenie
mußte sterben); hier dürfte die Phrase ἓν ἀνθ' ἑνός eher unpassend sein. An seiner
ursprünglichen Stelle knüpft δοῦναί σε χρή (651) an λαβεῖν χρή με (646) an; dazwischen steht die mit καὶ γάρ eingeleitete Begründung für seine Forderung (647–50), die
V. 652 (ἀπέδοτο δέ) fortgesetzt wird. Mit WILLINK 1986 möchte ich den Satz als Parenthese auffassen (zu ἓν μέν [solitarium] τόδ' vgl. Aischyl. Eum. 589, Eur. Hik. 409, fr.
14,7), sc. „anderes aber mußt du mir nicht geben."

[267] Dies ist die Umkehrung der Großzügigkeit, die ein Freund zeigt, der eine kleine
Gabe mit Großem vergilt, vgl. Hes. erg. 349–50 εὖ δ' ἀποδοῦναι / αὐτῷ τῷ μέτρῳ καὶ
λώιον αἴ κε δύνηαι, Demokr. VS 68 B 92 χάριτας δέχεσθαι χρεὼν προσκευόμενον
κρέσσονας αὐτῶν ἀμοιβὰς ἀποδοῦναι.

ἔχειν)[268]. In seinem Falle nämlich ist die erforderliche Hilfe müheloser und weniger zeitaufwendig. Es wird für Menelaos weder zehn Jahre dauern, noch wird es ihn das Leben seiner Tochter kosten[269]. Orestes verzichtet auf eine „Rückzahlung" der Iphigenie-Opferung: „Hermione brauchst du nicht zu töten" (659 Ἑρμιόνην μὴ κτεῖνε σύ). Bereits in der ersten Rede zeigte sich die Gleichartigkeit der Vergeltung als ein wichtiges Moment in Orestes' Gedankenwelt. Vor diesem Hintergrund sind seine Ausführungen zu verstehen. Obwohl Menelaos verpflichtet wäre, das Empfangene mit Gleichem aufzuwiegen, gesteht Orestes seinem Onkel zu, mit Geringerem den schuldigen Dank abzustatten, um die Familie des Bruders vor dem Aussterben zu bewahren[270].

All das mutet grotesk an, aber es gibt keinen Hinweis, daß Orestes es nicht ernst meint. Noch deutlicher als in der ersten Rede läßt Euripides den tragischen „Helden" einen Standpunkt vertreten, dessen Fragwürdigkeit sichtbar wird, weil er auf die Spitze getrieben wird. Damit wird einerseits Orestes als ein Mensch charakterisiert, der sich in seiner Hilflosigkeit und Verzweiflung immer weiter verrennt und in seiner Fixierung auf ein bestimmtes ethisches Modell den Bezug zur Realität und Umwelt ver-

---

[268] Ähnlich großzügig ist Pheidippides (Aristoph. Nub. 1425–6): die Prügel, die vor der Erlassung des Gesetzes, daß Kinder an ihren Eltern Vergeltung üben dürfen, erteilt wurden, werden nicht gezählt: δίδομεν αὐτοῖς προῖκα συγκεκόφθαι.

[269] Orestes' Bitte um einen Tag (666 μίαν πονήσας ἡμέραν) mag an Philoktets Bitte an Neoptolemos erinnern (480 ἡμέρας τοι μόχθος οὐχ ὅλης μιᾶς), s. FALKNER 1983, 291; FUQUA 1976, 75 vergleicht außerdem Phil. 83–4 νῦν δ' εἰς ἀναιδὲς ἡμέρας μέρος βραχὺ / δός μοι σεαυτόν. Trotzdem ergibt sich der eine Tag folgerichtig aus dem Gegensatz zu den 10 Jahren vor Troja und nicht aus dem intertextuellen Bezug.

[270] Ich sehe keinen Grund, Orestes' Bitte um Elektras Rettung (663) aus dem Text zu verbannen (so die meisten neueren Editoren außer MURRAY [2]1913 und GUZMÁN GUERRA 2000). Nachdem Tyndareos Elektra als noch schuldiger bezeichnete (614–17), kann Orestes sie nicht übergehen. Sonst entstünde der Eindruck von „upsetting 'egotism'" (so WILLINK 1986 zu V. 662-[3]-4), der dem sonstigen Bild von den Geschwistern in keiner Weise entspricht (s. besonders V. 281-3). Der Hinweis auf ihr Unverheiratetsein ist nicht Ornament, sondern betont, daß Elektra bereits genug bestraft wurde und weitere Strafe für ihre Beteiligung am Muttermord nicht verdient. Der Singular θανών ... λείψω (664) bezieht nach V. 663 natürlich Elektras Tod mit ein; athetiert man dagegen 663, könnte man sofort einwenden, Orestes' Tod allein lösche die Familie noch nicht aus (Chrysothemis bleibt im Stück außerhalb des Blickfeldes; s. A. 361). Wie Agamemnon sich für Menelaos und Helena einsetzte, soll es Menelaos für Orestes und Elektra tun.

liert[271]. Andererseits dient die Groteske der Charakterisierung des vom „Helden" vertretenen Standpunktes selbst. In der Übertreibung wird die Problematik eines Denkens sichtbar, das menschliche Beziehung im Austausch gleichwertiger Leistungen verankert sieht[272]. Wenn Orestes das Mißverständnis abwehren muß, er fordere Geld (644–5), dann offenbart er ungewollt den kommerziellen Charakter seiner Anschauungen[273]. Und wenn er den Tod Hermiones als die an sich entsprechende Gegenleistung für Agamemnons Taten darstellt, dann wird darin sichtbar, wohin die von ihm vertretene Maxime führt, wenn sie mit aller Konsequenz angewendet wird. Das Ende der Tragödie kündigt sich schon in dieser Rede an Menelaos an.

Orestes ist sich dessen bewußt, was er von Menelaos verlangen kann: Unmögliches kann auch der Freund nicht erreichen (665). Auf den fiktiven Einwand antwortet Orestes nicht mit konkreten Fakten, die die Möglichkeit der Hilfe belegen würden, sondern mit einem Allgemeinplatz über den Wert der Freundschaft (665–8):

αὐτὸ τοῦτο· τοὺς φίλους
ἐν τοῖς κακοῖς χρὴ τοῖς φίλοισιν ὠφελεῖν.
ὅταν δ᾽ ὁ δαίμων εὖ διδῷ, τί δεῖ φίλων;
ἀρκεῖ γὰρ αὐτὸς ὁ θεὸς ὠφελεῖν θέλων.

---

[271] Nach PORTER 1994, 169–71 offenbart Orestes' Rede nichts weiter als die Verzweiflung („pathetic desperation" 171) und Enttäuschung des Bittflehenden angesichts eines ausweichenden potentiellen Helfers („a common dramatic scheme" 171).

[272] Vgl. dagegen PORTER 1994, 168: „Where the ancient audience saw pathetic appeals based on reasonable ethical presuppositions, the modern critic tends to find debased depravity and ἀναισχυντία." PORTER rechnet nicht damit, daß es dem Dichter um die Infragestellung der ethischen Grundlagen selbst ging.

[273] Vgl. BIEHL 1965 zu 642: „kommerzielle Aufrechnung der Schuld in der Philia." O'BRIEN 1988, 190: „Orestes reduces the debt like a nervous creditor." Die Verse 644–5 werden von DIGGLE athetiert (644 del. WILLINK 1986). Das Mißverständnis (nach den Scholien soll Menelaos abwehrend die Hand gehoben haben) konnte durch die Verben ἀποδιδόναι und λαμβάνειν entstehen: Orestes meine kein Geld, Geld bedeute es aber (ich nehme eine Ellipse von ἔστι an), wenn Menelaos Orestes das Leben rette, welches ihm das Liebste auf der Welt sei. Weder die inhaltliche Analogie von φιλία und Kommerz noch das sprachlich kühne Asyndeton möchte ich einem Interpolator zutrauen. Zur Behandlung der Freundschaft in Analogie zu kommerziellen Verhältnissen s. Aristot. eth. Nic. 1163b32ff., Xen. mem. 2,5,3–4 über den Geldwert von Freunden, vgl. Plut. περὶ πολυφιλίας 93F: τί οὖν νόμισμα φιλίας; εὔνοια καὶ χάρις μετ᾽ ἀρετῆς.

Eben das ist es: Freunde müssen in der Not den Freunden helfen. Wenn aber eine göttliche Macht Glück schenkt, was bedarf es da der Freunde? Denn es genügt der Gott allein, wenn er helfen will.

Noch einmal wird das Freundschaftsideal beschworen; die Frage der Möglichkeit, ihm zu entsprechen, bleibt offen. Orestes scheint sich selbst darüber im klaren zu sein, daß er den fiktiven Einwand nicht wirklich widerlegen kann. Denn der Ton seiner Rede verändert sich wiederum völlig[274]. Aus dem imperativisch Fordernden wird ein demütig Bittender, der einen Schrei der Verzweiflung ausstößt, als ihm bewußt wird, daß er im Namen der verhaßten Helena um Hilfe bettelt (671–2)[275]:

ταύτης ἱκνοῦμαί σ' - ὦ μέλεος ἐγώ, κακὸν
ἐς οἷον ἥκω. τί δέ; ταλαιπωρεῖν με δεῖ.

Bei ihrem Leben flehe ich dich an - oh weh, ich Unglücklicher, in welche Not bin ich geraten. Was nun? Ich muß die Schmach auf mich nehmen!

Wie in der ersten Rede erfolgt auch hier eine Wendung ins Religiöse, die seine tiefe Verzweiflung offenbart. Um seinen Worten Gewicht zu geben, fordert er Menelaos auf, er solle sich vorstellen, daß Agamemnons Seele über ihnen schwebe, alles höre und sogar Orestes' Worte spreche[276]. Nicht

---

[274] PORTER 1994, 166 A. 241 hat aus anderen Tragödien Übergänge von „reasoned arguments" zu „emotional appeals" gesammelt; nirgends ist der Kontrast so scharf.

[275] Wie DIGGLE und GUZMÁN GUERRA 2000 folge ich WECKLEIN 1900 (nach Hs. V: κακόν); Hs. Zc und Gnomolog. Escorial. bieten ἐγὼ κακῶν, die übrigen Hss. ἐμῶν κακῶν. Als einzige Parallele finde ich Flav. Jos. Antiquit. 20,123 εἶδον εἰς οἷον κακῶν μέγεθος ἥκουσιν (ebenso in vit. Jos. 170). εἰς οἷον kann also wohl nicht absolut stehen im Sinne von: „in welche Lage bin ich geraten".

[276] Orestes benutzt ein doppeltes Bild (674–5): „Denke dir, daß der Tote unter der Erde meine Worte hört", und (675–6): „daß seine Seele über dir schwebt und dasselbe sagt, was ich jetzt sage." Orestes korrigiert sich selbst: nicht der tote Leichnam, sondern die von ihm befreite Seele hört und spricht. Orestes' Worte setzen nicht den Glauben an eine postmortale Seelenexistenz voraus (deren Anwesenheit in Menschennähe wäre in dieser Weise singulär), sondern er will bei Menelaos lediglich eine Vorstellung provozieren. Ähnlich kann man heute hören: „Stell Dir vor, das hört (der bereits tote) X." (Beispiele aus Gerichtsreden nennt PORTER 1994, 167 A. 248). Man sollte V. 677 nicht athetieren (so nach BIEHL 1975 die meisten Editoren); s. KAMERBEEK 1989, 535, der ταῦτ' nach KIRCHHOFF 1855 liest und V. 677 mit V. 676 verbindet; absolutes εἴρηκα aber erst bei Men. Epitr. 352. Ich sehe 677–9 als Schlußwendung, die die gesamte Rede zusammenfaßt (vgl. V. 670 τοῦτο ... λέγω): „Das sind nun meine Worte angesichts meines Unglücks, das Tränen und Klagen erregt (δάκρυα καὶ γόους bildet mit συμφοράς gleichsam ein Hendiadyoin); um Rettung habe ich gebeten auf der Jagd nach dem, was

der Sohn, sondern Agamemnon selbst, so soll Menelaos glauben, bitte um Hilfe. Denn Agamemnon gegenüber werde sich Menelaos seiner Verpflichtung nicht entledigen können. Wenn Orestes, der Nachkomme, die Stelle Agamemnons einnimmt, wird deutlich, daß die Verpflichtungen der Freundschaft nicht mit dem Tod erlöschen, sondern sich von Generation zu Generation weiter vererben[277]. Sie haben religiöse Dignität, weil die Rechte der Toten betroffen sind, die eine Vergeltung ihrer einst geleisteten Wohltaten von den Lebenden einfordern[278].

Beide Reden, die Orestes in diesem Agon hält, spiegeln dieselbe emotionale Entwicklung. Er beginnt jeweils mit großem Selbstbewußtsein, das auf dem beschriebenen Freundschaftsdenken basiert. Davon ausgehend, kann Orestes den Mord verteidigen und Hilfe in der daraus entstandenen Notlage fordern. In diesen ersten Abschnitten ist der eben noch Todkranke und vom Wahnsinn Bedrohte vergessen gemacht[279]. Für den Zuschauer wird Orestes hier als Täter anschaulich. Als solcher handelt er im Wissen von der Untat des Muttermordes zugunsten vermeintlich höherer Ideale[280]. Im Verlauf der Reden schwindet sein Selbstvertrauen, und die negativen Aspekte der Tat und ihre bedrohlichen Folgen treten in den Vordergrund. Indem Orestes gewahr wird, daß die von seinen Wertvorstellungen her geforderte Tat ihn nicht nur isoliert, sondern in Lebensgefahr gebracht hat, schwankt das Vertrauen in die Richtigkeit seines Tuns. So erscheint am Ende der Reden wieder der Verzweifelte und Isolierte, den Euripides am Beginn des Dramas präsentiert hat. Auf diese Weise stellt der

---

alle wünschen und nicht ich allein" (zum Asyndeton mit ταῦτα s. Eur. El. 692 ταῦτά σοι λέγω, vgl. Ion 644 und fr. 332,8). Der Abschluß nimmt den Beginn wieder auf (640): λέγοιμ' ἂν ἤδη „Ich möchte jetzt reden."

[277] Il. 6,230–1 (Diomedes zu Glaukos) τεύχεα δ' ἀλλήλοις ἐπαμείψομεν, ὄφρα καὶ οἵδε / γνῶσιν, ὅτι ξεῖνοι πατρῷοι εὐχόμεθ' εἶναι, Isokr. 1,2 πρέπει γὰρ τοὺς παῖδας ὥσπερ τῆς οὐσίας οὕτω καὶ τῆς φιλίας τῆς πατρικῆς κληρονομεῖν.

[278] Vergleichbar ist die Vorstellung, daß der Tote die Erinyen schickt, wenn seine Ermordung von den Verwandten nicht gerächt wird; vgl. V. 582.

[279] Löste im ersten Epeisodion allein der Gedanke an die Schlechtigkeit der Mutter einen Anfall aus (251–2), so kann Orestes im Agon ohne alle Zurückhaltung über die böse Mutter sprechen, und es geschieht nichts.

[280] Es sei noch einmal darauf hingewiesen, daß für den selbstbewußten Täter der Gott Apollon keine Rolle spielt. In der gesamten zweiten Rede fehlt der Gott, obwohl Orestes die Verpflichtung zur Hilfe auch als im Sinne der Gottheit hätte darstellen können.

Dichter nicht nur die Folgen, sondern auch die Ursachen der Ermordung Klytaimestras im Stück selbst noch einmal dar. Im Agon wird deutlich, warum Orestes mordete und wie es zu der im ersten Bild beschriebenen Situation kam.

Gleichzeitig wird in der Auseinandersetzung mit Tyndareos und Menelaos der abrupte Wechsel von Verzweiflung zur aggressiven Selbstbehauptung anschaulich. Dieser Umbruch, der für den Fortgang des gesamten Dramas von großer Bedeutung ist, wird im Agon vorbereitet. Denn hier tritt neben den von inneren Schuldgefühlen und äußerer Bedrohung Gequälten plötzlich der aggressive Verteidiger der Tat und selbstbewußt Fordernde, der an der Richtigkeit seiner Maximen nicht den geringsten Zweifel zu haben scheint. Beide Gefühlszustände scheinen für Euripides eng zusammenzugehören. Sie wechseln nicht einfach miteinander ab, sondern bedingen sich gegenseitig. Die Aggression scheint eine Reaktion auf die Bedrängnis zu sein, der Orestes mit seinen natürlichen Selbsterhaltungskräften begegnet. Im Schlußkapitel soll dieses Phänomen im Hinblick auf die gesamte Tragödie weiter untersucht werden.

Wichtig für Euripides' Darstellung ist der Umstand, daß Menelaos in seiner Antwort (682ff.) das von Orestes beschworene Freundschaftsideal keineswegs in Frage stellt. Bereits bei seinem Auftritt betont er seine Verbundenheit mit der Familie und schützt seinen Neffen Orestes zuerst vor Tyndareos' Haß und Zorn (482 und 484):

φίλου μοι πατρός ἐστιν ἔκγονος.

εἰ δὲ δυστυχεῖ, τιμητέος.

Sohn ist er von einem Vater, der mir Freund war. Und wenn er im Unglück ist, muß man ihm mit Achtung begegnen.

Den Banden der Familie müsse man als kluger Mann entsprechen, auch wenn man damit das Gesetz verletzt[281]. In seiner Rede weist er erstaunlicherweise mit keinem Wort Orestes' Forderung zurück, ein Unrecht zu dessen Gunsten zu begehen. Er möchte dem Neffen helfen (683 ξυμ-

---

[281] V. 488: πᾶν τοὐξ ἀνάγκης δοῦλόν ἐστ' ἐν τοῖς σοφοῖς: dem Zwang des Gesetzes sich zu beugen ist für den Weisen Sklaverei; anders V. 715–16: νῦν δ' ἀναγκαίως ἔχει / δούλοισιν εἶναι τοῖς σοφοῖσι τῆς τύχης. Ein kluger Mensch unterwirft sich dem Unabänderlichen. Der „Sophist" Menelaos versteht sich anzupassen.

πονῆσαι, 685 συνεκκομίζειν) und sogar unter Einsatz seines Lebens dessen Feinde töten[282]. Auch für Menelaos gilt die ethische Regel: „Hilf dem Freund, schade dem Feind." Hier gibt es keine Differenzen zwischen den beiden[283]. Das Problem, dem Menelaos gegenübersteht, besteht darin, daß eine andere Freundschaftsbindung - die zu Tyndareos - die Hilfe für Orestes ausschließt[284]. Er steht damit, wie oben ausgeführt (S. 96f.), in dem gleichen Konflikt, in dem auch Orestes sich befand, als er zwischen den zwei konträren Ansprüchen des Vaters und der Mutter entscheiden mußte. Der Konflikt ist für Menelaos so schwerwiegend, daß er zuerst schwankt oder zumindest überlegt, wie er Orestes' Forderungen am besten ausweichen kann (634–5). In seiner Antwortrede sucht er einer eindeutigen Entscheidung aus dem Wege zu gehen, indem er Orestes nicht direkt abweist, sondern sich auf die scheinbar objektive Fragestellung des Möglichen und Unmöglichen zurückzieht. Unmöglich sei eine direkte und offensive Hilfeleistung mit Waffengewalt[285]. Man müsse abwarten, bis sich die Wogen glätten, und dann mit beschwichtigenden Worten (692 μαλθακοὶ λόγοι) die Bürger von Argos für Orestes gewinnen. Nur wer den rechten

---

[282] In der Wendung θνῄσκοντα καὶ κτείνοντα τοὺς ἐναντίους (686) ist ein polarer Ausdruck verborgen: θνῄσκοντα καὶ (βιοῦντα) κτείνοντα κτλ. „selbst sterbend (oder überlebend), will ich deine Feinde töten". Da Menelaos in Orestes' Situation offenen Kampf für unmöglich hält, ist deutlich, daß es ihm um ein generelles Prinzip, nicht um Orestes' konkrete Lage geht; den Vers athetieren HERMANN 1841, WECKLEIN 1906 und REEVE 1973, 157 (mit 684–5 wegen des ungewöhnlichen ὁμαίμονες statt ὅμαιμοι); selbst DIGGLE scheint das unnötig.

[283] Seine Rede beginnt auch ähnlich wie Orestes' erste: vgl. V. 544 ὦ γέρον, ἐγώ τοι πρὸς σὲ δειμαίνω λέγειν mit V. 682 Ὀρέστ', ἐγώ τοι σὸν καταιδοῦμαι κάρα.

[284] LLOYD 1992, 113f. hat zu Recht darauf hingewiesen, daß die Wertung des Muttermordes nicht die geringste Rolle für Menelaos und seine Hilfe spielt.

[285] Menelaos führt dies in V. 688–93 und V. 711–16 aus. V. 714–16 dürfen nicht athetiert werden (so DIGGLE nach DINDORF 1832); MURRAY [2]1913 und BENEDETTO 1965 athetieren nur V. 716; dagegen WILAMOWITZ 1924, 262 (= 1962, 355) A. 1 und ERBSE 1975, 440. Ich übersetze: „Niemals (sonst) würden wir ja Argos' Land mit sanften Mitteln (εἰς τὸ μαλθακόν, s. LSJ s.v. εἰς IV 3, vgl. die adv. Phrasen ἐς τὸ δέον, ἐς τὸ καλόν, ἐς τὸ ἀκριβές) zu gewinnen suchen (sc. wenn wir die Möglichkeiten zu Gewalt hätten), jetzt aber ist es für kluge (σοφός) Menschen notwendig, sich dem Schicksal zu unterwerfen (δούλοισι εἶναι) (und von Gewaltaktionen Abstand zu nehmen)." Mit SCHAEFER (s. App. bei DIGGLE) ist προσηγόμεσθ' ἄν zu lesen (zu οὐ γάρ ποτ' mit Irrealis s. Soph. Ant. 905, Phil. 869; Eur. Hek. 1269, Herakl. 274, Iph. T. 1201; zu νῦν δέ nach Irrealis s. KG II 2, 117 § 498,2). Hatte er in V. 488 „Sklaverei" für den Weisen abgelehnt (s. A. 281), scheut er sich jetzt nicht, sie zu empfehlen.

Moment (καιρός) für seine Handlungen kennt, kann etwas bewirken[286]: „Ich muß dich - nicht ohne Grund sage ich das - mit Klugheit zu retten versuchen" (709–10 δεῖ δέ μ' - οὐκ ἄλλως λέγω -/ σῴζειν σε σοφίᾳ). Mit großer Beredsamkeit und Weitschweifigkeit, die Wiederholungen nicht scheut, versucht Menelaos seinem Neffen dies klar zu machen[287].

Euripides hat es offengelassen, ob Menelaos die Wahrheit sagt, wenn er direktes Eingreifen für unmöglich erklärt[288]. Wichtig ist allein die Funktion, die seine so rationalen Überlegungen haben. Denn Menelaos hat nicht die Kraft, seinem Neffen einzugestehen, daß er dessen Bitten und Forderungen, deren Berechtigung er keineswegs in Zweifel zieht, nicht entsprechen wird. So verbirgt er die wahren Gründe seines Handelns, die Orestes wenig später Pylades gegenüber klar ausspricht (752):

τὸ τοῦδε κῆδος μᾶλλον εἵλετ' ἢ πατρός.

Die Verwandtschaft mit Tyndareos war ihm wichtiger als die mit meinem Vater.

---

[286] Auch dies eine typisch sophistische Anschauung, s. Protagoras VS 80 A 1,52 und Gorgias VS 82 B 13; zu Menelaos als „Sophist" s. S. 109f.

[287] WILAMOWITZ 1924, 261: „Wer mit Logik und ihrer Schere an die Rede geht, kann viel wegschneiden ... Menelaos dreht sich ja im Kreise herum und sagt eigentlich alles zweimal." Mit dieser Schere streicht DIGGLE insgesamt 9 von 35 Versen; vgl. REEVE 1973, 157. Ich kann keiner dieser Athetesen folgen, vgl. VAN DER VALK 1984, 175ff. In V. 694 dürfte nach BRUNCK der Artikel τά zu streichen sein (die Partikel γάρ ist unentbehrlich s. Aischyl. Ag. 1374, Soph. Phil. 1383): „Wie könnte jemand mit geringem Einsatz (πόνοι, s. 653, 656, 683) Großes erreichen?" (das μέν solitarium impliziert: mit großem Einsatz wäre es vielleicht möglich). Argos ist nicht mit einer kleinen Kampfestruppe (σμικρᾷ σὺν ἀλκῇ) zu bezwingen; und inwiefern es sich bei dieser Bezwingung um „Großes" (μέγαλα) handelt, wird in V. 696–7 begründet. - In den Versen 702–3 ist ἔνι δὲ καὶ θυμὸς μέγας als Parenthese zu verstehen; das κτῆμα τιμιώτατον ist das Mitleid (οἶκτος), die sich mit dem Zorn abwechselnde Emotion, mit deren Hilfe Menelaos das Volk für Orestes gewinnen will. - Die Athetese von V. 706–7 hat bereits WILLINK 1986 zu Recht abgelehnt; zu V. 714–16 s. A. 285.

[288] Die Interpreten haben sich damit natürlich nicht zufrieden gegeben und aus den kleinsten Andeutungen auf Menelaos' Macht und Möglichkeiten geschlossen. λίμενα ... ἐκπληρῶν (54) deutet nicht auf eine große Zahl von Schiffen (so VICKERS 1973, 582), s. Eustath. in Hom. Il. 1,200,2: ὡς μὴ ἂν ἄλλως ἐξὸν ὂν ὁρμισθῆναι νῆα τοιαύτην, εἰ μὴ κώπαις ἐκπληρώσασα τὸν ὅλον λιμένα πρὸς τῇ γῇ γένηται. Menelaos' Position war mindestens so schwach, daß er seine Frau bei Tageslicht vor den erregten Bürgern von Argos nicht schützen konnte, sondern sie bei Nacht vorausschicken muß (56–60); seine Macht in Sparta ist wohl noch nicht gesichert (Apollon garantiert sie ihm in V. 1661). Andererseits scheint Tyndareos seinem Schwiegersohn eine erfolgreiche Hilfe zuzutrauen (s. CILLIERS 1991, 24 und A. 18), vgl. V. 680–1 (Chor) κἀγὼ σ' ἱκνοῦμαι .../ τοῖς δεομένοισιν ὠφελεῖν· οἷός τε δ' εἶ.

Tyndareos' Freundschaft verspricht ihm in dieser Lage größeren Nutzen
als die zum toten Bruder, der durch Orestes Gegenleistung für Empfangenes
fordert. Denn machtpolitische Interessen werden berührt (1058–9)[289]:

ἐπὶ σκήπτροις ἔχων
τὴν ἐλπίδ᾽ εὐλαβεῖτο μὴ σῴζειν φίλους.

Seine Hoffnung auf die Herrschaft setzend, hütete er sich, die Freunde zu retten.

Menelaos entscheidet sich aus Eigennutz für Tyndareos, aber in seiner
Schwäche meidet er ein offenes Bekenntnis. Seine klugen Gedanken, die
an sich einer gewissen Plausibilität nicht entbehren, sollen nur einen Vorwand liefern, die Hilfe zu verweigern oder auf unbestimmte Zeit zu verschieben. Das Anführen von Sachzwängen dient allein dazu, die wahren
Motive zu bemänteln. Seine Rationalität (σοφία) ist nicht, wie er vorgibt,
darauf ausgerichtet, dem Neffen auf bestmögliche Weise zu helfen, sondern zielt allein auf den eigenen Vorteil, mehr noch, sie dient der Ver-
schleierung solcher Bestrebung[290]. Nicht die tatsächlichen Gegebenheiten,
sondern sein Versuch, dem offenen Konflikt aus dem Weg zu gehen und
sich alle Möglichkeiten offenzuhalten, bestimmen sein Verhalten. Auf
diese Weise kann er stets den eigenen Vorteil suchen und sich auf die Seite
der jeweils Mächtigeren schlagen. Kein Zuschauer wird verwundert sein,
wenn Menelaos im weiteren Verlauf des Stückes und vor allem in der
Volksversammlung nichts zu Orestes' Gunsten unternimmt: „Dann sprach
keiner mehr" (931 κοὐδεὶς ἔτ᾽ εἶπε)[291].

---

[289] Daß diese Einschätzung richtig ist, zeigt Apollon, wenn er sagt (1660–1): „Über
Argos laß, Menelaos, den Orestes herrschen; du geh nach Sparta und herrsche über das
Land dort!" Vgl. Menelaos' Frage in V. 437: Ἀγαμέμνονος δὲ σκῆπτρ᾽ ἐᾷ τ᾽ ἔχειν
πόλις; und Helenas Aktion, im Palast alles zu versiegeln (dazu A. 364).

[290] Hier scheint Aristoteles' Beurteilung des Menelaos als „böse, schlecht"
(πονηρός, poet. 1454a29, 1461b21) am ehesten gerechtfertigt zu sein. Nur dürfte es
Euripides nicht um die Darstellung eines singulär Bösen, sondern vielmehr um alltägli-
che Verhaltensweisen gegangen sein. Anders und unverständlich dagegen VELLACOTT
1975, 67: „His answer is a model of balance, fairness, and candour" (vgl. ebd. 54f.).

[291] Vgl. FLASHAR 1997b, 109: „Es ist dies ja ein auch uns geläufiger Vorgang, den
wir sogar aus unseren Universitätsgremien kennen: Jemand, der alles Vertrauen genießt
und der als einziger die Sache zum Guten wenden könnte, schweigt." Fraglich ist, ob
Menelaos überhaupt zu der Versammlung gegangen ist; οὐδ᾽ ὄμμ᾽ ἔδειξεν (1098) spricht
dagegen; es ist wahrscheinlicher, daß er sich dieser Situation gar nicht erst aussetzte.

Menelaos ist oft als „Sophist" bezeichnet worden[292]. Für ihn zählen Einsicht und Klugheit (σοφία) und die Kraft überzeugender Rede[293]. Aber auch der „Sophist" Menelaos folgt dem traditionellen Schema von Freund und Feind und seinen Gesetzen[294]. Er erkennt die Verpflichtung an, dem Freund helfen zu müssen, aber bei der anstehenden Entscheidung zwischen persönlichem Risiko und Vorteil quälen ihn offensichtlich keine Skrupel, den leichteren und vorteilhafteren Weg zu wählen und dem „besseren" Freund zu folgen. In seinem Verhalten wird besonders deutlich, daß Freundschaft für ihn nicht eine wirkliche, gar emotionale Bindung darstellt, sondern allein ein Zweckbündnis zur Durchsetzung eigener Interessen[295]. Die Kraft der Rede und die des Verstandes werden in den Dienst dieses Zieles gesetzt. Sie helfen bei der Auswahl des nützlicheren Freundes und liefern die Begründungen dafür, daß der schwächere im Stich gelassen wird. Wer sich allein am Austausch von Geben und Nehmen orientiert, für den wird ein wirklich selbstloser Einsatz für einen in Not Befindlichen sinnlos sein. Dabei zögert Menelaos nicht, seine (angebliche) Hilfe von den Göttern abhängig zu machen (685 δύναμιν ἦν διδῷ θεός, 687 πρὸς θεῶν)[296]. Er gibt sich religiös und moralisch, in Wahrheit leistet er Unterstützung nur dort, wo es sich lohnt. Und sein Verstand hilft ihm, vor sich selbst und seiner Umwelt sein Verhalten zu rechtfertigen. Der „Sophist" hat nicht ein neues, anderes Denken anzubieten, aber er verfügt über neue Mittel, das traditionelle zu seinem besonderen Vorteil anzuwenden.

---

[292] Vgl. GREENBERG 1962, 168, WINNINGTON-INGRAM 1969, 53; FALKNER 1983, 295, CILLIERS 1991, 25; FUQUA 1976,74 vergleicht ihn mit Odysseus in Sophokles' Philoktet.

[293] Von σοφία spricht er in V. 397: σοφόν τοι τὸ σαφές, οὐ τὸ μὴ σαφές, V. 415: μὴ θάνατον εἴπῃς· τοῦτο μὲν γὰρ οὐ σοφόν, V. 490: ὀργὴ γὰρ ἅμα σου καὶ τὸ γῆρας οὐ σοφόν und V. 709–10: δεῖ δέ μ' .../ σῴζειν σε σοφίᾳ.

[294] Es dürfte kein Zufall sein, daß gerade der Gorgias-Schüler Menon die Freund-Feind-Maxime als ersten Definitionsversuch von ἀρετή anführt (s. A. 197); zu Gorgias s. A. 197 und A. 258. Anders GREENBERG 1962, 189: „The play ... deals with a real and profound issue in its opposition of *philia* and *sophia*."

[295] Es fehlt nicht an Mahnungen, Freundschaft nicht nur unter dem Aspekt des eigenen Nutzens zu sehen, s. Demokr. VS 68 B 96 χαριστικὸς οὐχ ὁ βλέπων πρὸς τὴν ἀμοιβήν, ἀλλ' ὁ εὖ δρᾶν προῃρημένος, Thuk. 2,40,5 (Perikles) καὶ μόνοι οὐ τοῦ ξυμφέροντος μᾶλλον λογισμῷ ἢ τῆς ἐλαυθερίας τῷ πιστῷ ἀδεῶς τινα ὠφελοῦμεν, Lys. 19,59 ἡγούμενος εἶναι ἀνδρὸς ἀγαθοῦ ὠφελεῖν τοὺς φίλους, καὶ εἰ μηδεὶς μέλλοι εἴσεσθαι.

[296] Spätestens hier konnte Orestes wissen, daß Menelaos nicht helfen würde.

Trotz aller rhetorischen Künste hat Menelaos keinen Erfolg. Orestes
durchschaut Menelaos' Ausweichen: Menelaos zeige sich ihm gegenüber als
schlechter Freund (748); er ist ein Nichts (οὐδέν), wenn es um die Hilfe
für die Freunde (718 τιμωρεῖν φίλοις) geht[297]. Jetzt wird offenbar, daß
Agamemnon in der Not ohne Freunde war und sein Sohn verraten ist
(721-2). Der Ausruf des Schmerzes (722 οἴμοι) zeigt die Hoffnungslosigkeit
der Situation; der einzige, der noch hätte helfen können, entzieht sich.

Die Gegenposition des Chores (2. Stasimon)[298]

Nachdem der untreue Freund die Bühne verlassen hat, tritt der wahre
Freund Pylades auf[299]; mit ihm zusammen entscheidet sich Orestes, an der
Volksversammlung der Argiver teilzunehmen[300]. Nachdem beide abgegangen sind und während das Volk tagt, singen die argivischen Frauen das
zweite Stasimon, in dem sich der Ausgang dieser Versammlung bereits ankündigt. Denn auch der Chor verurteilt jetzt Orestes' Tat mit deutlichen
Worten. Keine in geistiger Umnachtung vollbrachte Tat (νόσος) könne
schlimmer sein als der Muttermord (831-3); er entspringt dem „Irrsinn
falsch denkender Männer" (824). Ewige Schande wird die Folge sein. Und

---

[297] In V. 718 sollte κάκιστε mit τιμωρεῖν (so auch GUZMÁN GUERRA 2000; s. KG II
2, 10 unten § 473,3) verbunden werden: „Nur ins Feld zu ziehen wegen einer Frau, ansonsten taugst du für nichts, du größter Versager, wenn es gilt, Freunden zu helfen!"
Anders DIGGLE, der nach κάκιστε Komma setzt.

[298] Zur Begründung für die Interpretation des Chorliedes an dieser Stelle s. S. 116.

[299] Euripides hat an dieser Stelle auf ein Chorlied verzichtet, um Menelaos und Pylades einander direkt gegenüberzustellen; zu den wörtlichen Bezügen zwischen beiden
Szenen s. GRUBE ²1961, 388 A. 2. Die ansprechende Möglichkeit, daß die Rollen von
Menelaos und Pylades vom gleichen Schauspieler, dem Tritagonisten, gespielt werden,
muß wohl ausscheiden, weil zwischen V. 717 und 724 die Zeit zum Kostümwechsel zu
kurz ist, es sei denn, man nimmt zwischen V. 724 und 725 eine kleine Pause an, die nicht
unpassend wäre (Orestes unterbricht dann sein Grübeln mit ἀλλ' εἰσορῶ γάρ, zu dieser
Formel s. DIGGLE 1994b, 171f.). Der Tritagonist übernähme daneben Helena und Hermione (im Prolog, wo sie schweigt, muß ihre Rolle ein Statist übernehmen) und evtl. den
Botenbericht, der Deuteragonist (er muß ein guter Sänger gewesen sein!) Elektra, Tyndareos, den Phryger und Apollon. Hält man die Pause für zu kurz, wird man WILLINK 1986,
XXXV und WEST 1987a, 38 folgen und Tyndareos und Apollon dem Tritagonisten und
Menelaos dem Deuteragonisten geben.

[300] Zu der Szene s. S. 121ff.

wenn der Chor den Mord in Orestes' flackernden Augen zu erkennen vermeint[301], so erinnert dies an ähnliche Aussagen des Menelaos (389 δεινὸν λεύσσεις) und Tyndareos (480 στίλβει νοσώδεις ἀστραπάς).

Diese eindeutige Ablehnung mag überraschen angesichts der freundlichen Gewogenheit der Frauen gegenüber Agamemnons Kindern in den ersten Szenen und vor allem angesichts ihrer späteren Bereitschaft, Komplizen bei der nächsten Mordtat zu sein. Wie diese spätere Wandlung zu erklären ist, soll an anderer Stelle betrachtet werden (s. S. 187f.). Hier soll versucht werden, den scheinbaren Widerspruch, der darin besteht, daß die Frauen des Chores den Muttermord ablehnen und dennoch mit dem Muttermörder Mitleid empfinden (831-2 δάκρυα καὶ /... ἔλεος)[302], aufzulösen.

Das Mitleid des Chores erklärt sich einerseits aus den schrecklichen Folgen der Tat. Orestes ist nun selbst zum Opfer geworden, zur Jagdbeute der Eumeniden/Erinyen (836). Die von der Mutter prophezeite Schande (830 δύσκλεια) haftet ihm an, Wahnsinn schüttelt ihn (835). Diese objektiven Gegebenheiten des Leidens scheinen die Frauen des Chores trotz

---

[301] Textkritisch sind die Verse 836–7 umstritten. Die Handschriften bieten Εὐμενίσι θήραμα φόνῳ (φόνου PrS) δρόμασι δινεύων βλεφάροις, P. Mich 3735c bietet φόβῳ anstelle von φόνῳ. Der kausale Dativ müßte sich entweder auf δινεύων βλεφάροις oder auf das Nomen θήραμα beziehen, das hier ein Partizip (θηραθείς) mit dem Dat. auct. Εὐμενίσι vertritt (so DEGANI 1967, 31; nach BIEHL 1965, 93 bezieht sich der Dativ auf θήραμα, δινεύων und δρόμασι); in beiden Fällen ist die Häufung der Dative auffällig und die Angabe des Grundes überflüssig, weil selbstverständlich. Auch die Konjektur von PALEY [3]1889: φόβῳ, die jetzt durch den Papyrus gestützt wird, scheint anfechtbar: Orestes rollt doch wohl nicht aus Furcht (vor den Erinyen ?) mit den Augen; φόβῳ ist wohl fälschlich aus V. 825 eingedrungen. So erscheint die Konjektur von WILAMOWITZ 1921, 211 φόνον als die beste Lösung (so MURRAY [2]1913, BENEDETTO 1965, WILLINK 1986, WEST 1987a). δινεύειν δρομάσιν βλεφάροις heißt wörtlich etwa: „mit den hin und her gehenden Augen herumwirbeln", von diesem Ausdruck des unruhigen Blickens dürfte der Akk. φόνον als ein innerer abhängen (wie φόνον βλέπειν „Mord blicken", vgl. z.B. Aischyl. Sept. 498 φόβον βλέπειν „furchtbar blicken", Eur. Ion 1262–3 πυρός /... ἀναβλέποντα φοινίαν φλόγα „mit den Augen tötende Feuerblitze senden"): „Mord spricht aus seinen unruhig flackernden Augen". Die Konjektur φόβον (DIGGLE, vorgeschlagen von KOENEN & SIJPESTEIJN 1989, 265: „mit seinem unsteten Blick Furcht einflößen") scheint dagegen keine Verbesserung; in seinem jetzigen Zustand flößt Orestes den Frauen keine Angst mehr ein, Mitleid ist das beherrschende Gefühl.

[302] Ich übersetze V. 831–3: „Welche krankhafte Tat auf der Welt ist schlimmer, was ein Grund für mehr Tränen, für mehr Mitleid, als mit eigener Hand den blutigen Muttermord zu begehen?" Auch im dritten Stasimon äußern sie Mitleid (968–70).

ihrer Ablehnung der Tat milde zu stimmen, wie sie es auch bereits zu Beginn des Dramas in Wort und Tat bewiesen haben.

Weiterhin steht den Frauen vor Augen, daß Orestes zu einer Familie gehört, in der seit ihren Ursprüngen Mord auf Mord folgte. Mit dieser Überlegung beginnen sie ihr Lied[303]; sie stellt gleichsam den Hintergrund dar, vor dem Orestes' Tat zu beurteilen ist. Die Blütephase des Hauses während des trojanischen Krieges war nur eine scheinbare; hinter allem Wohlstand und Ruhm, den die Atriden durch ihre Heldentaten erwarben (807 ὁ μέγας ὄλβος ἅ τ' ἀρετά), lauerte immer schon das Unglück[304], das seit den grausigen Taten der Nachkommen des Tantalos auf der Familie lastete. So ließ der Stolz der Atreus-Söhne (808 μέγα φρονεῖν) das folgende Leid bereits erwarten: Über die Familie der Tantaliden kamen neue Verbrechen; dem Gattenmord folgte der vergeltende Muttermord, aufgrund dessen nun die letzten beiden Atriden-Kinder mit dem Tode rechnen müssen[305].

---

[303] Die Hinwendung zum Herrscherhaus erfolgt bereits im ersten Stasimon (345–7): „Welch anderes Haus soll ich denn sonst noch ehren als das, das aus Verbindungen mit Göttern, das von Tantalos herstammt?" Dort wird dies mit dem Gedanken verbunden, daß menschlicher Reichtum und Segen (ὄλβος) nicht dauerhaft ist (340–4). Hier wird betont, daß der Keim des Untergangs latent immer schon vorhanden war. Auch Orestes rechnet mit Mitleid aufgrund seiner hohen Abstammung (784).

[304] In Vers 811 ist unbedingt den Hss. (πάλαι) zu folgen (DIGGLE liest nach HARTUNG 1849 πάλιν). Der Kern der Aussage liegt gerade darin, daß das Glück „schon längst", d.h. seit dem Streit um das goldene Lamm, gewichen ist, also aller Glanz nur ein scheinbarer war. Die Position des nachgestellten Adverbs erklärt sich aus dieser Paradoxie: Wohlstand und Ruhm konnten eigentlich gar nicht wieder weichen, weil sie sich schon in den Anfängen des Geschlechtes zurückgezogen hatten; WEST 1987b, 286 bezieht πάλαι fälschlich auf Agamemnons Ermordung und liest das sonst unbelegte Adj. παλαι-παλαιᾶς, aber Agamemnons Ermordung liegt doch erst sieben Jahre zurück.

[305] Ich sehe wie KAMERBEEK 1989, 536 keinen Grund, φόνῳ φόνος (816) nach WILLINK 1986 in πόνῳ πόνος zu ändern (anders HOSE 1991, 167 A. 53 und KOVACS 2002), s. Phoin. 1495; die Phrase meint präzise den Gatten- und Muttermord, der nun Orestes' und Elektras Tod nach sich zieht; δισσοῖσιν Ἀτρείδαις meint nicht „the two-fold House of Atreus" (so WILLINK 1986) und nicht „the two sons of Atreus" (so PHEIFER in Rez. WILLINK in: Hermathena 144, 1988, 103), sondern Orestes und Elektra, s. V. 1538 und Iph. T. 898 δυοῖν Ἀτρείδαιν auf Iphigenie und Orestes bezogen. Die Tautologie φόνος δι' αἵματος ist nicht unnütz, sondern eher ein Charakteristikum euripideischer Lyrik; s. z.B. Phoin. 1289–92 πότερον αἱμάξει / ... δι' αἱμάτων, vgl. MASTRONARDE 1994: „... the emphatic coupling of quasi-redundant terms is a device typical of tragic style."

Wie der Chor wird sich auch Elektra, nachdem sie das Urteil der Argiver vernommen hat, mit der traurigen Geschichte ihres Hauses trösten[306]. Ein Fluch (997 ἀρά) lastet auf ihm, seitdem Pelops seinen Wagenlenker Myrtilos ermordete, wofür Hermes Vergeltung an den Pelops-Söhnen Atreus und Thyestes übte[307]. So erklären die leidvollen Schicksalszwänge (1012 πολύπονοι ἀνάγκαι) auch den Untergang der letzten Glieder der Familie[308]. Indem Orestes in diese schicksalsbeladene Familie hineingeboren wurde, unterliegt auch er der in ihr waltenden Gesetzmäßigkeit. Deshalb dürfte das Mitempfinden der Frauen des Chors verständlich sein, weil sie Orestes' Tat in diese Kette der in seiner Familie geschehenen Frevel, die er selbst nicht zu verantworten hat, einordnen und zu erklären suchen[309]. Auch wenn die Frauen den entsetzlichen Muttermord ablehnen, fühlen sie dennoch mit ihrem Könighaus, das nach einer Phase des scheinbaren Glücks nun wieder im Blut versinkt[310].

---

[306] DIGGLE gibt zu Recht V. 960–81 (Strophe und Antistrophe) dem Chor, V. 982–1012 der Elektra, so auch SCHAUER 2002, 83ff. in seiner subtilen Interpretation der Klageszene; dagegen WILLINK 1986, der V. 960–4 und V. 971–5 der Elektra gibt: „This arrangement makes 960ff. the only instance in Eur. of utterance by an actor (rather than the chorus) immediately following a messenger-speech." Der Versuch von DAMEN 1990, 133ff., das gesamte Lied 960–1012 dem Chor zu geben, kann allein wegen V. 987 (γενέτορας ἔμέθεν) und V. 1011 (γενέταν ἐμόν) nicht überzeugen. Die Hss. weisen im Gegenteil darauf hin, daß es eine antike Inszenierung gegeben hat, in der nicht nur die Epode, sondern das ganze Lied von Elektra vorgetragen wurde (so auch MURRAY ²1913 und GUZMÁN GUERRA 2000); im Hinblick auf diese Aufführungspraxis wurden dann V. 957–9 eingefügt, damit der Chor nicht vollkommen schweigt; zu ἐς στεναγμοὺς καὶ γόους δραμεῖσθαι vgl. Tro. 119: ἐπιοῦσ' αἰεὶ δρακρύων ἐλέγους und Hel. 165: τίνα μοῦσαν ἐπέλθω (Hel. 164–6 dienten evtl. als Vorbild für die eingefügten Verse).

[307] Der Chor nennt in V. 1548–9 Myrtilos; zur Analogie Pelops-Menelaos s. A. 83.

[308] V. 1011 εἰς ἐμὲ καὶ γενέταν ἐμόν meint die beiden letzten Generationen im Tantalidenhaus (γενέτης kann nicht der Bruder sein), deren Schicksal so miteinander verbunden ist, weil Orestes und Elektra aufgrund des Gattenmordes leiden; Textänderungen sind unnötig, anders WILLINK 1986.

[309] Zur euripideischen Interpretation von Schicksal und Fluch s. S. 188–90.

[310] Ähnlich im Kommos (971–5): der Neid der Götter (φθόνος θέοθεν) und die Abstimmung der Argiver auf Todesurteil (nebeneinander die göttlichen und menschlichen Ursachen) haben Orestes vernichtet, der einst aufgrund des Glückes im Haus (ἐπὶ μακαρίοις οἴκοις) Gegenstand von Bewunderung und Neid (ὁ ... ζῆλος ὤν ποτ') war (τε ist spezifizierend nach πρόπασα γέννα); in V. 973 verstehe ich also ζῆλος (vgl. fr. 453,3) in analoger Konstruktion wie μῖσος oder στύγος in bezug auf Personen (Aischyl. Ag. 1411, Choeph. 770. 1028, Sept. 653, Soph. Ant. 760, Phil. 991, Eur. Med. 1323,

Ein dritter Grund, der in dem Chorlied für das zwiespältige Verhalten
der argivischen Frauen zwischen Mitleid und Verurteilung deutlich wird,
hat besondere Bedeutung für die hier vorgelegte Interpretation der Tragödie. Dem in sich widersprüchlichen Los des Königshauses zwischen Segen
und Unglück entspricht die moralische Paradoxie des in diesem Hause
verübten Verbrechens: τὸ καλὸν οὐ καλόν „Was (moralisch) richtig ist,
ist nicht richtig" (819)[311]. In dieser kühnen Aussage faßt der Chor die
Problematik der Beurteilung des Muttermordes zusammen und verwirft
gleichzeitig die Tat. Ähnlich, wenn auch in umgekehrter Reihenfolge,
hatte Orestes in seiner Antwort an Tyndareos seine Lage beschrieben:
„Ich bin gottlos (ἀνόσιος), weil ich die Mutter tötete, aber gleichzeitig
muß man mich gottesfürchtig (ὅσιος) nennen als Rächer des Vaters"
(546–7). Während Orestes die Paradoxie zugunsten der Rache auflöste,
indem er den Vorrang des Vaters zu beweisen suchte, fällt der Chor ein
gegenteiliges Urteil. Das Recht, das die Rache für die Tötung des Vaters
legitimiert[312], ist kein Recht, wenn es wieder ein Verbrechen, die Tötung
der Mutter, fordert. Orestes' Argumente haben den Chor nicht überzeugen
können. Abermals ein Verbrechen zu begehen (823 τὸ αὖ κακουργεῖν)[313]

'Herakliden' 52. 941, Iph. T. 525); das überlieferte ζηλωτός dürfte eine in den Text geratene Glosse für diese Interpretation sein, der zufolge Orestes das Objekt von ζῆλος ist
(später wurde dann aus οἴκοις das falsche Beziehungswort οἶκος geschaffen); nur so
wird der Bezug von νιν (974) klar und der Übergang von menschlicher Bewunde-
rung/Neid (ζῆλος) zum göttlichen Neid (φθόνος) einleuchtend.

[311] Vgl. die analoge Aussage Ba. 395 τὸ σοφὸν δ' οὐ σοφία (s. S. 279 A. 327). Ähnlich äußert sich der Chor bereits in V. 194, wo er Apollons Befehl zum Muttermord (192–
3 αἷμα δούς /... ματρός) kommentiert: δίκᾳ μέν; im μέν wird die Ambivalenz angedeutet; im Sinne von V. 819 könnte der Chor fortsetzen: οὐ δίκᾳ δέ. Noch stärker wäre die
Ablehnung, wenn sich δίκᾳ μέν (194) auf das Hauptverb ἐξέθυσε ... ἡμᾶς (191) bezieht, was grammatisch näher liegt: „Zu Recht hat Apollon die Muttermörder geopfert",
Elektra würde dann ergänzen „aber das war nicht schön von ihm".

[312] DEGANI 1967, 45 weist mit Recht darauf hin, daß Orestes' Geste, das Schwert im
hellen Licht zu zeigen (822 ξίφος ἐς αὐγάς ἀελίοιο δεῖξαι), die Rechtmäßigkeit der Tat
unterstreichen soll und kein Akt der Hybris ist.

[313] Ich folge den Handschriften, die fast einhellig überliefern: τὸ δ' αὖ κακουργεῖν
„das erneute Böses-Tun", s. LSJ s.v. αὖ I: „again, anew, afresh, once more"; αὖ zum Verb
gehörig s. [Aischyl.] Prom. 67, Soph. Trach. 987, El. 516, Phil. 783, Eur. Kykl. 664; die
Verbindung δ' αὖ „andererseits" gibt hier keinen Sinn, da in τὸ καλὸν οὐ καλόν
bereits die Antithese liegt, anders WILAMOWITZ 1921, 211 A. 1 (ihm folgt DEGANI 1967,
44f.), BENEDETTO 1965, BURKERT 1974, 101 u.a.; zum substantivierten Inf. mit Adverb s.

als Reaktion auf ein zuvor geschehenes, bleibt für den Chor ein Frevel, der sein wahres Gesicht hinter schönen Worten und scheinbar moralischen Argumenten verbirgt (823 ἀσέβεια ποικίλα)[314]. Für den Chor bleibt der Mord eine verbrecherische Tat, auch wenn man sie als eine Antwort auf vorhergehendes Unrecht zu begründen sucht[315]. Am Ende des Liedes nennt der Chor ausdrücklich den Grund, weshalb Orestes erneut ein Verbrechen beging: der Muttermord geschah als Vergeltung für den Tod des Vaters (842–3 σφάγιον ἔθετο ματέρα, πατρῴων παθέων ἀμοίβαν). Als ob der Chor dem Agamemnon-Sohn auf seine Verteidigung antworten wollte, legt er Klytaimestra die Worte in den Mund (827–8):

τέκνον, οὐ τολμᾷς ὅσια κτείνων σὰν ματέρα.

Mein Sohn, Frevelhaftes wagst du, wenn du deine Mutter tötest.

Der von Orestes immer wieder angeführten Pflicht, den Vater zu ehren und als Sohn mit der Rache die ihm geschuldete Dankbarkeit zu erwei-

---

Aischyl. Ag. 569 τὸ αὖθις ἀναστῆναι). Das Subjekt der verbrecherischen Tat wird nicht ausgedrückt, ergibt sich aber aus dem Zusammenhang des von Orestes begangenen Muttermordes: ein Unrecht geschieht, und der von dem Verbrechen Betroffene reagiert nun seinerseits mit einem Verbrechen; vgl. das Ende des Liedes (842–3): „er machte die Mutter zum Schlachtopfer als Vergeltung für den Tod des Vaters." Die Editoren haben allerdings dem überlieferten Text meist nicht getraut, s. PORTER 1994, 314–26. WILLINK 1986 konjiziert nach WEIL ²1879 τόδ' οὐ κακούργων κτλ. und interpretiert in Form einer Frage: „The [predication] 'καλὸν οὐ καλόν to kill parents ...' is this not ... ἀσέβεια ... ?" Diese Konstruktion scheint mir für den Hörer nicht nachvollziehbar. Die meisten Editoren schreiben nach BOTHE 1825 τὸ δ' εὖ κακουργεῖν (so zuletzt auch NORDHEIDER 1980, 75 A. 1, WEST 1987a, HOSE 1991, 168 A. 57 und DIGGLE) und berufen sich auf die Scholien: τὸ δὲ μετὰ λόγου καὶ πιθανότητος ἐπιχειρεῖν τι καὶ πράττειν κακόν οὐχ ἁπλῆ ἐστιν ἀσέβεια. Aber dieser Kommentar trifft auch auf die Lesung τὸ δ' αὖ κακουργεῖν zu; denn in dem Bezug zum vorangegangenen Verbrechen erhält die neue Tat ihren plausiblen Grund und Sinn. αὖ ist zu stützen durch V. 508–9: „Sollte ihn hier eine Frau töten, die das Bett mit ihm teilt, und sollte sein Sohn aus Rache wiederum (αὖ) die Mutter töten"; vgl. V. 1160 (Orestes zu Elektra): „Jetzt verhilfst du mir wieder (αὖ) zur Rache an den Feinden", und V. 1537 (Chor): „Wieder (αὖ) stürzt das Haus der Atriden in einen neuen schrecklichen Kampf"; vgl. Soph. Ai. 1086 αὖθις in ähnlichem Kontext.

[314] Vgl. Phoin. 469–70 ἁπλοῦς ὁ μῦθος τῆς ἀληθείας ἔφυ,/ κοὐ ποικίλων δεῖ τἄνδιχ' ἑρμηνευμάτων und MASTRONARDE 1994 mit Parallelen; zur negativen Bedeutung von ποικίλος/ποικιλία s. Eur. fr. 27 (Aiolos), Plat. rep. 611b2, Demosth. 29,1; die unmetrische Lesart der Hss. μεγάλη muß eine in den Text geratene Glosse sein.

[315] PORTER 1994, 319ff., der zu zeigen versucht, daß es nicht in der Absicht des Dichters gelegen habe, Orestes' Taten moralisch zu verurteilen, sieht keinen anderen Ausweg, als die seiner Sicht widersprechenden Verse 823–4 für unheilbar verderbt zu erklären.

sen[316], wird die Warnung entgegengestellt, daß genau diese Intention ihr
Ziel nicht erreichen wird, wenn aus ihr ein schrecklicher Mord folgt: ewige Schande wird Orestes anhaften.

Der Chor ist die erste „dramatis persona", die sich inhaltlich mit Orestes' Verteidigung des Muttermordes auseinandersetzt[317]. Daraus ergibt
sich, daß das Stasimon mit dem Agon verbunden werden muß und seinen
gedanklichen Abschluß darstellt[318]. Der Chor erkennt den Konflikt, in den
Orestes sich gestellt sah - in diesem Verstehen mag der eigentliche Grund
für sein Mitgefühl und seine freundliche Haltung den Geschwistern gegenüber liegen, aber er lehnt Orestes' Entscheidung ab und sieht darin ein
falsches, verkehrtes Denken (824–5 κακοφρόνων τ' ἀνδρῶν παράνοια)[319]. Der Dichter hat damit ein Gegengewicht zu Orestes' Argumen-

---

[316] Die Phrase πατρῴαν τιμῶν χάριν gehört in den Kontext der „Freundschaftsethik": „dem Vater Ehre erweisen, indem man die geschuldete Dankbarkeit zollt."

[317] Deshalb dürfte das Urteil von z.B. GRUBE ²1961, 388 unzutreffend sein: „The
whole song is rather colourless." Ebenso ist Aristoteles' Kritik im Hinblick auf das hier
untersuchte Chorlied unzutreffend (1456a25–7): καὶ τὸν χόρον δὲ ἕνα δεῖ ὑπολαμ-
βάνειν τῶν ὑποκριτῶν, καὶ μόριον εἶναι τοῦ ὅλου καὶ συναγωνίζεσθαι μὴ ὥσπερ
Εὐριπίδῃ ἀλλ' ὥσπερ Σοφοκλεῖ.

[318] Indem Euripides das Chorlied nicht direkt an den Agon anschließt, sondern die
Szene Orestes - Pylades (725–806) davorstellt, die inhaltlich Orestes' Gang zur Volksversammlung einleitet, gewinnt er zweierlei: er kann den falschen und den wahren Freund
direkt einander gegenüberstellen, und das Lied wird gesungen, während hinterszenisch
die Volksversammlung abläuft, an der Orestes und Pylades teilnehmen: in der Ablehnung
des Muttermordes entsprechen sich das Bühnengeschehen und das Hinterszenische.

[319] Das Wort παράνοια kommt in der Tragödie neben Aischyl. Sept. 756 nur hier
vor. Als rechtlicher term. techn. erscheint es im Kontext der Entmündigung eines verwirr-
ten Vaters (Aristot. Ath. Pol. 56,6, Aristoph. Nub. 845, Xen. mem. 1,2,49, Plat. leg. 928e
und 929d); hier bedeutet es nicht Wahnsinn im klinischen Sinne (s. Hipp. mul. aff. 41:
παράνοιαι μανιώδεις), sondern Alter und Krankheit (besonders deutlich an den Pla-
ton-Stellen), die zur Einschränkung der normalen Sinne führen. In dieser Bedeutung kann
das Wort dann unabhängig vom Alter auf eine Geistesverwirrung, ein „Daneben-
Denken", bezogen werden; so zuerst bei Aischylos (s.o.) im Hinblick auf die Heirat von
Oidipus und Iokaste, s. Aristoph. Nub. 1476 und fr. 238: ὦ παράνοια καὶ ἀναιδεία,
dann erst bei Rednern des 4. Jh., s. Demosth. 9,54, 14,39, 19,260, 23,122; Andok. 2,10
(mit μωρία verbunden) u.ö. Dieses „ver-rückte" Denken wird hier durch κακοφρόνων
moralisch gewertet; zuerst bei Pind. fr. 211 κακόφρονά τ' ἄμφανεν πραπίδων καρπόν
(Subj.: ἡ κακία?), vgl. Aischyl. Ag. 1174–5 (κακοφρονῶν δαίμων bezwingt Kassandra), Soph. Ant. 1104, Eur. Hik. 744 (mit ὕβρις verbunden), 'Herakliden' 372
(Eurystheus), El. 481 (Klytaimestra), Iph. A. 391 (Freier Helenas); vgl. Hom. h. 2,227
(κακοφραδίῃσι), Solon fr. 36,21 W. (κακοφραδής). Der Chor meint also nicht, Orestes

ten geschaffen, die durch Tyndareos und Menelaos unwidersprochen geblieben sind, weil beide nicht nur jede ernsthafte Auseinandersetzung im
Agon gemieden haben, sondern ihrerseits Orestes' Handlungsprinzipien
folgen. Dieses Gegengewicht ergibt sich ganz natürlich aus der Sicht der
Frauen, die auf die Ungeheuerlichkeit und Widernatürlichkeit des Muttermordes reagieren und für Orestes' Lösung der Rechtsfrage wenig Verständnis aufbringen. Nur wird auch die Position des Chores dem Problem
nicht wirklich gerecht, da er die Berechtigung von Orestes' Argumenten,
die auf den Sohnespflichten gegenüber dem Vater und der notwendigen
Bestrafung der Gattenmörderin beruhen, nicht widerlegen kann. Dieser
Aspekt wird zwar genannt (819 τὸ καλὸν οὐ καλόν), aber in seinem Gewicht nicht ernst genommen. Dem entspricht, daß die göttliche Beauftra-
gung durch Apollon hier an keiner Stelle erwähnt wird[320].

Wurde in Orestes' Reden die Berechtigung der rächenden Tat herausgestellt, wird in den Worten des Chores die Gegenposition vertreten, bei
der die Entsetzlichkeit des Muttermordes im Vordergrund steht[321]. Der
Standpunkt des Dichters ist in keiner dieser einseitig bleibenden Haltungen
zu finden[322]. Trotz seiner allgemeingültigen Aussagen kann auch der Chor
die zugrunde liegende Problematik nicht lösen, so daß dem Lied keine
höhere Bedeutung oder Autorität zukommt als den gesprochenen Aussa-
en der Protagonisten. In ihm wird nichts anderes als die Haltung der argivischen Frauen deutlich, die wie Orestes, Tyndareos und Menelaos lediglich Personen der Handlung sind. Ihre Position bezieht den Mythos und
allgemeine Gnomen ein, erreicht damit aber keine moralischen Urteile
von tieferer Bedeutung oder größerer Distanz. Der Chor scheint einen
übergeordneten Sinn durch Erklärung der mythischen Ursachen zu geben

---

sei beim Muttermord in dem Sinne wahnsinnig gewesen, wie er es nachher ist. Er führt
seine Tat bei vollem Bewußtsein aus, denkt aber „daneben".

[320] Zur Bedeutung Apollons im ersten Viertel des Dramas s. S. 36ff.

[321] Das Lied ist also kein „Schlußstrich" (so NORDHEIDER 1980, 80).

[322] Einem Urteil, wie es z.B. SCHMIDT 1963, 187 äußert, ist nicht zustimmen: „Wir
zweifeln nicht daran, daß Euripides diese dem Mythos widersprechende Möglichkeit (sc.
Todesstrafe) als die gerechte Lösung des moralischen Konfliktes darstellen wollte."

und das Geschehen auf allgemeine Prinzipien zurückzuführen[323], aber die
Aussagen der Frauen werden vom Dichter gleichzeitig relativiert, weil sie
den Konflikt zwar erkennen, ihn aber in einseitiger Weise aufzulösen
suchen. Wie die übrigen auftretenden Personen unternimmt auch der Chor
nicht einmal den Versuch, eine Versöhnung der gegensätzlichen Argumente zu erreichen, um dann das Scheitern eines solchen Bemühens zu erkennen und auszusprechen. Der Wunsch nach einer übergeordneten Sichtweise wird nicht befriedigt.

Dieses Nebeneinander gleichberechtigter Stimmen, die sich gegenseitig
ausschließen, macht deutlich, daß ein Ausgleich zwischen den Ansprüchen
des Vaters und der Mutter unmöglich ist. Erst im bewußten Verzicht auf
Lösung und Sinngebung wird man der behandelten Problematik ´gerecht.
Der Dichter führt seine Zuschauer auf einem indirekten Wege zu dieser
Erkenntnis[324]. Nicht dem Chor, dem Zuschauer selbst bleibt es überlassen,
die einseitig bleibenden Positionen der Protagonisten zu verlassen und in
dem Gegenüber der sich ausschließenden Standpunkte die Unmöglichkeit
einer Synthese zu begreifen. Dies könnte dann zu Folge haben, daß er in
seinen eigenen moralischen Urteilen vorsichtiger wird als die Protagonisten des Dramas, weil eine Distanzierung von den Maximen, die ihrem
Tun und Reden zugrunde liegen, nicht ausbleiben wird.

---

[323] Zu dieser umstrittenen Rolle des Chores s. die Beiträge von GOULD und GOLDHILL
in SILK 1996 und MASTRONARDE 1999; vgl. SCULLION 2002, 133: „Equally dubious ... is
the related claim that the tragic chorus carries a special collective authority."

[324] Dieses indirekte Sichtbarwerden der Position des Autors wird neuerdings auch
in der Platondeutung herausgearbeitet. Seine „Lehren" werden nicht in den Äußerungen
der Dialogteilnehmer (auch nicht in denen des Sokrates) deutlich, sondern einzig darin,
wie er das Gespräch sich vollziehen läßt, s. z.B. BLÖßNER 1997, 1–13. Die Sicht des Dichters ist in keiner Äußerung einer „dramatis persona" (auch nicht in denen des Chors)
erkennbar, sondern einzig darin, wie er Chor und Schauspieler reden und agieren läßt.

Im Rückblick auf den gesamten Agon erkennt man, daß seine beiden Bestandteile sich in bestimmter Weise um das Thema des Muttermordes gruppieren: In der Hikesieszene zwischen Orestes und Menelaos geht es um die Folgen der Tat, im Streitgespräch mit Tyndareos um ihre Voraussetzungen. Die Verbindung von Streit- und Hikesieagon ist inhaltlich begründet in der Zusammengehörigkeit von Vorgeschichte und Nachwirkungen der Ermordung Klytaimestras. Das Ergebnis des doppelten Agons ist Orestes' Mißerfolg in beiderlei Hinsicht: er kann weder Tyndareos von den Motiven, die der Tat zugrunde liegen, überzeugen, noch Menelaos zur Hilfe bewegen, ihre Konsequenzen abzuwenden: Der Onkel wird ihm die Hilfe verweigern und dem Druck des Großvaters nachgeben, der voller Zorn Vergeltung für die Tötung seiner Tochter üben will. Weil sowohl Tyndareos als auch Menelaos in deutlich negativem Licht präsentiert werden, wird dieser Mißerfolg bei den Zuschauern erneut das Gefühl von Mitleid und Solidarität mit Orestes erregen. Seine beiden Widersacher zeichnen sich durch Verständnislosigkeit und Egoismus aus, sehen nur ihre eigenen Interessen und betreiben oder tolerieren die Hinrichtung des Verwandten. Von der Struktur der Situation her gesehen, befindet sich Orestes damit in der gleichen Lage wie vor dem Muttermord. Entweder er gibt sich und seine Interessen auf und nimmt das von den nächsten Angehörigen ihm zugefügte Leid hin, oder er wehrt sich und beantwortet Gewalt mit Gewalt. Der im Agon gezeichnete Umschwung von Schuldgefühlen zur aggressiven Verteidigung gegenüber Tyndareos läßt erwarten, daß Orestes auch diesmal der zweiten Möglichkeit folgen wird. Auf diese Weise ist der Agon nicht nur die Vorbereitung für die spätere Rachehandlung an Menelaos, sondern nimmt auch in der Diskussion der Gründe, die den Muttermord auslösten, die Motive von Orestes' späterem Verhalten vorweg. Denn es wird deutlich werden, daß es die gleichen Impulse sind, die zum Muttermord und zu Menelaos' Bestrafung führen.

Die Interpretation hat gezeigt, daß der Dichter in der Diskussion der Gründe für die Entscheidung zum Muttermord grundsätzlichere Fragen behandelt. Denn es liegt ihnen eine Norm zugrunde, die auf den Kategorien von Freund und Feind, Vergeltung und Rache beruht. Diese sind gesellschaftlich akzeptiert (auch Tyndareos und Menelaos folgen ihnen) und religiös fundiert (Apollon ist ihr göttlicher Garant). Ihre moralischen

Implikationen stellen den Zielpunkt der Darstellung des Euripides dar. Es geht ihm um eine ausgewogene Beurteilung, die keine von den auf der Bühne agierenden Personen erreicht. Denn die beschriebene Ethik enthält gegenläufige Tendenzen. Einerseits fordert sie Gewalt und Mord (hier sogar an der Mutter), um begangenes Unrecht zu sühnen. In dieser Hinsicht schafft der Dichter an mehreren Stellen Distanz gegenüber dem Täter und seinen Prinzipien, zuletzt in der eindeutigen Verurteilung durch den Chor. Andererseits ist es ein berechtigtes Anliegen, dem Unrecht entgegenzutreten, Übeltäter zu bestrafen und auf diese Weise die Ordnung der Gesellschaft aufrecht zu erhalten. In dieser Hinsicht erregt der Dichter Verständnis und Mitgefühl mit dem, der vom Unrecht anderer betroffen ist. Auch diese Reaktion, die vor allem in der Exposition des Dramas angelegt wird, wird am Ende des Agons im zweiten Stasimon noch einmal deutlich, wo der Chor Mitleid äußert, auch wenn er das erneute Verbrechen zum Zwecke der Vergeltung ablehnt. In dieser Spannung zwischen dem Mitleid mit dem Opfer und der Irritation über den Täter wird der Zuschauer in das weitere Geschehen entlassen. Vor seinen Augen wird eine zweite Rachehandlung an dem, der zum Feind wurde, ablaufen: An deren Ende wird der Palast der Atriden in Flammen aufgehen.

1.3 Der Umschwung und die Rachetat

Der Agon ist beendet, und die einzig noch verbliebene Hoffnung auf Rettung hat sich als trügerisch erwiesen (722–4):

οἴμοι, προδέδομαι, κοὐκέτ' εἰσὶν ἐλπίδες,
ὅποι τραπόμενος θάνατον Ἀργείων φύγω·
οὗτος γὰρ ἦν μοι καταφυγὴ σωτηρίας.

Wehe, ich bin verraten, und es gibt keine Hoffnung mehr, wohin ich mich wenden und dem Tod durch die Argiver entgehen könnte. Dieser Mann bedeutete nämlich für mich Zuflucht und Rettung.

Da betritt der die Bühne, der auf den weiteren Verlauf der Handlung großen Einfluß nimmt: Pylades, aus Phokis kommend[325]. In seiner unverbrüchlichen Freundschaft zu Orestes stellt er den denkbar größten Kontrast zu Menelaos dar[326]. Nicht weniger als viermal taucht das Freundschaftsmotiv auf (733, 735, 740, 748)[327]. Den beiden Freunden gegenüber steht eine feindliche Umwelt (762)[328]. Auch Pylades muß unter den Folgen des Mut-

---

[325] Zu den Richtungen der Auf- und Abtritte s. SAÏD 1993, 185ff. Warum Pylades nach Phokis ging, bleibt unklar. Aus der Tatsache, daß der Vater den Sohn vertreibt (765), wird zumindest deutlich, daß er zu Recht annehmen mußte, daß die Beteiligung am Muttermord auch für ihn Konsequenzen haben würde, und er somit allen Grund hatte, sich nach Hause zu begeben. Hier Untreue und Charakterschwäche des Pylades zu sehen, scheint mir verfehlt; so BURNETT 1971, 213f., GREGORY 1974, 81; dagegen EUCKEN 1986, 162: „… nirgendwo wird ein solcher Verdacht angedeutet, und es ist im Gegenteil Orestes, der wiederholt die hingebende Treue des Freundes preist."

[326] Zur Freundschaft, die nicht auf verwandtschaftlicher Bindung beruht, und ihrer Bedeutung bei den Griechen s. z.B. Hdt. 5,24,3 (Dareios) κτημάτων πάντων ἐστὶ τιμιώτατον ἀνὴρ φίλος συνετός τε καὶ εὔνους, Xen. mem. 2,4,1 τοῦτο μὲν γὰρ δὴ πολλῶν ἔφη ἀκούειν, ὡς πάντων κτημάτων κράτιστον ἂν εἴη φίλος σαφὴς καὶ ἀγαθός, Demokr. VS 68 B 99 ζῆν οὐκ ἄξιος, ὅτῳ μηδὲ εἷς ἐστι χρηστὸς φίλος, Philem. fr. 108 οὕτως ἐπάν τις τυγχάνῃ λυπούμενος, ἧττον ὀδυνᾶται, φίλον ἐὰν παρόντ' ἴδῃ, vgl. DIRLMEIER 1931, CONNOR 1971; zum Freundschaftsethos s. S. 76f.

[327] Vgl. 794, 802–3 und 804–6. In den 78 Versen des Gespräches Orestes - Pylades kommt das Wort φίλος neunmal vor. In diesem Kontext erscheint ἑταῖρος (804) in für die Tragödie singulärem Gebrauch von φίλος (sonst nur von Schiffs- oder Kampfgefährten, s. Kykl. 378, 398, 409, 500, 550, 695, Alk. 776, Hel. 599, Soph. Ai. 687, Oid. K. 1400, 1403); dieser Gebrauch erklärt sich durch den gesuchten Kontrast: Freunde - Verwandte (τὸ συγγενές); φίλος war hier unbrauchbar, da es Verwandtschaftsbeziehungen einschließt; zur möglichen Anspielung auf die athenischen Hetairien s. S. 184f.

[328] Vgl. V. 875–6: der Bote glaubt, ein Feind habe die Stadt angegriffen; in Wahrheit

termordes leiden, nimmt dies als Freund aber gelassen auf sich (769).
Durch Pylades' Unterstützung erwacht in Orestes neuer Mut (772–4)[329]:

Ορ.   δεινὸν οἱ πολλοί, κακούργους ὅταν ἔχωσι προστάτας.

Πυ.   ἀλλ' ὅταν χρηστοὺς λάβωσι, χρηστὰ βουλεύουσ' ἀεί.

Ορ.   εἶἐν. ἐς κοινὸν λέγειν χρή.

Or.:   Furchtbare Gewalt hat die Masse, wenn Schurken ihre Führer sind.

Py.:   Wenn sie aber gute bekommen, treffen sie stets gute Entscheidungen.

Or.:   Gut! Vor die Öffentlichkeit muß ich treten.

Die vage Hoffnung, in der Volksversammlung noch etwas zu erreichen,
wird getragen von dem Bewußtsein[330], mit der Rache für den Vater eine
gerechte Tat vollbracht zu haben (775–6, 782[331]), auch wenn Pylades
skeptisch bleibt, ob dies anderen zu vermitteln sei[332]. So stehen die Chan-

---

wird über Orestes verhandelt. WILLINK 1986 verteidigt zu Recht die Authentizität von V.
731 (von DIGGLE nach VAN HERWERDEN 1855, 363 athetiert); ergänzen könnte man, daß
eine bloße Versammlung der Bürger Pylades wohl kaum ängstigen würde; dies tut sie
nur, wenn er hört, daß sie sich gegen Orestes und Elektra richtet.

[329] Die Athetese von WILLINK 1986 von V. 772–3 scheint mir verfehlt; der politische
Allgemeinplatz ist nicht Selbstzweck, sondern wird dramaturgisch wirksam, wenn Orestes Pylades' Kommentar als Aufforderung versteht, nun selbst als guter „Volksführer"
seine Sache in die Hand zu nehmen (zu εἶἐν s. STEVENS 1976, 34: „acceptance of a state-
ment: ‚All right'"). Der Hinweis auf Orestes' Anspruch auf das Amt des προστάτης
sollte nicht gestrichen werden. Das folgende ἐς κοινὸν λέγειν kann sich nicht auf Pylades und Orestes beziehen (trotz Herakl. 86, Iph. T. 673 und Aristoph. Av. 457); denn
Pylades kann doch wohl in dieser Situation nicht fragen: „Was ist das Notwendige,
worüber wir beraten müssen?" (774 τίνος ἀναγκαίου πέρι;). ἐς κοινὸν λέγειν meint
eine Rede an die Bürger, s. Hdt. 3,80,6, Thuk. 3,37,4, 4,58,1: ἐς τὸ κοινὸν τοιούτους δὴ
λόγους εἶπεν, 4,59,1: ἐς κοινὸν ... ἀποφαινόμενος. Pylades reagiert skeptisch (774):
„Was willst du ihnen denn Notwendiges sagen?", und Orestes antwortet wieder etwas
verunsichert und zögerlich (775): „Wenn ich nun vor die Bürger trete und sage ..."

[330] Auch hier zeigt sich wieder, daß Orestes, wenn er sich nicht aufgeben will, zum
Glauben an die Moralität des Muttermordes zurückkehrt; s. S. 90f.

[331] Die Umstellung von V. 782 und 783 (so die meisten Editoren nach MORELL 1748)
ist nicht nötig; an κάλλιον θανεῖν (781) knüpft τὸ πρᾶγμα ἔνδικον (782) an und
liefert ein zusätzliches Argument (καὶ ... γε, s. DENNISTON ²1954, 156); nach dem be-
gründenden Argument kommt die Wertung: εὖ λέγεις (783), in V. 784 ein weiteres Argument (wieder mit καὶ ... γε) und in V. 786 das endgültige Fazit: ἰτέον. Dieser verschlun-
gene Gedankengang bildet Orestes' Unsicherheit besser ab als der logisch korrektere!

[332] V. 776: „Da werden sie dir wohl einen herzlichen Empfang bereiten", und V. 782:
„Bete nur darum, daß man es (sc. daß die Tat gerecht war) dir glaubt" (τὸ ⟨δὲ⟩ δοκεῖν
εὔχου μόνον). In dieser Haltung unterscheidet er sich wenig von Elektra (30). Vers 782
ist textkritisch unsicher; DIGGLE liest nach LENTING 1821, 15 τοῦ δοκεῖν ἔχου μόνον

cen auf Rettung schlecht, obwohl die Bürger vielleicht Mitleid mit dem Königssohn[333] und Zorn auf die Mörder Agamemnons (784–5) empfinden. Dennoch will Orestes den Gang vor das Volk wagen. Als Begründung dienen auch hier ethische Prinzipien. Schwiege er, wäre er feige (777 und 783 δειλόν) und unmännlich (786 ἄνανδρον), kämpfte er um sein Leben, könnte er wenigstens ehrenvoller (781 κάλλιον) sterben und Ruhm ernten (786). Dies sind genau die gleichen Prinzipien, die wenig später für die Ermordung Helenas ins Feld geführt werden (s. S. 132). An dieser Stelle erscheinen sie als ganz unverdächtig und ohne Anstoß, im Gegenteil, sie steigern die dem Helden entgegengebrachte Sympathie.

Nach dem Mißerfolg, den Orestes gegenüber Tyndareos und Menelaos hinnehmen mußte, kehrt er in der beschriebenen Szene mit Pylades wieder zurück zu dem Bild des kranken und verlassenen Opfers, das voller Verzweiflung einen letzten Weg der Rettung sucht. Euripides gelingt es, an diesen Eindruck der ersten Szenen des Dramas anzuknüpfen, auch wenn der Zuschauer im Verlaufe des Streitgespräches bereits einen ganz anderen Orestes kennengelernt hat. Mit der Frage nämlich, ob man die Schwester informieren solle (787–9), und mit der Befürchtung, Orestes werde einen Wahnsinnsanfall erleben (790–4), wird der Beginn des Dramas, wo die schwesterliche Hilfe und der Wahnsinnsanfall szenisch dargestellt wurden, noch einmal in Erinnerung gerufen. Diese beiden Abschnitte, die inhaltlich durchaus entbehrlich wären, haben ihren dramaturgischen Sinn in der Anknüpfung an das erste Bild des vom Unglück Gebeugten[334]. Der von

---

„Halte dich nur an den Schein". Damit würde Pylades die Gerechtigkeit der Tat bezweifeln und Orestes empfehlen, sie nur als gerecht darzustellen (so NEUMANN 1995, 89). Dies ist aber nicht der Fall: er hält die Tat für gerecht (s. V. 1089–90) und zweifelt nur, daß man die Bürger davon überzeugen kann. GUZMÁN GUERRA 2000 folgt MURRAY [2]1913: τῷ Δοκεῖν εὔχου; zu dieser Gottheit kann man m.E. nicht beten. Darum sollte man mit der Überlieferung εὔχου mit Akk. konstruieren; s. LSJ s.v. εὔχομαι I 3 „c. acc. obj. pray for"; WEST 1987a und KOVACS 2002 lesen nach PALEY [3]1889 und BENEDETTO 1965 τόδε δοκεῖν. Das Demonstrativum scheint mir hier störend, der Artikel dagegen nötig.

[333] Vers 954–5 (Bote): ηὐγένεια δὲ / οὐδὲν σ' ἐπωφέλησεν antwortet auf Pylades' Erwartung (783): μέγα γὰρ ηὐγένειά σου. Der Dichter karrikiert das Selbstbewußtsein der adligen Oberschicht, das der Realität nicht mehr entspricht.

[334] Natürlich zeigt Orestes darin auch seine Sorge um die Schwester, wobei die dann überwiegenden Gegenargumente (ihre Tränen als schlechtes Vorzeichen [zum μέγας οἰωνός vgl. Xen. an. 6,1,23] und der Zeitgewinn) dramaturgisch ausreichend, aber auch

Krankheit Gezeichnete und von Steinigung Bedrohte kann alle Sympathien
für sich gewinnen, zumal wenn er auch in dieser Lage ethische Normen
wie Ehre und Männlichkeit nicht aus den Augen verliert und mutig für
seine Sache kämpft. So verläßt er, von Pylades geleitet, die Bühne. Wie
Elektra kennt auch Pylades keine Bedenken und keine Scham (794, 802),
den Kranken zu berühren und sich vor aller Augen zu ihm zu bekennen.
Ein Loblied auf den Wert der Freundschaft beschließt die Szene (804–6).

Das Drama wird von einer Handlungslinie durchzogen, die Orestes zusammen mit seinen wahren Freunden zeigt; sie beginnt im ersten Dialog
zwischen Elektra und ihrem Bruder (211–315), wird fortgesetzt in dem
eben behandelten Gespräch zwischen Pylades und Orestes (725–806) und
erhält nach dem Botenbericht ihren bewegenden Schluß und Höhepunkt
(1013ff.). Nachdem Elektra am Ende des ersten Epeisodion ins Haus gegangen war, tritt sie zu Beginn des dritten Epeisodion wieder auf und
nimmt den Bericht von der Volksversammlung entgegen. Nach dem Kommos von Chor und Elektra (960–1012) kehren Orestes und Pylades aus
der argivischen Versammlung zurück, und es kommt zur anrührenden Ab-
schiedsszene der drei (1013–98). In diesem sich bis zur Sentimentalität
steigernden Abschnitt kommt es zum unerwarteten Umschwung.

Voller Klage über ihr Los sind die Geschwister bereit, sich dem Todesurteil zu fügen und ihrem Leben eigenhändig ein Ende zu setzen, um wenigstens darin ihrer hohen Abstammung zu genügen (1062 εὐγένεια). In
immer neuen Wendungen wird ihr Leid beschworen. Sogar Pylades will
seinem Leben ein Ende machen, da alles andere Verrat an den Freunden
wäre (1071–2)[335]:

Op. τί γὰρ προσήκει κατθανεῖν σ᾽ ἐμοῦ μέτα;
Πυ. ἤρου; τί δὲ ζῆν σῆς ἑταιρίας ἄτερ;

Or.: Was zwingt dich denn, mit mir sterben?
Py.: Du fragst? Was soll ich leben ohne deine Freundschaft?

---

nicht besonders gewichtig sind.

[335] Gleichzeitig überzeichnet der Dichter die Sentimentalität, wenn Orestes von Pylades' Heimat und Elternhaus spricht (1076–7), aus denen dieser doch verbannt ist
(765). Pylades' heroische Selbstaufgabe und Orestes' Verweigerung, dies anzunehmen,
erscheinen beinahe als aufgesetzte Pose, zumal im Blick auf den folgenden Umschwung.

Noch einmal darf sich Pylades als einzig wahrer Freund bewähren, der nicht nur bei der Tat geholfen hat, sondern auch deren Folgen zu tragen bereit ist (1089–96)[336]. Aber auch die Freundschaft und gegenseitige Liebe der Geschwister in dieser trostlosen Lage findet beredten Ausdruck. Die Motive der Krankheit (1016), der Verlassenheit (1054–5) und des Verrats durch Menelaos (1056–9) werden noch einmal aufgenommen[337]. Sogar der Versuch, auch in dieser Situation dem Ehrenkodex zu genügen, kehrt wieder in Orestes' Scham, in Tränen auszubrechen (1027–8, 1031–2), und in seiner anfänglichen Weigerung, die Schwester zu umarmen (s. 1042). Hier stehen sympathische Menschen auf der Bühne, die, von einer manipulierten Bürgerschaft verurteilt und von ihren nächsten Angehörigen verraten, keine andere Wahl mehr haben, als sich selbst zu töten[338]. Mitleid und Mitgefühl der Zuschauer wird ihnen nun endlich sicher sein.

Doch von einem Vers zum nächsten verkehrt sich diese Stimmung in ihr Gegenteil (1098ff.)[339]. Aus den Opfern[340] wird das oft so beschriebene

---

[336] Deshalb ist auch V. 33 nicht zu streichen (so alle neueren Editoren nach VAN HERWERDEN 1855, 359 außer WEDD ²1942, CHAPOUTHIER 1959, BENEDETTO 1965, vgl. GREGORY 1974, 160 A. 4, KAMERBEEK 1989, 534), in dem Elektra von Pylades' Mittäterschaft berichtet. Nur so erhält Pylades' Aussage in V. 1089 ihr nötiges Gewicht. Der Relativsatz ὃς ἡμῖν συγκατείργασται τάδε ist nach dem zu ergänzenden μετέσχε keineswegs abundierend (so BIEHL 1955, 8), sondern bringt gegenüber der Hilfe, die Elektra als Frau leisten konnte, zum Ausdruck, daß durch Pylades die Tat erfolgreich vollbracht wurde. Erinnert wird hier an Aischylos' grandiose Gestaltung (Choeph. 900–2).

[337] Einzig Apollons Befehl fehlt hier. Und dies nicht ohne Grund: eine dann unumgängliche Kritik an dem Gott hätte nicht in das Bild der Unglücklichen gepaßt. Andererseits wird durch dieses Aussparen noch einmal deutlich, daß in dem Stück nicht der Gott und sein Befehl im Vordergrund stehen. Wäre dies der Fall, hätte der Dichter sich die Gelegenheit zu einer theologischen Kritik an dieser Stelle wohl nicht entgehen lassen; anders z.B. in ähnlicher Situation Amphitryons Zeus-Kritik in Herakl. 339–47.

[338] Zu V. 1041 s. EGAN 1999, der nach dem Vorbild von Aischyl. Ag. 517 στρατὸν ... λελειμμένον δορός die Lesung der Hss. ξίφους (DIGGLE nach WECKLEIN ξίφει) verteidigt: „mit deinem Schwert mich zu töten, werde ich nicht nachstehen".

[339] Zu diesem entscheidenden Umbruch der Tragödie s. bereits HUNGER 1936, 19 (er spricht von innerer Peripetie), GRUBE ²1961, 391, REINHARDT 1958, 535f., WOLFF 1968, 134, HARTIGAN 1987, 130f., HOSE 1995, 128f. u.a.

[340] „Opfer" kann man hier beinahe in einem technischen Sinne verstehen: Elektra sagt (191): ἐξέθυσ' ὁ Φοῖβος ἡμᾶς, vgl. V. 947 über den erzwungenen Selbstmord: αὐτόχειρι σφαγῇ. Die von Apollon Geopferten sollen damit Sühne leisten für ihre Opferung Klytaimestras (39 σφαγαῖς θανοῦσα, 291 σφαγάς, 562 ἐπιθύειν, 842 σφάγιον); auch Helena (1107 σφάξαντες, 1285 σφάγια φοινίσσειν, 1494 σφαγάν, 1614 σφάγιον)

„Banditentrio" (zuerst bei SCHMID [6]1912, 372). Es ist Pylades, der die entscheidende Idee hat. Wenn man schon sterben müsse, solle wenigstens der Verräter Menelaos mit ins Unglück gerissen werden (1099 συνδυσ-τυχεῖν)[341]. Orestes ist von der Aussicht auf Rache am Feind sofort ange-tan (1100 εἰ γὰρ τοῦτο κατθάνοιμ᾽ ἰδών)[342] und, als ihm Pylades zuerst den technischen Ablauf und dann die moralische Berechtigung der Tat erläutert, geradezu begeistert (1155–7):   φεῦ·

οὐκ ἔστιν οὐδὲν κρεῖσσον ἢ φίλος σαφής,
οὐ πλοῦτος, οὐ τυραννίς· ἀλόγιστον δέ τι
τὸ πλῆθος ἀντάλλαγμα γενναίου φίλου.

Großartig! Nichts auf der Welt ist besser als ein zuverlässiger Freund, nicht Reichtum, nicht Herrschermacht; ein recht schlechter Tausch wäre eine Vielzahl von Freunden gegen einen wahren Freund.

Wie bei Klytaimestras Ermordung kommt der Anstoß von außen[343]. Ore-stes hat sogar einige Schwierigkeiten, die einzelnen Schritte von Pylades' hinterlistigem Plan zu begreifen, dem zufolge beide Männer mit versteck-ten Schwertern als demütig Bittende vor Helena treten[344] und sie dann ermorden[345]. Die Tat sei ehrenhaft (1131 καλῶς); Jubel und Ruhm bei

---

und Hermione (1199 σφάζε, 1596 ἐπισφάξας πυρί, 1671 σφαγή) werden dann geopfert; s. Iphigenie (658 σφάγια) und Thyest-Kinder (815 σφάγια); vgl. ZEITLIN 1980, 59: „But, at the same time, that very prodigality of reference divests the sacred words and gestures of their mystical power, reducing them to cliché, slogan, and absurdity."

[341] Das Wort scheint Euripides erfunden zu haben; später bei Isaios 6,1, Apollodor com. fr. 16,4; das Überraschende kommt so auch sprachlich zum Ausdruck.

[342] Vgl. V. 1115 καὶ μὴν τόδ᾽ ἔρξας δὶς θανεῖν οὐχ ἄζομαι und V. 1164 δράσας τι χρῄζω τοὺς ἐμοὺς ἐχθροὺς θανεῖν. Auch hier die Analogie zum Klytaimestra-Mord s. El. 281 θάνοιμι μητρὸς αἷμ᾽ ἐπισφάξασ᾽ ἐμῆς. Die cruces, die WILLINK 1986 und DIGGLE in V. 1106 setzen, sind unnötig (s. BIEHL 1965 und WEST 1987a): „Die Bereit-schaft ist jedenfalls da (τὸ ἕτοιμον ἔστι [= πάρεστι]), wenn es gut gehen wird". Zu καλῶς ἔσται s. Iph. A. 441, Men. Dysc. 571, Xen. an. 7,3,43.

[343] Es mag Zufall sein, wenn Pylades sagt (1101): πιθοῦ und an Apollons πειθώ er-innert (29, 31, 593–4), s. THEODOROU 1993, 42: „Pylades, like another Apollo, was the brain behind this other murder, which Orestes is all too willing zu commit." Anders BURNETT 1971, 214: „His counsels urge a deliberate choice of all that is anti-Apolline."

[344] Auch hier ein Umschwung: gegenüber Menelaos hatte Orestes bei Helenas Leben um Hilfe gebeten (671), hier dient die Bitte zum Vorwand für ihre Ermordung.

[345] Dreimal fragt er πῶς (1106, 1110, 1124); er selbst trägt nichts zum Plan bei, son-dern bittet nur um jeweils weitere Erklärungen (1118, 1120); er weiß nicht einmal, wie man die phrygischen Diener los wird (1126). Auch gegenüber Elektra ist er dann recht

den Bürgern (1137–8) würden ihre Folge sein, auch wenn die Attentäter selbst ihr Leben dabei lassen müßten (1151–2):

ἑνὸς γὰρ οὐ σφαλέντες ἕξομεν κλέος,
καλῶς θανόντες ἢ καλῶς σεσῳσμένοι.

Eines wird uns in jedem Fall zuteil und wird uns Ruhm bringen: Tod oder Rettung, ehrenvoll wird beides sein.

Hatte Pylades den eigenen Tod noch einkalkuliert[346] und Orestes sich nur in seiner Phantasie ein Überleben ausgemalt[347], so steuert nun die kluge Elektra in einem zweiten Schritt eine Idee bei, wie sie ihr Leben retten könnten. Durch die Geiselnahme der Hermione, die von Klytaimestras Grab zurückkehrt, will man Menelaos davon abhalten, für den Helena-Mord Vergeltung zu üben (1191–3), und das eigene Überleben erzwingen. Sollte Menelaos im Zorn verharren (1198), werde man auch das Mädchen töten und dann in den Flammen des Palastes selbst zugrunde gehen[348].

---

begriffsstutzig (1186, 1188, 1190).

[346] Man hat daran Anstoß genommen, daß Pylades von Rettung spricht, obwohl sein Plan sie nicht aufzeigt (s. SEECK 1969, 17); m.E. ist dieses Defizit beabsichtigt; s. dazu S. 128f. In V. 1151–2 kommt es allein auf den Ruhm an: egal was geschehen wird ('Tod oder Rettung' ist polare Ausdrucksweise), das καλόν ist auf ihrer Seite.

[347] V. 1173–6: „Wenn sich uns von irgendwoher eine unverhoffte Möglichkeit zur Rettung ergäbe, daß wir töten und selbst nicht sterben, dann ist es für mich ein Grund zum Jubeln. Angenehm ist es nämlich, über das, was ich mir wünsche, auch nur mit flüchtigen Worten zu sprechen und so das Herz ohne jeden Aufwand zu erfreuen." WILLINK 1986 ergänzt unnötig ⟨κ⟩εἴ; es handelt sich um ein steigerndes Asyndeton. Der Bezug von ὃ βούλομαι ist schwierig; ich mache es abhängig von διὰ στόμα πτηνοῖς μύθοις (λέγοντα) τέρψαι. In gleicher Weise äußert er auch gegenüber Elektras Angebot, einen Rettungsplan zu haben, zunächst Zweifel (1182): „Die zukünftige Möglichkeit von Schönem macht schon gewisse Freude" (sc. auch wenn es dann nicht Realität wird). Ich lese ἔχει τιν' ἡδονήν. WILLINK 1986, DIGGLE folgen LENTING 1821, 18 in der Interpretation als ungeduldige Frage: „Rede! Denn was bringt es für Freude, Schönes zu verschieben?" V. 1175–6 und 1182 verlieren so aber ihren gegenseitigen Bezug.

[348] Wie Elektra das Haus in „Brand" setzte (621 ὑφῆψε δῶμ' ἀνηφαίστῳ πυρί, s. evtl. Soph. El 888 ἀνηφαίστῳ πυρί BERGK, ἀνηκέστῳ codd.), um Klytaimestras Tod zu erreichen, so plant sie nun ein sichtbares Feuer (vgl. V. 1618 ὕφαπτε δώματ', Ἠλέκτρα, τάδε). Elektra erwähnt den Selbstmord im Feuer (1149–50) nicht expressis verbis. Da auch sie bei einem Scheitern den Selbstmord plant, muß sie diesen Teil von Pylades' Plan nicht wiederholen; s. WILLINK 1986 zu V. 1195–6: „She is proposing an extension of Pyl.'s plan, not a substitute for it." Der gemeinsame Selbstmord bleibt auch nach Elektras Vorschlag eine Möglichkeit, wenn der Anschlag auf Helena mißlingt und Menelaos nicht nachgibt; s. V. 1245: ἢ ζῆν ἅπασιν ἢ θανεῖν ὀφείλεται (gegen die Athetese

Die Zweistufigkeit in der Entwicklung des Plans macht deutlich, wo das
wesentliche Handlungsmotiv liegt. Es ist nicht mehr die Rettung, die die
drei Freunde in erster Linie erstreben, sondern die Rache am Feind[349]. Der
den ersten Teil der Tragödie beherrschende Wunsch nach Bewahrung des
eigenen Lebens[350] verbindet sich jetzt mit dem vordringlichen Wunsch
nach Vergeltung. Auch in dieser Hinsicht verändert sich die Akzentset-
zung. Stand für die Mitleid und Sympathie erregenden Opfer das pure
Überleben im Zentrum, so ist für die sich nun wehrenden Täter anderes
wichtiger. So äußert sich Pylades bei seiner Begründung des Anschlags auf
Helena nicht einmal darüber, welche konkrete Auswirkung auf das Überleben der Täter die Ermordung selbst haben könnte. Jubel und Ruhm bei den
Mitbürgern sind ihm nur Beleg für die Moralität der Tat; der Gedanke, daß
diese Anerkennung auch zur Rettung führen könnte, bleibt vollkommen
vage. Und als Elektra den Plan zur Rettung entwirft (1177ff.), zielt er in
erster Linie auf die Abwendung der von Menelaos angesichts der Ermordung seiner Gattin zu erwartenden Rache (1191ff.); das Todesurteil der
Bürger, das der Onkel bei den Bürgern von Argos vereiteln soll, scheint
aus dem Blick geraten zu sein[351]. Die Aussicht auf Rettung ist dem vor-

---

dieses Verses durch NAUCK [3]1871 s. ERBSE 1975, 443). Im Sinne dieser Möglichkeit
handelt Orestes am Schluß des Dramas (1618–20).

[349] Wäre es ihnen in erster Linie um Rettung gegangen, hätte Pylades Orestes' Aufgeben kritisieren und alleine oder gemeinsam mit Elektra überlegen können, wie man nun
Rettung findet; 'Helena' und 'Iphigenie bei den Taurern' liefern gute Beispiele für ein
solches Planen. Auch im Gebet an Agamemnon ist die Rettung nicht das Primäre (nur
Pylades spricht davon in V. 1234 und 1238), sondern die erbetene Hilfe (ἐπίκουρον
μολεῖν 1225, vgl. die analoge Bitte an Zeus in V. 1300) für die Rache.

[350] V. 52 ἐλπίδα... ὥστε μὴ θανεῖν, V. 243 Menelaos als φῶς, V. 384 σῶσόν με ...
κακῶν, V. 644–5 ἢν ψυχὴν ἐμὴν / σώσῃς, ἅπερ μοι φίλτατ' ἐστὶ τῶν ἐμῶν, V. 678–
9 τὴν σωτηρίαν / θηρῶν, V. 724 καταφυγὴ σωτηρίας, V. 778 ἔχεις τιν', ἢν μένῃς,
σωτηρίαν, V. 797 ὥς νιν ἱκετεύσω με σῶσαι.

[351] Die Alternative lautet: κἂν μέν σε σῴζῃ und ἢν δὲ ... κτείνῃ σε (1195 und
1198–9). Ihre Worte machen den Eindruck, daß sie das Todesurteil der Stadt ignoriert
und die Folgen der Helena-Ermordung isoliert betrachtet, die entweder Tod durch Menelaos' rächende Hand oder Überleben (σωτηρία) durch die Geisel bedeuten; ähnlich
argumentiert Orestes in V. 1534: entweder nimmt Menelaos Rache für Helena (τὸν
Ἑλένης φόνον διώκων) oder bewahrt das Leben der drei (σῴζειν). Angesichts dieser
Ausrichtung auf den Helena-Mord darf man V. 1196 keinesfalls als überflüssig streichen,
so DIGGLE und KOVACS 2002 nach NAUCK [3]1871 und REEVE 1973, 159f.; vgl. A. 406.

rangigen Wunsch nach Vergeltung untergeordnet[352], da die Rache nur dann erfolgreich sein kann, wenn man sich selbst der zu erwartenden Gegenreaktion entziehen kann und so vollkommen über den Feind triumphiert[353]. Elektra erweist sich als würdige (künftige) Gattin des auf Rache sinnenden Pylades (1207–8)[354]. Nicht Bewahrung des eigenen Lebens, sondern vergeltende Gerechtigkeit ist jetzt das treibende Motiv ihrer Taten. Nicht umsonst ruft Pylades am Schluß der Szene die Dike an und nicht einen Rettung schenkenden Gott (1242). All die Interpreten, die das Motiv der Rettung als das entscheidende des Dramas ansehen, übersehen die Veränderung der Gewichtung, die Euripides seine Figuren hat vornehmen lassen[355].

Diese Darstellung entspricht dem Anliegen des Dichters, deutlich zu machen, daß der Anschlag auf Helena seinem Wesen nach die Klytaimestra-Ermordung wiederholt[356]. Die Erfindung dieser Wiederholungstat stellt, wie WILLINK zu Recht betont hat[357], die entscheidende Idee für die

---

[352] Vgl. EUCKEN 1986, 165: „Elektras Rettungsplan ... ist doch nur eine Ergänzung des Racheunternehmens."

[353] Das gleiche Denken beherrscht Medeia. Ihre Suche nach einem Asyl hat den einen Zweck, daß sie sich der von ihren Feinden zu erwartenden Rache entziehen kann; andernfalls könnten diese über sie mit Hohngelächter triumphieren (s. V. 383, 404, 797, 1362 u.ö.); zu den Parallelen Orestes - Medeia s. ZEITLIN 1980, 62 und DUNN 1989, 247.

[354] Wie Pylades und Elektra sich in der Unterstützung des Freundes gleichen (s. S. 124), so auch in ihrem Verlangen, ihm Vergeltung zu schaffen. Diese Entsprechung, die auch bei Menelaos-Helena zu beobachten ist (s. A. 364), spricht m.E. gegen einen feministischen Ansatz folgender Art (ZEITLIN 1990, 68): „The self that is really at stake is to be identified with the male, while the woman is assigned the role of the radical other."

[355] So vor allem HOWALD 1930, 167ff., KRIEG 1934, 38ff., LESKY 1935, 37ff., KLEINSTÜCK 1945, passim, RIVIER ²1976, 141, ZÜRCHER 1947, 163ff., SPIRA 1960, 141, PARRY 1969, 343. Dagegen SCHMIDT 1963, 189: „Wenn die Soteria das Thema des Dramas ist, was soll dann die ganze Mordintrige gegen Helena, die der Rettung doch eher schadet als nützt ... Der Mordplan an Helena ist ihnen inzwischen aber so lieb geworden, daß sie gar nicht einmal auf den Gedanken kommen, Helena als zweite Geisel zu verwenden und sie deshalb vorläufig zu verschonen."

[356] Man mag einwenden, die Ermordung der Mutter sei ein singuläres Verbrechen, das mit dem Mord der Tante nicht verglichen werden könne. Euripides dagegen scheint diesen Unterschied verwischen zu wollen; von einer emotionalen Bindung des Orestes zu seiner Mutter, die ihn nicht aufzog, kann keine Rede sein; Hinweise auf die Unvergleichlichkeit des Muttermordes sind selten, s. V. 526–9 (Tyndareos), 828–33 (Chor). Anders auch BURNETT 1998, 256: der Anschlag auf Helena sei „downright countertragic".

[357] WILLINK 1986, xxviiif. spricht von „primary idea" des Stücks. Zum Sinn dieser

Handlungsstruktur der Tragödie dar. Hier liegt auch der tiefere Grund für die Gestaltung des Prologs[358]: die für den Gang der Handlung zentrale Gestalt der Helena erscheint bereits zu Beginn des Dramas auf der Bühne, so daß dem Zuschauer signalisiert wird, daß diese Frau für diese Fassung der Orestes-Geschichte eine wichtige Bedeutung erhalten wird. Helena wird die Rolle ihrer Schwester einnehmen: wie jene in den 'Choephoren' sendet auch sie zu Beginn des Stückes ihre Tochter aus, Grabspenden zu überbringen[359]. Wie beim Muttermord ist die Vergeltung für ein erlittenes Unrecht auch im Falle Helenas das entscheidende Motiv (1163–6)[360]:

ἐγὼ δὲ πάντως ἐκπνέων ψυχὴν ἐμὴν
δράσας τι χρῄζω τοὺς ἐμοὺς ἐχθροὺς θανεῖν,
ἵν᾽ ἀνταναλώσω μὲν οἵ με προύδοσαν,
στένωσι δ᾽ οἵπερ κἄμ᾽ ἔθηκαν ἄθλιον.

Da ich ja sowieso mein Leben aushauchen muß, habe ich den Wunsch, erst zu sterben, nachdem ich meinen Feinden noch etwas Schlimmes angetan habe, damit ich im Gegenzug die vernichte, die mich verraten haben, und die seufzen, die auch mich ins Unglück brachten.

Parallelisierung s. S. 172f.; die Wiederholung entbehrt gerade nicht einer „meaning ... in moral or socio-political terms" (ebd.). Die Technik der Wiederholung oder Verdoppelung vorgegebener Motive des Mythos zur Erfindung neuer Handlungsabläufe findet sich ebenso bei der Gerichtsversammlung (in Argos und Athen) und bei den Anklägern des Orestes (Tyndareos und die Erinyen).

[358] Meist wird angenommen, Helenas Auftritt sei durch den Gang Hermiones zum Grab motiviert, der für die spätere Intrige wichtig ist, s. z.B. HOWALD 1930, 169: „Diese Szene hat wohl keine andere Aufgabe als die Entsendung der Hermione zu motivieren ..." Mir scheint dies nur ein sekundärer Effekt (Abwesenheit und Rückkehr Hermiones wären leicht auch anders zu begründen gewesen). Orestes und Pylades hätten Hermione auch im Haus als Geisel nehmen können. In der jetzigen Fassung nimmt Euripides dagegen eine zeitliche Unwahrscheinlichkeit in Kauf (s. BURNETT 1998 253 A. 15): Hermiones Gang dauerte sicherlich nicht so lange, wie Orestes' Gespräche mit Elektra, Menelaos, Tyndareos und Pylades, der zeitliche Ablauf der Volksversammlung und der Abschieds- und Planungsszene, zumal Helena Hermione ermahnt, sich zu beeilen (124).

[359] Elektra übernimmt bei Euripides nicht mehr wie bei Aischylos den Dienst; sie ist zur intellektuell treibenden Kraft bei Muttermord und Geiselnahme geworden.

[360] Zweimal fällt das Verb τιμωρεῖσθαι (1102, 1117, vgl. 1170 τίνειν), einmal das Nomen τιμωρίαν (1160). τιμωρεῖν πατρί (547, 563) war auch das entscheidende Motiv des Muttermordes.

Menelaos darf nicht glücklich sein, da durch sein Zutun Agamemnons Familie zerstört wurde (1143–5)[361]. So hat Helenas Ermordung keinen anderen Sinn, als den untreuen Freund, der so zum Feind wurde, zu bestrafen (1105)[362]. Anders als im Falle Klytaimestras wird nicht der Verursacher selbst[363], sondern seine Gattin ermordet, um diesen so zu bestrafen[364]. Diese Handlungsführung hat m.E. ihren hauptsächlichen Grund in der von Euripides beabsichtigen Parallelisierung der Morde an den beiden Schwestern[365]: Muttermörder wird Orestes nicht mehr heißen, sondern Mörder der vielmordenden Helena (1142 Ἑλένης τῆς πολυκτόνου φονεύς)[366].

---

[361] Mit Orestes' und Elektras Tod ist Agamemnons Familie ausgelöscht; Chrysothemis wird zwar in V. 22–3 erwähnt, bleibt aber im Stück unbeachtet (Tyndareos hätte sie z.B. lobend erwähnen können). Ihre Erwähnung (nur hier im überliefern Corpus Eur.) geht m.E. auf Sophokles' 'Elektra' zurück, weil sie nach diesem Stück nicht unerwähnt bleiben konnte. Für die Konzeption des 'Orestes' ist sie eher störend, weil sie ein Gegenargument für das Ende der Familie durch Orestes' und Elektras Tod darstellt.

[362] Vgl. Hippon. fr. 115 W. (= Archil. 79a D.): dem untreuen Freund (ὅς μ' ἠδίκησε, λὰξ δ' ἐπ' ὁρκίοις ἔβη τὸ πρὶν ἑταῖρος ἐών) wird schlimmstes Los gewünscht.

[363] Nur indirekt ist ihr Ehebruch auch der Grund für den Muttermord und das anschließende Leid der Atridenkinder.

[364] Menelaos und Helena bilden eine Einheit, so bereits im Prolog: Menelaos wird erwartet (67–8), und Helena tritt auf. Auch sie hat nichts für die Geschwister getan (vgl. ihr oberflächliches Verhalten; s. S. 32), freut sich vielmehr heimlich über Orestes' und Elektras Schicksal (1122) und versiegelt bereits alles im Palast (1108), um es dann als neue Herrscherin in Argos zu übernehmen. Auch Medeia nimmt ihre Rache an Jason nicht direkt an ihm selbst, sondern vermittels seiner Kinder und seiner neuen Frau.

[365] Vgl. PEROTTA 1928, 102ff., GREENBERG 1962, 160. 184 u. 186, CONACHER 1967, 223, WOLFF 1968, 132, ZEITLIN 1980, 58. SEIDENSTICKER 1982a, 111: „perverse 'Wiederholung' der Ermordung Klytaimestras".

[366] Auch sonst werden Helena und Klytaimestra oft nebeneinandergestellt, so schon bei ihrer ersten Erwähnung: ... Ἑλένην, ὁ δὲ Κλυταιμήστρας ... (20); im Prolog wird ihre Schwesternschaft allein fünfmal betont (61, 78, 94, 117, 122), s. außerdem V. 249, 519–21 (Tyndareos haßt seine beiden Töchter) und 541; sie heiraten Brüder (19–21) und sind durch das „gemeinsame" Kind Hermione verbunden. Wie Klytaimestra (Choeph. 737–8) trauert Helena nach außen, freut sich aber im Innern (Or. 1122). In V. 249 kann man die cruces bei εἰς τὸν ψόγον (so DIGGLE) vermeiden, wenn man den Artikel possessiv (s. FRAENKEL 1950, 405) auffaßt: „Tyndareos zeugte zu seiner Schande ein Töchterpaar, berühmt und berüchtigt ..."

Für diese Parallelisierung der beiden Taten gibt es im Text viele weitere Hinweise[367]. Neben dem Motiv der Rache werden für den Anschlag auf Helena/Menelaos wie beim Muttermord moralische Gründe zur Rechtfertigung angeführt[368]: Die Bestrafung des Verräters sei deshalb zu billigen, weil die Strafhandlung eine schlechte Frau trifft[369], die für den Tod unzähliger Griechen verantwortlich ist. Wie bei Klytaimestra gibt es einen nationalen Aspekt der Tat (1134 ὑπὲρ ἁπάσης Ἑλλάδος)[370]. Zudem meint Orestes, wenn der eigene Tod nicht nur frei gewählt sei (1060–4), sondern auch die Bestrafung des Feindes einschließe (1167–71), dann werde der Vater Agamemnon sich seines Sohnes nicht schämen müssen[371]. Wie beim Muttermord stellt der Versuch, dem einst über gleichsam göttliche Macht verfügenden Vater (1169) gerecht zu werden, ein wichtiges Motiv dar[372]. Und wie die Ermordung von Aigisthos und Klytaimestra Unwürdige von Agamemnons Thron stürzte, so gilt auch diesmal der Anschlag denen, die auf diesen Thron Ambitionen haben (s. S. 108 und A. 364) und den wahren Thronfolger seines Rechtes berauben[373].

In zwei Abschnitten hat Euripides die Beziehung zwischen dem Muttermord und dem neuerlichen Anschlag auch szenisch deutlich gemacht[374].

---

[367] Vgl. Or. 1561 ἀνοιγέτω τις δῶμα mit Aischyl. Choeph. 877 ἀλλ' ἀνοίξατε, Or. 1573 ἔα, τί χρῆμα; mit Choeph. 885 τί δ' ἐστὶ χρῆμα; Auch Or. 1592 (Πυλάδης) φησὶν σιωπῶν erinnert an Choeph. 899–902; vgl. DAVIES 1999.

[368] Im Unterschied zur Ermordung Klytaimestras wird die religiöse Überhöhung der Tat nicht herausgestellt; allein Zeus' Tochter Dike wird angerufen (1242).

[369] Helena ist κακή (248, 521, 737, 741, 1139, s. 126) wie ihre Schwester (505, 585, 925); auch werden beide zusammen als κακαί bezeichnet (251, 748, 1590, 1607). Aber auch Menelaos ist κακός (737, 740, 1057, 1352, 1462, 1617).

[370] Analoges bei der Bestrafung Klytaimestras s. S. 84.

[371] GREGORY 1974, 90: „He now sees himself not as the hunted son of Clytaemnestra, but the glorious son of Agamemnon." Vgl. 1167 Ἀγαμέμνονός τοι παῖς πέφυκα.

[372] Zur Rolle des Vaters in antiken Gesellschaften s. MARTIN 1984; SEIDENSTICKER 1982a, 107 weist auf die subtile Ironie hin, daß der Sohn dem Vater gerecht werden will, indem er die Frau tötet, für die dieser zehn Jahre lang kämpfte.

[373] Dieser politische Aspekt ist im 'Orestes' zurückgedrängt; die Armut und soziale Degradierung der Geschwister vor dem Muttermord wird nicht erwähnt; Orestes sagt ausdrücklich, ein treuer Freund sei wichtiger als Reichtum und Herrschermacht (1155–6).

[374] Zu den folgenden Aischylos- und Sophokles-Reminiszenzen s. z.B. STEIGER 1898, 20ff., KRAUSSE 1905, 145ff., PERROTTA 1928, 99–102, REINHARDT 1968, 537ff., BURNETT 1971, 210f., BURKERT 1974, 98ff., ZEITLIN 1980, 51ff. u.a.

Erstens wird im Gebet an Agamemnon (1225–45) in stärkster Verkürzung an den Kommos aus Aischylos' 'Choephoren' (306–478) vor der
Ermordung des Aigisthos und der Klytaimestra erinnert[375]. In der Bitte an
den toten Vater um Hilfe wird die Beziehung dieser Tat zum Helena-Mord
direkt ausgesprochen[376]. Wie Orestes dem Vater half und seine Ermordung
sühnte, so soll nun der Vater helfen (1230 συλλήπτωρ γενοῦ)[377], ihm für
den erlittenen Verrat Sühne zu schaffen[378]. Auch in seinem Verhältnis zum
toten Vater folgt Orestes dem Prinzip der Freundschaft, indem er für die
Gabe der Rache nun als Gegengabe Hilfe beansprucht[379].

Zweitens imitiert Euripides in der folgenden Szene, in der Elektra mit
dem Chor vor dem Palast Wache hält, das analoge Geschehen aus Sophokles' 'Elektra' in leicht veränderter Form[380]. Dort paßt die Titelheldin

---

[375] Vgl. dazu DAVIES 1998, 396f. und BURNETT 1998, 257f. Die Sprecherverteilung ist
umstritten, s. LESKY 1935, 44f., dem ich folge (so auch BURKERT 1974, 103, vgl. bereits
VERRALL 1905, 247). Der großen Emotionalität der Szene entspricht auch die Abwechs-
lung in der Sprecherreihenfolge in den vier Triaden: Or.-El.-Pyl. (1225–34), Or.-Pyl.-El.
(1235–6), Or.-El.-Pyl. (1237–8), El.-Or.-Pyl. (1239–45). Die Tränen (1239) passen
besser zu Elektra als zu Orestes; ἠψάμην ξίφους kann nur Pylades sagen, s. V. 33 (s.
dazu A. 336), 406, 767, 1074, 1089; Elektras Mittäterschaft war dagegen intellektuell (s.
V. 32, 284f, 615–21); genau dies wird in V. 1236 ἐπεβούλευσα betont (ἐπεκέλευσα ist
aus El. 1224 eingedrungen, s. WILLINK 1986, anders DIGGLE).

[376] Aus diesem Grund scheint mir die Athetese der V. 1227–30 nicht zwingend (so
NAUCK ³1871, WECKLEIN 1906, WEIL ³1905, REEVE 1972, 255 A. 25, WILLINK 1986, WEST
1987a, DIGGLE, dagegen KRIEG 1934, 76ff., LESKY 1935, 44, BENEDETTO 1965, BURNETT
1971, 211 A. 5, VAN DER VALK 1984, 190, GUZMÁN GUERRA 2000). Es ist keineswegs
nötig, daß die Gebete der drei gleich lang sind (Pylades redet in der letzten Triade ebenfalls länger). Diesem Vorurteil sind die Verse evtl. schon in einem Teil der antiken Tradition zum Opfer gefallen (s. Σ^mc zu 1229). V. 1231–2 muß keineswegs direkt an 1225–6
anschließen, sondern σέθεν ... ὕπερ (1231) knüpft an διὰ σέ (1227) an.

[377] Wie von Atreus her ein Fluchgeist (ἀλάστωρ) bei Agamemnons Ermordung half
(Aischyl. Ag. 1501), so soll hier Agamemnon seinerseits bei der Rache helfen;
συλλήπτωρ ist in der Tragödie außer an diesen beiden Stellen nur noch Iph. T. 95 belegt.

[378] Auch hier wird wieder die unterschiedliche Gewichtung von Rache und Rettung
deutlich; Orestes bittet den Vater um Hilfe für die Vergeltung (1230 τοῦδε συλλήπτωρ
γενοῦ), erst Pylades redet von Rettung (1234): ἔκσωσον τέκνα.

[379] Anders BURKERT 1974, 103: „Nicht das Leiden, das eigene Verbrechen wird zur
Legitimation, schafft die unauflösbare Bindung." Orestes' Leiden besteht in dem Verbrechen, das er für den Vater beging: daraus erwächst der Anspruch auf Hilfe.

[380] Zur Datierung s. S. 194. Euripides verzichtet auf ein Chorlied (anders Soph. El.
1384–97); so verläßt Elektra auch nicht erst die Bühne und kehrt dann wieder zurück
(was bei Sophokles nicht besonders gut motiviert ist: weshalb fällt ihr erst später ein,

während Klytaimestras Ermordung ebenfalls vor dem Hause auf, daß Aigisthos nicht unbemerkt von Orestes und Pylades das Haus betritt. So
fürchten auch im 'Orestes' Elektra und der Chor, daß irgend jemand und
besonders Menelaos[381] den Mordanschlag auf Helena bemerken und dem
Opfer zu Hilfe eilen könnte[382]. Euripides dehnt diese Szene auf 50 Verse
aus, bis man endlich die Schreie Helenas aus dem Hause hört[383]. Wie in
Sophokles' Stück antwortet Elektra auf die Rufe aus dem Haus[384], wobei

---

daß sie Aigisthos erwarten muß, zumal kein Grund besteht, daß sie erst mit hineingeht?).
Ferner gibt es bei ihm anders als bei Sophokles kein Ekkyklema mit der Leiche und den
Mördern (1422–36), was angesichts von Helenas Rettung natürlich unmöglich ist.

[381] Im Hinblick auf das sophokleische Vorbild scheint mir die Athetese von V. 1219
(DIGGLE u.a. nach VAN HERWERDEN 1877, 34) nicht sinnvoll; σύμμαχος bezieht sich auf
Helena („einer der ihr beisteht", s. Andr. 371, El. 581, Tro. 969 Hel. 819 u.ö.), ἤ ... ἤ ist
nicht ausschließend, sondern explizierend (s. KG II 2, 297 § 538a 1.). Wie bei Sophokles
Aigisthos' Kommen befürchtet wird, so hier das des Gatten Menelaos. BURNETT 1998,
259 vergleicht das Wachen des Chores mit dem Suchen der Satyrn in den 'Ichneutai'.

[382] Dieses Motiv nennen sie dreimal (1255–6, 1271–2, 1289–90). Die Änderung der
Überlieferung in V. 1255–7 ist unnötig: φόβος ἔχει με, μή τις ἐπὶ δώμασι / σταθεὶς
ἐπὶ φοίνιον / αἷμα πήμασι πήμασιν ἐξεύρῃ „Ich fürchte, daß jemand, wenn er sich im
Haus der mörderischen Bluttat gegenübergestellt sieht, Leid auf Leid schafft." ἐπὶ
δώμασι ist einfache Ortsangabe, wobei vorausgesetzt wird, daß der Fremde erst das Haus
betritt und sich dann dort befindet (s. LSJ s.v. ἐπί B I 2b); das Passiv ist hier mit Bedacht
gesetzt: „er wird dem Mord gegenübergestellt (s. LSJ s.v. ἐπί C I 4; zur pass. Bedeutung
von σταθῆναι s. Ba. 499, Hdt. 3,130,1 und Xen. hell. 3,1,9). DIGGLE und KOVACS 2002
schreiben nach WILLINK 1986: μή τις ἐπιδὼν κάσιν σταθέντ' ἐπὶ φοίνιον αἷμα, nur
scheint Eur. κάσις im 'Orestes' nicht zu benutzen (17x dagegen κασίγνητος, κάσις nur
in Med. 167, 1334, Hek. 361, 428, 943).

[383] WEST 1987a zu V. 1293 und HOSE 1990, I 277 nehmen an, daß die Halbchöre ihre
Positionen tauschen und beim ersten Schrei Helenas zufällig beide in der Mitte der Bühne angelangt sind. Dagegen spricht, daß der Chorführer oder Elektra fragt (1297; s. A.
384): „Habt ihr gehört?", was unnötig wäre, wenn sich die Frauen direkt vor dem Haus
befänden. ἐλίσσετε (1293) meint, daß der Chor nicht ruhig dastehen (1292 οὐχ ἕδρας
ἀγών) und zum Palast schauen, sondern sich an beiden Parodoi in die jeweils andere
Richtung umwenden soll. VAN GENT 1857, 442 konjiziert unnötig λεύσσετε, zum intr.
ἐλίσσειν s. MASTRONARDE 1994, 222 (zu Phoin. 234–5).

[384] Die Versverteilung in V. 1297–1300 ist kontrovers; die Mehrheit der Hss. geben
V. 1297–8 Elektra und V. 1299–1300 dem Chor (so auch WILLINK 1986, DIGGLE und
KOVACS 2002). Da es mir unmöglich scheint, daß der Chor Orestes und Pylades mit ἐμοὶ
φίλοι anredet (es sind Elektras Freundinnen, die Orestes gegenüber durchaus distanziert
sind und ihn sonst nie φίλος nennen), gebe ich V. 1299–1300 Elektra (zur Freundschaft
der drei s. zuletzt V. 1244); die Bitte an Zeus paßt auch inhaltlich besser zu Elektra (s. V.
1225–32). Der Chor spricht dann 1297–8 (so BENEDETTO 1965 nach FRAENKEL; MURRAY
²1913 teilt beide Verse je einem Halbchor zu) oder Elektra V. 1297 und der Chor V. 1298

ihre Brutalität bei Euripides gesteigert wird[385]. Nicht nur Orestes, auch seine Schwester läßt in ihrer Kaltblütigkeit jede Erinnerung an ihren ersten Auftritt vermissen, wo sie sich als liebevolle und besorgte Krankenpflegerin zeigte[386]. Mit dem Zitat der Darstellung des Sophokles werden die Ermordung Klytaimestras und die Helenas auch szenisch aufeinander bezogen; darin liegt der eigentliche Sinn der Szene[387]. Wie dort Aigisthos als zweites Opfer auf die Bühne kommt[388] und von Elektra ins Haus geleitet wird, so ist es hier Hermione, die das Haus betritt, um für die Geschwister ein gutes Wort einzulegen[389]. Plötzlich steht sie den Schwertern von Orestes und Pylades gegenüber (1347–8)[390]:

(so WEST 1987a). Letztere Abfolge würde Soph. El. 1406–7 entsprechen. - Die V. 1302–10 gebe ich mit den Hss. (nur Hs. B. ἡμιχ.) Elektra; DIGGLE gibt nach BENEDETTO 1965 die Verse Elektra und Chor gemeinsam; ein solches Tutti ist bis auf Hipp. 61–71 (nach BARRETT) ohne Parallele, wobei es sich hier um einen Zusatzchor handelt; die Sophokles-Reminiszenz scheint mir diese Annahme auszuschließen. σιγᾶτε, σιγᾶτε (1311) schließt das gesamte Amoibaion V. 1245–1310 ab und bezieht deshalb den Chor mit ein.

[385] Aus παῖσον, εἰ σθένεις, διπλῆν (Soph. El. 1415) wird bei Euripides ὄλλυτε, καίνετε, θείνετε κτλ. (1302; eine Herstellung des Textes muß hier unsicher bleiben; DIGGLE und WEST 1987 lesen: φονεύετε, καίνετε, θείνετ' / ὄλλυτε κτλ., KOVACS 2002 καίνετε, καίνετε, θείνετ' ἀπόλλυτε); mir scheint φονεύετε (om. T[3]) Glosse zu καίνετε, vgl. Σ Or. 195 und 1306.

[386] SYNODINOU 1988, 308 hat gut die Spannungen in Elektras doppelter Persönlichkeit nachgezeichnet: „Perhaps under different circumstances, she could be compared to her cousin, Hermione, who certainly represents the ideal model of a maiden in the play."

[387] Man möchte annehmen, daß in der szenischen Realisierung die Anspielung noch deutlicher wurde. HOSE 1990, I 278 bescheinigt Euripides nur Bühnenwirksamkeit, wo es bei Sophokles um Gehalt gehe. Unbestritten ist, daß die Szene allein wegen der Erzeugung von Spannung bühnenwirksam ist, aber ihr Sinn liegt in der Parallelisierung der beiden Taten; darin liegt ihr Gehalt.

[388] σιγᾶτε, σιγᾶτε (1311) entspricht Soph. El. 1427 παύσασθε. Im Hinblick auf das soph. Vorbild ist diese Entwicklung der Szene nicht überraschend (so HOSE 1990, I 277).

[389] Wie Soph. El. 1437–41 (diese Verse gehören mit den codd. der Titelheldin) ermahnt Elektra den Chor, still zu sein und sich zu verstellen (1317–20).

[390] So ruft auch Aigisthos, als er Klytaimestras aufgedeckte Leiche sieht (1475): οἴμοι, τί λεύσσω. Angesichts dieser Parallele scheint mir die Athetese der Verse 1347–8 durch WILLINK 1986 und DIGGLE unverständlich, s. KAMERBEEK 1989, 538 und PORTER 1994, 342–4. Hermione weicht von der Tür zurück, als sie Orestes und Pylades drinnen sieht, schreit und will weglaufen; Elektra (1347–8 gehören ihr; s. Π[16] = POxy 1178: vor 1349 ohne Paragraphos, so BENEDETTO 1965 und WEST 1987a) hindert sie daran und stößt sie ins Haus (1349–50) und ruft Orestes und Pylades, die mit Helena bzw. den Dienern beschäftigt sind (s. A. 402); wäre Hermione V. 1347 schon im Haus, wäre der Ruf ἔχεσθ' ἔχεσθε κτλ. unsinnig. Das γάρ in V. 1348 ist keineswegs unlogisch: Hermione

Ερ.   οἲ ἐγώ· τίνας τούσδ' εἰσορῶ;

Ηλ.   σιγᾶν χρεών·
       ἡμῖν γὰρ ἥκεις, οὐχὶ σοί, σωτηρία.

Herm.: Wehe mir, wen sehe ich hier?

El.:   Du sollst still sein; für uns, nicht für dich ist dein Kommen Rettung.

Die Parallelität der Szenen läßt die Unterschiede deutlich werden. Es ist
nicht mehr der Ehebrecher und Mörder Aigisthos, sondern das unschuldige
Mädchen, dem das Schwert an den Hals gelegt werden soll. Nichts könnte
das kriminelle Wesen des Anschlages auf Helena und Hermione besser
deutlich machen als dieses Zitat aus Sophokles' Tragödie.

    Bevor aber im folgenden Kapitel die Gründe für die Parallelisierung der
beiden Mordtaten behandelt und eine Wertung des beschriebenen Geschehens versucht werden können, muß der Ausgang von Attentat und Geiselnahme in Euripides' Darstellung betrachtet werden, da in diesem Punkt
die Meinungen in der Forschung erheblich differieren. Die meisten Probleme wirft Helenas Ermordung auf. Denn Orestes' Aussagen darüber sind
unvereinbar: im Gespräch mit dem phrygischen „Boten" spricht er so, als
ob der Mord gelungen sei (1512, 1534, 1536), Menelaos gegenüber bedauert er den Fehlschlag (1580–4, 1614). Die gleiche Widersprüchlichkeit
findet sich in den Aussagen des Phrygers[391]. Die Interpreten haben oft
versucht, das Problem durch Athetesen oder Konjekturen zu lösen, wobei
die einen die Partien streichen, in denen Orestes von Helenas Tod
spricht[392], die anderen die Abschnitte, in denen er das Mißlingen zugibt[393].

---

darf sich nicht wehren, denn nur als stumme Geisel (d.h. ohne Rücksicht auf ihr eigenes
Wohl) kann sie den Geschwistern Rettung bringen; der zynische Anschluß an V. 1343
σωτηρίας τέρμα und V. 1345 σώθητε ist gesucht, aber nicht „intolerable" (so PORTER
1994, 343, der annimmt, Orestes spreche V. 1347–8 an der Tür).

[391] Zu den Widersprüchen in den Aussagen des Phrygers und den Lösungen, die sie
zu beseitigen suchen, s. S. 144f.

[392] Der größte Eingriff liegt in der Athetese der gesamten Szene: Orestes - Phryger
(1503–36), vorgenommen von GRUENINGER 1898, 11–24 (1503–5 ersetzt 1549–53, wobei statt Ὀρέστην zu schreiben wäre: Ἀτρείδην), GREDLEY 1968, 409–19, ARNOTT
1973, 58 A. 1, REEVE 1972, 263–5 und BAIN 1981, 45; dagegen PAGE 1934, 45–8,
O'BRIEN 1986, 213ff., PORTER 1994, 215–44. SEIDENSTICKER 1985, 452 schlägt einen
kleineren Eingriff vor: die Athetese von 1533–6; ihm folgt DIGGLE, dagegen PORTER
1994, 240f. Zu V. 1512 s. A. 409.

[393] WILLINK 1986 athetiert V. 1579–84 und den diesen Versen entsprechenden Ab-

Schon diese Differenzen machen skeptisch gegenüber einem solchen Lösungsversuch. Die hier vorgelegte Interpretation versucht, gewaltsame Eingriffe in den überlieferten Text zu vermeiden, und geht davon aus, daß Euripides die genannten Widersprüche nicht nur bewußt in Kauf genommen hat, sondern mit ihnen eine bestimmte Aussage verbunden hat.

Die Handlung des Dramas läuft auf die Ermordung Helenas durch Orestes und Pylades zu. Dieser Ausgang steht jedoch in eklatantem Widerspruch zur mythischen Tradition; darauf mußte Euripides Rücksicht nehmen (s. Aristot. poet. 1453b22ff.). Aus diesem Grunde läßt er den Schluß auf zwei Ebenen ablaufen, einer „göttlichen" und einer „menschlichen": Die „menschliche" Ebene meint den Ablauf der Ereignisse, der sich ohne das Eingreifen Apollons vollzieht, die „göttliche" Ebene den vom Gott beeinflußten Gang der Dinge. Denn der Autor wollte auch den „menschlichen" Ausgang der Rachehandlung, der dem überlieferten Mythos entgegensteht, sichtbar machen[394]. Da beide Ebenen zu gegensätzlichen Ergebnissen führen, ist es nicht erstaunlich, daß Orestes' Beschreibungen widersprüchlich sind. Wenn er nämlich von Helenas Tod ausgeht, entspricht dies einem Ende der Tragödie ohne das Eingreifen des „Deus ex machina", wenn er ihn leugnet, dann im Hinblick auf das Wirken des Gottes. In dieser doppelten Wahrheit, der „göttlichen" und der „nichtgöttlichen", liegt m.E. die ganze Problematik des Schlusses begründet. Denn einen zweifachen Ausgang des Stückes darzustellen, bedeutete für den Dichter ein nicht unerhebliches Problem. Was die Bedrohung Hermiones oder das Anzünden des Palastes angeht, so stehen hier „menschliche" und „göttliche" Ebene in einem zeitlichen Nacheinander: Der Gott kann im letzten Moment dazwischentreten, wenn Hermione getötet und der Palast angezündet werden soll. Was aber Helena angeht,

---

schnitt V. 1556–60. Dieser Versuch scheitert allein daran, daß 1585 niemals auf 1578 folgen kann, s. B./A. MANUWALD 1994/5, 99–101, die auch die übrigen Einwände gegen die Verse überzeugend entkräften und zeigen, daß auch die Wiederholung der Halbverse V. 1579b und V. 1587b keinen Grund zur Athetese darstellt (1587-8 athetiert DIGGLE nach WILAMOWITZ). Die Einwände gegen V. 1556–60 werden von MANUWALD ebd. 102 A. 54 und PORTER 1994, 232 A. 62 widerlegt.

[394] Zu den tieferen Gründen dieser Darstellung s. S. 169ff. BURNETT 1998 ignoriert diese doppelte Handlungsführung (266): „Something or nothing has occured in the mysterious interior of the stage palace."

auf die vor diesen beiden Ereignissen der Anschlag ausgeführt wird, so laufen hier „menschliche" und „göttliche" Ebene zeitlich nebeneinander ab, da der Gott zu einem Zeitpunkt eingreift, an dem die „irdische", vom Gott unbeeinflußte Handlung noch nicht an ihr Ende gelangt ist[395]. So enthält die gesamte Schlußpartie ab Vers 1246, was Helena betrifft, ein doppeltes Geschehen: einerseits das „menschliche", dem zufolge der Mord gelingt, und andererseits das vom Gott beeinflußte, dem zufolge der Mord vereitelt wird. Nun hätte es sich der Dichter einfacher machen können, indem er den irdischen, von Apollon nicht beeinflußten Ablauf der Dinge vernachlässigt und von vornherein im Sinne des göttlichen Eingreifens das Mißlingen der geplanten Ermordung dargestellt hätte[396]. Diesen Weg ist Euripides nicht gegangen. Er hat vielmehr alles getan, um dem Zuschauer den Eindruck zu vermitteln, der Mord sei gelungen. Es ist das göttliche Eingreifen, das an den Rand gedrängt wird und bis zu Menelaos' Auftritt (1549ff.) fast überhaupt nicht zur Geltung kommt.

Die These von den zwei Ebenen des Schlusses und ihrer Gewichtung soll im folgenden am Text verifiziert werden. In der Szene, in der Elektra vor dem Palast wacht, hört man aus dem Haus Helenas doppelten Schrei (1296 und 1301):

ἰὼ Πελασγὸν Ἄργος, ὄλλυμαι κακῶς.

Hilfe! Pelasgisches Argos! Schändlich werde ich ermordet.

Μενέλαε, θνῄσκω· σὺ δὲ παρών μ' οὐκ ὠφελεῖς.

Menelaos, ich sterbe; und du bist nicht da, mir zu helfen.

---

[395] Der Dichter hätte theoretisch zwei Möglichkeiten gehabt, das Eingreifen des Gottes auch in Helenas Fall ganz ans Ende der menschlichen Handlung zu setzen: Erstens hätte Orestes Helena tatsächlich töten können, und der „Deus" hätte sie dann wieder zum Leben erwecken müssen, oder Orestes hätte Helena wie Hermione nur als Geisel nehmen und gegenüber Menelaos auch ihren Tod androhen können, der dann vom Gott verhindert wird. Die erste Möglichkeit scheidet selbst für einen „Deus ex machina" aus (Alkestis' Schicksal wäre keine Analogie), bei der zweiten hätte der gesamte Racheplan, der auf Helenas Tod zielt (s. S. 128), seine Dramatik eingebüßt, und die Entsprechung zwischen dem Klytaimestra-Mord und dem Helena-Mord wäre verloren gegangen.

[396] Dann hätte der Phryger viel klarer erzählen können, daß Orestes den Todesstoß unterließ, um Hermione einzulassen, und Helena unverletzt blieb und daß Orestes und Pylades sie dann suchten und unwillig über ihr Mißlingen waren. Die Verse 1512–13 und 1533–6 hätte Euripides dann tatsächlich nicht geschrieben. In ihrem Lied (1536–48) hätten die Frauen das neuerliche Mißgeschick der Geschwister beklagen können.

Bereits dieser Schrei ist ambivalent. Einerseits deuten die Präsentia darauf hin, daß der Anschlag auf Helena gelungen ist, andererseits war der eigentliche Todesschrei noch nicht zu hören (vgl. Soph. El. 1415 ὤμοι πέπληγμαι 1416 ὤμοι μάλ᾽ αὖθις)[397]. So rechnet der Chor mit weiteren Geräuschen aus dem Haus, die er durch eigenen Lärm übertönen will, damit nicht jemand noch zu Hilfe komme (1353–6). Trotz dieser Ambivalenz, die beiden Ebenen gerecht wird, spricht der Chor dann vom „Vollbringen des Mordes" (1354 ὁ πραχθείς φόνος) und nennt die Vergeltung an Helena rechtmäßig (1361–2 διὰ δίκας ἔβα [Aorist!] θεῶν / νέμεσις ἐς Ἑλένην)[398]. Die Frauen erwarten, die Leiche mit eigenen Augen zu sehen oder durch einen Boten genaue Kunde zu erhalten (1357–9). Damit äußern sie keinen Zweifel, ob der Mord wirklich gelungen ist, sondern drücken die Erwartungen der Zuschauer aus, die im folgenden mit einer Ekkyklema-Szene oder einem Botenbericht rechnen[399]. Beide Erwartungen werden enttäuscht; statt dessen folgt die Gesangsarie des Phrygers[400], die den Botenbericht ersetzt[401]. Ein Grund für die Wahl dieses

---

[397] Bei den neun Szenen dieser Art: Aischyl. Ag. 1343ff., Choeph. 869ff.; Soph. El. 1404ff., Eur. Med. 1270ff., Hek. 1035ff., El. 1165ff., Herakl. 749ff., Kykl. 663ff., Antiope, V. 48ff. (PAGE 1950, 66 = fr. XLVIII KAMBITSIS) überlebt nur in dem letztgenannten Stück der aus dem Haus um Hilfe schreiende Lykos durch einen „Deus ex machina" (Hermes).

[398] Bereits in V. 1191 (Ἑλένης θανούσης) und V. 1196 (Ἑλένης πτῶμ᾽ ἰδὼν ἐν αἵματι) wird der Zuschauer auf Helenas Tod eingestellt. Deshalb scheint mir die Athetese von V. 1196 (s. A. 351) auch in dieser Hinsicht nicht sinnvoll, zumal Elektra Menelaos' Einlenken erst dann erwartet, wenn dieser an der toten Helena sieht, daß Orestes zu allem bereit ist.

[399] Zum Ekkyklema in den 'Choephoren' s. GARVIE 1986, lii–liii; wenn der Chor sagt (1357–8): „... bevor ich wirklich Helena tot in ihrem Blute im Haus liegen sehe", provoziert er die Erwartung, die tote Helena wie ihre Schwester herausgerollt zu sehen.

[400] Umstritten ist, wie der Phryger auftrat; zu diesem Problem ausführlich mit allen bisherigen Stellungnahmen s. PORTER 1994, 192–9. Nach Σ 1366 (Callistratus) sind die V. 1366–8 spätere Zutat, als der Sprung vom Dach (s. V. 1369–71) zu gefährlich wurde (in παρανοίξαντες ἐκπορεύονται deutet παρ- m.E. auf einen Nebeneingang, den es in der Aufführung von 408 v. Chr. wohl noch nicht gab; zu den zwei Türen in Aischyl. Choeph. s. GARVIE 1986, l–lii; vgl. BENEDETTO 1961a, 152f.). PORTER mißtraut zu Unrecht dieser Angabe und nimmt an, der Phryger sei im Haus (für das Publikum nicht sichtbar) über ein Dach entwichen (s. DALE 1969, 127, MASTRONARDE 1990, 285 u.a.). Σ 1371 schreibt: ταῦτα οὖν φησιν, ὡς ὑπερπεπηδηκὼς τῶν ἔσω τινὸς οἴκων. Das bedeutet m.E. nichts weiter, als daß der Phryger von einem Raum innen im Haus über das Dach nach außen gelangte. Wohin sollte er denn über das Dach entwichen sein, wenn nicht vor das Haus (ὑπὲρ τέραμνα Δωρικάς τε τριγλύφους umschreibt die Dachkonstruktion

überraschenden Auftritts dürfte darin liegen, daß in der lyrisch exzentri-
schen Sprache des Phrygers präzise Angaben zum Ausgang des Anschlages
vermieden werden konnten[402], obwohl der Chor ironischerweise genau
darum bittet (1393–4)[403]. Sein Bericht steigert sich nach langen, Spannung erzeugenden Retardationen bis zum Augenblick des entscheidenden
Todesstoßes und bricht dann jäh ab (1471–3):

[s. Hipp. 768–9, Phoin. 333]; so zu Recht WEST 1987b, 289f. gegen WILLINK 1986)? Die
Haupttür werden Orestes und Pylades bewacht haben. Nach Ba. 1214 sind die Trigly-
phen mit einer Leiter erreichbar (vgl. auch Iph. T. 113); man kann also annehmen, daß man
sich von dort auch hinunterhangeln kann (WEST ebd. denkt an ein Seil). So halte ich es
für wahrscheinlich, daß der Phryger unangekündigt auftrat, was den Effekt seiner Flucht
über das Dach noch gesteigert hat.

[401] Vorbild war evtl. der kurze Auftritt eines Dieners (οἰκέτης) in Aischyl. Choeph.
875–84 (so SEIDENSTICKER 1982a, 111f.). Wie dieser wäre der Phrygerbericht zwischen
zwei Anschläge, hier auf Helena und Hermione, plaziert. Beide haben auch die gleiche
dramatische Funktion, Hilfe zu holen; s. A. 420.

[402] Vor allem konnte so die übliche Zusammenfassung des Berichteten vor Beginn der
Erzählung vermieden werden. Der Einwand, daß der Phryger Dinge berichtet, die er gar
nicht gesehen haben kann, ist unberechtigt; s. PORTER 1994, 197. Während Orestes
Helena an den väterlichen Herd führt, sperrt Pylades die Diener in verschiedene Räume
und folgt dann Orestes und Helena (1444–51). Die Diener befreien sich (1474–5) und
eilen Helena zu Hilfe, und es kommt zum Kampf mit Pylades (1484–5); die Szene Orestes - Helena läuft gleichzeitig mit dem Geschehen Pylades - Phryger ab (anders PORTER
1994, 209 A. 139). Da stößt Elektra Hermione in den Palast. Wenn der Phryger sich
schnell befreite, kann er aus verstecktem Winkel das Geschehen um Helena verfolgt haben. Der Bericht führt insofern in die Irre, als das in V. 1474ff. Berichtete nicht nach dem
in V. 1454ff. Erzählten geschieht, sondern m.E. gleichzeitig. Die Aussage in V. 1498: τὰ
δ’ ὕστερ’ οὐκέτ’ οἶδα bezieht sich allein auf das, was nach Helenas Verschwinden
geschah, also auf die Geschehnisse im Haus, während der Phryger seine Arie singt.

[403] Ich möchte für die Authentizität von V. 1394 plädieren (s. VAN DER VALK 1984,
191f., GUZMÁN GUERRA 2000), auch wenn schon antike Hss. (s. Σ) und P. Oxy. 3717 den
Vers weglassen. Denn die Anomalität eines zweiversigen Choreinwurfs spricht umgekehrt eher für die Echtheit und erklärt, warum schon antike Zeugen ihn ausließen. Er
lautet nach DIGGLE in den Hss.: τὰ μὲν γὰρ οὐκ εὔγνωστα συμβαλοῦσ’ ἔχω (frühere
Editoren schreiben τὰ γὰρ πρὶν κτλ. ohne Hinweis auf die Hss.; zu τὰ μὲν γάρ s. Eur.
El. 1100, Or. 1360, Aischyl. Choeph. 453, Eu. 222): „Denn das eine, was nicht leicht
verständlich war, habe ich mir interpretierend zurechtgelegt ...“ Es handelt sich um
einen elliptischen Ausdruck; zum μέν solitarium s. DENNISTON [2]1970, 381 (II), vgl. Phoin. 953, Hel. 1369 (s. dazu KANNICHT 1969, II 369 mit Hinweis auf den limitierenden
Sinn): das eine (= das bisher Gehörte; das bei den bisherigen Editoren auftauchende τὰ
πρίν dürfte Glosse zu τὰ μέν sein) hat sich der Chor noch erklären können (zu συμβαλοῦσ’ ἔχω s. Soph. Oid. K. 1474), das andere (= was folgt) kann er vielleicht nicht mehr
verstehen, wenn der Phryger nicht σαφῶς spricht. Ehe der Chor aber diesen zweiten Teil
(τὰ δέ κτλ.) aussprechen kann, setzt der Phryger schon seine Arie fort.

Φρ. ὤμοις ἀριστεροῖσιν ἀνακλάσας δέραν,
παίειν λαιμῶν ἔμελλεν εἴσω μέλαν ξίφος.

Χο. ποῦ δ᾽ ἦτ᾽ ἀμύνειν οἱ κατὰ στέγας Φρύγες;

Phryger: Orestes bog ihren Nacken zur linken Schulter[404] um und war im Begriff, in ihre Kehle das schwarze Schwert zu stoßen.

Chor: Wo aber wart ihr Phryger im Haus mit eurer Hilfe?

Es bleibt für den Zuschauer völlig offen, ob der tödliche Schlag tatsächlich ausgeführt wurde oder nicht. Wenn der Phryger aber zu Beginn an den barbarischen Klageruf über einen Todesfall erinnert (1395)[405] und von dem vergossenen Blut von Königen spricht (1397–9), dürfte jeder Zuschauer annehmen, der Mord sei vollzogen. Auch die anschließenden Worte des singenden Boten suggerieren, daß Orestes tatsächlich zugestoßen hat. Er spricht von der Ermordung der am Boden liegenden Mutter Hermiones (1491 ἐπὶ φόνῳ χαμαιπετεῖ ματρός, vgl. 1494 σφαγάν)[406]. Wenn der Phryger dann erzählt, Helena sei verschwunden, als Orestes und Pylades sie bei Hermiones Eintritt einen Moment alleine gelassen hätten, ist auch hier nicht klar, ob sie eine tödlich verwundete oder eine noch unversehrte Frau zurückließen[407]. Obwohl diese Unklarheit natürlich wieder beiden Ebenen der Handlung gerecht wird, legt das Schlußwort des Phrygers, dem zufolge Menelaos Helena umsonst (1501 ἀνόνατον) nach Hause brachte, die tödliche Verwundung nahe[408].

Im folgenden Gespräch mit Orestes beteuert der Phryger dann auch, daß die Tyndareos-Tochter ganz zu Recht (1513 ἐνδικώτατα) vernich-

---

[404] Orestes steht hinter ihr, nachdem er die Wegrennende verfolgt hat (1469–70).

[405] Der überlieferte Text ist zu halten (s. BENEDETTO 1965, WEST 1987a u.a.): αἴλινον (adj.) ἀρχὰν λέγειν bedeutet (inn. Akk., s. Hdt. 7,9β1, Plat. Gorg. 466b): „die Barbaren beginnen zu reden, d.h. zu klagen, mit dem Ruf: αἴλινον"; von αἴλινον hängt der Gen. exclam. θανάτου ab wie nach οἴμοι, αἰαῖ, φεῦ κτλ. (s. KG II 1, 388 § 420 1a). KIRCHHOFF 1855, zu V. 1387: „corrigendum id fortasse in ἀρχὰν θανάτῳ" (dies übernimmt WILLINK 1986): „Sie rufen Ailinon angesichts des Todes von Herrschern."

[406] Der Ausdruck in V. 1491 ist in dem Sinne zu interpretieren: ἐπεὶ ἡ μήτηρ χαμαιπετὴς ἐφονεύετο. Besonders das proleptische Adjektiv χαμαιπετὴς φόνος (Enallage) suggeriert, daß Helena bereits getroffen am Boden liegt; angekündigt war dies bereits von Elektra (1196): Ἑλένης πτῶμα ... ἐν αἵματι; auch dieser Bezug spricht gegen die Athetese von V. 1196 (s. A. 27).

[407] Es wäre vorstellbar, daß ein Gott die Leiche entrückt; s. Sarpedon, Memnon etc.

[408] Die unversehrt Entrückte hätte man ja Menelaos wiedergeben können.

tet wurde (1512 διώλετο)[409] und dreimaligen Tod verdient hat (1513).
Und Orestes spricht ebenfalls von der Ermordung Helenas (1534 φόνος)
und stellt Menelaos die Leichen von Gattin und Tochter in Aussicht
(1536)[410]. Bis zu Menelaos' Erscheinen weisen eigentlich nur der fehlende
Todesschrei und die Tatsache des unerklärlichen Verschwindens auf ein
mögliches Mißlingen des Anschlags hin[411]. Der Dichter führt dem Zuschauer eine Version des Mythos vor Augen, wie sie sich ohne das göttliche Eingreifen vollzogen hätte. Obwohl er leicht diesen Eindruck hätte
vermeiden können, der dem später deutlich werdenden Wirken Apollons
widerspricht, provoziert er ihn geradezu, setzt sich damit selbst dem Vorwurf der Nachlässigkeit aus und nimmt es in Kauf, seinen „Helden", der
im Sinne beider Ebenen spricht (s. S. 143), als nicht klar bei Sinnen erscheinen zu lassen[412]. Aus dieser Beobachtung kann vielleicht ein neues
Argument für die kontroverse Frage gewonnen werden, inwieweit es der
Dichter mit dem „Deus ex machina" ernst meint. Hätte ihm in erster
Linie der göttlich beeinflußte Ausgang als plausible Auflösung der dargestellten Konflikte am Herzen gelegen, hätte er dem wohl nicht in den
davorliegenden Szenen so entgegengearbeitet[413]. Ihm lag vielmehr an dem

---

[409] Dieser Vers erregt den größten Anstoß bei diejenigen, die nicht zwei Hand-
lungsebenen unterscheiden: Wie kann sich Orestes die Rechtmäßigkeit einer Tat be-
scheinigen lassen, von der er weiß, daß er sie nicht begangen hat? Man versuchte zu
konjizieren (VAN HERWERDEN 1894, 81 διώλετ' ἄν) oder die Bedeutung von διώλετο
abzuschwächen: „she disappeared" (so PAGE 1934, 46), was das Wort nie bedeutet (s. V.
90 von Klytaimestra [!], vgl. Eur. Hipp. 1171, 1305, Soph. Ant. 168, Oid. T. 225) und
angesichts der Fortsetzung in V. 1513 unmöglich ist. So hat WEST vorgeschlagen, das
Tempus zu ändern (διώλλυτο oder διόλλυται), selbst aber διώλετο im Text belassen; erst
DIGGLE setzt das Imperfekt in den Text. Die Antwort des Phrygers (1513): „Selbst wenn
sie drei Kehlen gehabt hätte, die man hätte treffen müssen" suggeriert, daß wenigstens
eine davon getroffen wurde (θενεῖν für das überlieferte θανεῖν scheint eine sinnvolle
Verbesserung [SCHMIDT 1886, 369]). Seiner Antwort zufolge hätte der Phryger den cona-
tiven Aspekt also mißverstanden, und den Zuschauern wäre es ähnlich ergangen.

[410] Orestes will den Leichnam zeigen, den er in V. 1586 im Besitz der Götter weiß.

[411] Auch in dem Lied V. 1537–48 redet der Chor von Mord (1544 οὐδ' ἀφίστανται
φόνου) und Bluttaten, die das Haus zerstören (1547 ἔπεσ' ἔπεσε μέλαθρα τάδε δι'
αἱμάτων). Also rechnet auch er mit dem Erfolg der Tat.

[412] WEST 1987a, 284: „carelessness"; SEIDENSTICKER 1985, 451: „Orestes in a state
of partial self-delusion"; ähnlich O'BRIEN 1986, 221f.

[413] Den vom „Deus" beeinflußten Hergang kann man sich so vorstellen, daß Orestes
bereits zustoßen will (1471–3), dann aber von Helena abläßt, um Hermione zu ergreifen.

menschlich-irdischen Ausgang des Geschehens, der so ganz anders aussieht und Helenas Ermordung einschließt.

Warum ist der Dichter dann aber nicht konsequent verfahren, indem er auch in der Schlußszene zwischen Orestes und Menelaos, bevor Apollon erscheint, die „göttliche" Handlungsebene nicht berücksichtigt?[414] Orestes hätte dann auch Menelaos gegenüber behaupten müssen, er habe Helena getötet. Dies hätte dem irdischen Ausgang der Tragödie entsprochen; im Hinblick aber auf das göttliche Eingreifen, das an diesem Punkt der Handlung bereits in der Vergangenheit liegt, wäre es eine unerträgliche Lüge und hätte Orestes' Position gegenüber Menelaos geschwächt. Denn Orestes hätte die Tat nur behaupten, die von Menelaos geforderte Leiche (1585) aber nicht vorweisen können, was er noch in V. 1536 ankündigt[415]. Hier war Euripides zu Kompromissen genötigt, und es gelingt ihm ein genialer Ausweg. Obwohl Helenas Gatte von dem göttlich gelenkten Geschehen erfahren hat (1557) und Orestes zu seinem Leidwesen sein Scheitern zugeben muß (1580–4, 1614), weigert Menelaos sich, dies zu glauben und bezichtigt den Neffen der Lüge. Es dürfte kein Zufall sein, daß ausgerechnet der „Sophist" den vom Gott gesteuerten Ablauf als erfunden und lächerlich abtut (1560 τεχνάσματ' ἐστὶ ταῦτα καὶ πολὺς γέλως). So kann Orestes im Sinne des von Apollon bewirkten Ausgangs sprechen, ohne daß dies für das weitere Geschehen irgendwelche Folgen hat. Der „Deus ex machina" wirkt somit vor seinem eigentlichen Erscheinen in die letzte Szene hinein, tut es aber gleichzeitig auch wieder nicht, weil sein Wirken nicht geglaubt wird. Der Widerspruch, daß Orestes zum Phryger im Sinne des irdisch-menschlichen Handlungsablaufs spricht, zu Menelaos dagegen im Sinne des göttlich veränderten Geschehens, ist nicht auflösbar,

---

Warum er das tut, bleibt völlig unklar; Hermiones Ergreifung hätte wohl noch Zeit für den entscheidenden Stoß gelassen, zumal Pylades am Ort war.

[414] O'BRIEN 1988, 40 unterstreicht den Umschwung: Der einst von Steinigung Bedrohte wirft jetzt selbst Steine (1569): τῷδε θριγκῷ κρᾶτα συνθραύσω σέθεν, s. Σ 1569 θριγκοὶ καλοῦνται οἱ ἐπικείμενοι λίθοι ταῖς ἐξοχαῖς τῶν δωμάτων.

[415] WILLINK 1986, 343: „(Orestes) and more importantly the audience - must believe her to have 'perished'" wird m.E. der doppelten Handlungsführung nicht gerecht und muß so V. 1579–84 athetieren.

aber er findet seine Erklärung in dem Wunsch des Dichters, einen menschlichen und einen göttlichen Handlungsablauf darzustellen[416].

Gleiches gilt nun auch von dem Phryger, der an mehreren Stellen (s.o.) so spricht, als ob Helena tot sei, zu Menelaos im hinterszenischen Raum aber ausdrücklich, wie im folgenden gezeigt werden soll, sagt: „Sie ist nicht gestorben" (1557 οὐ τέθνηκεν)[417]. Um diesen Widerspruch zu beseitigen, ist von manchen Forschern geleugnet worden, daß es der Phryger sei, der Menelaos informiert[418]. Der Text scheint mir aber dafür zu sprechen, daß der Phryger Menelaos' Informant ist. Helenas Gatte wiederholt nämlich in seiner kurzen Zusammenfassung der ihm gegebenen Information zwei charakteristische Ausdrücke aus der Arie des Phrygers und identifiziert diesen eindeutig durch die Beschreibung seiner Angst[419]. Szenisch vorbereitet wird dieser „Botengang" in der umstrittenen Stichomythie in den Versen 1503–36 (s. A. 392), die m.E. auch dadurch ihren oft vermißten dramaturgischen Sinn erhält. Orestes verfolgt den aus dem Haus entwi-

---

[416] Auch B./A. MANUWALD 1994/5, 101 nivellieren den Widerspruch (vgl. PORTER 1994, 238f.): „Nun kam es aber Orestes gegenüber dem Phryger mehr auf die Rechtfertigung der Tat an, die dieser beobachtet hat, als darauf, ob Helena tatsächlich getötet wurde ..." Orestes und der Phryger wüßten, daß der tödliche Schlag nicht erfolgt ist. Die Rechtfertigung einer erfolglosen Tat scheint mir aber wenig sinnvoll. Die Gefahr, sich vor dem Phryger lächerlich zu machen, wäre für Orestes zu groß gewesen.

[417] Er rechnet also auch nicht damit, daß, nachdem er das Haus verließ, Orestes Helena wieder gefunden und getötet habe (so SEIDENSTICKER 1985, 451).

[418] Vgl. u.a. VERRALL 1905, 253, GRUBE 1941, 395, MANUWALD 1994/5, 101 A. 51, PECK/NISETICH 1995 zu V. 1236; dagegen PAGE 1934, 46, SEIDENSTICKER 1985, 453ff., O'BRIEN 1986, 216, PORTER 1994, 229f. In V. 1550 deutet που (vgl. Eur. Andr. 563 und Ba. 462: οἶσθά που κλύων, 'Herakliden' 88 ἴστε που) nur an, daß dem Chor die Herkunft der Nachricht unwichtig ist. Denn die Frauen können sich keineswegs sicher sein, daß der feige Phryger wirklich zu Menelaos geht; deshalb stellt auch V. 1539 keinen Widerspruch dar, wo der Chor seinerseits überlegt, ob er die Bürger benachrichtigen soll.

[419] Mit den Worten ἄφαντος (1557) und δισσοῖν λεόντοιν (1555) zitiert Menelaos die Arie (1495, 1401); anders SEIDENSTICKER 1985, 454 A. 44; ἄφαντος scheint mir in erster Linie nicht eine Aischylos-Reminiszenz (s. Ag. 624, 657, 695), sondern eine Anspielung auf Eur. Hel. 606 zu sein; das Wort bei Eur. in vergleichbarem Sinn nur noch Hipp. 828 und Herakl. 873; der Löwenvergleich nur hier im 'Orestes'; s. Iph. T. 297, Phoin. 1573, Aischyl. Choeph. 938, Soph. Phil. 1436 (von Philoktet und Neoptolemos); vgl. WOLFF 1979, 144ff. Die Angst des Phrygers (1558 φόβῳ σφαλείς) wiederholt den entscheidenden Eindruck, den dieser machte. Menelaos' Verachtung für den Phryger kommt in dem herablassenden ἤγγειλέ μοί τις zum Ausdruck.

chenen Phryger, weil er verhindern will, daß er Hilfe aus der Stadt holt[420]. Er befiehlt ihm, wieder ins Haus zu gehen (1524 βαῖν' ἔσω δόμων), ändert dann aber plötzlich seine Meinung (1526 μεταβουλευσόμεθα). Dieser Umschwung zielt darauf, daß Orestes sich nun der Auseinandersetzung mit Menelaos stellen will und auch die Anwesenheit der argivischen Bürger nicht mehr fürchtet[421]. Deshalb läßt er den Phryger in Richtung Stadt entweichen[422]. Die Meinungsänderung ist also, dramaturgisch gesehen, notwendig, weil der Dichter zuerst Orestes' Erscheinen auf der Bühne begründen, dann aber deutlich machen muß, wie trotz aller Vorkehrungen

---

[420] V. 1529–30 τοῦ δὲ μὴ στῆσαί σε κραυγὴν οὕνεκ' ἐξῆλθον δόμων·/ ὀξὺ γὰρ βοῆς ἀκοῦσαν Ἄργος ἐξεγείρεται „Damit du kein Geschrei erhebst, kam ich aus dem Haus; denn wenn die Argiver lautes Rufen hören, werden sie aufmerksam." Dies wird vorbereitet in V. 1510 Μενελέῳ βοηδρομεῖν. Die Antwort des Phrygers σοὶ ... ἀμύνειν (1511) läßt hier keine andere Lesung zu, s. O'BRIEN 1986, 216f.; WILLINK 1986 und DIGGLE lesen nach einigen Textzeugen Μενελέων, s. PORTER 1994, 221 A. 23; auch hier wird deutlich, daß der Helena-Anschlag auf Menelaos zielt; ihm kommt man zu Hilfe, wenn man Helena rettet. Realitätsfern an diesem Ablauf ist einzig die durch die Theaterpraxis bedingte Tatsache, daß der Phryger nicht wegrennt, sondern so lange vor dem Haus bleibt und seine Arie singt (auch Orestes bemerkt das Entweichen erst 134 Verse später). Nur wird dies dem Zuschauer nicht bewußt, weil die Verfolgung direkt an den Bericht anknüpft, so daß die zwischen dem letzten berichteten Ereignis im Haus und Orestes' Herauskommen abgelaufene Zeit, in der der Phryger sang, nicht ins Auge fällt: V. 1506: πέφευγεν ... τοὐμὸν ξίφος schließt an V. 1369: Ἀργεῖον ξίφος ... πέφευγα an.

[421] Dies sagt Orestes auch ausdrücklich, als der Phryger ihn mißversteht und annimmt, Orestes wolle ihn nun doch töten (1527, zum unnötigen σ' ἂν anstelle des überlieferten σήν s. KAMERBEEK 1989, 538): Er sei erst herausgekommen, um das Geschrei des Phrygers, das die Argiver alarmieren könnte, zu verhindern (1529–30), jetzt aber solle Menelaos mit Helfern aus der Stadt ruhig kommen (1531ff.).

[422] Man wird doch wohl kaum annehmen wollen, der Phryger fliehe wieder zurück ins Haus, wo Pylades wütet; vgl. WILLINK 1986, 330f. Wenn man nicht mit Orestes' Meinungsumschwung rechnet (so z.B. GREDLEY 1968, 411–15 und SEIDENSTICKER 1985, 453–6), muß man entweder die Szene Orestes - Phryger athetieren (s. A. 392) oder die Identität von Informant und Phryger bestreiten. PORTER 1994, 223f. bezeichnet die vorgeschlagene Interpretation als „admirable in its clarity", lehnt sie aber dennoch ab. Sein Argument, das Futur passe nicht zu einem tatsächlichen Meinungsumschwung, kann nicht überzeugen, vgl. das Fut. in Med. 259, Iph. T. 1039, Hel. 442, Or. 307, 1670, Iph. A. 1445, Soph. Ai. 681, Oid. T. 1077, Oid. K. 1289, vgl. KANNICHT 1969, II 283. Weshalb soll das Publikum nicht verstehen, daß sich der Meinungswechsel nicht auf die Tötung des Phrygers bezieht, wo Orestes dies ausdrücklich sagt (s. A. 421). Auf der Bühne ist ein Mißverständnis ausgeschlossen, da der Phryger mit V. 1531 in Richtung Stadt wegrennt.

von Orestes und Pylades (1126–8)[423] ein Informant in die Stadt entweichen konnte[424]. Mit dieser Analyse aber wird der oben genannte Widerspruch gerade nicht aus der Welt geschafft. Auch der Phryger redet zu
Orestes im Sinne des „irdisch-menschlichen" Ausgangs, zu Menelaos im
Sinne des „göttlichen" Endes. Diese Widersprüche hat der Dichter auch
hier in Kauf genommen, weil es ihm augenscheinlich wichtiger war, das
Nebeneinander der beiden Handlungsabläufe darzustellen. Es sind nur wenige Stellen, an denen deutlich wird, daß beide Ebenen sich gegenseitig
ausschließen. Nur die aufmerksamen Hörer (und Leser) dürften sie bemerkt haben und als Hinweise auf den unauflösbaren Gegensatz von
„Menschlichem" und „Göttlichem" verstanden haben. Hätte Apollon
nicht eingegriffen, wäre Helena wie ihre Schwester ermordet worden, und
Orestes und Pylades hätten in dieser Hinsicht ihr Ziel erreicht.

Ob sie ihr Ziel ohne den Gott auch im Hinblick auf den Rettungsplan
der Elektra erreicht hätten, muß in einem nächsten Schritt untersucht
werden. Denn der gesamte Ausgang der Geiselnahme ist umstritten. B. und
A. MANUWALD (1994/5) haben in ihrem Beitrag zu der Schlußszene
(1549ff.) zu Recht den weitreichenden Eingriffen von WILLINK und
DIGGLE widersprochen und gezeigt, daß der überlieferte Text Vertrauen
verdient[425]. Am meisten Verwirrung haben hier zwei Worte des Menelaos

---

[423] Orestes und Pylades verlieren nicht die Kontrolle über die Diener, so daß diese
leicht durch einen Nebenausgang entweichen könnten (dies steht nirgends im Text; V.
1503–36 legt das Gegenteil nahe, besonders V. 1506; die Flüchtenden fliehen in V. 1486
vor Pylades, aber nicht aus dem Haus!) und immerhin gibt es auch Tote (1486–9).

[424] Nachdem der erste Teil des Plans unbedingte Heimlichkeit voraussetzte (keiner
darf Helena zu Hilfe kommen), verlangt der zweite nach Menelaos' Anwesenheit: Orestes
ist nun entschlossen, sich Menelaos zu stellen und ihn zu erpressen. Dieser Wechsel
wird in der Stichomythie dargestellt.

[425] WILLINK 1986 athetiert V. 1598, 1612 und 1618–20 und stellt 1600–7 nach 1611
und 1608–9 nach 1617 um (Vorschlag B auf S. 364); DIGGLE athetiert 1587–8 und 1598
und stellt 1608–12 nach 1599 um (Vorschlag A bei WILLINK auf S. 347). Ich wiederhole
hier nicht die überzeugenden Argumente von MANUWALD; vgl. auch PORTER 1994, 272.
Nicht überzeugend scheint mir die Annahme von MANUWALD (104), Menelaos wisse vom
Phryger bereits, worauf Orestes letztlich hinauswolle (woher soll das der Phryger wissen?). V. 1600 ist m.E. nur im Hinblick auf V. 1597 verständlich: Menelaos droht Orestes, er werde für den Hermione-Mord büßen müssen (1597 δώσεις δίκην); da Orestes
bereits zum Tode verurteilt ist, ist diese Drohung sinnlos und beeindruckt Orestes nicht.
Nachdem Orestes droht, zuzustoßen und Menelaos seine miserable Lage einsehen muß

verursacht (1617): ἔχεις με. Bedeuten sie, daß Menelaos nachgibt und der Forderung seines Neffen, die Todesstrafe zu verhindern, entsprechen will? Zumindest Orestes scheint sie nicht so zu interpretieren. Denn er gibt Elektra[426] und Pylades den Befehl, den Palast anzuzünden (1618–20)[427], woraufhin Menelaos die Bürger von Argos aufruft, mit Waffen zu Hilfe zu kommen, um den Palast zu stürmen (1621–4)[428]. Der kluge Plan Elektras mißlingt. Denn Menelaos gibt trotz seiner Feigheit keineswegs nach, wie sie angenommen hatte (1201–2, s. 754). Er beharrt auf dem Gedanken, die Mörder der Gattin zu bestrafen, obwohl ihm Orestes ankündigt, daß er und seine Helfer sich dem durch Anzünden des Palastes entziehen werden (1594)[429]. Elektra irrt sich ironischerweise gerade in dem, wovon auch ihr

---

(1599), setzt dieser den Strafgedanken in umgekehrter Form fort: „Ist es also wirklich gerecht, daß du am Leben bleibst (sc. und nicht mit dem Tode bestraft wirst)?", und leitet damit, von Orestes provoziert, eine Diskussion über den Rechtsaspekt ein.

[426] Zum Problem, ob Elektra ebenfalls auf dem Dach sichtbar ist s. PORTER 1994, 251 A. 3, der sich selbst dagegen ausspricht. Als Argument könnte man hinzufügen, daß Menelaos Pylades anspricht (1591), Elektra aber nicht, was er wohl getan hätte, wenn sie sichtbar wäre. Wie beim Muttermord sind Orestes und Pylades aktiv handelnd, Elektra hat nur eine planende Rolle (s. A. 375). STEIDLE 1968, 109 weist auf die singuläre Zahl von vier Statisten, wenn sowohl Elektra und Helena in der Schlußszene sichtbar wären.

[427] Wenn man annimmt, Menelaos sei zum Nachgeben bereit, muß man entweder diese Verse athetieren (GRUENINGER 1894, 24ff., PAGE 1934, 50f., WILLINK 1986 u.a.) oder eine Lücke nach 1617 annehmen (HERMANN 1841) oder Orestes für mehr oder weniger wahnsinnig halten (POHLENZ [2]1954, I 419, KLEINSTÜCK 1945, 112, KITTO [3]1961, 351, MULLENS 1940, 156, GRUBE [2]1961, 395, DARAIO 1949, 97, REINHARDT 1968, 541, WOLFF 1968, 138, BURKERT 1974, 102, SCHEIN 1975, 64 A. 40) oder annehmen, Orestes mißtraue dem Onkel (BIEHL 1955, 91f. und 1965, 175, SPIRA 1960, 143f., GARZYA 1962, 114, EBENER 1966, 48) oder einfach fehlende psychologische Motivation unterstellen (LESKY [3]1971, 446, BENEDETTO 1965, 293f., WEBSTER 1967, 251).

[428] Mit οὐχ εἷα (1622) antwortet Menelaos auf Orestes' ἀλλ' εἷα (1618); Gewalt beantwortet Menelaos mit Gewalt. Seine Worte sind weder „sachlich bedeutungslos" noch ein „aussichtsloser Hilferuf" (so ERBSE 1975, 451 und 452), sondern demonstrieren das Scheitern des Rettungsplanes, was ERBSE nicht anerkennt. Bereits in V. 1561–2 befiehlt Menelaos seinen Dienern, die Tür gewaltsam zu öffnen, wird aber von Orestes daran gehindert. Das Zuhilfeholen der Argiver war bereits in V. 1533 von Orestes vorausgesehen worden (zur unnötigen Athetese s. A. 392). Die Annahme, daß die herbeigerufenen Soldaten (1622 ἐνόπλῳ ποδί) nicht mehr ausrichten können als die begleitenden Diener, entbehrt jeder Grundlage (so PORTER 1994, 274). Völlig abwegig ist die Idee, daß ausgerechnet Menelaos überirdische Helfer ruft (so PAGE 1934, 51).

[429] Dreimal äußert Menelaos diesen Wunsch nach Strafe: a) V. 1565–6 (s. A. 431), b) V. 1593 ἀλλ' οὔτι χαίρων (zu ergänzen: φησὶ Πυλάδης), ἤν γε μὴ φύγῃ πτεροῖς, und c) V. 1597 δώσεις δίκην. Die Stellen b) und c) sind keine Dubletten, weil Menelaos

eigenes Handeln bestimmt wird. Wie sie bleibt auch Menelaos von seinem Wunsch nach Vergeltung bestimmt und hält die Branddrohung für lächerlich (1595). Geht es um Rache, findet seine Feigheit ihr Ende. So ist er augenscheinlich nicht bereit, auf die Forderungen der Erpresser einzugehen. „Du hast mich in der Hand" bedeutet in diesem Zusammenhang lediglich, daß Menelaos nicht mehr weiß, was er machen und sagen soll, um ohne Anwendung von Gewalt seinen Neffen dazu zu bewegen[430], vom Anschlag auf Hermione abzulassen und die Leiche der Gattin herauszugeben[431]. Nach seinen erfolglosen Versuchen, Orestes mit Hilfe von Worten und Argumenten von seinem Vorhaben abzubringen (s. A. 432), muß er einsehen, daß ihm einzig die Alternative bleibt, der Forderung zu entsprechen oder das Leben seiner Tochter aufs Spiel zu setzen, indem er Gewalt mit Gewalt beantwortet.

Wie wenig die erste Möglichkeit für Menelaos in Frage kommt und wie wenig er zum Nachgeben bereit ist, obwohl er erkennen muß, daß Orestes durch die Geisel in der stärkeren Position ist, wird in dem Augenblick deutlich, als Orestes seine Forderung ausspricht, der Onkel solle das Todesurteil der Argiver abwenden, und zum sechsten Mal den Tod Hermiones androht (1612)[432]. Menelaos' Antwort lautet: „Arme Helena" (1613

---

sich an verschiedene Personen richtet. Der Wunsch nach Vergeltung entspricht der im Agon von Menelaos gezeigten Haltung.

[430] Ähnlich bereits HOWALD 1930, 168, KRIEG 1934, 27, STROHM 1957, 88 A. 2, SPIRA 1960, 144, GREENBERG 1962, 189, SCHWINGE 1968a, 52, WOLFF 1968, 137f., SEECK 1969, 13 und MANUWALD 1994/5, 105.

[431] Mit diesen beiden Zielen betritt Menelaos die Bühne (1562–6), und diese verfolgt er auch im Gespräch mit Orestes. Infolgedessen halte ich auch die Athetese von V. 1564–6 für wenig sinnvoll (nach HABERTON athetiert von PAGE 1934, 54, WEST 1987a, DIGGLE, MANUWALD 1994/5, 99 A. 40, KOVACS 2002 u.a., dagegen KAMERBEEK 1989, 538). V. 1564 setzt den ἀλλά-Satz fort: wenigstens meine Tochter will ich retten und meine (tote) Frau bekommen; daß der Ausdruck: τάλαιναν ἀθλίαν δάμαρτα die Leiche meint, wird aus dem Relativsatz ἣ δεῖ ξυνθανεῖν (1565) deutlich. Die Wiederholung des Halbverses τὴν ἐμὴν ξυνάορον (1556 u. 1566) ist angesichts der Todesnachricht psychologisch gut nachvollziehbar.

[432] Zuvor in V. 1578, 1586, 1590, 1596, 1609. Das Gespräch wird durch diese wiederholte Drohung gegliedert. Menelaos versucht jedesmal, auf ein anderes Thema auszuweichen: a) Helena-Mord (1579–85), b) Klytaimestra-Mord (1587–9), c) Pylades und Anzünden des Palastes (1591–5), d) prüft er, ob Orestes es ernst meint (in der Mitte der Stichomythie!), und fragt nach δίκη (1597–1607), e) erst hier ist er bereit, Orestes' Bedingungen zu hören (1610–12). Allein dieser sinnvolle Aufbau läßt alle Umstellungen

ὦ τλῆμον 'Ελένη), als ob er die aufgestellte Forderung gar nicht gehört hat[433]. Spätestens hier muß Orestes einsehen, daß Menelaos nicht auf seine Erpressung reagieren wird, weil er in erster Linie auf Strafe für die Attentäter sinnt und deshalb nur Zeit gewinnen will für die Hilfe aus der Stadt[434]. Aus diesem Grund handelt Orestes folgerichtig, wenn er nun dem ursprünglichen Plan folgt (1150)[435] und den Palast anzünden will[436], um auf diese Weise sich und seinen Freunden wenigstens einen ehrenvollen Tod zu bereiten[437]: Durch die Tötung von Helena und Hermione und die

---

und Athetesen als verfehlt erscheinen. Auch kann ich nicht finden, daß Euripides hier der Forderung nach psychologischer Motivation nicht entspricht (so PORTER 1994, 279); was soll Menelaos anderes tun, als immer wieder abzulenken, bis er einsehen muß, daß er Orestes nicht ohne Gewalt beikommt.

[433] Die vorgeschlagenen Umstellungen (s. A. 425) zerstören diesen Effekt. Im folgenden Vers 1614 ist die Überlieferung ebenfalls zu halten (s. BIEHL 1965): Orestes: „Und meine Lage ist nicht unglücklich?" Menelaos: „Dir brachte ich ein Schlachtopfer von den Phrygern hierher" (1614 σοὶ σφάγιον ἐκόμισ' ἐκ Φρυγῶν). Menelaos' Antwort ist im höchsten Maße sarkastisch in dem Sinne: 'Weshalb ist deine Lage unglücklich, wo ich dir doch ein Opfer zuführte?' DIGGLE folgt WILLINK 1986 in der Konjektur: σφάγιον ἐκόμισα σ' ἐκ Φρυγῶν (σε bezogen auf Helena), WEST 1987a setzt cruces, BENEDETTO 1965 folgt CANTER ²1597: σὲ σφάγιον ἐκόμισ' ἐκ Φρυγῶν.

[434] Vgl. BURNETT 1971, 193: „Menelaos, who is waiting for reinforcements from the city, plays for time." Bevor aber die Soldaten eintreffen, erscheint Apollon. Durch das Nicht-Erscheinen der Soldaten auf der Bühne (s. das Futur in V. 1622; anders BURNETT ebd., WILLINK 1986 u.a.) wird Menelaos' Machtlosigkeit unterstrichen; er scheitert ebenfalls in seinem Wunsch nach Vergeltung.

[435] Schon in V. 1594 spricht Orestes vom Anzünden des Palastes; zum Plan, in den Flammen Selbstmord zu begehen s. S. 127. Der Versuch von SEECK 1969, 17–22, alle „Feuerstellen" im 'Orestes' (1149–52, 1541–4 [mit 1357–60], 1593–6, 1618–20) zu athetieren, darf als mißlungen gelten (V. 1573: λαμπάδων ὁρῶ σέλας ist nicht aus dem Text zu lösen; s. ERBSE 1975, 453–6, MANUWALD 1994/5, PORTER 1994, 271). Ich sehe auch nicht, warum das Motiv, Menelaos den Palast zu mißgönnen (1596, vorbereitet in V. 1108), „ein bißchen merkwürdig" sei (SEECK 14).

[436] Natürlich wird dieser Befehl nicht sofort ausgeführt; mindestens Menelaos' Reaktion wartet man ab, der den Befehl nur für eine leere Drohung hält und nicht glaubt, daß Orestes sich töten wolle, s. V. 1623–4 βιάζεται …/ ζῆν (anders PORTER 1994, 274 mit A. 87 zur unnötigen Konjektur ζῶν). Wäre Apollon nicht erschienen, hätte in diesem Moment Orestes Hermione getötet und Elektra und Pylades die ersten Balken entzündet.

[437] Der Brandbefehl ist somit auch kein letzter Schachzug, Menelaos zum Einlenken zu bewegen (so SCHMIDT 1963, 191, STEIDLE 1968, 115f., ERBSE 1975, 450, PORTER 1994, 274), sondern das „heroische" Ende der Erpressung. Die Nennung der Namen von Elektra und Pylades (1618–19) ist nicht „largely padding" (so DIGGLE bei WILLINK 1986, 363), sondern erinnert an die gemeinsame Planung des Attentats (s. V. 1178 und 1243–4) und die dort gerade von Pylades genannten hohen moralischen Ansprüche.

Vernichtung des Palastes wird wenigstens die Rache am Feind möglich, wo
die Hoffnung auf Rettung zum zweiten Mal an Menelaos gescheitert ist[438].
Auf der menschlichen Ebene der Handlung hätte es am Ende der Tragödie
mindestens fünf Tote gegeben (Helena, Hermione, Orestes, Elektra, Pylades, evtl. Menelaos und Soldaten aus der Stadt) und der Palast stünde in hellen Flammen[439]. Sieht man vom Eingreifen des Gottes ab, war das Ziel der
Rache nur um den Preis des eigenen Lebens zu erreichen, und Rettung
wurde den tragischen „Helden" nicht zuteil. Ob ihr Tod in den Augen des
Dichters nun tatsächlich ein ehrenvoller ist, wie Pylades zuvor behauptet
hatte (1151–2), wird im folgenden Kapitel untersucht werden.

Zuvor soll aber noch einmal die Frage gestellt werden, ob mit dem Auftreten des „Deus ex machina", der zuvor schon Helena rettete, der
menschliche Ausgang der Tragödie nicht wieder aufgehoben wird[440]. Wird
an die Stelle des „menschlichen" Endes, das von Zerstörung und Tod charakterisiert ist, ein vom Gott gelenktes gesetzt, das Rettung, Versöhnung
und Frieden verspricht? Vielleicht war schon das athenische Publikum
ähnlich wie die neuzeitlichen Interpreten je nach eigenem weltanschauli-
chen und religiösen Standort gespalten in der Auffassung dieses Schlusses.
Immerhin kennen wir die antike Kritik, die den Schluß als „mehr einer
Komödie angemessen" bezeichnet[441] und damit den irdischen Ausgang als

---

[438] Auf menschlicher Ebene gelang die Helena-Ermordung; deshalb darf man den
Brandbefehl nicht mit einem diesbezüglichen Scheitern begründen (so EUCKEN 1986,
167). Allein die Erpressung scheitert; dies löst den Brandbefehl aus.

[439] Wieweit das Erstürmen des Hauses durch Menelaos und die argivischen Soldaten
Erfolg gehabt und das Schlimmste noch hätte verhindert werden können oder ob Menelaos selbst in den Flammen zugrunde gegangen wäre, bleibt natürlich offen.

[440] Einen Forschungsüberblick zum „Deus ex machina" im 'Orestes' bietet PORTER
1994, 254–80. Zur Zuverlässigkeit der handschriftlichen Überlieferung s. wieder B./A.
MANUWALD 1994/5, 93–9, mit denen ich in der Athetese des V. 1638 übereinstimme, s.
HOLZHAUSEN 1995b, 279f. Zur Bühnentechnik bei Apollons Auftritt (mit oder ohne Kran,
spezielle Plattform über dem Dach?) s. MASTRONARDE 1990, 262–4 und 281.

[441] Aristophanes v. Byzanz in der zweiten Hypothesis (s. S. 21): τὸ δρᾶμα κωμικωτέραν ἔχει τὴν καταστροφήν, zu Aristoteles s. S. 203; vgl. STEIDLE 1968, 112 A. 90
und SUTTON 1973, 120; zum Problem der „prosatyrischen" Stellung des 'Orestes' s. S.
19 und 204f. Abwegig ist die ebenfalls antike Kritik (Plat. Krat. 425d, Antiphanes fr.
189,13–16, Polyb. 3,48, Cic. nat. deor. 1,53), der Dichter sei mit seiner Handlungsführung so weit vom Mythos abgeirrt, daß er nur noch mit Hilfe eines „Deus ex machina"
das entstandene Chaos hätte heilen können.

der tragischen Gattung entsprechender würdigt[442]. Diese Kritik wird dann
fraglich, wenn man voraussetzt, daß der Dichter selbst wohl nur ein einziges Verständnis des Schlusses intendiert hat: Apollons Wirken, durch das
das menschliche Geschehen wieder in den Rahmen des Mythos zurückführt wird, soll als Illusion des Theaters durchschaut werden[443]; Euripides
entspricht damit zwar den Regeln einer attischen Tragödie (s. Arist. Poet.
1453b 22–6)[444], aber ernst zu nehmen ist der „göttliche" Ausgang nicht.

Diese Interpretation ergibt sich m.E. zwingend aus der Gestaltung des
Textes. Der Kontrast könnte nicht größer sein: aus dem mit dem Schwert
drohenden Geiselnehmer und seinem Opfer wird ein Ehepaar, aus der
Erinys (1389) eine unsterbliche Göttin[445], aus dem Brandstifter der König

---

[442] DUNN 1996 dreht dieses Verhältnis um: „When (Orestes) appears on the palace
roof ... he plays the part of a triumphant comic hero. ... The god checks the demonic Orestes ... apparently replacing comic triumph with tragic defeat."

[443] Gegen diese Sicht hat in neuerer Zeit vor allem ERBSE polemisiert. Er geht nicht
vom Stück aus, sondern von seiner generellen Überzeugung, daß Euripides den Mythos
als unumstößliche Vorgabe nicht in Frage stelle. Die Götter repräsentierten das
„unvermeidbare Schicksal" (1984, 253), das zuweilen ungerecht und sinnlos erscheinen
mag, das aber als solches nicht zu hinterfragen sei (ähnlich VOGT 1994, 104). Dem Dichter
komme es einzig darauf an, darzustellen, wie die Menschen auf die durch das irrationale
Schicksal hervorgerufenen Grenzsituationen reagieren (ebd. 256). Im 'Orestes' stellten
der Befehl zum Muttermord und das Ausbleiben der Gottheit nach der Tat diese Vorgaben
dar, auf die Orestes, Elektra und Pylades reagieren müssen. Wenn der Gott nun wie im
'Orestes' das Geschehen zum Guten lenke, was, wie ERBSE formuliert, nur einen
„Grenzfall" darstellt (ebd. 259), dann deuteten die Menschen „das irrtümlich als Zufall"
(ebd.). Wo wird dies aber durch den Text gestützt? Im Grunde ist der positive Ausgang
auch für ERBSE höchst problematisch: denn er ist unvereinbar mit seiner Konzeption des
irrationalen Schicksals, dem die Menschen ausgeliefert sind. So sollten die Zuschauer
trotz Apollons Eingreifen nicht „an ein vernunftbestimmtes Weltregiment glauben"
(ebd.). Weshalb sollen sie das nicht, wenn sie das Ende ernst nehmen?

[444] So die Mehrheit der Interpreten; vgl. u.a. VERRALL 1905, 257, POHLENZ ²1954, I
419f., MULLENS 1940, 157, ARROWSMITH 1958, 190, BOULTER 1962, 102, FRITZ 1962,
312–16, SCHMIDT 1963, 190, EBENER 1966, 49, REINHARDT 1968, 541, WOLFF 1968, 148,
PARRY 1969, 343, BURKERT 1974, 100, FRESCO 1976, 113, SEIDENSTICKER 1982a, 103,
HARTIGAN 1991, 155, MANUWALD 1994/5, 98, NEUMANN 1995, 95–7.

[445] Ihr Lebensrecht wird spielerisch aus einer Etymologie abgeleitet (1635). Euripides erfindet die maritime Göttin Helena, die es im Kult wohl nie gegeben hat (s. WILLINK
1986, 352) und antwortet auf die ἐλέναυς in Aischyl. Ag. 689. Unklar ist, ob Helena
tatsächlich neben Apollon zu sehen war, s. PORTER 1994, 252 A. 7 mit allen bisherigen
Stellungnahmen. Für die Nicht-Anwesenheit und die Athetese von V. 1631–2 spricht die
unerträgliche und sinnwidrige Dublette von ἐν αἰθέρος πτυχαῖς (1636; Helena ist eben
noch nicht im hohen Äther, s. V. 1684); WEST 1987a schlägt vor, mit Hs. M πύλαις zu

der Bürger, die ihn eben noch steinigen wollten, und aus den Komplizen
fortan glückselig verheiratete Menschen[446]. All diese Absurditäten muß
man hinnehmen, wenn man meint, Euripides beabsichtige, eine göttliche
Epiphanie darzustellen, die dank ihrer transzendenten Macht alle Probleme löst und die menschlichen Affekte zum Schweigen bringt[447]. Ein von
göttlicher Präsenz wirklich Erschütterter kann wohl kaum die ängstliche
Sorge äußern, daß es gar nicht Apollon ist, der hier erscheint, sondern daß
an die Stelle des delphischen Gottes ein Rachegeist getreten ist (1668–
9)[448]:

---

lesen, was m.E. nicht das Problem löst; sollte das Himmelstor sich in Argos befinden
(οὐρανοῦ πύλαι vor Lucian Jup. trag. 34 nur bei Homer Il. 5,749 = 8,393)? Keiner der
Interpreten, die nur die zweite Hälfte von V. 1631 für korrupt halten, macht einen ernst zu
nehmenden Vorschlag, was dort gestanden haben könnte (s. OERI 1898, 19 διὰ καλυμ-
μάτων). Der Plural ὁρᾶτε bleibt problematisch, da Apollon im Anschluß an V. 1625–8
in den V. 1629–59 nur Orestes, in V. 1660–5 dann Menelaos anredet (gegen MANUWALD
1994/5, 93 A. 12). Aus diesen Gründen scheint mir die Athetese unausweichlich (so
MURRAY [2]1913, DIGGLE u.a.); zum Pronomen τῆσδε (1639) im Hinblick auf eine nicht
anwesende, sondern lebhaft vergegenwärtigte Person s. HUNGER 1950/1, KANNICHT 1969,
II 193. Menelaos' Abschied (1673–4) richtet sich dann an die nicht anwesende Helena;
wie eine schon ferne Göttin grüßt er sie, s. Hipp. 61–71 (Gruß an Artemis, die den Himmel bewohnt), Ion 401–2 (Xuthos' Gruß an Apollon); die handschriftliche Überlieferung
κατοικήσασαν (1674, DIGGLE liest nach WEIL 1905 κατοικήσουσαν) ist dann auch zu
halten, weil für Menelaos die Gattin bereits bei den Göttern wohnt, auch wenn Apollon
dies im folgenden freundlich korrigiert (1684). Hinzu kommt, daß bei aller Unernsthaf-
tigkeit des Schlusses eine herausgeputzte Helena neben dem olympischen Gott das er-
trägliche Maß doch weit überschritten hätte. Und hätte man Helena, die zum Stern wird
(1684ff.), in ihrer sterblichen Hülle präsentieren können? Anders D. BAIN, Rez. Porter,
CR 48, 1998, 171f.: „I feel that P. ought to have affirmed more strongly that Helen's
presence on the μηχανή ... is absolutely essential."

[446] Vgl. SYNODINOU 1988, 318: „Like Orestes, he (Pylades) does not deem aware that
he is eager to marry a woman who shares at least of the qualities of the women he hates."
Erwähnenswert ist auch folgender Gegensatz: Derjenige, der durch die παρρησία eines
Demagogen zum Tode verurteilt wurde (905), wird nun einen Ort mit Namen Παρράσιον
(1645) bewohnen; vgl. Pausan. 8,34,1–4.

[447] So SPIRA 1960, 156 u.ö. Er versteht den 'Orestes' als Rettungsdrama; der Dichter
lasse die gesamte Handlung auf einen vom Mythos und dramatischen Ziel (die Rettung)
her unmöglichen Ausgang zulaufen, damit der Gott von außerhalb die Wende bringen
könne: er schaffe einen „nodus vindice dignus", der die dramatische Notwendigkeit des
„Deus" beweise (ebd. 138–45). Diese Interpretation kann m.E. schon wegen der falschen
Annahme, die Rettung sei das Ziel des Dramas, nicht überzeugen.

[448] Das Impf. ἐσῄει bezieht sich auf das Anhören der Apollon-Rede, die für Orestes
nun in der Vergangenheit liegt; so ist nach dem Nebentempus der Opt. Aor. nicht auffällig (anders WEST 1987b, 292: „I was beginning to be afraid, that I had thought ...", die

καίτοι μ' ἐσῄει δεῖμα, μή τινος κλύων
ἀλαστόρων δόξαιμι σὴν κλύειν ὄπα.

Dennoch befiehl mich die Angst, daß ich einen Rachegeist hörte und nur glaubte,
deine Stimme zu hören.

Hätte der Dichter ein in der Realität zwar nicht häufiges, aber doch immerhin mögliches religiöses Geschehen auf die Bühne bringen wollen[449],
hätte er sich bemüht, dies auch in psychologischer Hinsicht verständlich
zu machen, wie er das bei allen anderen Ereignissen im Stück tut[450]. Davon
kann aber keine Rede sein. Ohne jedes Bedenken oder Zaudern und ohne
eine Wort der Einkehr oder Umkehr billigen die Beteiligten die göttlichen
Ratschlüsse. Hatte Menelaos eben noch den Neffen als Serienmörder beschimpft, so spricht er nun den Segenswunsch aus (1676–7):

εὐγενὴς δ' ἀπ' εὐγενοῦς
γήμας ὄναιο καὶ σὺ χὠ διδοὺς ἐγώ.

Du selbst, von edler Herkunft, führst eine Frau aus edlem Hause heim; Glück sei
mit dir wie mit mir, der ich sie dir gebe.

Es bedürfte doch wohl einiger Zeit, ehe ein Mensch dem göttlichen Gebot
auch innerlich entsprechen und seine Tochter dem zur Frau geben könnte,
der diese eben noch bedrohte und die Gattin morden wollte. Aber nicht
nur psychologisch ist die Schlußszene nicht nachvollziehbar[451]. Abgesehen

---

Parallele Iph. T. 1340–1 scheint mir zweifelhaft); σὴν κλύειν ὄπα betont den Umstand,
daß der „Deus ex machina" vom Protagonisten nur gehört wird (s. Hipp. 1391–3, vgl.
Soph. Ai. 14–16). Nachdem die Rede beendet ist und sich zeigt, daß alles gut wird
(1670), ist dieser Zweifel ausgeräumt. Die Angst, einen in Apollon verkleideten Alastor
gehört zu haben, bezieht sich zuerst auf die Rede des „Deus ex machina", dann aber zugleich auf das Orakel, wo ebenfalls die Gefahr bestand, daß es statt von Apollon von
einem Alastor stamme, s. Eur. El. 979. Weshalb auch die Worte des „Deus ex machina",
die doch Frieden und Glück bringen, diesen Zweifel nähren, dazu s. S. 193.

[449] Vgl. MATTHIESSEN 1979, 137: „Dem Zuschauer mag es bewußt sein, daß ihm in den
Verstrickungen seines eigenen Lebens nicht immer so wie hier ein Gott zur Hilfe kommen
wird, der alle Knoten durchhaut und ihn aus der Not befreit, aber er wird hoffen und
beten, daß es wenigstens dann und wann einmal geschieht."

[450] Unannehmbar ist eine Sichtweise, die im fehlenden Vertrauen zu Apollon die Ursache aller Verwicklungen sieht (so BURNETT 1971, 221). Wie soll man zu einem Gott, der
die menschlichen Gegebenheiten ignoriert (wie mag sich Hermione fühlen?), Vertrauen
haben? Hätte Vertrauen zu Apollon die Geschwister vor dem Todesurteil gerettet?

[451] Anders GREENBERG 1962, 189: „The details of his speech are of no great moment;
what is important is that he appears and puts things to rights." Will man das Ende ernst

von der Tatsache, daß Apollon den einen Mord befiehlt und den anderen,
aus analogen Motiven beabsichtigten, vereitelt, wird auch das rechtliche
Problem des Muttermordes nicht gelöst[452]. Hatte Euripides im Laufe des
Dramas klargemacht, daß hier zwei gleichberechtigte Ansprüche in unver-
söhnlichem Gegensatz stehen (s. S. 118), so spricht Apollon nun von
einer „frömmsten Abstimmung der Götter" (1650–2 θεοὶ ... εὐσε -
βεστάτην ψῆφον διοίσουσιν), wobei unklar bleibt, in welcher Weise Orestes' Sieg (1652) eine Lösung des Konflikts bedeutet. Denn trotz der
Nennung des Areopags kann die aischyleische Lösung hier nicht gemeint
sein, da dort die Bürger Athens (im Verein mit einer einzigen Göttin)
entscheiden (Eum. 411ff.)[453]. Wenn die Götter für Orestes votieren[454],
wird auch hier noch einmal deutlich, daß sie einseitig das Konzept der
Rache und Vergeltung stützen und dem Muttermörder nach einjährigem
Exil die Herrschaft in Argos ermöglichen (1644–5 und 1660)[455]. Wie soll
man sich aber vorstellen, daß Apollon die Bürger davon überzeugen wird,
Orestes als ihren Regenten zu akzeptieren (1664), nachdem in der Volksversammlung der Name Apollon nicht einmal fiel? Sollte es hier zu einer
kollektiven „Bekehrung" kommen?[456]

---

nehmen, ist man tatsächlich zur Vernachlässigung der „Details" gezwungen.

[452] Ebenso stehen die Gründe für den trojanischen Krieg unvermittelt nebeneinander: wollte Agamemnon das Unrecht des Bruders heilen (s. S. 99) oder wollten die Götter
die Erde erleichtern (1639–42, s. Kyprien fr. 1, Eur. Hel. 36ff., El. 1282–3)?

[453] Mit dem Plural θεοὶ ... ψῆφον διοίσουσιν (zu διαφέρειν s. LSJ s.v. II 4 „give ...
his vote"), kann nicht Athene gemeint sein, unabhängig von der Frage, ob sie die Stimmengleichheit herstellt und das Patt der Bürger für Orestes entscheidet; s. dazu
SOMMERSTEIN 1989, 221–6, FLASHAR 1997b, 105 und BRAUN 1998, 100 A. 380. Wie
Menschen über Orestes urteilen, hat Euripides im Stück gezeigt (884–949); er muß also
die Areopagiten durch ein Götter-Gremium ersetzen; zum Mythos vom Gericht der Götter
über Ares, der Poseidons Sohn Halirrhotios tötete (Eur. El. 1258–63), s. die Belege bei
BRAUN 1998, 18 A. 32, vgl. LESKY in RE XVIII 1, 1939, 980f.

[454] Stimmengleichheit wird nicht erwähnt; man sollte sie deshalb nicht aus Eur. El.
1265–6 (vgl. Iph. T. 1469–72) übertragen.

[455] Zu Apollon als Förderer der Rache s. S. 36f.; zu ihrer allgemein göttlichen Fundierung s. S. 190f. Nach Eur. El. 1250–1 darf Orestes nicht in die Heimat zurückkehren.

[456] Vgl. HALL 1993, 285 zu den politischen Aspekten: „But it is only in the world of
drama ... that the *deus ex machina* can intervene in the laws of nature and abolish the
ineluctable influence on both *oikos* and *polis* of the cosmic principle of strife."

Angesichts all dieser Unwahrscheinlichkeiten hat W. NICOLAI den Schluß als märchenhaft bezeichnet, durch den der Dichter seine Mitbürger angesichts der Not des peloponnesischen Krieges trösten wollte. Apollons Erscheinung sei ein Wunder „wider alle Erfahrung", aber „die tröstliche Botschaft des happy end entfaltet ihre segensreiche Wirkung in unserem Unterbewußtsein auch dann, wenn unser Verstand die Fiktion durchschaut!"[457] Abgesehen von der Problematik der Kategorie des Märchenhaften angesichts der Erscheinung eines olympischen Gottes fragt man sich, warum der Gott nicht bereits vor der Intrigenhandlung eingegriffen hat, um so „den Willen und die Kraft zum Überleben" zu stärken (ebd. 37). Der Gott hätte sich dann vieler problematischer Implikationen entledigt, die so sein Eingreifen begleiten. Denn der Dichter wollte den Athenern doch kaum Hoffnung auf Rettung in Aussicht stellen, wenn zuvor Mord und Erpressung ihren Weg säumten. Man mag vielleicht nicht ausschließen, daß es athenische Zuschauer gab, die sich durch den glücklichen Ausgang getröstet fühlten; die Intentionen des Dichters hätten sie jedoch gründlich mißverstanden. Wie ich oben zu zeigen versuchte, hat er sich im Bewußtsein der damit verbundenen Probleme alle Mühe gegeben, dem Publikum trotz des vom Mythos her erforderlichen „Deus ex machina" deutlich zu machen, was ohne das göttliche Wirken geschehen wäre. Wie Apollon und sein Orakel nur den im Inneren wirkenden gesellschaftlichen und theologisch überhöhten Zwang zu Rache abbildet (s. S. 188–92), so hat er auch in der Schlußszene als eigenständiges Wesen keine wirkliche Realität, sondern ist lediglich Figur des Theaters. Seine Auflösung der Handlung ist auch in dem Sinne unwirklich, daß es einen solchen Apollon als personales Wesen für den Dichter nicht gibt. So irreal die Entrückung der Ehebrecherin und der Frieden der Todfeinde ist, so wenig ist dieser Gott für den Dichter existent. Für seine Bühnenpersonen, die in die Welt des Mythos gehören, ist Apollon real vorhanden (selbst für Menelaos, der lediglich die Klugheit des Gottes bezweifelt [417]); aber von ihnen ist die Person des Dichters zu unterscheiden, der diesen „Glauben"

---

[457] NICOLAI 1990, 23; er spricht von einem „therapeutisch indizierten Anti-Depressivum" (37). Ich befürchte, die Athener hätten eher Depressionen bekommen, wenn sie den Dichter richtig verstanden hätten.

in neuer Weise interpretiert und für die dramaturgische Gestaltung seines
Stückes benutzt (s. S. 36–9). Im 'Orestes' verdankt Apollon seine Existenz lediglich einem dem Mythos verpflichteten Theater; die Abbildung
der Realität endet mit Vers 1624 und dem brennenden Palast. Will man
die Taten des Orestes und seiner Freunde Euripides' Intentionen gemäß
werten, muß einem die Katastrophe vor Augen stehen, in die sie mün-
den[458].

---

[458] Deshalb werde ich im folgenden Kapitel vom „Untergang" der Protagonisten
sprechen, ohne jeweils zu ergänzen: „auf der menschlichen Ebene".

1.4 Die Einheit der Tragödie

In der Forschung ist umstritten, wie die drei Hauptakteure der Handlung, Orestes, Elektra und Pylades, zu beurteilen sind[459]. Dieser fehlende Konsens hat seine Ursache im Stück selbst: es ist derselbe Mann, der zu Beginn krank und matt auf seinem Lager liegt und am Ende hoch auf dem Dach seine Widersacher in Schach hält; es ist dieselbe Frau, die sich scheut, die Gründe des Gattenmordes auszusprechen (26–7), aber keine Bedenken hat, ein unschuldiges Mädchen als Geisel zu benutzen. Der Umschwung in Vers 1098 stellt die Interpretation vor die schwierige Aufgabe, zu erklären, wie die dadurch entstehenden beiden Teile der Tragödie in einem einheitlichen Ganzen ihren Platz finden[460]. Es gilt die Frage zu beantworten, warum der Dichter erst die Sympathie und das Mitgefühl für die drei jungen Menschen weckt, die anscheinend ohne eigene Schuld in schwere Not geraten sind und darin von allen im Stich gelassen werden[461], und sie dann als rücksichtslose und brutale Attentäter präsentiert, die weder sich noch ihre Opfer schonen.

Angesichts dieser Spannung gelangte man zu der Auffassung, Euripides sei an einer einheitlichen Charakterdarstellung nicht interessiert oder dazu nicht in der Lage[462]. Um diesem Urteil entgegenzutreten, orientieren sich

---

[459] B./A. MANUWALD 1994/5, 108 und A. 80 fordern, Kriterien anzulegen, die im Stück selbst benutzt werden. Man sollte aber nicht selbstverständlich davon ausgehen, daß die von den Figuren benutzten Kriterien auch die des Dichters sind.

[460] Vgl. etwa das Verdikt von SÖFFING 1981, 242: „Das Postulat der Einheit der Handlung ist im 'Orest' so vehement verletzt wie in wohl keinem anderen Drama des Euripides: Das Streben nach Fülle und Effekt schlägt sich hier in verhängnisvoller Weise in einer unorganischen Komposition nieder." WILLINK 1986, XXX: „For critics ... who look for the primary idea or 'meaning' (a fortiori 'message') of the play in moral or socio-political terms, the plot lacks unity."

[461] Der Agon fällt insofern aus dem ersten Teil heraus, als hier Orestes nicht als unschuldiges Opfer, sondern als mit Gründen handelnder Täter präsentiert wird (s. S. 72ff.); damit wird der spätere Umschwung vorbereitet; s. dazu S. 168.

[462] So vor allem ZÜRCHER 1947; vgl. STEIGER 1898, 42: „So hat also der Held unseres Dramas zwei Körper und 'zwei Seelen wohnen, ach! in seiner Brust' ... Und das ist freilich für das ganze Drama ein Fehler, so schwer, daß jeder Tadel, der irrtümlich gegen die Führung der Handlung erhoben wird, hier berechtigt ist." KRIEG 1934, 15: „hic moneo pro eiusmodi ἀγώνων ratione e verbis disputantium nihil de moribus eorum esse colligendum ..." BURNETT 1971, 213: „Orestes' character seems to alter radically in the

einige Interpreten mehr am ersten Teil[463] und beurteilen die im zweiten Teil dargestellten Anschläge als nicht anstößig oder versuchen sie zumindest zu entschuldigen. Wer die Intrigenhandlung des Schlusses verurteile, sei von christlichen Werten und neuzeitlichen Maßstäben geleitet und nicht fähig, das Geschehen mit den Augen der damaligen Zuschauer zu sehen[464]. Das ethische Modell der Rache am Feind, das sich als Grundmotiv in Orestes' Handeln erwies, sei von den Zuschauern gebilligt worden[465]. Dabei genügt den Interpreten oft ein Hinweis auf die Allgemeingültigkeit dieser Maxime im griechischen Denken[466], ohne daß sie die Frage stellen, ob Euripides es möglicherweise wagte, ein weit verbreitetes Denken zu kritisieren[467]. Die Interpreten dieser Richtung leugnen dann auch das Scheitern der tragischen „Helden" und nehmen das Wirken des „Deus ex machina" als ernsthafte Lösung der Konflikte ernst[468], wobei

---

course of this play", vgl. FALKNER 1983, 294 und EUBEN 1986, 238.

[463] In neuerer Zeit haben vor allem HOWALD 1930, 167f. u. 170, KRIEG 1934, HUNGER 1936, 17ff., LESKY 1935, STEIDLE 1968, 108ff., ERBSE 1975 und 1984, VAN DER VALK 1984 und neuerdings PORTER 1994 die drei „Helden" in Schutz genommen.

[464] HEATH 1987, 59: „Revenge, after all, is a perfectly respectable motive in Greek tragedy, as in Greek ethics in general: we should not import alien standards of judgement." MOSSMAN 1995, 169: „There is little doubt that a desire for revenge would not necessarily have been condemned by a fifth-century audience." BURNETT 1998, XIV: „Meanwhile the plays that survive from ancient Athens steadily resist such moral colonialism", und XVII: „Revenge was not a problem for Athenian society in the early fifth century."

[465] Dieses Argument findet sich sehr oft in der Sekundär-Lit. zum 'Orestes', so neuerdings auch bei PORTER 1994, 84: „(The idea of vengeance against their enemies) is regarded as a duty as well as a pleasure. ... Vengeance for its own sake has a long and venerable history for the members of Euripides' audience ... it should be accepted as a sufficient and respectable motive for action." Erstaunlicherweise beurteilt er die 'Elektra' anders, wo die Rache in einem negativen Licht gezeichnet sei.

[466] So z.B. ERBSE 1975, 445, A. 24 und 1984, 257.

[467] Die Annahme, der Dichter habe die gleiche moralische Haltung einnehmen müssen wie viele seiner Zeitgenossen, bedeutet ein ähnlich ungeprüftes Vorverständnis wie das (teilweise auch unbewußte) Einbeziehen christlicher Moralität.

[468] Vgl. HOWALD 1930, 168: „Menelaos steht unmittelbar vor der Kapitulation"; STEIDLE 1968, 117: „... der Gott (erscheint) gerade im Augenblick des fast erreichten Sieges ..."; ERBSE 1975, 453: „Der aber erscheint nicht deshalb, weil die menschliche Handlung sich festgefahren hat, auch nicht deshalb, weil er einem sinnlosen Treiben Einhalt gebieten müßte, sondern weil es mehr zu regeln und zu erklären gibt, als Menschen tun und wissen können", und 1984, 258: „Obwohl im 'Orestes' die Intrige ... gelingt, wird sie vom Maschinengott ... kurz vor dem Sieg der Verschwörer beendet", DUNN 1996, 171: „This triumph, however, is suddenly overturned by a second epiphany,

z.B. die Deutung von ERBSE in sich widersprüchlich bleibt: Einerseits verteidigt er Orestes' Handlungen und spricht von der „Kraft der echten, der vollkommenen Freundschaft" zwischen Orestes und Pylades (1975, 445); andererseits beklagt er „menschliche Fehlleistung" (1984, 258) und sieht die Personen des Stücks einem Irrtum unterliegen (ebd.): „Sie lassen sich auf Irrwege locken und planen sogar Grausamkeiten." Um diese auch von ERBSE nicht geleugnete Gewalttätigkeit verständlich zu machen, wird das Argument angeführt, die „Helden" seien von ihrer Umwelt dazu gedrängt worden. So schreibt PORTER (1994, 88): „Having experienced the lonely desperation of Orestes and the series of betrayals that he must endure, the audience would find in the ensuing *mechanema* not an hysterical outburst of criminal villainy, but an act of rebellion against the corrupt society that plagues him."[469] Auch wenn diese Interpretation in modernen Ohren plausibel klingen mag, entspricht sie m.E. nicht dem Text. Das Ziel der Rachehandlung ist nirgends die „korrupte Gesellschaft", etwa die Bürger der Stadt Argos oder auch nur Aigisthos' Anhänger, sondern einzig und allein Menelaos, der seinen Pflichten als Verwandter und Freund (φίλος) nicht nachkam[470]. Die Rachehandlung ist kein Kampf gegen eine moralisch verkommene Umwelt[471]. Im Gegenteil, das Rachetrio hat die Vorstellung, durch seine Taten Ruhm (1151 κλέος) zu gewinnen, d.h. in den Augen der Gesellschaft bestehen zu können (s. V. 1132–42). Rebellion gegen eine korrupte Gesellschaft kann nicht sein, was Anerkennung von eben dieser erwartet.

---

as Orestes on the roof is upstaged by Apollo on the machine."

[469] Vgl. FALKNER 1983, 16ff., der in der Figur des Orestes die Entwicklung vom Heranwachsenden zum Erwachsenen dargestellt sieht, wobei sich dieser der korrupten Welt der Erwachsenen angleicht (19): „Orestes has finally come of age, and has shown himself ready to take a place in this brave new world."

[470] So kann ich auch NEUMANN 1995, 93ff. nicht zustimmen, der im 'Orestes' das problematische Verhältnis von Einzel- und Gemeininteresse dargestellt findet. Orestes' Taten zielen jedoch in keiner Weise auf die Aufhebung der rechtlichen Ordnung im Sinne eines oligarchischen Putsches; persönliche Machtinteressen spielen bei der Rachehandlung eine untergeordnete Rolle. Im Gegenteil, Orestes will durch das Prinzip der Abschreckung die allgemeine gesetzliche Ordnung aufrecht erhalten.

[471] Vgl. PORTER 1994, 89: „In the blind violence of Orestes' struggles against an oppressive, orderless world, Euripides appears to have created a symbol for his age."

Zuerst ist also die Frage zu entscheiden, in welchem Licht der Dichter die Taten seiner „Helden" erscheinen lassen wollte[472]. Dazu soll noch einmal die Szene zwischen dem Phryger und Orestes (1503–36) betrachtet werden (s. auch S. 144). Denn in dem Anliegen, die Rachetat zu verteidigen, versucht PORTER, die Bedeutung und den Sinn gerade dieser Szene anders zu beurteilen, als es bisher von der Mehrheit der Forscher geschehen ist[473]: „The emphasis in the scene is not on Orestes as a raving lunatic or parodic pseudo-hero, but on the transformation that he has undergone from passive sufferer to savage avenger."[474] Tatsächlich scheint der Sinn dieser Szene in dem Rollenwechsel zu liegen, der in Orestes' Verhalten sichtbar wird[475]. Denn zweimal macht der Phryger eine Aussage, die Orestes in ganz ähnlicher Situation und Form im ersten Epeisodion gegenüber Menelaos gemacht hat, in dessen Hand sein Schicksal lag. Beide betonen nämlich, daß alle Menschen ihr Leben zu retten versuchen, weil sie es mehr lieben als den Tod[476]. Aber jetzt ist Orestes nicht mehr derjenige, der um sein Leben bittet, sondern derjenige, der über das Leben eines anderen verfügt[477]. Deutlicher könnte man nicht machen,

---

[472] Im Unterschied zum Muttermord wird der Helena-Anschlag auch nicht durch göttlichen Befehl (scheinbar) entschuldigt; darauf weist der Dichter hin: Menelaos' Anrede an Pylades in der Exodos erinnert an die drei berühmten Verse in Aischyl. Choeph. 900–2: hatte Pylades dort an das Apollon-Orakel erinnert, so schweigt er hier. BURNETT 1998, 249 verkennt den Sinn dieser Anspielung und spricht von einem „'in-house' joke".

[473] Über die Phrygerarie schreibt PORTER 1994, 177f.: „I will argue that the Phrygian's song is neither so preposterous nor so chaotic as some have suggested." Er ordnet sie einem traditionellen Botenbericht zu (ebd. 192): „The Phrygian's song, unusual as it may be, demonstrates a surprising degree of control and coherence."

[474] PORTER 1994, 250; vgl. ebd. 247: „Only by ignoring the taunting, contemptuous attitude adopted by Orestes throughout the scene as a whole can Seidensticker ... claim that the protagonist 'ist auf die Ebene eines phrygischen Eunuchen herabgesunken'."

[475] Auf einen anderen Rollenwechsel verweist FLASHAR 1997b, 109: Im dreißig Jahre zuvor aufgeführten 'Telephos' werde das Kind Orestes als Geisel genommen: erwachsen geworden, nehme er selbst eine Geisel!

[476] Orestes (678–9): ἀπήτηκα τὴν σωτηρίαν,/ θηρῶν ὃ πάντες κοὐκ ἐγὼ ζητῶ μόνος und 644–5 ἦν ψυχὴν ἐμὴν / σώσῃς, ἅπερ μοι φίλτατ' ἐστὶ τῶν ἐμῶν; Phryger (1509): πανταχοῦ ζῆν ἡδὺ μᾶλλον ἢ θανεῖν τοῖς σώφροσιν und 1523 πᾶς ἀνήρ, κἂν δοῦλος ᾖ τις, ἥδεται τὸ φῶς ὁρῶν. Vgl. Elektra (1034): πᾶσιν γὰρ οἰκτρὸν ἡ φίλη ψυχὴ βροτοῖς.

[477] Die Proskynese des Phrygers (1507) erinnert an Orestes' kniefällige Hikesie in V. 382–3, vgl. V. 671–2. In V. 670 beteuert Orestes, daß er nicht schmeichle; in V. 1517

daß Orestes vom Opfer zum Täter geworden ist[478]. Nicht auf seine See-
lenverwandtschaft mit dem Phryger, wie meist angenommen wird, sondern auf den Wechsel der Position, den er vollzogen hat, zielt die Szene:
die Rolle, die Orestes einst selbst einnehmen mußte, zwingt er nun einem
anderen auf. Und wie Menelaos in dem zurückliegenden Gespräch vorgibt,
mit Klugheit und Weisheit seinen Neffen retten zu wollen[479], so sagt jetzt
Orestes, der Phryger habe es seiner Einsicht (σύνεσις) zu verdanken, daß
er am Leben bleibe (1524)[480]. Obwohl Orestes sich bewußt sein müßte, daß
er kurz zuvor in der gleichen lebensbedrohlichen Lage war, die jetzt der
Phryger zu bestehen hat[481], und es im Grunde auch noch ist (1534, 1552–
3), verhält er sich nicht in diesem Sinne, sondern spielt nicht ohne Genuß
mit dem Leben seines Gegenübers (1516, 1520, 1526) und läßt ihn nur
entkommen, weil es ihm plötzlich nützlicher erscheint, daß der Phryger
in der Stadt Menelaos und die Bürger informiert (s. dazu S. 144)[482]. Mit
der Entscheidung zur Gewalt ist die eigene Todesgefahr in den Hintergrund
getreten, weil im Gefühl der Stärke nun andere bedroht werden. So inten-

---

muß der Phryger dasselbe beschwören.

[478] Dies ist auch die erste Szene, in der Orestes mit einem Schwert in der Hand (1506
ξίφος, 1519 φάσγανον) die Bühne betritt, mit dem Klytaimestra (ξίφος 291, 822, 1235),
Helena (1125, 1133, 1287, 1458, 1472: ξίφος, 1148, 1303, 1633: φάσγανον), Hermione
(1193, 1575: ξίφος, 1349, 1608, 1653: φάσγανον), Menelaos (1531 ξίφος) und die
Phryger (1369, 1477: ξίφος, 1482 φάσγανον) getötet wurden oder bedroht werden (in
keiner anderen Tragödie kommen ξίφος und φάσγανον so oft vor).

[479] Menelaos' Fazit seiner Rede war (709–10): δεῖ δέ με .../ σῴζειν σε σοφίᾳ κτλ.

[480] Bereits in V. 1180 lobt er Elektras Einsicht (τὸ συνετόν). Das verhältnismäßig
seltene Wort σύνεσις (9x bei Euripides, nicht bei Aischylos und Sophokles), kommt im
'Orestes' noch in V. 396 vor und bezeichnet dort das Bewußtsein, ein Verbrechen begangen zu haben. Das Wort ist also in ganz anderem Sinne gebraucht, so daß beide Stellen wohl in keinem Bezug zueinander stehen; andererseits zeigt sich, wenn Orestes die
σύνεσις jetzt am Phryger lobt, daß er wohl vergessen hat, wie quälend sie einst für ihn
selbst war; auch hier wird ein Aspekt der Wendung vom Opfer zum Täter sichtbar.

[481] Auch Orestes fürchtete einmal, „den Tod eines Sklaven" erleiden zu müssen
(1170), nun bedroht er selbst einen wehrlosen Sklaven mit dem Schwert.

[482] Vgl. WOLFF 1968, 137: „He now acts out divine arbitrariness upon another sla-
ve." BURKERT 1974, 105: „Er, der oben ist, bräuchte den, der unten liegt, während doch
die Gewalt, die er ausübt, den Kontakt zugleich zerschneidet. Dies ist die eigentliche
Absurdität der Gewalt." Fraglich ist, ob der Phryger „diesem Orestes auch noch überlegen ist" (so SEIDENSTICKER 1982a, 112); Orestes könnte ihn jederzeit töten und tut es nur
nicht, weil der Botendienst des Phrygers ihm nun gelegener kommt (s. S. 144f.).

diert der Dichter mit diesem Rollenwechsel, daß Orestes alle die Sympathien verliert, die er gewann, als er um sein Leben bat[483]. Insofern dient
gerade die „transformation", die PORTER herausstellt, dem Zweck, Orestes' Verhalten zu kritisieren[484]. Der moralische Anstoß liegt nicht darin,
daß es ein alberner Eunuch ist[485], mit dem Orestes sein zynisches Spiel
treibt, sondern in der Tatsache, daß er es mit einem wehrlosen und vollkommen unterlegenen Menschen tut. Diese erschreckende Würdelosigkeit
des tragischen „Helden", die jedes Mitgefühl und jede Menschlichkeit
vermissen läßt, erinnert an die ebenso grotesken Argumente, die Orestes
im Agon zur Verteidigung seines Mordes vorbrachte. Die bei der Interpretation des Agons geäußerte Annahme, der Dichter wolle durch die über-
triebenen und dem gesunden Menschenverstand Hohn sprechenden Aussagen des „Helden" die moralische Anfechtbarkeit von dessen Überzeugun-

---

[483] Wie Orestes, als er in seiner Not um das Leben bat, ist es jetzt eher der Phryger,
der trotz seiner Feigheit in all seiner naiven Unschuld die Sympathien für sich einnimmt,
s. VELLACOTT 1975, 77; er ist klug (immerhin entkam er als einziger), witzig und schlag-
fertig (s. V. 1520–1 πέτρος - νεκρός) und lügt keineswegs, wenn er Helena verurteilt (s.
1385–9). Er schwindelt - und auch das nicht ohne Charme - nur, wenn er sagt, daß er für
Orestes Hilfe holen wollte (1511). Sollte er hier die Wahrheit sagen? Seinen Versuch,
sein Leben zu retten, als schamlosen Egoismus zu verurteilen (so PORTER 1994, 247),
scheint mir absurd. Man könnte geradezu den Satz der Hypothesis aufnehmen und sagen:
πλὴν Ἑρμιόνης καὶ Φρυγὸς πάντες φαῦλοί εἰσιν. Und beide bekommen Orestes'
Schwert an ihrem Hals zu spüren, vgl. BIEHL 1968, 214f., der auf die Entsprechung der
Szenen Elektra - Hermione und Orestes - Phryger aufmerksam macht.

[484] Vgl. Σ 1521 ταῦτα κωμικώτερά ἐστιν καὶ πεζά und Σ 1512 ἀνάξια καὶ
τραγῳδίας καὶ τῆς Ὀρέστου συμφορᾶς τὰ λεγόμενα. PORTER 1994, 245 A. 119 hat
die Namen der modernen Interpreten zusammengetragen, die diesem Urteil zustimmen.

[485] Die Interpreten, die den Phryger als „Zerrspiegel" von Orestes sehen (so bereits
KLEINSTÜCK 1945, 74, BURKERT 1974, 104f., WOLFF 1968, 137: „a distortet reflection of
the Orestes", SEIDENSTICKER 1982b, 64), gehen davon aus, daß Euripides und sein Publikum einem solchen Eunuchen mit Verachtung begegnet seien. Wenn Orestes in ihm
eine verwandte Seele gefunden habe (so CONACHER 1967, 223, FALKNER 1983, 297 u.a.),
zeige das, wieweit es mit dem tragischen Heroentum gekommen sei (LICHTENBERGER 1986,
7 spricht von „Heldendemontage"). Zuerst ist fraglich, ob es sich überhaupt um einen
Eunuchen handelt; s. PORTER 1994, 174 A. 3, besonders WEST 1987a zu 1528: „The
present line is a comment on the man's cowardice. He lacks manly qualities without
having the excuse of being a woman." Aber auch wenn er ein Eunuch ist (was ich annehmen möchte), ist es fraglich, ob Euripides in ihm ein Symbol menschlichen „Abstiegs"
gesehen hat (so ZEITLIN 1980, 63 und EUBEN 1986, 232). Euripides tritt ähnlichen Vorur-
teilen seines Publikums gerade entgegen, wenn er ihn schwach und feige, aber darin
durchaus sympathisch und intelligent zeichnet.

gen zeigen (s. S. 101f.), wird durch die gleiche dramatische Technik in der hier behandelten Szene gestützt. Ihre absurde Überspitzung dient nicht der Erheiterung, sondern der Distanzierung des Publikums[486].

Ähnliches gilt auch für die Arie des Phrygers. Nicht nur durch die affektierte Übertriebenheit des Berichts wird der Anschlag auf Helena ins Lächerliche gezogen, sondern auch durch das groteske Mißverhältnis von Opfern und Tätern, von denen der eine seine Beute an den Haaren zieht (1469–70) und der andere ängstliche Phryger hinmetzelt (1489)[487]. In gleicher Weise erregt auch die Schlußszene in ihrer Gewalttätigkeit Schauder und Abscheu und kann zugleich in dem kläglichen Niveau des Streitgesprächs und in der Erfolglosigkeit des Erpressungsversuchs nur abstoßend wirken. SEIDENSTICKER schreibt im Hinblick auf die oft als „komisch" bezeichneten Elemente zu Recht (1982a, 102): „Zu lachen gibt es wenig"; das Banal-Grausame dient der Entlarvung des „Helden". Euripides kommentiert die Handlungen seiner Protagonisten durch die Qualität ihrer Taten selbst[488]. Der Versuch, die moralische Anstößigkeit der Schlußintri-

---

[486] Vgl. DUNN 1996, 162: „License checked or punished represents the hybris leading to catastrophe so common in tragedy, while license unchecked and unpunished represents the audacity and the immunity from consequences typical of comedy. ... In the second half, the consequences are uncertain, as the license becomes so great that the audience is unable to foresee either success or failure for the conspirators and unable to separate the comic from the tragic." Da ich im Unterschied zu DUNN mit einem Scheitern der „Helden" auf menschlicher Ebene rechne (s. S. 150), spreche ich nicht von „Komik".

[487] Vgl. WOLFF 1968, 136f., PARRY 1969, 63, VICKERS 1973, 591, KITTO ³1961, 350f., BURNETT 1971, 191f., ZEITLIN 1980, 63, BURNETT 1998, 261: „incompatible with serious tragedy". Dennoch scheint mir auch hier Orestes' Tun kein Zerrbild des heroischen Trojakampfes (so SEIDENSTICKER 1982a, 107f., FALKNER 1983, 297); ginge es Euripides um eine Parodie des trojanischen Krieges, dürfte der Grieche Pylades doch nicht mit Hektor verglichen werden (1480). Die zahlreichen Bezüge zur Ilias (s. WOLFF 1968, 140f.) interpretiere ich im umgekehrten Sinne: genauso lächerlich wie der Anschlag auf Helena war auch der trojanische Krieg um eben diese Frau, s. V. 17 ὁ κλεινός, εἰ δὴ κλεινὸς, Ἀγαμέμνων, vgl. die 'Helena'. Orestes selbst gibt einen Hinweis auf dieses Verständnis (1518): „Haben auch in Troja alle Phryger solche Angst vor einem Schwert gehabt?" Wenn Orestes und Pylades den großen Heroen gleichen, werden auch jene, egal ob griechischer oder trojanischer Nationalität, in ihrem Kampf um eine harmlos an der Spindel sitzende Frau der Lächerlichkeit preisgegeben.

[488] Orestes und Pylades führen jetzt das von Tyndareos gegeißelte „tierische" Verhalten vor (524 τὸ θηριῶδες καὶ μιαιφόνον): Elektra spricht von θῆρας ξιφήρεις (1271, mit den Hss. ist κεκρυμμένους θῆρας zu lesen, s. Phoin. 1296, DIGGLE liest nach Hs. M und WEIL ³1905 κεκρυμμένας θήρας), Pylades wird vom Phryger φόνιος

ge in Frage zu stellen, dürfte der Intention des Dichters kaum gerecht werden.

Im letzten Wortwechsel zwischen Orestes und Menelaos gibt Euripides noch einen weiteren Hinweis, in welchem Licht er die Rachehandlung sah. Leider hat man auch an dieser Stelle Textänderungen vorgenommen, durch die der Wink des Dichters verloren geht. Menelaos will Hermiones Leben retten und fragt, ob dem Neffen nicht das Blut der Mutter genüge (1589). Orestes antwortet (1590)[489]:

οὐκ ἂν κάμοιμι τὰς κακὰς κτείνων ἀεί.

Ich werde wohl kaum müde werden, schlechte Frauen stets zu töten.

Auch hier wird den Zuschauern sein Rollenwechsel vor Augen geführt; hatte er doch noch kurz zuvor, bevor Pylades seinen Plan entwickelte, zu Elektra gesagt, daß er dem vergossenen Blut der Mutter kein weiteres hinzufügen wolle (1039)[490]:

ἅλις τὸ μητρὸς αἷμ’ ἔχω· σὲ δ’ οὐ κτενῶ.

Am Blut der Mutter habe ich genug; dich werde ich nicht töten.

Aber abgesehen von dieser Wende erhebt sich das Problem, inwiefern auch Hermione zu den „schlechten Frauen" gezählt werden darf, die Orestes nicht müde wird zu töten[491]. WEST, WILLINK und DIGGLE halten

---

δράκων (1406), Orestes ματροφόντας δράκων (1424, s. Klytaimestras Traum in Aischyl. Choeph. 527ff.) genannt (so auch Tyndareos in V. 479), beide als Waldeber in V. 1460, zum Löwenvergleich s. A. 419; vgl. dazu BOULTER 1962, 102ff., die das Motiv der tierhaften ἀγρία im 'Orestes' untersucht; vgl. Plat. Prot. 324b ὥσπερ θηρίον ἀλογίστως τιμωρεῖσθαι.

[489] Aus dem Haß auf schlechte Frauen den auf Frauen schlechthin zu machen, entspricht einem feministischen Ansatz, nicht aber dem Text; so GREGORY 1974, 80 und 91.

[490] Anstelle von: ἔχω· σὲ δ’ lesen DIGGLE, WILLINK 1986, GUZMÁN GUERRA 2000 und KOVACS 2002 nach MOSCHOPOULOS (und einigen späten Hss.) ἐγὼ δέ σ’ κτλ. In dem Vers scheint mir aber die Gegenüberstellung: Klytaimestra - Elektra im Vordergrund zu stehen, die durch betontes ἐγώ gestört würde; zu ἅλις ἔχειν mit Akk. s. Eur. El. 73–4 Orestes' Weigerung, weitere Morde zu begehen, hier auf die Schwester, d.h. die Verwandten, die nicht schlecht sind, einzuschränken, scheint mir nicht sinnvoll. Nach dem Muttermord und seinen Folgen weist Orestes jeden Gedanken an einen weiteren Mord entschieden von sich. Erst durch den neuen Racheplan ändert sich diese Haltung, und zur Selbstrechtfertigung seiner Taten spricht er wieder von „schlechten" Frauen.

[491] Vgl. SYNODINOU 1988, 319: „He should, according to his own criteria, be referring to his sister more than to innocent Hermione."

diese Aussage für unmöglich und ändern den Text[492]. Daß aber bei Orestes' Antwort auf Menelaos' Frage kein Überlieferungsfehler vorliegt, beweist ein anderer Vers. Denn wenig später hält Orestes das Schwert wieder näher an Hermiones Hals und sagt (1607): „Denn mir gefallen keine schlechten Frauen"[493]. Dieses für die Interpretation wichtige szenische Geschehen wird aus Menelaos' Reaktion deutlich (1608)[494]: „Nimm das Schwert von meiner Tochter weg!" Es wird augenscheinlich, daß für Orestes auch Hermione in ihrer Eigenschaft als Menelaos' und vor allem Helenas Tochter eine schlechte (κακή) Frau ist und er infolgedessen keine Scheu und Bedenken hat, sie zum Objekt seiner Erpressung zu machen[495]. Wie Orestes die Rache an Klytaimestra und Helena dadurch zu rechtfertigen versuchte, daß beide „schlechte" Frauen gewesen seien (s. A. 369), so wird dieses Argument hier bei Hermione einfach wiederholt. In dieser vom Dichter beabsichtigten, wiederum grotesken Übertreibung zeigt er, wie er die Rachehandlung seiner „Helden" verstanden wissen möchte. Die Bedrohung der Unschuldigen mit dem blanken Schwert zeigt, wohin das Konzept der Vergeltung erlittenen Unrechts führt[496]. Man wird Euripides' Anliegen nicht entsprechen, wenn man seine entscheidenden Hinweise zunichte macht, indem man den überlieferten Text ändert. Die Interpretation, die zugunsten einer einheitlichen Personendarstellung die

---

[492] WEST 1987a stellt V. 1589–90 nach V. 1584 um mit der Begründung: „they refer to the killing of Helen, not that of Hermione, who does not belong in the class of 'bad woman'"; zu den Umstellungen von WILLINK und DIGGLE s. A. 425.

[493] Die Replik bezieht sich in erster Linie auf Klytaimestra (1606); durch das Schwert an Hermiones Hals macht Orestes deutlich, daß für ihn auch Hermione in dieselbe Gattung der schlechten Frauen gehört. Zu Beginn des Dramas hat er bei dem Gedanken, daß er seine schlechte Mutter tötete, einen Wahnsinnsanfall erlitten; s. S. 24. Gleiches scheint bei dem im zweiten Teil präsentierten Orestes undenkbar.

[494] Orestes' Antwort lautet (1608): ψευδὴς ἔφυς „du täuschst dich" sc. wenn du glaubst, ich werde das tun (zum passiven ψευδὴς s. Eur. Iph. A. 852, vgl. LSJ s.v. ψεύδομαι A 3.); anders WEST 1981, 70, der vorschlägt: ψευδὴς <δ'> ἔφυς „Ich tue es nicht, denn du bist ein Lügner."

[495] Auch Elektra benutzt ohne Skrupel Hermione, die den Geschwistern helfen will (1345), für ihren Racheplan an Menelaos (1352) und lockt sie ins Verderben.

[496] Es dürfte kein Zufall sein, daß V. 1590 und 1607 im Register der von PORTER behandelten Stellen fehlen (1994, 360). Vgl. auch die Brutalität der Elektra gegenüber Hermione; ihr Schweigebefehl ist keineswegs nur „zu schroff" (so BIEHL 1965 zu 1347), sondern charakterisiert sie als eine, die ihre Pläne auch bedenkenlos in die Tat umsetzt.

Rachehandlung des zweiten Teils verharmlost, wird dem Drama nicht gerecht[497].

Diesem Urteil folgt die Sichtweise, die auf entgegengesetztem Wege die Einheit der Tragödie zu beweisen sucht[498]. Orestes wird hier zum gemeinen Verbrecher erklärt, der jede Kontrolle über sein Tun verloren hat[499] und dessen krankhafter Wahnsinn nun schlimmste Verbrechen hervorbringt[500]. Die Interpreten, die dieser Ansicht sind, müssen die Sympathie gewinnenden Züge der drei „Helden" am Anfang des Stückes (s. S. 31ff., vgl. 124f.) vernachlässigen, so daß diese nur noch als krankhafte Subjekte mit kriminellen Neigungen erscheinen, die kein Mitleid verdienen[501]. Auch dieser Ansatz läßt also einen Teil des Stückes nicht zu seiner vollen Geltung kommen und übersieht die zahlreichen Einzelheiten, mit denen

---

[497] Vgl. RAWSON 1972, 160: „It seems extraordinary that anyone should ever have thought that Euripides condoned the murder plot. No Greek could accept a murder dressed up as a suppliants' appeal."

[498] So bereits die Hypothesis, die einzig Pylades als nicht schlechten Charakter bezeichnet (DIGGLE, 189, Z. 43–4; so auch STEIGER 1898, 46). Dieses Urteil kann sich nur auf seine Freundschaftsdienste im ersten Teil beziehen, denn es bleibt unberücksichtigt, daß es gerade Pylades ist, der die Rachehandlung in Gang bringt (1098–9); diese Intrige wird negativ eingeschätzt, da ja nach der Hypothesis Orestes und Elektra zu den χείριστοι gehören; infolgedessen müßte auch Pylades χείριστος genannt werden.

[499] VERRALL 1905, 209: „Villains of some sort, and fools of the worst sort, the assassins of Clytaemnestra must be." NORWOOD 1920, 268f.: „portrait of a villain", ARROWSMITH 1958, 187: „Dramatically, the unifying motif of the play is the gradual exposure of the real criminal depravity of Orestes and his accomplices", KITTO ³1961, 347: „Certainly the play is the spectacular portrayal of insane behavior", VELLACOTT 1975, 79: „Orestes is not only bad, but unpleasantly, stupidly, insanely bad", FUQUA 1976, 90: „His φύσις is revealed for what it is, a potential for insane, literally brutal conduct."

[500] Nach Horaz sat. 2,3,134–41 ist Orestes bereits wahnsinnig, als er die Mutter tötet, nicht erst danach. Dagegen muß man betonen, daß im 'Orestes' der „Held" (und seine Helfer) seine Taten mit klarem Bewußtsein (s. V. 44 ἔμφρων) und bei vollem Verstand planen und ausführen. Der Wahnsinn als Krankheit (395) ist dem leidenden Orestes zugeordnet, als Täter ist er davon gerade nicht bedroht.

[501] MULLENS 1940, 157: „He is in a sub-human, sub-rational abyss of beastliness." SMITH 1967, 293: „Orestes needs help, but because the members of his family are what they are they can only make him worse, until his decease overwhelms them all." SIMON 1978, 112: „We have, then, a subtle portrait of a man who, when psychotic, feels himself persecuted by malignant females. When 'normal' he handles his guilt and ambivalence by externalizing the blame and by destroying women, whom he constantly fears will unman him." HARTIGAN 1987, 130f.: „At lines 1098–1100 madness enters the 'Orestes' as surely as Lyssa arrived at 815 of the 'Herakles'."

der Dichter das Wohlwollen der Zuschauer für die Protagonisten provoziert, und kann deswegen ebensowenig überzeugen. Es stellt sich noch einmal das Problem, wie man beiden Teilen des Stückes in ihrem gleichberechtigten Nebeneinander gerecht werden kann[502].

Die Aufmerksamkeit muß sich natürlich auf den Moment des Umschwunges selbst richten. Aber auch hier macht es der Dichter seinem Publikum keineswegs leicht. Anstatt Übergänge zu schaffen und Erklärungen zu bieten, stellt er abrupt und unvermittelt die beiden gegensätzlichen Haltungen der „Helden" nebeneinander. Es scheint in psychologischer Hinsicht erstaunlich, daß die eben noch zum Selbstmord Bereiten ohne jedes Zögern einen neuen Mord ins Auge fassen. Selbst der Chor der argivischen Frauen, der sich gerade noch vom Muttermord deutlich distanziert hat, ist nun bereit, Mord und Gewalt zu unterstützen[503]. Nicht weniger erstaunlich ist die Tatsache, daß Orestes, der innerlich und äußerlich die für ihn selbst verderblichen Folgen des Muttermordes erfahren mußte, dennoch sofort zu einer Mordtat zu gewinnen ist, die denselben Motiven entspringt, wenn er auch zu Idee und Planung intellektuell selbst nicht imstande ist[504]. Denn wie im dritten Kapitel (S. 132) gezeigt, entsprechen die im Agon vorgetragenen Gründe, mit deren Hilfe Orestes den Muttermord verteidigt, denen, die zu dem neuerlichen Anschlag führen. In beiden Mordfällen geht es um die Vergeltung eines erlittenen Unrechts: dem Vater leistet Orestes Beistand durch die Tötung der Täterin und sich selbst

---

[502] EUCKEN 1986, 164 sieht die Einheit des Dramas nicht in der Handlung, sondern „in einer am Geschehen illustrierten Problematik", nämlich dem durch die Vergeltung gegebenen Rechtsproblem. Obwohl er das Thema des Stückes richtig erfaßt, was seinen Aufsatz m.E. zu einem der besten neueren Beiträge macht, scheint mir der Gegensatz von Handlung und Problematik nicht zutreffend. Die Handlung selbst bildet die Prozesse ab, die einem Vergeltungsgeschehen zugrunde liegen. Die dargestellte Problematik wird also allein im Handeln der Hauptgestalten expliziert. Euripides bleibt Dramatiker und wird nicht zum Philosophen, wie EUCKEN annimmt (s. ebd. 168).

[503] Gegen die Geiselnahme Hermiones erwartet man vom Chor Widerspruch. Szenisch wird dieser Umschwung bes. deutlich durch den Gegensatz des flüsternden ersten Auftritts der Frauen (140–210) und dem lauten Gepolter, das sie als Komplizinnen verursachen (1353–4); vgl. besonders μηδ' ἔστω κτύπος (137) und κτύπον ἐγείρετε (1353).

[504] Gleiches gilt für Elektra; s. SYNODINOU 1988, 320: „But she herself proved to be again no less the πάλαι γυνή."

schafft er Genugtuung durch die Bestrafung desjenigen, der ihn verriet[505].
Beiden Taten des „Helden" liegen die auf S. 75–8 dargestellten ethischen
Grundsätze eines Freund-Feind-Denkens zugrunde. Durch die vom Dichter
vorgenommene Parallelisierung der Morde an Klytaimestra und Helena (s.
S. 130–6) soll deutlich werden, daß Orestes zweimal in analoger Weise
agiert. Mit einer charakterlichen Entwicklung wird man also nicht rechnen dürfen[506]. Dennoch setzt diese Wiederholung ähnlicher Handlungen
um so mehr in Erstaunen, als Orestes wiederholt, was ihn in größte Verzweiflung und in höchste Bedrohung brachte.

Andererseits wird die überraschende Wende in Vers 1098 vom Dichter
vorbereitet. Wie im zweiten Kapitel (S. 70) gezeigt, kommt es bereits zu
Beginn des großen Agons zu einem rasanten Stimmungsumschwung in
Orestes' Haltung gegenüber Tyndareos, der den späteren Umbruch vorwegnimmt. Auch gegenüber dem Großvater stellte das „Freund-Feind-
Denkmodell" die Grundlage seiner Reaktion dar. Im ersten Epeisodion
vollzieht sich der Umschwung von Scham und Schuldgefühlen gegenüber
dem alten Mann in Form einer höchst agressiven Rede, die keine Rücksicht mehr auf den Angesprochenen nehmen will, weil dieser zum Gegner
und Feind geworden ist. In ähnlicher Weise wandelt sich die Resignation
der zum Selbstmord Entschlossenen zu einer Aggressivität, die dem Verräter und Feind nicht mehr nur mit Worten, sondern mit Taten entgegentritt[507]. Wie im Agon weichen Krankheit und Schwäche, und der dem
Tode Nahe ist plötzlich in der Lage, seinerseits andere zu töten.

Eine solche Gestaltung dürfte also kein Zufall sein oder fehlende Charakterisierungskunst verraten. Das Geschehen im Agon und der Umschwung im vierten Epeisodion erklären sich gegenseitig[508]. Euripides will
darstellen, welche eruptive Kraft dem Konzept der Rache am Feind innewohnt. Der Gedanke an eine mögliche Bestrafung dessen, der einem Böses

---

[505] Zur Frage, weshalb sich die Rache nicht gegen Menelaos selbst richtet, s. S. 131.
Das Motiv der Rettung ist dem Wunsch nach Vergeltung untergeordnet, s. S. 128.

[506] Die Gegensätze, die in Orestes' Charakterzeichnung festzustellen sind, können
also nicht durch den Prozeß des Erwachsenwerdens (s. A. 469) erklärt werden.

[507] Zum Wechsel von „unbridled speech" zu „unbridled action" s. DUNN 1989, 246f.

[508] Der Umschwung ist unerwartet, aber in ihm liegt der eigentliche Kern des Stük-
kes. In Euripides' Sinne hätte die Tragödie keineswegs mit Vers 1097 enden können.

antat, läßt Orestes gleichsam aus sich heraustreten und alles Vorhergehende vergessen, so daß er bereitwillig der Anstiftung des Freundes folgt[509]. Alle Schwäche und alle Zweifel sind überwunden, und mit dem Verlangen nach Vergeltung tritt eine Wende ein, die deutlicher nicht sein könnte. Auch wenn es paradox klingen mag, so beruht die Einheit der Tragödie auf diesem Umbruch, mit dem der Dichter das Wesen des von ihm thematisierten Phänomens zu erfassen sucht: die Rache als gesellschaftliches Phänomen steht im Zentrum der Tragödie[510]; die ihr vorausgehenden und durch sie ausgelösten Prozesse menschlichen Handelns machen das dargestellte Geschehen zu einem geschlossenen Ganzen.

Die dargestellten Gewalttaten sind nach Euripides nicht aus einer einheitlichen individuellen Persönlichkeit eines Menschen ableitbar[511], sondern sie werden nur erklärlich durch die ihnen zugrunde liegende ethische Konzeption, die einen vollkommenen Wandel in Haltung und Handlungsweise bewirkt, der die Kontinuität der Person aufzulösen scheint[512]. Der Dichter macht den „Helden" zu einem Typos, an dem er die psychologischen Prozesse der Rache demonstriert[513]. Euripides zeigt ihre Gesetzmäßigkeit mit den Phasen des erlittenen Unrechts, der Wendung zur Gewalt, der Durchführung und der anschließenden innerlichen und äußerlichen

---

[509] Hier fühlt man sich besonders an Thuk. 3,82,5 erinnert: ἁπλῶς τε ὁ φθάσας τὸν μέλλοντα κακόν τι δρᾶν ἐπῃνεῖτο καὶ ὁ ἐπικελεύσας τὸν μὴ διανοούμενον.

[510] ARROWSMITH 1963 nennt dies „a theater of ideas" (54): „... his subject was nothing less than the life of Greek and Athenian culture."

[511] Hier kann Aristoteles Euripides' Anliegen nicht gerecht werden, es sei denn, man wollte Orestes als einen Charakter bezeichnen, der ὁμαλῶς ἀνώμαλος ist (poet. 1454a27–8); denn immerhin wird der Umschwung zweimal vorgeführt. Aristoteles' Kritik an der Darstellung Iphigenies (1454a31ff.) legt es aber zumindest nahe, daß er auch bei Orestes, Elektra, Pylades und dem Chor (s. dazu S. 187f.) geurteilt hätte: 'Die um ihr Überleben Kämpfenden gleichen nicht den Rächern.'

[512] GEHRKE 1987, 146 weist auf P. LERSCH, Der Aufbau der Person, München [10]1966, 249 (Rache als Reaktion auf verletztes Geltungsstreben) und H. KOHUT, Die Zukunft der Psychoanalyse, Frankfurt a.M. 1975, 225ff. (der Angriff auf das narzistische Selbstkonzept löst ein zwanghaftes, unversöhnliches Rachebedürfnis aus).

[513] Vgl. Aristot. poet. 1450a16f. ἡ γὰρ τραγῳδία μίμησίς ἐστιν οὐκ ἀνθρώπων ἀλλὰ πράξεων καὶ βίου und 1451a36ff. zur Allgemeingültigkeit der dargestellten Handlung. GREENBERG 1962, 159: „The major characters of the play ... are representatives of types of human motivation."

Zerrüttung[514]. Stellt man die Darstellung dieser Prozesse in den Mittelpunkt der Tragödie[515], verliert die Frage einer einheitlichen Wertung der Personen an Bedeutung, weil eine solche den unterschiedlichen moralischen Facetten des Rachephänomens nicht gerecht werden kann. Der Wandel von unschuldigen Opfern, die Mitleid und Sympathie verdienen, zu brutalen Mördern und Erpressern findet seine hinreichende Erklärung in der Dynamik des Rachegedankens selbst. Die Stationen dieses Wandels und die damit gegebenen ethischen Implikationen sollen im folgenden genauer betrachtet werden.

Euripides distanziert sich in seiner Darstellung von der Vorstellung, es seien moralisch zwielichtige oder kriminell veranlagte Personen, die hier Mord und Geiselnahme planen[516]. Es sind vielmehr sympathische und freundliche Menschen[517], die zu tatkräftiger Menschlichkeit in der Lage und an sich von einer aggressiven Haltung denkbar weit entfernt sind[518], weil sie eigentlich und zunächst nur das eine Ziel haben, selbst zu überleben[519]. Ein solches Porträt zeichnet er vor allem in der Exposition (s. S. 31ff.) und in der bewegenden Abschiedszene (s. S. 124f.) in vielen Details. Aber diese Menschen kommen ohne eigene Schuld in Situationen größter Bedrängnis. Orestes und seine Schwester geraten zweimal in durch andere verursachte Not: zuerst durch den tödlichen Anschlag auf den Vater, der die unrechtmäßige Usurpation seines Thrones zur Folge hat, und dann

---

[514] Vgl. dazu S. 23ff. Zur Erkenntnis der Sinnlosigkeit des Verbrechens s. S. 88f.

[515] Anders z.B. KITTO ³1961, 346: „The 'Orestes' ... is a melodrama based on characterdrawing and character imagined sensationally, not tragically."

[516] Aus diesem Grund kann das Argument nicht überzeugen, der Dichter wolle die Rachehandlung nicht kritisieren, da er für die so Handelnden Sympathie errege (so PORTER 1994, 84 A. 135). Auch WEST 1987a, 37 lehnt mit diesem Argument die Beziehung von Thuk. 3,82–3 zu unserem Stück ab: „But he was writing for a theatre audience whose emotions he had enlisted on Orestes' side."

[517] In dieser Hinsicht erfüllt Euripides' Stück die Aristotelische Forderung, daß der tragische Charakter (ἦθος) gut (χρηστόν) sein müsse (poet. 1454a17).

[518] Besonders ansprechend ist z.B. Orestes' Bemerkung, daß zu viel Lob des Freundes auch zur Last werden kann (1161–2).

[519] Das Rettungsmotiv gehört in die Darstellung der Mitleid verdienenden Opfer; mit dem Umschwung zur Rache verliert es seine primäre Bedeutung; s. S. 128f.

durch das Todesurteil der Bürger, das der eigene Großvater beförderte und das abzuwehren Menelaos sich weigerte[520].

Was die Vergleichbarkeit der Ausgangspositionen der beiden Rachetaten angeht, mußte Euripides allerdings ein wenig nachhelfen. Denn für die Notlage, die dem ersten Mord folgt und dann zum Auslöser des zweiten Attentats wird, ist Orestes selbst verantwortlich. Die Situationen vor dem Muttermord und vor dem Helena-Mord gleichen sich in dieser Hinsicht nicht: die eine entsteht, weil Klytaimestra und Aigisthos mordeten, die andere, weil Orestes selbst mordete. Es hätte leicht der Eindruck entstehen können, daß der Muttermörder durch die zweite Gewalttat nur der wohlverdienten Strafe für die erste entgehen wollte. Um aber Orestes auch nach dem Muttermord in den Augen der Zuschauer von seiner Schuld zu entlasten, stellt der Dichter, wie bereits auf S. 36f. ausgeführt, im ersten Teil des Dramas den Apollon-Befehl heraus[521]. Weil Orestes einem Gott gehorchte[522], wird er von der Schuld für die Not, in die er nach der Tat geriet, entlastet und kann Mitleid finden. Durch das Apollon-Orakel lenkt Euripides mit dramaturgischem Geschick die Haltung seiner Zuschauer gegenüber dem Protagonisten in die Richtung, die er wünscht. Denn die Parallelisierung der beiden Rachetaten ist nur möglich, wenn beide ihre Voraussetzung in einer unverschuldeten Notlage haben. Der Tragiker beabsichtigt, daß der Zuschauer sich von Orestes' wiederholter Gewalt kritisch distanziert, sucht aber eine eindimensionale negative moralische Wertung dadurch zu vermeiden, daß er beiden Taten darin eine Berechtigung zugesteht, daß der, der sie ausführt, auf eine Situation reagiert, die nicht durch ihn selbst, sondern durch ein von anderen verübtes Unrecht entstand.

---

[520] Auch Pylades ist in Not, s. V. 763: κἀμὲ νῦν ἐροῦ τί πάσχω· καὶ γὰρ αὐτὸς οἴχομαι. „Frage auch mich jetzt, wie es um mich steht; denn auch ich bin verloren." Ich sehe keinen Grund, ἐροῦ mit VAN HERWERDEN 1878, 26 in ὅρα zu ändern: „Sic loqui assolent infantes, non adulti homines"; vgl. DIGGLE.

[521] In V. 1680 erscheint Orestes noch einmal als unschuldiges Opfer, das den beiden Urhebern seines Unglücks, Apollon und Menelaos, verzeiht: „Und im Hinblick auf das, was mir widerfuhr, versöhne ich mich mit dir, Menelaos, und im Hinblick auf deine Orakel versöhne ich mich mit dir, Apollon."

[522] Zum inneren Zwang zur Rache, den Apollon verkörpert, und der damit ebenfalls gegebenen moralischen Entlastung s. S. 79f.

Bei diesem erduldeten Unrecht handelt es sich keineswegs nur um subjektive Gegebenheiten. Der Dichter läßt keinen Zweifel daran, daß Aigisthos und Klytaimestra in ihrem Anschlag auf Agamemnon ein Verbrechen begangen haben[523], die Bürger ihr Urteil unter dem Einfluß von
skrupellosen Machtpolitikern und Demagogen fällen (s. S. 34f.), Tyndareos unter der Maske der Gesetzlichkeit nur die eigenen Rachewünsche
verbirgt (s. S. 29f.) und Menelaos aus egoistischen Motiven den Neffen
im Stich läßt (s. S. 107f.). Auch wenn in all dem die unabdingbaren Voraussetzungen für Orestes' Taten liegen[524] und man voraussetzen darf, daß
der Dichter etwa dem Ablauf einer so beschriebenen Volksversammlung[525]
und der menschlichen Härte und Verständnislosigkeit, die Menelaos und
Tyndareos gegenüber Orestes an den Tag legen, kritisch gegenüberstand,
so liegt der eigentliche Zielpunkt seiner Darstellung m.E. nicht in einer
derartigen Gesellschaftskritik[526]. Nicht die vorausgehende Schädigung und
Bedrohung stehen für ihn im Vordergrund, sondern der sich daraus für den
Geschädigten ergebende Zwang und Wille, darauf zu reagieren. Das objek-
tive Unrecht, dem die tragischen „Helden" ausgesetzt sind, ist nur die
Ausgangsposition für die Darstellung der Mechanismen, die dadurch aus-
gelöst werden. Dem Tragiker geht es in erster Linie darum, wie aus den
Opfern Täter werden und aus dem faktisch geschehenen und erlittenen
Unrecht wieder neue Gewalttaten entstehen.

Im 'Orestes' läßt Euripides die tragischen „Helden" zweimal hinterein-
ander in gleicher Weise auf ein erfahrenes Unrecht reagieren. Denn obwohl Orestes zur Einsicht in die Sinnlosigkeit und verbrecherische Natur
seiner ersten Rachetat gelangt ist und er die für ihn selbst verderblichen
Folgen erdulden mußte, scheint er dieses durch Erfahrung gewonnene Wissen bei der Verteidigung seines Tuns im Agon und vor allem bei seiner

---

[523] Entlastende Gründe wie die Ermordung Iphigenies oder der Ehebruch mit Kassandra kommen nirgends zur Sprache; s. nur Tyndareos' Fazit (538): θυγάτηρ δ' ἐμὴ
θανοῦσ' ἔπραξεν ἔνδικα.

[524] Zur dramaturgisch nötigen Schlechtigkeit des Menelaos s. auch S. 45f.

[525] Zur Vermutung der Scholien, mit dem Demagogen sei Kleon oder Kleophon gemeint (Σ 903) s. A. 45; vgl. GOOSSENS 1962, 642f. Sie waren sicherlich nicht die einzigen,
denen der Dichter mit seiner Darstellung ein Denkmal setzte; zur Problematik solcher
Anspielungen s. ZUNTZ 1968.

[526] Vgl. dazu die Aufsätze von LANZA 1961 und LONGO 1975.

Reaktion auf Pylades' Vorschlag vergessen zu haben[527]. Dieses Vergessen hat seine Ursache nicht in der Persönlichkeit des „Helden"[528], sondern in den äußeren Gegebenheiten selbst. Denn als Alternative zeigte sich ihm einzig der erzwungene Selbstmord, so daß er noch einmal tut, was ihn bereits zu vernichten drohte. Orestes' Situation ist in diesem Sinne eine tragische: um einen vermeintlichen Ausweg aus der Not zu finden, wird das wiederholt, was zu eben dieser Not erst führte[529]. Die Parallelisierung der beiden Rachetaten dient diesem darstellerischen Anliegen. Eine wirkliche Lösung scheint es nicht zu geben: entweder erduldet Orestes das ihm angetane Unrecht durch Preisgabe des eigenen Lebens, oder er folgt dem Weg der Gewalt, der die Illusion von Rettung bietet[530], obwohl sich diese schon einmal als trügerisch erwies.

Was die Illusion der Bewahrung des eigenen Lebens angeht, die sich mit dem Wunsch nach Rache verbindet, wird man auch hier ERBSE nicht zustimmen können (1984, 255): „(Apollon) zeigt, daß die Versuche der Verschworenen verständlich und verzeihlich, freilich unberechtigt waren." Von den Geschwistern zu fordern, daß sie einfach auf Apollon hätten warten sollen, dürfte nicht der Anlage des Stückes entsprechen, in der das Fernbleiben des Gottes die entscheidende Voraussetzung der Handlung ist[531]. Deswegen kann man nicht unterstellen, der Gott hätte nach V. 1097 helfend eingegriffen, wenn Orestes und Elektra nur auf die Intrige verzichtet hätten und auf dem Weg in den Freitod vorangeschritten wären. Nur unter dieser fragwürdigen Voraussetzung könnte man ihr Handeln als unberech-

---

[527] Zur analogen Situation gegenüber Tyndareos s. S. 90f.

[528] Zur Frage eines Charakterfehlers der „Helden" s. S. 180–3.

[529] Vgl. SZONDI 1964, 65: „Denn nicht Vernichtung ist tragisch, sondern daß Rettung zu Vernichtung wird, nicht im Untergang des Helden vollzieht sich die Tragik, sondern darin, daß der Mensch auf dem Weg untergeht, den er eingeschlagen hat, um dem Untergang zu entgehen"; zu SZONDI und die griechische Tragödie vgl. SEIDENSTICKER 1992.

[530] Wie Elektra Orestes dazu antreibt, die Mutter zu ermorden, um ihrer gemeinsamen Not ein Ende zu bereiten, so liefert sie auch beim zweiten Racheakt einen Plan, nach dem die Rache den Tätern auch Rettung bringen soll. In beiden Fällen irrt sie schwer.

[531] Vgl. WEST 1987a, 37: „What does the academic critic think, that Orestes and Electra ought to have done? Taken their medicine like sportsmen, or like Socrates, hymning the supremacy of law, leaving Menelaus and Helen in possession of Agamemnon's house and throne."

tigt ansehen. Der Dichter zeichnet aber eine Situation, in der einzig der selbst gewählte Tod als Alternative zur Gewalt an anderen erscheint[532].

Neben die Hoffnung auf Rettung treten die primären psychologischen und moralischen Gründe, die den Entschluß zur Rache auslösen. Denn der Geschädigte meint, durch die Vergeltung das Erlittene heilen zu können, indem er das durch die Gewalttat beeinträchtige Ansehen seiner eigenen Person (oder die des Verwandten oder Freundes) wiederherstellt und einen gerechten Ausgleich herbeiführt[533]. Der Wunsch nach Vergeltung ist aber nicht nur deshalb so mächtig[534], weil durch sie die Schande der Unterlegenheit beseitigt werden soll, sondern auch, weil sie dem Prinzip der Gerechtigkeit verpflichtet ist[535]. Auch wenn es sehr fraglich ist, ob Menelaos' Verrat die Ermordung der Gattin rechtfertigt, so wird es den Zuschauer mit einiger Genugtuung erfüllen, daß Menelaos mit seinem schlechten Ver-

---

[532] Vgl. V. 1173 εἰ ... παραπέσοι σωτηρία κτανοῦσι μὴ θανοῦσι „... wenn sich eine Möglichkeit zur Rettung ergäbe, daß wir töten, statt zu sterben."

[533] Zum Rechtsaspekt vgl. Hesiod fr. 286 εἰ κακά τις σπείραι, κακὰ κέρδεα <κ'> ἀμήσειν·/ εἴ κε πάθοι, τά τ' ἔρεξε, δίκη κ' ἰθεῖα γένοιτο, Thgn. 344–5 δοίην δ' ἀντ' ἀνιῶν ἀνίας·/ αἶσα γὰρ οὕτως ἐστί, κτλ., Eur. Hek. 844–5 ἐσθλοῦ γὰρ ἀνδρὸς τῇ δίκῃ θ' ὑπηρετεῖν καὶ τοὺς κακοὺς δρᾶν πανταχοῦ κακῶς ἀεί (vgl. Ion 1046–7), Aristot. eth. Nic. 1132b22–3 (Pythagoreer) ὡρίζοντο γὰρ ἁπλῶς τὸ δίκαιον τὸ ἀντιπεπονθὸς ἄλλῳ, b33–4 (Aristoteles selbst) τῷ ἀντιποιεῖν γὰρ ἀνάλογον συμμένει ἡ πόλις. ἢ γὰρ τὸ κακῶς ζητοῦσιν· εἰ δὲ μή, δουλεία δοκεῖ εἶναι· ἢ τὸ εὖ· εἰ δὲ μή, μετάδοσις οὐ γίγνεται κτλ., rhet. 1367a20–3 διὸ τὸ δίκαιον καὶ ἡ δικαιοσύνη καλόν. καὶ τὸ τοὺς ἐχθροὺς τιμωρεῖσθαι καὶ μὴ καταλλάττεσθαι· τό τε γὰρ ἀνταποδιδόναι δίκαιον, τὸ δὲ δίκαιον καλόν, καὶ ἀνδρείου μὴ ἡττᾶσθαι.

[534] τὸ τιμωρεῖθαι ἡδύ (Aristot. rhet. 1370b30); zur Freude (ἡδονή) an der Rache s. z.B. Soph. Ai. 79 (Athene) οὔκουν γέλως ἥδιστος εἰς ἐχθροὺς γελᾶν; Thuk. 7,68,1 (Gylippos) ἅμα δὲ ἐχθροὺς ἀμύνασθαι ἐγγενησόμενον ἡμῖν καὶ τὸ λεγόμενόν που ἥδιστον εἶναι, Xen. Hier. 1,34 παρὰ μὲν γὰρ πολεμίων ἀκόντων λαμβάνειν πάντων ἥδιστον ἔγωγε νομίζω εἶναι, Aristot. rhet. 1378b8–9 ἀκολουθεῖ γὰρ καὶ ἡδονή τις ... διότι διατρίβουσιν ἐν τῷ τιμωρεῖσθαι τῇ διανοίᾳ, vgl. eth. Eud. 1229b32–3.

[535] Vgl. GEHRKE 1987, 148: „Die Gründe, die der Rache bei den Griechen ihre Form und Bedeutung gaben, lassen sich also etwa in folgenden Grundtatsachen zusammenfassen: Eine Sozialisation, in der Geltungsstreben (φιλοτιμία) und Erwiderungsethos, gepaart mit einem ausgeprägten Konkurrenzdenken, einen zentralen Platz einnahmen, verstärkt oder formt bestimmte psychische Strukturen, im Unbewußten wie Bewußten, im Sinne dieser Orientierung. So stehen Rache und Rachsucht in gleicher Weise im Kodex, der das bewußte Verhalten regelt, wie in der affektiv-emotionalen Wunschwelt neben anderen Elementen oder allein im Vordergrund. Zwischen Norm und Trieb gibt es keinen Widerspruch." Vgl. auch MOSSMAN 1995, 169–77.

halten nicht ungestraft bleibt[536]. Den Sohn des Bruders, in dessen Schuld
er steht, im Stich zu lassen, kann kein Verständnis finden. Euripides läßt
auch keinen Zweifel daran, daß wie Klytaimestra so auch ihre Schwester
Strafe verdient[537]. Im Stück finden sich nur negative Urteile über Helena[538], und ihr eigener Auftritt nimmt wahrlich nicht für sie ein. Auch
wenn es athenischer Gerichtspraxis nicht entspricht, die Ehebrecherin mit
dem Tod zu bestrafen[539], so wiegt die Schuld angesichts der schrecklichen
Folgen in diesem Fall schwerer[540], wobei das ungeheure Leid, das sie verursachte, keinerlei Eindruck auf sie selbst gemacht hat: „Sie ist die Frau
geblieben, die sie schon immer war." (129 ἔστι δ' ἡ πάλαι γύνη)[541]. Der

---

[536] Wäre Orestes schuldig und der Tod die verdiente Strafe für den Muttermord, wäre
Menelaos' Verhalten nicht schlecht, weil er nur der Gerechtigkeit ihren Lauf ließe.

[537] So nimmt die Mehrzahl der Interpreten keinen Anstoß an der Bestrafung Helenas.

[538] Elektra nennt sie gottverhaßt (19, s. 130–1) und Verursacherin von Tränen und
Klagen; in V. 56 ist πολύστονον zu halten (anders DIGGLE nach MUSGRAVE ²1797: πο-
λυκτόνον), s. V. 1363 δακρύοισι γὰρ 'Ελλάδα πᾶσαν ἔπλησε ⟨γᾶν⟩ (zur wegen V.
1547 metrisch nötigen Ergänzung von γᾶν s. Iph. A. 771, Thgn. 247, Xenoph. fr. 8,2, A P
7,93,3), vgl. das Adj. πολύστονος bei Lyssa (Eur. Herakl. 880) und der Sphinx (Phoin.
1022). Helena ist eine Erinys (1389) und wirkt auch so, s. Eur. Hik. 835. Die Väter der
Troja-Kämpfer wollen sie steinigen (56–60, vgl. 103); Orestes nennt sie ein großes Übel
(248) und jammert über die Schmach, bei Helenas Leben Menelaos um Hilfe bitten zu
müssen (671–2); Tyndareos will mit ihr nicht mehr reden (520–1) und hält sich im Hinblick auf seine Töchter für unglücklich (540–1); Pylades nennt sie κακίστη (741); der
Chor haßt sie (1153–4) und sieht in ihrem Tod göttliche Gerechtigkeit (1361–2); selbst
der Phryger beschimpft sie als Δυσέλενα und 'Ερινύς (1387–9, s. 1513–15). Erst durch
Apollon wird sie rehabilitiert (1639–42).

[539] Im athenischen Recht durfte der in flagranti ertappte Ehebrecher getötet werden, s.
Demosth. 23,53 ἐάν τις ἀποκτείνῃ ... ἐπὶ δάμαρτι ἢ ἐπὶ μητρὶ ἢ ἐπ' ἀδελφῇ ἢ ἐπὶ
θυγατρὶ ἢ ἐπὶ παλλακῇ, ἣν ἂν ἐπ' ἐλευθέροις παισὶν ἔχῃ, τούτων ἕνεκα μὴ
φεύγειν κτείναντα. Für die Ehebrecherin galt folgendes: [Demosth.] 59,87: ἐπειδὰν δὲ
ἕλῃ τὸν μοιχὸν, μὴ ἐξέστω τῷ ἑλόντι συνοικεῖν τῇ γυναικί· ἐὰν δὲ συνοικῇ,
ἄτιμος ἔστω. μηδὲ τῇ γυναικὶ ἐξέστω εἰσιέναι εἰς τὰ ἱερὰ τὰ δημοτελῆ ἐφ' ἧ ἂν
μοιχὸς ἁλῷ· ἐὰν δ' εἰσίῃ, νηποινεὶ πασχέτω ὅτι ἂν πάσχῃ, πλὴν θανάτου. Gegen
athenisches Recht fordert Hekabe (Tro. 1031–2): νόμον δὲ τόνδε ταῖς ἄλλαισι θὲς /
γυναιξί, θνήσκειν ἥτις ἂν προδῷ πόσιν.

[540] Bedenkt man, daß Ehebruch Verrat am „Freund" (und seinem Umfeld) bedeutet,
wird deutlich, daß Helena und Menelaos das gleiche Unrecht begingen, s. Lys. fr. 90
(THALHEIM 376f.) über die Ehebrecherin: εὐθέως παραλλάττει τῶν φρενῶν, ὥστε
νομίζειν τοὺς μὲν οἰκείους ἐχθρούς, τοὺς δὲ ἀλλοτρίους πιστούς.

[541] Das Attentat auf Helena soll in diesem Sinne auch die Ungerechtigkeit aufheben,
die darin besteht, daß die „Natur" eine solche Übeltäterin begünstigt (126–7): „Ihr
Gesetze, die ihr im Dasein der Menschen geltet, was für ein großes Elend bedeutet ihr,

zugrunde liegende Rechtsaspekt der Vergeltung darf nicht vernachlässigt und in seiner Berechtigung beiseite geschoben werden[542]. Auf ihm beruht sowohl im Agon über den Muttermord als auch in Pylades' Ausführungen zum Helena-Mord die moralische Begründung der Rachetaten.

Ebenso kann der, der seine Mutter und dann die Tante ermordete, nicht ungestraft bleiben. Selbst Elektra akzeptiert die Notwendigkeit von Strafe (s. S. 85f.), und Menelaos' Weigerung, dem Erpresser nachzugeben, beruht auf diesem Bewußtsein von ausgleichender Gerechtigkeit (s. S. 147f.). So erinnert er in den letzten Versen vor Apollons Erscheinen noch einmal an Orestes' scheußlichen Muttermord (1624 αἷμα μητρὸς μυσαρόν). Wer solches tat, kann eine Stadt nicht dazu zwingen, ihn als Herrscher zu akzeptieren[543]. Das in der Vergeltung zum Ausdruck kommende Konzept bezieht sich also nicht nur auf das persönliche Verhältnis zweier Menschen zueinander, das in Euripides' Darstellung im Vordergrund steht, sondern betrifft auch die gesamte Gesellschaft. Denn die Ordnung der Polis kann nur garantiert werden, wenn Straftaten gesühnt werden, so daß Vergeltung und Strafe der Abschreckung vor weiterer Gewalt dienen. Nur auf diese Weise kommt den Gesetzen die nötige Kraft zu,

---

und gleichzeitig bewahrt ihr die vor Unheil, die mit ihrem Leben Glück haben." Zu den bisherigen Versuchen zu dieser schwierigen Stelle s. meinen Aufsatz 1995, 272f. (meinen Vorschlag dort revidiere ich hiermit; KOVACS 2002 athetiert V. 127). Φύσις meint die von der Natur festgelegte Existenz der Menschen, die voller Leid ist; aber an Helena sieht man die Ausnahmen: manche Menschen werden bewahrt, einfach weil sie von der Natur bevorzugt werden (τοῖς καλῶς κεκτημένοις sc. τὴν Φύσιν, zu καλῶς s. Eur. Hipp. 1035 οὐ καλῶς ἐχρώμεθα „ich hatte mit meiner Besonnenheit kein Glück"). Φύσις stellt eine vom Menschen unbeeinflußbare Gesetzlichkeit und Ordnung dar und wird hier beinahe wie Τύχη zur Schicksalsmacht, die auch im menschlichen Leben wirkt (ἐν ἀνθρώποισιν) und es bestimmt (s. LSJ s.v. IV 1; vgl. Eur. fr. 910,5–6 ἀθανάτου φύσεως κόσμον, Tro. 886 ἀνάγκη φύσεως); diese Macht schafft Elektra zufolge nicht nur Leid, sie ist auch ungerecht: Helena ist glückselig (86 μακαρία, s. 1338 τῇ μέγ' ὀλβίᾳ) und kann in ihrer Eitelkeit sich treu bleiben und für ihre Schönheit leben, obwohl sie am Leid der Atridenkinder schuld ist.

[542] EUBEN 1986 wird der im 'Orestes' dargestellten „political corruption" nicht gerecht, wenn er in Orestes' Handlungsmotiven lediglich „manic imaginings, wild inconsistencies, and perverse moral proclamations" sieht (247). Vgl. dagegen das Kapitel „Vengeance et justice" bei SAID 1984, 54–8.

[543] Wenn Menelaos vom Weihwasser (χέρνιψ) spricht, das Orestes nicht berühren kann (1602), nimmt er ein Argument der Erinyen aus Aischyl. Eum. 656 auf: ποία δὲ χέρνιψ φρατέρων προσδέξεται. Menelaos hat das Recht durchaus auf seiner Seite.

menschlichen Untaten entgegenzuwirken[544]. Die im Verlangen nach Rache geübten Gewalttaten sind hinsichtlich ihrer Ursachen also keineswegs
absurd oder sinnlos, sondern in ihrem ethischen Anspruch folgen sie
durchaus einem nachvollziehbaren Anliegen[545].

In diesem Sinne ist es auch keineswegs erstaunlich, daß Orestes und
Pylades die Werte der alten heroischen Adelsethik bemühen[546]. Begriffe
wie γενναῖον (1060, 1157), καλόν (1131, 1152) oder κλέος (1151, vgl.
1133) weisen deutlich in diese Richtung (vgl. 786 ἄνανδρον)[547]. So
kommt HOSE zu dem Urteil (1994, 248): „Sinneskrise und Ende der Tragödie in einer heillosen Welt sind unangemessene Kategorien der Interpretation". Der Dichter erstrebe mit seinem Stück eine Rückkehr „zu den
alten attischen Werten" (252). Dies geschehe in der Terminologie von
JAUß zuerst durch eine „sympathetische", in der zweiten Stückhälfte
durch eine „ironische Identifikation" mit dem „Helden"[548]. Der „Held"
bleibe nach HOSE nämlich hinter den von ihm in Anspruch genommenen
ethischen Idealen zurück; in der dadurch ausgelösten moralischen Reflexion erkenne der Zuschauer sich selbst wie in einem Spiegel. Der Dichter
führe dem Zuschauer den Verfall der eigenen Werte auf diese Weise vor
Augen und schaffe damit implizit Orientierungshilfen mit dem Ziel einer

---

[544] Zu dieser Problematik s. ausführlicher S. 66f.

[545] Zur Kritik an BURKERT 1974, der unter dem Eindruck des Terrorismus der 70er
Jahre interpretierte, s. auch EUCKEN 1984, 166: „Aber die Freunde üben nicht hemmungs-
lose Gewalt, sondern ein nach verbreiteten Vorstellungen gültiges Recht."

[546] Zur Maxime: 'dem Freund helfen, dem Feind schaden' s. S. 76f. Nicht umsonst
wird Elektras männlicher Verstand gelobt (1204). Hier zeigt sich, daß das Denken, das
diesen Maximen folgt, nicht geschlechtsspezifisch ist; vgl. Klytaimestras ἀνδρόβουλον
κέαρ (Aischyl. Ag. 11); Elektra ist eine der Mutter würdige Tochter! Auch sie fängt ihr
Opfer im Netz (1315). Zuvor hatte Orestes seine Schwester noch aufgefordert, sich von
der Mutter in Wort und Tat zu unterscheiden (251-2). Es ist erstaunlich, bis in welche
Details der Dichter den Umschwung gestaltet!

[547] Vgl. Antiph. 2a,8 εἴ τε καὶ ἀλοίη, τιμωρησαμένῳ κάλλιον ἔδοξεν αὐτῷ
ταῦτα πάσχειν, ἢ ἀνάνδρως μηδὲν ἀντιδράσαντα ὑπὸ τῆς γραφῆς διαφθαρῆναι.

[548] Die „ironische Identifikation" nach JAUß ist nur bedingt auf den zweiten Teil des
Dramas zu übertragen. Denn von einem „Wiedererkennen idealer Normen des Helden-
tums in einer komischen Folie" (JAUß 1982, 284) kann schwerlich die Rede sein. Zwar
hat die Szene Orestes - Phryger absurde und groteke Züge, aber das gesamte Geschehen
der Ermordung und Geiselnahme ist doch wohl alles andere als „komisch". Der Zuschauer wird kaum „über das Verhalten des Helden im Ausnahmezustand lachen" (ebd.).

gesellschaftlichen Reform, die die alten Werte wieder zu ihrem Recht
kommen lasse. In dieser Deutung scheint mir die Aussage des Dichters
allerdings auf den Kopf gestellt. Denn in ihrem Handeln folgen die tragischen „Helden" den „alten Werten" und scheitern gerade darin. Nirgends
wird sichtbar, daß die Forderung, dem Feind zu schaden und dem Freund zu
helfen, bei richtigem Verständnis zu anderen Handlungen führen würde als
zu den von den „Helden" begangenen. Orestes' Scheitern beruht nicht auf
seiner Mittelmäßigkeit[549]. Seine Taten zeigen nicht das Verfehlen einer in
Anspruch genommenen heroischen Lebensform, sondern sie zeigen, wozu
diese in Wahrheit führt[550]. Der Dichter läßt seinen „Helden" nicht an
einem vermeintlichen Ideal scheitern, sondern stellt das Ideal selber in
Frage[551]. Denn der vom Sohn ethisch geforderte Beistand für den Vater
fordert die Ermordung der Mutter[552], und der Plan, sich durch Tötung der
Gattin an dem zu rächen, der die geforderte Hilfe verweigerte, zieht die
Geiselnahme einer Unschuldigen nach sich.

Nun könnte man gegen diese Interpretation einwenden, der Dichter
wolle in seiner Darstellung den Mordanschlag auf Helena von der Geiselnahme trennen und die Rache am Verräter durch die Tötung der Ehebre-

---

[549] Es scheint mir fraglich, ob Euripides zeigen wollte, daß „der tragische Held, auf
Normalmaß reduziert und der tragischen Situation nicht mehr gewachsen, zum gewöhnli-
chen Verbrecher degeneriert" (so SEIDENSTICKER 1982a, 102 A. 3); vgl. BURNETT 1998,
260 und 271: „this everyday Orestes". Ein „wahrer tragischer Held" wäre wohl ebensowenig der Situation gewachsen, wie sie Euripides darstellt. Denn auch ihm bliebe
nichts anderes als der heroische Selbstmord - es sei denn, man sieht diesen Freitod als
Beleg dafür an, daß der „Held" „der Situation gewachsen ist".

[550] Oft scheinen die Interpreten anzunehmen, für Euripides sei die „heile Welt" des
heroischen Zeitalters vergangen, s. z.B. ARROWSMITH 1963, 38: „... the old world order,
with its sense of a great humanity and its assumption of an integrated human soul, was
irrecoverably gone." Ich glaube nicht, daß der Dichter überhaupt an eine solche „große"
Vergangenheit glaubte; die moralische und gesellschaftliche Problematik der Rache wird
er doch nicht als eine erst für seine eigene Zeit typische angesehen haben.

[551] Deutlich wird dies auch an der Phrygerszene. Nach BURKERT 1974, 104f. erinnert
die Szene an die Darstellungen eines griechischen Soldaten in Siegerpose über dem gefallenen barbarischen Feind und werde durch ihren Abstand von dem heroischen Vorbild
entwertet. Ich denke, die Phrygerszene parodiert eher die heroische Siegerszene, indem
sie zeigt, wie lächerlich und entwürdigend der angebliche Triumph in Wahrheit ist.

[552] Es fällt auf, daß Orestes in seiner Begeisterung über Pylades' Vorschlag, Helena
zu ermorden, dessen Beteiligung an dem Anschlag auf Aigisthos (!) lobend hervorhebt
(1158) und den Muttermord übergeht.

cherin als moralisch gerechtfertigt und nur das Komplott gegen das unschuldige Mädchen als Abirren von der angestrebten Moralität erscheinen
lassen[553]. Gegen diese Sichtweise spricht, wie oben gezeigt (S. 128f.), daß
die Geiselnahme vom Dichter als direkte Folge des Attentats auf Helena
dargestellt wird, weil nur so die zu erwartende Reaktion des Gatten vermieden werden konnte. Auch wenn der Anschlag gegen die aus Troja
Heimgekehrte und dann gegen ihre Tochter in zwei Stufen geplant wird,
so stellen beide Taten doch ein einziges Geschehen dar und werden auch
vom „Deus ex machina" so behandelt[554]. Wie die rächende Hilfe für
Agamemnon die Ermordung Klytaimestras verlangt, so bedingt die Rache
an Menelaos (durch das Attentat auf Helena) die Geiselnahme der Hermione. In beiden Fällen bilden die Erfüllung der heroischen Werte und das
Verbrechen eine nicht zu trennende Einheit. Auch in dieser Hinsicht entsteht eine paradoxe Situation: Gewalt und Verbrechen haben ihren Grund
in dem berechtigten Wunsch nach Gerechtigkeit und Ausgleich für erlittenes Unrecht, stellen jedoch selbst neue Vergehen dar. Die Rache selbst hat
ein doppeltes Antlitz. Eine kontrollierte Vergeltung, die auf jedes Über-
maß verzichtet und im Rahmen von Gesetz und Moral bleibt, kann es für
den Dichter nicht geben[555]. Vergeltung ohne Gewalt ist eine Illusion[556].

---

[553] So z.B. MANUWALD 1994/5, 109ff.; hier wird die Rache an Helena als ethisch vertretbar eingestuft, durch den Hermione-Anschlag falle aber ein „Schatten" (110) auf
Orestes und die Seinen: Euripides wolle zeigen, wie „Menschen in auswegsloser Lage
bei ihrem durchaus berechtigten Wunsch nach Rettung und Vergeltung ihre ursprünglichen Wertvorstellungen abhanden kommen und ihr Verhalten zur bloßen Gewaltanwen-
dung eskaliert" (112). Eine Trennung von Attentat und Erpressung scheint mir am Text
vorbeizugehen; ich finde keinen Hinweis, daß zwischen beiden Handlungen moralisch
differenziert würde. Hätte Euripides dies im Sinn gehabt, hätte Orestes oder Pylades doch
moralische Bedenken gegenüber Elektras Rettungsplan äußern oder der Chor seine Mitwirkung verweigern müssen. Im vorliegenden Text ist dagegen die Begeisterung für Mord
wie Geiselnahme unterschiedslos. Soll das Attentat Rettung bringen, fordert es eine
weitere Aktion, so daß der „Schatten" letztlich unausweichlich ist.
[554] Apollon gibt nicht den leisesten Hinweis, daß die Rache an Helena zu billigen
sei und er nur die Geiselnahme ablehnt. Was Helena angeht, lehnt es Apollon sogar
ausdrücklich ab, sie für den trojanischen Krieg verantwortlich zu machen (1639–42);
insofern stellt er auch ihre Bestrafung als menschliches Mißverständnis dar. Kritik an der
Erpressung übt er mit keinem einzigen Wort, von Strafe ganz zu schweigen.
[555] Zur Rache über den Rechtsweg s. A. 608.
[556] Damit antwortet Euripides auch auf die homerische Konzeption, die durch Ver-
schweigen des Muttermordes die negativen Aspekte der Tat ausblendet, so daß Orestes

Obwohl die Vergeltung im Hinblick auf das Verlangen des Opfers verständlich und folgerichtig ist, weil durch sie die zu Unrecht erduldete Demütigung aufgehoben und die Würde der eigenen Person wiederhergestellt werden soll, indem der Täter bestraft wird, kommt es mit ihrer Ausführung zu Gewalttaten, die zwar eine zwangsläufige Konsequenz darstellen, aber um ihrer selbst willen niemals unternommen worden wären. Zudem bleiben für den Täter die Folgen seiner Taten weit hinter seinen Wünschen zurück. Im 'Orestes' führt die Rache für den Vater durch den Muttermord zum seelischen und körperlichen Zusammenbruch und zum von den Mitbürgern erzwungenen Selbstmord, die Intrigenhandlung des Schlusses auf menschlicher Ebene zum eigenen Untergang und zur Zerstörung des eigenen Hauses. Deutlicher kann man das Scheitern einer Ethik nicht machen, die in den Kategorien von Freund und Feind, von rächendem Beistand und gerechter Strafe verharrt[557]. Damit stellt sich natürlich die Frage, ob der Dichter einen Ausweg aus diesem Dilemma zwischen Gerechtigkeit und Gewalt sieht.

Um diese schwierige Frage zu beantworten, muß man sich noch einmal dem Problem zuwenden, weshalb Orestes nicht im Bewußtsein der Problematik seiner ersten Tat in anderer Weise auf Pylades' Vorschlag reagiert, Menelaos zu bestrafen[558]. Anhänger der SCHMITT-Schule[559] werden

---

Ruhm bei allen Menschen gewinnt, s. Od. 1,298–9 οὐκ ἄϊεις οἷον κλέος ἔλλαβε δῖος Ὀρέστης / πάντας ἐπ' ἀνθρώπους, s. dagegen Eur. Or. 30 πρὸς οὐχ ἀπάντας εὔκλειαν φέρον; vgl. aber LANGE 2002, 153f. und 167: „Er kritisiert nicht Homer, sondern den Homer des Sophokles oder Aischylos."

[557] Aus diesem Grunde dürften z.B. SCHMID/STÄHLIN 1940, VII 3,1, 747 die Intentionen des Dichters verkennen, wenn sie schreiben: „Aber doch ist offenbar für den Dichter die Forderung, auch dem Feind gerecht zu werden, kein Problem ...; Eurpides bleibt hier bei der Vulgäransicht"; so auch BOND 1981, 212: „But Euripides did not contribute much to the weakening of the traditional attitude (sc. loving your friends and hating your enemies)"; anders und richtiger SZLEZÁK 1986, 58f.: „Euripides zeigt die Freund-Feind-Ethik immer wieder in ihrer als Wahnsinn apostrophierten Verhärtung und Destruktivität, zeigt sie bei Übertreten von Grenzen, die die Aidos achten würde."

[558] ZEITLIN 1980, 64 führt zur Erklärung das psychologische Konzept der Identität an: „Identity in man requires a repetitive doing in order to safeguard the sameness within change." Nur erklärt dies nicht, warum Orestes erst durch Pylades' Rat zur Wiederholung schreitet. ZEITLIN sieht in Orestes ein Beispiel eines desorientierten jungen Mannes in einer vaterlosen Gesellschaft nach A. MITSCHERLICH (ebd. 65ff.).

[559] SCHMITT versucht durch die Anwendung aristotelischer Psychologie zu einer den

diese Frage mit dem Hinweis auf einen Charakterfehler des tragischen „Helden" beantworten, der in seiner affektbestimmten Verblendung und in einer Festlegung auf das Verlangen nach Rache nicht zu einer klaren Einsicht der Folgen seiner Taten gelangt und somit mitschuldig an seinem Untergang ist[560]. Er könnte sich dabei sogar auf den Chor berufen, der vom „Irrsinn falsch denkender Männer" singt (824–5 κακοφρόνων ἀνδρῶν παράνοια)[561]. Natürlich hätte Orestes seiner Erfahrung folgen, auf die erneute Rachehandlung verzichten und den heroischen Selbstmord vollenden können. Der Dichter dürfte aber wohl schwerlich sein Publikum davon haben überzeugen wollen, daß dies die bessere Lösung gewesen wäre. Denn die Alternative, die für den Protagonisten gegeben war, lautete: entweder überwindet er den Rache-Affekt durch Rationalität und stirbt von eigener Hand durch das Schwert oder er stirbt, vom falschen Affekt verblendet, den Freitod in einem von ihm selbst entfachten Feuer![562]

Dichtern angemessenen Sicht des Tragischen zu gelangen. Leider sind die beiden Hauptwerke dieses Ansatzes („Charakter und Schicksal in Sophokles' Ödipus" und „Innerlichkeit und Subjektivität", s. z.B. CESSI 1987, 289) bisher noch nicht veröffentlicht (s. aber die beiden Aufsätze von 1988 und den von 1997), so daß man die Interpretationen der Schüler einbeziehen muß, die sich darauf berufen. Im Zentrum des Interesses haben bisher Aischylos (s. THIEL 1993) und Sophokles gestanden (s. BERNARD 1997).

560 SCHMITT 1997, 42: „Wir haben hier niemals eine direkte böse oder gar verbrecherische Absicht. Das Schuldhafte oder gar Verbrecherische ergibt sich erst bei der Verwirklichung einer an sich zu billigenden Absicht als mehr oder weniger bewußt in Kauf genommene Folge."

561 Vergleichbar wäre Tyndareos' Urteil, der Orestes als den unverständigsten (τίς ... ἐγένετ' ἀσυνετώτερος) aller bezeichnet, weil er dem allgemein anerkannten δίκαιον und καλόν nicht folgte (492–5).

562 Wenn man im Sinne von SCHMITT 1994, 338 sein Beispiel des Philoktet auf Orestes überträgt, muß man sagen: er übersieht das „Mißverhältnis zwischen der wirklich großen und der nur subjektiv als groß empfundenen Gefahr", wenn er „mehr fürchtet", Menelaos „nicht schaden zu können, als den Verlust von Gesundheit und Leben". Dies wird der Handlung aber nicht gerecht: selbst wenn Orestes seine Verblendung aufgeben würde, daß die Rache dem Tod vorzuziehen sei (1171–2), und erkennen würde, daß die Hoffnung auf Rettung irreal ist, würde die „richtige" Furcht vor dem Verlust des Lebens doch den Impuls zur Rache nicht überwinden können, weil die Alternative zu ihr der erzwungene Selbstmord ist. Euripides gestaltet die Situation so, daß bei „richtigem" wie bei „falschem" Affekt der Untergang unausweichlich ist. Optimistisch auch J.-U. SCHMIDT 1997, 154: „(Euripides) läßt an entscheidenden Situationen sichtbar werden, durch welches Verhalten die Katastrophen hätten vermieden werden können, und gibt so zu erkennen, welche 'Tugenden' geeignet wären, ein Gegengewicht gegen die enthüllten Gefahren zu bilden." Im 'Orestes' sehe ich derartiges nicht.

Klares Denken und Weitsicht wären in Orestes' Situation kein Mittel
gewesen, seines Unglücks Herr zu werden.

Oder sollte der Zuschauer erkennen, daß Orestes nur deshalb in eine so
heillose Lage geraten ist, weil er zuvor schon dem Affekt folgte? Mitleid
und Verständnis für den Muttermörder wären dann unangemessene Reaktionen, weil das Publikum den dramaturgischen Kunstgriff des Apollon-
Befehls als solchen durchschauen und bemerken würde, daß der „Held"
bereits beim Muttermord dem „kleinlichen" Gefühl der Rache folgte und
sich so selbst in die auswegslose Lage brachte, die nun weiteres Unheil
zeugt[563]. Folgerichtig bliebe der göttliche Beistand nach der Tat aus, weil
der Dichter an ihn nicht mehr glauben kann und glauben will[564]. Die zweite Rachetat würde nur die furchtbaren Folgen illustrieren, die eintreten,
wenn Rationalität einmal aufgegeben und den Emotionen Platz gemacht
wird. Apollons Befehl und die väterlichen Erinyen wären Chiffren für die
psychologischen Defizite eines Menschen, der in der „augenblicklichen
Fixiertheit seines Denkens" einen leidenschaftlichen Impuls nicht durch
Vernunft kontrolliert und seine Mutter tötet[565]. Abgesehen von der Unwahrscheinlichkeit, daß der Dichter ein Verständnis weckt, das er für un-
begründet hält, kann man gegen diese Auffassung des Muttermordes einwenden, daß es in Euripides' Sinne für Orestes kaum vernünftig, d.h. seinem eigenen Lebensglück förderlich gewesen wäre, Aigisthos und Klytaimestra gewähren zu lassen, auf den Thron zu verzichten, aus der Verbannung nicht zurückzukehren und die Rache zu unterlassen. Nirgends findet
sich ein Hinweis, daß Orestes bei richtiger Überlegung so hätte handeln

---

[563] Zur Differenzierung von „großen" Gefühlen, die ihrem Objekt angemessen sind,
und jähen, hitzigen und kleinlichen Gefühlen s. SCHMITT 1994, 332f.

[564] So sieht KLEINSTÜCK 1945 Orestes im Konflikt zwischen dem vernunftorientierten
Gewissen und „triebhafter" Selbsterhaltung (17, 49, 61, 87 u.ö), wobei Orestes im Laufe
des Dramas sein Gewissen abtötet und somit „ins Sinnlose fällt" (111; hier deutet sich
beim Schüler von REINHARDT dessen später niedergelegte Auffassung an). Schuld an allem
Übel sei aber der Glaube an die Götter aus mangelnder Vernunft (54).

[565] Zitat aus SCHMITT 1994, 338. Von der heutigen Psychologie aus gesehen ist die
Rache ein „neurotisches" Phänomen und durch Therapie heilbar (s. A. 512). Vielleicht
hätte psychologische Betreuung die Ermordung des Vaters und den Verlust der Heimat
für Orestes erträglicher gemacht und ihn von der Rache abgehalten - das zentrale Problem
der gerechten Vergeltung und Strafe und damit der gesellschaftlichen Organisation bleibt
unberücksichtigt.

sollen. Orestes steht wie vor dem Attentat auf Helena in einer Situation, in der nicht nur die falsche Emotion, sondern auch ihre Überwindung sein Glück verhindert. Deshalb kann der Zielpunkt der Darstellung m.E. nicht in einer durch die Vernunft erreichbaren Kultivierung der Affekte liegen[566], weil der tragische „Held" auch dann scheitern würde, wenn er seine subjektive Fehleinschätzung überwunden hätte[567]: in einem Fall wäre das Elend ewiger Verbannung, im anderen der erzwungene Selbstmord die Folge. Es geht dem Dichter nicht um eine individuelle Fehlhandlung, die das Zusammenwirken von Intellekt und Emotion betrifft, deren Darstellung den Sinn gehabt hätte, eine pädagogische Wirkung auszuüben, indem die auch beim Zuschauer erregten Affekte korrigiert werden. Das Drama zielt vielmehr auf eine moralische Problematik, die sich aus einem über dem Individuum stehenden allgemeingültigen Wertekanon ergibt, dem der „Held" folgt. Der Dichter versucht die aus dieser gesellschaftlichen Übereinkunft herrührende Auswegslosigkeit darzustellen, ohne selbst eine Alternative anbieten zu können, die eine Lösung herbeiführte. Orestes irrt nicht darin, daß er einen falschen Weg wählt, wo es auch einen richtigen gäbe, sondern der Dichter stellt ihn in eine Situation, in der es für die dargestellten Menschen und Umstände keinen richtigen Weg geben kann. Damit steht Euripides nicht nur jeder vordergründigen Moralisierung fern, so sehr er sich auch vom Handeln seines „Helden" und seiner Freunde distanziert, sondern auch jedem erzieherischen Anliegen. Die sich damit stellende Frage, ob Euripides eine grundlegende Änderung dieses gesellschaftlichen Wertesystems für möglich hielt oder gar propagieren wollte, kann erst an späterer Stelle endgültig beantwortet werden (s. S. 196f.).

---

[566] SCHMITT 1994, 343: „... das eigentliche Ziel der griechischen Tragödie (ist) eine Kultur des Affekts." Der Zuschauer sieht den tragischen „Helden" aufgrund seiner falschen, nicht rational geleiteten Affekte untergehen und indem er fürchtet, daß es ihm genauso ergehe, kann er den „richtigen" Affekt, der der Größe der eigentlichen Gefahr (nämlich des Verlustes des eigenen Lebensglückes) entspricht, entwickeln.

[567] Außerdem ist es unwahrscheinlich, daß die Zuschauer in Orestes' Motiven, die auf dem Freund-Feind-Denken beruhen, im allgemeinen eine affektbestimmte Verblendung erkennen würden. Die Rache ist in Euripides' Darstellung in erster Linie kein Affekt, sondern Teil eines rational begründbaren moralischen Konzepts. So ist Orestes nicht zuletzt deshalb von Pylades' Plan begeistert, weil er ihn so vernünftig begründen kann (s. 1131 ἄκουσον δ' ὡς καλῶς βουλεύομαι).

Zuvor soll seine Distanzierung gegenüber der vorhandenen und akzeptierten Ethik betrachtet werden. Wenn Euripides das Scheitern der Verschworenen vorführt, dürfte die neuerdings von PORTER und WEST bestrittene Annahme vieler früherer Interpreten zutreffend sein, daß der Dichter sich gegen das Unwesen der athenischen Hetairien wendet, die er im Freundschaftspaar Orestes-Pylades abbildet[568]. Wenn Thukydides unter dem Eindruck der letzten Kriegsphase die durch die militärische Auseinandersetzung zwischen Athen und Sparta in den griechischen Städten entflammten Bürgerkriege beschreibt (3,82–3)[569], spielen sowohl die Freundschaft im Sinne einer Bindung an die politischen Gesinnungsgenossen als auch die Rache eine entscheidende Rolle[570]. Er beschreibt, wie an die Stelle des Zusammenhalts der Familie die Bindung an die Parteigenossen tritt (3,82,6)[571]:

---

[568] PORTER 1994, 327 A. 2 nennt die Namen der Forscher, die Thuk. 3,82–3 zur Interpretation des 'Orestes' heranziehen; vgl. jetzt BURNETT 1998, 257. NEUMANN 1995, der Euripides im wesentlichen durch Thukydides interpretiert, zieht 3,82–3 erstaunlicherweise für den 'Orestes' nicht heran; PORTER selbst bestreitet, daß in der Verwendung des Wortes ἑταιρία (1072 und 1079) eine solche Anspielung liege (ebd. 331): „Audiences do not possess concordances, and the word itself is unremarkable." Zum Einwand von WEST gegen die Bedeutung der Thukydideischen Analyse für den 'Orestes' s. A. 516. Das Wort ἑταιρία bezeichnet sowohl im engeren Sinne politische Clubs (Thuk. 3,82,5–6; Lys. 12,55; Xen. hell. 5,2,25; Plat. rep. 365d, Tht. 173d, leg. 856b; Isokr. 3,54, 4,79; Eupolis fr. 99,28), als auch neutral die Freundschaftsbindung als solche, s. [Plat.] def. 413c ἑταιρία· φιλία κατὰ συνήθειαν ἐν τοῖς καθ' ἡλικίαν γεγενημένοις, Simon. in AP 7,509; Soph. Ai. 683; Xen. hell. 2,4,21; Plat. ep. 7,328d; Isokr. 1,10, 4,174, zu ἑταῖρος s. A. 327. Pylades ist tatsächlich der „faithful friend" (PORTER ebd. 332), aber aus dieser Freundschaft wird ein Bund, wie ihn Thukydides beschreibt (zu den ξυνωμοσίαι s. Thuk. 6,60,1, 8,48,2, Aristoph. Equit. 475–7, Andoc. 1,47, Plat. apol. 36b, rep. 365d); in der Ambiguität des Wortes spiegelt sich die Pervertierung echter Freundschaft durch das Streben nach Rache; zu den athenischen Hetairien s. CALHOUN 1964, 10ff.

[569] Zur Abfassung von 3,82–3 nach 413 v. Chr. s. GOMME 1951,70ff.

[570] Vgl. auch Lys. 18,18 ἐπὶ τιμωρίαν τῶν παρεληλυθότων τραπόμενοι τὴν μὲν πόλιν στασιάσαι; Aristot. polit. 1311a24ff. nennt Fälle von politischer Rache am Monarchen wegen erlittener Schädigung.

[571] Or. 804 τοῦτ' ἐκεῖνο· κτᾶσθ' ἑταίρους, μὴ τὸ συγγενὲς μόνον (anders Andr. 985–6 τὸ συγγενὲς γὰρ δεινὸν ἔν τε τοῖς κακοῖς / οὐκ ἔστιν οὐδὲν κρεῖσσον οἰκείου φίλου, s. TrGF adesp. 384), vgl. Demokr. VS 68 B 107 φίλοι οὐ πάντες οἱ ξυγγενέες, ἀλλ' οἱ ξυμφωνέοντες περὶ τοῦ ξυμφέροντος. Zur Rache als kollektivem Phänomen mit identitätsschaffender und integrativer Wirkung s. VERDIER 1980, 14ff.

καὶ μὴν καὶ τὸ ξυγγενὲς τοῦ ἑταιρικοῦ ἀλλοτριώτερον ἐγένετο διὰ τὸ ἑτοιμότερον εἶναι ἀπροφασίστως τολμᾶν.

Verwandtschaftliche Bindung war nicht so nahe wie die zu den Parteigenossen, weil man dort eher bereit war, ohne jedes Bedenken eine Gewalttat zu begehen.

Der Krieg, der Lehrer der Gewalt (3,82,2 βίαιος διδάσκαλος), schafft eine Situation, in der es darauf ankommt, schnell und rücksichtslos zuzuschlagen und dem Feind zuvorzukommen[572]. Gewähr für die eigene Sicherheit bieten allein die „Freunde", deren Treue nicht auf moralischen Grundsätzen (3,82,6 θεῖος νόμος), sondern den gemeinsam begangenen Untaten beruht[573]. Die Dynamik der Gewalt beruht auf dem Gesetz der Vergeltung[574]. Jedem Angriff folgt die Rache[575]. Man zögert nicht, dem Feind Böses anzutun, obwohl man sich seiner Reaktion gewiß sein kann, weil sich damit wieder die Gelegenheit bietet, auf das Erlittene seinerseits mit Rache zu reagieren (3,82,7):

ἀντιτιμωρεῖσθαί τε τινα περὶ πλείονος ἦν ἢ αὐτὸν μὴ προπαθεῖν.

Sich für Erlittenes an jemandem zu rächen, galt mehr, als selbst vorher kein Unrecht erlitten zu haben.

Der Tat folgt die Vergeltung, die wieder Vergeltung nach sich zieht (ἀντιτιμωρεῖσθαι). Thukydides beschreibt präzise, welche Mechanismen die gegenseitige Gewalt befördern, zumal Vertrauen in die Versprechungen und Eide des Gegners geschwunden sind, weil nur die erste beste Gelegenheit abgewartet wird, unter dem Schutz des Vertrages wieder Rache zu nehmen, wenn Aussicht auf Erfolg besteht (82,7).

---

[572] Vgl. bes. 3,83,3: es setzen sich die durch, die aus Angst vor den Anschlägen der gewitzteren Feinde (μὴ ... φθάσωσι προεπιβουλευόμενοι) ohne Zögern (τολμηρῶς) zur Tat schreiten; vgl. 3,82,4 τόλμα ἀλόγιστος gilt als ἀνδρεία φιλέταιρος; zum προεπι- βουλεύειν s. 1,33,4 (Gesandte aus Kerkyra), 3,13,3 (Mytilener: προαμύνεσθαι)

[573] Zu den von den Hetairien begangenen politischen Morden s. Thuk. 8,65,2. 73,3 und 66,2: εἰ δέ τις ἀντείποι, εὐθὺς ἐκ πρόπου τινὸς ἐπιτηδείου ἐτεθνήκει.

[574] Krieg begünstigt Rache, s. Eur. Hik. 490: Frieden ist Ποιναῖσι ἔχθρα.

[575] Zweimal stellt Thukydides Angriff und Vergeltung nebeneinander: 3,82,3 πε- ριτέχνησις τῶν ἐπιχειρήσεων - ἀτοπία τῶν τιμωριῶν und 82,8 ἐτόλμησαν τὰ δεινότατα - ἐπεξῇσαν τὰς τιμωρίας ἔτι μείζους, vgl. 3,38,1 (Kleon) ἀμύνεσθαι δὲ τῷ παθεῖν ὅτι ἐγγύτατω κείμενον ἀντίπαλον μάλιστα τὴν τιμωρίαν ἀναλαμβάνει.

Euripides' Drama beschäftigt sich aber m.E. nicht nur mit den athenischen Hetairien[576]. In ihrem Verlangen nach Vergeltung gleichen Orestes,
Pylades und Elektra[577] ihren Kontrahenten: den Freunden des Aigisthos,
dem Palamedes-Bruder Oiax und besonders Tyndareos und Menelaos,
obwohl diese aus verschiedenen Städten stammen und verschiedenen Generationen angehören[578] und in ihrem Standpunkt als Konservativer und
„Sophist" denkbar weit voneinander entfernt sind (s. S. 66 und 109f.)[579].
Das Denken, das auf Rache sinnt, ist nicht auf die oligarchischen Bünde
beschränkt, sondern in der Gesellschaft, die Euripides zeichnet, allgemein-
gültig und unangefochten[580]. Die Angehörigen der Hetairien stellen keinen Sonderfall dar, sondern befinden sich durchaus in Übereinstimmung
mit der allgemeinen „Ethik". Damit versucht der Dichter zu zeigen, wo
die tieferen Wurzeln der während des peloponnesischen Krieges stattfin-
denden Gewalttaten liegen: das Prinzip der Rache prägt sowohl die gegenseitige Politik der einzelnen Stadtstaaten[581] als auch das Verhalten aller

---

[576] HALL 1993, 267 nimmt sogar an, in Orestes werde Antiphon porträtiert.

[577] Auch sie ist ohne jede innere Hemmung vom Verlangen nach Rache durchdrungen; so liegt auch ein tieferer Sinn darin, daß Orestes sie in seinem Wahnsinn für eine
Erinye hält (264–5), s. SCHEIN 1975, 62f. und SYNODINOU 1988, 312.

[578] Aus diesem Grund halte ich die Ansätze, die das Alter der Protagonisten (s. z.B.
GOLDHILL 1990, 124f.: zum Ephebat als Hintergrund der Tragödie) oder den Ort des Geschehens (s. ZEITLIN 1986, 145: „In this schematic structure, Argos occupies the middle
space between the two extremes that Athens and Thebes represent." [was für den
'Orestes' nicht zutrifft, s. BIERL 1991, 91]) für die Interpretation auswerten, für sehr problematisch. Im 'Orestes' unterscheidet sich der Spartaner nicht von dem Argiver. Alter
und Ort sind vom Mythos vorgegeben; der Zuschauer erkennt im Denken der Rache nicht
„a non-Athenian Other", sondern die eigenen Normen wieder; zur Kritik an ZEITLIN u.a.
s. CROALLY 1994, 38ff., LEFÈVRE 1995, 161 und PELLING 1997, 227ff.; vgl. auch S. 276.

[579] Die Tragödie zielt nicht auf das untragische sophistische Weltverständnis (so
ROHDICH 1968, der den 'Orestes' nicht behandelt; zur Kritik s. SCHWINGE 1970), sondern
auf die Vergeltungsethik, die auch von der Sophistik übernommen wird; s. dazu S. 109f.

[580] Anders LICHTENBERGER 1986, 6: „Der Rest des Dramas zeigt, wie der alte Adel auf
die veränderte Situation reagiert: Hetairienbildung, Mord, Terror." Obwohl Orestes'
„Adel" zuweilen betont wird (783, 954, 1062, 1676), spielt der Gegensatz δῆμος - οἱ
ὀλίγοι im Stück keine Rolle; vgl. LEFÈVRE 1995, 170: „Eine Partei ist wie die andere."

[581] Herodot betrachtet die griechisch-barbarischen Konflikte unter diesem Gesichtspunkt, s. 1,2,1 ταῦτα μὲν δὴ ἴσα πρὸς ἴσα σφι γενέσθαι, vgl. Hdt. 6,133: Miltiades
zieht mit großer Flotte gegen Paros, um sich an einem Parier zu rächen; Thuk. 1,121,5
(Korinther) τιμωρούμενοι τοὺς ἐχθροὺς καὶ αὐτοὶ ἅμα σῴζεσθαι, 3,67,1 (Thebaner)
ἡμεῖς δὲ ἔτι ὁσιώτερον τετιμωρημένοι, 6,10,5 (Nikias) ὑφ' ὧν πάλαι ἀφεστώτων

Parteien in den im Laufe des Krieges ausbrechenden innenpolitischen Auseinandersetzungen, wobei Euripides sicherlich vor allem sein Augenmerk auf den athenischen Bürgerkrieg seit dem Putsch von 411 richtet[582].

Diese unangefochtene Allgemeingültigkeit wird auch an der Reaktion des Chores deutlich. Obwohl die argivischen Frauen die an Klytaimestra vollzogene Vergeltung verurteilen, weil hier der Sohn die Mutter ermordete, sind sie ohne jedes Zögern bereit, den Anschlag gegen Helena zu unterstützen. Ihr Abscheu vor dem Muttermord hat sie nicht zu einer generellen Ablehnung des Racheverlangens geführt, obwohl sie in ihm den Grund für Orestes' schreckliche Tat erkannten und ihn deswegen kritisierten (s. S. 110f.). In ihrem Haß auf Helena betonen sie dagegen die Rechtmäßigkeit der Vergeltung, die sie zur Mitwirkung bewegt (1361–3):

δια δίκας ἔβα θεῶν / νέμεσις ἐς Ἑλέναν.
δακρύοισι γὰρ Ἑλλάδα πᾶσαν ἔπλησε ⟨γᾶν⟩.

Mit Recht kam die Vergeltung der Götter über Helena. Denn mit Tränen hat sie ganz Griechenland erfüllt.

Sie zögern nicht einmal, Hermione in die Falle zu locken (1311ff.)[583], und erst als sie Orestes in seiner neuen Rolle dem Phryger gegenüber erlebt haben, wird ihnen das Geschehen unheimlich, und sie versuchen, sich zu distanzieren. Dies entspringt aber nicht einer neu gewonnenen moralischen Einsicht (etwa in die verbrecherische Natur des Hermione-Anschlages) - die Frauen stehen weiterhin auf Seiten der Verschwörer (1551–4), sondern einfach der Sorge um ihre eigene Sicherheit (1540). Denn als Komplizen der Erpresser könnten sie von Menelaos und den

---

ἀδικούμεθα, ἔτι μέλλομεν ἀμύνεσθαι. Zum Vorwurf, Perikles habe durch seinen persönlichen Vergeltungswunsch gegenüber Megara den peloponnesischen Krieg ausgelöst s. Aristoph. Acharn. 524–7, Duris FGrH 76 F 65, Plut. Perik. 30,4 u.ö.; s. ZUNTZ 1955, 16f., BELLEN 1974, 43ff., RAAFLAUB 1979, 19ff.

582 Zur Bedeutung der Vergeltung in den Bürgerkriegen s. S. 184f. Im 'Orestes' stellt das Phänomen der Rache einen Selbstzweck dar, der keinen weiteren Zielen dient. Bei Thukydides ist die Rache dem Machtgewinn untergeordnet, der an Profit und Ehrgeiz orientiert ist (3,82,8: ἀρχὴ ἡ διὰ πλεονεξίαν καὶ φιλοτιμίαν). Diese Aspekte stehen in anderen Tragödien im Vordergrund ('Phoinissen' oder 'Iphigienie in Aulis').

583 Der Chor folgt hier Elektras Anweisungen, sich zu verstellen (1317–20), damit Hermione keinen Verdacht schöpft. Es kann also keine Rede davon sein, daß sie den Plan der drei nicht billigen. Nirgends findet sich ein Wort der Kritik.

Argivern zur Rechenschaft gezogen werden; so ziehen sie es vor, unauffällig im Hintergrund bleiben. Obwohl sie angesichts ihrer Einschätzung des Muttermordes am ehesten die Ursachen und Zusammenhänge auch des neuen bevorstehenden schlimmen Kampfes (1537 ἕτερος ἀγὼν φοβερός) erkennen könnten, stellen sie sich den Plänen der drei Freunde weder mit Wort noch Tat entgegen. So bildet der Chor wohl die breite Masse all der Bürger ab, die sich zur Beteiligung an den Aktionen der Vergeltung verleiten lassen, obwohl sie deren Gewalttätigkeit im Grunde vielleicht ablehnen. Und obwohl nicht wenige von ihnen möglicherweise die tieferen Ursachen kennen und benennen könnten, sind sie nicht in der Lage, sich dem allgemeinen Treiben zu widersetzen, sondern haben in erster Linie nur die eigene Unversehrtheit im Auge. Der allgemeine Konsens bleibt auch hier unangefochten.

Diese Allgemeingültigkeit erfährt in Euripides' Darstellung eine religiöse Überhöhung. Hier fallen neben der Figur Apollons die Stellen ins Auge, an denen der Chor über göttliche Mächte spricht, die in das menschliche Geschehen eingreifen. Ohne tiefere Bedeutung ist dabei die Rede vom Gang des Schicksals (978 μοῖρα), das die Menschen wider Erwarten ins Unglück bringt[584], und die Klage über das Geschick (1537 ἰὼ ἰὼ τύχα) angesichts des unklaren Ausgangs der Geiselnahme[585]. Auffälliger ist eine kurze Bemerkung des Chores innerhalb seiner letzten Worte im Drama (1545–7)[586]:

---

[584] Vgl. Neoptolemos' Schicksal (μοῖρα), in Delphi zu sterben (1656). Ob in V. 12–13 Moira oder Eris (vgl. 1001ff.) gemeint ist, ist unsicher. Die Mehrheit der codd. liest ἔριν (πόλεμον θέσθαι ist dann explikativ, so z.B. BIEHL 1965, WEST 1987a): „Die Göttin, die den Schicksalsfaden spinnt, teilt Atreus Streit (ἔριν) zu, nämlich Krieg zu führen mit seinem Bruder Thyest." Eris als Subjekt nehmen dagegen an: BENEDETTO 1965: „una innovazione audace, ma di grande effeto", WILLINK 1986, HALL 1993, 273, DIGGLE.

[585] μοῖρα und τύχη scheinen an beiden Stellen nicht besonders differenziert zu werden, s. Iph. A. 1136 ὦ πότνια μοῖρα καὶ τύχη, vgl. Archil. fr. 16 W., Plat. leg. 946b, Aristot. eth. Nic. 1099b10. Zur φύσις als Schicksalsmacht s. A. 541.

[586] In der gesamten Exodos schweigt der Chor (die Schlußanapäste sind nicht ursprünglich, s. BARRETT 1964, 417f.). Ich sehe keinen Grund, in V. 1547 die Überlieferung zu ändern: WEST 1987a καὶ ἀλάστωρ (hier wäre der Artikel ἁ δύναμις beim Prädikatsnomen ungewöhnlich); DIGGLE nach WILLINK 1986 καὶ ἀλαστόρων (correptio mit καί finde ich beim späten Euripides nur in Hel. 1141, zu Iph. A. 5 und 15 s. BARRETT 1964, 432). ἁ δύναμις meint die des Daimon (zum possessiv gebrauchten Artikel s. A. 366), zu δὲ ἀντὶ γάρ s. DENNISTON ²1954, 169, zu μεγάλα τις s. Aischyl. Pers. 725: φεῦ,

τέλος ἔχει δαίμων βροτοῖς, / τέλος ὅπα θέλῃ.
μεγάλα δέ τις ἁ δύναμις δι' ἀλαστόρων·

Das Ende hält ein Gott für die Sterblichen bereit, das Ende, wie er es will. Denn eine gar gewaltige Macht hat er durch Rachegeister.

Eine göttliche Macht, die nach ihrem Belieben in das menschliche Leben eingreift, tut dies mit Hilfe von Rachegeistern. Diese Aussage findet ihre Entsprechung im ersten Stasimon, wo der Chor ebenfalls von einem Gott (δαίμων τις) spricht, der plötzlich das menschliche Glück zerstören kann (340–4)[587]. Er folgert dies aus Orestes' Schicksal[588], den ein Rachegeist (337 ἀλαστόρων τις) zum Muttermord veranlaßte und so ins Unglück trieb. Auch hier werden „Daimon" und Alastor nebeneinandergestellt und von Apollon unterschieden. Darin wird deutlich, daß nicht ein bestimmter olympischer Gott, sondern das göttliche Wirken allgemein die Rache befördert, indem es sich der Rachegeister bedient[589]. Wie bei Apollon (s. S. 79f.) stellen diese von einem Gott geschickten Geister keine von außen in die Geschichte eingreifenden göttlichen Wesen dar, sondern sie stehen für das zutiefst menschliche Verlangen, Erlittenes zu sühnen. So umschreibt der seit dem Verbrechen an Myrtilos im Atridenhause wohnende Fluch (s. 812–18 und 1548–9)[590] in der Intention des Dichters nichts anderes als das durch menschlichen Entschluß in Gang gesetzte Gesche-

---

μέγας τις ἦλθε δαίμων (evtl. diente diese Stelle als Vorbild), vgl. Hdt. 7,104,3, Plat. Gorg. 4781b; zu V. 1363 in der Gegenstrophe s. A. 538.

[587] Vgl. Orestes' Worte in V. 394: ὁ δαίμων ἐς ἐμὲ πλούσιος κακῶν und in V. 667: ὅταν δ' ὁ δαίμων εὖ διδῷ, τί δεῖ φίλων. „Daimon" meint hier nicht ein untergeordnetes Wesen, sondern einen Gott, den man nicht mit Namen zu benennen weiß.

[588] Der Chor ist hier nicht ganz exakt; denn nicht erst der Muttermord zerstörte das Glück (ὄλβος) im Atridenhause; so spricht der Chor auch vom Neid der Götter (φθόνος θεόθεν), der Orestes vernichtete (974). Das Glück bezieht sich auf den Sieg über Troja, aber der Chor übergeht die Tatsache, daß Orestes dieses Glück nicht genießen konnte.

[589] Über das genaue Verhältnis von Apollon (329–31), dem ἀλάστωρ (335–7) und dem δαίμων (340–4) schweigt der Chor (s. A. 52). Apollons Wirken im 'Orestes'-Mythos wird sozusagen verallgemeinert, wenn der Chor generalisierend von einem Daimon spricht. Zu Orestes' Sorge, ein ἀλάστωρ stehe an Apollons Stelle s. S. 152f. und A. 448. Zum ἀλάστωρ als Rachegeist s. Eur. Med. 1333, El. 979, Phoin. 1556 und 1593.

[590] Der Ursprung des Leids liegt in der Gewalttat gegen Myrtilos, nicht bei Tantalos (so DUNN 1996, 164); dessen Unrecht zieht keine weitere Verbrechen nach sich (s. KYRIAKOU 1998, 288f.). Hermes setzt durch das goldene Lamm die Rache für Myrtilos in Gang (997–8). Euripides benutzt die traditionellen Motive, interpretiert sie aber neu.

hen, bei dem sich Gewalttat und Vergeltung durch wieder neue Gewalt in
unausweichlicher Folge gegenseitig abwechseln (979–80)[591]:

ἕτερα δ' ἕτερον ἀμείβεται πήματ' ἐν χρόνῳ μακρῷ.

Das Leid der einen ist die Antwort auf das Leid eines anderen in langer Zeiten
Dauer.

Wenn der Chor den menschlichen Entschluß zur Rache mit höheren göttlichen Mächten in Verbindung bringt, die in das Geschehen eingreifen[592],
dann wird deutlich, welche gewaltige gleichsam überirdische Kraft diesem
gesellschaftlich gebilligten Konzept zukommt[593].

Diese religiöse Komponente der Rache hat zwei Aspekte. Einerseits
wird an Apollon und seinem Orakel deutlich, daß das menschliche Verlangen nach Vergeltung im Einklang mit der traditionellen Göttervorstellung
steht[594]. Der allgemeine Konsens wird durch die olympische Religion gestützt. So wird Tantalos zum Symbol des menschlichen Loses, weil die
Götter, hier in eigener Person handelnd, an ihm diese Gesetzmäßigkeit
vorführen (V. 1–10)[595]. Seinem Beispiel folgen seine Nachkommen, in-

---

[591] Ich folge WEST 1981, 69: ἕτερον (codd. ἑτέροις [metrisch unmöglich]), verstehe
aber ἕτερα (Subj.) δ' ἕτερον (sc. πῆμα) ἀμείβεται πήματα, s. El. 1093 ἀμείψεται
φόνον δικάζων φόνος, vgl. Pind. P. 7,17 φθόνος ἀμείβεται τὰ καλὰ ἔργα (dort im
Part.); vgl. auch Hipp. 1108 ἄλλα γὰρ ἄλλοθεν ἀμείβεται. Bezieht man ἕτερον mit
WEST auf eine Person (seine Belege haben alle ἐπαμείβεσθαι) oder liest mit PORSON
³1824 ἕτερος, verliert die Phrase ἐν χρόνῳ μακρῷ ihren Sinn; daß verschiedene Menschen unterschiedliches Leid erfahren, benötigt keine lange Zeit; Vergeltung von Unrecht bedarf dagegen oft viel Zeit (s. V. 420). Orestes muß für seinen Mord an der Mutter
durch das eigene Leid Vergeltung zahlen, womit er letztlich noch Sühne zahlt für das
ursprüngliche Verbrechen an Myrtilos, aus dem sich nach der Sicht des Chores alle weiteren Taten ergeben. Vgl. Aischyl. Choeph. 402–4 βοᾷ γὰρ λοιγὸς Ἐρινὺν / παρὰ τῶν
πρότερον φθιμένων ἄτην / ἑτέραν ἐπάγουσαν ἐπ' ἄτῃ.
[592] So ist LESKY 1935, 39 nicht zuzustimmen: „Wenn der Chor oder Elektra in lyrischen Partien von den früheren Geschehnissen im Atridenhaus singen, so ist das kon-
ventionelles Ornament und hat mit der Sinngebung des Ganzen nichts zu tun." Das
„konventionelle" Motiv wird vom Dichter neu verwendet.
[593] Im religiösen Bereich ist vor allem auf den Nemesis-Kult, besonders in Rhamnus
zu verweisen, vgl. HERTER in RE XVI (32. Hb.), 2346–51.
[594] Vgl. S. 79f. und 171; zu den Göttern der Ilias s. KULLMANN 1987, 13.
[595] Vgl. PATZER 1962, 162ff. zum göttlichen Wirken als Vergeltung und
„Wiedergutmachung". Ich zweifle, ob Euripides auf Allegorien aus der Schule des
Anaxagoras anspielt (s. SCODEL 1984): der Stein als ein Gestirn, das wie ein Meteorit
auch hinabfallen kann, die goldenen Ketten als die Zentrifugalkraft, Tantalos als die

dem sie das göttliche Tun verinnerlichen und wie die Götter jedes erlittene Unrecht mit neuem Leid sühnen[596]. Andererseits wird der plötzliche Umschwung zur Gewalt durch das Wirken eines „Daimon" beschrieben. Der vom Verlangen nach Rache beherrschte Mensch steht gleichsam unter dem Einfluß eines höheren Wesens und kann sich ihm nicht entziehen. Das traditionelle Motiv der ἄτη wird so neu interpretiert. Die gegenseitige Gewalt hat darin ihre Ursache, daß die Menschen vom Zwang zur Rache bestimmt werden, weil sich ihnen keine andere Antwort auf erlittenes Unrecht und Leid bietet. Orestes zeigt sich in seinem Wunsch nach Vergeltung wie von einem Rachegeist besessen, der mit vernichtendem Zwang seine Herrschaft ausübt[597]. Widerstand gegen die höhere Macht scheint unmöglich. Obwohl Tantalos' Nachkommen es aus der Geschichte ihrer Familie besser wissen könnten, läßt ihr Handeln die Vergeltung dennoch immer wieder als eine zwingende Notwendigkeit erscheinen. So kann Elektra von den „leidvollen Zwängen des Hauses" sprechen (1012 δόμων πολύπονοι ἀνάγκαι)[598] und, diese verallgemeinernd, voller Resignation feststellen, daß die menschliche Natur immer wieder neues „gottverhängtes" Unheil (2 ξυμφορὰ θεήλατος) wird erdulden müssen. Es ist gottverhängt, weil die „Rachegeister" im Innern der Menschen das Geschehen lenken und bestimmen. Gleiches gilt vom delphischen Gott[599]: Wie der Bogen, den er schenkt, ist er auch selbst nur in den Köpfen der Menschen existent, wirkt dort aber um so mächtiger. Die göttlichen We-

---

Erde; letzterem widerspricht der Text: wenn er zwischen Himmel und Erde hängt (982–3 οὐρανοῦ μέσον χθονός τε), kann er nicht die Erde symbolisieren. WILLINK 1983 sieht in Tantalos eine Anspielung auf Prodikos und die „Meteorosophisten".

[596] Deshalb übt auch Elektra, die von dem Streben nach Vergeltung völlig durchdrungen ist (s. S. 129), keine Kritik an Tantalos' und Orestes' Los: sie akzeptiert die Folgerichtigkeit, die in ihrem Leid liegt.

[597] Vgl. SCHMIDT 1997, 148: „Es (sind) nicht feindliche Mächte über den Menschen, die ihn ins Unglück führen, weder ein undurchdringliches Schicksal noch das unfaßbare Walten ferner Götter, sondern zu allererst die Ziele und Handlungsantriebe des Menschen selbst."

[598] Vgl. das Fazit ihres Prologs (70): ἄπορον χρῆμα δυστυχῶν δόμος „Eine ausweglose Sache ist ein vom Geschick geschlagenes Haus", und ihre Eingangsverse über die menschliche συμφορὰ θεήλατος, s. auch V. 267 τὸ θεῖον δυσμενὲς κεκτήμεθα.

[599] Vgl. S. 79f. Nur wenn Apollon selbst zur Rechenschaft gezogen werden soll, entzieht er sich! Auch Neoptolemos wird keinen Erfolg haben, wenn er Sühne für den Tod des Vaters fordert (1656–7); vielleicht erinnert Euripides hier an seine 'Andromache'.

sen, die von außen nach ihrem Willen das menschliche Leben bestimmen, bilden die inneren Zwänge ab, denen die Menschen wie transzendenten Mächten unterworfen sind.

Im Hinblick auf diese Entpersonalisierung und Verinnerlichung der göttlichen Mächte erscheint das Problem der moralischen Bewertung noch einmal in neuem Licht. Denn die Schuldfrage wird relativiert. Orestes und seine Helfer sind für ihre Taten verantwortlich, weil sie bei vollem Verstand und in selbstbestimmter Entscheidung dem Weg der Gewalt folgten; zugleich aber stehen sie gerade darin unter dem Zwang einer religiös überhöhten gesellschaftlichen Übereinkunft. Indem das Drama diese Diskrepanz deutlich macht, sucht es die Simplizität eindeutiger moralischer Wertungen zu überwinden, die dem Ineinander von Freiheit und Fremdbestimmung nicht gerecht werden[600]. Denn die vermeintliche Eindeutigkeit ethischer Normen, die auf der klaren Unterscheidung von Schuld und Unschuld, Gut und Böse, Gerecht und Ungerecht, Freund und Feind und der Notwendigkeit strafender Vergeltung basiert, führt nach der Darstellung des Euripides letztlich zu neuer Gewalt und neuer Ungerechtigkeit, deren Überwindung eigentlich intendiert war. Auf menschlicher Ebene symbolisiert der in Flammen aufgehende Palast die Folgen einer Handlung, die von den Werten der Freundschaft und Gerechtigkeit ihren Ausgang nahm.

Wenn der „Deus ex machina" diese schrecklichen Folgen wieder aufhebt, dann könnte dies als Hinweis darauf zu verstehen sein, daß eine Veränderung der Werte oder ein neuer Umgang mit ihnen in der Lage wäre, eine Lösung der sich mit Orestes' Schicksal stellenden Problematik zu erreichen. Von einer solchen Funktion des rettenden Gottes kann aber bei Euripides keine Rede sein (s. S. 150–6). Apollon tut nichts weiter, als die Handlung in die Bahnen des überlieferten Mythos zu führen und die Mörder und Attentäter mit einem guten Ausgang zu „belohnen" (1670):

ἀλλ' εὖ τελεῖται.

Aber alles findet nun ein gutes Ende.

---

[600] Zu Aristoteles' μικταὶ πράξεις zwischen „freiwillig" und „unfreiwillig" s. S. 199.

Für den Theaterbesucher wird die Illusion geschaffen, daß Orestes und die Seinen auf dem von ihnen beschrittenen Weg Rettung erlangten. Zwar werden die Taten der erneuten Rache aufgehoben, aber jedes Wort der Kritik unterbleibt. Der Muttermörder wird nach einem Jahr des Exils in Argos herrschen (1660), freigesprochen von Göttern, die in Athen tagen werden (1643–52)[601]. Apollons Worte zielen nicht nur auf die göttliche Sanktionierung, die der Vergeltung nun vom Gott persönlich gegeben wird (1665) - von Orestes ist nun endgültig alle Schuld genommen, sondern sie lassen auch die nur im Theater mögliche Utopie entstehen, daß trotz der verübten Gewalt alles zu einem guten und glücklichen Ende kommen kann[602]. Selbst dem Protagonisten scheint diese Wendung der Dinge unglaubwürdig. Er zweifelt, ob die Stimme Apollons nicht in Wahrheit die eines Rachegeistes ist (1669 ὄπα ἀλαστόρων). Dieser Zweifel entsteht nicht nur, weil der Gott den Befehl zum rächenden Muttermord gab, sondern auch, weil er die entsetzlichen Folgen beider Rachetaten wieder aufhebt und so ihr wahres Gesicht verschleiert. Die Konflikte, die sich aus dem Erleiden von Unrecht und Gewalt ergeben, werden auch vom Gott nicht gelöst. Er billigt die Rache an der Mutter und hebt das daraus folgende Leid einfach auf, so daß die erneute Vergeltung überflüssig wird. Das ethische Konzept selbst bleibt unangefochten, lediglich seine fatalen Wirkungen werden eliminiert. Eine Alternative zum Denken der menschlichen „Helden" tut sich nicht auf.

Wenn also auch der Gott das dargestellte Problem nicht lösen kann, dann ist zu fragen, warum der Dichter ihn überhaupt auftreten und den Schein einer Lösung erzeugen läßt. Die wesentliche Antwort liegt in seiner Funktion, die Handlung in die Bahnen des Mythos zurückzuführen. Damit

---

[601] Wie in Argos und Sparta ist in Athen der Rache-Gedanke zu Hause; zum Areopag im ʻOrestesʼ s. S. 154f. Vgl. BIERL 1991, 91: „Entscheidend ist, daß auch in diesem Fall wieder die Stadt Athen, der Ort der Aufführung, Orest als die Verkörperung des dionysischen ʻAnderenʼ nach einer offenen und gerechten Gerichtsverhandlung als wichtiges Mitglied integriert wird." Geht Orestes nicht nach Parrhasia und nach Argos?

[602] Die Rachetaten werden aus der Welt geschaffen, weil auch ihre Voraussetzung, das von Menelaos zugelassene Todesurteil, aufgehoben wird. Orestes erreicht das, was er wünschte; Vergeltung wird nun überflüssig, weil Menelaos aufhört Feind zu sein. Aber jedes Wort der Kritik an der Entscheidung zu Mord und Erpressung unterbleibt.

verknüpft Euripides m.E. aber noch eine andere Aussage[603]. Denn die
Gestalt des Bühnengottes repräsentiert ein Theater, das in den gesellschaftlichen Konsens der Rache einstimmt und es unterläßt, die Problematik der heroischen Freund-Feind-Ethik und der auf ihr beruhenden Ver-
geltungsmoral offenbar zu machen[604]. Mit dieser Darstellung scheint sich
Euripides an seine dichtenden Kollegen zu wenden. Der 'Orestes' wurde
genau fünfzig Jahre nach Aischylos' 'Orestie' aufgeführt[605]; in seinem
Stück zeigt der Dichter, was er von Aischylos' Lösung des Konfliktes
hält: aus den Freudenfackeln für die Ansiedlung der Eumeniden (Aischyl.
Eum. 1042) sind die Fackeln zur Zerstörung des Atridenpalastes geworden
(1543)[606]. Die staatliche Rechtsordnung, die das Anliegen der Erinyen in
sich aufgenommen hat[607], ist nach seiner Darstellung der argivischen
Volksversammlung gerade nicht in der Lage, die mit menschlichem Unrecht und Leid aufbrechenden Konflikte zu lösen[608]. In seinem Portrait
von Tyndareos zeigt Euripides, wie gerade derjenige, der sich zum Anwalt
der staatlichen Gesetzlichkeit macht, deren Anliegen zerstört (s. S. 66f.).

---

[603] Zum Begriff des „Metatheaters" s. S. 285.

[604] Deshalb kann ich REINHARDT nicht zustimmen (1968, 541): „Der Schluß zeigt,
wie es sein sollte - und nicht ist." Der Dichter dürfte nicht der Auffassung sein, daß der
Muttermörder in Argos herrschen soll; die, die im Vergeltungsdenken verharren, werden
wohl keine glückliche Ehe führen; Frieden kann schwerlich herrschen, wenn die Illusion
der Rache nicht durchschaut wird.

[605] Zur möglichen Wiederaufführung in den zwanziger Jahren s. NEWIGER 1961, 425f.;
vgl. WAGNER 1995, 175.

[606] Vgl. eine bisher m.W. übersehene Aischylos-Anspielung am Schluß: wie die Eumeniden zu ihrem Kultort geleitet werden (Aischyl. Eum. 1041–2 δεῦρ᾽ ἴτε ... / ... καθ᾽
ὁδόν), gehen jetzt auch die „befriedeten" Gegner ihres Weges (1682 ἴτε νυν καθ᾽
ὁδόν). καθ᾽ ὁδόν neben Or. 550 nur an diesen beiden Stellen in trag. Dichtung.

[607] Diese Kritik gilt umso mehr, wenn bereits Aischylos ein nur idealistisches Bild
des Areopags zeichnet, um der faktischen Entmachtung durch Ephialtes zu widersprechen, so BRAUN 1998, 197 u.ö. Die Synthese von Vergeltung und Verhinderung von
neuer Gewalt durch die Institution des Areopags wäre dann zwar von Aischylos gefordert, in der Realität aber gerade nicht erreicht.

[608] Vgl. Anon. Jambl. VS 89 7,10 εὐνομία soll ἀντεπιβουλεύειν ἀλλήλοις verhindern. Zur „Domestizierung" der Rache im Rechtsverfahren (vgl. Aristot. rhet. 1369b12
διαφέρει δὲ τιμωρία καὶ κόλασις) s. GEHRKE 1987, 129f. und 140f. mit Hinweis auf
ältere Literatur (A. 46 u. 115): „Es gab also neben der Rache den Rechtsweg, aber auch
indem man den Rechtsweg einschlug, rächte man sich" (130).

Weniger weit zurück lag die Aufführung von Sophokles' 'Elektra', auf die sich Euripides in seinem 'Orestes' bezieht (s. S. 133). Das Drama gehört m.E. zu Sophokles' Spätwerken (um 413 v. Chr.), so daß nur wenige Jahre zwischen beiden Dramen liegen. In seinem Apollon hinterfragt Euripides dessen Darstellung einer gelingenden und für die Täter zum Segen gereichenden Rachehandlung[609]. Das kann es nach Euripides nur auf der attischen Bühne und durch die Fiktion eines Maschinengottes geben.

Auf der anderen Seite interpretiere ich den "Deus ex machina" auch als Stellungnahme des Dichters zu seiner eigenen Arbeit für das Dionysos-Theater und ihrer Rezeption durch das athenische Publikum. Denn der Tragödiendichter muß im Einklang mit den Grenzen, die der Mythos der tragischen Gattung setzt (s. Aristot. poet. 1453b22ff.), das Scheitern der Rachetat wieder aufheben und die Handlung mit der Illusion eines guten Ausgangs enden lassen. Dem beugt sich auch Euripides. Damit zeigt er, daß auch seine Tragödien nicht in der Lage sind und waren, dem in seinen Augen falschen Denken wirkungsvoll entgegenzutreten. Denn er ist sich einerseits bewußt, auch selbst in seinem Stück keine Antwort darauf zu geben, wie der Konflikt zwischen Gerechtigkeit und Gewalt zu lösen ist. Der Dichter stellt die Krise dar, ohne ihre Überwindung aufzuzeigen. Andererseits dürfte auch ein Gefühl der Vergeblichkeit seiner künstlerischen Arbeit mitschwingen, wenn Euripides vordergründig den Erwartungen der Zuschauer nach einem traditionellen Ausgang entspricht (s. Aristot. poet. 1453a33–5). So bietet er ihnen, was sie wünschen, was aber seinem wahren Anliegen diametral entgegengesetzt ist. Darin liegt vielleicht auch ein wenig Verbitterung über ein Publikum, das sich so wenig von dem, was der Dichter ihm zu sagen hat, beeindrucken läßt; was Rache und Vergeltung angeht, scheint sich seit der 'Medeia' nichts verändert zu haben. Damit beschwört er nicht das Ende der Tragödie; er wird für das athenische Publikum weitere Stücke schreiben (s. S. 293). Aber der „Deus ex machina" verkörpert die Resignation eines Dichters, der weiß, daß die fundamentale

---

[609] Vgl. STEIGER 1898, der den 'Orestes' als Antwort auf Sophokles' Stück interpretiert; s. KUCH 1989, 33. Ob Euripides hier seinem großen Rivalen wirklich gerecht wird, ist eine andere Frage, die hier nicht zu beantworten ist, vgl. BLUNDELL 1989, 149ff.

Infragestellung der traditionellen und allseits akzeptierten Ethik weder den
Gesetzen der Gattung noch den Erwartungen des Publikums gerecht wird.

Wenn der Dichter es unterläßt, in seinem Stück für Orestes eine
Handlungsalternative aufzuzeigen und einen Ausgleich zwischen Recht und
Rache anzubieten, da Vergeltung nur durch Gewalt zu erreichen ist und
Verzicht auf Vergeltung eine Festschreibung der ungerechten Situation
bedeutet, dann liegt in dem Verzicht auf die Darstellung einer Lösung
nicht automatisch, daß der Dichter eine solche für unmöglich hält. Er
könnte vom Standpunkt einer neuen ethischen Konzeption, die er nicht
auf der Bühne präsentiert, die Problematik der alten Werte aufzeigen, um
ihre Überwindung zu propagieren[610]. Hielt Euripides also eine grundlegende Änderung der Werteordnung für möglich? Eine Antwort auf diese Frage
ist nicht einfach. Das illusionäre Ende spricht, wie gesagt, dafür, daß auch
der Dichter nicht weiß, wie ein Mensch auf das Erleiden einer Ungerechtigkeit oder Schädigung reagieren kann, ohne auf der einen Seite im Stand
des Opfers zu verharren und in letzter Konsequenz den Tod auf sich nehmen zu müssen oder auf der anderer Seite durch die Vergeltung selbst den
Weg der Gewalt fortzusetzen[611]. In diesem Fehlen eines neuen, anderen
Handlungsmodells liegt vielleicht auch das eigentlich Erschütternde und
Bewegende seines Stückes. Die christliche Antwort, der zufolge man dem,
der die rechte Wange schlägt, die linke hinhalten soll (Mt 5,39 ὅστις σε
ῥαπίζει εἰς τὴν δεξιὰν σιαγόνα, στρέψον αὐτῷ καὶ τὴν ἄλλην)[612],
wird an keiner Stelle in Euripides' Gestaltung sichtbar, mag sie auch dem
heutigen Leser der Tragödie in den Sinn kommen. In seiner Sicht des
Menschen wäre ihm wohl eine solche Haltung als vollkommen realitätsfern erschienen. Die Allgemeingültigkeit und religiöse Überhöhung des

---

[610] Vgl. SCHMIDT 1997, 153: „Euripides (hielt) die Krise für so umfassend und so
tiefgreifend, daß er ihre Überwindung durch Aufzeigen neuer Orientierungspunkte oder
alternativer Handlungsziele für unmöglich hielt und eine Gegenwirkung allein dadurch
erhoffte, daß er seinen Mitmenschen die alles bestimmenden Handlungsziele schonungs-
los aufdeckte."

[611] Mit diesem Eingeständnis setzt er sich natürlich auch der Kritik aus; s. z.B.
EUBEN 1986, 246: „The tragedian is in danger of contributing to the disintegration he
warns against", und ebd. 247: „The 'Orestes' is on the verge of becoming part of the
crisis it dramatizes, nearly a character in its own drama.".

[612] Vgl. 1Thess. 5,15, Röm. 12,17, 1Petr. 3,9; im AT schon Prov. 20,22.

Verlangens nach Vergeltung machen dieses in Euripides' Darstellung beinahe zu einer anthropologischen Konstante[613]. Tyndareos, der sich angeblich für die Überwindung der Rache durch die Gesetzlichkeit einsetzt, benutzt diese in Wahrheit, um seinerseits Vergeltung zu üben[614]. So gelangt keine einzige Person des Stücks zu einem neuen, die Rache überwindenden Denkansatz, obwohl sie doch fast alle das Scheitern ihrer eigenen Maßstäbe erfahren müssen. Aber dank des „Deus ex machina" wird sogar dieses Scheitern aufgehoben. Nach Euripides' Sicht wird eine Gesellschaft, die selbst im Theater die Brüchigkeit ihrer grundlegenden Werteordnung nicht wahrnehmen will, nicht geneigt sein, diese Werte aufzugeben und neue Maßstäbe an ihre Stelle zu setzen, die dem Erdulden von Unrecht und Leid Vorrang gibt vor einer gerechten Vergeltung und Bestrafung. Selbst das Wissen, daß der Wunsch nach Rache neues und vor allem auch eigenes Leid impliziert, weil der Täter nun seinerseits mit Vergeltung zu rechnen hat, wird nach Euripides' resignativer Einschätzung wenig bewirken. Der tragische Dichter unterläßt es, Alternativen zu formulieren, weil er selbst nicht an sie glauben kann[615]. Er beschränkt sich auf die Darstellung des Problems. Erst der Philosoph wird sich diesem neu stellen und zu beweisen suchen, daß es besser sei, Unrecht zu leiden als es zu tun[616].

---

[613] Vgl. Poseid. fr. 136e (Th.) (= Diod. 34/35,2,40) ὅτι καὶ παρὰ τοῖς οἰκέταις αὐτοδίδακτός ἐστιν ἡ φύσις εἰς δικαίαν ἀπόδοσιν χάριτός τε καὶ τιμωρίας.

[614] Vgl. VICKERS 1973, 587: „Have the democratic institutions done anything to eradicate human violence? Have they not rather given them socially approved ratification?"

[615] Vgl. Eur. El. 971–2 Op.· ὦ Φοῖβε, πολλήν γ' ἀμαθίαν ἐθέσπισας. Ηλ.· ὅπου δ' Ἀπόλλων σκαιὸς ᾖ, τίνες σοφοί; Wenn das göttlich sanktionierte Rachedenken scheitert, bieten sich keine neuen plausiblen und überzeugungsfähigen Konzepte.

[616] Vgl. bereits Demokrit VS 68 B 45 ὁ ἀδικῶν τοῦ ἀδικουμένου κακοδαιμονέστερος. Platon behandelt das Thema hauptsächlich im 'Gorgias', s. 473a–475e, besonders 474b, ἐγὼ γὰρ δὴ οἶμαι καὶ ἐμὲ καὶ σὲ καὶ τοὺς ἄλλους ἀνθρώπους τὸ ἀδικεῖν τοῦ ἀδικεῖσθαι κάκιον ἡγεῖσθαι καὶ τὸ μὴ διδόναι δίκην τοῦ διδόναι. Vgl. 482d–83a, 489a, 509c–d, rep. 359a–b, wobei der gesamte 'Staat' letztlich dem Beweis dieser These gilt. Zu Sokrates' „rejection of retaliation" s. VLASTOS 1991, 179ff.; zu Platons Überwindung des Vergeltungsdenkens s. DIHLE 1962, 61ff.

1.5 Vergnügen oder Belehrung? Zur Wirkung des 'Orestes'

„'Orestes' is a play to be enjoyed." Ob dieses Urteil von WILLINK 1986, XXII zutrifft, kann vernünftigerweise nicht in einem allgemeingültigen Sinne, sondern lediglich hinsichtlich der fest umrissenen Kriterien, die Aristoteles für das der Tragödie eigentümliche Vergnügen aufstellt[617], und in bezug auf die in der zurückliegenden Interpretation herausgearbeitete Intention des Euripides untersucht werden.

Was Aristoteles angeht, so genügt wohl der erste Teil des Dramas bis zum Vers 1097 seinen Anforderungen an eine Tragödie, die Vergnügen (ἡδονή) bereitet[618]. Hätte sich an diesen Teil ein Kommos der Klage angeschlossen, nach dessen Ende die Agamemnon-Kinder mit Pylades in den Palast gehen, um sich selbst zu töten, so könnte die Handlung ungeachtet eines möglicherweise noch auftretenden „Deus ex machina", der den Selbstmord in letzter Minute abwendet, „Mitleid" (ἔλεος) und „Furcht" (φόβος) erregen[619]. Es handelte sich um eine „einfache Handlung" (ἁπλοῦς μῦθος) ohne Peripetie und Wiedererkennung (poet. 1452a12ff.), in der das Unglück der Protagonisten schrittweise anwächst, bis es in den erzwungenen Selbstmord mündet[620]. Die für eine gute Tragödie aufgestellte Forderung nach einer Entwicklung vom Glück ins Unglück (1453a15) müßte modifiziert werden: die Handlung bewegte sich allein von einem Zustand, in dem es einen Rest von Hoffnung gibt, zur vollkommenen Aufgabe und Verzweiflung[621].

---

[617] Ich lege hier die in meiner Studie (2000) 'Paideia oder Paidia' vorgelegte Interpretation der Aristotelischen Katharsis zugrunde.

[618] Vgl. REINHARDT 1968, 535: „Damit könnte das Drama schließen. Es fehlt nicht an alten und neuen Dramen, die kaum anders schließen. ... Auch an Länge könnte das Bisherige (bis 1097, wozu ein kurzer Schluß käme) genügen." Vgl. aber A. 508.

[619] Die Affekte stellen sich auch dann ein, wenn das Leid am Ende durch den „Deus ex machina" aufgehoben wird; dazu zutreffend ZIERL 1994, 57: „An der äußerlichen Realisation des Furchtbaren" liegt wenig, „sobald es nur in der Seele (sc. des Zuschauers) gegenwärtig ist."

[620] Das πάθος, das Aristoteles als „dritten Teil des Mythos" nennt, bestünde hier in einem ἐν τῷ φανερῷ θάνατος (1452b9–13).

[621] Das ehemalige Glück der Agamemnon-Kinder, das weit vor Beginn der Handlung liegt, wird zumindest vom Chor beschworen (V. 807–11 und 970–3).

Der Weg ins Unglück findet seine Ursache in einer Tat des „Helden",
die außerhalb des Stückes geschieht (1453b32 ἔξω τοῦ δράματος): er hat
seine Mutter getötet[622]. Diese Handlung wird „mit Wissen und Einsicht"
(1453b28 εἰδὼς καὶ γιγνώσκων) vollzogen, nicht in Unwissenheit. Ein
solcher Fall wird von Aristoteles nicht favorisiert, enthält jedoch
„Tragisches", d.h. er erregt „Mitleid" und „Furcht"[623]. Weshalb das Unglück, das der vorsätzlichen Ermordung der Mutter folgt, nach Aristoteles
diese Affekte auslösen kann, d.h. inwiefern seine Ursache nicht in einem
moralisch minderwertigen Verbrechen liegt (1453a8f. und a15 κακία,
μοχθηρία), sondern in einem großen „Fehler" (1453a16 ἁμαρτία
μεγάλη), ergibt sich aus seiner Ethik-Lehre[624]. Der zufolge finden zwar
nur unfreiwillige Handlungen Verständnis und zuweilen „Mitleid" (eth.
Nic. 1109b31f. ἐπὶ δὲ τοῖς ἀκουσίοις συγγνώμης, ἐνίοτε δὲ καὶ ἐλέου
γινομένων). Nun gibt es aber nach Aristoteles „gemischte Handlungen"
(eth. Nic. 1110a6f. μικταὶ πράξεις), die zwischen „freiwillig" und
„unfreiwillig" stehen. Dies ist dann der Fall, wenn man aus Furcht vor
einem größeren Unheil oder für ein edles Ziel handelt (eth. Nic. 1110a4f.
διὰ φόβον μειζόνων κακῶν ἢ διὰ καλόν τι)[625]. Die Handlung ist freiwillig, weil die Handlung vom Menschen ausgeht (eth. Nic. 1110a15–18:

---

[622] FLASHAR 1997a, 56 weist darauf hin, daß es nicht in jeder griechischen Tragödie
eine ἁμαρτία gebe (Aristoteles spricht von ihr im Kontext der „schönsten Tragödie");
da der Orestes-Mythos (1453a20) genannt wird und ihm der Mythos von Alkmaion und
Oidipus an die Seite gestellt werden, muß auch Orestes' Muttermord eine ἁμαρτία sein;
anders SÖFFING 1981, 237, der für den 'Orestes' eine ἁμαρτία negiert.

[623] Dieser Fall nimmt unter den in poet. 1453b36–54a9 genannten vier (ἢ γὰρ
πρᾶξαι ἀνάγκη ἢ μὴ καὶ εἰδότας ἢ μὴ εἰδότας) die dritte Position ein, wobei Aristoteles die willentlich beabsichtigte, aber nicht ausgeführte Tat für untragisch hält. Als
Beispiel für die wissentlich vollzogene Handlung nennt er die der Medeia.

[624] Zum Problem der aristotelischen ἁμαρτία s. den Forschungsüberblick bei CESSI
1987, 13–45; es soll hier nur im Hinblick auf Orestes' Tat untersucht werden.

[625] Aristoteles unterscheidet diesen Fall von dem, wo λόγος und ὄρεξις in Zwiespalt
stehen (eth. Eud. 1225a2f.); deshalb sollte man die ἁμαρτία nicht auf die ἀκρασία (eth.
Nic. VII) einengen (so CESSI 1987, 210ff.); die ἀκρασία ist zudem παρὰ προαίρεσιν
(eth. Nic. 1151a7), was von Orestes' Tat nicht gilt, vgl. auch eth. Nic. 1148a2–4 ἡ μὲν
γὰρ ἀκρασία ψέγεται οὐχ ὡς ἁμαρτία ἀλλὰ καὶ ὡς κακία τις (s. aber CESSI 1987,
225). Zwar übersieht Orestes in der Fixierung auf die Rache als καλόν τι ihre negativen
Aspekte, dies scheint mir aber kein „leichter" und „charakterbedingter und sittlich
relevanter Denkfehler" zu sein (so CESSI 1987, 260 und 262), da die Situation eine Alternative ausschließt; zur Frage eines Charakterfehlers bei Orestes s. S. 180–3.

die ἀρχή liegt bei ihm)[626], andererseits wird eine Handlung begangen, die um ihrer selbst willen nie ausgeführt worden wäre (eth. Nic. 1110a19 οὐδεὶς γὰρ ἂν ἕλοιτο καθ᾽ αὑτὸ τῶν τοιούτων οὐδέν).

Wenn Aristoteles im Kontext dieser Fragestellung den von Euripides gestalteten Muttermord des Alkmaion erwähnt und die Ursachen, die jenen dazu zwangen, für lächerlich erklärt (eth. Nic. 1110a28f. τὸν Εὐριπίδου Ἀλκμαίωνα γελοῖα φαίνεται τὰ ἀναγκάσαντα μητροκτονῆσαι)[627], so kann man daraus schließen, daß er bei den „gemischten" Handlungen vergleichbare tragische Fälle im Auge hat, wobei er im Gegensatz zu Alkmaion wohl bei Orestes den Zwang keineswegs als lächerlich beurteilt hätte[628]. Denn Orestes begeht den Mord tatsächlich zugunsten höherer Werte (Gerechtigkeit für den Vater), wobei er sich auf das göttliche Orakel berufen kann[629]. Wenn Aristoteles - wie oft beklagt wird - diese göttliche Ursache übergeht und nur von einem inneren Antrieb durch ein höheres Ideal spricht, wird er zumindest dem jüngsten der drei Tragiker gerecht, für den in vergleichbarer Weise der göttliche Befehl den internalisierten Zwang zur Rache verkörpert[630].

---

[626] So fordert Aristoteles, daß das Unglück des „Helden" folgerichtig aus einer Handlung hervorgeht (δι᾽ ἄλληλα) und nicht auf Zufall beruht (poet. 1452a3–6).

[627] Ganz ähnlich in eth. Eud. 1225a14f.: lächerlich wäre es, wenn jemand einen anderen erschlüge, um nicht beim „Blinde-Kuh-Spielen" erwischt zu werden: δεῖ μεῖζον κακὸν καὶ λυπηρότερον εἶναι, ὃ πείσεται ποιήσας. Wenn Aristoteles dagegen in der 'Poetik' als Beispiel für die ἁμαρτία u.a. die Taten des Alkmaion nennt (1453a20f.), muß er hier die Tragödie des Astydamas im Auge haben, die er wenig später auch erwähnt (1453b33). Anders in der Gestaltung des Euripides: die lächerlichen Motive verhindern nach Aristoteles' Meinung, daß Alkmaions Schicksal „Mitleid" auslöst.

[628] Zu Aristoteles' Billigung der Rache s. A. 533f.; s. HEATH 1987, 58: „It was a wrong that was morally necessary." Wenn Aristoteles in poet. 1453b21 ausdrücklich den Fall: υἱὸς μητέρα ἀποκτείνει als δεινὸν ἢ οἰκτρόν bezeichnet und 1453a20 Orestes nennt (s. A. 622), ergibt sich m.E. daraus, daß er dessen Tat so beurteilt, daß ihre schlimmen Folgen „Mitleid" provozieren.

[629] Im 'Orestes' werden zwar keine Strafen Apollons, aber die der väterlichen Erinyen genannt (581f.), wenn Orestes die Rache unterläßt; in dieser Hinsicht besteht der Zwang nicht nur im Erreichen eines καλόν τι, der Rache für den Vater, sondern auch in der Furcht vor Schlimmerem; vgl. eth. Eud. 1225a16ff. οὕτω γὰρ ἀναγκαζόμενος καὶ βίᾳ πράξει, ἢ οὐ φύσει, ὅταν κακὸν ἀγαθοῦ ἕνεκα ἢ μείζονος κακοῦ ἀπολύσεως πράττῃ, καὶ ἄκων γε· οὐ γὰρ ἐφ᾽ αὑτῷ ταῦτα.

[630] Zum Zusammenhang des ἄτη-Konzepts mit der aristotelischen ἁμαρτία s. DAWE 1967 und BREMER 1969, 99ff.; zur Umformung der ἄτη im 'Orestes' s. S. 189f.

Legt man Aristoteles' Kategorien der „gemischten Handlungen" zugrunde, so hat Orestes' Mord durchaus moralisch negative Implikationen[631], kann aber zugleich „Mitleid" und „Furcht" provozieren, weil die
Tat zugunsten höheren Ideale und nicht um ihrer selbst willen begangen
wurde, so daß das aus ihr folgende Leid, das den „Helden", der seinen Vater
rächte, zum Selbstmord zwingt, als unverdient erscheint[632]. Diese Spannung zwischen sittlichem Fehlverhalten und unverdientem Leid ist an
Orestes' Schicksal besonders gut demonstrierbar[633]. Orestes bleibt moralisch verantwortlich für seine Tat, weil er sich auch anders hätte entscheiden können, kann aber dennoch „Mitleid" finden, weil nicht moralisch
minderwertige Motive seine Untat auslösen und sich eine Alternative
nicht anbot, die einen Ausweg aus dem Unglück bedeutet hätte. In dieser
Hinsicht entspricht Aristoteles' Position im wesentlichen der des Chores,
die im zweiten Stasimon deutlich wurde (s. S. 110–7)[634]. Dieses „Mitleid"
und die damit beim Zuschauer gegebene „Furcht", selbst einmal in eine
derartige Lage zu kommen oder von einem vergleichbaren Unglück betroffen zu sein, könnten also zur Ursache tragischen Vergnügens werden,
wenn sich nach der Erregung wieder eine Beruhigung und Erleichterung

---

[631] Aristoteles spricht in der 'Poetik' auch ausdrücklich davon, daß der „Held"
zwischen ἀρετή und κακία stehen soll, 1453a7–9. Der Begriff ἁμαρτία (als selbst ver-
schuldetes Unwissen) wird sogar im Kontext moralischer Schlechtigkeit benutzt, s. eth.
Nic. 1110b28–30: ἀγνοεῖ μὲν οὖν πᾶς ὁ μοχθηρὸς ἃ δεῖ πράττειν καὶ ὧν
ἀφεκτέον, καὶ διὰ τὴν τοιαύτην ἁμαρτίαν ἄδικοι καὶ ὅλως κακοὶ γίνονται.

[632] Es sei ausdrücklich betont, daß diese Art von ἁμαρτία auf Orestes zutrifft, aber
nicht für die Tragödie verallgemeinert werden soll; s. STINTON 1975, 254: „ἁμαρτία is a
general term: it can mean specific acts, specific decisions leading to acts, or dispositions,
which may vary from some kind of ignorance to some defect of character." Als allgemeine
Bestimmung der ἁμαρτία würde ich vorschlagen: „Eine fehlerhaft begangene Handlung,
die dennoch 'Mitleid' zuläßt mit dem Leid, das aus ihr für den Urheber erwächst." Je
nach Art der Handlung differieren die Gründe des „Mitleids"; ἁμαρτία ist dabei terminus technicus, sondern nur Gegenbegriff zu κακία und μοχθηρία, wo kein „Mitleid"
für die Folgen der Tat entsteht.

[633] Die Unterscheidung von drei βλάβαι in eth. Nic. 1135b11–25 (vgl. rhet.
1374b6–9) ist dagegen auf Orestes nicht anwendbar: er handelt weder a) μετ' ἀγνοίας
(seine Tat ist also weder ἀτύχημα noch ἁμάρτημα) noch b) ohne Vorsatz (μὴ προβου-
λεύσας) (seine Tat ist also kein ἀδίκημα) noch c) aus Schlechtigkeit (διὰ μοχθηρίαν),
da er mit der Tat ein καλόν τι erstrebt (sonst wäre ein ἄδικος).

[634] Ein Unterschied besteht darin, daß der Chor die Nötigung zur Tat zwar sieht, ihr
aber dennoch kritisch gegenübersteht.

einstellte, weil man nach Ende des Schauspiels erkennt, daß die eigene Person oder die Angehörigen von dem Unglück in Wirklichkeit nicht betroffen sind. Die Katharsis könnte eintreten, wenn die Tragödie nicht einen zweiten Teil enthielte, der dieses Vergnügen in Aristoteles' Sinne verhindert.

Denn die nun folgende Rachehandlung an Menelaos ist in Aristoteles' Sinne als „untragisch" zu beurteilen, weil sie kein „Mitleid" erregt (1453b17f.):

ἂν μὲν οὖν ἐχθρὸς ἐχθρόν, οὐδὲν ἐλεεινὸν οὔτε ποιῶν οὔτε μέλλων, πλὴν κατ' αὐτὸ τὸ πάθος·

Wenn nun ein Feind an einem Feind handelt, dann erregt es kein „Mitleid", weder wenn er die Tat ausführt, noch wenn er sie nur beabsichtigt, abgesehen von dem Leid als solchem.

Nur wenn das Leid unter Freunden und Verwandten geschieht (1453b19f. ὅταν δ' ἐν ταῖς φιλίαις ἐγγένηται τὰ πάθη), kann es die tragische Emotion erregen. Da Menelaos im Verlauf des Stückes sich als Orestes' Feind erwiesen hat, kann nach Aristoteles die Rache an ihm kein „Mitleid" erregen[635]. Aus diesem Grund hält der Philosoph die Schlechtigkeit des Menelaos für „nicht notwendig" (μὴ ἀναγκαία 1454a28f., vgl. 1461b20f.). Mit diesem Urteil bezieht er sich nicht auf das für ihn eher untergeordnete Problem der Charakterdarstellung, sondern es geht ihm um die Konzeption der Tragödie insgesamt, d.h. um die Konstruktion der Handlung. Nur wenn die Rache dem „Freund" Menelaos gegolten hätte, hätte sie „Mitleid" erregen können; da aber in Euripides' Darstellung der Onkel durch dessen Schlechtigkeit zum Feind wurde, erregt der Anschlag nach Aristoteles höchstens eine gewisse emotionale Erregung über das geschehene „Leid an sich", aber kein Mitleid und ist insofern untragisch.

Bezieht man Aristoteles' Kritik an Menelaos „nicht notwendiger" Schlechtigkeit auf das untragische Wesen einer Rache am Feind, so kann man weiterhin annehmen, daß der Philosoph die Intrigenhandlung dieses Stückes für erfolgreich gehalten und das durch Apollon herbeigeführte positive Ende ernst genommen hat. Wäre er nämlich der Auffassung ge-

---

[635] Auch Hermione als Tochter des Feindes ist ebenfalls keine φίλη.

wesen, daß der tragische „Held" auch nach der zweiten Rachetat untergeht, könnte in seinen Augen wenigstens die Erfolglosigkeit der Rache am
Feind „Mitleid" erregen. Aristoteles scheint aber wie viele der ihm nachfolgenden Interpreten auf menschlicher wie göttlicher Ebene ein positives
Ende der Tragödie anzunehmen, so daß „Mitleid" für den, der mit Hilfe
des Gottes hoch auf dem Dach triumphiert, nicht aufkommen kann. Ein
spezifisch tragisches Vergnügen kann der versöhnliche Ausgang aber ebensowenig bewirken (poet. 1453a35–39)[636]:

ἔστιν δὲ οὐχ αὕτη ἀπὸ τραγῳδίας ἡδονὴ ἀλλὰ μᾶλλον τῆς
κωμῳδίας οἰκεία· ἐκεῖ γὰρ οἳ ἂν ἔχθιστοι ὦσιν ἐν τῷ μύθῳ, οἷον
Ὀρέστης καὶ Αἴγισθος, φίλοι γενόμενοι ἐπὶ τελευτῆς ἐξέρχονται,
καὶ ἀποθνῄσκει οὐδεὶς ὑπ' οὐδενός.

Dies ist nicht das Vergnügen, das durch eine Tragödie entsteht, sondern es ist
mehr der Komödie eigentümlich. Dort verlassen nämlich die, die während der
Handlung die größten Feinde waren, wie z.B. Orestes und Aigisthos, als Freunde am Ende die Bühne und keiner fand durch den anderen den Tod.

Ersetzt man hier den Namen „Aigisthos" durch „Menelaos", könnte die
Stelle für den 'Orestes' geschrieben sein. Was vom Dichter als Ausdruck
tiefer Resignation gemeint war, wird hier als „Komödie" interpretiert.

Dem zweiteiligen Aufbau des Stückes, der sich aus dem Umbruch in V.
1098 ergibt, und dem dramatischen Konzept der Wiederholung analoger
Taten (diese setzt Menelaos' Schlechtigkeit zwingend voraus; s. S. 172),
wird Aristoteles mit seinen Vorstellungen von der Gattung „Tragödie"
nicht gerecht[637]. Denn für Aristoteles vollzieht sich in V. 1098 ein Umschwung vom Unglück zum Glück, der auf dem Wege der Rache auch Rettung bringt[638]. „Tragisch", d.h. „Mitleid" und „Furcht" erregend, kann
dies für Aristoteles aus den oben genannten Gründen nicht sein. Der Hinweis auf Menelaos' „unnötig schlechten Charakter" ist deshalb so wert-
voll, weil hier der weite Abstand zwischen dem Dichter und Philosophen

---

[636] Zum angeblich „komödienhaften" Schluß s. auch S. 150f.

[637] Anders KYRIAKOU 1998, 282: „(Orestes) can be thought to satisfy Aristotle's ...
conservative ... standards for the best kind of plot: relatives, φίλοι, harm each other."

[638] Diese μετάβασις oder μεταβολή ist keine περιπέτεια, weil keiner der „Helden"
etwas mit einer dem faktischen Ergebnis entgegengesetzten Intention getan hat (poet.
1452a22–29); zu diesem „engeren" Verständnis von Peripetie s. SEIDENSTICKER 1992.

sichtbar wird. In der schematischen Trennung von „Freund" und „Feind" werden Maßstäbe an Euripides' Stück angelegt, denen dieses gerade widersprechen will. Und was das Kernproblem des Dramas anlangt, zeigt sich, daß die völlig unterschiedliche Einschätzung der zweiten Rachehandlung durch Aristoteles den Zugang zu dem Anliegen des Euripides verhindert. Aristoteles wird auf diese Weise zum Zeugen dafür, daß Euripides nicht ohne Grund die Möglichkeiten des Theaters gering einschätzte, festgelegte gesellschaftliche Normen in Frage zu stellen.

Aristoteles begegnet dem Werk des Tragikers mit einer Erwartung, die dieser gar nicht zu erfüllen gedachte. Vergnügen soll Orestes' Schicksal nicht bereiten, Entspannung und Erholung von den Mühen des Alltags will Euripides' Drama nicht bieten. Der Dichter provoziert zwar das „Mitleid" mit dem Muttermörder, präsentiert ihn dann aber als brutalen Gewalttäter. Wenn die Zuschauer die Schändlichkeit von Attentat und Geiselnahme wahrnehmen, kann der Wandel der Protagonisten nur Irritation hervorrufen; diese will der Dichter sogar noch steigern, wenn ein solcher „Held" am Ende auch noch durch das Wirken des Gottes einen Umschlag vom Unglück ins Glück erlebt (1452b37 μεταβάλλειν ἐξ ἀτυχίας εἰς εὐτυχίαν), was Aristoteles für die „untragischste" aller Möglichkeiten erklärt (1452b37f. ἀτραγῳδότατον γὰρ τοῦτ' ἐστὶ πάντων). Die Irritationen sind beabsichtigt, weil der Dichter nicht nach dem sucht, was die größten Affekte erregt, sondern eher einen Erkenntnisprozeß in Gang setzen möchte[639]. Das Mitgefühl mit dem „Helden", das er in der ersten Hälfte des Stückes provoziert, bildet nur die Voraussetzung für das Begreifen der ethischen Problematik, die sich aus dem objektiven und immer wieder gegebenen Unrecht und der darauf folgenden und gesellschaftlich sanktionierten Reaktion ergibt. Versteht der Zuschauer, daß diese Problematik im Rahmen seiner eigenen moralischen Horizonte und der ihn umgebenden Wirklichkeit unlösbar ist, dürfte wohl Vergnügen das letzte sein, was sich einstellt.

---

[639] In diametralem Gegensatz zu dieser Interpretation steht HEATH 1987, 60: „... his task as a tragedian is not to present moral assessments of stories, but to exploit their emotive potential."

Aus diesem Grund dürfte auch das auf Aristoteles aufbauende Urteil des Aristophanes von Byzanz und der ihm folgenden Philologen nicht zutreffend sein, daß das Ende des 'Orestes' mehr zu einer Komödie paßt (s. dazu S. 21 und A. 441; vgl. S. 150f.). Die daraus abgeleitete Folgerung, das Drama hätte an vierter Stelle der Tetralogie, zu der es gehörte (s. dazu S. 19f.), gestanden und sei deshalb als „prosatyrisch" zu bezeichnen, ist also auch nach der inhaltlichen Analyse abzulehnen. Es gibt wohl nur wenige Stücke des Euripides, die sich an Bitterkeit und Desillusionierung mit dem 'Orestes' messen können: für einen heiteren oder zumindest versöhnlichen Ausklang nach der Aufführung von drei Tragödien war der 'Orestes' denkbar schlecht geeignet.

Wird dem Publikum Vergnügen vorenthalten, darf es dann wenigstens mit Belehrung rechnen? Versteht man Belehrung in einem weiteren Sinne, so kann die Frage bejaht werden. Euripides will darstellen, wo die Ursachen und Wurzeln der Gewalt liegen, die so viele Städte während des peloponnesischen Krieges erschütterte. In dieser Erklärung liegt zugleich eine fundamentale Hinterfragung der überlieferten Normen[640]; ihr Zielpunkt ist aber nicht nur eine spezifisch athenische „Ideologie"[641], sondern die Allgemeingültigkeit des Rache-Gedankens auf allen Seiten und bei allen Parteien. Sieht man die Problematik von Recht und Rache sogar als ein allgemein menschliches (s. S. 191f.), so beschränkt sich Euripides' Darstellung nicht auf die einmalige historische Situation, auf die sie in erster

---

[640] Anders z.B. SEAFORD 1996, 291: „Taken as a whole, tragedy reinforces rather than subverts the civic discourse and civic ritual of the festival." Zur allg. Kritik s. GRIFFIN 1998, 52–4; die athenischen Zuschauer werden sich kaum mit der argivischen Volksversammlung identifiziert haben, die den Untergang der Agamemnon-Kinder herbeiführt (s. S. 34f.); auf der göttlichen Handlungsebene wird Orestes' Herrschaft sogar wiederhergestellt! Stärkung der athenischen Demokratie kann der 'Orestes' also wohl kaum bewirken. Zur allgemeinen Frage der „questioning (force) against the affirming force of tragedy" s. CROALLY 1994, 255f. mit A. 26.

[641] Vgl. VERNANT/VIDAL-NAQUET ²1990, 9: „The world of the city is called into question and its fundamental values are challenged in the ensuing debate." GOLDHILL 1990, 114: „The tragic texts seem to question, examine, and often subvert the language of the city's order", und CROALLY 1994, 250: „Tragedy - as a glamorous and provocative self-examination - was an effect of Athenian self confidence issuing from successful imperialism", und 254: „Tragedy performed its didactic function by examining Athenian ideology in a dramatic other-world ..." „Ideologie" wird definiert als „the authoritative self-definition of the Athenian citizen" (ebd. 44).

Linie zielt, sondern weist darüber hinaus[642]. Mythos und dramatische Vergegenwärtigung stehen nicht im Verhältnis von Allgemeingültigkeit und
historischer Aussage, sondern der im Hinblick auf die Gegenwart des Autors gestaltete Mythos enthält als solcher überzeitliche Momente[643].

Es kann also keine Rede davon sein, daß Euripides einem Theater diente, das seine Bürger durch die Darstellung anarchischer Gewalt („timeless,
nonpsychological, extra-moral violence") beleben wollte (BURNETT
1998, XIVf.): „The theater ... did, however, send more vital men back
into a more vital city because all had, in unison, vicariously exercised the
fullest strech of isolated human force. ... Athenians maintaines their
strength because in their city symbolic transgressions, wrought by
spectacular figures, annually charged the air with a passionate and healthy
(!) extremity of violent action." Abgesehen davon, daß die Behauptung
einer „vitalisierenden" Wirkung von Rache- und Gewaltdarstellungen
völlig unbewiesen bleibt[644], dürfte Euripides' Anliegen hier verzeichnet
sein[645]. Dennoch kann man BURNETT darin zustimmen, daß der Dichter
eine Belehrung in engerem Sinne nicht anstrebte: von seinem Aristopha-
nischen Double würde sich Euripides distanzieren. Kein Zuschauer soll

---

[642] Vgl. Thukydides' Anliegen, mit der Darstellung des peloponnesischen Krieges
ein κτῆμα ἐς αἰεί (1,22,4) zu schaffen (s. Hdt. prooem. ὡς μήτε τὰ γενόμενα ἐξ
ἀνθρώπων τῷ χρόνῳ ἐξίτηλα γένηται); s. Aischylos in den 'Fröschen' (868): ἡ
ποίησις οὐχὶ συντέθνηκέ μοι. In den 'Fröschen' ist auch die Existenz von Lesetexten des
Euripides gesichert (52f.). Vgl. SCHWINGE 1992, 48, der zu Recht ein „ausschließlich
historisches Verständnis" problematisiert; gegenüber einer vom Tragiker selbst bereits
intendierten „Überzeitlichkeit" bleibt er allerdings skeptisch (57).

[643] Nimmt man die Tatsache ernst, daß der Mensch ein geschichtliches Wesen darstellt, kann auch eine allgemeine Aussage über den Menschen an sich nur als Aussage
über den Menschen in einer konkreten historischen Situation erscheinen. Die von
RÖSLER 1980 aufgestellten Gegensätze: „überzeitliche Deutung" (8) und ursprüngliche
„poliszentrierte Funktion" scheinen mir deshalb nicht sinnvoll.

[644] Diese Hypothese aus den 70er Jahren stellt ein ebenso unangemessenes Vorverständnis dar wie die Anwendung christlicher Moralität, die BURNETT kritisiert; dazu s.
vor allem A. 464.

[645] Da Rache kein Problem, sondern eine Lösung sei (XVI), kann BURNETT 1998 die
Darstellung der Rache im 'Orestes' nur als „pseudovengeance" (256) ansehen und das
ganze Stück als „a (literary) parody that is stamped with a bitter comic intent" (248).
Vgl. ebd. 272: „Men like Orestes have forgotten their fathers and their gods, and so have
lost touch with the inner principle, of what they used to see as justice. ... the present
populace ... has grown too secular for tragedy and too small for revenge."

nach dem 'Orestes' das Theater verlassen, „besser" geworden, als er zuvor war ('Frösche' 1009). Denn eine Bewältigung des Problems wird nicht geboten; jeder moralische Appell unterbleibt. Keine der auftretenden Personen kann in irgendeiner Weise Vorbild sein. Am Schicksal von Orestes und seinen Freunden erlebt das Publikum nicht weniger, aber eben auch nicht mehr als das Scheitern einer fundamentalen gesellschaftlichen Maxime.

Insofern hat Aristophanes in anderer Hinsicht vollkommen richtig erfaßt, was Euripides' Dramen charakterisiert. Denn der tragische Dichter bildet tatsächlich die wahren Gegebenheiten ab ('Frösche' 1053 τὰ ὄντα), ohne sie zu idealisieren. Der Rückkehr zu den ehrwürdigen Tugenden der Vorfahren erteilt Euripides eine Absage, weil es seiner Ansicht nach genau die „heroischen" Werte sind, die die Krise hervorgerufen haben. So unterläßt er es, eine Lösung anzubieten, weil er eine solche nicht kennt (s. S. 195). Ist die Schlußszene als Ausdruck von Resignation richtig verstanden[646], dann drückt sich darin auch der Zweifel aus, ob es einen Wandel zum Besseren noch geben wird[647]. Damit stellt Euripides auch die Frage, ob die Polis im Theater des Dionysos über ein wirksames Medium der gesellschaftlichen Diskussion verfügt. Denn es ist nicht die Polis, die den Diskurs über die sie tragenden Normen sucht[648], sondern es ist bestenfalls der einzelne Dichter, der seinen Bürgern gegenübertritt und ihnen die

---

[646] Auch wenn HOSE 1994, 246f. und 1995, 89ff. darin Recht haben mag, daß die Situation von 410–8 v. Chr. Grund zur Hoffnung gab, so hat wohl Euripides die Lage pessimistischer und damit realistischer eingeschätzt; den brennenden Palast am Ende des 'Orestes' verstehe ich als Hinweis darauf, daß Athen den Krieg verlieren wird.

[647] Die Frage, ob er mit früheren Stücken eine solche Änderung zu erreichen wünschte, kann an dieser Stelle nicht beantwortet werden. Zu bedenken ist, daß wir „Jugendwerke", d.h. Stücke aus den ersten 17 Jahren seiner Arbeit für das Dionysostheater (455–438 v. Chr.) nicht kennen.

[648] Vgl. GRIFFIN 1998, 49: „That the citizen of a democratic state has a duty to question its values may be what is believed by liberal thinkers in a modern democracy; it was perhaps maintained by Socrates (and Euripides); but one would like to see some positive evidence that the Athens ... actually wanted to inculcate a duty of that kind. I see little likelihood that fifth-century Athens ... would have pursued, for a century, this extraordinarily oblique and ironic form of education against its own cherished values" (Klammer von mir); vgl. seine überzeugende Kritik an MEIER ebd. 50–52. Anders z.B. PELLING 1997, 229: „This is a very self-critical and self-analysing people. We have already noted Athens' pride in herself as home of discourse."

Brüchigkeit ihrer Moral vorhält. Dies hat er zu Lebzeiten in der Tetralogie, zu der 'Orestes' gehörte, ein letztes Mal in Athen getan; über die Möglichkeiten aber, mit seiner Kunst gesellschaftlich zu wirken, wird er sich keinen Illusionen hingegeben haben.

Überleitung: Vom 'Orestes' zu den 'Bakchen'

Die Dichtung selbst gibt dem Interpreten einen kleinen versteckten Hinweis, in welcher Weise der 'Orestes' zur Interpretation der 'Bakchen' beitragen kann. Es ist die Nebenfigur des Phrygers, die eine Verbindung zwischen den beiden Tragödien schafft[1]. Denn in seiner höchst artifiziellen Beschreibung des Anschlags von Orestes und Pylades auf Helena und Hermione vergleicht er das Freundespaar mit zwei „Bakchen, die keinen Thyrsos tragen" (Or. 1492–3)[2]:

ἄθυρσοι δ' οἷά νιν δραμόντε Βάκχαι
σκύμνον ἐν χεροῖν ὀρείαν ξυνήρπασαν·

Wie zwei Bakchen, aber ohne Thyrsos-Stab, stürzten sie beide auf Hermione zu und packten sie mit den Händen wie ein junges Wild in den Bergen.

Auffällig ist, daß zwei Männer als Bakchen bezeichnet werden und daß der Vergleich das Zerreißen der Beute impliziert, wohingegen Hermione nur als Geisel genommen wird[3]. Das Adjektiv „ohne Thyrsos" schließlich macht deutlich, daß das rituelle Treiben der Bakchen, wilde Tiere zu zerreißen, als Bild benutzt wird, um das säkulare Geschehen einer gewalttätigen Rachehandlung zu beschreiben[4]. In dem Vergleich liegt gleichsam die Keimzelle für das neue Stück, in dem das im Bild Beschriebene zum Inhalt

---

[1] In anderem Sinne wird im ersten Teil der Tragödie der durch den Muttermord ausgelöste Wahnsinn des Orestes mit bakchischem Vokabular beschrieben (338, 411, 835). Der Vergleichspunkt liegt darin, daß Orestes in seinem Wahnsinn wie eine Bakche umhergetrieben wird; es sind aber die Erinyen, die den Wahnsinn bewirken, nicht Dionysos; ihr Thiasos ist deshalb ἀβάκχευτος (319). Das wahnsinnige Umherschweifen wird auch von Iole (Hipp. 551), Euadne (Hik. 1001) und Helena ausgesagt (Hel. 543); zu Kassandra s. A. 10. Vorbild sind Il. 22,460 über Andromache: μαινάδι ἴση (ob hier „Mänade" oder „Wahnsinnige" gemeint ist, ist umstritten; vgl. Il. 6,389 μαινομένη εἴκυῖα), und hymn. in Cer. 386 von Demeter: εὖτε μαινὰς ὄρος κάτα δάσκιον ὕλης.

[2] ∪——‿∪‿∪‿ ∪——/‿∪‿∪‿ ∪——‿∪‿— (ba hypodoch ba / hypodoch ba ia); anders WILLINK 1986, 327: ba cr pe ηδ ba ia (nach West 1982a, kann pe ηδ auch als ia kδ interpretiert werden; WILLINK schlägt noch ia sp ia vor), DIGGLE hält all dies für unmöglich und setzt δραμόντε Βάκχαι / σκύμνον ἐν χεροῖν in cruces.

[3] Schon in Or. 1213 wird Hermione von Orestes als „junges Tier" bezeichnet; die Kommentare verweisen auf Polyxena in Hek. 205.

[4] Den rein metaphorischen Charakter solcher Bilder betont zu Recht SCULLION 2002, 111 gegen all die Versuche, die von dem Bild auf den rituellen Charakter von Tragödie zurückschließen wollen.

der Tragödie und die Bakchen selbst zu handelnden Bühnenpersonen werden. Bevor dies am Text der Tragödie gezeigt wird, soll zuvor die weitere
Vorgeschichte des Bildes kurz betrachtet werden[5]. Denn es ist im
'Orestes' nicht das erste Mal, daß der Dichter den Vergleich des bakchischen Rituals benutzt[6].

Innerhalb der erhaltenen Tragödien findet sich erstmals in der
'Hekabe'[7] der Vergleich zwischen einer Gruppe von Frauen, die Rache
üben, mit den Anhängerinnen des Dionysos[8]. Polymestor, der thrakische
Fürst, hatte nach Trojas Fall den ihm anvertrauten Sohn von Priamos und
Hekabe, Polydoros, heimtückisch ermordet und nicht einmal bestattet.
Nachdem Hekabe und die kriegsgefangenen Frauen aus Troja als Vergel-

---

[5] Die Fragmente beziehe ich nicht ein, da hier zu große Unsicherheiten über die Funktion des Motivs im Gesamtzusammenhang herrschen. Hier wäre die 'Antiope' besonders
interessant, s. JOUAN/LOOY 1998, 222: „Le chœur secondaire (παραχορήγημα) est com-
posé des Ménades qui accompagnent Dircé."

[6] Auf die Realität der bakchischen Kulte wird an folgenden Stellen bei Euripides
hingewiesen (zu den nicht euripideischen Belegen s. HOLZHAUSEN 2003):
a) das Fackel-Fest der Thyiaden (der Name nicht bei Euripides) in Delphi: Ion 550–3 (s.
dazu A. 159), Ion 716–17 (auf dem Parnaß schwingt Bakchios Fackeln νυκτιπόλοις ἅμα
σὺν Βάκχαις, vgl. 1126 πῦρ βακχεῖον); IT 1243 (βακχεύουσαν Διονύσῳ Παρνάσιον
κορυφάν); Phoen. 226–8 (ὦ λάμπουσα πέτρα πυρὸς / δικορύφων σέλας ὑπὲρ ἄκρων /
βακχεῖον Διονύσου), Ba. 306–8 und 559 und Frg. 752 παρθένοις σὺν Δελφίσιν. Nicht
an allen Stellen ist deutlich, ob Frauen oder Nymphen gemeint sind; letzteres bei
Aischyl. Eum. 22: Nymphen am korykischen Felsen und Soph. Ant. 1129 Νύμφαι
Βακχίδες (ebd. 1151 Thyiaden genannt), vgl. Alkman fr. 56 πολύφανος ἑορτά in den
Bergen und fr. 63: Thyiaden als Nymphen; vgl. den Votivpinax für die korykischen Nymphen (Delphi Mus. 8657); s. VILLANUEVA PUIG 1986.
b) in Theben: Phoen. 655–6 (βάκχιον χόρευμα παρθένοισι Θηβαίαισι / καὶ γυναιξὶν
εὐίοις), vgl. Phoen. 21 (s. dazu A. 159) und Phoen. 1751–7 (ἴθ' ἀλλὰ Βρόμιος ἵνα τε
σηκὸς ἄβατος ὄρεσι μαινάδων κτλ.; dort agiert Antigone als Mänade im Hirschkalbfell) und natürlich die 'Bakchen'.
c) das synkretistische Ritual von Demeter-Kybele-Dionysos (Sabazios) in Hel. 1301ff.
bes. 1364 βακχεύουσά τ' ἔθειρα Βρομίῳ (wohl auch nur ein literarischer Kult).
Das Wort βακχεύειν im orphischen Kontext in Hipp. 954. Zu Nysa (556–8) s. A. 113,
zum Olymp und Pierien (560–75) s. A. 374.

[7] Das Datum der Hekabe ist unsicher; vgl. COLLARD 1991, 35: „All three considera-
tions together point to a date between 425 and 421; before 423 still seems most likely."

[8] Abgesehen von den 'Bakchen' (s. A. 102) kommt der Name „Mänade" (μαινάς) selten vor: fünfmal als Bezeichnung für Kassandra (El. 1032, Tro. 172, 307, 349, 415) und je
einmal im Kontext des Kultes: Ion 552 (s. A. 159) und Phoen. 1752 (s. A. 6); vgl. A. 113.

tung dafür seine Kinder getötet und ihn selbst geblendet haben[9], nennt er sie „Bakchen des Hades" (Hek. 1075–8)[10]:

ποῖ πᾷ φέρομαι τέκν' ἔρημα λιπὼν
Βάκχαις ῎Αιδα διαμοιρᾶσαι σφακτὰ κυσίν τε φοινίαν
δαῖτ' ἀνήμερόν τ' ὄρειαν ἐκβολάν;

Wohin, in welche Richtung soll ich stürmen, meine Kinder preisgebend den Bakchen des Hades, auf daß sie die Geschlachteten zerteilen, und das Fleisch, roh hingeworfen in die Berge, eine blutige Mahlzeit für die Hunde wird[11].

Obwohl die Ermordung seiner Kinder im Zelt der kriegsgefangenen Frauen stattfand, stellt sich Polymestor vor, die Frauen würden sich wie die Bakchen in den Bergen befinden[12] und dort das Fleisch der Kinder zerteilen und es dann den Hunden zum Fraß hinwerfen (an Omophagie ist also nicht gedacht)[13]. Das Bild taucht im Stück nur an dieser Stelle auf[14]; als Hekabe

---

[9] Vgl. MOSSMAN 1995, 190: „The blinding of Polymestor would ... have been more a shock to Euripides' Athenian audience than the murder of his sons: mutilation of the living or of the dead is a barbarian practice which decent Greeks do not indulge in."

[10] Unabhängig davon wird an zwei Stellen Kassandra als Bakche bezeichnet (121 und 676, zum Name „Mänade" s. A. 8); ein Zusammenhang mit der Rachehandlung wird nicht hergestellt; vgl. Tro. 169 ἐκβακχεύουσαν Κασσάνδραν, 341 βακχεύουσαν κόρην, 367 ἔξω στήσομαι βακχευμάτων, 408 ᾿Απόλλων ἐξεβάκχευσεν φρένας, 500 ὦ σύμβακχε Κασσάνδρα θεοῖς. Der Dichter verbindet, was bei Platon Phaidr. 244bff. und 265b geschieden wird: den prophetischen mit dem bakchischen Wahnsinn.

[11] τε ... δαῖτα ... τε ... ἐκβολάν sind effizierte Obj. von διαμοιρᾶσαι, die ich als Hendiadyoin in einer Hysteron-Proteron-Stellung auffasse. ἀνήμερόν gehört grammatisch zu ἐκβολάν, inhaltlich aber wohl eher entweder zum Ort, dem unkultivierten Gebirge, oder den Akteuren, den Rohfleisch fressenden Hunden (Enallage); die Übersetzung bleibt wörtlich. Anders SCHLESIER 1988, 124, die nach Hek. 1173 auch hier die Hunde mit den Bakchen identifiziert: „Die Frauen ... werden die von ihnen geschlachteten Kinder zerteilen, sie sich zum hündischen Mahl bereiten" (zur angeblichen Omophagie s. A. 78). Warum werfen sie dann das Fleisch aber hin (ἐκβολή)? Dies impliziert reale Hunde, vgl. Eur. fr. 469 νόμος δὲ ⟨δείπνου⟩ λείψαν' ἐκβάλλειν κυσίν, Aischyl. Septem 1013–14 Πολυνείκους νεκρὸν / ἔξω βαλεῖν ἄθαπτον, ἁρπαγὴν κυσίν.

[12] Umgekehrt sieht sich Polymestor als Tier (θήρ), das auf allen Vieren das Gebirge (den Ort des Geschehens) verläßt und sich auf die Spur der Mörderinnen macht (1058–9 τετράποδος βάσιν θηρὸς ὀρεστέρου τιθέμενος) und sie auffrißt (1071–2): σαρκῶν ὀστέων τ' ἐμπλησθῶ / θοίναν ἀγρίων τιθέμενος θηρῶν (θηρῶν ist Gen. subj. wie in 1058–9 θηρός), vgl. 1172–3 ἐκ δὲ πηδήσας ἐγώ / θὴρ ὣς διώκω τὰς μιαιφόνους κύνας; von „Anthropophagie" (so SCHLESIER 1988, 126 und WILDBERG 2002, 145) kann man nur sprechen, wenn man die Bildlichkeit der Aussage ignoriert.

[13] Das Bild eines bakchischen Rituals ist also um nicht-bakchische Züge erweitert; denn das Zerteilen des Fleisches ist kein σπαραγμός (zu διαμοιράω s. A. 17), und an

mythische Vergleiche für Gruppen von Frauen nennt, die Männer ermordeten, nennt sie nicht die Bakchen[15]. Auch in seiner anschließenden ausführlichen Beschreibung der Vorgänge im Zelt (1132–82) kommt Polymestor nicht auf den bakchischen Vergleich zurück, sondern schildert die troischen Frauen als Mütter, die seine Kinder in ihren Armen wiegen und dann plötzlich mit Dolchen (φάσγανα) durchbohren (1157–62)[16]. Der dem Polymestor in den Mund gelegte Vergleich wird also vom Dichter nicht weiter ausgeführt[17]. Dennoch sind in der 'Hekabe' schon all die Züge vorhanden, die Euripides später wieder aufnimmt und weiter entwickelt: Es sind die eigentlich wehrlosen Opfer, die die Rachetat vollbringen[18]. Bei dieser Rache sind wiederum Unschuldige mit betroffen, wobei

---

keiner Stelle werfen die Bakchen das Fleisch Hunden vor. Für Polymestor scheint das Treiben der Bakchen noch nicht grausam genug; um es weiter zu steigern, verläßt er die Ebene des Bildes. Interessanterweise stellt er sich genau das vor, was er selbst Polydoros antat (s. A. 17).

[14] In Hek. 685–6 stimmt die Titelheldin, nachdem die Leiche des getöteten Sohnes gebracht wurde, einen νόμον βακχεῖον an (Text nach DIGGLE, vgl. MOSSMAN 1995, 166f., anders SCHLESIER 1988, 116f. nach dem Text von MURRAY), ohne daß die Rache hier schon im Blick wäre (in 686 ist ἐξ ἀλάστορος mit κακῶν zu verbinden, vgl. 949 ἀλάστορός τις οἰζύς). Der Ausdruck erklärt sich m.E. aus Phoen. 1489, wo sich Antigone in ihrer Trauer um Brüder und Mutter als βάκχα νεκύων bezeichnet: sie hat die Haare gelöst, das Kleid gelockert und die Wangen entblößt; in ihrer Trauer überschreitet sie die weiblichen Grenzen und verhält sich wie eine Bakchantin. Ähnlich überschreitet Hekabe, wahnsinnig vor Trauer, das für Frauen Schickliche. Zu Kassandra als Bakche s. A. 10.

[15] Hek. 886ff. nennt sie Danaiden und Lemnierinnen. Das Fehlen der Bakchen spricht gegen ein „dionysisches" Drama, wie SCHLESIER 1988 es annimmt.

[16] Im Gegensatz dazu verlassen die Bakchen ihre Kinder, wenn sie in die Berge stürmen (Ba. 700–2), und töten mit den bloßen Händen (Ba. 1205–10); Vasenbilder mit bewaffneten Bakchen erst ab 410 v. Chr. Ob hier der orphische Titanen-Mythos hineinspielt, wie SCHLESIER 1988, 130 annimmt, ist mir höchst zweifelhaft.

[17] Anders z.B. SCHLESIER 1988, 118, die bereits Polydoros' Ermordung als (bakchischen) Ritualmord ansieht; zur Kritik s. MOSSMAN 1995, 167 A. 10. Es handelt sich vielmehr um einen ἀκρωτηριασμός oder μασχαλισμός, bei dem Hände und Füße abgeschlagen werden (s. Hek. 719–20 σιδαρέῳ τεμὼν φασγάνῳ / μέλεα), um Rache unmöglich zu machen (von SCHLESIER ebd. A. 21 ebenfalls erwogen); darauf zielt auch das seltene Verb διαμοιρᾶν in Hek. 717, das das Schneiden von Fleisch meint (vgl. Hipp. 1376, Od. 14,434, Athenaios 1, 12e, Orph. fr. 210 Kern).

[18] Vgl. GRUBE ²1961, 222: „The transformation from the queen of sorrows to the vindictive fiend ..."

das Prinzip der Talion herrscht[19]. Aus den hilflosen Kriegsgefangenen werden plötzlich kaltblütige Mörderinnen, die sich eben noch als freundliche Mütter gerierten.

Dieser Umbruch liegt auch der Anlage des gesamten Stückes zugrunde: Ähnlich wie der 'Orestes' zerfällt es in zwei Teile: der erste Teil bis V. 656 präsentiert Hekabe als Opfer, die die Ermordung ihrer Tochter Polyxena erdulden muß, der zweite Teil zeigt Hekabe als Täterin, die die Ermordung ihres Sohnes rächt[20], wobei der Übergang dadurch gemildert wird, daß Hekabe in ihrem Selbstgespräch vor Agamemnon (736–51) überlegt, ob der Versuch, Rache zu nehmen, Erfolg verspricht[21]. So steht auch bei dem Vergleich mit dem bakchischen Treiben nicht die Plötzlichkeit des Umschwungs zur Gewalt im Vordergrund, sondern die brutale Aktion des Tötens an sich (deshalb das Attribut „Bakchen des Hades"), vollzogen von einer Gruppe von Frauen, die ihre Beute schlachten[22]. Daß diese Gewalt letztlich ihr Ziel nicht erreicht oder sogar auf die eigene Person zurückschlägt, wird in der 'Hekabe' ebenfalls nur angedeutet: die ehemalige Königin selbst wird in eine Hündin mit feuerroten Augen verwan-

---

[19] Auf die Rechtsproblematik soll hier nicht weiter eingegangen werden; es gilt *mutatis mutandis* das zum 'Orestes' Gesagte: die berechtigte Strafe für den Mörder, der das Gastrecht grob verletzte (Agamemnon billigt die Rache), ist gleichzeitig ein neuerliches Verbrechen, ohne daß dieser ethische Konflikt in der einen oder anderen Richtung auflösbar wäre. Wie beim 'Orestes' hat sich die Forschung damit nicht zufriedengegeben und entweder Hekabe streng verurteilt oder entschuldigt (zur Forschung s. MOSSMANN 1995, 164f. bes. A. 3); so unternimmt MOSSMAN 1995 (wie PORTER 1994 beim 'Orestes') den Versuch, die Gewalt der Rache zu verteidigen.

[20] Beides ist von einem Toten-Geist provoziert: Polyxenas Ermordung von dem des Achilleus, die Rache von dem des Polydoros; zu den Gegensätzen beider Geister s. MOSSMAN 1995, 178f. Wie bei Orestes, Pylades und Elektra stellt sich auch bei Hekabe die Frage der Einheit des Charakters; s. dazu MOSSMAN 1995, 94ff. Von einer inneren Entwicklung sollte man auch bei Hekabe nicht reden, anders POHLENZ ²1954, I 281: „Hekabe ist die erste Gestalt der Tragödie, die eine innere Wandlung durchmacht, eine Wandlung, die sie zur Verwandlung in eine tolle Hündin reif macht."

[21] Es geht Hekabe nicht um das moralische Problem der Rache, sondern einzig um die Frage, ob sie Agamemnon dafür gewinnen kann oder nicht, d.h. um die Frage der Durchführbarkeit. Für die Rache braucht sie sich gar nicht zu entscheiden, sie ist selbstverständlich; Vergeltung nicht zu üben, bedeutet lediglich, daß man es nicht kann.

[22] ZEITLIN 1996, 215 erklärt den bakchischen Bezug der Rachetat damit, daß Dionysos als Gott des Weins durch die Verletzung der Gastfreundschaft von Polymestors Tat betroffen sei; im Text wird man dafür keinen Anhalt finden.

delt werden[23] und Agamemnon, der die Rache billigte, wird seinerseits von der den Ehebruch rächenden Gattin zu Tode kommen (Hek. 1258ff.)[24]. Es ist vielleicht nicht erstaunlich, daß es gerade Dionysos ist, der diese Schicksale prophezeit hat[25]. Der wie in einem bakchischen Taumel geübten Gewalt ist die Vergeltung inhärent; es ist eine gleichsam transzendente, d.h. vom Menschen nicht beeinflußbare Tatsache, daß Rache und Vergeltung nicht ohne Folgen bleiben können.

Der Ausdruck „Bakche des Hades" kehrt im 'Herakles' wieder[26]. In dieser Tragödie[27] wird er aber nicht auf eine Gruppe von Frauen bezogen, sondern wie im 'Orestes' auf den Titelhelden selbst. An fünf weiteren Stellen wird der auf Heras Befehl ausgelöste Wahnsinn mit bakchischem Vokabular beschrieben[28], wenn auch der Chor die Unterschiede zum ei-

---

[23] Die Augen werden dann zum Feuersignal an der thrakischen Küste; zur Verwandlung vgl. PMG fr. 965 (vor Euripides?) und Eur. fr. 968. Angesichts der eindeutig negativen Wertung der Hunde im Stück (1077 und 1173) sollte man vor allem durch Hinweise auf Hekate (die im Text nicht genannt wird) die Verwandlung nicht beschönigen; s. z.B. WILDBERG 2002, 141: „Mir scheint, daß dieses Drama nicht ... die Untat einer Frau anprangert ..." Vgl. auch die Verwandlung des Kadmos in eine Schlange in den 'Bakchen' (1330–8); sollte auch dies keine Strafe darstellen?

[24] Hekabe wird leibhaftig zu dem, womit Polymestor sie verglichen hat (s. 1173 τὰς μιαιφόνους κύνας).

[25] Nicht überzeugend dagegen WILDBERG 2002, 147: „Polymestor wird indirekt von Dionysos bestraft, weil er die Götter für unergründliche Unheilstifter hält, aber dennoch - oder gerade deshalb - ihre Orakel befragt, um das Risiko seiner eigenen Machenschaften zu kalkulieren." Im Text wird aber nirgends (auch nicht Hek. 1032) gesagt, daß Polymestor das Orakel vor dem Mord an Polydoros eingeholt habe und sich davon gleichsam bestärkt fühlte, was WILDBERG für seine Interpretation voraussetzt (146).

[26] V. 1119 (Amphitryon zu Herakles): εἰ μηκέθ' "Αιδου βάκχος εἶ κτλ.

[27] Die metrischen Analysen verweisen den 'Herakles' in die Zeit um 415 v. Chr. (in diesem Jahr wurden 'Alexandros', 'Palamedes', 'Troerinnen' und 'Sisyphos' aufgeführt). Nach dem MÜLLERschen Gesetz (s. S. 19) kommen also 412 (mit 'Helena' und 'Andromeda') oder (weniger wahrscheinlich) 417 v. Chr. in Frage.

[28] Herakl. 897–8 (Chor) οὔποτ' ἄκραντα δόμοισι / Λύσσα βακχεύει (von BOND 1988, 303 auf das von Lyssa ausgelöste Erdbeben bezogen), 1086 (Amphitryon) ἀν' αὖ βακχεύσει, 1122 (Herakles) οὐ γάρ τι βακχεύσας γε μέμνημαι φρένας, 1142 (Herakles) ἦ γὰρ συνήραξ' οἶκον τῇ βάκχευσ' ἐμόν†; zu V. 966 s. oben. In V. 869–70 wird Herakles mit einem Stier verglichen; s. dazu Ba. 920–2: Dionysos als Stier, vgl. Ba. 618; wenn die Ποιναί der Lyssa ὠμοβρῶτες genannt werden, muß darin keine Anspielung auf bakchische Omophagie liegen (so BIERL 1991, 87), s. Tro. 436, wo das Adj. den Kyklopen schmückt (sonst nicht bei Euripides).

gentlichen dionysischen Ritual deutlich hervorhebt[29]. Diese Metaphorik stellt den Interpreten vor ein nicht geringes Problem[30]. Denn es erhebt sich die Frage, ob auch in diesem Stück im Bild des dionysischen Wahnsinns die Ambivalenz der von Herakles vollzogenen Strafhandlung angedeutet werden soll. Der Usurpator Lykos hatte Frau, Kinder und Vater des abwesenden Helden mit dem Tod bedroht. In letzter Minute kehrt Herakles zurück und tötet den Tyrannen. Bei dem anschließenden Sühneopfer überfällt den Helden der in der Person der Lyssa leibhaftig auftretende Wahnsinn, und Herakles tötet Frau und Kinder. Er tut das im Glauben, die Kinder seines Feindes Eurystheus zu töten (Herakl. 935ff.). Auf der subjektiven Ebene ist der als bakchisch bezeichnete Wahnsinn also mit einer Tat der Vergeltung verbunden, bei dem sich das Opfer für die erlittene Mühsal der vielen Arbeiten rächt. Gilt dies nun auch im objektiven Sinne? Steht Herakles' Wahnsinn mit der Bestrafung des Lykos in direktem Zusammenhang?[31] Ist die Gewalt, die Herakles im Wahnsinn übt, gleichsam die blutige Kehrseite der glücklichen Rettung seiner Familie vor dem Tyrannen?[32] Will der Dichter zeigen, daß die Rettungstat nicht ohne Gewalt möglich ist, die ihrerseits auf den Täter zurückschlägt und dann letztlich

---

[29] V. 889–93 κατάρχεται χορεύματ' ἄτερ τυπάνων / οὐ Βρομίου κεχαρισμένα θύρσῳ ... πρὸς αἵματ', οὐχὶ τᾶς Διονυσιάδος / βοτρύων ἐπὶ χεύμασι λώβας.

[30] Vgl. WILDBERG 2002, 170: „Wenn ein und dieselbe Haltung oder Handlung sowohl als integer gekennzeichnet und als Anlaß für die göttliche Bestrafung benutzt wird, bleibt der Zuschauer bzw. der Leser ratlos zurück." Ratlos bleibt WILDBERG auch, ob seine Kategorien von „Hyperesie und reziproker Epiphanie" ein Entschlüsseln des Dramas ermöglichen (ebd. 171 A. 95).

[31] Sehr auffällig ist, daß Amphitryon im Prolog als eine Möglichkeit angibt, Herakles habe seine Taten unter dem „Stachel der Hera" vollbracht (20–1 "Ηρας ὕπο / κέντροις δαμασθείς); das Bild der Peitsche kehrt in V. 882 für Lyssa wieder. Alle seine Taten zeichnete dieselbe Ambivalenz aus wie die letzte der Tötung des Lykos.

[32] Vgl. BIERL 1991, 80f.: „Herakles ist also gleichzeitig die Verkörperung der legitimen Ordnung und des wilden, von außen anstürmenden Chaos." Nach seiner Interpretation wird Herakles „unter dem Einfluß der Lyssa gewissermaßen selbst zum Dionysos Bakchos" (87). Er werde dann „von dem klugen Politiker Theseus 'abgeschleppt', weil er unbedingt auch das 'Andere' in seine Stadt aufnehmen will." (88). Ob es in Euripides' Sinne wirklich klug ist, den, der dem Wahn der Rache verfiel, aufzunehmen, bleibe dahingestellt; der Dichter bezeichnet damit jedenfalls die Realität Athens seiner Zeit, das folglich in Euripides' Sicht kein „idyllischer Ort" ist (so BIERL ebd.).

die eigenen Angehörigen trifft[33]? Der Vergleich mit anderen Tragödien legt ein solches Verständnis nahe, im Text selbst gibt es wenige Hinweise, die eine solche Interpretation stützen[34]. Dazu zählt vor allem die Frage des Vaters an den im Wahn wütenden Herakles (966–7):

οὔ τί που φόνος σ᾽ ἐβάκχευσεν νεκρῶν

οὓς ἄρτι καίνεις;

Das Blut der Toten, die du eben mordetest, setzt dich doch nicht in bakchischen Wahnsinn?

Leider bleibt offen, ob die Bejahung von Amphitryons unbeantworteter Frage die vom Dichter intendierte Sichtweise wiedergibt. Vielleicht ist die Frage an die Zuschauer selbst gestellt, und es wird ihnen eine Antwort überlassen. Für eine solche dürfte die Tatsache nicht ohne Bedeutung sein, daß nach Iris' Aussage Heras Motiv, die den Wahnsinn schickt, in der Bestrafung des Helden liegt (842 δίκην διδόναι). Die Tat, durch die Lykos bestraft wird[35], wandelt sich durch den Wahnsinn zur Bestrafung des Bestrafenden. Mit dem Kindermord drängt sich auch der Vergleich mit Agaue auf, die ebenfalls in bakchischem Wahn in dem vermeintlichen Feind den eigenen Sohn tötet und damit von Dionysos für ihre Leugnung seiner Göttlichkeit bestraft wird. In ähnlicher Weise nimmt Hera an dem ihr verhaßten Zeus-Bastard Rache, indem sie ihn in den Wahnsinn treibt und seine engsten Angehörigen töten läßt[36]. Hera könnte also das übermenschliche Prinzip der Rache repräsentieren, das die Menschen in ihrem Tun beherrscht; indem sie den Wahnsinn auslöst, wird deutlich, daß die vergeltende Strafe, auch wenn sie Rettung bringt, in ihrer Gewalt gleich-

---

[33] Gemeinhin wird dies als psychologische Interpretation bezeichnet, die vor allem WILAMOWITZ [2]1895 vertreten hat (einen Überblick über die Forschung gibt BOND 1988, XVII–XXVI). Ich möchte nicht von psychologischer, sondern von einer rechtlichen Interpretation sprechen: es geht auch hier um die Problematik der Vergeltung.

[34] Wichtig sind a) Herakles' Rede (562–82): dort will er Lykos' Haupt den Hunden vorwerfen (vgl. oben Hek. 1075–8, dort als Zeichen bakchischen Wahns), Dirke und Ismenos mit dem Blut seiner Feinde füllen, und b) Amphitryons Warnung: ἀλλὰ μὴ 'πείγου λίαν (586).

[35] Zweimal betont der Chor die Bestrafung des Lykos: Herakl. 740 δίκην δώσεις θανών und 756 διδούς γε τῶν δεδραμένων δίκην.

[36] Eine Verbindung ergibt sich auch aus dem Mythos, dem zufolge auch Dionysos einst von Hera mit Wahnsinn geschlagen wurde; Eur. Kykl. 3, Achaios TrGF I 20 F 20 (Herakles neben Dionysos), Plat. Nom. 672b u.ö.

zeitig destruktive Kräfte entfaltet. Dennoch ist ein wichtiger Einwand gegen eine solche Interpretation nicht zu übersehen: bei Herakles fallen Rachetat und Wahnsinn nicht zusammen, sondern der bakchisch beschriebene Wahn findet erst nach der eigentlichen Ermordung des Tyrannen statt. Man hat beinahe das Gefühl, daß in diesem Fall der zugrunde liegende Mythos sich nicht so leicht der gewünschten Aussage fügt. Euripides scheint nach einem ersten Versuch in der 'Hekabe' mit dem dionysischen Bildmaterial weiter zu arbeiten, ohne im 'Herakles' schon zu einer letzten Lösung in dieser Hinsicht zu gelangen.

Wann dem Dichter vollends klar geworden ist, daß das bakchische Ritual des Zerreißens wilder Tiere als Bild für die Gewalt der Rache zum Inhalt einer ganzen Tragödie ausgebaut werden kann, wissen wir nicht[37]. Die Frage wäre zuverlässiger zu beantworten, wenn das Satyrspiel 'Kyklops' sicher datiert wäre[38]. Es enthält neben den 'Bakchen' unter Euripides' erhaltenen Stücken das meiste bakchische Wortmaterial und führt das Motiv einer mit dem Gott Dionysos verbundenen Rache deutlich aus. Silenos und die Satyrn sind auf ihrer Suche nach dem entführten Dionysos von dem Kyklopen gefangen worden; anstelle des ausgelassenen dionysischen Dienstes müssen sie nun in ihrer Knechtschaft Schafe weiden (Kykl. 25–6 ἀντὶ εὐίων βακχευμάτων / ποίμνας Κύκλωπος ἀνοσίου ποιμαίνομεν). Aber durch Odysseus werden sie befreit (auch wenn sie an entscheidender Stelle in ihrer Feigheit nichts dazu beitragen), als dieser den Tod seiner beiden Gefährten, die der Kyklop verschlungen hat, rächt (Kykl. 695 ἑταίρων φόνον ἐτιμωρησάμην). An dieser Befreiung ist Dionysos in seiner Erscheinungsform als Wein direkt beteiligt. Am Wein zeigt sich die ambivalente Natur des Gottes und seines Gefolges, wie sie uns in den 'Bakchen' entgegentritt. Einerseits heißt es vom Wein, er sei

---

[37] Wir wissen zu wenig von den „bakchischen" Tragödien vor Euripides (s. die Übersicht bei ORANJE 1984, 124 A. 307), als daß wir die Bedeutung und den Sinn der dortigen dionysischen Motive sicher angeben könnten.

[38] Nach SEAFORD 1984, 48 (zuerst in JHS 102, 1982, 163–72) ist der 'Kyklops' als Satyrspiel zusammen mit dem 'Orestes' aufgeführt worden, so auch WILLINK 1986, XXV A. 16: „Conceivably the satyr-play was Cyclops ..."; so auch WEST 1987, 45 A. 3. Anders dagegen BIEHL 1986, 135, der aufgrund von V. 297 im Jahr 413 v. Chr. einen „kaum zu bezweifelnden terminus ante quem" sieht. Eine Aufführung im Jahre 408 bezweifle ich (s. S. 19 A. 82), alles weitere scheint Spekulation.

für die Menschen insofern der größte Gott, als er ihnen ein glückliches und fröhliches Leben schenken kann (Kykl. 522 θεὸς μέγιστος ἀνθρώποισιν ἐς τέρψιν βίου)[39]. Niemanden schädigt er (Kykl. 524 οὐδένα βλάπτει βροτῶν). Andererseits muß der Kyklop nach seiner Blendung erkennen, daß genau dies nicht wahr ist: der Wein ist gleichzeitig „zu fürchten" und „schwer niederzuringen" (Kykl. 678 δεινὸς γὰρ οἶνος καὶ παλαίεσθαι βαρύς)[40]. Diese Ambivalenz erinnert an die berühmte Selbstcharakteristik des Gottes in den 'Bakchen' (Ba. 861–2)[41]:

θεὸς / δεινότατος ἀνθρώποισι δ' ἠπιώτατος.

... für die Menschen ein überaus zu fürchtender, aber (auch) ein sehr freundlicher Gott.

In der Gestalt des Weins hat der Gott an der Rachehandlung teilgenommen und mitgeholfen, sein Gefolge aus der Hand des Kyklopen zu befreien. Erstaunlich ist die Parallelität eines Aufrufs an den Maron-Wein, den Sohn des Dionysos, zu kommen und mitzutun (Kykl. 616–18):

ἀλλ' ἴτω Μάρων, πρασσέτω,/ μαινομένου 'ξελέτω βλέφαρον Κύκλωπος κτλ.

Maron soll kommen und handeln, er soll dem rasenden Kyklop das Auge herausreißen ...

mit der entsprechenden Aufforderung an die Hunde des Wahnsinns durch den Chor der Bakchen direkt vor dem Untergang des Pentheus (977):

ἴτε θοαὶ Λύσσας κύνες, ἴτε εἰς ὄρος κτλ.

Kommt, ihr Hunde der Lyssa, kommt ins Gebirge ...[42]

An beiden Stellen rufen die Anhänger des Dionysos Helfer, um den gottlosen Feind zu besiegen. Sowohl der Wein als auch das Rasen gehören in den dionysischen Bereich; indem sie als „Helfer" der Vergeltung gerufen werden, werden die zerstörerischen Aspekte dieser göttlichen Attribute ange-

---

[39] Vgl. Ba. 422–3 δῶκ' ἔχειν / οἴνου τέρψιν ἄλυπον.

[40] Die Aussage paßt besser zum Gott als zum Wein; denn gegen den Wein kann man wohl ankämpfen, gegen einen Gott dagegen ist es unmöglich und führt immer zur Niederlage des Gegners (vgl. Ba. 635–6 πρὸς θεὸν γὰρ ὢν ἀνὴρ / ἐς μάχην ἐλθεῖν ἐτόλμησε). Auch der Kyklop ist ein „Theomachos", wenn er die Satyrn an ihrem Dienst für den Gott hindert; vgl. seine Hybris gegenüber Zeus in Kykl. 320ff.

[41] Zum Textproblem der Stelle und zur Übersetzung s. A. 248.

[42] Wie der Kyklop μαινόμενος ist, so wird Pentheus λυσσώδης genannt (Ba. 981).

sprochen. Im Unterschied zu den Bakchen wandeln sich die Satyrn allerdings nicht in bluttriefende Furien, sondern bleiben ihrem harmlosen und
feigen Wesen treu. Das Ziel der Rache ist im 'Kyklops' auch nicht die
Ermordung, sondern „nur" die Blendung des Gegners[43]. So wird die Ambivalenz des Gottes und der damit verbundene Umschlag der naiven unschuldigen Opfer in die gewaltbereiten Täter in dem Satyrspiel nur angedeutet, aber nicht bis zu dem grausamen Ausbruch von Gewalt durchge-
führt. Allerdings wird die zugrunde liegende Struktur in dieser Darstellung
deutlich, was eine weitere Parallele, in diesem Fall zum 'Orestes', weiter
nahelegen soll. Wie in dieser Tragödie findet auch im 'Kyklops' die entscheidende Gewalttat im hinterszenischen Raum statt, wird aber von den
Personen auf der Bühne direkt kommentiert. So antwortet Elektra auf die
Schreie der Helena im Palast (Or. 1302–4)[44]:

ὄλλυτε, καίνετε, θείνετε,
δίπτυχα δίστομα φάσγανα ἐκ χερὸς ἱέμενοι.

Vernichtet, mordet, tötet sie, mit eigener Hand die beiden zweischneidigen
Schwerter stoßend!

In ähnlicher Weise begleitet der Chor der Satyrn mit asyndetischen Impe-
rativen die Blendung, die Odysseus in der Höhle vollzieht (656–8)[45]:

ἰὼ ἰὼ γενναιότατ' ὠθεῖτε σπεύδετ' ἐκκαίετε τὰν ὀφρὺν
θηρὸς τοῦ ξενοδαίτα.

Los, Los, stoßt ordentlich zu, handelt schnell, brennt dem Untier, das Fremde
verschlingt, das Auge aus!

---

[43] Wenn der Kyklop am Ende ankündigt, er werde einen Felsen auf die Schiffsmann-
schaft schmettern (704–5) zeigt das, daß die Rache ihrerseits mit Vergeltung rechnen muß,
ihr Ziel also nur bedingt erreichen wird.

[44] Zur Stelle, die textkritisch unsicher ist, s. S. 135 A. 385. DIGGLE nimmt nach DI
BENEDETTO an, die Verse würden gemeinsam vom Chor und Elektra gesungen; das würde
die Nähe zum Kyklops noch erhöhen.

[45] Sowohl SEAFORD 1984, 219 als auch BIEHL 1986, 224 verweisen auf die Parallele.
Nicht deutlich wird aus dem Text von DIGGLE, daß der Kyklop den Vers 663 noch aus
dem Inneren der Höhle spricht (ἔσωθεν) und wahrscheinlich auch noch 665–7a; erst mit
667b erscheint er am Höhlenausgang. Vers 663 μοι μάλ', ὡς ὑβρίσμεθ', ὡς ὀλώλαμεν
erinnert an Helenas Schrei hinter der Bühne (Or. 1296): ἰὼ Πελασγὸν Ἄργος, ὄλλυμαι
κακῶς.

In analoger Weise, wie Elektra vom mitleiderregenden Opfer zur brutalen
Täterin wird, agieren auch die Satyrn, wenn auch in abgeschwächter Form.
Als Anhänger des Dionysos bilden sie damit gleichsam das Wesen der
Bakchen ab, das in Euripides' gleichnamigem Stück dann viel unerbitterli-
cher zutage treten wird. Wie Euripides im 'Orestes' die Problematik von
Rache und Vergeltung an dem Wandel der Opfer zu Tätern gestaltet und
dies in der Phrygerarie mit dem bakchischen Ritual verbindet (s. S. 209),
so hat er auch in seinem Satyrspiel 'Kyklops' Dionysos, die Satyrn und
den vom Gott geschenkten Wein mit der Darstellung der Rachehandlung
verbunden. Hier wird also fortgeführt, was zum ersten Mal in der 'Hekabe'
aufscheint und im 'Herakles' wiederkehrt. Man darf wohl annehmen, daß
dem Dichter, als er den 'Kyklops' schreibt, das dramatische Potential, das
dem Gott Dionysos und seinen Anhängern innewohnt, klar bewußt ist, und
er die 'Bakchen' in ihrer Handlungsstruktur bereits vor Augen hat[46]. In
diesem einzigartigen Bühnenstück stellt Euripides am Ende seines Lebens
am dionysischen Kult selbst die Ursachen und Folgen menschlicher Gewalt
dar, die im Dienst einer rechtmäßig geübten Rache verübt wird. In welcher
Weise dies geschieht, soll der zweite Hauptteil der Arbeit zeigen.

---

[46] Damit widerspreche ich der oft geäußerten Meinung (s. z.B. PÖTSCHER 2000, 37),
Euripides sei in Makedonien durch den dortigen Dionysos-Kult inspiriert worden, die
'Bakchen' zu schreiben. Die Motivik ist ihm seit den 20er Jahren präsent.

2. Teil: 'Bakchen'

2.1 Der Chor oder die Chöre der Bakchen

Euripides' postum aufgeführte Tragödie[47] heißt nicht 'Pentheus'[48], wie man im Hinblick auf ihren Inhalt und nach dem gleichnamigen Drama des Thespis und des Aischylos erwarten könnte[49], sondern 'Bakchen'[50]. Auch wenn unser Wissen über die Entstehung der Tragödientitel sehr gering ist, darf man annehmen, daß diese von den Dichtern selbst stammen. Sowohl bei der Einreichung der Texte beim Archon Eponymos als auch bei der Präsentation der Stücke im Proagon ist das Fehlen von Titeln schlecht denkbar. Auch die Tatsache, daß in der späteren Tradition vergleichsweise selten Fälle der Unklarheit der Namen auftauchen[51], spricht dafür, daß die

---

[47] Zur Datierung s. S. 16f.

[48] Immerhin bezeugt Stob. 4,23,8 eine Tradition, die das Stück 'Pentheus' betitelte (s. A. 162); dies entspricht einer vielleicht schon antiken Interpretation, die in Pentheus den Haupthelden gesehen hat.

[49] Nach Sud. θ 282 (= TrGF I, Thespis T 1) und Pollux 7,45 (= TrGF I, Thespis F 1c); auch wenn Herakleides Pontikos (fr. 181 W.) Thespis-Stücke gefälscht haben sollte, dürfte er die Titel der Tradition entnommen haben; zu Aischylos' Titel s. TrGF III F 183 (bei Galen) und TrGF III Test. 78,13; vgl. die Hypothesis des Aristophanes von Byzanz zu den 'Bakchen': ἡ μυθοποιία κεῖται παρ' Ἀισχύλῳ ἐν Πενθεῖ. Dieses Stück ist vielleicht unter dem Eindruck von Euripides' Stück später 'Bakchen' genannt worden (s. aber A. 51). Zum Problem der aischyleischen Tetralogie s. TrGF III TRI B XI S. 116f. mit 11 bisher vorgeschlagenen Möglichkeiten; zu Iophons 'Pentheus' (?) s. A. 50.

[50] Vielleicht ging Sophokles (oder Mesatos) ihm darin voraus (s. TrGF I DID C 6 für 467 bis 456 v. Chr.); da der Titel sonst nicht für Sophokles bezeugt ist, hat man angenommen, er beziehe sich auf seine Τυμπανισταί (s. TrGF IV S. 170). Vorausgegangen wäre ihm auch Xenokles, der 415 v. Chr. mit der Tetralogie 'Oidipus', 'Lykaon', 'Bakchen' und 'Athamas' siegte, wenn Aelian den Titel korrekt angibt (TrGF I DID C 14). Von Iophon sind die Titel 'Pentheus' und 'Bakchen' belegt (Sud. ι 451); Stob. 2,1,9 zitiert aus seinen 'Bakchen' die Verse (Aufführungsdatum unsicher): ἐπίσταμαι δὲ καὶ τάδ' οὖσά περ γυνή, / ὡς μᾶλλον ὅστις εἰδέναι τὰ τῶν θεῶν / ζητεῖ, τοσούτῳ μᾶλλον ἧσσον εἴσεται. Leider kennen wir von den Stücken nicht mehr als die Titel. SCULLION 2002, 110 weist zu Recht darauf hin, daß Tragödien mit „dionysischen" Themen nicht einmal 4 % der bekannten Titel ausmachen.

[51] Leider gilt dies auch für die 'Bakchen' (s. A. 48). Unklarheit z.B. auch bei dem Titel Βασσάραι oder Βασσαρίδες (s. TrGF III S. 138) (zweites Stück der Λυκουργεία); schwerer wäre die Verwirrung, wenn mit dem Titel Βάκχαι (TrGF III T 78,3) die 'Bassariden' gemeint wären (s. DODDS ²1960, XXIX).

Dichter diese selbst festlegten[52]. Nach dem Titel zu urteilen, scheint Euripides also nicht die Tragödie des Pentheus, sondern die der Bakchen gestaltet zu haben[53]. Dazu paßt auch die in der Überleitung gemachte Beobachtung: es sind Orestes und Pylades, die Haupthelden des 'Orestes', die mit den Bakchen verglichen werden[54]. Warum aber sind die Bakchen die „Helden" der Tragödie? Die Antwort auf diese Frage wird dadurch erschwert, daß im Stück zwei Gruppen von Frauen agieren: einerseits die Anhängerinnen des Gottes, die mit ihm von Kleinasien nach Theben gekommen sind und als Chor auf der Bühne stehen, andererseits die thebanischen Frauen, die von Dionysos in die Berge getrieben werden und dort im hinterszenischen Raum den bakchischen Kult ausüben. Im folgenden Kapitel sollen zuerst die Bakchen aus Theben betrachtet werden. In einem zweiten Schritt wird untersucht, in welchem Zusammenhang diese Gruppe mit dem kleinasiatischen Chor steht, wobei die 1998 vorgelegte Interpretation von SCHLESIER diskutiert werden muß. Abschließend soll erklärt werden, worin der Dichter die Tragik der Bakchen gesehen hat.

Vom Treiben der thebanischen Bakchen erfahren wir hauptsächlich in den beiden Botenberichten (677–774 und 1043–1152)[55]. Diese Botenberichte weisen eine völlig analoge Struktur auf[56]. Am Beginn steht jeweils

---

[52] Einzig bei den „Zwei-Wort"-Titeln, wie z.B. 'König Oidipus' in Abgrenzung zum 'Oidipus in Kolonos' scheint der unterscheidende Zusatz später zu sein, wenn der Dichter eine zweite Tragödie über denselben Titelhelden schreibt; anders die Doppeltitel wie Aischylos' Σεμέλη ἢ Ὑδροφόροι, Θεωροὶ ἢ Ἰσθμιασταί, Κᾶρες ἢ Εὐρώπη, Φρύγες ἢ Ἕκτορος λύτρα (s. TrGF III T 78 S. 58f.), wo evtl. der Name des Chores später hinzugesetzt wurde; vgl. Sophokles' Ἀτρεὺς ἢ Μυκηναῖαι.

[53] Das einzige Stück des Euripides, in dem die Namensgeber nicht die tragischen Helden sind, sind die 'Phoinissen' (vgl. Aischylos' 'Choephoren', Sophokles' 'Trachinierinnen'). In diesen Fällen scheint der Chor den Namen zu geben, weil nicht eine einzige Person als tragischer Held oder tragische Heldin im Zentrum der Handlung steht; in den 'Bakchen' wäre dies jedoch nicht der Fall; anders SEGAL [2]1997, 247: „The tragic suffering, though centered upon Pentheus, is distributed among the three main figures." Er meint Pentheus, Agaue und Kadmos und erinnert an die 'Troerinnen'.

[54] Gleiches gilt für die Figuren Hekabe und Herakles, die mit den Bakchen verglichen werden. Ob Odysseus und die Satyrn im 'Kyklops' als die Helden und der Kyklops nur als der „böse" Gegenspieler zu bezeichnen sind, wäre an anderer Stelle zu fragen.

[55] Pentheus' Aussagen sind mit aller Vorsicht heranzuziehen, da seine Sicht des Kultes nicht als objektiv zu werten ist und vom Augenzeugen kritisiert wird (686–7).

[56] Sie sind jeweils dreigeteilt: a) Schilderung der Idylle (680–713, 1051–7), b) Anschlag auf die Idylle (714–30, 1058–85), c) grausame Abwehr des Anschlages (731–68,

die Schilderung einer geradezu paradiesischen Idylle: Die Frauen agieren voller Besonnenheit (686 σωφρόνως), ein Wunder an Zucht und Ordnung (693 θαῦμ' ἰδεῖν εὐκοσμίας). Sie säugen Rehkitze und Wolfsjunge (699–701), binden sich Kränze (702–3) und vollbringen Quellwunder (704–11) oder sitzen in einem schönen Waldtal und singen bakchische Lieder (1051–7)[57]. Dieser „locus amoenus" wird aber gestört: im ersten Bericht sind es die thebanischen Hirten[58], die Agaue fangen wollen, um dem König einen Gefallen zu tun (721), wobei sie angestachelt werden von einem redekundigen Hirten, der sich gerne in der Stadt aufhält[59]; im zweiten Bericht ist es Pentheus selbst, der die Bakchen belauern will[60]. Auf diesen Angriff von außen folgt in beiden Fällen eine Gegenreaktion, die heftiger nicht sein könnte. Die Hirten werden in die Flucht geschlagen (734–5), Herdentiere werden zerrissen (735–47)[61], Dörfer geplündert, Kinder fortgeschleppt (748–64)[62], und beim zweiten Mal wird Pentheus in einem schrecklichen Sparagmos getötet, an dessen Ende sich die Bakchen wie

---

1086–1147). Im zweiten Botenbericht ist der Bericht der Idylle komprimiert. Anders als Schwinge 1968a, 433 halte ich die Botenberichte, nicht die Stichomythien für das entscheidende Element des Stückes.

[57] Absurd Segal 1987, 156: „Es handelt sich um rituelle Gruppenmasturbation, wenn die Mänaden 'froh beschäftigt, ihre Hände regten' (1053)."

[58] Hirten als Gegner des Dionysischen schon in Hom. Il. 6, 135: Lykurgos agiert mit einer Viehpeitsche (βουπλήξ).

[59] Ähnlich wie der Landmann im 'Orestes' (s. S. 85 A. 220), so sind auch hier die Hirten der Situation nicht gewachsen und erliegen der Rhetorik (717 τρίβων λόγων) ihres „urbanen" Kollegen; obwohl sie selbst nicht auf die Idee des Hinterhalts gekommen wären, halten sie doch den Vorschlag für gut und führen ihn aus.

[60] Pentheus' Gang zu den Bakchen ist von feindlicher Absicht getragen (838): „ich muß zuerst als Späher (zu den Bakchen) gehen" (μολεῖν χρὴ πρῶτον εἰς κατασκοπήν), vgl. Agaues Ruf (1108–9): „... damit wir ihn fangen und er nicht Kunde bringt von den geheimen göttlichen Chören" (ὡς ἕλωμεν, μηδ' ἀπαγγείλῃ θεοῦ / χορούς κρυφαίους). Allerdings hat der Anschlag des Pentheus jede Gefährlichkeit verloren, weil dieser völlig in der Hand des Gottes ist, der ihn auf der Tanne seinen Mörderinnen präsentiert (um so grotesker wirkt die Reaktion der blutigen Zerfleischung).

[61] Das Zerreißen der Tiere nimmt natürlich Pentheus' Schicksal vorweg; vgl. auch die sprachlichen Parallelen: 736: χειρὸς ἀσιδήρου μέτα mit 1104: ἀσιδήροις μοχλοῖς, 739 σπαράγμασιν mit 1135 σπαραγμοῖς und 739/746 διεφόρουν/διεφοροῦντο mit 1210 (Agaue): ἄρθρα διεφορήσαμεν.

[62] Oranje 1984, 181ff. vermutet, die Kinder würden von den Bakchen zerrissen und gegessen werden; ich halte das für abwegig. Es genügt die im Stück ausgedrückte Grausamkeit, sie muß nicht gesteigert werden; zur Omophagie s. A. 78.

Bälle sein Fleisch zuwerfen (1125–36)[63]. Nach dem Ausbruch der Gewalt
kehrt im ersten Bericht wieder die Ruhe des Anfangs ein: die Bakchen
kommen an ihre Ausgangspunkte zurück, waschen sich das Blut von den
Händen, und die Schlangen lecken die letzten Tropfen des Blutes von
ihren Gesichtern (765–8). Ob die Frauen dies auch nach Pentheus' Ermordung tun, ist wahrscheinlich, wird aber nicht ausdrücklich gesagt, da
der zweite Bote nur erzählt, daß die Bakchen in den Bergen bleiben, während Agaue mit dem aufgespießten Kopf des Pentheus in die Stadt eilt
(1143 λιποῦσ' ἀδελφὰς ἐν χοροῖσι μαινάδων).

Im Zentrum beider Botenberichte steht also der abrupte Wandel des
Opfers zum Täter. Es ist evident, daß dieser Umbruch der Darstellung des
'Orestes' entspricht (s. S. 125f.). Der bakchische Wahn steht für die Irra-
tionalität der Gewalt, die derjenige übt, der zu Unrecht angegriffen wurde
und sich zur Wehr setzt. Im Akt der Vergeltung gerät der Täter in einen
„Rausch" der Gewalt. Wie Orestes, der alle Krankheit und Entkräftung
plötzlich hinter sich läßt, als er Menelaos bestrafen will (s. S. 168f.), über-
schreiten die Frauen die ihnen von der Natur gesetzten Grenzen (bes.
762–4)[64]. Der göttliche Einfluß steht für die Kräfte, die das Verlangen
nach Vergeltung freisetzt[65]. Der Dichter läßt keinen Zweifel daran, daß
der Angriff auf die friedlichen Bakchen ein Akt der Aggression ist, der
nicht zu rechtfertigen ist[66]. Aber in ihrer Reaktion auf diesen Angriff
übersteigen die Frauen alles Maß und werden selbst zu brutalen Furien[67].
Gewalt ruft Gewalt hervor, die im Gefühl ihrer Rechtmäßigkeit keine
Grenzen mehr kennt.

---

[63] Vgl. DODDS [2]1960, 218: „Eur. does not shrink from the grotesque, which is, in
Koestler's words, 'the reflection of the tragic in the distorting mirror of the trivial'."

[64] Das Bild der weiblichen Gewalt zielt natürlich auf die männlichen Bürger Athens.

[65] Zu Dionysos, dem Auslöser des bakchischen Wahns, und seiner Rache s. S. 264f.

[66] Zur parallelen Gestaltung im 'Orestes' s. S. 172–6; zu Pentheus und seinen Motiven s. S. 258–60. Den Aspekt des Rechtes betont auch der Chor, wenn er Dike anruft, zur
Ermordung des Pentheus zu kommen (ἴτω δίκα φανερός 992 und 1011).

[67] Vgl. ARTHUR 1972, 162: „The Bacchants ... become, in their bloodthirsty delight
in vengeance, more and more like the Erinyes." Vgl. NICOLAI 1997, 118: „Das Bakchan-
tentum wird ... gefährlich und zerstörerisch nur dort, wo es durch Verfolgung oder Un-
terdrückung zu aggressivem Verhalten provoziert wird." Ein Mißverständnis scheint es
mir, diesem Phänomen jede Ambivalenz abzusprechen (ebd.).

Analog zum 'Orestes' findet der Umbruch zur Gewalt zweimal statt (s. S. 172). Wie Orestes zuerst an der Mutter, dann an Menelaos/Helena Vergeltung übt, so reagieren auch hier die Opfer zweimal in derselben Weise. Diese Duplizität, in der eine wesentliche Ähnlichkeit der Dramaturgie zwischen beiden Stücken liegt, war dem Dichter auch hier so wichtig, daß er sich nicht vor zwei Botenberichten scheute. Wie ist diese Wiederholung struktureller gleicher Vorgänge in den 'Bakchen' inhaltlich begründet? Der erste Botenbericht findet seinen dramatischen Sinn als Warnung an Pentheus. Der König erfährt, wie die Bakchen ihre Angreifer zurückschlagen und, obgleich Frauen, die Oberhand über die Männer gewinnen (763–4). Der König allerdings schreckt aufgrund dieses Berichts nicht davor zurück, seinen Angriff auf den Gott und dessen Anhängerinnen fortzusetzen. Im 'Orestes' folgt der Haupteld trotz seiner Erfahrung, in welche verzweifelte Lage ihn seine Gewalt gegen die Mutter gebracht hat (s. S. 88f. und 167), noch einmal demselben Weg der Vergeltung, indem er Helena ermordet (oder ermorden will). In den 'Bakchen' wird also die Perspektive auf den Angreifer gerichtet. Auch dieser läßt sich von der Gegenwehr der von ihm Angegriffenen nicht von seinem Weg der Aggression abbringen, obwohl ihm die verheerenden Folgen vor Augen geführt werden. Sowohl das Opfer, das zum Täter wird (Orestes), als auch der Täter, der zum Opfer wird (Pentheus), bleiben in ihrem Verhalten unbeeindruckt, obwohl sie beide erkennen müssen, daß sie ihr Ziel nicht erreichen, sondern noch weiter ins Unglück geraten. Diese Parallelität zeigt, wie ähnlich sich Täter und Opfer sind, ein Beobachtung, die in den 'Bakchen' noch an anderen Stellen zu machen sein wird (s. S. 277f.).

Für die thebanischen Bakchen des ersten Botenberichtes bleibt die ausgeübte Gewalt zunächst ohne Folgen. Denn es geschieht das Erstaunliche: nach dem blutigen Ausbruch kehren sie wieder in den Zustand des vorherigen Friedens zurück. Es ist ein kleines Detail, an dem der Dichter zu erkennen gibt, für wie realitätsfern er eine solche Rückwendung hält[68]. Denn er läßt den Boten berichten, Schlangen hätten den Bakchen die letzten Tropfen Blut von den Wangen geleckt. In diesem beinahe grotesken und irrealen Bild, das auch nicht durch die Tradition vorgegeben

---

[68] Dies entspricht seiner Haltung zum „Deus ex machina" im 'Orestes'; s. S. 150–6.

war[69], dürfte der Dichter deutlich machen wollen, wie unmöglich nach dem geschilderten Blutbad die Rückkehr in einen Zustand von Harmonie und Frieden ist.

In ähnlicher Weise sind auch die übrigen phantastischen Züge zu interpretieren, die Euripides wohl teilweise aus der mythischen Tradition übernimmt, um das Glück der Bakchen zu schildern (Quellwunder von Wasser, Wein, Milch und Honig, Säugen der Tiere)[70]. Mit dem idyllischen Bild vom Kithairon soll dem Zuschauer die Vorstellung einer völligen Arg- und Schutzlosigkeit der sich dort aufhaltenden Bakchen suggeriert werden. Vor dem Hintergrund eines solchen „locus amoenus" führt das aggressive Verhalten der Hirten zu einer gesteigerten Sympathie der Zuschauer für die angegriffenen Bakchen[71]. Indem der Dichter aber diesem paradiesischen Ort bewußt wundersame Züge verleiht, auf die er ohne Not hätte verzichten können, macht er deutlich, daß eine solche Idylle eine nur literarische Illusion ist[72]. Sie dient dem Ziel, die Bakchen als wehrlose Opfer erscheinen zu lassen; in der Realität ist diese Eindeutigkeit von Täter und Opfer

---

[69] Schon vor dem Ausbruch werden die Schlangen erwähnt (698). Schlangen spielten im bakchischen Ritual eine Rolle (s. SEAFORD 1996a, 160); allerdings findet sich das Lecken nirgends dargestellt; bezeichnend ist, daß SEAFORD zu V. 767 nur das Fehlen eines syllabischen Augmentes (νίψαντο) zu bemerken hat. Dr. J. LANGE, Zoo-Direktor Berlin, schreibt mir dazu: „Ich kann Ihnen nur bestätigen, daß Schlangen mit Sicherheit nicht das Blut von den Wangen lecken."

[70] Ob das Säugen aus dem Ritual stammt, in dem die Frauen das Säugen des Dionysos-Kindes nachahmten, scheint unsicher (Dionysos ist weder Rehkitz noch Wolfsjunges); auch der Hinweis auf einen Mänadennamen Ἐρίφη (Suppl. Hell. fr. 1045) hilft nicht weiter, da dort umgekehrt der Gott vom Tier gesäugt wird. Noch zweifelhafter ist die Verbindung mit dem Rätselwort der Goldblättchen (Pelinna): ταῦρος/αἶψα/κριὸς εἰς γάλα ἔθορες/ἔπεσες. Bei dem Säugen könnte man eher an mythische Bilder eines goldenen Zeitalters denken.

[71] Auch für den Boten ist der „locus amoenus" Grund dafür, Dionysos zu verehren (712–13); zum Text s. DIGGLE 1994, 467, der vorschlägt τὸν θεὸν τόνδ', ὃν ψέγεις. Man muß dies nur einmal laut lesen, um die Unmöglichkeit zu erfassen.

[72] Eines der besten Beispiele für Euripides' Verfahren, „Unrealistisches" in seinen Tragödien darzustellen und es gleichzeitig in Frage zu stellen, ist das zweite Stasimon im 'Herakles': nachdem kurz zuvor Herakles aus dem Hades zurückgekehrt ist, stellt der Chor es als wünschenswert, aber irreal dar, daß die Menschen nach dem Tod ein zweites Leben haben (657–68).

nicht gegeben[73]. Mit der Illusion einer heilen Welt verkürzt der Dichter die Darstellung auf die ihm wesentlichen Züge, nämlich die Reaktion auf einen ungerechtfertigten Überfall[74]. Denn in ein umso grelleres Licht rückt dann der Umschwung: es sind dieselben, die wilde Tiere säugen und Sekunden später zahme Tiere in Stücke reißen[75]. Würde man auch bei den Bakchen die Frage der Kontinuität des Charakters stellen, käme man in ähnliche Schwierigkeiten, wie bei Orestes, Pylades und Elektra[76]. Auch hier erklärt sich der Wechsel allein aus der Handlung und dem ihr zugrunde liegenden Denken: die Bakchen üben Rache an denen, die ihre Anführerin fangen wollen, und vor allem an dem, der ihre Feste lächerlich machte (1080–1). Daß diese Rache dann auch Unschuldige trifft, wie die Kinder der Orte Hysiai und Erythrai an den Füßen des Kithairon, hat seine Parallele im Schicksal der kleinen Hermione: was berechtigten Motiven entsprang, wandelt sich zu unübersehbarem Unrecht[77].

Wie trügerisch die Rückkehr in eine friedvolle Idylle ist, wird vollends klar im zweiten Botenbericht. Denn dort richtet sich die Gewalt der Bakchen gegen den eigenen König, den sie in ihrem Wahn für ein wildes Tier halten und so behandeln[78]. Hier wird sozusagen direkt vorgeführt, was

---

[73] Im 'Orestes' macht der Dichter viel deutlicher, daß dem Attentat des Schlusses eine lange Kette von Gewalt und Gegengewalt vorausgeht: jeder Täter ist zugleich Opfer und jedes Opfer zugleich Täter.

[74] Zum analogen Verfahren im 'Orestes' s. S. 171; die einseitige Darstellung am Beginn des 'Orestes', wo Sympathie mit dem Opfer geweckt wird und Orestes vom Muttermord entlastet wird, entspricht der Sympathielenkung durch den „locus amoenus".

[75] Vgl. SEGAL 1987, 155: „Diese Landschaft voller Säfte zeigt jedoch gerade, wie die nährende Mutterschaft, die sie symbolisiert, ihre andere, destruktive Seite, als Dionysos die unterdrückte Wut der thebanischen Frauen entfesselt." Wo erfahren wir etwas über diese vor Dionysos' Ankunft vorhandene Wut?

[76] In der Forschung ist die Charakter-Frage wohl selten gestellt worden, weil die Bakchen bis auf Agaue nicht als Individuen auftreten und der göttliche Wahn die Frage nach der Kontinuität scheinbar aufhebt.

[77] Wenn z.B. NICOLAI 1997, 118 das Mänadentum als „eindeutig positiv" bewertet sieht, muß er einen solchen Angriff auf Unschuldige ignorieren. Hätte der Dichter „eindeutig positiv" darstellen wollen, hätte er den Angriff auf Hysiai und Erythrai, der dramaturgisch ohne jede Bedeutung ist, ohne Zweifel fortgelassen.

[78] An keiner Stelle wird gesagt, daß sie das zerrissene Fleisch auch essen (daß ihr Gesicht voller Blut ist [767], ist angesichts des Gemetzels völlig natürlich); zu V. 1184 und 1242 s. A. 137. Zum Mythos der Omophagie s. LEINIEKS 1996, 153–67. Es gibt keine Vasenbilder mit Rohfleisch essenden Mänaden, s. PHILIPPART 1930; der erste Beleg dafür

Tyndareos als „tierisches" Verhalten von Menschen kritisierte (Or. 524
τὸ θηριῶδες τοῦτο καὶ μιαίφονον)[79]. Dabei tötet Agaue, eine der Anfüh-
rerinnen der drei Thiasoi, ihren eigenen Sohn Pentheus. Wie reagieren die
thebanischen Bakchen, als ihnen dies bewußt wird? Der Dichter hat uns
diese Reaktion bewußt vorenthalten. Denn der Botenbericht endet, wie
gesagt, mit der triumphalen Rückkehr der Agaue in die Stadt, die ihre Ge-
nossinnen im Wald zurückläßt. Auch hier erweist sich Euripides als geschickter Dramaturg. Denn anders als die Frauen des Chores hätten die
Thebanerinnen die Ermordung des eigenen Königs wohl nicht mit Jubel
feiern können, so daß ein Konflikt zwischen den beiden bakchischen
Gruppen unausweichlich gewesen wäre. So wird allein Agaue zur Erkenntnis gelangen und den bakchischen Wahn der Gewalt als Irrweg begreifen
(s. dazu S. 241). Von den Bakchen wird dieser Weg der Erkenntnis nicht
berichtet, sie verschwinden von der Bildfläche, ohne daß nach ihrem weiteren Schicksal noch gefragt würde[80]. An ihre Stelle treten die asiatischen
Bakchen, die in einem Chorlied auf die Ermordung des Königs reagieren.

---

ist ein Scholion zu Clem. Alex. Protr. 12,119,1; wenn die Minyaden im Wahn ihr Kind
essen (Ael. var. hist. 3,42), dürfte das eine hellenistische Weiterentwicklung des bei
Euripides Vorliegenden sein und nicht rituelle Praxis beleuchten. Es ist der Gott, dem
das zerrissene Fleisch roh geopfert wird, er ist ein ὠμοφάγος, s. den Kulttitel Διόνυσος
ὠμάδιος auf Chios und Διόνυσος ὠμηστής auf Lesbos (die Belege bei GRAF 1985, 74–
80), vgl. Alkaios fr. 129 PAGE: Ζόννυσσον ὠμήσταν, Soph. fr. 668: Διονύσου ταυ-
ροφάγου (parodiert in Aristoph. ran. 357).
In diesem Sinne ist auch die einzige „Omophagie"-Stelle im Stück (138–9): ἀγρεύων /
αἷμα τραγοκτόνον, ὠμοφάγον χάριν zu deuten: Subjekt ist Dionysos (s. VERDENIUS
1981, 308f.): er jagt den Ziegenbock, tötet ihn, so daß Blut spritzt, und ißt das Fleisch
roh, woran er sich erfreut (vgl. RIJKSBARON 1991, 21: „hunting after ... the bloodshed,
which consists in the killing of goats"; zu χάρις VERDENIUS ebd. 310 „thing to be enjoyed"); vgl. Eur. fr. 472,12 (aus den 'Kretern'): ὠμοφάγους δαῖτας „Opfermahl, das der
Gott roh ißt" (es ist ausgeschlossen, daß die vegetarischen Mysten das Fleisch selber
essen); in diesem Sinne ist auch das berühmte ὠμοφάγιον im Kultgesetz von Milet zu
deuten (LSAM Nr. 48): ein rohes Fleischstück, das dem Gott geopfert wird.

[79] Vgl. dazu S. 49. Man fühlt sich an Thukydides erinnert, der seinen Exkurs über die
Bürgerkriege mit dem Satz beginnt (3,82,1): οὕτως ὠμὴ ἡ στάσις προυχώρησε, vgl.
auch 6,60,2 (415 v. Chr.): ἀλλὰ καθ' ἡμέραν ἐπεδίδοσαν μᾶλλον ἐς τὸ ἀγριώτερόν τε
καὶ πλείους ἔτι ξυλλαμβάνειν.

[80] Kadmos erwähnt nur Ino und Autonoe, die er bei seiner Rückkehr im Wald noch im
Wahn befangen sah (1227–9). Möglicherweise hat Dionysos in dem verlorenen Stück
seines Schlußmonologes (nach 1329) auch über die thebanischen Bakchen gesprochen
(s. A. 98); daß er von ihnen sagt, sie hätten sich wie Agaue verhalten, ist ausgeschlossen.

Damit stellt sich nun allerdings das Problem, in welchem Verhältnis der asiatische Chor und die thebanischen Bakchen stehen.

SCHLESIER hat die Verdoppelung der bakchischen Gruppen in das Zentrum ihrer Interpretation gestellt, die im Gegensatz zu der hier vorgeschlagenen steht[81]. Sie geht von der richtigen Beobachtung aus, daß die beiden Gruppen von Bakchen sich durch ein wesentliches Element voneinander unterscheiden: die asiatischen Frauen des Chores dienen dem Gott freiwillig, die Frauen aus Theben werden dazu von dem Gott gezwungen[82]. Daraus schließt die Interpretin, daß nur die asiatischen Frauen „eingeweiht" seien, nicht aber die Thebanerinnen (und vor allem auch nicht Agaue): „bakchische Ausrüstung und bakchische Einweihung (sind) zweierlei"[83]. Das Stück wird damit zur dramatischen Explikation der bei Platon (Phaid. 69c) überlieferten orphischen (?) Gnome: „Narthexträger sind viele, Bakchen aber wenige" (ναρθηκοφόροι μὲν πολλοί, βάκχοι δέ τε παῦροι). Dionysos komme nicht als „Bekehrer" oder gar „Missionar" nach Theben, sondern um „die Grenze zwischen Eingeweihten und Nicht-Eingeweihten so scharf als möglich" zu ziehen[84]. SCHLESIER beruft sich auf Dionysos' Ankündigung im Prolog (39–40):

---

[81] Vorweggenommen wurde diese Interpretation von EVANS 1988, 9: „The interpretations … overlook the fact that there are two groups of women in Euripides' Bakkhai", und: „The Mad Women driven from Thebes are not the followers of Dionysos"; vgl. JÄKEL 1993, 97: der Ekstase der theb. Bakchen „fehlt noch der eigentliche Glaube", und 99: nur der Chor „repräsentiert seine wahrhaft gläubigen Jünger".

[82] V. 34 σκευήν τ' ἔχειν ἠνάγκασ' ὀργίων ἐμῶν. Dies ist allerdings, soweit ich sehe, auch die einzige Stelle, die diese Tatsache betont. Selbst Agaue führt am Schluß nicht an, daß sie in den bakchischen Kult gezwungen worden sei, was ihr Tun ja in gewisser Weise entschuldigt hätte.

[83] SCHLESIER 1998, 53. Zu der Frage, ob der in den Bakchen beschriebene Kult als Mysterienkult aufzufassen ist, wie auch SCHLESIER meint, habe ich mich an anderer Stelle geäußert (s. S. 3 A. 13). Da der Dichter in synkretistischer Weise den bakchischen Frauenkult der Oreibasie mit Elementen der dionysischen Mysterien verbindet, ist es m.E. berechtigt, Begriffe der Mysterien zur Beschreibung des in den 'Bakchen' dargestellten Kultes zu benutzen, wenn man sich bewußt ist, daß es sich nicht um einen tatsächlichen Kult handelt; s. dazu S. 3.

[84] SCHLESIER 1998, 50, vgl. ebd.: „Die Nicht-Eingeweihten, die sich der Einweihung verweigern, sollen nicht etwa doch noch für die Einweihung gewonnen werden, sondern sie sollen verstehen, daß sie nicht eingeweiht sind und was das heißt", und 62: „Die Strafe des Dionysos an den seine Göttlichkeit leugnenden Frauen Thebens besteht darin, daß er sie mit einer bakchischen Ausstattung … versieht, ja, daß er sie in bakchischen

δεῖ γὰρ πόλιν τήνδ' ἐκμαθεῖν, κεὶ μὴ θέλει
ἀτέλεστον οὖσαν τῶν ἐμῶν βακχευμάτων κτλ.

Denn diese Stadt muß gründlich begreifen[85], wenn auch gegen ihren Willen, daß
sie nicht eingeweiht ist in meine bakchischen Riten ...

Der Gott habe von vorneherein gar nicht die Absicht, Theben einzuwei-
hen, sondern er wolle lediglich ein Exempel statuieren und zeigen, daß die
Ablehnung einer Einweihung in die dionysischen Mysterien ein Weg in
tiefes Unglück und Leid darstellt, die freiwillig vollzogene Initiation dagegen Glück im Diesseits und Jenseits bringt[86].

Diese Interpretation widerspricht m.E. deutlich dem Text[87]. So wie
Dionysos bei den „Barbaren" seine Weihen eingeführt hat (21–2 κατα -
στήσας ἐμὰς / τελετὰς)[88], will er jetzt Theben, dem Ort seiner Geburt,
als erster Stadt Griechenlands seinen Kult bringen und hier seine legitimen
Ansprüche geltend machen. Dies hat er gegenüber den Frauen Thebens bereits getan (ἀνωλόλυξα Aor.)[89], als er sie alle gegen ihren Willen aus den

---

Wahn versetzt, ohne daß sie, im Unterschied zu den asiatischen βάκχαι, in seine Mysterien eingeweiht sind."

[85] Zu ἐκμαθεῖν s. VERDENIUS 1980, 10: ἐκ- „thoroughly". TULIN 1994 versteht
ἐκμαθεῖν absolut und das Part. οὖσαν adverbiell; das leuchtet nicht ein.

[86] SCHLESIER verzichtet darauf, diese Position dem Dichter explizit zu unterstellen.
Aus ihrer Sicht ergibt sich allerdings zwangsläufig, daß auch der Dichter das Glück, das
die Mysterien schenken, preisen und vor deren Ablehnung warnen wollte. Sollte der
Dichter wirklich den Gott zu seinem eigenen Sprachrohr gemacht haben? Hinweise auf
ein jenseitiges Glück fehlen im übrigen in den 'Bakchen' völlig; vgl. OSBORNE 1997,
204: „Whatever one thinks about the nature of Dionysiac mystery cults at Athens in the
fifth century, it is clear that Dionysiac imagery had no place on pots made at Athens
specifically for funerary use." Vgl. aber ISLER-KERÉNYI 1994, 50f.

[87] Zu der Aufforderung des Chores an Theben, am Kult teilzunehmen (105–14),
schreibt SCHLESIER 1998, 52: „Die propagandistisch vorgebrachte Aufforderung ist eine
geschickte Falle (in die übrigens auch die meisten modernen Kommentatoren getappt
sind)." Auch ihre Vorstellung, die männlichen Thebaner sollten der Prozession der
asiatischen Bakchen nicht zuschauen (1998, 54), ist im antiken Kontext höchst erstaunlich (s. 62 κτυπεῖτε ... ὡς ὁρᾷ Κάδμου πόλις) und sprachlich nicht zu halten: zu V. 69
ἔκτοπος ἔστω vgl. Eur. Phaeton 110–11 εὐφαμεῖτ' ὦ,/ ἐκτόπιοι τε δόμων ἀπαείρετε, s.
DIGGLE 1970, 118: „Come out of your houses", s. ROUX 1972 zu Ba. 69.

[88] Vgl. 482: πᾶς ἀναχορεύει βαρβάρων τάδ' ὄργια. Zur unnötigen Athetese von V.
14–19, 21–2 und 23–5 durch DIHLE 1981 (vgl. ZUNTZ 1985) s. DIGGLE 1994, 444–53.

[89] V. 23–5 πρώτας δὲ Θήβας τῆσδε γῆς Ἑλληνίδος / ἀνωλόλυξα, νεβρίδ' ἐξάψας
χροὸς / θύρσον τε δοὺς ἐς χεῖρα, κίσσινον βέλος. Niemand dürfte SCHLESIER darin
folgen, daß zwischen den τελεταί in V. 22 und dem in V. 23–5 beschriebenen Kult ein

Häusern in die Berge trieb (32–6)[90]. Insofern ist die zitierte Ankündigung des Gottes auf die männliche Bewohnerschaft Thebens und vor allem ihren König zu beziehen[91], die sich alle (bis auf Kadmos und Teiresias) dem bakchischen Kult entziehen[92]. Sie sollen begreifen, was es bedeutet oder welche Folgen es hat, sich seinem göttlichen Machtanspruch und dem bakchischen Kult zu verweigern[93]. Denn sie werden bestraft, indem der Gott ihre Frauen aus den Häusern treibt und diese den König der Stadt töten läßt[94]. Mit dieser Tat werden gleichzeitig aber auch die Frauen Thebens bestraft, besonders die aus dem königlichen Hause. So entsteht das Paradoxon, daß der Gott die Verweigerung des Kultes durch die erzwungene Ausübung desselben straft[95]. Mit dieser Strafe[96] verfolgt Dionysos aber

---

prinzipieller Unterschied besteht; in V. 238, 260 und 465 nennt Pentheus den Kult der Thebanerinnen τελεταί, ohne daß Dionysos widerspricht (bes. deutlich an der letzten Stelle); vgl. auch V. 998 (Text unsicher), wo von den ὄργια in Bezug auf die thebanischen Frauen gesprochen wird; nach SCHLESIER 1998, 62 seien hier die „unheilig begangenen ὄργια" gemeint.

[90] Man sollte diesen Akt der Strafe nicht als Befreiung mißverstehen (so z.B. EUBEN 1990, 155); befreit werden die Bakchen (wie Dionysos) aus dem Gefängnis (445–8), aber nirgends wird gesagt, daß sie aus der „Knechtschaft" ihrer früheren Existenz befreit werden. Dionysos' Titel Ἐλευθερεύς kommt an keiner Stelle vor; zu Λύσιος s. S. 14 A. 61.

[91] πόλις meint die Gemeinschaft der πολῖται (s. LSJ s.v. III 1), d.h. der männlichen Bürger; wenig später kann sich Θηβαίων πόλις (50) ebenfalls nur auf die Männer Thebens und ihren König beziehen; ähnlich auch der Anruf an Theben in V. 105, der sich nur auf die männlichen Bewohner beziehen kann, da alle Frauen (35 πᾶν τὸ θῆλυ σπέρμα Καδμείων) die Stadt verlassen haben (zum Text s. ORANJE 1984, 36 A. 90 und RIJKSBARON 1995); anders in V. 1295, wo πᾶσα πόλις alle weiblichen Bewohner meint.

[92] V. 195–6 Κα. μόνοι δὲ πόλεως Βακχίῳ χορεύσομεν; Τε. μόνοι γὰρ εὖ φρονοῦμεν, οἱ δ' ἄλλοι κακῶς. Wenig überzeugend ist auch die Differenzierung zwischen Kadmos und Teiresias (SCHLESIER 1998, 52): Kadmos sei nicht bakchisch eingeweiht, werde also bestraft; über eine Strafe des Teiresias, der Dionysos theologisch verteidige, schweige das Stück, er werde also nicht bestraft. Bedenkt man, daß Teiresias in seiner Rede nichts über die Einweihung sagt, sondern den Wein als einziges (!) Heilmittel menschlicher Mühsal preist (283 οὐδ' ἔστ' ἄλλο φάρμακον πόνων, vgl. die analoge Position des Boten in V. 773–4: οἴνου δὲ μηκέτ' ὄντος οὐκ ἔστιν Κύπρις / οὐδ' ἄλλο τερπνὸν οὐδὲν ἀνθρώποις ἔτι), dürfte er nach SCHLESIER ebenfalls Strafe verdienen!

[93] Natürlich hätte Dionysos Männer wie Frauen in seinen Kult zwingen können; dann hätte der Gott allerdings auf die jetzt gewählte Form der Strafe verzichten müssen.

[94] Hauptziel der Strafe ist also Pentheus; die übrigen Männer werden durch die Tötung ihres Königs bestraft. Seine Ermordung ist also Strafe, nicht Befreiung von einem Tyrannen, wie LEINIEKS 1996 u.a. meinen. Zu Kadmos und seinem Schicksal s. S. 290f.

[95] Teil der Strafe ist auch, daß alle Frauen (35–6), Verheiratete wie Unverheiratete (694), in die Berge getrieben werden, und nicht eine begrenzte Anzahl von Frauen den

das positive Ziel, seine Verehrung zu etablieren. Denn indem der Gott die
Frauen wie auch später Pentheus in seinen Kult zwingt, was für beide verderbliche Folgen hat, offenbart er sich als Gott (47 θεὸς γεγὼς
ἐνδείξομαι)[97], dem kein Kult mehr verweigert werden wird[98]. Was zuerst
erzwungen wurde, wird angesichts der fatalen Folgen in Zukunft freiwillig
gegeben werden[99]. Diese Freiwilligkeit beruht aber auf der Erfahrung der
schrecklichen Vergeltung des beleidigten Gottes (1347 θεὸς γεγὼς ὑβριζόμην)[100]; gegenüber dem Gott steht dem Menschen nur frei, sich zu unterwerfen (so Teiresias in V. 366 τ ῷ Βακχίῳ γὰρ τ ῷ Διὸς δουλευτέον)[101].
Diesem und keinem anderen Ziel dient Dionysos' Ankunft in Theben.

Eine Differenzierung zwischen den beiden Gruppen der Frauen ergibt
sich m.E. auch nicht aus dem übrigen Stück[102]. Beide Gruppen verfügen

---

mänadischen Kult ausübt (s. Paus. 10,4,3). Im „realen" Kult wurde wohl auch zwischen
παρθένοι und γυναῖκες geschieden: nur letztere üben nach Diod. Sic. 4,3,3 den bakchischen Kult aus (κατὰ συστήματα θυσιάζειν τῷ θεῷ καὶ βακχεύειν).

[96] Vgl. auch die Fortsetzung der oben zitierten Verse (41–2): „... und ich muß meine
Mutter Semele verteidigen, indem ich mich den Menschen als Gott offenbare, den sie dem
Zeus gebar" (Σεμέλης τε μητρὸς ἀπολογήσασθαί μ' ὕπερ / φανέντα θνητοῖς δαίμον'
ὃν τίκτει Διί). Durch die Schmähung sind Mutter und Sohn betroffen; die Strafe dafür ist
zugleich Verteidigung der Mutter.

[97] Vgl. die Reaktion des Chores auf die Todesnachricht des Pentheus in 1031: ὦναξ
Βρόμιε, θεὸς φαίνῃ μέγας (zum Metrum s. A. 260).

[98] Der Ausdruck τἀνθένδε θέμενος εὖ (49) kann sich nur auf die Einrichtung eines
dionysischen Kultes beziehen. Ob Dionysos in seiner verlorenen Schlußrede (nach
1329) die Einrichtung seines Kultes beschrieb, ist unsicher, s. die Hypothesis (Z. 16f.):
Διόνυσος δὲ ἐπιφανεὶς ⟨... ⟩ μὲν πᾶσι παρήγγειλεν (DIGGLE ergänzt τελετάς, ELMSLEY
τά, PALEY τοῖς); s. dazu FRIEDRICH 2000, 139–41; im Blick auf die V. 46–9 neige ich der
Annahme zu, beweisbar ist sie nicht; s. auch A. 339.

[99] Daß diese Form der „Abschreckung" funktioniert, zeigt Kadmos, der Dionysos mit
dem Hinweis auf das Schicksal Aktaions, der die Konkurrenz mit einer Göttin wagte und
ebenfalls zerrissen wurde, verehrt (337–40, vgl. 1227–8).

[100] Teiresias spricht diesen Mechanismus direkt an (360–3): κἀξαιτώμεθα / ... τὸν
θεὸν μηδὲν νέον / δρᾶν. Vgl. ORANJE 1984, 39: „The motive for the two old men's
recognition of the god, and for offering him the worship, which is his due, is fear."

[101] Es fällt auf, daß der Chor an keiner Stelle die Freiwilligkeit seines Dienstes betont
(οὐχ ἑκών handelt nur der Diener, der Dionysos nicht freiwillig abführt, 441), s. vielmehr
die Anrede an Dionysos in 582: δέσποτα, δέσποτα. Anderes wäre zu erwarten, wenn
dem Dichter an der Unterscheidung der beiden Frauengruppen gelegen wäre.

[102] Beide Gruppen heißen βάκχαι (38x) und μαινάδες (15x von den Thebanerinnen,
einmal vom Chor [601], vgl. aber 104, 570 und 915: γυναικὸς μαινάδος βάκχης).

über dieselben Utensilien (Hirschkalbfell, Efeu-Kränze, Thyrsosstab[103]),
sie singen dasselbe bakchische Lied[104], schreien dieselben Kultrufe[105], tanzen beide in Chören[106] und in Thiasoi[107], geben sich derselben Raserei
hin[108]. Als Unterschiede kann SCHLESIER lediglich anführen, daß die thebanischen Bakchen keine Flöte und keine Tympana besitzen[109] und keine
Nachtfeiern kennen[110]. Zumindest letzteres dürfte aufgrund von Pen-

---

[103] Aus V. 113–14 ἀμφὶ δὲ νάρθηκας ὑβριστὰς / ὁσιοῦσθ' schließt SCHLESIER 1998,
53: „Die Narthexstengel, derer die Thebaner sich bedienen sollen, sind mit Hybris verse-
hen, denn sie sind nur Dekoration, ungeheiligter Teil einer bakchischen Ausrüstung, der
keine Einweihung korrespondiert." Wie ist es dann aber zu erklären, daß ausgerechnet
diese Stäbe die Quellwunder von Wasser, Milch und Honig bewirken können (704–11)?
Zu ὑβριστάς s. VERDENIUS 1981, 306 „exuberant", vgl. 743 ταῦροι ὑβρισταί. Aber auch
hier sieht SCHLESIER 1998, 64 Zeichen der Unheiligkeit: die Milch folge dem Wein, nicht
umgekehrt wie in der Parodos (142): „Als Milchtrinkerinnen wäre den Frauen ... sogar
Menschenfresserei zuzutrauen" Vgl. Plat. Ion 534a ὥσπερ αἱ βάκχαι ἀρύονται ἐκ τῶν
ποταμῶν μέλι καὶ γάλα κατεχόμεναι, ἔμφρονες δὲ οὖσαι οὔ. Handelt es sich um Ein-
geweihte oder um Uneingeweihte?

[104] Chor: 72 Διόνυσον ὑμνήσω, 155 μέλπετε τὸν Διόνυσον - Thebanerinnen: 1057
βακχεῖον ἀντέκλαζον ἀλλήλαις μέλος.

[105] Chor: 67 Βάκχιον εὐαζομένα, 129 εὐάσμασι, 142 εὐοῖ, 151 ἅμα δ' εὐάσμασι,
608 εὐίου βακχεύματος, 1034 εὐάζω - Thebanerinnen: 238 εὐίους τελετάς, 791 εὐίων
ὁρῶν.

[106] Chor: 132 χορεύματα, 147 χοροῖσιν, 379 θιασεύειν χοροῖς, 567 χορεύσων
ἅμα βακχεύμασι, 862 παννυχίοις χοροῖς - Thebanerinnen: 63 χοροί, 220 τιμώσας
χοροῖς, 680 θιάσους τρεῖς γυναικείων χορῶν, 1109 χοροί κρυφαῖοι (weist die Ge-
heimhaltung nicht auf Einweihung?), 1143 ἐν χοροῖσι μαινάδων.

[107] Chor: 56 (Dionysos) θίασος ἐμὸς, 75–6 θιασεύεται ψυχὰν, 136–7 ἐκ θιάσων
δρομαίων / πέσῃ πεδόσε, 379 θιασεύειν χοροῖς, 532 στεφανηφόρους θιάσους, 583–4
ἁμέτερον ἐς / θίασον - Thebanerinnen: 221 θιάσοις ἐν μέσοισιν, 680 θιάσους τρεῖς,
978 θίασον ἔνθ' ἔχουσι Κάδμου κόραι, 1180 μάκαιρ' Ἀγαύη κληζόμεθ' ἐν θιάσοις.
Der Gott selbst tanzt sogar mit ihnen mit (63–4): ἐγὼ δὲ βάκχαις, ἐς Κιθαιρῶνος πτυ-
χὰς / ἐλθὼν ἵν' εἰσί, συμμετασχήσω χορῶν. Sogar die Männer Thebens sollen in Thiasoi in die Berge geführt werden (115–16).

[108] SCHLESIER 1998, 66 nennt die μανία bei den Thebanerinnen „uneingeweihter
Wahn"; wie erklärt es sich dann aber, daß beide Gruppen unterschiedslos „Mainaden"
genannt werden (s. A. 102).

[109] Für die Tympana betont der Chor, daß es sich um in Kleinasien heimische Instru-
mente handelt (58 τἀπιχώρια τύπανα); insofern ist es vielleicht nicht verwunderlich,
daß die thebanischen Bakchen keine kennen; daß keine Flöten erwähnt werden, erscheint
mir Zufall. LEINIEKS 1996, 58 dagegen nimmt an, der Chor trüge keine Thyrsoi.

[110] Als weiteren Unterschied wertet SCHLESIER 1998, 63, daß die thebanischen Bakchen „auf keine Weise mit Sexualität in Berührung kommen", anders die Frauen des
Chores (s. V. 402–16); s. dazu auch S. 244f.

theus' Beschreibung des dionysischen Treibens im Kithairon fragwürdig sein[111]. Auch würden sie keine wilden Tiere, sondern domestizierte Herdentiere und eben Menschen zerreißen[112]. Blickt man allerdings auf das vierte Stasimon, in dem der Chor die Ermordung des Pentheus zumindest sprachlich vorwegnimmt (s. dazu unten), sollte man auch diesen Unterschied nicht überbewerten[113]. So überwiegen eindeutig die Gemeinsamkeiten zwischen den beiden bakchischen Frauen-Gruppen[114]. Insofern liegt eine andere Interpretation näher: auf der Bühne repräsentiert der Chor

---

[111] V. 237–8 über den lydischen „Zauberer", „der Tage und Nächte lang bei ihnen ist und den jungen Frauen jubelnde Feste bereitet" (ὃς ἡμέρας τε κεὐφρόνας συγγίγνεται / τελετὰς προτείνων εὐίους νεάνισιν), vgl. Teiresias in 187 οὔτε νύκτ' οὔθ' ἡμέραν.

[112] Immerhin zerreißen die Thebanerinnen den König im Glauben, sie würden ein wildes Tier zerreißen.

[113] Ein weiterer Unterschied wird vom Dichter ebenfalls aufgehoben: Die thebanischen Bakchen sind Frauen. Die asiatischen Bakchen entsprechen dagegen den mythischen Mänaden, den Ammen des Dionysos (Il. 6,132 Διωνύσοιο τιθῆναι, hom. Hymn. in Dion. 9–10, Soph. Oid. K. 679–80), die Nymphen sind (Eur. Kykl. 4 Νύμφας ὀρείας ... τροφούς); in Dionysos' Gefolge auf Vasenbildern seit Beginn des 6. Jh. dargestellt, zuerst auf der François-Vase (Florenz Mus. Arch. 4209) als ΝΥΦΑΙ (sic); gesicherte Belege für den Namen Μαινάς für einzelne Nymphen seit 460/50 v. Chr., s. KOSSATZ-DEIßMANN 1991 (nie im Plural als Kollektivname; dies zuerst in der Literatur bei Aischyl. fr. 382; der Name Βάκχη auf Vasen erst ab 420 v. Chr., ebenfalls nur im Sg., im Plural zuerst bei Alkman fr. 7,14: Βακχῶν Καδ[...]); s. CARPENTER 1986, 79ff. und HEDREEN 1994; zur schwierigen Frage, ob die Vasen auch menschliche Mänaden darstellen, s. LIMC VIII 1 Suppl. 798. Euripides macht (als erster ?) aus den mythischen Anhängerinnen des Gottes ebenfalls Frauen; denn den Chor bilden weder korykische Nymphen vom Parnaß (s. A. 6) noch Nymphen aus Nysa, wo Dionysos aufgezogen wurde; dieser nicht lokalisierte Ort (für Euripides evtl. in Thrakien) wird nur einmal beiläufig genannt (556); Nymphen werden nur in 951 zusammen mit Panen ohne Bezug zum Chor erwähnt; auch zeigen die lydischen Frauen keine nähere Bekanntschaft mit den üblichen Genossen der mänadischen Nymphen, den Satyrn; indem sie sie nennen (130), weisen sie aber immerhin einmal auf ihre eigenen religionsgeschichtlichen Ursprünge hin.

[114] Die Parallelität geht so weit, daß beide Gruppen mit „jungen Fohlen" verglichen werden (165 πῶλος ὅπως und 1056 ὡς πῶλοι). Dazu wenig überzeugend SCHLESIER 1998, 64: „Die Frauen Thebens sind jedoch einfach 'vom Joch entbunden' und daher schließlich der Hemmungslosigkeit ausgeliefert, während der Chor sein Stürmen als innige Bindung, analog zu einem noch von der Mutter abhängigen Füllen (166–7: ἅμα ματέρι φορβάδι), präsentiert." Vgl. auch V. 66–7 (Chor) πόνον ἡδὺν / κάματόν τ' εὐκάματον mit 1053 (Thebanerinnen): τερπνοῖς πόνοις. Beide Gruppen „stürmen auch dahin" (θοάζειν 65 und 219).

aus Kleinasien die thebanischen Bakchen des hinterszenischen Raums[115].
Durch die „Verdoppelung" der Bakchen können diese zugleich auf der
Bühne und hinter der Bühne, im Kithairon, agieren. Durch den Chor ver-
schmelzen der erzählte Spielort und der Ort der Bühne, ein Effekt der
Überblendung tritt ein[116]. Durch den Chor der kleinasiatischen Frauen
wird der Zuschauer direkt Zeuge des bakchischen Kultes, was ihm sonst
nur durch die Botenberichte zugänglich wäre. Der Dichter, der auf einen
Bühnen-Chor der rasenden Frauen nicht verzichten möchte, erweist sich
auch hier als erfahrener Theatermann und geschickter Dramaturg. Da die
thebanischen Frauen dem Kult und Mythos zufolge in den Bergen des
Kithairon agieren, mußte er, da er den Ort des Geschehens nicht dorthin
verlegen konnte[117], eine zweite Gruppe bakchischer Frauen einführen, die
auf der Bühne das repräsentiert, was hinter ihr geschieht[118].

An zwei Stellen wird dieses Verfahren überdeutlich. Am Ende des Prologs kündigt Dionysos an, in den Kithairon zu gehen, um an den dortigen
Chortänzen der Bakchen teilzunehmen (62–3). Anstelle dieser Chöre in
den Bergen tritt die Parodos der kleinasiatischen Frauen: sie bringen auf
die Bühne, was gleichzeitig im Kithairon geschieht[119]. In ähnlicher Weise
bringt das erwähnte vierte Stasimon das hinterszenische Geschehen auf die
Bühne. Am Ende des dritten Epeisodion führt der Lyder den als Bakche
verkleideten Pentheus in den Kithairon, wo ihn seine Zerreißung erwartet.
Dieser Ausbruch der Gewalt, der im folgenden Botenbericht beschrieben

---

[115] Vgl. ORANJE 1984, 154: „The departure of the Theban women is followed by the
incursion into Thebes of women from Lydia ..."

[116] Vgl. KUBOTA 1980, der das Phänomen sehr gut beschrieben hat.

[117] Die Theaterkonvention erlaubt nicht, die Ermordung auf offener Bühne stattfinden
zu lassen; da es sich um ein Geschehen in freier Natur handelt, war auch eine Lösung mit
einem Ekkyklema nicht möglich, es sei denn, Euripides hätte die Zerreißung in eine
Höhle verlegt. Wie Euripides' Vorgänger mit diesem Problem umgegangen sind, entzieht
sich unserer Kenntnis.

[118] Dem entspricht, daß der Chor als „dramatis persona" im Gang der Bühnenhand-
lung außer im kurzen Zwischenspiel mit Dionysos (576–603) und am Schluß (1029–42
und 1168–201) wenig bis überhaupt keine Bedeutung hat (511 wird er zum ersten Mal
von Pentheus erwähnt, er hat nur vier Interloquien: 263–5, 328–9, 775–7, 1327–8, und
bei allen fünf Chorliedern befindet sich keine weitere Person auf der Bühne).

[119] In der Parodos wird Dionysos als Chorführer genannt (115 und 141), so daß der
Eindruck entsteht, er sei beinahe genauso anwesend wie bei den thebanischen Bakchen.

wird, wird von den Frauen des Chores im vierten Stasimon vorweggenommen. Dort werden nicht nur die Hunde des Wahnsinns beschworen (977)[120], sondern die Ermordung des verhaßten Königs wird in einem zweimaligen Refrain vom Chor der kleinasiatischen Bakchen gleichsam vollzogen (992–6 und 1011–16)[121]:

ἴτω δίκα φανερός, ἴτω / ξιφηφόρος φονεύουσα λαιμῶν διαμπὰξ
τὸν ἄθεον ἄνομον ἄδικον Ἐχίονος γόνον γηγενῆ.

Das Recht soll erscheinen, es soll kommen mit dem Schwert und töten mit einem Stoß durch die Kehle diesen Gottlosen, diesen Gesetzesbrecher, diesen ruchlosen erdgeborenen Sohn des Echion.

Wie in der Parodos kommt durch die lyrische Vergegenwärtigung das Geschehen im Kithairon auf die Bühne[122]. Mit dieser Wendung zur Gewalt macht der Chor also die gleiche Entwicklung, wie sie in den beiden Botenberichten von den thebanischen Bakchen beschrieben werden. Nach der Parodos präsentiert sich der Chor in den ersten drei Stasima als das um Rettung flehende Opfer, das von Pentheus verfolgt wird. Der König droht, die Frauen als Sklavinnen zu verkaufen oder als solche selbst zu behalten (511–14), und sie fürchten, wie die thebanischen Frauen (226–7 und 443–4) ins Gefängnis geworfen zu werden (545–6)[123]. Vor Angst werfen sie sich auf den Boden (604–5) und können nur mit Mühe von ihrem lydischen Beschützer (612 φύλαξ) aufgerichtet werden. Aber die Wendung tritt ein: im vierten Stasimon nimmt der Chor zumindest verbal an der Rachehandlung teil: auch hier sind aus den Opfern Täter geworden[124].

---

[120] In Analogie dazu hatte Agaue dem ersten Botenbericht zufolge den Beginn der Gewalt mit einer Anrufung der Bakchen als „Hunde" eingeleitet: ὦ δρομάδες ἐμαὶ κύνες (730). Die von den Hunden des Wahnsinns Gepackten werden selbst zu Hunden! Vgl. Hek. 1173: Polymestor nennt die „Bakchen des Hades" μιαιφόνους κύνας; s. A. 24.

[121] Insofern töten die Frauen des Chores auch einen Menschen - wenn auch nur in ihrem Gesang. Vgl. Gorg. Pal. 36 ἄθεον ἄδικον ἄνομον ἔργον.

[122] Wie die thebanischen Bakchen glauben, ein Tier zu zerreißen, so ist Pentheus auch für den Chor kein Mensch, sondern Schlangenbrut (995–6 Ἐχίονος / γόνον γηγενῆ), Löwenjunges oder Gorgonensproß (990–1).

[123] Daß Pentheus nicht das Naheliegende tut und die Frauen mit Dionysos ins Gefängnis sperrt (s. dazu S. 268), erklärt sich natürlich auch aus der Bühnenkonvention: wer sollte dann das anschließende dritte Stasimon singen? Euripides überspielt das etwas, indem er die Frauen wenigstens die Furcht davor äußern läßt.

[124] Zum Chor als Repräsentanten des „Durchschnittsbürgers" s. S. 237.

Wie die thebanischen Bakchen folgen also auch die asiatischen dem in der griechischen Welt beheimateten Konzept der Rache (877–80 = 897–900)[125]: „Was ist ein schöneres Geschenk von den Göttern für die Menschen, als Oberhand über den Feind zu gewinnen?" Dies entspricht der oft gemachten Beobachtung, daß der Chor die traditionelle Ethik eines (athenischen) „Durchschnittsbürgers" vertritt[126], obwohl eine solche Haltung mit dem Bild ekstatischer Frauen aus dem „Barbarenlande", das vor allem im Prolog dem Zuschauer präsentiert wird, wenig harmoniert[127]. Euripides aber hat diesen Bruch bewußt in Kauf genommen[128]. Denn er will darstellen, daß die im bakchischen Wahn vollzogene Wendung zur Gewalt in den griechischen Poleis ihren Ort findet. Es sind die „normalen" Bürger, die sich nach Ruhe und Frieden sehnen (389–90, 419–20), sich mit dem Gegebenen zufriedengeben wollen (911–12), Tradition und Recht schätzen (890–6, 1009–10), die Götter verehren[129], keine großen Ambitionen haben (386–7, 398–9), sich der menschlichen Grenzen bewußt sind (396) und dennoch im Namen des Rechts (992 = 1011) der Rache und Gewalt folgen. Entsprechend dazu lehnen die Chorfrauen, erstaunlich für Mänaden, zunächst den Wahnsinn ($\mu\alpha\nu\acute{\iota}\alpha$) kategorisch ab[130], um dann die Hunde des Wahnsinns auf ihre Gegner zu hetzen (977ff.)[131]. Es sind diese Brüche, die wie im 'Orestes' das dargestellte

---

[125] Zum Kontext s. unten S. 280. Zur Rache bei den Griechen s. S. 76f. und 184f.

[126] Besonders in V. 430–1 τὸ πλῆθος ὅ τι τὸ φαυλότερον ἐνόμισε χρῆταί τε, τόδ' ἂν δεχοίμαν. Vgl. ARTHUR 1972 und vor allem KYRITSI 1993, 105ff.; s. auch GOLDHILL 1988, 145: „Their otherness is marked precisely in their necessarily paradoxial claim (as such women) to accept the same beliefs as the 'simple many'."

[127] Vgl. HOSE 1991, II 396: „Wie können asiatische Mänaden etwas von traditionellen griechischen Vorstellungen wissen?" Schlimmer ist der Bruch, daß ausgerechnet die Mänaden sich von μανία distanzieren, dazu s. unten; vgl. auch LEFÈVRE 1995, 164–7.

[128] Die beste Parallele ist wohl Aischylos' 'Perser', wo die „barbarischen" Protagonisten sich in den Bahnen griechischen Denkens bewegen.

[129] Besonders in 893–4: „Es kostet doch nichts zu glauben, daß das Göttliche, was es auch immer sei, Macht besitzt (κοῦφα γὰρ δαπάνα νομίζειν ἰσχὺν τόδ' ἔχειν,/ ὅ τι ποτ' ἄρα τὸ δαιμόνιον); der „normale" Bürger kann gar nicht verstehen, warum die Intellektuellen so viel Aufhebens um die Götter machen.

[130] 400–1 μαινομένων οἵδε τρόποι καὶ κακοβούλων παρ' ἔμοιγε φωτῶν, 887 σὺν μαινομένᾳ δόξᾳ und 999 μανείσᾳ πραπίδι (s. USHER 2000).

[131] Es dürfte keine Zufall sein, daß im vierten Stasimon das Recht und die Hunde der Lyssa parallelisiert werden: ἴτε θοαὶ Λύσσας κύνες und ἴτω δίκα φανερός. Beide kom-

Denken und Verhalten charakterisieren[132]. Aber diese Widersprüchlichkeit, die mit dem Wandel des Opfers zum Täter gegeben ist, wird den
Handelnden selbst gar nicht klar, und im Angesicht der Folgen wenden sie
sich ab und schweigen. Diese Reaktion soll nun betrachtet werden.

Wie die thebanischen Bakchen auf die Ermordung des Pentheus reagieren, hat der Dichter nicht dargestellt. Sie bleiben, wie gesagt (S. 224), im
Kithairon zurück und treten bis zum Ende des Stückes nicht in das Blick-
feld des Zuschauers. An ihre Stelle tritt nun auch hier, zum dritten Mal,
der asiatische Chor, der direkt auf den zweiten Botenbericht antwortet.
Die asiatischen Frauen singen ein kurzes Chorlied, das fünfte Stasimon, in
dem sie die Tötung des Pentheus bejubeln und der Grausamkeit der Ermordung des Sohnes wenig Beachtung schenken[133]; im Gegenteil, sie verherr-
lichen die Tat (1163–4)[134]:

κaλὸς ἀγών, ἐν αἵματι στάζουσαν χέρα βαλεῖν τέκνου.

Ein herrlicher Kampf ist es, die tropfende Hand zu tauchen in das Blut des eigenen Sohnes.

Im Chor der kleinasiatischen Frauen herrscht Freude: einen ruhmreichen
Sieg hätten die thebanischen Bakchen davongetragen, der Trauer und
Tränen für die einstigen Gegner (26–31) bringt (1161–2 τὸ καλλίνικον
κλεινὸν ἐξεπράξατε / ἐς γόον, ἐς δάκρυα)[135]. In dem sich anschließenden Amoibaion nehmen die lydischen Frauen weiter an dem Jubel der

---

men eben nur gemeinsam! Das Bild der Hunde weist natürlich auf die Erinyen (s. Aischyl.
Ch. 924, Soph. El. 1388): der Wahn der Bakchen gilt der Rache.

[132] Vgl. auch den Widerspruch zwischen 429 mit der Ablehnung der φῶτες περισσοί
und dem Jubel über Agaues Fang (1197): περισσὰν (ἄγραν).

[133] Vgl. auch den Jubel der Frauen beim Empfang des Boten (1031–8); der Bote kritisiert das (1039–40): ἐπ' ἐξειργασμένοις / κακοῖσι χαίρειν, ὦ γυναῖκες, οὐ καλόν.

[134] Überliefert ist περιβαλεῖν (DIGGLE setzt cruces); vgl. Med. 1283 ἐν φίλοις χέρα
βαλεῖν τέκνοις und Or. 1466 ἐμβαλοῦσα πῆχυν στέρνοις. Das Partizip στάζουσαν ist
proleptisch gebraucht: die Hand gegen den Sohn ausstrecken und in sein Blut tauchen,
so daß sie tropft, vgl. RIJKSBARON 1991, 146.

[135] Die Editoren und Hss. lesen τὸν καλλίνικον sc. ὕμνον. Wo Euripides das Adj. in
diesem Sinne benutzt, bezeichnet das Verb stets eine sprachliche Äußerung (Herakl. 180
κωμάζειν, Med. 45 und Herakl. 681 ᾄδειν); hier zielt das Verb auf die Tat (φόνον
ἐκπράττειν in Med. 1305, IA 512, Herakl. 1079, Or. 512, vgl. Hek. 515 und Herakl. 43
αἵματος δίκην ἐκπράττειν); insofern scheint es mir sinnvoller, nach Pind. Nem. 3,19
das subst. Adj. zu lesen (τὸ καλλίνικον): „einen ruhmvollen Sieg habt ihr vollbracht: er
endet in Klagen und Tränen."

noch im Wahn befangenen Agaue teil. Sie setzen also fort, was die thebanischen Bakchen im Kithairon taten: „Sie aber triumphierten laut" (1133 αἳ δ' ἠλάλαζον)[136]. Wenn sie Agaue in ihren Thiasos aufnehmen (1173 σε δέξομαι σύγκωμον), findet in ihrer Person gleichsam eine Vereinigung der beiden für die Dauer des Stückes getrennten Bakchen-Gruppen statt[137]. Der Chor bejubelt Agaues Fang, wohl wissend, daß es kein Löwe, sondern der eigene Sohn ist, den Agaue getötet hat. Denn an zwei Stellen nennen sie die Königin „unglücklich" (τλᾶμον und ὦ τάλαινα). Wären nicht diese beiden Anreden und der Hinweis auf Schmerz und Tränen im Chorlied, könnte man sogar glauben, der Chor sei ebenfalls im Wahn befangen und habe noch gar nicht realisiert, daß Agaue den Kopf ihres Sohnes in der Hand hält. Wie ist diese Reaktion der Bakchen einzuschätzen? Der Dichter scheint ein Verhalten abbilden zu wollen, das nur den vermeintlichen Erfolg der Gewalttat sehen will, die Augen aber verschließt vor der Kehrseite dieser Gewalt. Dies entspricht der scheinbaren Idylle nach der Tat, von der im ersten Botenbericht erzählt wird. Der Chor weiß, daß Agaue ihren eigenen Sohn getötet hat; diese Tatsache berührt ihn allerdings wenig[138].

Auf welche Weise aber reagiert der Chor, als er Zeuge wird, wie Agaue ihr furchtbares Unglück erkennt[139]? Die kleinasiatischen Frauen schweigen[140]. Bis auf zwei Verse, die sich an Kadmos richten[141], verstummen sie

---

[136] DIGGLE konjiziert ὠλόλυζον; das würde zwar den Zusammenhang mit dem Jubel des Chores noch enger machen, ist aber unnötig; vgl. 593 Βρόμιος ⟨ὅδ'⟩ ἀλαλάζεται στέγας ἔσω und Aischyl. fr. 57 (aus den 'Edonern'): ψαλμὸς δ' ἀλαλάζει. Daß die Mänaden hier den männlichen Kriegsschrei aussstoßen, zeigt nur, wie sehr ihr Tun männlichem Verhalten gleicht (vgl. DIGGLE 1994, 479: „Many will be convinced by it").

[137] Wenn Agaue den Chor zu einem Mahl nach der Jagd einlädt (1184 μέτεχέ νυν θοίνας, 1242 κάλει φίλους ἐς δαῖτα), ist nicht an Omophagie gedacht (sollten die „Freunde", die nicht in Ekstase sind, daran teilnehmen?), sondern an ein „normales" Opfermahl, bei dem das Fleisch gekocht oder gebraten wird. Auch darüber ist der Chor entsetzt, da Agaue ja den eigenen Sohn zum Mahl bereiten würde.

[138] Man könnte sogar fragen, ob der Chor Agaue verhöhnen will, indem die Frauen sie weiter in ihrem Wahn bestärken; aber eine solche feindliche Einstellung gegenüber der Königin wird nicht wirklich deutlich.

[139] Zum „Wiedererwachen" der Agaue s. die subtile Interpretation von SCHWINGE 1968a, 411–33; vgl. auch DEVEREUX 1970.

[140] So auch in der Exodos des 'Orestes'; s. dazu A. 586.

ab Vers 1201 für die nächsten 187 erhaltenen Verse des Schlusses (im
ursprünglichen Text weit mehr), wobei das Schweigen durch das Gleich-
bleiben der Maske noch unterstützt wird[142]. Diese Nicht-Reaktion ist bezeichnend. Es kommt weder zur Einsicht, noch zu einer Stellungnahme,
die das Geschehene verteidigt, erklärt oder entschuldigt, es passiert einfach gar nichts. Wie hätte wohl auch der Chor der Anhängerinnen des
Gottes auf die Erkenntnis der Königin (1296):

Διόνυσος ἡμᾶς ὤλεσ᾽, ἄρτι μανθάνω.

Dionysos hat mich (uns) vernichtet, jetzt begreife ich es.

reagieren können? So ist Agaue die einzige, die den Wahn ihrer Gewalttat
durchschaut und sich der Tatsache stellt, daß sie in der brutalen Tötung
des Feindes ihren eigenen Sohn ermordet hat[143]. Der Chor verschließt sich
dieser Erkenntnis; er weiß im wahrsten Sinne nichts mehr zu sagen. Die
Frauen bleiben weiterhin eine Gruppe von Bakchen, die den Frieden und
die Idylle suchen, aber dem tatsächlichen oder vermeintlichen Angreifer
mit äußerster Gewalt entgegentreten werden. Ein Erkenntnisprozeß, welche Folgen diese Gewalt auch für die eigene Person, die nächsten Angehörigen oder die gesamte Gesellschaft einer Stadt haben kann, bleibt aus. Zu
diesen Folgen wird einfach geschwiegen. Es gibt wohl wenige Stellen der
Bühnenliteratur, wo das Schweigen einen so tiefen Sinn trägt. In ihm wird
das Scheitern einer bürgerlichen Ethik sichtbar, die Frieden und Recht
sucht und in ihrem Namen den Gegner vernichtet[144].

Agaue schweigt nicht[145]. Sie allein wendet sich ein zweites Mal vom
Gott und seinem Kult ab (1383–7)[146]:

---

[141] Bemerkenswerterweise äußert der Chor hier Mitleid mit Kadmos, der, obwohl er
mit Teiresias als einziger Mann am Kult teilnahm, unter Pentheus' Tod leiden muß und so
mitbestraft wird. Mitleid gegenüber Agaue sucht man vergebens.

[142] Über die Form der Maske kann nur spekuliert werden; sie muß das Glück der Di-
onysos-Anhängerinnen dargestellt haben; daran ändert sich am Schluß nichts.

[143] Zu Kadmos und seinem Nichtverstehen s. S. 289.

[144] Insofern geht es nicht um die Pervertierbarkeit der traditionellen Ethik, die in un-
pervertierter Form gut und heilsam wäre (so HOSE 1991, II 394), sondern vielmehr um das
Ungenügen dieser Ethik selbst (s. S. 155 zum 'Orestes').

[145] Leider ist neben dem Ausfall des Textes, der die „compositio membrorum" begleitet (nach 1300), umstritten, ob Agaue die Verse 1344, 1346 und 1348 spricht (so nach
ELMSLEY 1822, 160 z.B. POHLENZ ²1954, II 134 und LEINIEKS 1996, 388f.). Dafür spricht,
daß 1350 mit der Anrede πρέσβυ sicher der Agaue gehört und das Geständnis

ἔλθοιμι δ᾽ ὅπου / μήτε Κιθαιρὼν ⟨ἔμ᾽ ἴδοι⟩ μιαρὸς
μήτε Κιθαιρῶν᾽ ὄσσοισιν ἐγώ, / μήδ᾽ ὅθι θύρσου μνῆμ᾽ ἀνάκειται·
Βάκχαις δ᾽ ἄλλαισι μέλοιεν.

Ich möchte in ein Land gehen, wo mich weder der verfluchte Kithairon sieht noch ich den Kithairon sehen muß und wo kein Thyrsosstab als Mahnmal aufgestellt ist; Bakchen mögen andere sein und sich darum kümmern.

Diese letzten authentischen Worte des Dramas[147] zeigen eine Frau, die nicht wieder zurückkehren möchte in die trügerische Idylle der bakchischen Gemeinschaft im Kithairon. Sie wird nicht, wie die Bakchen des ersten Berichtes es taten, zu den Quellen gehen, die der Gott in den Bergen aufsprudeln ließ, und sich von den Schlangen die letzten Tropfen des Blutes ablecken lassen. An den Thyrsos, der diese wundersamen Quellen schuf und zugleich zur Waffe gegen den eigenen Sohn wurde, will sie nicht mehr erinnert werden[148]. Sie scheint die Mechanismen, die das schuldlose Opfer zum brutalen Täter werden lassen, verstanden zu haben. Agaue ist die einzige unter den Bakchen, die ihr tragisches Schicksal erkennt[149]. Dem bakchischen Wahn der Rache und Vergeltung zu verfallen, will sie anderen überlassen. Der Gott wird seinen Siegeszug durch Griechenland antreten; das in diesem Stück von Dionysos repräsentierte Handlungsprinzip wird sich durchsetzen[150]. Es sind drei hilflose Schwestern,

---

ἠδικήκαμεν weniger zu Kadmos paßt. Wegen der Unsicherheit sollen die Verse aber nicht zur Interpretation der Figur der Agaue herangezogen werden.

[146] Die Ergänzung ἔμ᾽ ἴδοι nach KIRCHHOFF 1855, möglich auch μ᾽ ἐσίδοι nach MUSGRAVE 1778. Zu θύρσου μνῆμα s. KALKE 1985.

[147] Die überlieferten Verse 1388–92 sind sicherlich unecht (s. DIGGLE); anders LEFÈVRE 1995, 162, JÄKEL 1993, 106 und PÖTSCHER 2000, 45. Wären sie echt, könnte man sie nur als Hohn bezeichnen (den man selbst Euripides nicht zutrauen möchte): der Gott hat im Stück das genaue Gegenteil von dem gezeigt, was der Chor besingt: seine Rache war nicht unerwartet (ἀέλπτως), das Angenommene (τὰ δοκηθέντα) ist eingetreten, und einen Ausweg (πόρον) schuf er nicht. Diesen darin zu sehen, daß Pentheus sich überreden läßt, Frauenkleider anzuziehen (so PÖTSCHER 2000, 45), halte ich für absurd.

[148] Nicht nur der Gott selbst, auch seine Attribute sind ambivalent; vgl. KALKE 1985, der auf die Entweihung des Thryrsos am Ende durch den aufgespießten Kopf hinweist. μνῆμα θύρσου (1386) erinnert antithetisch an μνῆμα μητρός (6): steht am Anfang das Gedenken an Dionysos' Mutter, so wird es am Ende verweigert; vgl. SEGAL ²1997, 318.

[149] Unverständlich ist die Ansicht von LEINIEKS 1996, 242: „Agaue to a large extent shares Pentheus' inability to learn."

[150] Dionysos stellt freilich keine Ausnahme unter den Göttern dar; s. dazu S. 281.

Agaue, Ino und Autonoe, die die Stadt verlassen und einsam irgendwo im
Exil das Geschehene betrauern (1381–2)[151]. Zu mehr sind sie nicht in der
Lage. Als Frauen, die im Exil leben, stehen sie außerhalb der Gesellschaft
und haben jeden Einfluß verloren. Es gibt keinen Grund für den Gott, der
erneuten Weigerung, ihm zu folgen, Beachtung zu schenken oder sie gar
zu ahnden. Denn eine Alternative zum Denken und Handeln des Gottes
hat auch Agaue nicht zu bieten. Sie weiß nicht, wohin sie sich wenden soll
(1366 ποῖ γάρ τράπωμαι;) - und das nicht nur in einem wörtlichen Sinne.
Sie trennt sich von dem Chor der Bakchen, die sich der Erkenntnis der
Wahrheit verschließen, aber es bleibt ihr nur die Klage über das Geschehene. Agaue, die Bakche aus dem königlichen Haus, ist die einzige tragische
Gestalt des Stückes, die sich ihrer Tragik bewußt ist; den übrigen Bakchen,
nach denen die Tragödie ihren Namen erhalten hat, wird dies erspart;
auch darin gleichen sie den tragischen Helden des 'Orestes'.

---

[151] Ihre Bedeutung am Schluß spricht gegen die Streichung ihrer Erwähnung in V.
229f. (so DIGGLE). Dionysos muß in der Exodos in seiner Rede, deren Anfang ausgefallen
ist, bestimmt haben, daß Agaue mit ihren Schwestern, getrennt vom Vater, ins Exil gehen
muß; dies ergibt sich aus V. 1353, wo Kadmos die Schwestern nennt, und vor allem aus
V. 1381–2 ἄγετ', ὦ πομποί, με κασιγνήτας / ἵνα συμφυγάδας ληψόμεθ' οἰκτράς. Bei
den πομποί handelt es sich wohl um die Diener des Kadmos (1216–17), die Pentheus'
Leiche aus dem Gebirge brachten: sie wissen, wo sich die Schwestern befinden.

2.2 Pentheus, der Gegenspieler der Bakchen

Über Pentheus' Charakter ist viel geschrieben worden; in diesem Kapitel soll der Frage nachgegangen werden, welche Rolle er in der Rachehandlung des Stückes spielt. Das Fest, bei dem Pentheus' Schicksal zur dramatischen Aufführung kommt, ist einem Gott gewidmet, und eben dieser Gott wird vom thebanischen König bekämpft. Allein diese Tatsache genügt, um Agaues und Echions Sohn ins Unrecht zu setzen. Als „Kämpfer gegen einen Gott" (θεομάχος)[152], dessen Existenz er leugnet[153], versucht er zu verhindern, was zum festen Bestandteil panhellenischer Religion und Kultur gehören wird: die Verehrung des Dionysos. Sein Verhalten ist von größter Aggression geprägt. Dem Lyder möchte er den Kopf abschlagen (241), ihn erhängen (246) oder steinigen (356–7)[154], einen Teil der thebanischen Bakchen sperrt er ins Gefängnis (226–7), Teiresias' Orakelstätte läßt er dem Erdboden gleichmachen (346–51)[155], die asiatischen Bakchen will er versklaven (511–14) und gegen die thebanischen mit Soldaten zu Felde ziehen (784–5), um sie alle zu töten (796), was immerhin bedeutet, daß die Männer der Stadt ihre eigenen Frauen bekriegen sollen. Diese Gewalt ist die Antwort auf die Gefährdung seiner Herrscherposition, die in seiner Sicht von dem Kult ausgeht. Anders als Kadmos, der in dem neuen Kult eine Stärkung des Königshauses sieht (333–6, vgl. auch seine Gründung

---

[152] θεομαχεῖν in griechischer Literatur zuerst in den 'Bakchen'; vgl. KAMERBEEK 1948. Der Vorwurf der Theomachie stammt von Dionysos (45), Teiresias (325) und Agaue (1255–6): ἀλλὰ θεομαχεῖν μόνον / οἷός τ' ἐκεῖνος; vgl. 795 (Dionysos) πρὸς κέντρα λακτίζεσθαι θνητὸς ὢν θεῷ. Pentheus ist aber kein Atheist, da er den anderen Göttern opfert (45–6).

[153] Pentheus leugnet die Existenz des Kindes, da es nach dem Blitzschlag verschwunden, d.h. nach Pentheus' Sicht verbrannt ist (244); vgl. 242: „Jener sagt, es existiere ein Gott Dionysos", und 333 κεἰ μὴ γὰρ ἔστιν ὁ θεὸς οὗτος „auch wenn dieser Gott nicht existiert" (s. ERP TAALMAN KIP 1997); vgl. 517: ... ὃν οὐκ εἶναι λέγεις. Nach WILDBERG 2002, 150 A. 41 weigert sich Pentheus, ein ὑπηρέτης des Gottes zu sein. Wie soll er aber einem Gott „helfen", an dessen Existenz er nicht glaubt?

[154] Diese Unsicherheit bezüglich der Todesart wirkt fast wie eine Karrikatur; anders SALE 1972, 67: „'Neck' is an odd word to use - trachelos, used also of neck-like objects - and I think the psychiatrist may be forgiven for analyzing Pentheus' accusation as 'He has committed sexual crimes - castrate him'."

[155] Ob Dionysos, der in seiner göttlichen Macht mehrmals in die Handlung eingreift (s. dazu S. 252 und 267), dies verhindert, wird nicht gesagt, ist aber anzunehmen.

einer heiligen Stätte für Semele [6–12]), nimmt Pentheus diesen allein als Bedrohung wahr. Diese manifestiert sich für ihn vor allem im Verhalten der Frauen: statt zu Hause an den Webstühlen zu sitzen, schwärmen sie ausgelassen in den Bergen. Pentheus unterstellt ihnen ausgiebigen Weingenuß (160–2) und sexuelle Ausschweifung (221–5, 957–8), ein Vorwurf, der von dem Augenzeugen ausdrücklich zurückgewiesen wird (686–7).

Welchen dramatischen Grund hat es, daß der Dichter diese wesentlichen Charakteristika des dionysischen Kultes als für die Bakchen nicht zutreffend darstellt[156]? Zwar ist es umstritten, ob die historischen Mänaden Wein tranken (das im Stück berichtete Weinwunder und ihr wiederholtes Lob des Weines [382–5, 422–3, 534–6] sprechen eher dafür)[157], aber zumindest im Hinblick auf die Liebesfreuden kann Euripides auch ein anderes Bild zeichnen[158]: sowohl Xuthos als auch Laios zeugen bei bakchischen Feierlichkeiten Kinder[159]. Selbst Teiresias scheint hier der tatsäch-

---

[156] Bedenkt man, daß Euripides in den mänadischen Kult vielfach Züge anderer Formen dionysischer Religiosität einflicht (s. S. 3), ist das Bild der nüchternen Bakche beinahe ein Paradox. Zum Wein als Errungenschaft des Dionysos vgl. auch V. 143, 278–83, 651, 771–2. Zur Trunkenheit im Dionysos-Kult allgemein s. hier nur Platons Zugeständnis in Nom. 775b πίνειν δὲ εἰς μέθην οὔτε ἄλλοθί που πρέπει, πλὴν ἐν ταῖς τοῦ τὸν οἶνον δόντος θεοῦ ἑορταῖς. Daß athenische Frauen (außer Hetären) vom Wett-Trinken am Choen-Fest ausgeschlossen waren (s. HENRICHS 1982, 141), beweist m.E. nicht, daß sie an keinem Fest mittrinken durften; s. auch A. 157.

[157] Wenn der Bote nach dem Weinwunder sagt: „Alle aber, die nach dem weißen Getränk Verlangen hatten …" (ὅσαις δὲ λευκοῦ πώματος πόθος παρῆν), impliziert dies, daß andere Bakchen nach dem Wein verlangten und ihn folglich tranken; V. 686–7 οὐχ … / ὠνωμένας κρατῆρι sagt m.E. lediglich, daß sie nicht betrunken sind; vgl. die Mänadennamen Κραιπάλη „der Rausch", Ἀμπελίς „Weinstock", Βοτρυοχάρις „die Freude an Trauben hat", Μεθύση „die Betrunkene", Φιλοποσία (?) „Liebe zum Trinken" (der erste belegte Mänadenname) u.a.; die Belege bei KOSSATZ-DEIßMANN 1991; das schwierige Problem der sog. Lenäenvasen kann ich hier nicht diskutieren; s. dazu PICKARD-CAMBRIDGE ²1968, 30–4, FRONTISI-DUCROUX 1991 (mit Rez. ISLER-KERÉNYI) und PEIRCE 1998, die meint, die Mänaden trinken den Wein (79): „The Bacchai are honorable and decorous ἀσταί; they are privileged by this ritual context to act as men."

[158] Vgl. Aischyl. fr. 448, der die Bakchen χαλιμάδες nennt (LSJ s.v. „shameless women"). Dionysos selbst wird als μαινάδων ζευκτήριε angerufen (Aischyl. fr. 382).

[159] Ion 550–3: auf dem „Fackel-Fest des Bakchios" in Delphi habe Xuthos mit einer Mänade den Ion gezeugt; vgl. Phoen. 21–2 über Laios: ὁ δ᾽ ἡδονῇ ᾽νδοὺς ἔς τε βακχείαν (codd. βακχεῖον, s. POxy 3321 βάκχιον) πεσὼν / ἔσπειρεν ἡμῖν παῖδα. Liest man mit den Hss. βακχεῖον (s. MASTRONARDE 1994, 147: βακχεῖον „a group devoted to Bacchic activity, a thiasos"), wäre Iokaste die Bakche, auf deren Thiasos Laios traf und das Kind zeugte.

lichen Wirklichkeit des Kultes näher zu kommen und das sonst vom Dichter konstruierte Bild zu relativieren[160]. Denn der Seher betont, daß es nicht Dionysos' Sache sein werde, die Frauen in Liebesdingen zur σωφροσύνη zu zwingen (314–15)[161]; Besonnenheit läge im angeborenen Charakter der einzelnen Bakche (315 ἐν τῇ φύσει), und dafür sei der Gott nicht zuständig[162], d.h. umgekehrt, wenn eine Frau sich „unbesonnen" verhält, sei nicht Dionysos, sondern sie selbst dafür verantwortlich zu machen[163]. Der sophistische Schluß macht eines klar: „Unbesonnenheit" bei bakchischen Festen will der Seher nicht ausschließen. Das vom Dichter dagegen in den Chören und Botenberichten entworfene Bild des Kultes ist auch in dieser Hinsicht ein idealistisches und wohl kein Abbild der Realität. Diese bewußte Stilisierung steht im Dienst der dramatischen Aussage: Pentheus' Widerstand gegen den Gott soll einer sachlichen Basis entbeh-

---

[160] Vgl. auch die Andeutungen im ersten Stasimon (402–16): die Frauen sehnen sich nach Zypern und Pierien, wo sie dem bakchischen Kult ungestört nachgehen können: dort walten Eroten, Chariten und Pothos. Auch dies spricht nicht für einen asketischen Kult; zum Problem SCHLESIER 1993b.

[161] Dieses klare Eingeständnis hat die Tradenten des Textes irritiert, die folgendes erwarteten: „Dionysos ist es nicht, der die Frauen zwingt, nicht besonnen zu sein" (οὐχ ὁ Διόνυσος μὴ σωφρονεῖν ἀναγκάσει, so Stob. 3,5,1 und 4,23,8 und nach ihm die zweite Hand der Hs. P), abgesehen vom metrischen Problem (heilbar durch μὴ φρονεῖν, s. dazu DODDS ²1960, 111: „a very odd way of describing unchastity") paßt dies nicht zur Fortsetzung: „Unbesonnenheit liegt im Charakter. Denn eine besonnene Frau wird auch bei den bakchischen Feiern nicht verdorben." Die Begründung gibt keinen Sinn.

[162] Bereits Stobaios kennt zwei Fassungen des Textes: die eine (3,5,1) entspricht den Hss., die andere (4,23,8) läßt V. 316 (der mit Hipp. 80 fast identisch ist) aus und liest: ἀλλ᾽ εἰς τὴν φύσιν τοῦτο σκοπεῖν χρή „sondern im Hinblick auf den Charakter muß man dies (die Unbesonnenheit) betrachten." Die Lesart scheint dem Versuch zu entspringen, die Doublette auszuscheiden. Dies ist unnötig (s. MÜLLER-GOLDINGEN 1985, 315 und TOVAR ²1982); der überlieferte Text gibt guten Sinn: „Dionysos wird die Frauen nicht zur Besonnenheit zwingen, sondern am Charakter der Frau liegt es, stets besonnen zu sein in jeder Hinsicht (und nicht nur in Liebesdingen)." Zu ἔνεστιν s. RIJKSBARON 1991, 54 und Hel. 1002–3 ἔνεστι δ᾽ ἱερὸν τῆς δίκης ἐμοὶ μέγα / ἐν τῇ φύσει, was auch nur bedeutet: τὸ δίκαιον εἶναι ἐν τῇ φύσει ἔνεστι. Daran schließt sich: τοῦτο σκοπεῖν χρή „darauf muß man achten" (nämlich, ob eine Frau von Natur aus besonnen ist, oder nicht). Möglich auch: ἀλλ᾽ εἰ τῇ φύσει ..., τοῦτο σκοπεῖν χρή „... sondern ob im Charakter Besonnenheit liegt ..., darauf muß man sehen." Die Kurzfassung von DIGGLE: ἀλλ᾽ ἐν τῇ φύσει τοῦτο· σκοπεῖν χρή (nach KIRCHHOFF) kann dagegen weniger überzeugen.

[163] Vgl. Plat. rep. 617e αἰτία ἑλομένου· θεὸς ἀναίτιος.

ren, die sich auf tatsächliche Angriffspunkte stützen könnte[164]. Sein Handeln ist ein Akt der Hybris und nicht zu entschuldigen (1297 über Dionysos: ὕβριν ὑβρισθείς, 375 ὕβριν ἐς τὸν Βρόμιον). Pentheus ist ein Bühnen-
tyrann reiner Prägung[165], bei dem es sehr schwer fällt, auch nur einen
einzigen sympathischen Zug zu entdecken[166].

Soweit dürfte die Charakteristik des Königs bei der Mehrheit der Interpreten nicht umstritten sein[167]. Schwieriger ist die Frage zu beantworten,
ob der Dichter in diesem Verhalten tiefer liegende psychische Ursachen gesehen hat[168]. Euripides hätte dann geradezu Ansätze von S. FREUD vorweggenommen und Pentheus als einen neurotischen Charakter auf die Bühne
gestellt[169]. Dies zeige sich vor allem in seiner Fixierung auf die unterstellte
weibliche Unzucht im bakchischen Ritus, in seiner Reaktion bei der ersten
Begegnung mit Dionysos und dann vor allem im dritten Epeisodion, wenn

---

[164] Das dürfte auch ein Grund sein, weshalb die trunkenen und lüsternen Satyrn, die
traditionellen Begleiter der Bakchen, an nur einer Stelle im Stück erwähnt werden (130).

[165] Vgl. z.B. DODDS [2]1960, XLIII: Euripides „has invested him with the traits of a typical tragedy-tyrant". Das Wort τύραννος kommt allerdings nur in 776 (Chor) vor:
ταρβῶ μὲν εἰπεῖν τοὺς λόγους ἐλευθέρους πρὸς τὸν τύραννον, neutral in V. 43 Κάδ-
μος μὲν οὖν γέρας τε καὶ τυραννίδα Πενθεῖ δίδωσι. Der zweite Bote nennt Pentheus
δεσπότης (1033, 1046, 1074, 1095). Ein guter Vergleich mit Kreon in der 'Antigone'
bei EUBEN 1990, 143f.

[166] Immerhin läßt er seinen Großvater gewähren, ohne ihn bestrafen zu wollen; allerdings ist seine Abwehr nicht besonders freundlich (343–4): „Wirst du mich gefälligst
nicht anfassen, geh' zu deiner bakchischen Feier, aber stecke mich mit deiner Torheit
nicht an" (οὐ μὴ προσοίσεις χεῖρα, βακχεύσεις δ' ἰών / μηδ' ἐξομόρξῃ μωρίαν τὴν
σὴν ἐμοί;). Zum positiven Verhältnis zum Großvater s. auch S. 289.

[167] Positiver sehen Pentheus z.B. DEICHGRÄBER 1935, SCHMIDT 1989 und ROUX 1972,
370f.; ich zitiere POHLENZ [2]1954, I 455: „Pentheus ist gewiß von Schwächen nicht frei,
ein noch etwas unreifer, leidenschaftlicher Jüngling, aber nicht etwa ein an sich denkender Tyrann, sondern nur geleitet vom Interesse des Staates, dessen Zucht und Ordnung er
gefährdet glaubt." Nur will er diese Ordnung mit größter Gewalt durchsetzen.

[168] Die wichtigsten Vertreter einer psychologischen Interpretation sind DODDS
[2]1960, WINNINGTON-INGRAM 1948, SCHWINGE 1968a, SALE 1972, GLENN 1979, PARSONS
1988. Vgl. ROHDICH 1968, 148f.: „Der lydische Fremde (holt) das Verborgene, Unbewußte, modern gesprochen Unterbewußte aus Pentheus hervor und enthüllt dessen rationale
Einfalt als bare Prätention. ... sich selbst verborgen ist er Sophist und Mitglied des
dionysischen Kults in einem."

[169] Ob mit der Darstellung von Pentheus' Schicksal ein psychologischer Sonderfall
oder ein eher allgemeines Phänomen der Zeit (aller Zeiten?) beschrieben wird, wird von
den Interpreten unterschiedlich gesehen.

der Lyder ihn in die tödliche Falle lockt. Pentheus sei in Wahrheit von dem bakchischen Kult und seinem angeblichen lüsternen Treiben faszieniert oder sogar in unterdrückter Homosexualität dem Gott Dionysos erlegen und in seinem tiefsten Inneren ein Freund des Transvestismus[170]. Weil er alle diese Regungen seiner Sexualität sich verbiete, abspalte und dann auf Dionysos projiziere, werde er zum autoritativen Machtmenschen[171]. Sein Kampf gegen den Gott diene lediglich zur Verdrängung der eigenen innerlichen Defizite[172]. Durch die Unfähigkeit aber, seine Emotionen in sein Leben positiv zu integrieren, gehe er schließlich zugrunde[173].

Man wird nicht leugnen können, daß eine solche Interpretation, die sich für den modernen Rezipienten im Zeitalter des Psychologisierens geradezu aufdrängt, vielen Aspekten des Textes eine tiefere Bedeutung geben kann[174]. Dennoch sei ihr hier widersprochen, was die Intentionen des Dichters angeht[175]. Die erste Beobachtung zielt auf die Tatsache, daß

---

[170] EVANS 1988, 36: „Although at first sexually aroused by Dionysos, Pentheus finally suppresses his feelings and snaps back into his patriarchal pose... Hence the great fury of Dionysos and his intense desire for vengeance resulted from having been spurned both as a god and as a lover." Vgl. SEGAL ²1997, 189: „overtones of a homosexual encounter".

[171] Zur Interpretation von Pentheus als „authoritarian personality" nach ADORNO s. vor allem SEIDENSTICKER 1972; zur Kritik s. ORANJE 1984, 176f. Daß unterdrückte Sexualität zu physischer und psychischer Krankheit führt, kann ich zumindest bei Männern aus der Antike nicht belegt finden; zur Bedeutung weiblicher Sexualität für die Gesundheit s. HANSON 1990, 318f.

[172] Sein im Wahnsinn geäußerter Wunsch, in den Armen der Mutter aus dem Kithairon zurückzukehren (968–9), deutet kaum auf Liebesentzug in der Kindheit.

[173] EVANS 1988, 11: „He was fatally out of touch with his own emotional needs and those of the people he ruled." Als Beleg führt er an Ba. 1341–3 εἰ δὲ σωφρονεῖν ἔγνωθ',/ ... / εὐδαιμονεῖτ' ἄν und übersetzt „Had you learned to balance your lives ... you would have lived a happy life." Das Problem ist, daß das griechische σωφρονεῖν nicht das Zulassen und Ausleben von Emotionalität meint, sondern eher das Gegenteil.

[174] Zum Fehlen des Vaters s. SEGAL ²1997, 178ff. und HALL 1997, 109: „Euripides has so structured his picture of the Theban royal house that the only male member present, Pentheus' grandfather Cadmus, is aged and infirm when Dionysus comes to wreak his vengeance through the fragile medium of the psyches of manless women."

[175] Zur Kritik s. auch ROSENMEYER 1963, 146f. und MERKLIN 1964, 379, deren Argumente mir aber ungenügend scheinen; wichtig ORANJE 1984, 54ff. bes. 82: „The Bacchae is the play of the theomachos, who never makes a move to meet the god, whatever Dionysus says or does."

wir über Pentheus' „Privatleben" keinerlei Informationen erhalten[176]. Es
liegt nahe, daß er unverheiratet ist, aber an keiner Stelle des Stückes wird
darauf explizit hingewiesen[177]. Bei einem Dichter, der die psychologischen Hintergründe einer nicht ausgelebten oder unterdrückten Sexualität
aufdecken wollte, würde man erwarten, daß er gerade in dieser Hinsicht
nicht so schweigsam ist[178].

Die Tatsache, daß das Verhalten der Frauen Pentheus' Widerstand we-
sentlich bestimmt, ergibt sich zwangsläufig aus dem Mythos, in dem der

---

[176] Nirgends äußert Pentheus eine generelle Ablehnung der Sexualität; sein Unwille
richtet sich allein gegen das Treiben der Frauen in den Bergen mit einem fremden Schönling aus dem „Barbarenlande".

[177] Pentheus' Alter wird von LEINIEKS 1996, 210 zutreffend zwischen 18 und 30 Jahren geschätzt; in diesem Alter nicht verheiratet zu sein, dürfte nicht ungewöhnlich sein
(s. Plat. Nom. 722d); vgl. RIJKSBARON 1991, 122: „For the god Pentheus is a νεανίας
(974), while for the Stranger he was an ἀνήρ (848)." Möglicherweise ist Pentheus bart-
los; allerdings scheinen die V. 1185–7 dafür keinen Beleg zu bieten: νέος ὁ μόσχος
ἄρτι γένυν ὑπὸ κόρυθ' ἁπαλότριχα / κατάκομον θάλλει (so der Text bei DIGGLE);
vgl. LEINIEKS 1996, 375, der zu Recht für die Lesung γένυν ὕπο (nach REISKE 1754) und
die Lesung der Hs. P βάλλει eintritt; s. Galen comp. med. (13,268,5 KÜHN) ξανθὴν μὲν
τρίχα βάλλε, Straton (AP 12,220,3) über Prometheus: πλάττων ἀνθρώπους ἔβαλες
τρίχας; vgl. Ba. 150 πλόκαμον ... ῥίπτων. Ich übersetze: „Jung ist das Tier (s. A. 316);
eben erst läßt es unter das Kinn die noch weichen Haare, die einen Helm bilden, lang
herabhängend fallen." Vgl. Anna Comnena 4,6,8 ἡ τοῦ ξίφους ἀκμὴ περὶ τὴν ἀκωκὴν
παραποδισθεῖσα τῆς κόρυθος καὶ τὸν συνέχοντα ταύτην ὑπὸ τὴν γένυν
ἱμάντα διασπάσασα, zu ὑπὸ γένυν s. Aristoph. hist. anim. epit. 22,2 (Suppl. Arist. 1,1
ed. LAMBROS), Geoponica 14,17,6, Suda s.v. 20 γαμψώνυχα ζῷα und s.v. ἐπιρυγχίδα.
Die Aussage bezieht sich auf die Haare, die Dionysos dem Pentheus lang herunterhängen
ließ (831). Auffällig ist die Bezeichnung der über das Kinn herabfallenden Haare als
Helm, aber in gewisser Weise nachvollziehbar.

[178] Daß der Dichter dazu in der Lage ist, wird bei der Charakterisierung des Hippolytos klar; bei ihm verbindet sich eine explizite Ablehnung der Sexualität mit einem
tiefen Haß auf alles Weibliche. Dergleichen sucht man bei Pentheus vergebens. Trotzdem
sehen viele Interpreten (s. z. B. NANCY 1983, 81f.) bei Pentheus Misogynie; vgl. auch
EVANS 1988, 31: „In short, Pentheus regards women as an inferior class of human beings,
suitable no doubt for satisfying men's sexual needs, bearing children, making clothes,
and cleaning the house, but hardly the equal of men in the right to enjoy the pleasures of
life on their own ..." Dies ist sicher zutreffend, aber unterscheidet sich Pentheus darin
vom Durchschnitts-Athener? Wenn Pentheus es als völlig unannehmbar ansieht, Frauen
zu unterliegen (785–6), ist dies kein Zeichen von Frauenhaß, sondern „normale" männliche Einstellung, vgl. Hdt. 1,207,5 (Kroisos): αἰσχρὸν καὶ οὐκ ἀνασχετὸν Κῦρόν γε
τὸν Καμβύσεω γυναικὶ εἴξαντα ὑποχωρῆσαι τῆς χώρης. Demokr. fr. 111 ὑπὸ γυναικὸς ἄρχεσθαι ὕβρις εἴη ἂν ἀνδρὶ ἐσχάτη.

Gott an diesen zuerst seine Macht offenbart. Es ist evident, daß im Kontext der antiken Gesellschaft der Auszug aller (!) weiblichen Bewohnerin-
nen der Stadt in die Berge als Skandalon empfunden wurde[179]. Denn bei
den historischen Bakchen handelte es sich um eine zahlenmäßig fest um-
grenzte Gruppe von Frauen, die alle zwei Jahre an einem bestimmten Fest-
tag in die Berge zogen[180]. Dies ist nicht vergleichbar mit dem, was in den
'Bakchen' berichtet und als Teil der Strafe des Dionysos dargestellt wird.
Wenn Pentheus darüber Mißfallen äußert, dürfte wohl keiner im athenischen Publikum dies als Zeichen übertriebener Prüderie angesehen haben.
Im Gegenteil dürfte die Tatsache des Auszugs aller Frauen einer der wenigen Punkte sein, bei denen Pentheus' Widerstand nachvollziehbar erschien.
Wenn er Weingenuß und Ausschweifungen (zu Unrecht) befürchtet[181],
dann scheint Euripides darin eher die „normalen" Ängste eines athenischen Mannes wiederzugeben, als die eines Neurotikers[182]. In gleiche
Richtung geht auch seine Reaktion auf den fremden schönen Lyder, dem
er die Verführung unterstellt (235-8, 459)[183]; im Kontext der Griechen-

---

[179] Daß sie ihre neugeborenen Kinder zurücklassen, erfährt man in ganz anderem Kontext, sozusagen nebenbei (701-2). Auch dies entspricht wieder dem Anliegen des Dichters, möglichst wenige Angriffspunkte zu geben, aufgrund derer Pentheus' Widerstand
gerechtfertigt erschiene.

[180] Vgl. Ba. 133 τριετηρίδων, vgl. A. 95. Für Athen ist eine solche Oreibasie nicht
belegt (s. S. 3 A. 10); zu Delphi und Theben s. A. 6. Wie enthusiastisch es bei diesen
Festen zuging, ist ein umstrittenes Problem; vgl. HENRICHS 1982, 146f.: „By all indicati-
ons, the peculiar religious identity of the maenads had more to do with sweat and physical exhaustion than with an abnormal state of mind."

[181] Immerhin hat er sich diesen Vorwurf nicht ausgedacht, sondern er ist ihm zu Ohren
gekommen (216 κλύω, s. 233 λέγουσιν). Zum Topos der Unzucht bei Nachtfeiern s.
BLUME 1974, 16 A. 31.

[182] Dies gilt umso mehr, wenn die tatsächlichen bakchischen Feste in dieser Hinsicht
Anstoß geboten hätten; vgl. SEAFORD 1996a, 171: „P.' suspicions here are not entirely
unreasonable." Zu den Restriktionen gegenüber Alkoholgenuß von Frauen s. HENRICHS
1982, 140 mit A. 13.

[183] Vgl. ORANJE 1984, 42f. Zu den rigiden Maßnahmen gegenüber Ehebrechern in
Athen s. den Artikel „Ehebruch" in NP 3, 900f. Daß Pentheus annehme, der Lyder bege-
he selbst keine Unzucht, sondern rege die Frauen nur an, dies mit anderen zu tun (223
εὐναῖς ἀρσένων ὑπηρετεῖν), scheint mir nicht zutreffend (s. V. 459).

Barbaren-Antithese dürfte dies auch eher eine bekannte Stereotype bedienen als eine außergewöhnliche psychologische Disposition verraten[184].

Wichtiger ist die erste Begegnung mit dem verwandelten Gott[185]. Pentheus ist sichtlich beeindruckt von der Schönheit seines Gegenübers und
gibt dies auch zu erkennen[186]. Irritiert von seiner eigenen Reaktion, setzt
er allerdings schnell die Einschränkung hinzu: „jedenfalls für Frauen" (454
ὡς ἐς γυναῖκας)[187]. Auf diese Weise wandelt er den positiven Eindruck
in den wiederholten, hier nur indirekt geäußerten Vorwurf, der Lyder wolle
die Frauen nur verführen[188]. Ob der Eindruck, den die weibliche Erscheinung des Lyders (353 θηλύμορφος) mit langem Haar und weißer Haut
(455–9) auf einen Mann macht, dem athenischen Publikum merkwürdig
vorkam, ist schwer zu beurteilen. Jedenfalls stellt sich in diesem Kultur-
kreis, der nicht von jüdisch-christlichen Normen geprägt ist[189], die Frage
einer unterdrückten Homosexualität völlig anders[190]. Zudem sollte man die

---

[184] Der Lyder ist ξένος (453); zu den Lydern vgl. nur Aisch. Pers. 41 ἀβροδίαιτοι
Λύδοι und Hdt. 1,94 Λυδοὶ δὲ νόμοισι μὲν παραπλησίοισι χρέωνται καὶ "Ελληνες,
χωρὶς ἢ ὅτι τὰ θήλεα τέκνα καταπορνεύουσι. Vgl. Xenophanes 21 B 3 ἀβροσύνας δὲ
μαθόντες ἀνωφελέας παρὰ Λυδῶν κτλ.; s. HALL 1989, 168.

[185] SCHWINGE 1968a, 339ff. interpretiert bereits die gesamte erste Stichomythie zwischen Pentheus und dem Lyder als Beleg für „zweckfreies Interesse und pure Neugier"
(346, mehrmals wiederholt) des Königs, was auf eine Affinität zum Dionysischen hindeu-
te. Dagegen ist zu sagen, daß ein Verhör des Gefangenen völlig natürlich ist, wobei das
Interesse nicht zweckfrei ist, da es der Überführung des Schuldigen dient; daß der Gott
ihn in das Dionysische verstrickt, hat seine Ursache in dessen unmerklichem Einfluß (s.
dazu S. 267), eine Interpretation, dessen Plausibilität SCHWINGE selbst betont (368);
damit kündigt sich sehr leise an, was ab V. 810 deutlicher zutage treten wird.

[186] Interessant ist, daß es gerade die femininen Züge sind, denen nach Pentheus' Meinung die Frauen erliegen. Zum weiblichen Dionysos vgl. Aischylos fr. 61 (aus den
'Edonern'): ποδαπὸς ὁ γύννις; Zu Dionysos in weiblichem Äußeren s. Aristoph.
'Frösche' 46 und Soph. Oid. T. 211–12 βάκχον .../ μαινάδων ὁμόστολον. Zu den
entsprechenden Vasenbildern s. PHILIPPART 1930, 33f.

[187] ORANJE 1984, 53 A. 132 versteht das ὡς final, was mir weniger einleuchtet.

[188] KYRITSI 1993, 21 weist darauf hin, daß Ehebrecher als weiblich beschimpft wurden
(s. Aischyl. Ag. 1625–7), weil sie keine männliche σωφροσύνη üben.

[189] Zuweilen hat man bei den Interpreten das Gefühl, Pentheus gehöre in die Gesellschaft des 19. Jh. mit all ihrer Leibfeindlichkeit und bürgerlichen Prüderie.

[190] Euripides hat die Liebe des Laios zu Chrysippos in der nach letzterem benannten
Tragödie verarbeitet; in welchem Licht die Homosexualität dort erschien, wissen wir
nicht, fr. 840 (Laios): λέληθεν οὐδὲν τῶνδέ μ' ὧν σὺ νουθετεῖς / γνώμην δ' ἔχοντά μ' ἡ
φύσις βιάζεται bezieht sich nicht auf die Tatsache des homoerotischen Begehrens an

Tatsache berücksichtigen, daß Pentheus einem (wenn auch verkleideten) Gott gegenübersteht. Wenn Götter sich verwandeln, schimmert immer ein Rest ihrer Göttlichkeit durch die Verkleidung hindurch[191]. Daß auf die göttliche Schönheit auch „normale" Männer reagieren, zeigt das Aition des attischen Haloa-Festes; es erzählt die Geschichte von Ikarios, dem ersten Weinbauern, den die Hirten im Glauben, vom Wein vergiftet worden zu sein, töten. Um diesen Tod zu rächen, verwandelt sich Dionysos in einen Knaben und versetzt die Hirten in ein Liebesrasen[192]. Bei dieser vergleichbaren Geschichte dürfte der Gedanke an eine neurotische Veranlagung der Hirten aufgrund von unterdrückter Sexualität jedenfalls abwegig sein.

Entscheidend für die hier behandelte Frage ist die Verführungsszene im dritten Epeisodion[193]. Nachdem der Konflikt zwischen dem Lyder und dem König eskaliert ist und Pentheus nach seinen Waffen verlangt (809), bricht der Lyder mit dem Ausruf: ἆ (810)[194] das bisherige Gespräch ab und beginnt von neuem[195]. Die direkt folgende Frage und Antwort bringt die Überraschung (811–12):

Λυ. βούλῃ σφ' ἐν ὄρεσι συγκαθημένας ἰδεῖν;
Πε. μάλιστα, μυρίον γε δοὺς χρυσοῦ σταθμόν.

Lyder: Willst du sehen, wie sie in den Bergen zusammensitzen?

---

sich, sondern nur auf die besonderen Umstände, die diese Liebe problematisch machen; zum Thema vgl. POOLE 1990.

[191] Vgl. hom. Hymn. in Dion. 14ff., wo der Steuermann den verwandelten Gott (νεηνίῃ ἀνδρὶ ἐοικώς) erkennt. Dionysos' Verwandlung wohl schon bei Anakreon fr. 492 (PAGE); KULLMANN 1993, 251 betont den homerischen Charakter des Motivs.

[192] Schol. Luc. theon eccl. 5 (S. 211f. RABE): ἐλθὼν γὰρ πρὸς αὐτοὺς ἐν σχήματι ὡραίου παιδὸς ἐξέμηνεν αὐτοὺς πρὸς ὁρμὴν μίξεως. Von der dann folgenden Dauererektion werden die Hirten nur durch Aufstellen tönerner Phalloi geheilt.

[193] Vgl. SCHWINGE 1968a, 377f.: „Ich gehe kaum fehl, wenn ich meine, von der Beantwortung dieser Frage (sc. wie V. 811–12 zu interpretieren sind), hängt ... zu einem erheblichen Teil das (richtige Verständnis) des ganzen Stückes ab." Zu einigen Positionen der Forschung s. ebd. 378f.

[194] Die genaue Bedeutung des „Ah" ist schwer einzuschätzen; am besten ist vielleicht die Interpretation von DODDS ²1960, 175, der meint, Pentheus wolle abgehen und der Lyder halte ihn mit einem „Stop" zurück; anders ORANJE 1984, 84 A. 203: „surprise at obstinacy."

[195] Diese Zweiteiligkeit der Auseinandersetzung hat ihre Parallele im zweiten Epeisodion, wo Dionysos ebenfalls ab V. 492 die Initiative übernimmt. Auch dort beginnt er seinen Gegner unmerklich zu beeinflussen; s. S. 267f.

Pentheus: Sehr gern, große Mengen Gold würde ich dafür geben.

Hier zeigt sich zum ersten Mal das Verlangen des Königs, den Bakchen
zuzuschauen. Selbst der Lyder ist scheinbar erstaunt darüber und fragt,
woher dieses große Verlangen käme (813 τί δ᾽ εἰς ἔρωτα τοῦδε
πέπτωκας μέγαν;)[196]. In seiner Antwort bestätigt Pentheus, daß es ihm
Freude bereite, das für ihn Unangenehme zu sehen (815 ἴδοις ἂν ἡδέως ἅ
σοι πικρά)[197]. Wenn man annimmt, Pentheus gebe hier (erstmals) seine
wahren Wünsche und Gelüste zu, weil ihm das verurteilte Treiben der
Frauen in Wahrheit gar nicht unangenehm sei, sondern ihm Vergnügen
bereite[198], dann muß man erklären, warum er dies plötzlich und mit solcher Vehemenz zugibt und die bisherige „Verklemmung" aufgibt. Dafür
dürfte es keine andere Antwort geben, als daß der Gott auf ihn einwirkt
und ihn dazu „befreit", zu seinen wahren Gefühlen zu stehen. Nur so ist es
auch zu erklären, daß der König das abgebrochene Gespräch (809 σὺ δὲ
παῦσαι λέγων) wieder aufnimmt und seinen eben gefaßten Entschluß, zu
den Waffen zu greifen (809 ἐκφέρετέ μοι δεῦρ᾽ ὅπλα), anscheinend
plötzlich vergessen hat[199]. Das bedeutet also, daß Pentheus bereits in diesem Moment nicht mehr ganz Herr seiner selbst ist[200]. Dieser Einfluß des

---

[196] Dazu SCHWINGE 1968a, 384: „Würde ein Gott aber solche Hinweise geben, wenn
er eine Behexung vollzieht? Doch wohl kaum; denn er würde damit ja seinen eigenen
Intentionen systematisch entgegenarbeiten." SCHWINGE übersieht das subtile Spiel des
Gottes mit seinem Gegner, das er an anderen Stellen herausarbeitet; s. A. 201.

[197] Die Interpreten haben hier eine „metatheatralische" Aussage gesehen: Euripides
reflektiere über das Wesen des Theaters, bei dem der Zuschauer Freude empfinde, das
Unangenehme anzusehen (s. Arist. poet. 1448b10–12 ἃ γὰρ αὐτὰ λυπηρῶς ὁρῶμεν,
τούτων τὰς εἰκόνας τὰς μάλιστα ἠκριβωμένας χαίρομεν θεωροῦντες). Der wesentliche Unterschied besteht aber darin, daß Aristoteles von Nachahmung (εἰκόνας, später
μίμησις) spricht, es bei Euripides aber um das „Häßliche" selbst geht. Das entscheidende Moment der Vermittlung durch Kunst fehlt also.

[198] Vgl. z.B. SEGAL 1987, 145: „Die entscheidende Frage bringt Pentheus dazu, seine
sexuelle Neugier und ihre voyeuristische Form offen zuzugeben." Vgl. ebd. 152: „Indem
Dionysos all dies entfesselt, enthüllt er zugleich die verborgene Gräßlichkeit des Pentheus, das Chaos unter der Oberfläche des ordentlichen Herrschers und das ‘Unglück',
das sich hinter seinem Namen und seiner Herkunft verbirgt."

[199] Auch die Bestätigung σαφ᾽ ἴσθι (816), als ob es die größte Selbstverständlichkeit
der Welt wäre, daß man Unangenehmes gerne ansieht, spricht für eine leichte Verwirrung.

[200] Vgl. WASSERMANN 1929, 279f.: „Betörung", HOWALD 1930, 177 „Verblendung"
durch den Gott, STROHM 1957, 128: „Bann höllischer Behexung". Mir scheinen diese
Ausdrücke zu stark.

Gottes steigert sich. Denn nachdem am Ende der Szene Pentheus in den Palast gegangen ist, bittet der Lyder den Gott, den König in ein Rasen zu versetzen (850–1 πρῶτα δ᾽ ἔκστησον φρενῶν / ἐνεὶς ἐλαφρὰν λύσ σαν)[201]. Da aber Pentheus in der zitierten Antwort (812) schon etwas die Kontrolle über sich verliert, muß man mit einer Beeinflussung schon nach dem „Ah"-Ruf des Lyders rechnen[202]. Mit diesem Ruf wird ein Wechsel in seiner „Taktik" markiert; hatte er bisher versucht[203], den König bei vollem Verstand zur Unterwerfung zu bewegen, so erreicht er es jetzt auf einem anderen Weg. Das Einwirken des Gottes vollzieht sich ab seinem Ah-Ruf in drei Stufen[204]: zuerst verwirrt er unmerklich die Sinne des Pentheus (811–46)[205], dann nimmt er ihm im Palast vollends seinen Verstand, so daß sich Pentheus als weibliche Bakche verkleidet, und am Ende bringt er über die Bakchen Wahn, in dem befangen sie den König für ein Tier halten und töten[206].

Die erste Einwirkung des Gottes kann man im Sinne der modernen Psychoanalyse so interpretieren, daß Pentheus endlich das zugibt, was ihn

---

[201] Das Adj. ἐλαφρά bedeutet m.E., daß das Rasen ihn „leicht" macht, ihn sozusagen den Bodenkontakt verlieren läßt. Man kann fragen, warum der Gott sich mit seinem Opfer so viel Mühe gibt und es nicht gleich mit Wahnsinn schlägt. Abgesehen davon, daß das Stück sehr viel ärmer wäre, scheint mir die Antwort in der gewünschten Charakteristik des Gottes zu liegen: er läßt sich Zeit (er ist wahrlich ἥσυχος 622 und 636, vgl. 647 und 790), spielt mit seinem Opfer und genießt seinen allmählichen Untergang; s. SCHWINGE 1968a, 408: „Gleich darauf aber zögert nun wieder der Gott, unersättlich in seiner Gier nach Triumph, den Abgang noch einmal hinaus."

[202] ά-Rufe kamen schon einmal im Stück vor, nämlich beim Palastwunder (586, 596). Bedenkt man die Architektonik des Stückes (s. S. 297), so gruppieren sich Palastwunder und zweite Stichomythie um den Botenbericht, können also aufeinander bezogen werden: in beiden verwirrt der Gott, wenn auch in unterschiedlicher Weise und mit unterschiedlichen Folgen, die Sinne des Pentheus. Vgl. auch Pentheus' Vision des Dionysos als Stier beim Palastwunder (618–19) und im Wahn als verkleidete Bakche (920–1).

[203] Wie ernst gemeint dieser Versuch ist, wird zu untersuchen sein; s. S. 270f.

[204] Bereits vorher lenkt der Gott fast unmerklich seinen Gegner, ohne daß dieser sein eigenes Denken und Fühlen aufgibt; s. dazu S. 267f.

[205] Besonders deutlich auch in dem Lob, das Pentheus dem Dionysos spendet (824): „Wie bist du doch schon die ganze Zeit so ein kluger Mann" (ὥς τις εἶ πάλαι σοφός). Vgl. dagegen die spöttische Ironie in 655 „Klug, klug bist du, nur nicht da, wo du klug sein müßtest" (σοφὸς σοφὸς σύ, πλὴν ἃ δεῖ σ᾽ εἶναι σοφόν).

[206] Bereits beim Geschehen im Palast hat Dionysos seinen Gegner mit Wahn geschlagen: Pentheus fesselt einen Stier, den er für Dionysos hält, und kämpft gegen ein φάσμα (618–31; zum Text s. A. 233).

innerlich schon immer erfüllte[207]. Im Sinne des antiken Dichters und Publikums erscheint aber eine andere Interpretation naheliegender[208]. Die vom Gott herrührende Verwirrung verstärkt und offenbart nicht bereits vorhandene Neigungen, sondern verwandelt diese und verkehrt sie in ihr Gegenteil. Denn Pentheus will sehr wohl zu den Bakchen gehen, aber nicht als heimlicher Zuschauer, der sich an ihrem Treiben ergötzt, sondern als angreifender Soldat, um sie zu töten, wie er kurz vor der Szene deutlich sagt (780–5). Wenn der Gott den König manipuliert, bezieht er sich also tatsächlich auf bereits vorhandene Pläne, gibt ihnen jedoch eine völlig andere Zielsetzung[209]. Aus dem bedrohlichen Angreifer wird ein heimlicher Voyeur, dessen Lust an dem Beobachteten erregt wird[210]. Dem entspricht der Wechsel der Kleidung: anstelle der Waffen tritt das Frauenkleid und die bakchische Ausrüstung[211].

---

[207] Vgl. z.B. DODDS ²1960, 172: „The god wins because he has an ally in the enemy's camp: the persecutor is betrayed by what he would persecute - the Dionysiac longing in himself." ZEITLIN 1996b, 282: „Pentheus's secret wish, brought out of hiding by the cunning of Dionysos, is none other than the desire to see his mother's body." Die angebliche Parallele zu Aktaion ist keine, da in den 'Bakchen' dessen Vergehen nicht im Betrachten der badenden Artemis, sondern in der Rivalität im Jagen liegt (339–40).

[208] Vgl. die Argumente von HEATH 1987, 121f.: „Dionysus has made his victim mad ... the gods do not need a 'traitor within', having sufficient power without."

[209] Dieses reziproke Verhältnis zwischen Mensch und Gott untersucht WILDBERG 2002, 113ff. (zu den homerischen Vorbildern ebd. 164ff.); nach seiner Sicht kommt Pentheus „genau in dem Moment innerlich unter den Einfluß des Gottes, als dieser Pentheus' Vorurteil über das Wesen und den Ritus des Dionysischen zu bestätigen scheint" (161). „Pentheus läuft in die von ihm selbst (vor-)gestellte Falle vermeintlicher Erotik ..." (163). Zu dem hier diskutierten Problem, ob Pentheus ein (bis zu diesem Punkt unterdrücktes) Verlangen nach dieser Erotik hat, äußert sich WILDBERG nicht.

[210] Dies wird besonders deutlich in V. 957–8, wo Pentheus im Wahn die schnäbelnden Liebespaare fangen will und in 1059–60, wo er beklagt, die Bakchen nicht sehen zu können; insofern scheint mir die Kritik von ORANJE am Ausdruck „Voyeur" unangemessen (1984, 82 A. 200); vgl. GREGORY 1985, 29: „Pentheus' 'voyeurism' is less a symptom of repressed desire than one aspect of his fundamental *hamartia*: the applying of secular criteria to a religious phenomenon."

[211] Der Kleiderwechsel hat möglicherweise rituelle Hintergründe, aber zumindest für das Mänadentum im 5. Jh. liegen keine Belege vor, s. HENRICHS 1978, 133 und 1984b passim; zu Kadmos und Teiresias s. A. 286. Da Euripides aber unterschiedliche dionysische Phänomene in sein Bild der mänadischen Riten einfließen läßt (s. oben S. 3), könnte er den Ritus eines anderen Festes (belegt z.B. bei den Oschophoria) oder Gebräuche der dionysischen κῶμοι verarbeitet haben (s. FRONTISI-DUCROUX/LISSARRAGUE 1983); vgl. GALLINI 1963 und CARUSO 1987. Vgl. FRIEDRICH 2000, 131: „A literary interpretation of

Den Kleiderwechsel begründet der Lyder mit der Gefahr, daß die Bakchen den zuschauenden Mann töten würden (823). Zuvor war ein solches
Risiko für Pentheus inexistent[212], jetzt, beeinflußt vom Gott, sieht er zum
ersten Mal die Gefahr, den Frauen zu erliegen[213]. Da Pentheus aber zu
diesem Zeitpunkt noch einigermaßen bei Sinnen ist, weigert er sich, Frauenkleider anzulegen (836). Der Gott muß seinem Gegner also ein bißchen
entgegenkommen; so läßt er Pentheus auf die Idee verfallen, als feindlicher
Späher in die Berge zu gehen, um seinen Angriff vorzubereiten (838)[214].
Als Pentheus noch bei vollem Verstand war, hatte er einen solchen nutz-
losen Spähgang nicht geplant[215]. So aber will er im Hause überlegen, ob er
als Späher aufbrechen und sich verkleiden oder ob er - wie es seinen ur-

---

the scene of Pentheus' transvestism in terms of poetic invention is much more illumina-
ting than the Dionysiac clergy's ritualist mumbo-jumbo." Ein (mißlungener) „rite de
passage" vom Epheben zum Hopliten (so SEGAL [2]1997, 164ff., EUBEN 1990, 145,
WINKLER 1990, 31ff.) ist ebenfalls abzulehnen, da Pentheus bereits Hoplit ist.

[212] Vgl. bes. V. 795–800, wo Pentheus die Frauen töten will und dem Lyder, der die
Flucht der Soldaten voraussagt, Schweigen gebietet.

[213] So benutzt der Lyder dasselbe Argument noch einmal (837): „Dann aber wirst du
dein eigenes Blut vergießen im Kampf gegen die Bakchen" (ἀλλ' αἷμα θήσῃ συμβαλὼν
βάκχαις μάχην); das überlieferte αἷμα θήσεις würde ein Blutbad unter den Bakchen
meinen (s. Ion 1225 φόνον τιθέναι), was im Kontext aber keinen Sinn gibt (weshalb
sollte dies Pentheus abhalten, mit Waffen gegen die Bakchen zu ziehen?); insofern folge
ich BYLADES (s. DIGGLE, vgl. LEINIEKS 1996, 370) mit der Konjektur, aber nicht in dem
Sinn „Blutschuld auf sich laden", sondern „sich selbst Blutvergießen verursachen";
vgl. Il. 24, 402 μάχην θέσθαι.

[214] Auch als Pentheus schon im Wahn befangen ist, erwähnt der Lyder das Motiv
(916): λόχου κατάσκοπος, 956: δόλιος μαινάδων κατάσκοπος; vgl. Pentheus in 954:
ἐμὸν κρύψω δέμας und den Chor in 981: κατάσκοπος μαινάδων und 985: ὀρειδρόμων
μαστὴρ Καδμειᾶν. Kadmos nennt übrigens einen anderen Grund für Pentheus' Gang in
die Berge (1293): ἐκερτόμει θεὸν σάς τε βακχείας μολών. Dies ist aus der Perspektive
der Bakchen gesprochen, denn Kadmos kann Pentheus' Motive ja nicht kennen.

[215] Was soll Pentheus denn ausspionieren? Den Ort der Bakchen könnten ihm die
Hirten sagen. Über ihr Treiben ist er informiert; eine Bestätigung seiner Vorurteile ist für
ihn unnötig, weil er in keinem Moment an ihnen zweifelt. So folge ich nicht den Interpreten, die im Widerspruch zur psychologisierenden Interpretation den rationalen Sinn des
Spähganges in einer Verifizierung des Berichteten sehen, die den Feind moralisch vernichten soll, so DILLER 1955, 466 und neuerdings wieder GREGORY 1985, 27 und
LEINIEKS 1996, 225 und 237f.: „What leads Pentheus to his destruction is not, as so often
stated, a morbid curiosity about Dionysiac rites or a desire to observe the sexual activi-
ties of women. It is something much more intellectual. It is a combination of Pentheus'
desire to confirm his perception of Dionysiac rites and his admiration of cleverness."

sprünglichen Plänen entsprechen würde - mit Waffen und Soldaten gegen
die Frauen zu Felde ziehen soll (845–6). Seine eigene Vernunft hat er
noch nicht ganz verloren[216]. Allein die Tatsache aber, daß er überlegen
will, ob er sich verkleidet, zeigt die Anzeichen einer beginnenden Verwirrung, die dann weiter fortschreitet, bis Pentheus zwei Theben und zwei
Sonnen sieht und den Lyder für einen Stier hält (918–22)[217]. In diesem
Zustand hat Pentheus sogar Gefallen daran, Frauenkleider zu tragen (925–
6, 937–8), aber die göttliche Einflußnahme geht nicht so weit, daß der
König auch in seinem Inneren zur Bakche werden will; ausdrücklich bezeichnet er sich als Mann (962 μόνος ... ἀνήρ)[218]. Dieser Mann, den der
Lyder voller Hohn als gefährlichen Gegner bezeichnet[219], wird durch eine
Manipulation depotenziert, bei der der Gott an dessen eigene Pläne anknüpft. Durch sie wird aus dem Kämpfer gegen weibliche Unzucht einer,
der daran seine Freude hat, und aus dem Feind der Bakchen äußerlich selbst
eine Bakche. Aber nichts zwingt uns anzunehmen, daß die vom Gott einge-
gebenen Wünsche immer schon in Pentheus schlummerten und dort ihre
verderbliche Wirkung entfalteten[220].

Die hier vorgetragene Interpretation widerspricht einer Deutung, die in
dem Stück eine „psychologische Charakterstudie um ihrer selbst willen"[221]
sieht und die Person des Pentheus in den Mittelpunkt des Dramas stellt.
Bei dieser Sicht wird der thebanische König zu einer tragischen Gestalt, die
an ihrer Unfähigkeit, innere Gefühle und Impulse zuzulassen und positiv

---

[216] Selbst in seinem Rasen sind noch Reste seines Denkens sichtbar, so z.B. der
Wunsch, die Bakchen zu besiegen, indem er den Kithairon auf seine Schultern nimmt
(945–6), oder sie beim Liebesspiel zu erwischen (957–8). Auch die Freude, von der
Mutter für den Sieg bewundert zu werden (966–70), dürfte Pentheus auch im „normalen"
Zustand wünschen, ohne daß man hier wieder psychologische Defizite sehen muß.

[217] Hier an die Benutzung eines Spiegels zu denken, halte ich für ausgeschlossen (so
SEAFORD 1987); vgl. SALE 1972, 72: „In his fancy he is both male and female. In fact he
walks on stage seeing double ..."

[218] In moderner Terminologie: Pentheus wird Travestit, aber nicht Transvestit. Deutlich wird dies auch daran, daß seine Maske unverändert bleibt.

[219] V. 970 δεινὸς σὺ δεινός κτλ. In Wahrheit war Pentheus natürlich für den Gott nie
gefährlich; zu diesem Hohn s. S. 274f.

[220] Es sei denn man vertritt die Position, daß jeder Kampf gegen „Unzucht" ein unterdrücktes Verlangen nach derselben zwangsläufig impliziere.

[221] Die Formulierung stammt von LEFÈVRE 1995, 170, der eine solche Sicht ablehnt.

zu verarbeiten, scheitert und letztlich den eigenen psychischen Defiziten zum Opfer fällt[222]. Pentheus' Aggression und Gewalt wird erklärt durch eine emotionale Störung, deren Ursachen vielleicht nicht einmal im Helden selbst liegen[223]. Bei dieser Sichtweise wird dem Autor eine Aussage unterstellt, die er m.E. nicht beabsichtigt hat. Sein Drama will nicht aufzeigen, welche Folgen es hat, wenn eine Gesellschaft oder ihre führenden Vertreter allem Irrationalen feindlich gegenüberstehen[224]. Es will nicht eine von männlichen Werten bestimmte Gemeinschaft aufrufen, auch ihre weiblichen Aspekte zu entdecken und zu fördern. Das Stück ist kein Plädoyer für die Integration des „Anderen", der dionysischen Freiheit und Hingabe an das Sinnliche, oder gar für die Emanzipation der Frauen. In all diesen Deutungen sind nicht die Bakchen die tragischen Gestalten des Dramas, sondern ihr Gegner Pentheus. Die Bakchen verkörpern hier all das, was Pentheus, d.h. die von ihm repräsentierte Herrscherklasse, zum Wohle der gesamten Polis in sich aufnehmen sollte[225]. Der Vergleich mit dem 'Orestes' hat deutlich gemacht, daß eine solche Sichtweise nicht die des Dichters ist. Das, was die Bakchen in ihrem Handeln prägt, ist bereits im Denken der Gesellschaft tief verwurzelt: das Verlangen des Opfers, erlittenes Unrecht zu vergelten, und die Bereitschaft, auf Gewalt mit Gewalt zu reagieren. Die Parallelität zwischen Orestes (mit Elektra und Pylades) und den Bakchen zeigt, daß es dem Dichter um diesen Aspekt des Handelns der bakchischen Frauen geht. Sie stehen im Mittelpunkt des Stücks (s. S. 221–42). Dem König Pentheus dagegen kommt nur die Rolle

---

[222] So z.B. HARSH 1948, 151: „the most effective type of tragic character." Bei ROHDICH 1968 wird deutlich ausgesprochen, daß die Auffassung des Pentheus als tragischer Held und die psychologisierende Interpretation sich gegenseitig bedingen (152): „Der verbindliche Nachweis des Tragischen, der das Drama erst zur Tragödie macht, ist aber nur dann geführt, wenn es sich im Wesen des Pentheus selbst enthüllt hat ..."

[223] Zur „Oidipal confrontation" mit dem Vater, dem Schlangenmenschen, und zum sexuellen Interesse an der Mutter s. SEGAL 1997, 186f. Anders NICOLAI 1997, 110 A. 6: „Vielleicht ist Pentheus' Zwangsvorstellung, überall weibliche Unzucht verhindern zu müssen, sozusagen als Folge eines Familientraumas erklärbar: ausgelöst durch die angebliche Schande, die 'Tante Semele' über die Familie gebracht hat."

[224] Im Gegenteil zeigt er, welche verderblichen Wirkungen der irrationale Ausbruch der Gewalt hat.

[225] Diese Aufnahme sei notwendig, auch wenn das Aufzunehmende negative Aspekte enthält, wie z.B. BIERL 1991, 72f. betont.

des Angreifers zu. Er ist der unrechtmäßig handelnde Täter, der zum Opfer der von ihm provozierten Gegenwehr wird[226]. Er ist nicht das Opfer,
das in tragischer Verblendung bekämpft, was ihm Glück und Frieden bringen könnte. Er ist nicht der tragische Held der Tragödie.

Soll dem Täter, der den Kult des panhellenischen Gottes nicht zulassen
wollte, im Sinne des Dichters trotzdem Mitleid entgegengebracht werden,
als er seinerseits zum Opfer wird?[227] Um diese Frage zu beantworten, muß
man noch einmal auf Pentheus' Motive und dann auf die Darstellung seines Untergangs blicken. Bei der Untersuchung der Beweggründe muß man
den Zeitpunkt ins Auge fassen, an dem die Frauen Thebens noch nicht aus
ihren Häusern vertrieben worden sind. Denn diese Vertreibung ist erst die
Reaktion des Gottes auf die zuvor erfolgte Leugnung seiner göttlichen
Existenz durch Semeles Schwestern (26–31) und auf Pentheus' Weigerung, den (für ihn inexistenten) Gott bei Spenden und Opfern zu erwähnen
(45–6). Warum Pentheus und die Schwestern sich so verhalten, wird nicht
ausdrücklich gesagt, da der Zweifel an der Göttlichkeit des (verbrannten)
Sohns der eigenen Schwester und Tante keiner weiteren Begründung bedarf[228]. Diese Fehleinschätzung aufzugeben, geschweige denn im Lyder
den Gott zu erkennen[229], dazu ist Pentheus allerdings nicht bereit[230], obwohl sich mehrere Beweise für die Göttlichkeit des Semele-Sohnes im
Stück ereignen:

1. Alle Frauen Thebens werden in die Berge getrieben.

---

[226] Auf den 'Orestes' übertragen, nimmt er also die Stelle des Menelaos ein.

[227] Vgl. NICOLAI 1997, 120: „Daß das Publikum großes Mitleid gehabt hätte mit dem
Schicksal des fanatischen Leuteschinders und Gottesverächters, der nun seiner verdien-
ten Bestrafung zugeführt wird, scheint mir schwer vorstellbar."

[228] Die schwangere Mutter wird vom Blitz erschlagen, so daß man mit dem Tod des
Kindes rechnen mußte; s. ORANJE 1984, 41: „The city of Thebes and her king, Pentheus,
are still interpreting the facts that face them about Dionysus in the way that Semele's
sisters did in the past, a way which can perhaps be called commonsense."

[229] Für den Zuschauer ist dieser Fehler noch offensichtlicher, da Dionysos im Prolog
als Gott genau so aussieht wie als Lyder im Verlaufe des Stückes; s. dazu S. 273 und A.
292. Insofern ist es verständlich, daß Dionysos im Prolog zweimal darauf hinweist, daß
hinter seiner menschlichen Hülle der Gott steckt (4 und 53–4 [dazu s. A. 293]). Fraglich
ist mir, ob seine Maske lachend ist (so FOLEY 1985, 247); V. 439 und 1021 (πρόσωπον
bedeutet hier im übrigen „Gesicht", nicht „Maske") scheinen mir dafür kein hinreichen-
der Beweis, da beide Verse sich auf hinterszenisches Geschehen beziehen.

[230] Vgl. SCHWINGE 1968a, 345: „Er beachtet nichts und stellt nichts in Rechnung."

2. Der Chor offenbart den Gott und seinen Kult in der Parodos (61 ὡς ὁρᾷ
Κάδμου πόλις - Pentheus allerdings sieht dies nicht).

3. Teiresias und Kadmos sind vom Gott ergriffen[231].

4. Die gefangenen Bakchen sind aus dem Gefängnis entflohen (440–8).

5. Der Lyder entflieht ebenfalls; der Palast wird erschüttert[232].

6. Der erste Botenbericht erzählt vom Sieg der Bakchen im Kithairon.

Alles dies beeindruckt Pentheus nicht. Am auffälligsten wird diese Haltung
nach dem sog. Palastwunder. Der Lyder scheint selbst gespannt (und lenkt
damit das Interesse der Zuschauer) auf die Art, wie Pentheus nun reagiert
(639 τί ποτ' ἄρ' ἐκ τούτων ἐρεῖ)[233], aber der König reagiert mit keinem
Wort, sondern ist allein auf das Mißlingen seiner Bestrafung des Lyders
fixiert (642–3)[234]. In der Unfähigkeit, die Wahrheit zu erkennen und das
für unmöglich Gehaltene zu akzeptieren, liegt sein eigentliches Fehlverhalten, das er in der Stunde seines Todes auch bekennt (1120–1 ταῖς

---

[231] Vg. dazu S. 271f.; in ἄλλο θαῦμα (V. 248) bezieht sich ἄλλο auf 1. (s. V. 216–25);
denn Pentheus hat die Parodos nicht erlebt.

[232] Es ist ein umstrittenes Problem, ob sich dies nur in der Vorstellung von Pentheus,
Chor und Dienern (625; vielleicht sind diese aber auch über den Befehl ihres Herrn,
Wasser zu holen, höchst erstaunt) ereignet (so vor allem NORWOOD 1954, 52ff.), oder o b
es sich um ein tatsächliches Geschehen handelt (so FISHER 1992), sei es nun auf der Bühne dargestellt (so CASTELLANI 1976, FRIEDRICH 2000, 124) oder nicht (so z.B. HOSE 1991,
II 365); mir scheint die Frage (außer für einen Regisseur) nicht bedeutsam; denn seinen
dramaturgischen Sinn hat das Palastwunder in der Warnung des Königs durch das
Sichtbarwerden der göttlichen Macht. In dieser Hinsicht macht es wenig Unterschied, ob
der Gott nur bewirkt, daß Pentheus und der Chor sich das Geschehen einbilden, oder es
ein für alle erfahrbares Geschehen ist (in beiden Fällen ist das göttliche Handeln real;
dies übersieht FISHER). Gegen letzteres spricht, daß Pentheus und Dionysos für den
Kleiderwechsel in den Palast gehen, ohne daß es einen Hinweis gibt, daß dieser zerstört
ist. Im übrigen ist Aischyl. fr. 58 ἐνθουσιᾷ δὴ δῶμα, βακχεύει στέγη kein Argument
gegen die bloße Einbildung; auch die Erinyen sind bei Aischylos für alle sichtbar, bei
Euripides im 'Orestes' Phantasien des vom Gewissen Gequälten (s. S. 25).

[233] Abwegig erscheint mir die Interpretation der Ereignisse im Palast als Initiation,
wobei der Initiand nur die negativen Aspekte erfahre (so SEAFORD 1981, 254–60), zumal
die Lesung der Hs. P φῶς in 630 nicht haltbar ist (DIGGLE liest zu Recht nach JACOBS
φάσμ'): wieso sollte Pentheus auf das Licht mit dem Schwert einschlagen? Vgl.
FRIEDRICH 2000, 132, der zu Recht den „ritus interruptus" verspottet.

[234] Insofern sagt Pentheus' Schweigen wenig über die Wirklichkeit des Palastwun-
ders aus, sondern charakterisiert vielmehr den König in seiner Unfähigkeit, Zeichen zu
deuten, und in seiner Fixierung auf die Strafe. Vielleicht hat er den Inhalt seines Wahns
auch vergessen, so wie Agaue vergessen hat, was im Kithairon geschah (1272).

ἐμαῖς / ἁμαρτίαις)[235]. Pentheus verweigert Dionysos die von diesem geforderte Unterwerfung. Der König wagt den Machtkonflikt mit einem Gott, dessen Existenz er leugnet[236]. So sagt er zum Lyder (505):

ἐγὼ δὲ ... κυριώτερος σέθεν.

Ich aber ... ich bin mächtiger als Du.

In dem Streben nach Macht und der Angst, sie zu verlieren, liegt das eigentliche Motiv seines Handelns[237], ohne daß der Dichter dies durch psychologische Defizite erklärt hat[238]. Auch der Chor erfaßt diesen Kern des Konflikts, wenn er dem zweiten Boten entgegenhält (1037–8):

ὁ Διόνυσος ὁ Διόνυσος, οὐ Θῆβαι / κράτος ἔχουσ' ἐμόν.

Dionysos, Dionysos, nicht Theben ist mein Herr[239].

Wenn ein Mensch einem Gott entgegentritt, wird er untergehen müssen[240]. Nicht also die Tatsache, wohl aber die Art und Weise seines Unterganges wird Mitleid provozieren[241]. Denn Pentheus verliert seine Würde und wird

---

[235] Der Plural deutet darauf hin, daß der eine Grundfehler viele weitere Fehlhandlungen auslöste: er wollte dem Gott die Haare kürzen, ihn einsperren, die Frauen versklaven usw. Vgl. VERSNEL 1990, 174: „There was only one fact, though an essential one, that made Pentheus a veritable *asebes*, and this was the fact that he erred." Auch wenn sich der eingestandene Fehler nur auf das Vergehen, die Bakchen zu bespitzeln, bezöge, so gäbe Pentheus auch damit zu erkennen, daß er die religiöse Natur des bakchischen Kultes verkannt hat.

[236] Beide Kontrahenten tragen den Titel ἄναξ: Dionysos in 554, 602, 1192, 1250 und 1375 und Pentheus in 666, 670, 721 und 760.

[237] Aus dem Machtstreben erklärt sich auch seine Wut über das Verhalten der Frauen: sie wagen es, seinen Herrschaftsbereich zu verlassen und ihren eigenen Regeln zu folgen.

[238] Man könnte den Standpunkt vertreten, jedes Machtstreben deute auf psychologische Defizite; für die griechische Antike gilt diese Annahme nicht: Pentheus wäre m.E. das einzige Beispiel, wo Machtstreben seine Ursache in unterdrückten Trieben findet.

[239] Wie in V. 39–40 ist mit Theben natürlich in erster Linie Pentheus gemeint.

[240] Insofern scheint mir die Deutung von ROHDICH 1968, 142, Pentheus sei Repräsentant des untragischen Weltverständnisses der Sophistik, nicht zutreffend (so auch ROUX 1972 und BIERL 1991, 73 u.ö.); vgl. JÄKEL 1993, 103: „Es erstaunt immer wieder, ... wie hartnäckig sich die *communis opinio* hat halten können, daß Pentheus das rationale Prinzip vertrete ..." An keiner Stelle nimmt Pentheus für sich in Anspruch, σοφός zu sein, vielmehr ist Dionysos σοφός (s. S. 279). Nicht die Leugnung des Göttlichen als des Anti-Rationalen ist für ihn das Primäre, sondern der Kampf um die Macht.

[241] Die Rechtmäßigkeit der Strafe betonen Kadmos (1249 ἐνδίκως), der Chor (1327–8 δίκην / ... ἀξίαν) und Agaue (oder Kadmos; s. A. 145): ἠδικήκαμεν (1344); sie alle kritisieren aber ihre Maßlosigkeit: Kadmos (1249 ἄγαν), Chor (1328 ἀλγεινὴν [δίκην]) und Agaue (oder Kadmos; s. A. 145): ἐπεξέρχῃ λίαν (1346).

in der Hand des Gottes zur albernen Marionette, zum wehrlosen Kind (966–9)[242]. Wenn er schließlich die Mutter um Erbarmen bittet (1120 οἴκτιρε δ' ὦ μῆτέρ με) und sein Fehlverhalten eingesteht, dürfte ihm das Publikum gewähren, was die Mutter verweigert[243]. Mit der Wendung der Opfer zu Tätern vollzieht sich der spiegelbildliche Wandel des Täters zum Opfer; auf beide Wandlungen wird der Zuschauer reagieren und seine Sympathie neu verteilen und Mitleid mit dem grausam Ermordeten empfinden[244]. Ein analoger Wechsel in der Lenkung der Sympathie war im 'Orestes' festzustellen (s. S. 162) und ist auch hier vom Dichter beabsichtigt. Die Spannung der Gegensätze ist noch einmal gesteigert: es ist der tyrannische Feind des Gottes, der von Kadmos „liebster Mensch" (1316 ὦ φίλτατ' ἀνδρῶν) genannt wird und dessen zerrissene Leiche von der Mutter Teil für Teil beweint wird (ausgefallener Text nach 1300)[245]. Welche Wirkung diese sog. „compositio membrorum" haben sollte, ist uns aus der Antike durch Apsines, einen Rhetoriker des 3. Jh. n. Chr., überliefert (Text bei DIGGLE 1994a, 352)[246]:

ἐὰν δὲ βιαίως, τὰ ἐπόντα τραύματα, τὸν τρόπον τῆς ἀναιρέσεως. τοῦτον τὸν τόπον κεκίνηκεν Εὐριπίδης οἶκτον ἐπὶ τῷ Πενθεῖ κινῆσαι βουλόμενος.

Wenn einer gewaltsam (stirbt, wird Mitleid erregt), indem man die zugefügten Wunden und die Art der Tötung (beschreibt). Diesen rhetorischen Topos benutzt Euripides, weil er Jammer über Pentheus erregen will.

---

[242] Die absurd lächerlichen Züge der strafenden Gewalt hat Euripides auch im 'Orestes' dargestellt; s. S. 141.

[243] Zur psychologisierenden Interpretation seines Untergangs s. SALE 1972, 74: „A man who in the deepest recesses of his soul wants to be a male - that is the erecting fir-tree - but who is constantly repressing, constantly suffering castration - that is the tree uprooted. But we are also seeing something else: it is not Pentheus who is ultimately responsible for his emasculation - it is his mother. She is a castrating woman. ... Mother has taught him that sex is dirty, mother has taught him to reject his penis, to be like her." Vgl. SEGAL 1987, 154: „Akt symbolischer Kastration".

[244] Vgl. WINNINGTON-INGRAM 1948, 11: „a marked shift of sympathy."

[245] Zur Schlußszene s. WILLINK 1966, I 44–9 und neuerdings SEGAL 2000, der die bei DIGGLE angezeigten Orte des Textausfalls (nach 1300 und 1329) noch einmal verteidigt, vgl. LEINIEKS 1996, 376–91; anders z.B. SCHWINGE 1968a, 430.

[246] WILLINK 1966, 45 leugnet eine eigentliche „compositio", ist vielmehr der Ansicht, Agaue habe einzelne Leichenteile nur berührt und liebkost; V. 1300 ἢ πᾶν ἐν ἄρθροις συγκεκλημένον καλῶς; scheint mir in eine andere Richtung zu weisen.

Es ist evident, daß die Intention des Dichters, das Publikum Mitleid mit Pentheus empfinden zu lassen, in den verlorenen Versen noch deutlicher wurde. Mitleid erhält nun derjenige, der allen Bürgern Angst und Ehrfurcht einflößte (1310 πόλει τάρβος ἦσθα). Die Einheit des Charakters scheint auch hier an der Handlung zu zerbrechen: die vom Gott geübte Vergeltung macht Pentheus, den Gegenspieler der Bakchen, nach seinem Tod zum beweinten, wenn auch nicht tragischen Helden.

2.3 Dionysos, der Anführer der Bakchen

Nachdem die Bakchen als tragische Figuren und Pentheus als ihr Gegenspieler in den beiden vorhergehenden Kapiteln im Mittelpunkt der Untersuchung standen, ist nun endlich der Anführer der Bakchen, Dionysos, in
den Blick zu nehmen. Die These dieses Kapitels lautet, daß er der tragische Held der Tragödie ist. Er steht damit nicht in Konkurrenz zu seinen
Anhängerinnen; deren Tun und Ergehen verdichtet sich vielmehr in der
Gestalt des die Handlung bestimmenden Gottes: Anführer und Anhängerinnen bilden auch in dieser Hinsicht eine Einheit.

Die Ambivalenz der Bakchen zwischen harmloser Unschuld und brutaler Gewalt kennzeichnet auch den Gott[247]. Der Lyder spricht sie direkt aus
(859–61)[248]:

γνώσεται δὲ τὸν Διὸς
Διόνυσον, ὃς πέφυκεν ἐν τέλει θεός
δεινότατος ἀνθρώποισι δ' ἠπιώτατος.

Pentheus wird erkennen, daß Dionysos Sohn des Zeus ist, der letztendlich
(seiner Natur nach) ein Gott ist, für die Menschen ein überaus zu fürchtender, aber
(auch) ein sehr freundlicher[249].

---

[247] Vgl. schon Hesiod fr. 239: οἷα Διώνυσος δῶκ' ἀνδράσι χάρμα καὶ ἄχθος.

[248] Textkritisch sind die Verse leider sehr umstritten: zur Ellipse von ὄντα s. KG II 1,
42 (f); zu ἐν τέλει vgl. ἐν τελευτᾷ bei Pind. Ol. 7,26, Pyth. 1,35; s. V. 388 ... τὸ τέλος
δυστυχία (vgl. 1260–1); „... der letztendlich ein Gott ist" meint: „der sich letztendlich
als solcher verhält oder erweist" (zu πέφυκεν s. ORANJE 1984, 89 A. 216); ἀνθρώποισι
steht ἀπὸ κοινοῦ (VERDENIUS 1962, 354). DIGGLE liest nach Jacobs ὡς für ὅς und konjiziert selbst ἐν μέρει für ἐν τέλει (s. DIGGLE 1994, 468–70). Vgl. RIJKSBARON 1991, 105–
7: er interpungiert nach πέφυκεν (Prolepse des Akk.-Objekts): „he will come to know,
as regards Dionysos, the 'person' he is, a full god (or a god with authority of a god) ... "
Διός ist hier ausgelassen; hier liegt aber m.E. die Betonung: Dionysos, der Sohn der
Semele, ist Sohn des Zeus, s. 1 ἥκω Διὸς παῖς, 27 Διόνυσον οὐκ ἔφασκον ἐκφῦναι Διός,
vgl. 416 ὁ δαίμων ὁ Διὸς παῖς. SEAFORD 1996a versteht ἐν τέλει als „in initiation ritual": „He will recognise Dionysos the son of Zeus, that he was born to be a god in initiation ritual most terrible, but to humankind most gentle"; alle Belege beziehen sich auf
Eleusis, und nur in Aischyl. fr. 387 erscheint das Wort im Sg., aber mit dem Zusatz μυστι-
κός; und weshalb sollte Dionysos gerade zu den „Uneingeweihten" (ἀνθρώποισι)
„most gentle" sein? Zur Kritik s. auch BIERL 1999, 590.

[249] δεινός ist schwer zu übersetzen, s. LSJ s.v. „fearful, powerful, skilful"; ἤπιος zielt
auch auf seine Gabe des schmerzstillenden Weines. Die Reihenfolge erstaunt: man erwar-

Dar Umschlagen der Güte des Gottes in seine „Furchtbarkeit" (δεινότης)
geschieht präzise in dem Moment, in dem der Gott angegriffen wird[250].
Die erlittene Beleidigung (1347 ὑβριζόμην)[251] löst das Verlangen nach
Vergeltung aus[252]. Das Opfer wird zum Täter. Wie im 'Orestes' die beiden
Geschwister, so erscheint der Gott im ersten Teil im wesentlichen als der
passiv Erduldende und nur Reagierende[253], übernimmt aber im zweiten
Teil ab V. 810 mit dem Ah-Ruf endgültig die Initiative. Dieser Vers markiert also einen Umschwung, der dem in Vers 1098 im 'Orestes' entspricht (s. dazu S. 125f.). Das Motiv des göttlichen Handelns liegt offen
zutage[254], wenn auch das Vokabular der Rache und Vergeltung in diesem
Stück weniger ausgeprägt ist als im 'Orestes'. Dennoch spricht der Gott in
der Gestalt des Lyders sein Motiv klar aus (516–17)[255]:

ἀτάρ τοι τῶνδ' ἄποιν' ὑβρισμάτων

μέτεισι Διόνυσός σ', ὃν οὐκ εἶναι λέγεις·

Aber für deine Frevel wird Dionysos, dessen Existenz du bestreitest, Vergeltung
von dir fordern.

---

tet zuerst den positiven, dann den negativen Aspekt. Sie hat ihren Grund in ἐν τέλει: am
Ende, wenn der Gott sich in der Rache als Gott zeigt, wird zuerst seine Schrecklichkeit
sichtbar. Die Güte folgt dann, wenn der Mensch sich nach dem Machtbeweis unterwirft.

[250] Vgl. auch den Chor in 419ff.: Dionysos liebt den Frieden und schenkt allen die
Freuden des Weins; aber er haßt den, der dem dionysischen Lebensentwurf nicht folgt.

[251] Vgl. 516: Dionysos verlangt ἄποιν' ὑβρισμάτων, 1297 (Kadmos über Dionysos):
ὕβριν ὑβρισθείς, 375 (Chor): ὕβριν ἐς τὸν Βρόμιον, 555 (Chor): φονίου δ' ἀνδρὸς
ὕβριν; schon von Hera mußte Dionysos' Mutter Hybris erdulden (9). Andererseits be-
schuldigt Pentheus den Lyder und die Bakchen der Hybris (247, 779); auch hier gleichen sich Täter und Opfer.

[252] Dionysos übernimmt, dramaturgisch gesehen, die Stelle des „Rächers" Orestes.

[253] Diese Passivität ist allerdings freie Entscheidung und wird gelegentlich durch-
brochen (in der ersten Stichomythie ab V. 492 [s. A. 195] und vor allem im Palastwunder); zum unmerklichen Einfluß des Gottes auf Pentheus s. S. 252 und 267f.

[254] Im Prolog wird die rächende Strafe umschrieben in V. 39–40 δεῖ γὰρ πόλιν τήνδ'
ἐκμαθεῖν ... / ἀτέλεστον οὖσαν τῶν ἐμῶν βακχευμάτων (s. dazu S. 231) und 47–8 ὧν
οὕνεκ' αὐτῷ θεὸς γεγὼς ἐνδείξομαι / πᾶσίν τε Θηβαίοισιν (s. dazu S. 232).

[255] Das Wort ἄποινα in diesem Sinne nur in Alk. 7 (Apollon muß Admet dienen für
den Mord an den Kyklopen); anders IT 1459; vgl. Aischyl. Pers. 808, Ag. 1420 und
1670, nicht bei Sophokles.

Und auf dem Höhepunkt der Handlung, kurz vor der Zerreißung des Königs, ruft die aus dem Aither kommende Stimme des Gottes den Bakchen zu (1079–81)[256]:

᾿Ω νεάνιδες,
ἄγω τὸν ὑμᾶς κἀμὲ τἀμά τ' ὄργια
γέλων τιθέμενον· ἀλλὰ τιμωρεῖσθέ νιν.

Ihr jungen Frauen, ich bringe euch den Mann, der euch und mich und meine Feste der Lächerlichkeit preisgeben wollte[257]; nehmt nun Rache an ihm!

Die Werkzeuge seiner Rache sind die Bakchen, aber sowohl die göttliche Stimme als auch das heilige Feuer (1083 σεμνὸν πῦρ) und die völlige Stille in der Natur (1084–5) vor dem Sturm der Frauen zeigen, daß der Gott in der Rachehandlung anwesend ist[258]. Denn das Schweigen der Pflanzen und Tiere deutet die Epiphanie des Gottes an[259]: in der von den Frauen vollzogenen Strafe offenbart sich der Gott, wie er es im Prolog ankündigte (47 θεὸς γεγὼς ἐνδείξομαι) und der Chor bestätigt (1031 ὦναξ Βρόμιε, θεὸς φαίνῃ μέγας)[260]. Wie Pentheus die thebanischen Bakchen opfern (796 θύσω φόνον γε θῆλυν) und den Lyder hinschlachten (631 σφάζειν) wollte, so wird er jetzt selbst zum Geopferten[261]. Die Bestrafung richtet

---

[256] Dies ist die einzige Stelle, an der das Wort τιμωρεῖσθαι im Stück vorkommt; Euripides hat es für diesen Moment aufgehoben.

[257] Dies wird Dionysos mit Gleichem vergelten; s. dazu S. 274f. mit A. 301.

[258] Die Anwesenheit des Gottes ereignet sich auch im ersten Bericht: die Bakchen haben einen Feuerschein um die Haare (757–8) und sind unverletzbar (761); so sagt der Bote ausdrücklich (764): οὐκ ἄνευ θεῶν τινος.

[259] Zu den Belegen für eine göttliche Epiphanie s. SEAFORD 1996a, 236. Eine analoge Stille (γαλήνη) auch in der 'Hekabe', bevor die Frauen die Kinder erdolchen (Hek. 1160). WILDBERG 2002, 149 sieht die gesamte Tragödie als „Epiphanie" des Gottes.

[260] DIGGLE setzt 1031 in cruces (s. ders. 1994, 475f.); mir scheint die metrische Interpretation 'ia doch' möglich (s. ebd. 374), da in Kykl. 231 die benötigte Ausnahme vorliegt, daß vor und nach der synizierten Silbe θε- ein kurzer Vokal steht. Sieht man Dionysos' Offenbarung in der Strafe, dürfte evtl. der Athetese von V. 182 durch DIGGLE nach DOBREE zuzustimmen sein, wo Kadmos von einer bereits erfolgten Offenbarung spricht.

[261] Zu Pentheus' Tötung als „sacrificial ritual" s. SEIDENSTICKER 1979; vgl. 1114: Agaue als ἱερέα φόνου. Der Gott bringt sich selbst das Opfer dar und „versöhnt" sich dadurch; zur Kritik vgl. FOLEY 1985, 210 A. 7: „Seidensticker fails to come to terms with the aberrant and horrifyingly perverted nature of this human sacrifice of the king", und LEINIEKS 1996, 175 A. 17: „The proposed ritual pattern, however, is so general that it will fit any killing or mutilation in Greek literature." Nicht überzeugend ist der oft vorgebrachte Hinweis auf den sog. Pharmakos-Ritus (s. LEINIEKS 1996, 167–75, der einen

sich in erster Linie gegen Pentheus, erstreckt sich aber auf alle Mitglieder
der königlichen Familie und die gesamte Stadt, die ihres Königs beraubt
wird (47 αὐτῷ πᾶσίν τε Θηβαίοισιν); es ist wahrlich ein zu fürchtender
Gott, der Rache nimmt für die erlittene Demütigung. Wird der Gott dagegen verehrt, schafft er die Idylle von Frieden und Glück, die der Chor
nicht müde wird zu preisen (s. bes. 378–85). Seine Güte betont er selbst,
als er am Ende in leibhaftiger Gestalt erscheint (1342–3)[262]:

> εἰ δὲ σωφρονεῖν
> ἔγνωθ’, ὅτ’ οὐκ ἠθέλετε, τὸν Διὸς γόνον
> εὐδαιμονεῖτ’ ἂν σύμμαχον κεκτημένοι.

Wenn ihr es verstanden hättet besonnen zu sein, als ihr es nicht wolltet, dann
lebtet ihr in Glück und Wohlstand und hättet den Zeus-Sohn auf eurer Seite.

Im Terminus „Bundesgenosse" (σύμμαχος) klingt das Freund-Feind-
Denken des 'Orestes' an[263]. Von diesem ist auch der Gott Dionysos be-
stimmt; wie für seinen göttlichen Bruder Apollon ist die Hilfe für den
Freund und die Rache am Feind ethische Norm.

Als Gott erreicht Dionysos sein Ziel in grandioser Weise. Obwohl er
sich in einen Menschen verwandelt hat[264], hat er seine übernatürlichen

---

solchen ebenfalls ablehnt), da eine Entsühnung der Stadt nirgends im Blick ist; vgl. auch
BOUVRIE 1997, 103: „I think it is also misleading to interpret Pentheus as a φαρμακός."

[262] Zur Konstruktion s. RIJKSBARON 1991, 158–60. Zum Inhalt vgl. Eur. fr. 1025: θεοῦ
γὰρ οὐδεὶς χωρὶς εὐτυχεῖ βροτῶν / οὐδ' εἰς τὸ μεῖζον ἦλθε.

[263] Vgl. auch 923–4: ὁ θεὸς ὁμαρτεῖ, πρόσθεν ὢν οὐκ εὐμενής,/ ἔνσπονδος ἡμῖν
und 939: Dionysos als πρῶτος τῶν φίλων. Hätte sich Pentheus unterworfen, hätte er
einen neuen Verbündeten und „Freund"!

[264] Auf der Ebene der Handlung ist er der Chorführer der Bakchen (548 θιασώτης),
der den Chor auffordert aufzutreten (55); mit dem Chor bringt er auch den Kult nach Griechenland (465 ἄγειν ἐς Ἑλλάδα). Damit entfernt sich Euripides erneut von der historischen Realität, da die Mänaden keinen männlichen Chorführer besaßen; s. HENRICHS
1978, 133: „In Greece proper, ritual maenadism was restricted to women, at least down to
the end of the Hellenistic period." Da der Gott aber (s. vor allem die Vasenbilder; dazu
z.B. SCHÖNE 1987, 146ff.) Chorführer der mythischen Bakchen ist (s. 141 ἔξαρχος [vgl.
Demosth. 18,260] und 414 Βρόμιε πρόβακχε, vgl. Eur. fr. 752 Διόνυσος ... χορεύων
παρθένοις σὺν Δελφίσιν), kann der Lyder auf menschlicher Ebene sozusagen an seiner
Stelle wirken (vgl. A. 113). Jedenfalls erscheint er nicht als einweihender Priester (485
τὰ ἱερὰ ... τελεῖν meint: „die heiligen Feste feiern"), zumal bei den Dionysos-Mysterien
auch Frauen die Einweihung der Frauen übernahmen; s. LSAM 48,18–19 (aus Milet) καὶ
ἐάν τις γυνὴ βούληται τελεῖν τῷ Διονύσῳ τῷ Βακχίῳ.

Kräfte in keinem Moment der Handlung verloren[265]. Er kann die Bakchen aus dem Gefängnis befreien, Visionen vom Einsturz des Palastes
auslösen, den Bakchen übernatürliche Kräfte verleihen und Pentheus ma-
nipulieren (s. S. 252-6)[266]. Diese Manipulation des Königs beginnt bereits
bei ihrem ersten Wortwechsel[267]: auf die Frage nach seiner Herkunft (460
λέξον ὅστις εἶ γένος) antwortet der Lyder mit der Angabe seines Her-
kunftsortes („vom Tmolos in Lydien"), verweigert aber die Auskunft über
die Namen seiner Eltern[268]. Anstatt nachzufragen, gibt sich Pentheus mit
der Antwort zufrieden. Pentheus ist hier weder verzaubert noch um seinen
Verstand gebracht (dies geschieht, wie auf S. 252 gezeigt, erst später), aber
dennoch wird er in seinem Sprechen und Handeln in fast unmerklicher
Weise gelenkt. Er kann nur das tun oder sagen, was dem Gott recht ist
oder zumindest seinen Intentionen nicht widerspricht[269]. Dies wird besonders deutlich am Ende der ersten Stichomythie. Der Lyder fragt, was er zu
erdulden habe (492). Nach Pentheus' Ankündigung im ersten Epeisodion,
den Frauen-Verführer auf alle mögliche Weise töten zu wollen (s. S. 243),
dürfte der Zuschauer über Pentheus' Antwort ein wenig erstaunt sein: er

---

[265] Vgl. dagegen ROHDICH 1968, 133: „Das Drama ist so angelegt, daß es die Möglichkeit einer von göttlicher Kausalität absehenden Betrachtung deutlich offenläßt", und
136: Euripides enthüllt „das Dionysische als eine höchst reale, von übernatürlicher
Kausalität durchaus abstrahierbare Potenz."

[266] Woher der Lyder im Palast ein ganzes bakchisches Kostüm hat, um Pentheus ein-
zukleiden, bleibt ebenso offen, wenn man von „Übernatürlichem" absehen will.

[267] Im Grunde beginnt die Manipulation schon mit Pentheus' erstem Auftritt im ersten
Epeisodion. Denn wie ist es zu erklären, daß der König zwar die beiden Alten sieht (248,
zu ἄλλο s. A. 231), aber den Chor von 15 fremden Frauen im Mänadenkostüm gänzlich
übersieht (s. HOSE 1991, II 344)? Erst in 511 geht er auf den Chor ein. Dionysos kann
also auch aus der Ferne sein Opfer so lenken, wie es ihm (und dem Dichter) recht ist.

[268] Die Verse 506–7, in denen der Lyder Pentheus vorwirft, er wisse nicht, wer er sei
(ὅστις εἶ), und Pentheus antwortet, ohne den tieferen Sinn der Frage zu verstehen: „Sohn
von Agaue und Echion", zeigen im Kontrast das eigentlich zu Erwartende; vgl.
GREGORY 2000, 73: „Context and comparison alike suggest that the spectators are not
intended to laugh at Pentheus, but to fear for him."

[269] Der Lyder spricht dies auch direkt aus (515–16): ὅ τι γὰρ μὴ χρεών, οὗτοι χρεὼν
/ παθεῖν. Das einzige, was der Gott nicht wollte, ist die Verweigerung des Kultes. Sie
liegt der dargestellten Handlung voraus; mit dem Auftritt des Gottes aber wird alles nach
seinem Willen ablaufen. So ist es auch sein Wille, die Ablehnung noch eine kurze Weile
weiter gewähren zu lassen (er könnte wie die Frauen auch die Männer der Stadt sofort in
seinen Kult zwingen), weil er sich in der in dieser Form geübten Rache offenbaren will.

wolle dem Lyder die lang herabfallenden Locken abschneiden und ihm den
Thyrsos-Stab wegnehmen (493 und 495). Noch erstaunter dürfte das Publikum sein, wenn keiner der von Pentheus angekündigten Pläne in die
Tat umgesetzt wird: Der Lyder weist auf die Göttlichkeit dieser Attribute,
und Pentheus läßt von ihm ab[270]. Denn es ist undenkbar, daß der verkleidete Gott es zuläßt, daß man ihm die Haare kürzt oder sein bakchisches
Utensil abnimmt[271]. Sprachlich deutlich wird dieses Geschehen auf der
Bühne erst beim dritten Plan des Königs. Hier verbietet der Lyder ausdrücklich, ihn zu binden (504)[272], und läßt sich dann - freiwillig - abfüh-
ren[273]. Warum aber will Pentheus ihn nur einsperren und nicht töten lassen, und warum beläßt er den Chorfrauen ihre Freiheit, anstatt sie, wie die
thebanischen Bakchen, ins Gefängnis zu werfen, wo er gerade noch ihre
Versklavung androhte (511-14)[274]? Alle diese Beobachtungen gehen in
die gleiche Richtung[275]: Pentheus ist in dieser ersten Begegnung im we-

---

[270] Dieser Hinweis ist für den Zuschauer verständlich: die den Attributen inhärente
göttliche Kraft verhindert Pentheus' Pläne und lenkt diesen in ihrem Sinne.

[271] Ein Vollzug der Handlung nimmt z.B. DINGEL 1967, 193 A. 1 an. Soll man sich in
den folgenden Szenen einen kurzhaarigen Gott vorstellen? Sollte Pentheus tatsächlich
sein Schwert ziehen und gegen den Lyder vorgehen? Führt er überhaupt eines mit sich?
(809 ἐκφέρετέ μοι δεῦρ' ὅπλα spricht dagegen, in 628 bleibt offen, ob er das im Haus
liegende Schwert ergreift oder das bereits mitgeführte zieht). Nähme Pentheus schon hier
den Thyrsos in die Hand, würde dies den Effekt der späteren Verkleidungs-Szene mit dem
Thyrsos (941-4) sehr beeinträchtigen. Vgl. DODDS [2]1960, 139.

[272] Anders bei der vorausliegenden hinterszenischen Gefangennahme, wo der Lyder
selbst lachend erlaubt hatte (γελῶν ... ἐφίετο), ihn zu binden und abzuführen (439).

[273] In 617 sagt der Lyder ganz deutlich: οὔτ' ἔθιγεν οὔθ' ἥψαθ' ἡμῶν (statt dessen
fesselte Pentheus einen Stier). Was der Lyder hier leugnet, sollte zuvor von Pentheus
und den Dienern gegen seinen Widerspruch geschehen sein?

[274] Die Antwort des Dichters: weil sie das zweite Stasimon singen müssen! Auf der
Ebene der Handlung muß man wohl auch hier auf Dionysos' Einwirkung verweisen.

[275] Es gibt hier kein starres Entweder-Oder, sondern eine unterschiedliche Intensität
der Lenkung und Beeinflussung. Was im zweiten und am Beginn des dritten Epeisodion
unmerklich geschieht, wird ab V. 810 offensichtlicher und steigert sich im vierten Epeisodion zu einem Rasen, das leicht oder leichtfertig macht (ἐλαφρὰ λύσσα); s. S. 252f.; der
Wahnsinn bleibt den Bakchen vorbehalten. Was SCHWINGE für Pentheus ausschließt, hält
er bei Agaue für möglich (1968a, 424): „Agaue befindet sich ... sowohl in diesem als
auch in jenem Bereich; Vernunft sowohl wie Wahn, beides ist in ihr wirksam, bald das
eine mehr, bald das andere: sie schwankt zwischen beidem hin und her."

sentlichen noch Herr seiner selbst, sein Denken und Handeln aber wird bereits hier ein wenig in die Richtung gelenkt, die dem Gott genehm ist[276].

Dionysos' Gegner hat also nicht die Spur einer Chance, den Kampf gegen den Gott zu gewinnen. Dennoch stellt sich die Frage, ob der Dichter den Eindruck erwecken wollte, Pentheus hätte seinen Untergang verhindern können. Denn anders als die Göttin Aphrodite im 'Hippolytos' (V. 29–48) kündigt Dionysos im Prolog nicht genau an, in welcher Form er die Rache vollziehen wird; vielmehr scheint er über den weiteren Verlauf noch unsicher zu sein: er rechnet mit einem Feldzug des thebanischen Heeres gegen die Bakchen, zu dem es dann aber nicht kommt, obwohl Pentheus ihn plant (784–5 ὡς ἐπιστρατεύσομεν βάκχαισιν)[277]. Ist der Ausgang also offen, und hätte sich Pentheus retten können? Diese Frage ist gleichzeitig zu bejahen und zu verneinen. Denn der König hätte sein Leben nur bewahren können, wenn er sich dem Gott unterworfen hätte. Zu dieser Unterwerfung gibt es für ihn keine mögliche Alternative; die Unterwerfung aber ist für Pentheus ausgeschlossen[278]. Dies zeigt sich deutlich in der Eskalation des Konflikts in dem letzten Moment, in dem Pentheus noch bei klarem Verstand ist (802–9)[279]:

Δι. ὦ τᾶν, ἔτ' ἔστιν εὖ καταστῆσαι τάδε.

---

[276] Und in die Richtung, die dem Dichter genehm ist. Würde Pentheus nach den Eltern fragen, müßte der Lyder seine göttliche Identität zugeben (oder müßte ausweichend antworten). Und Pentheus kann das Angedrohte schon deshalb nicht wahr machen, weil er einen Gott nicht töten kann. Zu Dionysos als „Theaterregisseur" s. S. 285f.

[277] V. 50–2 ἦν δὲ Θηβαίων πόλις / ὀργῇ σὺν ὅπλοις ἐξ ὄρους βάκχας ἄγειν / ζητῇ, ξυνάψω μαινάσι στρατηλατῶν. Die thebanischen Bakchen heißen hier βάκχαι und μαινάδες; denn Dionysos kann hier nicht die asiatischen Mänaden des Chores meinen, da sie zu diesem Zeitpunkt noch gar nicht erwähnt wurden. Sicher nicht richtig HAMILTON 1974: Pentheus' Spähgang entspreche dem hypothetisch Angekündigten.

[278] Denn dies würde auch bedeuten, sich Frauen zu unterwerfen, eine Vorstellung, die an Entsetzlichkeit alles andere übertrifft (785); s. A. 178.

[279] Textkritisch ist nur in 808 τοῦτό γ' ἔστι umstritten (DIGGLE nach MUSGRAVE τοῦτό γ', ἴσθι); zur Verteidigung des Überlieferten in Hs. P s. TOVAR ²1982 und ORANJE 1984 79 A. 196 (dagegen RIJKSBARON 1991, 100f.); mir scheint die Phrase haltbar im Blick auf τί δ' ἔστιν „what has happened"; vgl. Aischyl. Ag. 1249 εἴπερ ἔσται γε; von den Argumenten von ORANJE hebe ich das inhaltliche hervor: Dionysos hat mit Zeus nicht einen ewig währenden Kult verabredet (τοῦτο ≈ τὸ βακχεύειν ἀεί), sondern die Rache an Pentheus (1349). Bei der Stelle 'Herakliden' 598 ἀλλ' ... ἴσθι handelt es sich im übrigen nicht um eine Parenthese.

Πε. τί δρῶντα; δουλεύοντα δουλείαις ἐμαῖς;

Δι. ἐγὼ γυναῖκας δεῦρ' ὅπλων ἄξω δίχα.

Πε. οἴμοι· τόδ' ἤδη δόλιον ἔς με μηχανᾷ.

Δι. ποῖόν τι, σῶσαί σ' εἰ θέλω τέχναις ἐμαῖς;

Πε. ξυνέθεσθε κοινῇ τάδ', ἵνα βακχεύητ' ἀεί.

Δι. καὶ μὴν ξυνεθέμην - τοῦτό γ' ἔστι - τῷ θεῷ.

Πε. ἐκφέρετέ μοι δεῦρ' ὅπλα, σὺ δὲ παῦσαι λέγων.

D.: Mein Freund, noch gibt es die Möglichkeit, alles zum Guten zu wenden.

P.: Was soll ich tun? Sklave meiner Sklaven werden?

D.: Ich werde die Frauen hierher führen ohne Waffen.

P.: Oh weh, das ist jetzt nur eine List, die du gegen mich im Schilde führst.

D.: Wieso ist das eine List, wenn ich dich mit meinen Mitteln retten will.

P.: Das habt ihr nur gemeinsam verabredet, um eure bakchischen Feste stets feiern zu können.

D.: Richtig, ich habe mich verabredet - ja, das ist geschehen - mit dem Gott.

P.: Bringt mir die Waffen hierher, und du halte deinen Mund.

„Sklave seiner Sklaven zu sein" - dies würde für Pentheus das Nachgeben bedeuten[280]. Seine Antwort ist der Ruf nach den Waffen. Sollte der verkleidete Gott nicht wissen, daß Pentheus sich freiwillig niemals unterwerfen wird? Einem Gott darf man eine solche Fehleinschätzung nicht zutrauen - eine Fehleinschätzung, der das Publikum schon beim ersten Auftritt des Pentheus nicht erlegen gewesen sein dürfte[281]? Der Gott weiß im voraus um Pentheus' Untergang, und sein Angebot der Rettung ist insofern zynisch, als es eine Möglichkeit aufzeigt, die in Wahrheit keine ist[282]. Der Gott spielt mit seinem Gegenüber; er tut so, als ob er seinem

---

[280] Zu δουλεία im konkreten Sinne s. LSJ s.v. II. Gemeint sind die thebanischen Bakchen, aber auch der Chor und der Lyder; sie alle sieht er in dieser Eskalation bereits als versklavt an, während in V. 511–14 die Versklavung noch geplant war. Vgl. 366 (Teiresias): τῷ Βακχίῳ γὰρ τῷ Διὸς δουλευτέον.

[281] Vgl. EUBEN 1990, 152: „Of course, if he did, he would no longer 'be' Pentheus." Seine Sturheit wird auch an Details deutlich: seine Vorstellung der Unzucht gibt er nicht auf, obwohl ihm das Gegenteil versichert wird; nachdem die Bakchen und der Lyder dem Gefängnis entkamen, will er „die gesamte Stadt zum Gefängnis machen" so SCHWINGE 1968a, 371, vgl. ebd. 354: „Damit sagt Dionysos ... zugleich: 'Du bist unvernünftig, unbelehrbar ...'" Zu Pentheus' Blindheit und Taubheit s. ebd. 364–5.

[282] Man fragt sich auch, was es bringen soll, wenn Dionysos die Bakchen in die Stadt zurückführt; vgl. SCHWINGE 1968a, 376: „Doch man fragt sich, wie dann weiter 'alles

Widersacher eine Chance ließe, die für diesen in seiner schuldhaften Verblendung aber keine wirkliche Chance ist[283]. Der Dichter zeichnet einen
Konflikt, bei dem es auf beiden Seiten kein Nachgeben gibt. Pentheus und
der Gott stehen mit ihrem unbedingten Anspruch auf Macht einander
gegenüber: einer von beiden muß untergehen. Der Glaube an einen Kompromiß ist Illusion. Dionysos spielt mit dieser Illusion. Aus diesem Grund
läßt der Dichter im Prolog den Gott sich auch noch nicht festlegen[284].
Dionysos erweckt damit den Eindruck, das Geschehen könne einen anderen Verlauf als den grausamen Vollzug der Strafe nehmen, obwohl er weiß,
daß der Gegner unter keinen Umständen weichen wird. Zynisch ist dies,
weil der Strafende damit vorgibt, die Strafe eigentlich nicht zu wollen,
dazu aber von seinem Gegenüber geradezu gezwungen zu werden.

Man muß wohl noch einen Schritt weitergehen und fragen, ob der Gott
in Euripides' Darstellung an einem Nachgeben des Königs überhaupt interessiert ist. Sein Tun und Sprechen weist in eine andere Richtung. Zuerst
treibt er alle Frauen in die Berge, ein Ereignis, das einen König kaum für
einen Gott, der dies veranlaßt, einnehmen dürfte[285]. Dann präsentiert er
ihm zwei wohl lächerliche Alte, die in ihrer bakchischen Begeisterung
kaum ihrer Würde und ihrem Alter entsprechen (s. nur Kadmos' Bedenken [204]: ἐρεῖ τις ὡς τὸ γῆρας οὐκ αἰσχύνομαι)[286]; von ihnen preist der
eine den Gott mit sophistischen Argumenten an, ohne kühnste Etymolo-

---

wieder gut werden soll'." Sollte Pentheus beim Anblick der Frauen dem Gott plötzlich
huldigen? Der Anblick der kleinasiatischen Frauen hat dies jedenfalls nicht bewirkt.
Von einem wirklichen Kompromiß ist der Vorschlag des Lyders weit entfernt - er klingt
nur so; zum Lyder als sophistischen Rhetoriker s. S. 279.

[283] Das Motiv des Rettens kehrt wieder in V. 965: πομπὸς δ' εἰμ' ἐγὼ σωτήριος. Der
Gott zeigt sein wahres Gesicht: der rettende Geleiter führt in den Tod.

[284] Interessanterweise erscheint er bei seinem Blick in die Zukunft als der militärisch
Angegriffene, der sich zur Wehr setzen wird. Er ist das Opfer, das lediglich reagiert.

[285] Dies bedeutet für Pentheus wohl nicht ohne Grund Gefährdung der Ehen (354).

[286] Vgl. 252–3: ἀναίνομαι, πάτερ,/ τὸ γῆρας ὑμῶν εἰσορῶν νοῦν οὐκ ἔχων. Ihre
Begeisterung scheint, zumindest bei Kadmos, gestellt (s. 191); sie handeln nicht spon-
tan, sondern verabredet (174–5); vgl. DEICHGRÄBER 1935, 328. Sie sind aber nicht als
Frauen verkleidet (lediglich mit Hirschkalbfell), wie immer wieder angenommen wird (s.
z.B. LEINIEKS 1996, 53); der Text gibt dafür keine eindeutigen Hinweise, und Pentheus
hätte mit Sicherheit nicht versäumt, dies zu kommentieren. Außerdem hätte sich Euripides
der Wirkung der späteren Pentheus-Verkleidung beraubt.

gien zu scheuen[287], und der andere empfiehlt dessen Verehrung aus reinem Opportunismus[288]. In Pentheus' erstem Gespräch mit dem Anführer der Bakchen stößt dieser sein Gegenüber immer wieder zurück und provoziert ihn unaufhörlich, ohne seine wahre Identität deutlich zu machen[289]. Dann zerstört der zu verehrende Gott den Palast (zumindest in Pentheus' Imagination), und die ihn verehrenden Frauen fallen über eine Viehherde und zwei Dörfer her. Man wird nicht behaupten können, daß der Gott sich im Laufe der Handlung sonderlich viel Mühe gibt, den König von der Verweigerung des Kultes abzubringen, zu der dieser sich vor dem Beginn der dramatischen Handlung entschlossen hat. Seine Machtbeweise sind nicht dazu angetan, den falsch Handelnden zu einer Korrektur seines Fehlers zu bewegen. Das mindert nicht die Schuld des Königs, stellt aber den beleidigten Gott in ein nicht viel besseres Licht[290]. Seit seinem ersten Auftritt im Prolog hat der Gott in keinem Moment das Ziel, seinen Widersacher in gewaltloser Weise für sich zu gewinnen, sondern lediglich das Ziel, diesen für den begangenen Frevel zu bestrafen, um so ein Exempel zu statuieren, das seine künftige Verehrung garantieren wird. Weder glaubt er an ein Nachgeben des Königs noch ist er daran interessiert. Aber genau diese Tatsache will er verschleiern. Dieser darstellerischen Absicht dient die auf den ersten Blick irritierende Aussage im Prolog. Hätte Dionysos bereits

---

[287] Zu Teiresias s. A. 333f. Die besonders anstößige Erklärung der Schenkelgeburt (286–97) wird neuerdings wieder von SCHRÖDER 1992 athetiert, da sie zwischen den Argumenten für Dionysos (Wein, Mantik, panischer Schrecken) störe. Der Anschluß καὶ διαγελᾷς (286) an ὃν σὺ διαγελᾷς (272) spricht allerdings für einen anderen Aufbau: nach der Erklärung des Wesens des Gottes wird zuerst der Haupteinwand gegen ihn widerlegt; ab V. 297 werden dann weitere Argumente für und gegen ihn besprochen.

[288] Zur Lächerlichkeit der Szene s. SEIDENSTICKER 1978 und 1982a, 115–29; anders SEAFORD 1996a, 167: „The mood is not comic, but festive"; FISHER 1992, 182: „The first Episode ... is not a comic scene." Pentheus mache die beiden Alten lächerlich, womit er nur sein Mißverstehen zeige. Vgl. BOUVRIE 1997, 98: „It is not easy to assess the quality of the scene." Mir scheint, daß V. 204 die Lächerlichkeit sehr nahelegt.

[289] Er macht lediglich Andeutungen, die nur der Wissende versteht; zum Spiel des Gottes s. SCHWINGE 1968a, 367: „Der Gott, der alles durchschaut, narrt den König und spielt mit ihm, stößt ihn von sich und lockt ihn wieder zur Wahrheit zurück." Wenn Dionysos in seiner Verkleidung seine Heimat mit Lydien angibt (464), macht er es Pentheus auch nicht gerade leicht, im Lyder den in Theben gezeugten Gott zu erkennen.

[290] In der vom Gott intendierten Verstockung des Gegners sehe ich einen wesentlichen Sinn der ansonsten dramaturgisch unnötigen ersten Kadmos-Teiresias-Szene.

hier den weiteren Verlauf kundgetan, hätte er nicht den Eindruck erwekken können, Pentheus könnte sein Leben noch retten. Daß Dionysos aber genau diesen Eindruck erwecken will, ist verständlich - und wie weit ihm das gelungen ist, zeigen die nicht wenigen Interpreten, die den Zynismus des Gottes nicht durchschauen[291].

Diese Festlegung des Gottes auf den Vollzug der Strafe kann noch in anderer Hinsicht deutlich gemacht werden. Es geht um den Zeitpunkt des Entschlusses zur Rache. Dionysos beginnt seinen Zug durch die antike Welt in Lydien gemeinsam mit den Frauen des Chores (13 und 64–5). Da auch die Frauen die wahre Identität ihres Chorführers nicht kennen (547–52), ist ein Wandel der äußeren Gestalt kurz vor der Ankunft in Theben auszuschließen[292]: der Gott hat bereits in Lydien die Gestalt des Lyders angenommen. Wenn er nun im Prolog ausdrücklich sagt, daß seine Verkleidung ihren Grund in der Rache an Theben hat (53 ὧν οὕνεκα)[293], so bedeutet dies, daß er bereits in Lydien den Entschluß dazu gefaßt haben muß. Die Schmach der Verleugnung in der Stadt seiner Herkunft[294] zu rächen ist folglich ein Grundmotiv seines Zuges. Auch insofern dürfte die Bereitschaft zur Versöhnung eher als gering einzuschätzen sein.

Ein weiteres kommt hinzu. Wenn Dionysos mit einem Kampf des thebanischen Heeres mit den Bakchen rechnet, wird damit wohl auf die Ge-

---

[291] Vgl. z.B. SCHWINGE 1968a, 399; FOLEY 1985, 229 A. 29; BIERL 1991, 68 und 202; Jäkel 1993, 102; unannehmbar BURNETT 1970, 23: Dionysos biete dem König an: „peace, rescue, alliance, blessedness, … the love of god"; anders dagegen KYRITSI 1993, 12.

[292] Denn sonst wüßten sie um die Identität ihres Anführers. Wenn Dionysos im Prolog schon als Lyder erscheint, dürfte Gleiches für die Exodos anzunehmen sein; denn ein unterschiedliches Kostüm in Prolog und Exodos halte ich für ausgeschlossen; zur Frage s. FOLEY 1985, 252f.; anders BURIAN 1997, 197: „One wishes it were possible to know just how this appearance of the god differed from that in his role of mortal priest."

[293] WILLINK 1966, 30 athetiert nach BERNHARDY 1857/8 die Verse 53–4 (vgl. SCHRÖDER 1992), dagegen VERDENIUS 1980, 14. Ich denke, daß es im Interesse des Publikums notwendig ist, daß der Schauspieler zweimal erklärt, daß er ein menschlich verkleideter Gott ist. ὧν οὕνεκα in V. 53 wird aus V. 47 wieder aufgenommen; das zeigt, daß es sich inhaltlich auf den gesamten Abschnitt 43–52 bezieht: der Grund für den Gestaltwandel ist der Widerstand Thebens, den der Gott notfalls mit Waffengewalt brechen wird, um dann ganz Griechenland zu „erobern". Im übrigen liegt auch unabhängig von der Textfrage der Grund der Verwandlung in der „Eroberung" der Heimat.

[294] In V. 519–29 wird deutlich, daß seine „Geburt" aus dem Schenkel in Theben erfolgte. Wann und wie Dionysos nach Lydien gelangte, bleibt offen.

staltung des Mythos durch Aischylos angespielt[295]. Die Zuschauer können
also erwarten, daß Pentheus in diesem Kampf unterliegt und seinen Tod
findet[296]. Diese Form des Untergangs genügt dem Dionysos des Euripides
nicht mehr. Denn dem König würde zwar das Leben, nicht aber seine
Würde als Mensch genommen werden[297]. Genau darauf aber zielt der Gott.
Pentheus soll das erleiden, was er am meisten fürchtet: das triumphierende
Hohngelächter der Bakchen erdulden zu müssen[298] und vor der ganzen
Stadt lächerlich gemacht zu werden (854–6)[299]:

χρῄζω δέ νιν γέλωτα Θηβαίοις ὀφλεῖν
γυναικόμορφον ἀγόμενον δι’ ἄστεως
ἐκ τῶν ἀπειλῶν τῶν πρίν, αἷσι δεινὸς ἦν.

Ich will, daß er sich bei den Thebanern lächerlich macht, wenn er als Frau verkleidet durch die Stadt geführt wird, nach seinen früheren Drohungen, mit denen
er Angst und Schrecken erregte.

Dem König soll genau das geschehen, was er selbst dem Gott angetan hat,
als er ihn verlachte[300]. Es herrscht auch hier das Gesetz der Talion[301].

---

[295] Wir wissen sehr wenig über Aischylos’ ‘Pentheus’ (zu den Problemen des Titels
s. A. 49); es ist wahrscheinlich, daß Eum. 25–6 auf seine eigene Gestaltung verweist: ἐξ
οὔτε βάκχαις ἐστρατήγησεν θεός, λαγὼ δίκην Πενθεῖ καταρράψας μόρον (das Bild
des Hasen beweist nicht, daß Pentheus alleine kam, anders SEAFORD 1996a, 154); vgl.
ORANJE 1984, 128f. und MARCH 1989 mit Hinweisen auf die Vasenbilder.

[296] Bei Kenntnis des Autors dürfte das Publikum evtl. als Neuerung erwarten, daß in
dem Kampf die Mutter ihren eigenen Sohn Pentheus töten wird, s. dagegen das Vasenbild
ARV² 16,14 (LIMC VII s.v. Pentheus Nr. 39) um 520/510 v. Chr., wo die Bakche mit
Namen Galene (Windstille), den König zerreißt; Agaue aber wohl auf der Schale der Villa
Giulia 2268, (ebd. Nr. 44) ca. 430–25 v. Chr.; daß Pentheus selbst als Bakche verkleidet
in den Kampf zieht, dürften die Zuschauer wohl nicht erwarten.

[297] Vgl. FRIEDRICH 2000, 132: „He is destroyed before he suffers dismemberment.“

[298] V. 842: πᾶν κρεῖσσον ὥστε μὴ ’γγελᾶν βάκχας ἐμοί, s. dazu STEVENS 1988, der
zeigt daß der Vers nicht direkt an 841 anschließt: alles ist besser (sogar die Verkleidung
als Frau) als der lachende Triumph der Frauen. Wollte man psychologisch deuten, sollte
die Untersuchung bei dieser Angst ansetzen. Auch hierin bildet Pentheus im Rahmen der
griechischen Kultur keine Ausnahme. Wie unerhört die Demütigung ist, vom Gegner
verlacht zu werden, und wie gewaltig das Verlangen ist, dafür Rache zu nehmen, kann
man am besten an Medeia sehen (s. S. 129 A. 353); vgl. zum Lachen GROSSMANN 1968.

[299] Vgl. Dionysos’ Lachen in 1020–1 ἴθ’, ὦ Βάκχε, θὴρ ἀγρευτᾷ βακχᾶν / γελῶντι
προσώπῳ περίβαλε βρόχον θανάσιμον (zum Text s. NEUBURG 1987b); auch hier die
Talion: wie Pentheus den Lyder erhängen wollte (246), so tut es jetzt Bakchos.

[300] Pentheus verlacht Kadmos und Teiresias (250; zum Verlachen von Sehern s. Plat.
Euth. 3c); er verlacht den Gott (272, von Teiresias gesagt): οὗτος δ’ ὁ δαίμων ὁ νέος, ὃν

Und der Bestrafte wird so weit gebracht, daß er selbst nach dieser Bestrafung verlangt[302]. Insofern läßt der Gott ihn nicht zu den Waffen greifen und gegen die Bakchen ziehen, sondern gibt ihm zuvor noch den Wunsch ein, sich am Treiben derselben zu ergötzen, um dann als verkleidete Bakche zum Gespött zu werden[303]. Was der Dichter damit sagen will, ist deutlich. Der Rachegedanke als solcher hat sich seit Aischylos nicht verändert, die Formen aber, in denen Vergeltung geübt wird, sind grausamer und zynischer geworden: der Gegner verliert nicht nur sein Leben, sondern wird zugleich in seiner gesamten Persönlichkeit vernichtet.

Ist es allein ein Gott, den der Zynismus einer angeblichen Bereitschaft charakterisiert, dem Gegner eine Chance zu lassen, die nur in der Unterwerfung bestehen kann? Man fühlt sich z.B. an den Melier-Dialog erinnert, in dem Thukydides dieses allzu menschliche Verhalten der Athener dargestellt hat[304]. Die Menschlichkeit von Dionysos' Handeln sprechen Kadmos oder Agaue im Drama direkt aus (1348)[305]:

ὀργὰς πρέπει θεοὺς οὐχ ὁμοιοῦσθαι βροτοῖς.

σὺ διαγελᾶς (vgl. 286), 1080 (von der himmlischen Stimme gesagt): τὸν ὑμᾶς κἀμὲ τἀμά τ' ὄργια γέλων τιθέμενον und 1293 (Kadmos zu Agaue; s. A. 145): ἐκερτόμει θεὸν σάς τε βακχείας μολών.

[301] Pentheus wollte den Lyder steinigen (356) und wird jetzt selbst gesteinigt (1096-7). Wie Pentheus im Lyder nicht den Gott erkennt, so erkennt Agaue in dem Angreifer nicht ihren eigenen Sohn (1115-17).

[302] V. 961: κόμιζε διὰ μέσης με Θηβαίας χθονός· μόνος γὰρ αὐτῶν εἰμ' ἀνὴρ τολμῶν τόδε. In seinem Wahn ahmt er die einzigen freiwilligen männlichen Bakchen nach (195-6): Κάδμος· μόνοι δὲ πόλεως Βακχίῳ χορεύσομεν; Τειρεσίας· μόνοι γὰρ εὖ φρονοῦμεν, οἱ δ' ἄλλοι κακῶς. Aus diesem Grund spiegelt der Abgang von Dionysos und Pentheus denjenigen von Teiresias und Kadmos (s. GOLDHILL 1988, 151ff.): in der Strafhandlung pervertiert Dionysos den eigenen Kult.

[303] Ob dies für das Publikum amüsant oder gar lustig war, ist zu bezweifeln; s. ORANJE 1984, 93: „Insanity was not considered funny in classical Greece"; insofern würde ich auch nicht von Komödie sprechen (so z.B. FOLEY 1985, 217ff., SEGAL ²1997, 254ff.). Ich vergleiche die intendierte Reaktion mit der auf den Auftritt des Phrygers (s. S. 163).

[304] Thuk. 5, 84-116; die Athener gehen sogar noch einen Schritt weiter, indem sie die Gewalt des Stärkeren gegenüber dem Schwächeren nicht als Rache moralisch verteidigen wollen (ἀδικούμενοι νῦν ἐπεξερχόμεθα 5,89): dies wären nur schöne Worte (καλὰ ὀνόματα ebd.). Vgl. auch den Untergang Plataias durch die Spartaner (3,52-68): der Strafe könne die Stadt entgehen, wenn sie (und dann jeder einzelne Bürger s. 3,68,2) geleistete Wohltaten gegenüber Sparta beweist - eine Forderung, deren Unmöglichkeit schon zuvor offenbar ist.

[305] Zum Problem der Sprecherverteilung s. A. 145.

Götter sollten es in ihrem Zorn nicht den Menschen gleichtun.

Bei dem Vers handelt es sich nicht um eine Kritik des Dichters am Gott, sondern vielmehr um einen Hinweis, wie er sein Drama verstanden wissen möchte. In der mythischen Geschichte von Pentheus' Bestrafung durch Dionysos stellt er noch einmal die Mechanismen von Rache und Vergeltung dar. Nicht der Gott und sein Kult, sondern die ihn leitenden ethischen Prinzipien bilden den Inhalt der Tragödie. Euripides hat in seinem wahrscheinlich letzten Stück den Theatergott selbst zum Träger des menschlichen Verhaltens gemacht (dazu s. S. 285–8). Dionysos ist nicht Sinnbild für eine göttliche Realität welcher Art auch immer[306], sondern führt allein ein menschliches Handeln vor, das in seinen Maßstäben im Einklang mit dem traditionellen Götterbild steht und damit theologisch-religiös fundiert ist (s. dazu S. 281f. und im 'Orestes' S. 188–92). Dionysos ist nach der Intention des Dichters auch nicht „der Andere" oder „das Andere"[307], sondern verkörpert genau die Handlungsprinzipien, denen auch Orestes, Elektra, Pylades, Menelaos und Tyndareos folgten, um von Medeia, Phaidra, Hekabe, Herakles und anderen zu schweigen. Theben ist nicht der Ort des tragischen „Anti-Athens" (ZEITLIN 1986), sondern in Theben ereignet sich dasselbe wie in Argos, Sparta und allen anderen griechischen (und nicht-griechischen) Städten - und eben auch oder gerade in Athen[308]. So bildet die mythische Geschichte das politische Geschehen am

---

[306] So z.B. EFFE 1990, 69f. im Anschluß an ROHDICH (s. S. 11): „Thema der 'Bakchen' ist die Desorientierung und das Scheitern der Vernunft vor dem über die Menschen hereinbrechenden Rauschhaft-Irrationalen. Dieses ist stärker als alle Vernunft und ist insofern ein Göttliches, das Anerkennung verdient, ein Göttliches jedoch, das destruktiv ist und über Leichen geht, ein Göttliches, das nur Zerstörung und Leid hinter sich läßt." Wenn Dionysos Symbol für etwas Göttliches ist, dann höchstens für die inneren Zwänge, denen der Mensch in seinem Verlangen nach Rache unterliegt (s. S. 281).

[307] „La figure de l'Autre", zu diesem Topos des französischen Strukturalismus s. den Überblick bei BIERL 1991, 16; vgl. SEGAL 1987, 147: „Der Diskurs des Anderen, den Dionysos als Pentheus' unterdrücktes *alter ego* darstellt ..."; HENRICHS 1979, 1: „Dionysus was different"; in eingeschränkterem Sinne schon bei ROHDICH 1968, 138: der dionysische Kult „wird zum Phänomen, das sich zur Sophistik-Sokratik als das schlechthin Andere verhält."

[308] Vgl. dazu McGINTY 1978. Athen macht hier keine Ausnahme, sondern folgt denselben Handlungsprinzipien; s. A. 32 und S. 193 A. 601 im 'Orestes'; vgl. auch Ions Versuch, die nicht erkannte Mutter für ihren Mordversuch zu töten (Ion 1308): σὺ δ' οὐχ

Ende des Peloponnesischen Krieges ab, sowohl was das Verhältnis der
Städte zueinander als auch das Verhalten der einzelnen Bürger in den Wirren der inneren Zwiste angeht[309].

Offensichtlich folgen wie die beiden Parteien im 'Orestes' (s. S. 186)
auch Pentheus und Dionysos denselben Prinzipien[310]. Es ist erstaunlich, in
wie vielen Einzelzügen der Dichter die Ähnlichkeit der Kontrahenten
deutlich gemacht hat. Beide stehen in einem verwandtschaftlichen Verhältnis (ihre Mütter sind Schwestern)[311] und sind ungefähr gleich alt[312].
Beide ändern ihre äußere Gestalt; in der Verwandlung des Angreifers wird
Pentheus auch äußerlich seinem Opfer ähnlich: seine Haare hängen wie
die des Lyders lang hinab[313] und wie der Lyder (353 θηλύμορφος) wird er in
seinem Äußeren zur Frau (855 γυναικόμοφος)[314]. Beiden eignet eine tierische Natur: als Sohn des „Schlangenmannes" Echion (539 ἐκφὺς
δράκοντος) wird Pentheus vom Chor „wildblickendes Ungeheuer" genannt (540 ἀγριωπὸν τέρας)[315] und von der rasenden Agaue für einen
Löwen gehalten (1141–2, 1196, 1214–15, 1278 und 1283, evtl. 1174).
In der Gestalt dieser beiden Tiere soll Dionysos nach dem Wunsch des
Chores erscheinen (1016–19 πολύκρανος ... / δράκων ἢ πυριφλέγων / ...

ὑφέξεις ζημίαν κτείνουσ' ἐμέ; Zur Vergeltung bei den „Barbaren" vgl. nur Herodots
Geschichte von der grausamen Rache der Tomyris an Kyros (1,214).

[309] Zu den Belegen bei Thukydides u.a. für die Freund-Feind-Ethik s. S. 184f.

[310] LEFÈVRE 1995, 170: „Wenn man sagen darf: Einer ist wie der andere, könnte das
auf die Situation der Jahre 407/406 zu übertragen sein: Eine Partei ist wie die andere."

[311] Pentheus' Abstammung von Kadmos wird betont in 44 (θυγατρὸς ἐκπεφυκότι)
und 181 (παῖδα θυγατρὸς ἐκ ἐμῆς).

[312] Wie Dionysos kommt auch Pentheus von außerhalb nach Theben (215).

[313] Die Parallelität geht bis ins Sprachliche: Dionysos (455): πλόκαμος ... σου τα-
ναός, Pentheus (831): κόμην μὲν ἐπὶ σῷ κρατὶ ταναὸν ἐκτενῶ, vgl. 1186–7. Zuvor
waren Pentheus' Haare wohl zu einem Knoten hochgebunden.

[314] Wie Dionysos erhält nun auch Pentheus eine πομπή (965, 1047), wobei der Gott
der „Geleiter" ist, eine Umkehrung, die nur zur Katastrophe führen kann. Vgl. ZEITLIN
1996, 342: „At the moment when the two males appear together on stage in similar dress,
we might perceive an instructive spectacle of the inclusive functions of the feminine in
the drama - one on the side of power and the other on the side of weakness."

[315] Die Vaterschaft des Echion wird im Stück neunmal erwähnt: 213, 229, 265, 507,
995 = 1015, 1030, 1119, 1274. In V. 990 wird Agaue Löwin oder Gorgo genannt.

λέων)³¹⁶. Wichtiger als diese äußerlichen Hinweise sind die Parallelitäten im Denken, Fühlen und Handeln. Wie der Gott (847 θανὼν δώσει δίκην) ist Pentheus bestimmt vom Wunsch zu strafen, so den Seher (346 δίκην μέτειμι) und den Lyder (489 δίκην σε δοῦναι δεῖ, 676 τῇ δίκῃ προσθήσομεν, 793 ἢ σοὶ πάλιν ἀναστρέψω δίκην;)³¹⁷. Wie Dionysos seine Mutter verteidigt (41–2), so tut es Pentheus hinsichtlich seines Großvaters (1320–2, dazu s. S. 289). Beide lieben es, von der Menge verehrt zu werden, wie Teiresias betont (319–21); beide sind „zu fürchten" (δεινός), wenn ihnen diese Ehre (τιμή) verweigert wird³¹⁸; beide verfolgen wie Jäger ihr Opfer³¹⁹. Und nicht nur Dionysos und seine Anhängerinnen rasen, sondern auch Pentheus in seinem Versuch, den Beleidiger zu strafen³²⁰. Diese Übertragbarkeit der „Mania" beweist noch einmal, daß das dionysische Attribut das menschliche Handeln der ungezügelten Rache meint - und Opfer und Täter gleichen sich darin weitgehend³²¹.

---

[316] Orestes und Pylades als δράκων in Or. 1406 und 1426. Die Stiernatur des Gottes wiederholt sich bei Pentheus in Agaues Wahnsinn (1185): νέος ὁ μόσχος (zu dieser Bedeutung von μόσχος vgl. 678 und 736); andererseits bedeutet μόσχος in 1185 evtl. auch neutral „Jungtier", d.h. junger Löwe (s.o.); s. RIJKSBARON 1991, 147.

[317] Zum Porträt des Kadmos in der Exodos s. S. 289, vgl. besonders 1312: δίκην ἀξίαν ἐλάμβανες.

[318] Dionysos: 861 (s. S. 263); Pentheus: 856 ἐκ τῶν ἀπειλῶν τῶν πρίν, αἷσι δεινὸς ἦν und 972 δεινὸς σὺ δεινὸς κἀπὶ δείν' ἔρχῃ πάθη, vgl. 1310 πόλει τε τάρβος ἦσθα (s. 775 ταρβῶ εἰπεῖν). Ist ein Mensch gegenüber einem Gott δεινός, müssen δεινὰ πάθη folgen. Zum Titel ἄναξ für beide Kontrahenten s. A. 236. Pentheus zerstört Teiresias' Sitz (349 ἄνω κάτω ... συγχέας), Dionysos den Palast (602 ἄνω κάτω τιθείς); vgl. die theb. Bakchen (753–4): πάντ' ἄνω τε καὶ κάτω / διέφερον.

[319] Von Dionysos sagt der Chor (1192): ὁ γὰρ ἄναξ ἀγρεύς (vgl. 137). Pentheus ist ἀγρευτὴς βακχῶν (1020, Text unsicher), er will die Bakchen aus den Bergen jagen (228 θηράσομαι), seine Diener sollen wie Spürhunde den Lyder suchen (352 ἐξιχνεύσατε), was ihnen gelingt (434 ἄγραν ἠγρευκότες); die Hirten jagen für Pentheus Agaue (719 und 732 θηρᾶν); vgl. auch die Strophe des dritten Stasimon, wo der Chor sich mit einem Reh vergleicht, das dem Jäger entkommt.

[320] Kadmos in 214: ὡς ἐπτόηται, Teiresias in 326: μαίνῃ ὡς ἄλγιστα und 359: μέμηνας ἤδη, der Chor in 400–1 mit Bezug auf Pentheus: μαινόμενοι φῶτες und 999: μανείσᾳ πραπίδι, vgl. Dionysos in 947–8 τὰς δὲ πρὶν φρένας / οὐκ εἶχες ὑγιεῖς.

[321] Dennoch halte ich in Euripides' Darstellung Pentheus nicht für einen Doppelgänger von Dionysos (so z.B. GIRARD 1972, 182f. und SEGAL ²1997, 29: „his double, the repressed *alter ego*"); zwischen beiden gibt es eine entscheidende Differenz: der eine hat als Mensch den anderen als Gott zu verehren.

Die Ähnlichkeit der Kontrahenten zeigt sich noch in anderer Hinsicht. Dionysos erhält nämlich mehrmals im Stück das Prädikat „klug" (σοφός)[322]. Nicht nur verteidigt Teiresias Dionysos' Göttlichkeit in einer sophistischen Rede, der Gott selbst nimmt Klugheit für sich in Anspruch (480, 642, 656, 824)[323], empfiehlt Pentheus, „klüger" zu handeln (839) und wird von der jubelnden Agaue „klug" genannt (1189–90)[324]. So zeigt sich im Hinblick auf die Klugheit (σοφία) des Dionysos ein bereits im 'Orestes' beobachtetes Phänomen: das Konzept der Rache steht einer sophistischen Position nicht entgegen[325], im Gegenteil, der „Sophist" vermag dank seiner Klugheit und rhetorischen Fähigkeit (491 οὐκ ἀγύμναστος λόγων) die Rache noch effektiver zu üben[326].

Der Chor der Bakchen dagegen scheint das Sophistische explizit abzulehnen[327]. Er beruft sich, wie auf S. 237 gezeigt, auf die traditionelle Ethik, die für den Durchschnittsbürger Gültigkeit hat und die Verehrung

---

[322] Zu den Facetten von σοφός und σοφία s. GLADIGOW 1965; σοφός ist der Fachmann einer bestimmten τέχνη oder ἐπιστήμη, zielt aber auch auf den Klugen und Gewitzten, der jede Situation zu seinem eigenen Vorteil benutzen kann.

[323] Auch sein Verhalten der ἡσυχία (s. A. 201) charakterisiert ihn als „Sophist"; s. Menelaos im 'Orestes' (V. 698 ἡσύχως).

[324] Daß Dionysos' Gegner diese σοφία ablehnen, wird deutlich in V. 489: Pentheus wirft dem Dionysos σοφίσματα vor; vgl. 30: die Behauptung der Göttlichkeit des Semele-Sohnes wird als σοφίσματα Κάδμου bezeichnet.

[325] Vgl. dazu S. 109; vgl. 'Herakliden' 881–2 παρ' ἡμῖν γὰρ οὐ σοφὸν τόδε,/ ἐχθροὺς λαβόντα μὴ ἀποτείσασθαι δίκην.

[326] Möglicherweise wird Dionysos auch als Demokrat stilisiert (421–3 ἴσαν δ' ἔς τε τὸν ὄλβιον / τόν τε χείρονα δῶκ' ἔχειν / οἴνου τέρψιν ἄλυπον); ihm stünde der Aristokrat Pentheus gegenüber: in der Frage der Rache gleichen sie sich.

[327] Von den vier Stellen, an denen τὸ σοφόν im Stück vorkommt, setzt DIGGLE zwei in cruces (877 = 897, 1005) und eine in eckige Klammern (203; s. A. 331); cruces setzt er außerdem in 427–8 σοφὰν δ' ἀπέχειν πραπίδα φρένα τε / περισσῶν παρὰ φωτῶν. Trotz zahlloser Versuche scheint mir dies als Beleg für die Unmöglichkeit einer sicheren Interpretation der σοφία-Konzeption des Chores. Ich neige dazu, an der vierten Stelle (395 τὸ σοφὸν οὐ σοφία) den Ausdruck τὸ σοφόν als τὸ μὴ θνητὰ φρονεῖν zu verstehen (anders ARTHUR 1972, 176f. und REYNOLDS-WARNHOFF 1997, 93). Wenn der Chor Pentheus hier als Sophisten abstempelt, bezieht sich das auf seine Leugnung der Existenz des Dionysos. Diese Leugnung hat aber keine aufklärerisch-rationalen Motive, zumal Pentheus andere Götter sehr wohl anerkennt und verehrt (45–6). Zu τὸ σοφὸν οὐ φθονῶ (1005). s. RIJKSBARON 1991, 129f.: „I do not grudge <anybody, e.g. Pentheus, his> cleverness <seeing that he will derive no joy from it>."

der Götter einschließt[328]. Aber auch diese Ethik preist als höchstes Ziel
die Überwindung des Feindes (877–81 und 897–901)[329]:

τί τὸ σοφόν; ἢ τί τὸ κάλλιον
παρὰ θεῶν γέρας ἐν βροτοῖς
ἢ χεῖρ' ὑπὲρ κορυφᾶς
τῶν ἐχθρῶν κρείσσω κατέχειν;
ὅ τι καλὸν φίλον ἀεί.

Was bedeutet schon (sophistische) Klugheit? Oder was ist ein schöneres Geschenk von den Göttern für die Menschen, als Oberhand über den Feind zu gewinnen? Was schön und gut ist, das will man auch stets[330].

Was das Freund-Feind-Denken angeht, sind sich Tradition und Sophistik
einig. Diese Vereinbarkeit stellt in anderem Zusammenhang auch Teiresias heraus (200–3)[331]:

οὐδὲν σοφιζόμεσθα τοῖσι δαίμοσιν
πατρίους παραδοχάς, ἅς θ' ὁμήλικας χρόνῳ
κεκτήμεθ'. οὐδεὶς αὐτὰ καταβάλλει λόγος,
οὐδ' εἰ δι' ἄκρων τὸ σοφὸν ηὕρηται φρενῶν.

In keiner Weise bestreiten wir in sophistischen Schlüssen den Göttern die Tradition, die von den Vätern stammt und die wir als gleichaltrig mit der Zeit besitzen[332]. Keine Argumentation kann sie aufheben, auch nicht, wenn man mit höch-
stem Scharfsinn Weisheit gefunden hat.

---

[328] Ironischerweise wird dieser Standpunkt auch als σοφία bezeichnet (395, das Nomen nur hier), eine Weisheit, die sich aber von sophistischer Klügelei distanziert.

[329] Über keine Verse der 'Bakchen' ist so viel geschrieben worden wie über diese,
vgl. ORANJE 1984, 160f. und GIUDICE 1987 (DIGGLE setzt den ersten Vers in cruces). Im
Hinblick auf V. 203 und 395 scheint τί τὸ σοφόν; abwertend gemeint zu sein (vgl. Pind.
Pyth. 8,95 τί δέ τις;); der Grund der Abwertung liegt in der Gegenfrage: ein schöneres
Geschenk als Klugheit ist die Überlegenheit über den Feind.

[330] Das Sprichwort taucht bei Theognis (17) im Kontext der Kadmos-Hochzeit als Gesang der Musen und Chariten auf. Die traditionelle Sicht ist auch die der Dichter.

[331] DIGGLE athetiert 199–203. Zum Dativ δαίμοσιν und zum Neutrum αὐτά s.
RIJKSBARON 1991, 34f. (bei Athetese schließt im übrigen 204 ebenfalls asyndetisch an
198 an), zum Präsens καταβάλλει s. VERDENIUS 1962, 342. Mit ROUX 1972 verbinde ich
παραδοχάς mit dem Verb (vgl. Aristoph. Equit. 299 ἀλλότρια σοφίζεσθαι). παραδοχάς hat zwei durch τε verbundene Attribute, ein Adjektiv und einen Relativ-Satz. Das
Asyndeton in 202 ist explanatorisch.

[332] Zur Verbindung von Götterglauben, Tradition und Natur s. den Chor in 71 τὰ νο-
μισθέντα ... αἰεί und 894–6 (zum Text s. RIJKSBARON 1991, 113–18 und KOVACS 1991,

Hier versucht der „Sophist"[333] die Grenzen zwischen Sophistik und Tradition zu überbrücken: sophistische Intellektualität und Götterglauben schließen sich gegenseitig nicht mehr aus[334]. Diese Annäherung zeigt sich aber besonders darin, daß es zwischen beiden Richtungen in der ethischen Frage des Freund-Feind-Denkens keinen Konflikt gibt. Mag dieses Denken für den „Sophisten" rationalem Kalkül entspringen, so ist er für den traditionell Gläubigen durch die Götter selbst garantiert. Denn wie bei Apollon im 'Orestes' deutet die Göttlichkeit des Protagonisten auf die religiöse Überhöhung der befolgten Ethik[335]. Ironischerweise weist Dionysos, selbst ein Gott, auf diesen Umstand explizit hin: auf den Vorwurf, er sei in seiner Rache zu weit gegangen, antwortet er (1349):

πάλαι τάδε Ζεὺς οὑμὸς ἐπένευσεν πατήρ.

Schon längst gab mein Vater Zeus mir dazu seine Zustimmung.

Dionysos stellt in seinem Handeln keine Ausnahme dar, der höchste Gott hat seine Strafe gebilligt; sie entspricht der uralten göttlichen Tradition[336]. Daß er mit diesem Hinweis auf die religiöse Akzeptanz seines Tuns

---

341–4): τόδε ...,/ ὅ τι ποτ' ἄρα τὸ δαιμόνιον / τό τ' ἐν χρόνῳ μακρῷ νόμιμον, ἀεὶ φύσει τε πεφυκός „das Göttliche, was immer es ist, und die uralte Tradition - (beides) besteht immer und von Natur aus." Wenn Teiresias den neuen Kult für alt hält, sieht er in ihm die ewige göttliche Macht sichtbar werden (vgl. Dionysos als Wein neben Demeter in 275ff.), vgl. MANUWALD 2000, 86f. Andererseits steckt vielleicht in Teiresias' Aussage Persiflage auf den Anspruch der Sophistik, eine alte τέχνη zu sein (s. Plat. Prot. 316d).

[333] Teiresias als σοφός in 179 und 185; zu Teiresias als „Sophist" s. ROHDICH 1968, 144 mit weiterer Literatur. Das hindert Teiresias seinerseits nicht, dem König eine Rhetorik, die keinen Verstand (φρένες, νοῦς) besitzt, vorzuwerfen (268–71).

[334] Im Hinweis auf Protagoras' καταβάλλοντες λόγοι liegt eine Absage des Wahrsagers an eine Sophistik, die den traditionellen Glauben aufheben will. Teiresias vertritt eine intellektuelle Theologie, die sophistische Methoden zur Verteidigung der Tradition nutzt (vgl. 1153: der Bote hält es für das klügste, die Götter zu verehren): einer solchen „modernen" Theologie setzt Euripides in Teiresias ein Denkmal; s. vor allem ROTH 1984. Orphisches Gedankengut kann ich nicht entdecken, anders GALLISTL 1979 und 1981.

[335] Die göttlichen Wunder, die beim Vollzug der Vergeltung geschehen, sind Teil der mythischen Erzählung und finden darin ihren sinnvollen Platz. Will man ihnen darüber hinaus eine Bedeutung geben, so scheint die Wunderkraft des Gottes auf die erstaunlichen Kräfte zu deuten, die Menschen im Verlangen nach Rache freisetzen können.

[336] Dionysos handelt wie Apollon, der Asklepios' Tod rächt ('Alkestis'), wie Aphrodite und Artemis ('Hippolytos'), Athena ('Troerinnen') und Hera ('Herakles'); zu den homerischen Bezügen s. KULLMANN 1987, 13; zur göttlichen Rache im Einklang mit der Theologie der Polis s. PARKER 1983, 16 A. 73.

das „Zuviel" der Rache verteidigt, zeigt noch einmal, daß der Dichter eine kontrollierte Vergeltung für eine Illusion hält. Gerechte Rache und blinde Gewalt sind nicht voneinander zu trennen: wer das eine will, wird das andere in Kauf nehmen. Die Gewalt wird als unvermeidlich oder durch das gerechte Ziel entschuldbar hingenommen[337]. Und Dionysos' Rache ist gerecht (vgl. 992 = 1011 ἴτω δίκα). Die Weigerung, den panhellenischen Gott, dem die Menschen viele Segnungen verdanken, zu verehren, ist eine Hybris, die nach Strafe verlangt. Und dennoch hat diese Strafe eine Kehrseite: die eigene Mutter tötet ihren Sohn[338]. Der unauflösliche Konflikt zwischen Recht und Gewalt, den der Dichter im 'Orestes' am Muttermord und seinen Folgen darstellte, wird vom Dichter wie in der fast dreißig Jahre zurückliegenden 'Medeia' noch einmal an dem Skandalon des Kindermordes versinnbildlicht.

Wie Medeia triumphiert auch der Gott Dionysos. Nach der Darstellung des Dichters zeichnet sich folgende - von Euripides freilich nicht als historische Rekonstruktion verstandene - künftige Entwicklung ab: Theben wird nach dem warnenden Exempel in Zukunft „freiwillig" den Gott verehren[339]. Dionysos wird sich nur noch als gütiger Gott zeigen, da nach der gewaltigen Offenbarung seiner Göttlichkeit Widerstand gegen ihn ausbleiben wird: Rache muß er in Theben nicht mehr üben. Sein Kult wird keine Zerreißung von Herdentieren, keine Verwüstung von Dörfern und keine Tötung unschuldiger Menschen einschließen; dazu gibt es keinen Grund mehr. Eine Erinnerung an all das bleibt vielleicht im Zerreißen der wilden Tiere bestehen, so denn die historischen Mänaden dies wirklich taten. Auch der Wahnsinn der Bakchen hat seinen zerstörerischen Charakter

---

[337] Das zeigen nicht zuletzt all die nicht wenigen Interpreten (s. A. 291), die diese Rechtfertigung der Gewalt dem Dichter und seinem Publikum unterstellen.

[338] Nach NICOLAI 1997 errege Dionysos' Rache in den 'Bakchen' keinen Abscheu; im 'Hippolytos' und 'Herakles' dagegen solle „die Erbarmungslosigkeit der Rache" der Götter „Schrecken und Mitleid" bewirken (ebd. 121 A. 38); diese unterschiedliche Bewertung wird nicht begründet und leuchtet nicht ein.

[339] Zur Frage der Kult-Beschreibung nach V. 1329 s. A. 98; vgl. BOUVRIE 1997, 109: „It is therefore not surprising that in a number of Euripidean tragedies the prophecies made in the exodos relate to the protagonists. We should remember for example the cult of Medeia's children, Hippolytos' cult, Iphigeneia's cult ..." Hält man Dionysos für den tragischen Helden, erstaunt es auch nicht, daß sein Kult am Ende beschrieben wird.

verloren; es bleibt die Idylle einiger (!) tanzender und singender Frauen, deren Auszug in die Berge sogar von den Männern der Stadt toleriert wird. Lag es also in Euripides' Absicht, dem Publikum auf diese Weise das Bild einer gelungenen Rache zu vermitteln?

Es zeugt von der Genialität des Dichters, daß es ihm gelingt, selbst bei diesem mythischen Stoff ein deutliches Fragezeichen hinsichtlich des Erfolges der Rache zu setzen[340]. Zuerst darf nicht übersehen werden, daß Dionysos in Theben seine eigene Familie zerstört hat: kein Angehöriger der sterblichen Mutter wird weiterhin in Theben leben. Dazu kommt das, worin die besondere Gestaltung des Stoffes durch Euripides liegt: Bei den ersten Urhebern seiner Beleidigung, den drei Schwestern der Semele (26–31), hat Dionysos mit der Offenbarung seiner Göttlichkeit nicht den intendierten Erfolg. Agaue trennt sich gemeinsam mit Ino und Autonoe (1381–2) von Dionysos und seinem Kult (s. S. 241f.). So schwach und unbedeutend dieser Widerstand auch sein mag, der Gott muß der erkennenden Frau das letzte Wort im Drama überlassen. In der szenischen Realisation wird dieser Eindruck noch stärker gewesen sein. Denn anders als viele Interpreten rechne ich nicht mit einem Abgang des Gottes nach V. 1351. Dieser Vers stellt keine eindeutige Regieanweisung dar und in der Handschrift spricht der Gott noch die fast hilflos wirkenden Verse (1377–8)[341]:

καὶ γάρ ἔπασχον δεινὰ πρὸς ὑμῶν
ἀγέραστον ἔχων ὄνομ' ἐν Θήβαις.

Denn ich habe Schlimmes von euch erlitten, weil mein Name in Theben keine Verehrung fand.

Diese Sprecherzuweisung ist nicht zu ändern. Agaue wird ihre Absage dem Gott gleichsam ins Gesicht gesagt haben. In ihrer Erkenntnis gewinnt die Zerstörte neue Würde und kann den Triumph des Gottes in Frage stellen. Und dieser weiß nicht anders zu reagieren, als Kadmos und Agaue zur Eile

---

[340] Anders als im 'Orestes', wo Menschen Rache üben, war es ihm bei Dionysos (auch im Hinblick auf die Realität des Kultes) verwehrt, ein Scheitern des Gottes darzustellen.

[341] So auch TOVAR [2]1982 und vor allem MASTRONARDE 1979, 96; DIGGLE in der Meinung, Dionysos sei bereits abgetreten (s. LEINIEKS 1996, 389), teilt den Vers Kadmos zu und liest mit BOTHE und HERMANN ἔπασχεν und mit KANNICHT ἡμῶν. Dionysos leidet δεινά; s. dazu V. 492 (in ironischem Ton).

zu mahnen und aufzufordern, endlich abzugehen und den Weg ins Exil anzutreten (1351)[342]:

τί δῆτα μέλλεθ' ἄπερ ἀναγκαίως ἔχει;

Was zögert ihr denn vor dem Unabänderlichen?

Was die ersten Urheber seiner Beleidigung angeht, so hat Dionysos sein Ziel nicht erreicht: Semeles Schwestern verweigern erneut seine Verehrung. Aber wie im 'Orestes' das Scheitern der Racheethik durch das Wirken des „Deus ex machina" nicht offenbar wird, so fällt es hier nicht weiter ins Gewicht; der Gott wird in Theben verehrt werden und seinen Zug durch die griechischen Städte fortsetzen.

Das Stück ist weder ein Plädoyer für noch gegen Dionysos und seinen Kult; es widmet sich vielmehr der Problematik einer Ethik, die im Einklang mit der olympischen Religion steht und von dort eine gleichsam transzendente Fundierung erhält. Was an ihre Stelle treten könnte, bleibt auch in den 'Bakchen' offen. Denn Dionysos hätte wohl schwerlich einfach weiterziehen und warten können, bis in Theben ein toleranterer Herrscher die Macht übernimmt. Der Gott hätte auf diese Weise aufgehört, ein Gott zu sein. So folgt er der Rache, und ist damit in seinen Emotionen zum Menschen geworden (1348). Dionysos ist wahrlich der tragische Held der 'Bakchen': was immer er tut, seine Göttlichkeit steht auf dem Spiel.

---

[342] Entweder man interpretiert μέλλω hier transitiv (so RIJKSBARON 1991, 161f. ohne wirkliche Belege) oder man ergänzt δρᾶν oder πράσσειν (so BRUHN [3]1891). War Dionysos bisher der „Ruhige" (s. A. 201), so hat er es jetzt eilig, seine Opfer los zu werden.

2.4 Die 'Bakchen' im Dionysos-Theater Athens

Es ist in der Forschung umstritten, ob es von besonderer Bedeutung ist, daß Euripides in dem vielleicht letzten seiner Dramen (s. S. 16) den Theatergott selbst auftreten ließ. Diese Frage wird in der Regel unter der Überschrift „Metatheater" abgehandelt. Auf diesen Begriff wird hier verzichtet[343], die mit ihm verbundene Fragestellung aber will dieses abschließende Kapitel untersuchen. Auszugehen ist in diesem Zusammenhang von der Funktion des Dionysos als Theatergott. Auch wenn neuerdings mit guten Argumenten bestritten wird, daß das antike Theater aus dem Dionysos-Kult erwachsen ist (SCULLION 2002), und zugestanden werden muß, daß Theateraufführungen in Griechenland nicht ausschließlich zu Ehren dieses Gottes stattfanden, so gilt die Verbindung von Theater und Dionysos doch für Athen und Attika in besonderem Maße[344]. Auffällig ist in den 'Bakchen' nicht nur die singuläre Präsenz des Gottes auf der Bühne während des gesamten Stückes, obgleich in menschlicher Verkleidung[345], sondern auch seine Funktion als heimlicher und sichtbarer Lenker des gesamten Geschehens[346]. Besonders deutlich wird dies, als Dionysos sein Opfer

---

[343] Zum Begriff s. BAIN 1987; Vertreter einer solchen Deutung sind vor allem SEGAL [2]1997, 215ff. und 369ff. (zuerst 1982), FOLEY 1985, ZEITLIN 1990, EUBEN 1990, 137ff. (s. dazu S. 12) und BIERL 1991, 186ff. Kritik vor allem bei KULLMANN 1993. Ich verzichte auf den Begriff, da ich an keiner Stelle mit der Brechung der mimetischen Illusion rechne und die Bezüge auf das Theater nicht auf anderer Ebene sehe als die zu Gesellschaft, Politik, Ethik etc. Zudem unterscheidet sich meine „metatheatralische" Deutung von den bisher vertretenen, so daß die Gleichheit des Begriffes Verwirrung stiften könnte.

[344] Vgl. REVERMANN 2000, 461 mit Hinweis auf das Apollon-Fest in Syrakus und Hera-Fest in Argos mit tragischen Aufführungen (zu Euripides' Erfolg in Syrakus s. EASTERLING 1994, 77); s. aber ebd. 459 A. 36: „However much present-day scholars may disagree about just how much Dionysus has to do with tragedy ..., it is impossible to deny a firm and vital connection between Dionysus and the theatre as a whole in the perception and social practice of theatre-viewers and -practioners from the fourth century onwards at the very latest." Vgl. SCULLION 2002, 112: „In Athens, no doubt about it, Dionysus was the god of tragedy"; zu außerathenischen Theater-Festen s. ebd. 112f.

[345] Auch in Prolog und Exodos tritt Dionysos verkleidet auf (s. A. 292), nur verrät er hier, daß hinter der menschlichen Verkleidung ein Gott spricht.

[346] Sprachlich wird dies in der Szene, in der Dionysos Pentheus dazu bringt, sich zu verkleiden, überdeutlich (825): Διόνυσος ἡμᾶς ἐξεμούσωσεν τάδε. Das Verb, in der Tragödie nur hier (vgl. Aristoph. Lys. 1127), zeigt, daß Dionysos die Rolle der tragischen Muse spielt und wie sie kostümierte Bühnenfiguren schafft.

in ein Bakchenkostüm verkleidet und es wie zu einem Auftritt auf die Bühne ruft (914 ἔξιθι πάροιθε δωμάτων, ὄφθητί μοι)[347]. Wie ein Regisseur positioniert er seine Figuren, läßt sie nur sagen, was ihm recht ist, und greift ein, wenn die Handlung gegen seinen Wunsch zu entgleiten droht (s. S. 252 und S. 267)[348]. All dies hat seinen Sinn und seine Berechtigung im Rahmen der dargestellten Handlung und findet in dieser seine hinreichende Erklärung. Darüber hinaus jedoch dürfte das Auftreten und Handeln des göttlichen Protagonisten bei einem Autor wie Euripides von einer Bedeutung gewesen sein, die der Funktion des Dionysos als Theatergott Rechnung trägt[349]. Auch diese Annahme kann durch den Vergleich mit dem 'Orestes' gestützt werden. Denn auch dort verband sich mit dem Auftritt des „Deus ex machina" am Schluß eine Aussage über das Theater als solches, besonders was seine Möglichkeiten angeht, eine gesellschaftliche Wirkung entfalten zu können (s. S. 195).

Es ist also zu fragen, welche Aussage Euripides mit dem Auftritt des Theatergottes in den 'Bakchen' verbunden hat[350]. Das Heiligtum, in dem in Athen Theater gespielt wurde, war dem Dionysos Eleuthereus geweiht. Insofern war diesem Gott der Ort zu eigen, an dem Euripides über viele Jahrzehnte seine Stücke aufgeführt hat. Das bedeutet aus der Sicht des

---

[347] Pentheus ist also ein von Dionysos dirigierter Schauspieler. Unsicher ist, ob Pentheus gleichzeitig die Rolle des Zuschauers einnimmt; θεατής (829) muß keinen Bezug auf die Theater-Situation haben (kein Bezug auch an den drei anderen Stellen, wo das Wort vorkommt: Hik. 652, Ion 301 und 656); zum Boten als einzigem Zuschauer s. BARRETT 1998. Zur Sequenz: πομπή, ἀγών und κωμός s. FOLEY 1985, 208ff.; sie interpretiert die 'Bakchen' als „protofestival", in dem der Gott seinen Kult installiert.

[348] KYRITSI 1993, 176–8 versucht zu zeigen, daß auch das Palastwunder eine Theateraufführung darstellt, bei der Dionysos als Regisseur, Schauspieler und Zuschauer agiert.

[349] Vgl. auch A. 346. Nicht zutreffend KULLMANN 1993, 261: „Eine metatheatralische Gesamtinterpretation ist nur sinnvoll, wenn man eine belehrende Absicht, vergleichbar den Intentionen des Brechtschen epischen Theaters namhaft machen kann." Bereits im 'Orestes' wurde deutlich, daß ein „metatheatralischer" Umgang mit dem „Deus ex machina" alles andere als eine belehrende Funktion hat; s. S. 194.

[350] Die Funktion der „metatheatralischen" Elemente bleibt bei SEGAL und auch FOLEY oft diffus; s. z.B. SEGAL 1985, 157: „Euripides raises and explores the question of how the 'falsehood' of (dramatic) fiction can bring us truth; how, by surrendering ourselves and losing ourselves to the power of imagination, we can in some measure find 'ourselves', discover or recover some hidden, unfamiliar part of our identity." Zur Kritik s. SEAFORD 1996a, 33: „Even if we somehow knew that Euripides was reflecting on tragedy, it would remain obscure (to me at least) what he was saying (or even implying) about it."

Dichters (und vielleicht auch des Publikums), daß ihm der Gott mindestens seit der 'Medeia' (über ältere Stücke können wir keine sichere Aussage machen) fast dreißig Jahre lang eine Bühne zur Verfügung gestellt hat, um die Problematik von Recht und Rache in ihrer tragischen Unauflöslichkeit darzustellen[351]. In den 'Bakchen' tritt nun eben dieser Gott in eigener Person auf und führt vor, wie großartig und effektiv er in seiner göttlichen Macht Rache nehmen kann. Euripides läßt in seinem letzten Stück den Theatergott selbst ohne jeden Zweifel und ohne jedes Bedenken die Prinzipien und Maßstäbe übernehmen, von denen zuvor die menschlichen Protagonisten geleitet wurden, darin aber tragisch scheiterten. In dieser Gestaltung liegt m.E. ein vernichtendes Urteil über die Möglichkeiten des Theaters, eine Wirkung zu entfalten. Selbst sein göttlicher „Schirmherr" hat den Dichter, obwohl er dessen Stücke alle sah, nicht verstanden oder wollte ihn nicht verstehen[352]. Im Gegenteil, er zeigt sich weit mehr beeindruckt von den anderen Dichtern auf seiner Bühne, die in ihren Stücken der Illusion einer gelingenden Rache folgen (zur Kritik an Aischylos und Sophokles s. S. 194f.)[353]. In dieser Reaktion des Gottes, der während des Festes in seinem Tempel in der Form seiner Kultstatue anwesend war und, repräsentiert durch seinen Priester in der ersten Reihe des Auditoriums,

---

[351] Die ältere 'Alkestis' (438) widmet sich eher der Kehrseite der Rache, nämlich der Maxime, Freunden zu helfen (τοὺς φίλους εὖ ποιεῖν). Daß zumindest die Einforderung eines solchen Verhaltens problematisch ist, zeigt das Drama.

[352] Insofern widerspreche ich den Deutungen, nach denen Euripides die positive und stabilisierende Wirkung des Theaters habe darstellen wollen; so z.B. EUBEN 1990, 160f.: „(Bacchae) can honor Dionysus without the Dionysiac destroying the city. Tragedy neither rejects Dionysus as the Theban women do ... nor does it simply embrace the god as the Asian Bacchants do with their callous disregard for the polis. Rather it interrogates the norms and normalizing strategies of the culture and reaffirms their necessity. It reveals the fictive quality of the social demarcations that give people their identity and insists that such definitions are necessary to make a people at all." Ähnlich KYRITSI 1993, 185: „Die 'Bakchen' beweisen als dramatisches Kunstwerk, daß innerhalb der Tragödie wilder und zivilisierter Kult, die Gewalt von Frauen und Männern und sogar das Leben und der Tod nebeneinander in einem Ganzen bestehen können. Indem die Widersprüche zu einem Schauspiel werden, verlieren sie die Macht, Leben zu zerstören, nicht aber ihre Wirklichkeit, die weiterhin in der Tragödie bestehen bleibt."

[353] In den 'Bakchen' ist die Auseinandersetzung mit den Vorgängern kaum rekonstruierbar, da die entsprechenden Stücke verloren sind (s. A. 221); vgl. aber S. 273f.

der dramatischen Aufführung beiwohnte[354], dürfte sich nach Euripides das Verhalten des Publikums widerspiegeln: Wie den Gott haben Euripides' Stücke auch die athenischen Zuschauer nicht erreicht, sind nicht verstanden worden[355] oder haben zumindest keinerlei Änderung im Denken und Verhalten auslösen können[356]. In diesem Sinne zeigt Dionysos' Auftreten in den 'Bakchen', wie wenig der Dichter mit seiner Jahrzehnte lang ausgeübten Kunst hat bewirken können.

Diese Reaktion des Publikums hat Euripides noch an anderer Stelle in seinem Stück vorweggenommen, deren Sinn und Bedeutung meist verkannt wird. Gemeint ist die Trauerrede des Kadmos in der Exodos. Er preist Pentheus, den ihm liebsten Menschen (1316), als guten König und Herrn des Palastes (1310–12):

τὸν γέροντα δὲ
οὐδεὶς ὑβρίζειν ἤθελ' εἰσορῶν τὸ σὸν
κάρα· δίκην γὰρ ἀξίαν ἐλάμβανες.

---

[354] Von Aristophanes wird dieser Umstand in den 'Fröschen' deutlich zur Anschauung gebracht, in denen Dionysos als der „ideale" Zuschauer und Preisrichter fungiert.

[355] Dies ist nicht auf das antike Publikum beschränkt; um ein neuestes Beispiel zu nennen, s. WILDBERG 2002, 61: „Wenn das Drama immer wieder darauf hinweist, hinter diesem Nexus von Schuld und Sühne stehe der Olympier Zeus, dann verurteilt es nicht, sondern deutet die Wirklichkeit. Medeia ist nicht das abschreckende Beispiel einer Frau, die außer Kontrolle geraten ist, ihre Rache markiert vielmehr symbolisch die verheerenden Folgen von Verbrechen und Verrat schlechthin. Und oft genug büßen Kinder für ihre Väter." Zu Zeus in den 'Bakchen' s. S. 281.

[356] Anders BIERL 1991, 190: „(Die 'Bakchen') legen den Prozeß offen, wie jemand sich dem Theater widersetzt und schließlich doch so vollkommen in seinen Bann gezogen wird, daß er daran, oder vielmehr an einer pervertierten Form von Theater zugrunde geht." Ebd. 217: „Pentheus will sich auf die spezifischen Voraussetzungen des Theaters, besonders auf die Gesetze der erweiterten Wahrnehmung und der Mimesis, nicht einlassen und wird deswegen von der Gewalt des Theaters von seinem erhöhten Sitz auf die Bühne geschleudert. Er kann den emotionalen Zerreißproben, die Furcht und Schrecken erzeugen, nicht standhalten und wird deswegen selbst 'zerrissen'." Hat sich das sophistisch aufgeklärte Athen dem Theater verweigert? KULLMANN 1993, 262 weist zu Recht darauf hin, daß Pentheus die Verkleidung des Lyders nie durchschaut, der Illusion also eher verfällt. Sollte Euripides die Wirkungen des Theaters mit einem tödlichen Sparagmos verglichen haben? Agaues Absage an Dionysos bleibt bei BIERL unberücksichtigt. BIERL weiterführend BARRETT 1998, 358: „As 'victim' of a 'sparagmos' the spectator 'surrenders to the power of Dionysiac illusion'; as theoros the spectator turns spectatorship into 'narrative', transforming 'experience in the theater' into the subject of public discourse, and brings it into the life of the city."

Und mich alten Mann zu schmähen, wagte keiner aus Achtung vor dir. Denn stets verhängtest du gerechte Strafe[357].

Dann schildert Kadmos in einer geradezu anrührenden Szene, wie Pentheus seinen Großvater schützte und die Beleidiger strafte (1318–22)[358]:

οὐκέτι γενείου τοῦδε θιγγάνων χερί,

τὸν μητρὸς αὐδῶν πατέρα προσπτύξῃ, τέκνον,

λέγων· Τίς ἀδικεῖ, τίς σ' ἀτιμάζει, γέρον;

τίς σὴν ταράσσει καρδίαν λυπηρὸς ὤν;

λέγ', ὡς κολάζω τὸν ἀδικοῦντά σ', ὦ πάτερ.

Nicht mehr wirst du mit deiner Hand diese Wange berühren, mich Großvater nennen und mich umarmen, Kind, und fragen: „Wer hat dir Unrecht getan? Wer hat dich beleidigt, alter Mann? Wer kränkt dich und stört die Ruhe deines Gemüts? Sag' es, damit ich den bestrafe, der dir Unrecht tat, Vater!"

Bei aller Rührung scheint dem alten König nicht klar zu sein, daß er ein Handeln an Pentheus lobt, dem dieser gerade selbst zum Opfer gefallen ist[359]. Der alte Mann ist aber weit davon entfernt, einen Zusammenhang zwischen Pentheus' und Dionysos' Verhalten zu sehen, obwohl er die negativen Folgen dieses Verhaltens jetzt selbst erdulden muß. Dieser Grad an Verdrängung und Blindheit mutet unheimlich an. So erstaunt es auch nicht, daß Kadmos eine ganz andere Lehre aus dem Stück zieht (1325–6):

εἰ δ' ἔστιν ὅστις δαιμόνων ὑπερφρονεῖ

ἐς τοῦδ' ἀθρήσας θάνατον ἡγείσθω θεούς.

Wenn es einen gibt, der die Götter hochmütig verachtet, der soll auf diesen Tod schauen und an die Götter glauben.

---

[357] RIJKSBARON 1991, 156 plädiert für conatives Impf: „you were going/you were likely/you were already preparing to exact the proper punishment."

[358] Die beste Parallele für den Wunsch des Sohnes, die Feinde des Vaters zu bestrafen, findet sich in Hom. Od. 11, 494–503 (Achilleus und Peleus). Die von Euripides problematisierte Ethik hat ihre Wurzeln in den heroischen Werten der Adelswelt.

[359] Kadmos' Terminologie entspricht der des Pentheus und Dionysos: von ὑβρίζειν hat Kadmos zuvor im Zusammenhang mit Dionysos gesprochen (1297 ὕβριν ὑβρισθείς); ἀδικεῖν im Zusammenhang mit Dionysos in 518 und 1344 (Kadmos oder Agaue): ἠδικήκαμεν; wenig später spricht der Chor von δίκη ἀξία in Bezug auf Pentheus (1327–8); τιμή für den Gott kommt in der Kadmos-Teiresias-Szene sechsmal vor (192, 208, 220, 321, 329, 342), im übrigen Stück nur 1010 (Chor); dies dürfte kein Zufall sein; von seiner eigenen τιμή (und ihrem Entzug) spricht Kadmos in 336 und 1313.

Dem, was der Dichter eigentlich sagen wollte, verschließt sich der alte
Mann[360]. Stattdessen interpretiert er - wie wohl auch die überwiegende
Mehrheit des athenischen Publikums - Pentheus' Schicksal als Bestätigung
traditioneller Religiosität[361]: nicht nur hat der Gott seine Existenz und
Macht bewiesen, sondern auch die von Dionysos vertretene und von Zeus
getragene Ethik ist erneut bestätigt worden. Im letzteren Sinne verteidigt
Kadmos auch stets Dionysos' Motive und kritisiert nur das „Zuviel"
(1249–50, 1297, 1302, evtl. 1346), ohne zu sehen, daß gerade die in
dieser Form geübte Rache dem gerechten Gesetz der Talion gehorchte (s.
S. 274)[362]. Auch in Kadmos' Reaktion bildet der Dichter die eines durch-
schnittlichen Zuschauers ab. Wie der Gründer Thebens werden viele Theaterbesucher ungeachtet ihres Jammers und Mitleids mit dem bestraften
Helden die Prinzipien von Rache und Vergeltung nicht hinterfragt haben
(vgl. den schweigenden Chor) und ihnen im eigenen Leben weiterhin gefolgt sein, ohne sich auch nur im geringsten darüber im klaren zu sein, daß
sie genau das tun, über dessen Folgen sie eben noch im Theater klagten.

Diesem Bild von Kadmos entspricht es, daß er in ein Tier verwandelt
wird (zu Dionysos und Pentheus als Tier s. S. 277)[363]: Kadmos und seine
Frau Harmonia sollen nach Dionysos' Ankündigung zu Schlangen werden
(1330–9 und 1354–60)[364]. An der Spitze eines Barbarenheeres werden
Kadmos und seine Frau viele griechische Städte zerstören, und erst, wenn

---

[360] Vgl. den zweiten Boten (1150–2): τὸ σωφρονεῖν δὲ καὶ σέβειν τὰ τῶν θεῶν /
κάλλιστον· οἶμαι δ' αὐτὸ καὶ σοφώτατον / θνητοῖσιν εἶναι κτῆμα τοῖσι χρωμένοις.
Zum Chor s. S. 237. Bis auf Agaue vertreten die Bühnenpersonen eine einheitliche Interpretation des Stückes. Die Mehrheit folgt nicht dem, was der Dichter intendierte.

[361] So auch J.W. von Goethe an C.W. Göttling (März 1832): „Und was für prächtige
Stücke hat er doch gemacht! Für sein schönstes halte ich die 'Bakchen'. Kann man die
Macht der Gottheit vortrefflicher und die Verblendung des Menschen geistreicher dar-
stellen, als es hier geschehen ist?"

[362] Worin das Zuviel besteht, macht er nicht explizit deutlich: er zielt wohl auf die
Tatsache der Ermordung des Sohnes durch die Mutter.

[363] Die Ähnlichkeit im Denken und Handeln erklärt so auch das positive Verhältnis
des Pentheus zum Großvater, vgl. dazu auch A. 166.

[364] Kadmos muß wohl sofort als μέτοικος zu den Barbaren gehen (1354–5); Agaue
darf ihn dorthin nicht begleiten (1363); anders LEINIEKS 1996, 387f., der die Voraussage
als spätere Zutat streicht (1333–8 und 1354–62) und annimmt, Kadmos bleibe in Theben.
Die Erwähnung der Schlangentötung durch Kadmos in V. 1025 sollte als Vorbereitung
der späteren Verwandlung also nicht athetiert werden (so DIGGLE nach MIDDENDORF).

sie sich gegen Delphi wenden, wird ihr Zug gestoppt werden[365]. Da aber wird der Gott Ares die beiden auf die Inseln der Seligen versetzen, die anderen werden leidvoll zurückkehren (1336–9).

Durch den Textausfall wissen wir nicht, warum Kadmos zum Tier wird, das griechische Städte zerstört. Aber angesichts des Symbolgehaltes der Schlange im Stück (s. S. 277) dürfte klar sein, daß Rache und Vergeltung auch hier eine Rolle spielten. Die vorzivilisatorische Phase des mythischen Theben ist keineswegs überwunden; der Gründer der Stadt läßt aufleben, was gerade er überwunden zu haben schien: Gesetz und Recht zeigen ihre Kehrseite und wandeln sich erneut in inhumane Gewalt. Kadmos, der Dionysos' Rache im wesentlichen akzeptiert[366] und Pentheus' einstige Strafhandlungen vermißt, wird in ähnlicher Weise in Zukunft handeln, wenn er mit seinem Heer über Griechenland herfällt[367]. Aber in seinem Falle wird ein anderer Gott, Ares, der wie ein „Deus ex machina" handeln wird, die Folgen für das Ehepaar aufheben: Kadmos und Harmonia werden ihrer Schlangennatur entkleidet und in ein glückliches Jenseits versetzt[368].

---

[365] Unannehmbar JÄKEL 1993, 106: „Kadmos und Semele (muß heißen: Agaue) werden beide von Dionysos ins Exil geschickt, um dort einen neuen Staat zu gründen ... Dionysos (will) diese neue Welt auf der sokratischen Kardinaltugend der σωφροσύνη mit dem Ziel der εὐδαιμονία errichten ..."

[366] Viele Interpreten nehmen Anstoß daran, daß Kadmos als einziger „Bakche" (neben Teiresias) ungerecht bestraft wird. Kadmos selbst scheint dies nicht so zu empfinden, jedenfalls beklagt er sich an keiner Stelle über diese „Ungerechtigkeit". Für ihn ist es selbstverständlich, daß er von der Rache an Mutter und Enkelsohn mitbetroffen ist (1303–5 τοιγὰρ συνῆψε πάντας ἐς μίαν βλάβην,/ ὑμᾶς τε τόνδε θ᾽, ὥστε διολέσαι δόμους / καμέ κτλ.). Seine bakchische Begeisterung ist zudem wohl gestellt (s. A. 286) und hat ihre Ursache nur in äußerlichem Kalkül (333–6); s. dagegen 75–6 θιασεύεσθαι ψυχάν „mit Herz und Seele am Thiasos teilnehmen"; s. VERDENIUS 1981, 303, vgl. RIJKSBARON 1991, 16: „(whoever) initiates his soul in the thiasos for his own benefit"; anders SCHLESIER 1998, 67. Zur „noblen Lüge" (334 καταψεύδου καλῶς) der Existenz des Dionysos vgl. Kritias TrGF I 43 F 19,26 ψευδεῖ καλύψας τὴν ἀλήθειαν λόγῳ.

[367] Auffällig ist, daß Kadmos mit einem barbarischen Heer die griechischen Städte zerstört (1334); vielleicht ein Hinweis auf die Situation in der Endphase des peloponnesischen Krieges, wo Griechen sich der persischen Unterstützung bedienen, um ihre Nachbarstädte zu zerstören? EUBEN 1990, 135 denkt wenig überzeugend an die Perserkriege.

[368] Erstaunlicherweise ist dies für Kadmos kein Trost (1361–2): „Ich werde nicht den Acheron herabfahren und keine Ruhe finden." (Die Negation οὐδέ negiert das Partizip und das Hauptverb, s. KG II 2, 199 A. 1, falsch SEAFORD 1996a, 225: „for the abrupt after sailing the downward-moving Acheron implies going to the underworld"). Selbst für Kadmos scheinen in diesem Fall die Taten der Gewalt nicht heilbar zu sein!

Anders in der politischen Realität am Ende des peloponnesischen Krieges: hier wird, wie in der Interpretation des 'Orestes' gezeigt (S. 150–6), nach Euripides' Sicht kein solcher Maschinengott rettend eingreifen[369], der die Folgen einer Politik aufhebt, die wie im Inneren so nach außen dem Freund hilft und niemals müde wird, am Feind Rache zu nehmen. Außerhalb des Theaters bleibt Harmonia in eine Schlange verwandelt, die unzählige Bürger in den inneren Wirren des Lebens beraubt und viele griechische Städte zerstört: Mytilene, Melos, Korkyra und andere.

Im Auftritt des Theatergottes und in der Kadmos-Rede des Schlusses spiegelt sich die Resignation des Dichters über die Unmöglichkeit, eine Lösung für das dargestellte ethische Problem zu finden, und über die sehr begrenzten Möglichkeiten der gesellschaftlichen Wirkung des Theaters, allgemein akzeptierte Normen in Frage zu stellen oder das Handeln der Menschen gar zu beeinflussen. Dieses Gefühl der Vergeblichkeit erfüllte den Dichter bereits im 'Orestes' (s. S. 195). Ob darin der oder ein Grund unter vielen dafür lag, daß er Athen verlassen hat, wissen wir nicht - unsere Quellen erlauben hier keine biographische Rekonstruktion[370]. Jedenfalls hat er trotz dieser Resignation nicht aufgehört, weitere Stücke zu schreiben. Wie Agaue in den 'Bakchen' schweigt er nicht - auch wenn er wie sie die Heimatstadt verlassen und als alter Mann an der Schwelle des Todes wohl nur noch wenige Kräfte spürte. Dennoch scheint gerade Euripides' Wissen von den Grenzen des eigenen Schaffens seinem schöpferischen Genie neue Impulse gegeben zu haben. Denn es gelingt ihm, seine Resignation in den Stücken zu verarbeiten und sie im dramatischen Spiel darzustellen. Die Wahrheit will er seiner Heimatstadt nicht ersparen, auch wenn die ehemaligen Mitbürger vor ihr die Augen verschließen und wie

---

[369] Nur als Hohn kann man empfinden, daß ausgerechnet Ares diese Aufgabe zugewiesen wird. Es ist nicht erstaunlich, daß ein Interpret, der von den Segnungen einer „City of Dionysos" träumt, diese Partie athetieren will (s. A. 364).

[370] Selbst der Zeitpunkt des Weggangs ist unsicher (s. S. 17 A. 72). Zu den möglichen Motiven s. HOSE 1995, 144–6 und GAVRILOV 1996, 41; auch wenn zu Recht betont wird, daß Euripides in Athen trotz weniger Siege ein angesehener Dichter war (s. z.B. STEVENS 1956, 93, FRANCO 1986, REVERMANN 2000, 451f.), sagt das wenig über seine subjektive Befindlichkeit aus. Fehlende Anerkennung als Motiv zuerst wohl bei Philod. de vitiis 10 ἀχθόμενον αὐτὸν ἐπὶ τῷ σχεδὸν πάντας ἐπιχαίρειν πρὸς 'Αρχέλαον ἀπελθεῖν, vgl. Sat. vit Eur. 15 φθόνος ἐπιχώριος τῶν πολιτῶν und 10 ἀπήχθοντ' αὐτῷ πάντες.

Kadmos und Dionysos in den festgelegten Denkmustern verharren[371]. Euripides schreibt auch im Exil für Athen[372]. Denn die erstaunliche Parallelität in Intention und dramatischen Formen zwischen den hier verglichenen, auf den ersten Blick in Inhalt und Aufbau so unterschiedlichen Dramen legt es nahe, daß auch die 'Bakchen' für die Heimatstadt geschrieben worden sind. Dies schließt nicht aus, daß Euripides eine Aufführung in Makedonien plante[373]; vielmehr legt die Anrufung von Pierien im zweiten Stasimon einen solchen Plan nahe (560–75)[374]. Aber das Publikum, das mit dem Stück in erster Linie angesprochen werden sollte, saß in Athen[375]. Die Stadt hat den Dichter in diesem Fall postum mit einem Sieg

---

[371] Auch hier ist Vergnügen nicht das intendierte Ziel (s. S. 204 zum 'Orestes'); anders ORANJE 1984, 171 im Hinblick auf die 'Bakchen': „So the principal, if not the exclusive purpose of a tragedy can be that the audience is entertained, moved and inspired by the beauty, terror, and charm of the fictional πρᾶξις (plot)."

[372] So z.B. auch DODDS ²1960, XL, ORANJE 1984, 4 A. 11, HOSE 1995, 145. Soweit ich sehe, weisen weder 'Alkmaion in Korinth' noch 'Iphigenie in Aulis' makedonisches Kolorit auf. Vgl. HAMMOND/GRIFFITH 1979, 149 A. 3: aus der Phrase χρόνου πούς in Aristoph. 'Frösche' 100 und 311, die in Ba. 889 erscheint, wird geschlossen, daß die 'Bakchen' 407 in Makedonien aufgeführt wurden, so daß der Text seitdem in Athen bekannt war und von Aristophanes benutzt werden konnte; vgl. aber Eur. fr. 42 (aus Alexandros): καὶ χρόνου προὔβαινε πούς.

[373] Für Makedonien als Aufführungsort neuerdings REVERMANN 2000, 461 und CSAPO 2000, 141: er wertet den hohen Anteil des Chores an den lyrischen Passagen (in den 'Bakchen' 91,7 %, im 'Orestes' 32,8 %) als Beweis für eine makedonische Aufführung, wo ein Profi-Chor zur Verfügung stand (woher wissen wir das?); vgl. auch POLACCO 1986. Zur möglichen Rezeption in Makedonien s. die Andeutungen bei REVERMANN 2000, 462; sollte Euripides allerdings in dem ankommenden Gott das aufstrebende Makedonien, das kulturelle Akzeptanz seitens Griechenlands sucht, verkörpert haben, hätte Archelaos guten Grund gehabt, Euripides sofort wieder nach Hause zu schicken.

[374] Olymp, Pierien und die Landschaft an den makedonischen Flüssen Axios und Lydias werden als künftige (!) Orte des bakchischen Kultes (s. das Futur ἥξει und ἄξει) besungen (409–11, zum Text s. EASTERLING 1994, 78); die Auffassung, die Bakchen hätten auf ihrem Weg von Asien diese Orte durchquert (so z.B. HOSE 1991, II 363), erledigt sich schon durch die Aussage des Chores, er wüßte von ihnen nur durch Hörensagen (572 ἔκλυον); wie und auf welchem Weg der Chor nach Theben kam, darf man nicht fragen, vielleicht zu Schiff? Die Ankündigung beziehe ich konkret auf Euripides' eigene Tragödie: durch sie wird in Zukunft nach Makedonien ein bakchischer Thiasos kommen. Die 'Bakchen' wären dann in Dion (?) an einem Zeus- und Musen-Fest aufgeführt worden; s. dazu SCULLION 2002, 114: „Will Archelaus, of all people, have made himself look a gauche provincial by having tragedies performed at a festival of the wrong god?"

[375] Als Argument dagegen, daß das Stück allein für Makedonien konzipiert ist, werte ich, daß die typischen Namen für die makedonischen Bakchen, nämlich Κλώδωνες und

im Agon belohnt, vielleicht aber deswegen, weil die ungewollten Folgen
der Rache für denjenigen, der sie übt, hier nicht so offensichtlich sind wie
in vielen Tragödien zuvor[376]. Der Triumph des Dionysos wird die Bürger
versöhnt haben, die allzu geneigt waren, die Stimme der Sohnesmörderin
am Ende des Dramas zu überhören, womit sie ein letztes Mal die Intention des Dichters mißachtet haben dürften.

Es ist eine nicht zu beantwortende und vielleicht auch müßige Frage,
wie Euripides in seinem eigenen Leben mit der Erkenntnis der gleichzeiti-
gen Rechtmäßigkeit und Sinnlosigkeit von Vergeltung, Rache und Strafe umgegangen ist. Auch würde seine dichterische Aussage nicht im mindesten
entwertet, wenn wir wüßten, daß er selbst der Rache folgte, wenn er nur in
eigener Person Opfer von Unrecht und Beleidigung war. So aber besitzen
wir über Euripides' Person und Leben im Grunde nur legendäres Material,
bei dem es keine oder sehr wenig Handhabe gibt, das vielleicht Wahre von
der Dichtung zu scheiden. Dennoch berührt es merkwürdig, daß eine dieser
vielen Legenden sich dem Thema von Vergeltung und Rache widmet und
dieses mit seinem angeblich tragischen Tod in Verbindung bringt[377].

Die Vita erzählt die angeblichen Umstände seines Todes (§ 21)[378]. In
Makedonien gebe es ein „thrakisch" genanntes Dorf. Die dort lebenden
Thraker hätten eine Hündin des Königs, die sich dorthin verirrt hatte,

---

Μιμαλλόνες (Plut. vit. Alex. 2, Kallixenos FGrHist 627 F 2 Z. 149, vgl. den Namen
Λαφύστιαι in Schol. Lycophr. 1237), in den 'Bakchen' an keiner Stelle vorkommen.

[376] Gleiches gilt von der 'Iphigenie in Aulis'; bis heute wird die Opferung der Jugend für die Machtpolitik als heroischer Akt selbstloser Vaterlandsliebe verkannt.

[377] Die Geschichte vom Mundgeruch des Dichters (s. GAVRILOV 1996) ist in dieser
Hinsicht nicht aussagekräftig, da sie darüber schweigt, wie Euripides letztendlich mit
dem Beleidiger umgegangen ist; man wird schwerlich annehmen wollen, daß er ihn aus-
peitschen ließ, und explizit wird dies bei Aristoteles pol. 1311b33–4 auch nicht gesagt.

[378] Vgl. Vit. 35 εἰς Μακεδόνας ἀπῆρε πρὸς Ἀρχέλαον τὸν βασιλέα. κἀνταῦθα
ὀψιαίτερον ἀναλύων ὑπὸ βασιλικῶν ἐφθάρη κυνῶν. Letzteres bedeutet wohl: „Er
brach zu spät von dort wieder auf …", d.h. wäre er nach Athen zurückgekehrt, wäre das
Schreckliche nicht geschehen; Suda s.v. Eur.: zwei neidische Dichter hätten einen Ange-
stellten des Königs überredet, die Hunde gegen Euripides loszulassen; nach dem
Sprichwort Προμέρου κύνες habe der Sklave Promeros die Hunde auf den Dichter losge-
lassen (Paroim. Gr. II 624); AP 7,44 εἰ καὶ δακρυόεις, Εὐριπίδη, εἷλέ σε πότμος, καὶ
σε λυκορραῖσται δεῖπνον ἔθεντο κύνες; frühester Beleg bei Hermesianax fr. 7, 61–8
(POWELL): Euripides wird in den Straßen von Aigai, als er einer Dienerin des Archelaos
nachgeht, von Hunden des Arrhibios zerrissen; vgl. zur Legende NESTLE 1898, 135–45.

getötet und nach ihrer Sitte gegessen. Der König Archelaos hätte daraufhin die hohe Geldstrafe eines Talents verhängt, die die Thraker nicht bezahlen konnten. Daraufhin hätten sie Euripides gebeten, Fürsprache beim König einzulegen und ihnen die Strafe zu erlassen. Euripides hatte Erfolg[379]. Einige Zeit später habe sich der Dichter in einem Wäldchen (ἄλσος) vor der Stadt aufgehalten; dort seien Hunde des Königs, die frei umherliefen, über den Dichter hergefallen und hätten ihn getötet und gefressen. Diese Hunde waren die Nachkommen der von den Thrakern verzehrten Hündin. Daraus sei das Sprichwort entstanden: „Rache einer Hündin" (κυνὸς δίκη).

Die Historizität des Berichteten soll hier in keiner Weise behauptet werden[380]; aber von wem auch immer diese Geschichte erfunden ist[381], sie fügt sich zu dem Bild, das uns aus den Tragödien entgegentritt. Der Dichter erscheint als einer, den man als Fürsprecher anruft gegen eine Strafe, die vielleicht rechtmäßig ist, aber doch die Grenzen des Möglichen überschreitet. Sein Erfolg ist nur ein scheinbarer; er verhindert die Vergeltung, aber genau dies schlägt auf ihn selbst zurück, und nach dem Gesetz der Talion erleidet er dasselbe Schicksal wie das ursprüngliche Opfer. Der kleinen Geschichte zufolge erlag Euripides genau den Mechanismen, die er in zwei seiner großartigsten Tragödien am Ende seines Schaffens beschrieben hat; in der Legende hat das Theater den Dichter im eigenen Leben eingeholt und diesem ein Ende gesetzt, das in seiner Tragik dem entspricht, was Euripides in seinen Stücken auf der Bühne des athenischen Dionysos-Theaters in so unnachahmlicher Weise dargestellt hat.

---

[379] Dieses wesentliche Detail wird in der Vita nicht berichtet, ist aber für die Logik der Geschichte entscheidend.

[380] Kritik schon beim Dichter Adaios (1. Jh. n. Chr.) (AP 7,51): οὔ σε κυνῶν γένος εἷλ' Εὐριπίδη, οὐδὲ γυναικῶν / οἶστρος, τὸν σκοτίης Κύπριδος ἀλλότριον, / ἀλλ' Ἀίδης καὶ γῆρας κτλ. Ein historischer Kern liegt möglicherweise (!) darin, daß der alte Euripides von Hunden angegriffen wurde und wenig später an den Folgen starb (so jedenfalls die Meinung von τινες bei Diod. 13,103,4). Vgl. andererseits den Tod des Atheisten Theodoros v. Kyrene durch Hunde. Die Aktaion-Geschichte aus Eur. Ba. 337ff. scheint mir dagegen keinen Einfluß gehabt zu haben, da sie ganz andere Motive enthält.

[381] Vgl. Satyros 22, fr. 39 XX: τελευτῆς δὲ μάλα δυσχεροῦς καὶ ἰδίας ἔτυχεν, ὡς οἱ λόγιοί τε καὶ γεραίτεροι μυθολογοῦσιν Μακεδόνων ... ἔστ[ιν] ἐ[ν Μακεδονίᾳ [...].

Appendix: Aufbau-Schemata

'Orestes'

Verse	Teil	Inhalt	Zahl
1– 139	Prolog:	Elektra Helena - Elektra Elektra	139
140– 207	Parodos:	Chor - Elektra	68
208– 315	1. Epeisodion:	Chor, Orestes - Elektra Orestes	108
316– 347	1. Stasimon:	Chor	32
348– 806	2. Epeisodion:	Chor, Menelaos Orestes - Menelaos Tyndareos - Menelaos Tyndareos Orestes Tyndareos Orestes - Menelaos Pylades - Orestes	459 (377) (82)
807– 843	2. Stasimon	Chor	37
844– 956	3. Epeisodion:	Elektra - Chor Bote	113
960–1012	3. Stasimon:	Chor und Monodie der Elektra	53
1013–1245	4. Epeisodion:	Elektra - Orestes Orestes - Pylades	232 (84)
Umbruch (1098)		Pylades - Orestes Pylades, Orestes Elektra - Orestes - Pylades	(148)
1246–1310		Amoibaion: Elektra - Chor (Helena hinterszenisch)	65
1311–1352		Chor, Elektra - Hermione	42
1353–1365	4. Stasimon:	Chor (Strophe)	13
1369–1502	5. Epeisodion:	 Phrygerarie	134
1503–1536		Chor, Orestes - Phryger	34
1537–1548	5. Stasimon:	Chor (= Antistrophe des 4. Stasimon)	12
1549–1690	Exodos:	Chor, Menelaos - Orestes Apollon Orestes - Menelaos - Apollon	139 = 1680

Die Länge der Spalten entspricht ungefähr den Verszahlen (außer beim vierten/fünften Stasimon). Gedankenstrich bedeutet Dialog; der Doppelstrich markiert die Mitte. Als unecht betrachte ich: 957–9, 1024, 1366–8, 1631–2 und 1638.

'Bakchen'

1– 63	Prolog:	Dionysos	63
64– 169	Parodos:	Chor	106
170– 369	1. Epeisodion:	Teiresias - Kadmos	200
		Pentheus	
		Teiresias	
		Kadmos - Pentheus - Teiresias	
370– 433	1. Stasimon:	Chor	64
434– 518	2. Epeisodion:	Diener	85
		Pentheus - Dionysos (1. Stichomythie)	
519– 575	2. Stasimon:	Chor	57
576– 861	3. Epeisodion:	Dionysos - Chor (Palastwunder)	286
		Dionysos	
		Pentheus - Dionysos (2. Stichomythie, Beginn)	
		Bote (erster Botenbericht)	
Mitte			
		Pentheus - Dionysos (2. Stichomythie)	
862– 911	3. Stasimon:	Chor	50
912– 976	4. Epeisodion:	Pentheus - Dionysos (3. Stichomythie)	65
977–1023	4. Stasimon:	Chor	47
1024–1152	5. Epeisodion:	Bote - Chor	129
		Bote (zweiter Botenbericht)	
1153–1164	5. Stasimon:	Chor	12
1165–1387	Exodos:	Agaue - Chor	223 (?)
		Kadmos - Agaue	
		Agaue (?) und Kadmos	
		Dionysos - Kadmos - Agaue	= 1387

Beim fünften Stasimon entspricht die Länge der Spalte nicht der Verszahl. Die Maßstäbe zwischen Verszahl und Spaltenlänge sind bei beiden Stücken unterschiedlich.

Wie die Schemata zeigen, ist der Aufbau von 'Orestes' und 'Bakchen'
völlig unterschiedlich. Die Struktur der 'Bakchen' ist sehr übersichtlich,
gegliedert durch die ruhige Abfolge der Chorlieder: es gibt vier etwa
gleichlange Stasima und ein fünftes kurzes, das aber erweitert wird durch
das Amoibaion mit Agaue. In der Mitte steht ein langes drittes Epeisodion, um das sich die anderen Epeisodia gruppieren. Man könnte sagen, daß
die Ruhe, mit der Dionysos seine Rache Schritt für Schritt durchführt, sich
im Aufbau des Stückes widerspiegelt.

Ganz anders der 'Orestes'. Hier gibt es nur zwei recht kurze Stasima, die
mit 32 und 37 Versen fast halb so kurz sind wie die ersten beiden der
'Bakchen'; das dritte Stasimon ist erweitert durch die Monodie der Elektra, die gleichsam eine große Epode bildet[382]. Das vierte kurze Stasimon
ist geteilt, so daß die Antistrophe ein fünftes Stasimon ersetzt[383]. Dieser
geringe Anteil an eigentlichen Chorliedern wird ausgeglichen durch ein
Amoibaion zwischen Chor und Elektra, unterbrochen durch die Schreie
der Helena, und die lange Phrygerarie.

Bildet in den 'Bakchen' das dritte Epeisodion die ruhende Mitte, so gruppieren sich im 'Orestes' um die Mitte, die am Ende des zweiten Stasimon
liegt (V. 840)[384], zwei ungefähr gleichlange große Blöcke (496:505 Verse)[385]: das überlange zweite Epeisodion, das eine Hikesie-Szene mit einem
Agon verbindet (s. S. 47 A. 84) und seinen gedanklichen Abschluß im
zweiten Stasimon findet (s. S. 116), sowie das dritte und vierte Epeisodion[386]. Die Mitte bildet also gleichsam einen Spiegel; durch ihn werden

---

[382] In Metra gezählt nach BIEHL 1997, 233: Parodos: 104 (2x19 + 2x33), 1. Stasimon:
56 (2x28), 2. Stasimon: 80 (2x26 + 28), 3. Stasimon: 56 (2x28) und Monodie: 76, Amoibaion: 72 (3x24), 4. Stasimon: 38 (2x19), Phrygerarie: 300 (= insgesamt 782 Metra);
besondere Zahlenproportionen kann ich allerdings schwer entdecken.

[383] Nach der überlieferten Verszählung hat die Strophe 13 Verse (1353–65), die Gegenstrophe dagegen nur 12 (1537–48).

[384] Insgesamt 1690 Verse (ohne Schlußanapäste) minus zehn unechte Verse.

[385] Bei allen beobachteten Relationen herrscht niemals exakte Gleichheit der Verszahlen. Insofern ist es m.E. unmöglich, diese Strukturanalysen für die Textkritik nutzbar zu
machen, anders BIEHL 1997.

[386] Man kann drittes und viertes Epeisodion auch als eines zusammenfassen und 960–
1012 als Kommos zwischen Chor und Elektra auffassen; allerdings dürften der Botenbericht ein Epeisodion beenden (s. Ba. 1152) und Orestes und Pylades mit ihrem Auftritt
ein neues beginnen.

auch die Pylades-Orestes-Szene im zweiten Epeisodion und das dritte Epeisodion in Beziehung gesetzt (82:113 Verse); beide Szenen bilden inhaltlich eine Einheit, da sie den Weg zur Volksversammlung und deren Ablauf betreffen. Die große Umbruchsszene von Orestes, Pylades und Elektra (viertes Epeisodion) entspricht spiegelbildlich dem Agon mit Orestes, Menelaos und Tyndareos: entwickelt sich das Dreiergespräch im zweiten Epeisodion für Orestes von der Hoffnung zur Verzweiflung, so liegt im vierten Epeisodion der entgegengesetzte Verlauf vor. In diesem Sinne stehen auch die Parodos gemeinsam mit dem ersten Epeisodion und das fünfte Epeisodion in einer Relation (176:168 Verse): wird am Beginn Orestes als fast vernichtetes Opfer sichtbar, so in der Phrygerarie und der anschließenden Stichomythie als brutaler Täter. Schließlich sind die Außenteile Prolog und Exodos gleichlang und als Exposition und Lösung der Handlung aufeinander bezogen.

Kompliziert ist dieser Aufbau allein deswegen, weil der entscheidende Umbruch nicht in der Mitte des Stückes, sondern erst nach fast zwei Dritteln stattfindet. Dieser inhaltliche Einschnitt steht neben der Gliederung in Epeisodia, die sich um die Mitte gruppieren. Von diesen beiden Hauptteilen (1–1097 und 1098–1690) gliedert sich der erste über die durch die Stasima bedingte Einteilung hinweg in drei Teile (1–347, 348–724 und 715–1097; s. S. 22). Im letzten Drittel von Vers 1098 an vollzieht sich die Handlung ohne wirklich gliedernde Unterbrechungen in einem stetig ansteigenden Crescendo im Wechsel von Gesangs- und Sprechpartien; erst durch den Auftritt des „Deus ex machina" wird dies abrupt unterbrochen. Ein gewisser Einschnitt nach Vers 1352 ist nur dadurch gegeben, daß alle Schauspieler abgegangen sind und der Chor (und der Zuschauer) nun einen Botenbericht erwartet.

Die Architektonik der 'Bakchen' herauszuarbeiten wird erschwert durch den Versausfall am Ende, dessen Länge unsicher ist. Rechnet man mit einer ursprünglichen Gesamtlänge von ca. 1500 Versen, liegt die Mitte im langen zentralen dritten Epeisodion ungefähr bei Vers 750 (im ersten Botenbericht: Überfall auf die thebanischen Dörfer durch die Bakchen). Der Umschwung nach dem $\hat{\alpha}$-Ruf des Dionysos liegt nahe an dieser Mitte (60 Verse später); Palastwunder und zweite Stichomythie umrahmen den Botenbericht (s. dazu S. 253 A. 202).

Um das dritte Epeisodion gruppieren sich ein nahezu gleichlanges zweites und viertes Epeisodion (85 und 65 Verse), beide eingerahmt durch ebenfalls ungefähr gleichlange Stasima (64 und 57 Verse und 50 und 47 Verse); der erste Block (379–575) ist also etwas kürzer (206:162 Verse) als der zweite (862–1023). Die dritte Stichomythie spiegelt so auch im Aufbau die erste.

Um den Hauptteil, der weit mehr als ein Drittel des Stückes einnimmt (654 Verse), gruppieren sich zwei Außenteile. Diesem Aufbau entspricht der inhaltliche: In den Versen 1–369 wird der Konflikt exponiert, in 370–1023 dargestellt und in 1024–1387 „aufgelöst". In der erhaltenen Fassung ist der erste Außenteil (1–369) fast gleichlang (369:364 Verse) wie der zweite (1024–1387), in der ursprünglichen war das letzte Viertel länger. In den Außenteilen entsprechen sich der Prolog und die Erscheinung des Dionysos als „Deus ex machina" (vor 1330), die Kadmos-Teiresias-Szene steht spiegelbildlich zur Kadmos-Agaue-Szene (in beiden ist Pentheus zugegen in sehr unterschiedlicher Weise), beide Teile waren ursprünglich wohl ungefähr gleichlang (jetzt 200:165 Verse); das bedeutet, daß auch Parodos und zweiter Botenbericht in einer (chiastischen) Relation stehen; nimmt man zum Botenbereicht noch das fünfte Stasimon und das Amoibaion mit Agaue hinzu, sind beide Teile sogar fast gleich lang (200:175 Verse): dem Glück der friedlich singenden Bakchen steht der Bericht über die von ihnen geübte Gewalt gegenüber.

Literatur[1]

(* zum *Orestes*, ** zu den *Bakchen* *** zu Drakon)

Adkins (1960), A.W.H.: *Merit and responsibility. A study in Greek values*, Oxford 1960
- (1966): *Aristotle and the best kind of tragedy*, CQ 16, 1966, 78–102
- (1972): *Homeric gods and the values of Homeric society*, JHS 92, 1972, 1–19
Aélion (1983), R.: *Euripide héritier d' Eschyle*, Paris 1983
Alford (1992), C.F.: *The psychoanalytic theory of Greek tragedy*, New Haven 1992
Allan (2000a), W.: *The Andromache and Euripidean tragedy*, Oxford 2000
- (2000b): *Euripides and the sophists. Society and the theatre of war*, in: Cropp/Lee/Sansone 2000, 145–56
Allen/Italie (1953), J.T./G.: *A concordance to Euripides*, Berkeley 1953
Anderson (1927), F.M.B.: *The insanity of the hero - an intrinsic detail of the Orestes vendetta*, TAPhA 58, 1927, 43–62 *
Anpetkova-Sarova/Piontek (1976), G.G./G.V.: *Was für Wälder durchstreiften die thebanischen Bakchen?*, Philologus 120, 1976, 21–31 **
Arnott (1959), P.D.: *Introduction to the Greek theatre*, London 1959
- (1962): *Greek scenic conventions in the fifth century b.c.*, Oxford 1962
- (1989): *Public and performance in the Greek theatre*, London/New York 1989
Arnott (1973), W.G.: *Euripides and the unexspected*, G&R 20, 1973, 49–64
- (1983): *Tension, frustration and surprise. A study of theatrical techniques in some scenes of Euripides' Orestes*, Antichthon 17, 1983, 13–28 *
Arrowsmith (1958), W.: *Introduction in Euripides IV* (eds. D. Grene/R. Lattimore), Chicago 1958, 186–91 *
- (1963): *A Greek theater of ideas*, Arion II 3, 1963, 32–56
Arthur (1972), M.: *The choral odes of the Bacchae of Euripides*, YCS 22, 1972, 145–79 **
Assael (1993), J.: *Intellectualité et théatralité dans l'œuvre d'Euripide*, Paris 1993
- (1996): Σύνεσις *dans Oreste d' Euripide*, AC 65, 1996, 53–69 *
Austin (1968), C. (ed.): *Nova fragmenta Euripidea in papyris reperta*, Berlin 1968
Bain (1981), D.: *Masters, servants and orders in Greek tragedy*, Manchester 1981
- (1975): *Audience address in Greek tragedy*, CQ 25, 1975, 13–25
- (1987): *Some reflections on the illusion in Greek tragedy*, BICS 34, 1987, 1–14
Barlow (1971), S.A.: *The imagery of Euripides*, London 1971
Barrett (1994), J.C.: *Staged narrative. Authoritative speech and the messenger in Greek tragedy*, Diss. Cornell 1994

---

[1] Wenn nicht anders angegeben, wird Euripides nach DIGGLE 1984/1981/1994 und NAUCK [2]1889 zitiert, alle Texte zur Vita des Euripides nach KOVACS 1994a; Sophokles nach LLOYD-JONES/WILSON 1990 und RADT 1977, Aischylos nach PAGE 1972 und RADT 1985; die übrigen Tragikerfragmente nach SNELL [2]1986 und KANNICHT/SNELL 1981, die Komikerfragmente nach KASSEL/AUSTIN 1983ff. Bei Zitat aus diesen Editionen nenne ich nur den Editor; bei Angaben aus Kommentaren verzichte ich auf das Kürzel „z. St.".

- (1998): *Pentheus and the spectator in Euripides' Bacchae*, AJPh 119, 1998, 337–60 **

Barrett (1964), W.S. (ed.): *Euripides, Hippolytos*, Oxford 1964

Bates (1930), W.N.: *Euripides. A student of human nature*, New York 1930

Bather (1894), A.G.: *The problem of the Bacchae*, JHS 14, 1894, 244–63 **

Bazant (1984), J.: *On Satyrs, Maenads, Athenians, and Vases*, Eirene 21, 1984, 41–7 **

- /Berger-Doer (1994), G.: *Pentheus*, LIMC VII 1, 1994, 306–520 **

Behler (1986), E.: *A.W. Schlegel and the nineteenth-century damnatio of Euripides*, GRBS 27, 1986, 335–67

Belardinelli (1984), A.M.: *L'Oreste di Euripide e i Sicioni di Menandro*, Orpheus 5, 1984, 396–402 *

Bellen (1974), H.: *Der Rachegedanke in der griechisch-persischen Auseinandersetzung*, Chiron 4, 1974, 43–67

Benedetto (1961a), V. di: *Note critico-testuali all' Oreste di Euripide*, Stud. class. e orient. 10, 1961, 122–55 *

- (1961b): *Euripide. Teatro e società*, Torino 1961

- (1965) (ed.): *Euripidis Orestes. Introduzione, testo critico, commento e appendice metrica*, Firenze 1965 *

Bérard/Bron (1984), C./C.: *Le jeu du satyre*, in: La cité des images. Religion et société en Grèce antique, Paris 1984, 126–45 (engl.: *Satyric revels*, in: A city of images, trans. D. Lyons, Princeton/New Jersey 1989, 130–49, danach zitiert) **

- (1990): *Le liknon, le masque et le poteau. Images du rituel Dionysiaque*, in: M. Mactoux/E. Geny (eds.), Mélanges P. Lévêque, Paris 1990, IV 29–44 **

Bergmann (1970), P.: *Der Atridenmythos in Epos, Lyrik und Drama*, Diss. Erlangen 1970 *

Bergson (1971), L.: *Die Relativität der Werte im Frühwerk des Euripides*, Stockholm 1971

Berlin (1981), N.: *The secret cause. A discussion of tragedy*, Amherst 1981

Bernard (1997), W.: *Die Macht des Schicksals und die Freiheit des Individuums. Zur Aktualität der attischen Tragödie*, in: Orientierung - Gesellschaft - Erinnerung. Rostocker Philosophische Manuskripte 4, 1997, 61–77

Bernays (1880), J.: *Zwei Abhandlungen über die aristotelische Theorie des Dramas*, Berlin 1880 (ND Hildesheim/New York 1970)

Berti (1991), F. (ed.): *Dionysos. Mito e Mistero* (Atti del convegno intern. Comacchio 1989), Ferrara 1991 **

Beye (1975), C.R.: *Ancient Greek literature and society*, Anchor Books Edition 1975

Bianchi (1976), U.: *The Greek mysteries* (Iconography of relig. 17,3), Leiden 1976 **

Bichler (1989), R.: *Christian Meier und die Dimension des Politischen in der klassischen Tragödie*, Polit. Vierteljahresschr. 30, 1989, 512–18

Biehl (1955), W.: *Textprobleme in Euripides' Orestes*, Diss. Jena, Göttingen 1955 *

- (1965): *Euripides, Orestes* (Dt. Akad. d. Wiss. zu Berlin. Schriften d. Sekt. für Altertumswiss. 46), Berlin 1965 *

- (1968): *Zur Darstellung des Menschen in Euripides' Orestes*, Helikon 8, 1968, 197–221 *

- (1971–2): *Die quantitative Formgestaltung der Sprechpartien in Euripides'*
  Orestes, Helikon 11–12, 1971–2, 192–212 *
- (1975): *Euripides, Orestes* (Teubner), Leipzig 1975 *
- (1997): *Textkritik und Formanalyse zur euripideischen Hekabe*, Heidelberg 1997
Bierl (1991), A.F.H.: *Dionysos und die griechische Tragödie. Politische und*
  'metatheatralische' Aspekte im Text (Classica Monacensia 1), Tübingen 1991 **
- (1994): *Apollo in Greek tragedy. Orestes and the god of initiation*, in: J. Solomon
  (ed.), Apollo. Origins and influences, Tucson 1994, 81–96 *
- (1999): *Rez. R. Seaford, Euripides, Bacchae*, Gnomon 71, 1999, 582–92 **
- /Möllendorff (1994), P. v.: *Orchestra. Drama, Mythos, Bühne* (FS H. Flashar),
  Stuttgart/Leipzig 1994
Bingers (2002), B.J.J.M.: *Euripides Bacchae 1064–9. Dionysus, the wheel and the lathe*,
  Mnem. 55, 2002, 83–6 **
Blaiklock (1952), E.: *The male characters of Euripides*, London 1941
Bleckmann (1998), B.: *Athens Weg in die Niederlage. Die letzten Jahre des*
  Peloponnesischen Kriegs (BzA 99), Stuttgart und Leipzig 1998
Blößner (1997), N.: *Kontextbezogenheit und argumentative Funktion. Methodische*
  Anmerkungen zur Platondeutung, Hermes 124, 1997, 1–13
Blume (1974), H.-D.: *Menanders's Samia. Eine Interpretation*, Darmstadt 1974
- (³1991): *Einführung in das antike Theaterwesen*, Darmstadt ³1991
Bond (1963), G.W. (ed.): *Euripides, Hypsipyle*, Oxford 1963
- (1981) (ed.): *Euripides, Heracles*, Oxford 1981 (Paperback 1988)
Borgeaud (1991), P. (ed.): *Orphisme et Orphée* (en l'honneur de J. Rudhardt)
  (Recherches et Rencontres 3), Genève 1991 **
Bosman (1993), P.R.: *Pathology of a guilty conscience. The legacy of Euripides'*
  Orestes, in: Acta class. 36, 1993, 11–25 *
Bothe (1825), F.H.: *Poetae scenici Graecorum I*, Leipzig 1825 *
Boulter (1962), P.N.: *The theme of ἀργία in Euripides' Orestes*, Phoenix 16, 1962, 102–
  6 *
Bouvrie (1990), S. des: *Women in Greek tragedy* (Symb. Osl. Suppl. 27), Oxford 1990
- (1997): *Euripides Bakkhai and maenadism*, Classica et Mediaevalia 48, 1997, 75–
  114 **
Brashear (1975), W.: *Euripides' Bacchae 17–26*, ZPE 19, 1975, 300–1 **
Braun (1998), M.: *Die 'Eumeniden' des Aischylos und der Areopag* (Class. Monac. 19),
  Tübingen 1998 *
Breitenbach (1934), W.: *Untersuchungen zur Sprache der Euripideischen Lyrik* (Tüb.
  Beiträge 20), Stuttgart 1934
Bremer (1988), D.: *Die griechische Tragödie - ein Schicksalsdrama? Oder: Ist Hegels*
  Antwort so veraltet wie diese Frage?, in: P. Neukam (ed.), Die Antike in
  literarischen Zeugnissen (Dialog Schule - Wiss., Klass. Sprachen u. Lit. 22),
  München 1988, 17–33
Bremer (1969), J.M.: *Hamartia. Tragic error in the Poetics of Aristotle*, Amsterdam 1969
- (1976a) u.a. (eds.): *Miscellanea tragica* (FS J.C. Kamerbeek), Amsterdam 1976
- (1976b): *De interpretatie van Euripides' Bacchen*, Lampas 9, 1976, 2–7 **

- (1991): *Poets and their patrons*, in: Hofmann 1991, 39–60
Bremmer (1984), J.N.: *Greek maenadism reconsidered*, ZPE 55, 1984, 267–86 **
Bron (1987), C.: *Porteurs de thyrse ou bacchants*, in: C. Bérard u.a. (eds.), Images et sociétés en Grece anciènne, Paris 1987, 145–53 **
Brown (1984), A.L.: *Eumenides in Greek tragedy*, CQ 34, 1984, 260–81 *
Brown (1982), C.: *Dionysos and the women of Elis: PMG 871*, GRBS 23, 1982, 305–14 **
Bruhn (^{3}1891), E.: *Ausgewählte Tragödien des Euripides. 1. Die Bakchen*, Berlin ^{3}1891
Brunck (1798), R.F.Ph.: *Theatrum Graecum II*, London 1798 *
Bruyn (1995), O. de: *La compétence de l'Aréopage en matière de procès publics. Des origines da la polis athénienne à la conquête romaine de la Grèce (vers 700–146 avant J.-C.)*, Stuttgart 1995 ***
Buchheim (1986), T.: *Die Sophistik als Avantgarde normalen Lebens*, Hamburg 1986
Burckhardt (1977), J.: *Griechische Kulturgeschichte I-II*, München 1977
Burian (1985), P. (ed.): *Directions in Euripidean criticism*, Durham 1985
- (1997): *Myth into muthos. The shaping of tragic plot*, in: P.E. Easterling (ed.), The Cambridge companion to Greek tragedy, Cambridge 1997, 178–210
Burkert (1955), W.: *Zum altgriechischen Mitleidsbegriff*, Erlangen 1955
- (1966): *Tragedy and sacrificial ritual*, GRBS 7, 1966, 87–121
- (1974): *Die Absurdität der Gewalt und das Ende der Tragödie. Euripides, Orestes*, A&A 20, 1974, 97–109 *
- (1992): *'Vergeltung' zwischen Ethologie und Ethik* (C.F. v. Siemens Stiftung, Themen 55), München 1992
- (1993): *Bacchic teletai in the Hellenistic age*, in: Carpenter/Faraone 1993, 259–73 **
- (^{2}1997): *Homo Necans. Interpretationen altgriechischer Opferriten und Mythen* (RGVV 32), Berlin and New York ^{2}1997 (= ^{1}1972) **
Burnett (1970), A.P.: *Pentheus and Dionysos, Host and guest*, CP 65, 1970, 15–29 **
- (1971): *Catastrophe survived. Euripides' plays of mixed reversal*, Oxford 1971
- (1998): *Revenge in Attic and later tragedy* (Sather class. lectures 62), Los Angeles/London 1998
Busolt/Swoboda (1920–6), G./H.: *Griechische Staatskunde*, München 1920–6 ***
Buxton (1991), R.: *News from Cithaeron. Narrotors and narratives in the Bacchae*, Pallas 37, 1991, 39–48 **
Calhoun (1964), G.M.: *Athenian clubs in politics and litigation* (Stud. Historica 7), Rom 1964
Campbell (1956), A.Y.: *Notes on Euripides' Bacchae*, CQ 6, 1956, 56–67 **
Cantarella (1975), E.: φόνος μὴ ἐκ προνοίας. *L'elemento soggestivo dell'atto illecito nei logografi e nei folosofi*, in: H.J. Wolff, Symposion 1971. Vorträge zur gr. und hell. Rechtsgeschichte, Köln/Wien 1975, 293–320 ***
- (1976): *Studi sull'omocidio in diritto greco e romano*, Mailand 1976 ***
Canter (^{2}1597), W.: *Euripidis tragoediae XIX*, Antwerpen ^{2}1597 *
Carawan (1990), E.M.: *Trial of exiled homicides and the court at Phreatto*, Rev. intern. des droits d l'antiquité, III 37, 1990, 47–67 ***

- (1991): ἐφεταί and Athenian courts for homicide in the age of the orators, CPh 86, 1991, 1–16 ***

Carpenter (1986), T.H.: Dionysian imagery in archaic Greek art. Its development in black-figure vase painting, Oxford 1986 **

- (1997): Dionysian imagery in fifth-century Athens, New York 1997 **

- /Faraone (1993), C. (eds.): Masks of Dionysus, Ithaca/London 1993 **

Carrière (1966), J.: Sur le message des Bacchantes, AC 35, 1966, 118–39 **

Caruso (1987), C.: Travestissements dionysiaques, in: C. Bérard et al., Images et sociétés en Grece anciènne, Paris 1987, 103–10 **

Casadio (1982–3), G.: Per un' indagine storico-religiosa sui culti di Dioniso in relatione alla fenomenologia dei misteri I-II, SMSR 6, 1982, 209–34 und SMSR 7, 1983, 123–49 **

Castellani (1976), V.: That troubled house of Pentheus in Euripides' Bacchae, TAPhA 106, 1976, 61–83 **

Cawkwell (1988), G.L.: Nomophylakia and the Areopagus, JHS 108, 1988, 1–12 ***

Cecchi (1966), S.: Euripidis Orestes, Florence 1966 *

Cessi (1987), V.: Erkennen und Handeln in der Theorie des Tragischen bei Aristoteles (Beitr. zur klass. Phil. 180), Frankfurt 1987

Chapouthier (1959), F. (ed.): Euripide VI 1 (trans. L. Méridier), Paris 1959

Christopoulou-Mortoja (1964), E.: Die Darstellungen des Dionysos in der schwarzfigurigen Vasenmalerei, 1964 **

Cilliers (1985), L.: Die 'absurde' profesie van Apollo in Euripides se Orestes, Acta class. 28, 13–19 *

- (1991): Menelaos' 'unnecessary baseness of character' in Euripides' Orestes, Acta class. 34, 1991, 21–31 *

Class (1964), M.: Gewissensregungen in der griechischen Tragödie (Spudasmata 3), Hildesheim 1964

Coche de la Ferré (1980), É.: Penthée et Dionysos. Nouvel essai d'interprétation des 'Bacchantes' d'Euripide, in: R. Bloch, Recherches sur les religions de l'antiquité classique (Cent. de rech. d'hist. et de phil. 3,10), Genève/Paris 1980, 105–257 **

Cockle (1987), W. (ed.): Euripides, Hypsipyle, Rom 1987

Cohen (1995), D.: Law, violence and community in classical Athens (Key themes in ancient history), Cambridge 1995 ***

Cole (1980), S.G.: New evidence for the mysteries of Dionysos, GRBS 21, 1980, 223–38 **

Collard (1975), C.: Formal debates in Euripides' drama, G&R 22, 1975, 58–71

- (1989): Rez. C.W. Willink, Euripides, Orestes, CR 39, 1989, 13–15 *

- (1991) (ed.): Euripides, Hecuba, Warminster 1991

Collard/Cropp/Lee (1995), C./M.J./K.H. (eds.): Euripides. Selected fragmentary plays I (Aris & Philipps), Warminster 1995

Collinge (1962), N.E.: Medical terms and clinical attitudes in the tragedians, BICS 9, 1962, 43–56

Conacher (1967), D.J.: Euripidean Drama. Myth, theme and structure, Toronto 1967

- (1981): Rhetoric and relevance in Euripidean drama, AJPh 102, 1981, 3–25

- (1998): *Euripides and the sophists. Some dramatic treatments of philosophical ideas*, London 1998

Connor (1971), W.R.: *The new politicians of fifth-century Athens*, Princeton 1971

Conradie (1981), P.J.: *Contemporary politics in Greek tragedy. A critical discussion of different approaches*, Act. class. 24, 1981, 23–35

Corsini (1986), E. (ed.): *La polis et il suo teatro*, Padua 1986

Croally (1994), N.T.: *Euripidean polemic. The Trojan women and the function of tragedy*, Cambridge 1994

Cropp (1981), M.: *τί τὸ σοφόν*, BICS 28, 1981, 39–42 **

- (1982): *Interpolation at Orestes 268–70*, Phoenix 36, 1982, 209–14 *

- (1986) u.a. (eds.): *Greek tragedy and its legacy* (FS D.J. Conacher), Calgary 1986

Cropp/Fick (1985), M.J./G.: *Resolutions and Chronology in Euripides*, London 1985

Cropp/Lee/Sansone (2000), M./K./D. (eds.): *Euripides and tragic theatre in the late fifth century* (Ill. class. stud. 24–5), Illinois 2000

Csapo (2000), E.: *Later Euripidean music*, in: Cropp/Lee/Sansone 2000, 399–426 **

Csapo/Slater (1994), E./W.J.: *The context of ancient drama*, Ann Arbor 1994

Daitz (1983), S.G.: *Euripides, Orestes 279 γαλήν' > γαλῆν. Or how a blue sky turned into a pussycat*, CQ 33, 1983, 294–5 *

Dale (1956), A.M.: *Seen and unseen on the Greek stage*, WS 69, 1956, 96–106 (= in: dies.: Collected papers, Cambridge 1969, 119–29) *

Dalmeyda (1908), G.: *Euripide. Les Bacchantes*, Paris 1908 *

Damen (1990), M.: *Electra's monody and the role of the Chorus in Euripides' Orestes 960–1012*, TAPhA 120, 1990, 133–45 *

Daraio (1949), F.: *L'Oreste di Euripide*, Dioniso 12, 1949, 92–103 *

Daraki (1980), M.: *Aspects du sacrifice dionysiaque*, Rev. de l'hist. des religions 197, 1980, 131–57 **

Davies (1986), M.: *Politics and madness*, in: Euben 1986, 142–61

- (1998): *Euripides' Electra. The recognition scene again*, CQ 48, 1998, 389–403

- (1999): *Speaking and silence. Euripides, Orestes 1591–2*, Prometheus 25, 1999, 227–30 *

Dawe (1967), R.D.: *Some reflections on ἄτη and ἁμαρτία*, HSCPh 72, 1967, 89–123

- (1980): *A note on Euripides, Bacchae 896*, RhM 123, 1980, 223–4 **

Dean-Jones (1994), L.: *Women's Bodies in Classical Greek Science*, Oxford 1994

Degani (1967), E.: *Osservazioni critico-testuali all' Oreste di Euripie*, Boll. ediz. naz. dei class. grec. e lat. 15, 1967, 17–54 *

Deichgräber (1935), K.: *Die Kadmos-Teiresias-Szene in Euripides' Bakchen*, Hermes 70, 1935, 322–49 **

Delebecque (1951), E.: *Euripide et la guerre du Péloponnèse*, Paris 1951

Denniston (²1954), J.D.: *Greek particles*, Oxford ²1954 (ND 1970)

Detienne (1975), M.: *Les chemins de la déviance. Orphisme, Dionysisme, et Pythagorisme*, in: Orfismo in Magna Grecia (Atti del quattordicesimo convegno di studi sulla Magna Grecia), Taranto 1975, 49–79 **

- (1977): *Dionysos mis à mort*, Paris 1977 **

- (1986): *Dionysos à ciel ouvert*, Paris 1986 **

Deubner (1932), L.: *Attische Feste*, Berlin 1932 **

Devereux (1970), G.: *The psychotherapy scene in Euripides' Bacchae*, JHS 90, 1970, 35–48 **

Diggle (1984, 1981, 1994), J. (ed.): *Euripidis fabulae I-III*, Oxford 1984, 1981, 1994
- (1990): *The textual tradition of Euripides' Orestes*, Oxford 1990 *
- (1994): *Euripidea. Collected Essays*, Oxford 1994
- (1998a) (ed.): *Tragicorum Graecorum fragmenta selecta*, Oxford 1998
- (1998b): *Euripides, Bacchae 1063–9*, Eikasmos IX, 1998, 41–52 (= in: J.A. López Férez [ed.], Desde los poemas homéricos hasta la prosa griega del siglo IV d.C. [EFG 4], Madrid 1999, 135–48) **

Dihle (1962), A.: *Die goldene Regel. Eine Einführung in die Geschichte der antiken und frühchristlichen Vulgärethik* (Studienhefte zur Altertumswiss. 7), Göttingen 1962
- (1981): *Der Prolog der Bakchen und die antike Überlieferungsphase des Euripides-Textes*, SAHW 1981 **
- (1991): *Griechische Literaturgeschichte. Von Homer bis zum Hellenismus*, München ²1991

Diller (1955), H.: *Die Bakchen und ihre Stellung im Spätwerk des Euripides*, AAWM 1995 **
- (1960): *Umwelt und Masse als dramatische Faktoren bei Euripides*, Entretiens Fond. Hardt 6, Genf 1960, 89–121 (= ders., Kleine Schriften zur Antiken Literatur, München 1971, 335–58)

Dindorf (1832), W. (ed.): *Euripides Tragoediae I*, Oxford 1832 (Notes in Bd. IIIa, Oxford 1839)
- (²1863) (ed.): *Scholia Graeca in Euripidis tragoedias*, Oxford ²1863

Dingel (1967), J.: *Das Requisit in der griechischen Tragödie*, Diss. Tübingen 1967

Dirkzwanger (1978), A.: *Chronologie der dramatischen Aufführungen in Athen vom Tod des Euripides bis zur Aufführung der Frösche*, AC 47, 1978, 476–93

Dirlmeier (1931), F.: *Φίλος und Φιλία im vorhellenistischen Griechentum*, München 1931

Dodds (1929), E.R.: *Euripides the irrationalist*, CR 43, 1929, 97–104
- (²1960): (ed.): *Euripides Bacchae. Edited with introduction and commentary*, Oxford ²1960 **
- (1970): *Die Griechen und das Irrationale* (trans. H.J. Dirksen), Darmstadt 1970 (= *The Greeks and the Irrational* [Sather Class. Lec. 25], Berkley/Los Angeles ⁵1966) **

Donadi (1974), F.D.: *In margine alla follia di Oreste*, Boll. dell' Inst. di Fil. gr. dell' Univ. di Padova 1, 1974, 111–27 *

Dörrie (1956), H.: *Leid und Erfahrung. Die Wort- und Sinnverbindung παθεῖν - μαθεῖν im griechischen Denken* (AAWM 1956, Nr. 5), Wiesbaden 1956

Dover (1974), K.J.: *Greek popular morality in the time of Plato and Aristotle*, Oxford 1974

Dubischar (2001), M.: *Die Agonszenen bei Euripides* (Drama Beiheft 13), Stuttgart/ Weimar 2001

Duchemin ([2]1968), J.: L'ἀγών dans la tragédie grecque, Paris [2]1968

Duclos (1981), G.S.: Aeschylus' Eumenides and Euripides' Bacchae in the context of fifth century Athens, The class. Outlook 59, 1981, 100–2 **

Dunn (1989), F.M.: Comic and tragic license in Euripides' Orestes, Classical Antiquity 8, 1989, 238–51 *

– (1996): Tragedy's End. Closure and innovation in Euripidean Drama, New York/Oxford 1996

Durand/Frontisi-Ducroux (1982), J.-L./F.: Idoles, figures, images. Autour de Dionysos, Rev. Archéol. 54, 1982, 81–108 **

Dyer (1964), Image and Symbol. The link between the two worlds of the Bacchae, Journ. of the Australasian Univ. Lang. and Lit. Ass. 21, 1964, 15–26 **

Eagleton ([4]1997), T.: Einführung in die Literaturtheorie (aus dem Engl. von E. Bettinger/E. Hentschel), Stuttgart/Weimar [4]1997 (= Literary theorie. An introduction, Oxford [2]1996)

Easterling (1985), P.E.: Anachronism in Greek tragedy, JHS 105, 1985, 1–10

– (1987): Putting together the pieces. A passage in the Bacchae, Omnibus 14, 1987, 14–16

– (1993): Tragedy and ritual, in: Scodel 1993, 7–23

– (1994): Euripides outside Athens. A speculative note, ICS 19, 1994, 73–80

– (1997a): Constructing the heroic, in: Pelling 1997, 21–38

– (1997b): A show for Dionysos, in: dies. (ed.): The Cambridge companion to Greek tragedy, Cambridge 1997, 36–53 **

Ebener (1966), D.: Zum Schluß des Orestes, Eirene 5, 1966, 43–9 *

– (1972–80): Euripides, Tragödien (gr. und dt.), Berlin 1972–80 (ND Darmstadt 1990)

Eden (1988), P.T.: Two notes on Euripides, CQ 38, 1988, 560–1 *

Eder (1995), W. (ed.): Die athenische Demokratie im 4. Jh. v. Chr., Stuttgart 1995

Edmunds/Wallace (1997), L./R. (eds.): Poet, public, and performance in ancient Greece, Baltimore 1997

Eduntoulakis (1995), F.: Violence and theatricality. Studies on violence on a dramatic element in classical and post-classical Greek tragedy, Diss. Manchester 1995

Edwards (1960), M.W.: Representations of maenads on archaic red-figured vases, JHS 80, 1960, 78–87 **

Effe (1990), B.: Die Grenzen der Aufklärung. Zur Funktion des Mythos bei Euripides, in: G. Binder/B. Effe (eds.), Mythos (Boch. Altertumswiss. Coll. 2), Trier 1990, 56–74

Egan (1999), R.B.: Electra and the sword at Euripides' Orestes 1041, Hermes 127, 1999, 382–3 *

Elmsley (1822), P. (ed.): Euripidis Bacchae in usum studiosae juventis, Leipzig 1822 **

Elsperger (1908), W.: Reste und Spuren antiker Kritik gegen Euripides gesammelt aus den Euripidesscholien (Philologus Suppl. 11), Leipzig, 1908, 1–176

Engels (1993), J.: Der Michigan-Papyrus über Theramenes und die Ausbildung des 'Theramenes-Mythus', ZPE 99, 1993, 125–55

Erbse (1975), H.: Zum Orest des Euripides, Hermes 103, 1975, 434–59 *

– (1984): *Studien zum Prolog der Euripideischen Tragödie* (Untersuchungen zur ant. Lit. und Geschichte 20), Berlin/New York 1984

Erdmann (1964), G.: *Der Botenbericht bei Euripides. Struktur und dramatische Funktion*, Diss. Kiel 1964

Erp Taalman Kip (1990), A.M. van: *Reader and spectator. Problems in the interpretation of Greek tragedy*, Amsterdam 1990

– (1997): *To be or not to be. The meaning of Bacchae 333*, Mnem. 50, 1997, 596 **

Esposito (1998), S.J.: *Bacchae of Euripides. Translation, introduction and notes*, Newburyport 1998 **

Euben (1986), J.P. (ed.): *Greek Tragedy and political theory*, Berkeley 1986

– (1986): *Political corruption in Euripides' Orestes*, in: ders. 1986, 222–51 *

Eucken (1986), C.: *Das Rechtsproblem im Euripideischen Orest*, MH 43, 1986, 155–68 *

Evans (1988), A.: *The god of ecstasy. Sex roles and the madness of Dionysos*, New York 1988 **

Evjen (1971), H.: *Dem. 47,68–73 and the δίκη φόνου*, Rev. intern. des droits d l'antiquité, III 18, 1971, 255–65 ***

Falkner (1983a), T.M.: *Coming of age in Argos. Physis and paideia in Euripides' Orestes*, CJ 78, 1983, 289–300 *

– (1983b): *The conflict of generations in Euripides' Orestes*, in: K. Hartigan (ed.), From Pen to Performance (Univ. Florida Comp. Drama Pap. 3), Florida 1983, 13–22 *

– (1984) (ed.): *Euripides' Orestes*, Bryn Mawr 1984 *

Fauth (1967) W.: *Zagreus*, RE 9 A 2, 1967, 2221–83 **

Ferrini (1978), F.: *Tragedia e pathologie. Lessico ippocratico in Euripide*, QUCC 29, 1978, 49–62

Festugière (1956), A.J.: *La signification religieuse de la parodos des Bacchantes*, Eranos 54, 1956, 69–79 **

– (1957): *Euripides dans les Bacchantes*, Eranos 55, 1957, 127–44 **

– (1972): *Les mystères de Dionysos*, in: ders., Etudes de religion grecque et hellénistique, Paris 1972, 13–63 **

Figueira (1993), T.: *Draco and the Attic tradition*, in: ders., Excursions in epichoric history. Aiginetan essays, Lanham 1993, 231–54 ***

Finley (1975), M.I.: *The use and abuse of history*, London 1975

Fisher (1992), R.K.: *The 'Palace-miracles' in Euripides' Bacchae. A reconsideration*, AJPh 113, 1992, 179–88 **

Fitzpatrick (1995), D.G.: *Heroic friendship and Greek tragedy. A study of Sophocles' Philoctetes and Euripides' Orestes*, Diss. Dublin 1995

Flashar (1984), H.: *Die Poetik des Aristoteles und die griechische Tragödie*, Poetica 16, 1984, 1–23 (= ders., Eidola. Ausgew. kleine Schriften, Amsterdam 1989, 147–69)

– (1991): *Inszenierung der Antike*, München 1991

– (1997a): *Die Poetik des Aristoteles und die griechische Tragödie*, in: ders. (ed.), Tragödie (Colloquium Rauricum 5), Stuttgart/Leipzig 1997, 50–64

– (1997b): *Orest vor Gericht*, in: W. Eder/K.-J. Hölkeskamp, Volk und Verfassung im vorhellenistischen Griechenland (FS K.-W. Welwei), Stuttgart 1997, 99–111 *

Foley (1980), H.P.: *The masque of Dionysos*, TAPhA 110, 1980, 108–33 **
- (1985): *Ritual irony. Poetry and sacrifice in Euripides*, Ithaca/London 1985 **
Förs (1964), H.: *Dionysos und die Stärke des Schwachen im Werk des Euripides*, Diss. Tübingen 1964 **
Fraenkel (1950), E. (ed.): *Aeschylos, Agamemnon (Bd. I-III)*, Oxford 1950
- (1967): *Anreden an nur gedachte Zuhörer*, MH 24, 1967, 190–3
Fraisse (1974), J.-C.: *Philia. La notion d'amitié dans la philosophie antique. Essai sur un problème perdu et retrouvé*, Paris 1974
Franco (1986), C.: *Euripide e gli Ateniensi*, in: Corsini 1986, 111–25
Fresco (1976), M.F.: *Zur Schuld des Orestes*, in: Bremer 1976, 85–123 *
Frickenhaus (1912), A.: *Lenäenvasen*, BWPr 72, 1912, 1–40 **
Friedrich (1967), W.H.: *Vorbild und Neugestaltung. Sechs Kapitel zur Geschichte der Tragödie*, Göttingen 1967
Friedrich (1996), R.: *Everything to do with Dionysos? Ritualism, the Dionysiac, and the tragic*, in: Silk 1996, 257–83 **
- (2000): *Dionysos among the dons. The new ritualism in R. Seaford's commentary on the Bacchae*, Arion 7, 2000, 115–52 **
Friis Johansen (1959), H.: *General Reflection in Tragic Rhesis*, Copenhagen 1959
- /Whittle (1980), E.W. (ed.): *Aeschylus, The Suppliants (I-III)*, Denmark 1980
Fritz (1962), K. von: *Antike und moderne Tragödie. Neun Abhandlungen*, Berlin 1962
Frontisi-Ducroux (1986), F.: *Images du ménadisme féminin. Les vases des Lénéennes*, in: L'association dionysiaque dans les sociétés anciennes (École franç. de Rome 89), Rom 1986, 165–76 **
- (1991): *Le dieu-masque. Une figure du Dionysos d'Athènes*, Paris/Rome 1991 **
- /Lissarrague (1983), F.: *De l'ambiguïté à l'ambivalence. Un parcours dionysiaque*, Ann. del Inst. Orient. do Napoli 5, 1983, 11-32 **
Fürst (1996), A.: *Streit unter Freunden* (BzA 85), Leipzig/Stuttgart 1996
- (1997): *Freundschaft als Tugend. Über den Verlust der Wirklichkeit im antiken Freundschaftsbegriff*, Gymnasium 104, 1997, 413–33
Funke (1963), H.: *Die sogenannte tragische Schuld. Studien zur Rechtsidee in der griechischen Tragödie*, Diss. Köln 1963
Fuqua (1976), C.: *Studies in the use of myth in Sophocles' 'Philoctetes' and the 'Orestes' of Euripides*, Traditio 32, 1976, 29–95 *
- (1978): *The world of myth in Euripides' Orestes*, Traditio 34, 1978, 1–28 *
Gagarin (1978), M.: *The prohibition of just and unjust homicide in Antiphon's Tetralogies*, GRBS 19, 1978, 111–20 ***
- (1979): *The prosecution of homicide in Athens*, GRBS 20, 1979, 301–23 ***
- (1981): *Drakon and early Athenian homicide law*, New Haven/London 1981 ***
- (1988): *Bouleusis in Athenian homicide law*, in: G. Nenci/G. Thür (eds.): Symposion 1988. Vorträge zur gr. und hell. Rechtsgeschichte, Köln/Wien 1990, 81–99 ***
Gallini (1963), C.: *Il travestismo rituale di Pentheo*, SMSR 34, 1963, 211–28 **
Gallistl (1979), B.: *Teiresias in den Bakchen des Euripdes* (Diss. Zürich), Rosenheim 1979 **
- (1981): *Der Zagreus-Mythos bei Euripides*, WJA 7, 1981, 236–47 **

Garvie (1969), A.F. (ed.): *Aeschylus' Supplices. Play and trilogy*, Cambridge 1969
- (1986) (ed.): *Aeschylus, Choephori*, Oxford 1986
Garzya (1962), A.: *Pensiero e tecnica drammatica in Euripide* (Collana di stud. Grec. 36), Napoli 1962
- (1967): *Technische Neuerung und moralisches Anliegen im Theaterwerk des Euripides*, Das Altertum 13, 1967, 195–205
- (1992): *Synesis comme malattia. Euripide e Ippocrate*, in: J.A. López Féres (ed.), Hippocrates, Tratados hippocráticos (Actas des VII. colloque intern. hippocratique), Madrid 1992, 505–12 *
Gauger (1977), G.: *Gott und Mensch im Ion des Euripides*, Bonn 1977
Gavrilov (1996a), A.: *Euripides in Makedonien*, Hyperboreus 2, 1996, 38–53
- (1996b): *Sizilische Katastrophe und Euripideische Götter*, in: H. Cancik u.a. (eds.): Geschichte - Tradition - Reflexion (FS M. Hengel), Tübingen 1996, II 213–31
Geffcken (1930), J.: *Der Begriff des Tragischen in der Antike* (Vortr. der Bibl. Warburg 1927–8), Leipzig/Berlin 1930 (ND Neudeln 1967)
Gehrke (1984), H.J.: *Zwischen Freundschaft und Programm. Politische Parteiung im Athen des 5. Jh. v. Chr.*, Histor. Zeitschrift 239, 1984, 529–654
- (1985): *Stasis. Untersuchungen zu den inneren Kriegen in den griechischen Staaten des 5. und 4. Jh. v. Chr.*, München 1985
- (1987): *Die Griechen und die Rache. Ein Versuch in historischer Psychologie*, Saeculum 38, 1987, 121–49
Gellrich (1988), M.: *Tragedy and theory. The problem of conflict since Aristotle*, Princeton 1988
Genière (1987), J. de la: *Vases des Lénéennes?*, MEFRA 99.1, 1987, 43–61 **
Gent (1857), I.M. van: *Observationes criticae in Euripidis Orestem*, Mnemosyne I 6, 857, 439–42 *
Giannopoulou (2000), V.: *Divine agency and Tyche in Euripides' Ion. Ambiguity and shifting perspectives*, in: Cropp/Lee/Sansone 2000, 257–72
Gibbons (2000), R.: *Euripides Bakkhai (transl., with introd. and notes by C. Segal)*, Oxford/New York 2000 **
Gibert (1995), J.C.: *Chance of mind in Greek tragedy* (Hypomnemata 108), Göttingen 1995
Gilbert, (1897), G.: *Entstehung und Entwicklung des griechischen Gerichtsverfahrens und des griechischen Rechtes*, Jb. für class. Phil. Suppl. 23, 1897, 489–501 ***
Girard (1972), R.: *La violence et le sacré*, Paris 1972 (= *Violence and the sacred*, trans. P. Gregory, Baltimore 1977) **
Giudice (1977), R.I.: *Sul Christus Patiens e le Baccanti di Euripide*, Siculorum Gymn. 30, 1977, 1–63 **
- (1981): *Euripide, Baccanti 406 e 568–75*, Siculorum Gymn. 34, 1981, 5–28 **
- (1987): *Euripides, Bacchae 877–81 = 897–901*, Studi class. e orient. 37, 1987, 155–64 **
Gladigow (1965), B.: *Sophia und Kosmos. Untersuchungen zur Frühgeschichte von σοφός und σοφίη* (Spudasmata 1), 1965
Glanville (1949), I.M.: *Tragic error*, CQ 43, 1949, 47–56

Glenn (1979), J.: *Pentheus and the Psychologists. Some recent views of the Bacchae*, RSC 27, 1979, 5–10 **

Gleue (1894), H.: *De homicidarum in Areopago iudicio*, Göttingen 1894 ***

Glover (1929), M.R.: *The Bacchae*, JHS 49, 1929, 82–8 **

Goff (1995a), B. (ed.): *History, tragedy, theory. Dialogues on Athenian drama*, Austin Texas 1995

– (1995b): *The women of Thebes*, CJ 90, 1995, 353–65

Gold (1977), B.K.: εὐκοσμία *in Euripides' Bacchae*, AJPh 98, 1977, 3–15 **

Goldhill (1986), S.: *Reading Greek tragedy*, Cambridge 1986

– (1988): *Doubling and recognition in the Bacchae*, Metis 3, 1988, 137–56**

– (1990): *The great dionysia and civic ideology*, in: Winkler/Zeitlin 1990, 97–129 (≈ JHS 107, 1987, 58–76)

– (1996): *Collectivity and otherness. The authority of the tragic chorus*, in: Silk 1996, 244–56

– /Osborne (1999), R. (eds.): *Performance culture and Athenian Democracy*, Cambridge 1999

Gomme (1951), A.B.: *Four Passages in Thukydides*, JHS 71, 1951, 70–80

Goossens (1962), R.: *Euripide et Athènes*, Bruxelles 1962

Gould (1996), J.: *Tragedy and collective experience*, in: Silk 1996, 217–43

Gounaridou (1998), K.: *Euripides and Alcestis. Speculations, simulations, and stories of love in Athenian culture*, Lanham 1998

Gow (1916), A.S.F.: *On two passages of the Orestes*, CQ 1916, 80–2 *

Graf (1974), F.: *Eleusis und die orphische Dichtung Athens in vorhellenistsischer Zeit* (RGVV 23), Berlin/New York 1974 **

– (1985): *Nordionische Kulte* (Bibl. Helv. Roma. 21), 1985

– (1993): *Dionysan and Orphic eschatology. New texts and old questions*, in: Carpenter/Faraone 1993, 239–58 **

– (⁴1997): *Griechische Mythologie. Eine Einführung*, Düsseldorf/Zürich ⁴1997

– (1998): *Die kultischen Wurzeln des antiken Schauspiels*, in: G. Binder/B. Effe (eds.), Das antike Theater (Bochumer altertumwiss. Coll. 33), Trier 1998, 11–32

Gredley (1968), B.: *Is Orestes 1503–36 an interpolation?*, GRBS 9, 1968, 409–19 *

Green (1995), J.R.: *Theatre in ancient Greek society*, London 1995

Greenberg (1962), N.A.: *Euripides' Orestes. An interpretation*, HSPh 66, 1962, 157–92 *

Greenwood (1953), L.H.G.: *Aspects od Euripidean tragedy*, Cambridge 1953

Grégoire (1961), H. (ed.): *Euripide, Tome VI*, Paris 1961

Gregory (1974), J.: *Madness in the Heracles, Orestes and Bacchae. A study in Euripidean drama*, Diss. Harvard, Cambridge 1974 **

– (1985): *Some aspects of seeing in Euripides' Bacchae*, G&R 32, 1985, 23–31 **

– (1991): *Euripides and the instruction of the Athenians*, Ann Arbor, Michigan 1991

– (2000): *Comic elements in Euripides*, in: Cropp/Lee/Sansone 2000, 59–74

Griffin (1998), J.: *The social function of Attic tragedy*, CQ 48, 1998, 39–61

Griffith (1967), J.G.: *Rez. W. Biehl, Euripides, Orestes und V. di Benedetto, Euripides, Orestes*, JHS 87, 1967, 145–7 *

Gronewald (1980), M.: *P Köln III 131 adespotum. Euripides, Orestes 134–42*, ZPE 39, 1980, 35–6 *

Grossmann (1968), G.: *Das Lachen des Aias*, MH 25, 1968, 65–85

Grube (1935), G.M.A.: *Dionysos in the Bacchae*, TAPhA 66, 1935, 37–54 **

– (²1961): *The Drama of Euripides*, New York ²1961 (= London 1941)

Grueninger (1898), A.: *De Euripidis Oreste ab histrionibus retractata*, Diss. Basel 1898 *

Günther (1989), H.-C.: *Zu Euripides' Orestes*, WS 102, 1989, 111–21 *

Guillermou (1975), J.: *L'ironie dans le théâtre d'Euripide*, Lille 1975

Guthrie (1962–82), W.K.C.: *A history of Greek philosophy I–VI*, Cambridge 1962–82

Guzmán Guerra (2000), A. (ed.): *Eurípides, Tragedias IV (Electra, Orestes)*, Madrid 2000 *

Hall (1989), E.: *Inventing the Barbarian. Greek self-definition through tragedy*, Oxford 1989

– (1993): *Political and cosmic turbulence in Euripides' Orestes*, in: Sommerstein 1993, 263–85 *

– (1996) (ed.): *Aeschylus, Persians*, Warminster 1996

– (1997): *The sociology of Athenian tragedy*, in: P.E. Easterling (ed.), The Cambridge companion to Greek tragedy, Cambridge 1997, 93–126

Hall (1990), L.G.: *Ephialtes, the Areopagus and the Thirty*, CQ 40, 1990, 319–28 ***

Halleran (1985), M.R.: *Stagecraft in Euripides*, London/Sydney 1985

– (1988): *Bacchae 773–4 and Mimnermus fr. 1*, CQ 38, 1988, 559–60

– (1990): *Κρονίδας Ζεύς. Euripides Bacchae 95*, RhM 123, 1990, 411–12 **

Halliwell (1986), S.: *Aristotle's Poetics*, London 1986

– (1987): *The Poetics of Aristotle (translated with commentary)*, London 1987

Halm-Tisserant (1991), M.: *Autour du mannequin dionysiaque*, Hephaistos 10, 1991, 63–88 **

Halperin (1990), D.M.: *Why is Diotima a woman? Platonic ἔρως and the figuration of gender*, in: ders. u.a. (eds.), Before sexuality, Princeton 1990, 257–308

Hamilton (1974), R.: *Bacchae 47–52. Dionysos' plan*, TAPhA 104, 1974, 139–49 **

– (1985): *Euripidean priests*, HSPh 89, 1985, 53–73

– (1987): *Cries within and the tragic skene*, AJP 108, 1987, 585–99

– (1992): *Choes and Anthesteria*, Ann Arbor 1992 **

Hammond/Griffith (1979), N.G.L./G.T.: *A history of Macedonia II*, Oxford 1979

Handley (1993), E.W.: *The Lord of the dance. Euripides, Bacchae 204–9*, in: G.W. Most u.a. (eds.), Φιλανθρωπία καὶ εὐσέβεια (FS A. Dihle), Göttingen 1993, 169–73 **

Hansen (1976), M.H.: *ἀπαγωγή, ἔνδειξις and ἐφήγησις against κακοῦργοι, ἄτιμοι and φεύγοντες*, Odense 1976 ***

– (1981): *The prosecution of homicide in Athens. A replay*, GRBS 22, 1981, 11–30 ***

– (1981–2): *The Athenian Helaia from Solon to Aristotle*, Class. et Mediaev. 33, 1981–2, 9–47 ***

– (1990): *Aspects of the Athenian law code of 410/409–400/399*, New York/London 1990 ***

Hanson (1990), A.E.: *The medical writers' woman*, in: D.M. Halperin u.a. (eds.), Before sexuality, Princeton 1990, 309–38

Harder (1985), A. (ed.): *Euripides' Kresphontes and Archelaos. Introduction, Text, Commentary* (Mnemosyne Suppl. 87), Leiden 1985

– (1991): *Euripides' Temenos and Temenidai*, in: Hofmann 1991, 117–35

– (1993): *Die Frauenrollen bei Euripides. Untersuchungen zu Alkestis, Medeia, Hekabe, Erechtheus, Elektra, Troades und Iphigenia in Aulis* (Drama Beih. 1), Stuttgart 1993

– (1995): *Die Figur der Helena in den Tragödien des Euripides*, in: Zimmermann 1995, 135–55

Harrison (1961), A.R.W.: *Drakons πρῶτος ἄξων*, CQ 11, 1961, 3–5 ***

– (1968–71): *The Law of Athens I-II*, Oxford 1968–71 ***

Harrison (2000), T.: *The emptiness of Asia. Aeschylus' Persians and the history of the fifth century*, London 2000

Harsh (1948), P.W.: *A Handbook of classical drama*, Stanford 1948

Hartigan (1987), K.: *Euripidean madness. Herakles and Orestes*, G&R 34, 1987, 126–35 *

– (1991): *Ambiguity and self-deception. The Apollo and Artemis plays of Euripides* (Stud. z. klass. Phil. 50), Frankfurt 1991

Hartung (1843), J.A.: *Euripides restitutus*, Hamburg 1843

– (1849): *Euripides' Werke IV. Orestes*, Leipzig 1849 *

Haslam (1979), M.W.: *O suitably-attired-in-leather-boots. Interpolations in Greek tragedy*, in: G.W. Bowersock u.a. (eds.), Arktouros (FS B. Knox), Berlin/New York 1979, 91–100

Heath (1987), M.: *The poetics of Greek tragedy*, London 1987

– (1989): *Unity in Greek poetics*, Oxford 1989

– (1991): *The universality of poetry in Aristotle's Poetics*, CQ 41, 1991, 389–402

Hebbeker (1996), G.: *Der Einbruch des Anderen in den 'Bakchen' des Euripides*, in: H. Sonnabend/E. Olshausen (eds.), Toleranz und Lebensgestaltung in der Antike (Humanstische Bildung 19), Stuttgart 1996, 53–61 **

Hedreen (1994), G.M.: *Silens, Nymphs and Maenads*, JHS 114, 1994, 47–69 **

Heitsch (1984a), E.: *Aidesis im attischen Strafrecht* (AAWM 1984 Nr. 1), Wiesbaden 1984 ***

– (1984b): *Antiphon aus Rhamnus* (AAWM 1984 Nr. 3), Wiebaden 1984 ***

– (1989): *Der Archon Basileus und die attischen Gerichtshöfe für Tötungsdelikte*, in: G. Thür (ed.), Symposion 1985. Vorträge zur gr. und hell. Rechtsgeschichte, Köln/Wien 1989, 71–87 ***

Held (1995), G.F.: *Aristotle's teleological theory of tragedy and epic*, Heidelberg 1995

Henderson (1991), J.: *Women and the Athenian dramatic festivals*, TAPA 121, 1991, 133–47

Henrichs (1969), A.: *Die Mänaden von Milet*, ZPE 4, 1969, 223–41 **

– (1975): *Two doxographical notes. Democritus and Prodicus on religion*, HSCPh 79, 1975, 93–123

– (1976): *The atheism of Prodicus*, Cronache Ercolanesi 6, 1976, 15–21

- (1978): *Greek maenadism from Olympias to Messalina*, HSCP 82, 1978, 121–60 **
- (1979): *Greek and Roman glimpses of Dionysos*, in: C. Houser (ed.), Dionysos and his circle. Ancient through modern (Fogg Art Museum), Cambridge 1979, 1–11 **
- (1982): *Changing Dionysiac identities*, in: B.F. Meyer/E.P. Sanders (eds.), Jewish and Christian self-definition III, London 1982, 137–60 **
- (1984a): *Loss of self, suffering, violence. The modern view of Dionysos from Nietzsche to Girard*, HSCP 88, 1984, 205–40 **
- (1984b): *Male intruders among the maenads. The so-called male celebrants*, in: H.D. Evjen (ed.), Mnemai (FS K.K. Hulley), Chico CA 1984, 69–91 **
- (1986): *The last of the detractors. F. Nietzsche's condemnation of Euripides*, GRBS 27, 1986, 369–97
- (1987): *Myth visualized. Dionysos and his circle in sixth-century Attic vase-painting*, in: Papers on the Amasis Painter and his world, Malibu 1987, 92–124 **
- (1990): *Between country and city. Cultic dimensions of Dionysos in Athens and Attica*, in: M. Griffith/D.J. Mastronarde (eds.), Cabinet of the Muses (FS T.G. Rosenmeyer), Atlanta 1990, 255–77 **
- (1991a): *Namenlosigkeit und Euphemismus. Zur Ambivalenz der chthonischen Mächte im Drama*, in: Hofmann 1991, 161–201 *
- (1991b): *'He has a God in him'. Human and divine in the modern perception of Dionysos*, in: Carpenter/Faraone 1993, 13–43 **
- (1994): *Der rasende Gott. Zur Psychologie des Dionysos und des Dionysischen in Mythos und Literatur*, A&A 40, 1994, 31–58 **
- (1996): *Dancing in Athens, dancing on Delos. Some patterns of choral projection in Euripides*, Philologus 140, 1996, 48–62
- (1997): *'Warum soll ich denn tanzen?' Dionysisches im Chor der griechischen Tragödie* (Lect. Teubn. 4), Stuttgart/Leipzig 1997 **
Herman (1987), G.: *Ritualized friendship and the Greek city*, Cambridge 1987
Hermann (1841), G. (ed.): *Euripidis tragoediae III*, Leipzig 1841 *
Herwerden (1855), H. van: *Euripidea*, Mnemosyne I 4, 1855, 358–82 *
- (1874): *Adnotationes criticae et exegeticae ad Euripidem (I-II)*, Verslagen en mededeelingen d. K. Akad. van Wetenschappen, 1874, 81–112 und 157–213 *
- (1877): *Ad Euripidem*, Mnemosyne II 5, 1877, 21–46 *
- (1878): *Novae lectiones Euripideae*, RPh 2, 1878, 19–57 *
- (1894): *Novae commentationes Euripideae*, RPh 18, 1894, 60–98 *
Hignett (1952), C.: *A history of the Athenian constitution to the end of the fifth century B.C.*, Oxford 1952 ***
Hirsch (1972), E.D. Jr.: *Prinzipien der Interpretation* (trans. A.A. Späth), München 1972 (= engl.: *Validity in interpretation*, Yale 1967)
Hirzel (1907), R.: *Themis, Dike und Verwandtes*, Leipzig 1907 ***
- (1907–10), R.: *Die Talion*, Philologus Suppl. XI, 1907–10, 405–82 ***
- (1909): *Die Strafe der Steinigung* (Abh. Sächs. Ges. d. Wiss. 27,7), Leipzig 1909 (= Darmstadt 1967) ***
Hofmann (1991), H. (ed.): *Fragmenta Dramatica. Beiträge zur Interpretation der griechischen Tragikerfragmente und ihrer Wirkungsgeschichte*, Göttingen 1991

Hoffman (1989), R.J.: *Ritual license and the cult of Dionysos*, Athenaeum 77, 1989, 91–114 **

Holmberg (1995), I.E.: *Euripides' Helen. Most noble and moste chaste*, AJPh 116, 1995, 19–42

Holzhausen (1995a), J.: *Eros und Aidos in Phaidras Monolog. Euripides Hippolytos 373–430* (AAW Mainz 1995 Nr. 1), Stuttgart 1995

– (1995b): *Textprobleme im Euripideischen Orest*, Hermes 123, 1995, 270–80 *

– (1999): *Zu TrGF 43 F 19*, Hermes 127, 1999, 286–92

– (2000): *Paideia oder Paidia. Aristoteles und Aristophanes zur Wirkung der griechischen Tragödie*, Stuttgart 2000

– (2003): *Poetry and mysteries.* Papers of the conference on the mysteries at Emory University (Atlanta) in April 2002, erscheint 2003 **

Hose (1990–1), M.: *Studien zum Chor bei Euripides I–II* (BzA 10/20), Stuttgart 1990–1

– (1990a): *Überlegungen zum 'Oidipus' des Euripides*, ZPE 81, 1990, 9–15

– (1990b): *Überlegungen zur Exodos der Phoinissai des Euripides*, WJA 16, 1990, 63–74

– (1994): *Der 'unnötig schlechte Charakter'. Bemerkungen zu Aristoteles' Poetik und Euripides' Orestes*, Poetica 26, 1994, 233–55 *

– (1995): *Drama und Gesellschaft. Studien zur dramatischen Produktion in Athen am Ende des 5. Jh.* (Drama, Beiheft 3), Stuttgart 1995

Hösle (1984), V.: *Die Vollendung der Tragödie im Spätwerk des Sophokles* (Problemata 105), Stuttgart 1984

Howald (1930), E.: *Die griechische Tragödie*, München/Berlin 1930

Humphreys (1990), S.: *A historical approach to Drakon's law on homicide*, in: M. Gagarin (ed.), Symposion 1990. Vorträge zur gr. und hell. Rechtsgeschichte, Köln/Weimar/ Wien 1991, 17–45 ***

Hunger (1936), H.: *Realistische Charakterdarstellung in den Spätwerken des Euripides*, Commentationes Vindobonenses 2, 1936, 5–28

– (1950–1): *Eine spieltechnische Beobachtung im Texte des Euripides. Herakliden 793 und der szenische Gebrauch von* ὅδε, WS 65, 1950–1, 19–24

Hutchinson (1991), V.J.: *The cult of Dionysos/Bacchus in the Graeco-Roman world. New light from archaeological studies*, Jorn. of Rom. Arch. 4, 1991, 222–30 **

Ieranò (1999), G. (ed.): *Euripide, Baccanti*, Milano 1999 **

Imhof (1986), M.: *Zur Stellung von Euripides' Bakchen in der Tradition der altgriechischen Dichtersprache*, in: C. Eucken/C. Scheublin (eds.), Πανήγυρις συμφιλολογούντων (FS T. Gelzer), Bern 1986, 99–112 **

Isler-Kerényi (1990), C.: *Dionysos con una sposa*, Metis 5, 1990, 31–52 **

– (1993): *Dionysos und Solon*, Antike Kunst 36, 1993, 3–10 **

– (1994): *Rez. F. Frontisi-Ducroux, Le dieu-masque*, Gnomon 66, 1994, 44–51 **

– (1997): *Dionysos im Götterzug bei Sophilos und bei Kleitias*, Antike Kunst 40, 1997, 67–81 **

Jackson (1955), J.: *Marginalia Scaenica*, Oxford 1955

Jäkel (1985), S.: τί τὸ σοφόν. *Einige Überlegungen zu Euripides Bakchen, 877, 897*, in: Studia in honorem I. Kajanto, Arctos Suppl. 2, 1985, 69–77 **

- (1993): *Der Dionysos-Kult in den Bakchen des Euripides*, Grazer Beiträge Suppl. 5, 1993, 93–107 **

Jakob (1997), D.J.: *Aristoteles über die Einheit der Zeit in der Tragödie. Zu Poetik 1449b9–16*, in: H.-C. Günther/A. Rengakos, Beiträge zur antiken Philosophie (FS W. Kullmann), Stuttgart 1997

Jauß (1982), H.R.: *Ästhetische Erfahrung und literarische Hermeneutik*, Frankfurt a.M. 1982

Jeanmaire (1951), H.: *Dionysos. Histoire du culte de Bacchus*, Paris 1951 **

Jens (1971), W. (ed.): *Die Bauformen der griechischen Tragödie*, München 1971

Jones (1962), J.: *On Aristotle and Greek tragedy*, London 1962

Jong (1991), I.J.F. de: *Narrative in drama. The art of the Euripidean messanger-speech*, Leiden 1991

- (1992): *Récit et drama. Le deuxième récit de messager dans les Bacchantes*, REG 105, 1992, 572–83 **

Jouan/Looy (1998/2000/2002), F./H. van: *Euripide Tome VIII 1–3 Fragments (Aigeus-Autolykos, Bellérophon-Protésilas, Sthénébée-Chrysippos)*, Paris 1998, 2000 und 2002

Kagan (1987), D.: *The fall of the Athenian empire*, Ithaca NY 1987

Kalke (1985), C.M.: *The making of a thyrsos. The transformation of Pentheus in Euripides' Bacchae*, AJPh 106, 1985, 409–26 **

Kambitsis (1972), J. (ed.): *L'Antiope d' Euripide*, Athens 1972

Kamerbeek (1948), J.C.: *On the conception of ΘΕΟΜΑΧΟΣ in relation with Greek Tragedy*, Mnem. 1, 1948, 271–83 **

- (1989): *Rez. C.W. Willink, Euripides, Orestes*, Mnemosyne 42, 1989, 531–9 *

Kannicht (1969), R. (ed.): *Euripides. Helena I-II*, Heidelberg 1969

- (1976): *Handlung als Grundbegriff der aristotelischen Theorie des Dramas*, Poetica 8, 1976, 326–39 (≈ 1996, 138–52)

- (1980): *'Der alte Streit zwischen Philosophie und Dichtung'. Grundzüge der griechischen Literaturauffassung*, AU 23, 1980, 6–36 (≈ 1996, 183–223)

- (1992): *Antigone bacchans. Eine Problemanzeige zur 'Antigone' des Euripides*, in: H. Froning u.a. (eds.), Kotinos (FS E. Simon), Mainz 1992, 252–5

- (1996): *Paradeigmata. Aufsätze zur griechischen Poesie*, Heidelberg 1996

Kannicht/Snell (1981), R./B. (eds.): *Tragicorum Graecorum fragmenta II*, Göttingen 1981

Kapparis (1999), K.A.: *Apollodoros, 'Against Neaira' [D. 59]* (Unters. zur ant. Lit. und Geschichte 53), Berlin/New York 1999

Karberg (1998), R.A.: *Κλέα γυναικῶν. The Euripidean inheritance of the heroic tradition*, Diss. Northampton 1998

Kassel (1965), R. (ed.): *Aristotelis de arte poetica liber*, Oxford 1965

- (1986b), R.: *Euripides, Orestes 212*, ZPE 64, 1986, 38–40 (= ders., Kleine Schriften, Berlin 1991, 189–90) *

Kassel/Austin (1984ff.), R./C. (eds.): *Poetae comici Graeci*, New York/Berlin 1983ff.

Kepple (1976), L.R.: *The broken victim. Euripides Bacchae 969–70*, HSPh 80, 1976, 107–9

Kerényi (1976), K.: *Dionysos. Urbild des unzerstörbaren Lebens*, München 1976 **

Kerferd (1981), G.B.: *The sophistic movement*, Cambridge 1981

Keuls (1984), E. C.: *Male-Female interaction in fifth-century Dionysiac ritual as shown in Attic vase-painting*, ZPE 55, 1984, 287–96 **

– (1985): *The Reign ofthe Phallus*, New York 1985 **

Kiefer (1909), K.: *Körperlicher Schmerz und Tod auf der attischen Bühne*, Diss. Heidelberg 1909

King (1726), J.: *Euripidis Hecuba, Orestes et Phoenissae*, Cambridge 1726 *

Kirchhoff (1855), A. (ed.): *Euripidis tragoediae I*, Berlin 1855 (ed. minor Berlin 1867) *

Kirk (1970), G.S. (ed.): *The Bacchae by Euripides*, Englewood Cliffs N.J. 1970 **

Kitto (³1961), H.D.F.: *Greek tragedy. A literary study*, London ³1961 (= London 1939, = London ²1950, ND 1981)

Kleinstück (1945), J.: *Der Orestes als Euripideisches Spätwerk*, Diss. Leipzig 1945 *

Knox (1979), B.M.W.: *Word and action. Essays on the ancient theater*, Baltimore 1979

– (1985a): *Books and readers in the Greek world. From the beginnings to Alexandria*, in: The cambridge history of classical literature I, Cambridge 1985, 1–16

– (1985b): *Euripides*, in: The cambridge history of classical literature I, Cambridge 1985, 316–38

– (1985c): *Euripides. The poet as prophet*, in: Burian 1985, 1–12

Köhler (1867), U.: *Attische Inschriften*, Hermes 2, 1867, 16–36 ***

Koenen/Sijpesteijn (1989), L./P.J.: *Euripides, Orestes 835–946 (P. Mich. Inv. 3735)*, ZPE 77, 1989, 261–6 *

Kolb (1976), F.: *Zu einem 'heiligen Gesetz' von Tlos*, ZPE 22, 1976, 228–30 **

Kolkey (1973–4), D.M.: *Dionysus and women's emancipation*, CB 50, 1973–4, 1–5 **

Koller (1954), H.: *Die Mimesis in der Antike. Nachahmung, Darstellung, Ausdruck*, Bern 1954

Konstan (1995), D.: *Greek comedy and ideology*, New York 1995

– (1996): *Greek friendship*, AJPh 117, 1996, 71–94

– (1997): *Friendship in the classical world*, Cambridge 1997

Kopff (1982), E.C. (ed.): *Euripides, Bacchae*, Leipzig 1982 **

Kossatz–Deißmann (1991), A.: *Satyr- und Mänadennamen auf Vasenbildern des Getty-Museums und der Sammlug Cahn (Basel)*, Greek Vases in the J. Paul Getty Museum 5, Malibu 1991, 131–199 **

Kovacs (1982), D.: *Tyrants and demagogues in tragic interpolation*, GRBS 23, 1982, 31–50

– (1987): *The heroic Muse*, Baltimore 1987

– (1991): *Notes on the Bacchae*, CQ 41, 1991, 340–5 **

– (1994a): *Euripidea* (Mnem. Suppl. 132), Leiden/New York/Köln 1994

– (1994b, 1995a, 1998, 1999) (ed.): *Euripides I-IV* (Loeb), Cambridge/London 1994, 1995, 1998, 1999

– (1995b): *Paralipomena Euripidea*, Mnemosyne 48, 1995, 565–70

– (1996): *Euripidea altera* (Mnem. Suppl. 161), Leiden/New York/Köln 1996

Kraemer (1979), R.S.: *Ecstasy and possession. The attraction of women to the cult of Dionysos*, HThR 72, 1979, 55–80 **

– (1980): *Ecstasy and possession. Women of ancient Greece and the cult of Dionysos*, in: N.A. Falk/R.M. Gross (eds.), Unspoken words, San Francisco 1980, 53–69 **

Krauskopf/Simon (1997), I./E: *Mainades*, LIMC VIII 1 Suppl., 1997, 780–803

Krausse (1905), O.: *De Euripidis Aeschyli instauratore*, Diss. Jena 1905

Krieg (1934), W.: *De Euripidis Oreste*, Diss. Halle 1934 *

Krigar (2002), A.: *Euripides-Kopf auf Seite V* (http://www.andre-krigar.de)

Krummen (1998), E.: *Ritual und Katastrophe. Rituelle Handlung und Bildersprache bei Sophokles und Euripides*, in: F. Graf (ed.), Ansichten griechischer Rituale (FS W. Burkert), Stuttgart 1998, 296–325 **

Kubota (1980), T.: *On the relation between the scenes on Cithaeron and the stage actions in Euripides' Bacchae*, Class. Stud. (Kyoto) 1980, 23–40 **

Kuch (1979), H.: *Zur Interpretation der griechischen Tragödie*, Philologus 123, 1979, 202–15

– (1983) (ed.): *Die griechische Tragödie in ihrer gesellschaftlichen Funktion*, Berlin 1983

– (1989): *Zur Funktion und Kommunikation des griechischen Dramas*, Philologus 133, 1989, 25–37

– (1991): *Funktionswandel in der griechischen Tragödie*, Philologus 135, 1991, 88–96

– (1998): *Euripides und Melos*, Mnemosyne 51, 1998, 147–53

Kühner/Gerth (^{3}1898), R./B.: *Ausführliche Grammatik der griechischen Sprache II 1–2*, Hannover ^{3}1898 (ND 1983) (= KG II 1–2)

Kullmann (1993), W.: *Die 'Rolle' des Euripideischen Pentheus. Haben die Bakchen eine 'metatheatralische' Bedeutung?*, in: G.W. Most u.a. (eds.), Φιλανθρωπία καὶ εὐσέβεια (FS A. Dihle), Göttingen 1993, 248–63 **

– (1987): *Deutung und Bedeutung der Götter bei Euripides*, in: Mythos. Deutung und Bedeutung (Inns. Beitr. zur Kulturwiss. 5), Innsbruck 1987, 7–22

Kunze-Götte (1992), E.: *Außer sich - des Gottes voll. Die wirkenden Kräfte des Dionysos in der Bildsprache spätarchaischer Vasenmaler*, in: H. Froning u.a. (eds.), Kotinos (FS E. Simon), Mainz 1992, 151–61 **

Kyriakou (1993), P.: *Aristotle's philosophical poetics*, Mnemosyne 46, 1993, 344–55

– (1998): *Menelaus and Pelops in Euripides' Orestes*, Mnemosyne 51, 1998, 282–301 *

Kyritski (1993), A.: *Dionysos auf dem Theater. Eine Interpretation der Bakchen des Euripides*, Diss. Wien 1993 **

Lacroix (1976), M.: *Les Bacchantes d' Euripide*, Paris 1976 **

Lada (1996), I.: *Emotion and meaning in tragic performance*, in: Silk 1996, 397–413

Lain Entralgo (1970), P.: *The therapy of the word in classical antiquity*, New Haven 1970

Landfester (1966), M.: *Das griechische Nomen φίλος und seine Ableitungen* (Spudasmata 11), Hildesheim 1966

Lange (2002), K.: *Euripides und Homer. Untersuchungen zur Homernachwirkung in Elektra, Iphigenie im Taurerland, Helena, Orestes und Kyklops* (Hermes Einzelschr. 86), Stuttgart 2002 *

Lange (1874), L.: *Die Epheten und der Aropag vor Solon*, Abh. d. phil.-hist. Class. d. kg. Saechs. Gesell. d. Wiss. 7, 1874, 187–264 ***

Lanza (1961), D.: *Unità e significato dell' Oreste Euripideo*, Dioniso 35, 1961, 58–72 *

LaRue (1968), J.: *Prurience uncovered. The psychology of Euripides' Pentheus*, CJ 63, 1968, 209–14 **

Latacz (1993), J.: *Einführung in die griechische Tragödie*, Göttingen 1993

– (1998): *Furchbares Ärgernis. Nietzsches 'Geburt der Tragödie' und die gräzistische Tragödienforschung*, Basel 1998

Lateiner (1983), D.: *Rez. Gagarin, Drakon and the early Athenian homicide law*, AJPh 104, 1983, 404–9 ***

Latte (1968), K.: *Kleine Schriften zu Religion, Recht, Literatur und Sprache der Griechen und Römer* (O. Gigon u.a. eds.), München 1968 ***

Lawler (1927), L.: *The Maenads. A contribution to the study of the dance in ancient Greece*, Memoirs Americ. Acad. Rome 1927, 69–112 **

Lefèvre (1981), E.: *Theatrum Mundi. Götter, Gott und Spielleiter im antiken Drama*, in: F. Link/G. Niggel, Theatrum Mundi (Sonderbd. des literaturwiss. Jb), Berlin 1981, 49–91

– (1995): *Euripides' Bakchai und die politische Bedeutung seines Spätwerks*, in: Zimmermann 1995, 156–81 **

Lefkowitz (1979), M.: *The Euripides vita*, GRBS 20, 1979, 187–210

– (1981): *The lives of the Greek poets*, Baltimore 1981

– (1987): *Was Euripides an atheist?*, SIFC III 5, 1987, 149–66

– (1989): *'Impiety' and 'atheism' in Euripides' dramas*, CQ 39, 1989, 70–82

Leinieks (1996), V.: *The city of Dionysos. A study of Euripides' Bakchai* (BzA 88), Stuttgart/Leipzig 1996 **

Lenting (1821), J.: *Observationes criticae in Euripidem*, Nova Acta lit. societ. Rheno-Trajectinae I, 1821, 1–120 *

Lesky (1935), A.: *Zum Orestes des Euripides*, WS 53, 1935, 37–47 *

– (^{3}1972): *Die tragische Dichtung der Hellenen*, Göttingen ^{3}1972 (= Göttingen 1956, = Göttingen ^{2}1964)

– (^{3}1971): *Geschichte der griechischen Literatur*, Bern/München ^{3}1971 (= Bern 1957–8, = Bern ^{2}1963)

– (1966): *Gesammelte Schriften. Aufsätze und Reden zu antiker und deutscher Dichtung und Kultur*, Bern/München 1966

Lesky (1950), E.: *Die Zeugungs- und Vererbungslehren der Antike und ihr Nachwirken* AAWM 1950 Nr. 19, Wiesbaden 1950

Levy (1975), H.L.: *Euripides Bacchae 204–9*, Hermes 103, 1975, 378–9 **

Lichtenberger (1986), E.: *Erpreßte Versöhnung. Ein Versuch über den Orestes des Euripides*, Wiener humanistische Blätter 28, 1986, 1–13 *

Lipsius (1905–15), J.H.: *Das attische Recht und Rechtsverfahren I-III*, Leipzig 1905–15 ***

Lloyd (1992), M.: *The agon in Euripides*, Oxford 1992

Lloyd-Jones (^{2}1983), H.: *The justice of Zeus*, Berkeley ^{2}1983

- (1989): *Les Erinyes dans la tragédie grecque*, REG 102, 1989, 1–9
- (1998): *Ritual and tragedy*, in: F. Graf (ed.), Ansichten griechischer Rituale (FS W. Burkert), Stuttgart 1998, 271–95 **

Lloyd-Jones/Wilson (1990), H./N.G. (eds.): *Sophoclis fabulae*, Oxford 1990 (ND 1992)

Longman (1962), G.A.: *The Musical Papyrus. Euripides, Orestes 332–40*, CQ 12, 1962, 61–6 *

Longo (1975), O.: *Proposte di lettura per l'Oreste di Euripide*, Maia 27, 1975, 265–87 *

- (1990): *The theater of the polis*, in: Winkler/Zeitlin 1990, 12–19

Loomis (1972), W.T.: *The nature of premeditation in Athenian homicide law*, JHS 92, 1972, 86–95 ***

Loraux (1986), N.: *The invention of Athens. The funeral oration in the classical city* (trans. A. Sheridan), Cambridge Mass. 1986

- (1987): *Tragic ways of killing a woman* (trans. A. Foster), Cambridge Mass. 1987

Lord (1982), C.: *Education and culture in the political thought of Aristoteles*, Ithaca/London 1982

Lourenço (1995), F.: *Euripidiana. Novos contributos ecdóticos*, Euphrosyne 23, 1995, 483–90 *

Ludwig (1954), W.: *Sapheneia. Ein Beitrag zur Formkunst im Spätwerk des Euripides*, Diss. Tübingen 1954

Luppe (1987), W.: *Zur Datierung der Phoinissai des Euripides*, RhM 130, 1987, 29–34
- (1997): *'Euripides führte 22mal auf' - wirklich?*, MH 54, 1997, 93–6

MacDonald (1978), M.: *Terms for happiness in Euripides* (Hypomnemata 54), Göttingen 1978

- (1992): *L'extase de Penthée. Ivresse et représentation dans les Bacchantes d'Euripide*, Pallas 38, 1992, 227–37

MacDowell (1968), D.M.: *Athenian homicide law in the age of the orators*, Manchester 1963 ***

- (1978): *The law in classical Athens*, London 1978 ***

Malhadas (1995), D.: *Orestes de Eurípides. Terror e piedade*, Humanitas 47, 1995, 187–95 *

Manuwald (1994–5), B./A.: *Zu Text und Deutung der Schluß-Szenen des Euripideischen Orest*, WJA 20, 1994–5, 91–114 *

- (2000), B.: *Zur Dialektik von 'alt' und 'neu' in der griechischen Tragödie*, A&A 46, 2000, 76–92 **

March (1989), J.R.: *Euripides Bakchai. A reconsideration in the light of vase paintings*, Bull. Inst. Class. Stud. 36, 1989, 33–65 **

- (1990): *Euripides the misogynist?*, in: A. Powell, Euripides, women and sexuality, London 1990, 32–75

Martin (1984), J.: *Zur Stellung des Vaters in antiken Gesellschaften*, in: H. Süßmuth (ed.), Historische Anthropologie, Göttingen 1984, 84–109

Martinelli (1978), M.C.: *L'elemento narrativo nel secondo stasimo delle Baccanti*, Ann. della scuola norm. sup. di Pisa 8, 1978, 355–73

Maschke (1926), R.: *Die Willenslehre im griechischen Recht*, Berlin 1926 (ND Darmstadt 1968) ***

Mason (1989), P.G.: *Rez. C.W. Willink, Euripides, Orestes und M.L. West, Euripides, Orestes*, JHS 109, 220–2 *

Masson (1990), O.: *Euripide, Bacchantes 403–8, et le fleuve de Paphos*, REG 103, 1990, 355–69 **

Mastronarde (1979), D.J.: *Contact and discontinuity*, Berkeley 1979

- (1992): *Actors on high. The skene roof, the crane, and the gods in Attic drama*, Class. Ant. 9, 1990, 274–94

- (1994) (ed.): *Euripides Phoenissae* (Cambridge class. texts and comm. 29), Cambridge 1994 (ND 1996)

- (1999): *Knowledge and authority in the choral voice of Euripidean tragedy*, Syllecta class. 10, 1999, 87–104

- (2000): *Euripidean tragedy and genre. The terminology and its problems*, in: Cropp/Lee/Sansone 2000, 23–40

Mattes (1970), J.: *Der Wahnsinn im griechischen Mythos und in der Dichtung bis zum Drama des fünften Jahrhunderts*, Heidelberg 1970 **

Matthiae (1813), A.: *Euripidis tragoediae et fragmenta I*, Leipzig 1813 (Noten in Bd. VI, Leipzig 1821) *

Matthiessen (1979), K.: *Euripides. Die Tragödien*, in: Seeck 1979, 105–54

McAuslan/Walcot (1993), I./P. (eds.): *Greek tragedy*, Oxford 1993

McGinty (1978), P.: *Dionysos' revenge and the validation of the Hellenic world-view*, Harv. Theol. Rev. 71, 77–94 **

McNally (1978), S.: *The maenad in early Greek art*, Arethusa 11, 1978, 101–35 **

Meagher (1995), R.E.: *Euripides, Bakkhai. Translation and commentary*, Wanconda 1995 **

Medda (1989), E.: *Un nuovo commento all' Oreste di Euripide*, Riv. Fil. 117, 1989, 98–124 *

Meier (1988), C.: *Die politische Kunst der griechischen Tragödie*, München 1988

- (1991): *Politik und Tragödie im 5. Jh.*, Philologus 135, 1991, 70–87

- (^{2}1989): *Die Entstehung des Politischen bei den Griechen*, Frankfurt ^{2}1989

- (1989): *Zur Funktion der Feste in Athen im 5. Jh. v. Chr.*, in: W. Haug/R. Warnig (eds.), Das Fest (Poetik und Hermeneutik 14), München 1989, 569–91

Melchinger (1974), S.: *Geschichte des politischen Theaters*, Frankfurt 1974

Mendelsohn (1992), D.A.: Συγκεραυνόω. *Dithyrambic language and Dionysiac cult*, CJ 87, 1992, 105–24 **

- (1994): *Altered states. Gender and the theater of civic identity in Euripides' political plays*, Diss. Princeton 1994

Menge (^{10}1999), H. u.a.: *Repetitorium der griechischen Syntax*, Darmstadt ^{10}1999

Merkelbach (1972), R.: *Milesische Bakchen*, ZPE 9, 1972, 77–83 **

- (1988): *Die Hirten des Dionysos*, Stuttgart 1988 **

Merklin (1064), H.: *Gott und Mensch im 'Hippolytos' und den 'Bakchen' des Euripides*, Diss. Freiburg 1964 **

Mette (1977), H.J.: *Urkunden dramatischer Aufführungen in Griechenland* (Texte und Kommentare 8), Berlin/New York 1977

Metzger (1995), H.: *Le Dionysos des images éleusiennes du IVe siècle*, Rev. Arch. 1995, 3–22 **

Michelini (1987), A.N.: *Euripides and the tragic tradition*, Madison 1987

Mikalson (1983), J.D.: *Athenian popular religion*, Chapel Hill/London 1983

– (1991): *Honor thy gods. Popular religion in Greek tragedy*, Chapel Hill 1991

Mirto (1980), M.S.: *Oreste, Telemaco e una presunta interpolazione, Euripide, Oreste 588–90*, ASNP 10, 1980, 383–402 *

Mitsopoulos-Leon (1984), V.: *Zur Verehrung des Dionysos in Elis nochmals.* Ἄξιε ταῦρε *und die sechzehn heiligen Frauen*, MDAI.AA 99, 1984, 275–90 **

Moraw (1998), S.: *Die Mänade in der attischen Vasenmalerei des 6. und 5. Jh. v. Chr.*, Mainz 1998 **

Morell (1748), Th. (ed.): *Hecuba, Orestes et Phoenissae*, London 1748 *

Mossman (1995), J.: *Wild Justice. A study of Euripides' Hecuba*, Oxford 1995

Moulinier (1952), L.: *Le pur et l'impur dans la pensée des Grecs*, Paris 1952

Müffelmann (1965), G.: *Interpretationen zur Motivierung des Handelns im Drama des Euripides*, Diss. Hamburg 1965

Mühll (1966), P. von der: ὅδε = ὁ δεῖνα *bei Euripides*, MH 23, 1966, 190–1 *

Mülke (1996), C.: Ποίων δὲ κακῶν οὐκ αἴτιός ἐστι. *Euripides' Aiolos und der Geschwisterinzest im klassischen Athen*, ZPE 114, 1996, 37–55

Müller (1984), C.W.: *Zur Datierung des Sophokleischen Ödipus*, SAW Mainz 1984

– (1995): *Der Tod des Sophokles. Datierung und Folgerungen*, RhM 138, 1995, 97–114

– (1997): *Philoktet. Beiträge zur Wiedergewinnung einer Tragödie des Euripides aus der Geschichte ihrer Rezeption* (BzA 100), Stuttgart/Leipzig 1997

Müller (1974), G.: *Rez. H. Rohdich, Die Euripideische Tragödie*, Gnomon 46, 1974, 320–41

Müller-Goldingen (1985), C.: *Untersuchungen zu den Phönissen des Euripides* (Palingenesia 22), Stuttgart 1985

Mullens (1940), H.G.: *The meaning of Euripides' Orestes*, CQ 34, 1940, 153–8 *

Mundt (2000), F.: *Vertonung der Chorlieder der 'Bakchen' auf CD* (fmundt@gmx.de)

Murray (1912), G.: *Essays and addresses*, London 1912

– (²1913) (ed.): *Euripides fabulae III*, Oxford ²1913 (ND 1954)

– (1957): *Euripides und seine Zeit*, Darmstadt 1957 (= *Euripides and his Age*, Oxford ¹³1955)

Musgrave (²1797), S. (ed.): *Euripidis quae exstant omnia ... I*, Glasgow ²1797 (Oxford 1778) *

Musurillo (1966), H.: *Euripides and the Dionysiac piety*, TAPhA 97, 1966, 299–309 **

Myrick (1994), L.D.: *The way up and down. Trace horse and turning imagery in the Orestes plays*, CJ 89, 1994, 131–48 *

Nancy (1983), C.: *Euripide et le parti des femmes*, in: E. Lévy (ed.), La femme dans les sociétés antiques (Actes des coll. de Strasbourg), Strasbourg 1983, 73–92 **

Nardelli (1978), M.L.: *La catarsi poetica nel P.Herc. 1581*, CE 8, 1978, 96–102

Nauck (1859), A.: *Euripideische Studien I*, Mém. Acad. St. Pétersbourg VII 1, 12, 1859

- (³1871), A. (ed.): *Euripidis Tragoediae II*, Leipzig ³1871 *

- (²1889) (ed.): *Tragicorum Graecorum fragmenta*, Leipzig ²1889 (ND Hildesheim 1964 mit Suppl. von B. Snell)

Nebel (1951), G.: *Euripides*, in: ders., Weltangst und Götterzorn, Stuttgart 1951, 255–303

Neitzel (1980), H.: πάθει μάθος - *Leitwort der Aischyleischen Tragödie?*, Gymnasium 87, 1980, 283–93

Nestle (1898), W.: *Die Legenden vom Tod des Euripides*, Philologus 57, 1998, 134–49

- (1901): *Euripides, der Dichter der griechischen Aufklärung*, Stuttgart 1901

Neuburg (1986), M.: *Two remarks on the text of Euripides' Bacchae*, AJPh 107, 1986, 248–52 **

- (1987a): *Whose laughter does Pentheus fear? (Eur. Ba. 842)*, CQ 37, 1987, 227–30 **

- (1987b), *Hunter and hunted at Euripides, Bacchae 1020*, LCM 12, 1987, 159–60 **

Neumann (1995), U.: *Gegenwart und mythische Vergangenheit bei Euripides* (Hermes Einzelschriften 69), Stuttgart 1995

Newiger (1961), H.-J.: *Elektra in Aristophanes' Wolken*, Hermes 89, 1961, 422–30 (= 1996, 109–16)

- (1996): *Drama und Theater. Ausgewählte Schriften zum griechischen Drama* (Drama Beih. 2), Stuttgart 1996

Nicolai (1990), W.: *Euripides' Dramen mit rettendem Deus ex machina* (Bibl. d. klass. Altertumswiss. II 83), Heidelberg 1990

- (1997): *Zur politischen Tendenz der Euripideischen Bakchen*, A&A 43, 1997, 109–23 **

Nihard (1912), R.: *Le problème des Bacchantes d'Euripide*, Musée Belge 16, 1912, 91–119 und 297–375 **

Nilsson (1906), M.: *Griechische Feste von religiöser Bedeutung*, Leipzig 1930 **

- (1935): *Early orphism and kindred religious movements*, HThR 28, 1935, 181–230

- (1957): *The Dionysiac mysteries of the Hellenistic an Roman age*, Lund 1957 **

- (1967): *Geschichte der griechischen Religion I-II* (Hb der Altertumswiss. V 2), München 1967 und 1974 **

Nisetich (1986), F.J.: *The silencing of Pylades (Orestes 1591–2)*, AJPh 107, 1986, 46–54 *

Noel (2000), D.: *Du vin et des femmes aux lénéennes*, Hephaistos 18, 2000, 73–102 **

Nörr (1983), D.: *Zum Mordtatbestand bei Drakon*, in: Studi in onore di A. Biscardi IV, Milano 1983, 631–53 ***

- (1986): *Causa mortis. Auf den Spuren einer Redewendung* (Münchener Beiträge zur Papyrusforschung und antiken Rechtsgeschichte 80), München 1986 ***

Nordheider (1980), H.W.: *Chorlieder des Euripides in ihrer dramatischen Funktion*, Frankfurt 1980

Norwood (1908), G.: *The riddle of the Bacchae*, Manchester 1908 **

- (1944): *Greek Tragedy*, London 1948 (zuerst Boston 1920)

- (1954): *Essays on Euripidean Drama*, Berkeley 1954

Nottet (1981), P.: *Girard, Euripide et Dionysos*, AC 50, 1981, 607–20 **

Nussbaum (1986), M.: *The fragility of goodness. Luck and ethics in Greek tragedy and philosophy*, Cambridge 1986

- (1992): *Tragedy and self-sufficiency. Plato and Aristotle on fear and pity*, Oxford stud. in anc. philos. 10, 1992, 107–52 (gekürzte Fassung in: Oksenberg Rorty 1992, 261–90)

Nuttall (1996), A.D.: *Why does tragedy give pleasure?*, Oxford 1996

O'Brien (1967), M.J.: *The Socratic paradoxes and the Greek mind*, Chapel Hill 1967

- (1985): *Xenophanes, Aeschylus, and the doctrine of the primeval brutishness*, CQ 35, 1985, 264–77

- (1986): *The authenticity of Orestes 1503–36*, in: Cropp 1986, 213–27 *

- (1988a): *Character, action and rhetoric in the agon of the Orestes*, in: S. Boldrini (ed.), Filologia e forme letterarie (FS F. della Corte), Urbino, I 183–99 *

- (1988b): *Tantalus in Euripides' Orestes*, RhM 131, 1988, 30–45 *

O'Brien-Moore (1924), A.: *Madness in ancient literature*, Weimar 1924 **

Oackly (1992), S.P.: *Euripides, Orestes 895–7*, CQ 86, 1992, 271–3 *

Obbink (1993), D.: *Dionysos poured out. Ancient and modern theories of sacrifce and culture formation*, in: Carpenter/Faraone 1993, 65–86 **

Oeri (1898), J.: *Die Euripideischen Verszahlensysteme*, Basel 1898

Oliveira e Silva (1982), A.F. de (ed.): *Euripides, Orestes*, Coimbra 1982 *

Oranje (1984), H.: *Euripides' Bacchae. The play and its audience*, Leiden 1984 **

Orban (1984), M.: *Les Bacchantes. Euripide fidèle à lui-même*, Les Étud. class. 52, 1984, 217–32 **

Osborne (1985), R.: *Law and action in classical Athens*, JHS 105, 1985, 40–58 ***

- (1993): *Women and sacrifice in classical Greece*, CQ 43, 1993, 392–405 **

- (1997): *The ecstasy and the tragedy. Varieties of religious experience in art, drama, and society*, in: Pelling 1997, 187–212 **

Ostwald (1993), M.: *The Areopagus in the Ἀθηναίων Πολιτεία*, in: M. Piérart (ed.), Aristote et Athènes, Friburg 1993, 139–53 ***

O'Sullivan (1977), J.N.: *εὐκοσμία in Euripides' Bacchae*, AJP 98, 1977, 3–15

Otto (²1948), W.F.: *Dionysos. Mythos und Kultus*, Frankfurt ²1948 (¹1933) **

Padel (1992), R.: *In and out of mind. Greek images of the tragic self*, Princeton 1992

- (1995): *Whom gods destroy. Elements of Greek and tragic madness*, Princeton 1995

Page (1934), D.L.: *Actors's interpolations in Greek tragedy*, Oxford 1934

- (1938) (ed.): *Euripides, Medea*, Oxford 1938 (ND 1952)

- (1950) (ed.): *Select Papyri III*, London/Cambridge 1950

- (1962) (ed.): *Poetae melici Graeci*, Oxford 1962

- (1972) (ed.): *Aeschyli septem quae supersunt tragoediae*, Oxford 1972 (ND 1982)

Pailler (1995), J.-M.: *Dionysos avec ou sans masque*, Pallas 42, 1995, 105–12 **

Paley (³1889), F.A. (ed.): *Euripidis fabulae III*, London ³1889 *

- (1892) (ed.): *The Orestes of Euripides*, Cambridge 1892 *

Panagioutou (1974), S.: *Plato's Euthyphro and the Attic code on homicide*, Hermes 102, 1974 ***

Panagl (1971), O.: *Die dithyrambischen Stasima in Euripides. Untersuchungen zur Komposition und Erzähltechnik*, Wien 1971

Papadopoulou (2001), T.: *The prophetic figure in Euripides' Phoenissae and Bacchae*, Hermes 129, 2001, 21–31 **

Parker (1983), R.: *Miasma. Pollution and purification in early Greek religion*, Oxford 1983

– (1997): *Gods cruel and kind. Tragic and civic theology*, in: Pelling 1997, 143–60

Parry (1969), H.: *Euripides' Orestes. The quest for salvation*, TAPA 100, 1969, 337–53 *

Parsons (1988), M.: *Self-knowledge refused and accepted. A psychoanalytic perspective on the Bacchae and the Oedipus at Colonus*, BICS 35, 1988, 1–14

Pasquali (1930), G.: *Un cantico dell' Oreste Euripideo*, Athenaeum 8, 1930, 72–6 *

Patzer (1962), H.: *Die Anfänge der griechischen Tragödie* (Schrift. d. wiss. Gesell. an der J.W. Goethe Univ. Frankfurt a.M., Geisteswiss. Reihe 3), Wiesbaden 1962

– (1983): *Methodische Grundsätze der Sophoklesinterpretation*, Poetica 15, 1983, 1–33 (≈ ders., Gesammelte Schriften, Stuttgart 1985, 433–69)

– (1985): *Die dichterischen Formgesetze der Gattung 'Tragödie'*, in: ders., Gesammelte Schriften, Stuttgart 1985, 470–502

Pavanetto (1989), C.: *Quaestio religiosa in Euripidis Bacchis*, Latinitas 37, 1989, 239–41

Pearson (1962), L.: *Popular ethics in ancient Greece*, Stanford 1962

Peck/Nisetich (1995), J./F.: *Euripides, Orestes (Translation)*, Oxford 1995 *

Peirce (1993), S.: *Death, Revelry and Thysia*, Class. Ant. 12, 1993, 219–66 **

– (1998): *Visual language and concepts of cult on the 'Lenaia vases'*, Class. Ant. 17, 1998, 59–95 **

Pelling (1997), C.B.R. (ed.): *Greek tragedy and the historian*, Oxford 1997

Perotta (1928), G.: *Studi Euripidei II. L'Oreste*, SIFC 6, 1928, 89–138 *

Philippart (1930), H.: *Iconographie des Bacchantes d'Euripide*, Rev. Belge 9, 1930, 5–72 **

Philippi (1874), A.: *Der Areopag und die Epheten*, Berlin 1874 ***

Piccirilli (1992), L.: *La morte di Nicia e l'Oreste di Euripide*, Riv. Fil. 120, 1992, 154–61 *

Pickard-Cambridge (1946), A.W.: *The theatre of Dionysos in Athens*, Oxford 1946

– ([2]1968): *The dramatic festivals of Athens*, London [2]1968 (rev. J. Gould/D.M. Lewis) (ND 1991)

Podlecki (1974), A.J.: *Individual and group in Euripides' Bacchae*, AC 43, 1974, 142–65 **

– (1990): *Could women attend the theatre in ancient Athens?*, Ancient World 21, 1990, 27–43

Pohlenz (1920), M.: *Die Anfänge der griechischen Poetik*, NGG 1920, 142–78 (= ders., Kleine Schriften, Hildesheim 1965, II 436–72)

– ([2]1954): *Die griechische Tragödie (I-II)*, Göttingen [2]1954 (= Leipzig 1930)

Polacco (1986), L.: *In Macedonia, sulle tracce di Euripide*, Dioniso 56, 1986, 17–30

Poole (1990), M.: *Male homosexuality in Euripides*, in: A. Powell, Euripides, women and sexuality, London 1990, 108–50

Porson (²1807), R.: *Euripidis tragoediae I*, Leipzig ³1824 *

Porter (1994), J.R.: *Studies in Euripides' Orestes*, Leiden/New York/Köln 1994 *

Pötscher (2000), W.: *Aspekte euripideischen Schaffens*, Graz. Beitr. 23, 2000, 23–51 **

Puelma (1989), M.: *Der Dichter und die Wahrheit in der griechischen Poetik von Homer bis Aristoteles*, Freiburg 1989

Raaflaub (1979), K.: *Beute, Vergeltung, Freiheit?*, Chiron 9, 1979, 1–22

– (1992): *Politisches Denken und Krise der Polis. Athen im Verfassungskonflikt des späten 5. Jh. v. Chr.*, HZ 255, 1992, 1–50

Radermacher (1902), L.: *Über eine Scene des Euripideischen Orestes*, RhM 57, 1902, 278–84 *

Radt (1971), S.L.: *Aristoteles und die Tragödie*, Mnomosyne IV 24, 1971, 189–205

– (1977) (ed.): *Tragicorum Graecorum fragmenta IV. Sophocles*, Göttingen 1977

– (1985) (ed.): *Tragicorum Graecorum fragmenta III. Aeschylus*, Göttingen 1985

Rankin (1975), H.D.: *Pentheus and Plato. A study in social disintegration*, Southampton 1975

Rapp (1872), A.: *Die Mänade im griechischen Cultus, in der Kunst und Poesie*, RhM 27, 1872, 1–22 und 562–611 **

Rawson (1972), E.: *Aspects of Euripides' Orestes*, Arethusa 5, 1972, 155–67 *

Reeve (1972–3), M.: *Interpolation in Greek Tragedy I-III*, GRBS 13, 1972, 247–65 (I), 451–74 (II) und 14, 1973, 145–72 (III)

Reinhardt (1949), K.: *Aischylos als Regisseur und Theologe* (Samml. Überl. und Auftrag, Schriften 6), Bern 1949

– (1968): *Die Sinnenkrise bei Euripides*, Die Neue Rundschau 68, 1957, 615–46 (= Eranos Jb 26, 1958, 279–313 = in: ders., Tradition und Geist, Göttingen 1960, 227–56 = in: Schwinge 1968b, 507–42 [danach zitiert]) *

Revermann (2000), M.: *Euripides, tragedy and Macedon. Some conditions of reception*, in: Cropp/Lee/Sansone 2000, 451–67 **

Reynolds-Warnhoff (1997), P.: *The role of τὸ σοφόν in Euripides' Bacchae*, QUCC 57, 1997, 77–103 **

Rhodes (1981), P.J.: *A commentary on the Aristotelian Athenaion politeia*, Oxford 1981 ***

– (1991): *The Athenian code of laws, 410–399 B.C.*, JHS 110, 1991, 87–100 ***

Ridgeway (1926), W.: *Euripides in Macedon*, CQ 20, 1926, 1–19 **

Riedweg 81990), C.: *The 'atheistic' fragment from Euripides' Bellerophontes (186 N²)*, ICS 15, 1990, 39–53

Rijksbaron (1991), A.: *Gramatical obserations on Euripides' Bacchae* (Amsterdam stud. in Greek phil. 1), Amsterdam 1991 **

– (1995): *Euripides Bacchae 35–6*, Mnem. 48, 1995, 198–9 **

– (1999): *Lethe for the lathe? Euripides, Bacchae 1066–7 again*, Mnem. 52, 1999, 739–43 **

Rivier (²1976), A.: *Essai sur le tragique d' Euripide*, Paris ²1976 (= Lausanne 1944)

Rizzo (1981), I.: *Euripides, Baccanti 406 e 568–75*, Sicul. Gymn. 34, 1981, 1–24 **

Robertson (1990), N.: *The laws of Athens, 410–399 BC. The Evidence for review and publication*, JHS 110, 1990, 43–75 ***

Rocha Pereira (1987–8), M.H. da: *Mito, ironia e psicologia no Orestes de Eurípides*, Humanitas 39–40, 1987–8, 3–24 *

Rodgers (1969), V.A.: *Σύνεσις and the expression of conscience*, GRBS 10, 1969, 241–54 *

Rösler (1980), W.: *Polis und Tragödie. Funktionsgeschichtliche Betrachtungen zu einer antiken Literaturgattung* (Konstanzer Universitätsreden 138), Konstanz 1980

Rohdich (1968), H.: *Die Euripideische Tragödie. Untersuchungen zu ihrer Tragik* (Bibl. der klass. Altertumswiss. II 24), Heidelberg 1968

Roisman (1998), H.: *Nothing is as it seems. The tragedy of the implicit in Euripides' Hippolytus*, Lanham 1998

Romilly (1961), J. de: *L'évolution du pathétique d'Eschyle à Euripide*, Paris 1961

– (1963): *Le thème du bonheur dans les Bacchantes*, REG 76, 1963, 361–80

– (1970): *Vengeance humaine et vengeance divine. Remarques sur l'Orestie d'Eschyle*, in: Das Altertum und jedes neue Gute (FS W. Schadewaldt), Stuttgart/Berlin/Köln/ Mainz 1970, 65–77

– (1971): *La vengeance comme explication historique dans l'œvre d'Hérodote*, REG 84, 1971, 314–37

– (1972): *L'assemblée du peuple dans l'Oreste d'Euripide*, in: Studi class. in onore di Q. Cataudella, Catania 1972, I 237–51 *

– (1973): *Gorgias et le pouvoir de la poésie*, JHS 93, 1973, 155–62

Roncace (1987–8), M.: *The Bacchae and 'Lord of the Flies'. Some observations with the help of E.R. Dodds*, Class. and modern lit. 18, 1987–8, 37–51 **

Rosenmeyer (1955), T.G.: *Gorgias, Aeschylus, and ἀπάτη*, AJP 76, 1955, 225–60

– (1963): *The masks of tragedy*, Austin 1963

Rosivach (1977–8), V.J.: *Euripides, Orestes 5–7*, Maia 29–30, 1977–8, 77–9 *

Rossetto/Sartorio (1994), P.C./G.P. (eds.): *Teatri graeci e romani*, Turin 1994

Roth (1984), P.: *Teiresias as mantis and intellectual in Euripides' Bacchae*, TAPhA 114, 1984, 59–69 **

Roux (1970–2), J. (ed.): *Euripide. Les Bacchantes. I. Introduction, texte et traduction, II. Commentaire*, Paris 1970–2 **

Rubino (1994), M.: *Euripide, Oreste vv. 1618–20*, Dioniso 64, 1994, 63–130 *

Ruschenbusch (1960), E.: *Φόνος*, Historia 9, 1960, 129–54 ***

– (1968): *Untersuchungen zur Geschichte des athenischen Strafrechts*, Köln/Graz 1968 ***

Said (1984), S.: *La tragédie de la vengeance*, in: Verdier 1984, IV 47–73

– (1993): *Tragic Argos*, in: Sommerstein 1993, 167–89 *

Sale (1972), W.: *The psychoanalysis of Pentheus in the Bacchae of Euripides*, YCS 22, 1972, 63–82 **

Sandys ([4]1900), J.E. (ed.): *The Bacchae of Euripides*, Cambridge [4]1900 **

Sansone (1978), D.: *The Bacchae as satyr-play?*, ICS 3, 1978, 40–6 **

– (1990): *Rez. C.W. Willink, Euripides, Orestes*, CPh 85, 1990, 64–7 *

Saunders (1991), T.J.: *Plato's penal code. Tradition, controversy, and reform in Greek Penology*, Oxford 1991 ***

Scarcella (1956), A.M.: *Letture euripidee. L'Oreste e il problema dell' unità*, Dioniso 19, 1956, 266–76 *

– (1958): *Euripide, Oreste*, Rome 1958 *

Schadewaldt (1955), W.: *Furcht und Mitleid? Zur Deutung des aristotelischen Tragödiensatzes*, Hermes 83, 1955, 129–71 (= ders., Hellas und Hesperien, Zürich/Stuttgart ²1970, I 194–236)

Schauer (2002), M.: *Tragisches Klagen. Form und Funktion der Klagedarstellung bei Aischylos, Sophokles und Euripides* (Class. Monac. 26) , Tübingen 2002

Schein (1975), S.L.: *Mythical illusion and historical reality in Euripides' Orestes*, WS 9, 1975, 49–66 *

– (1984): *The mortal hero*, Berkeley 1984

– (1988): *Φιλία in Euripides' Alcestis*, Metis 3, 1988, 179–206

Schlesier (1983), R.: *Daimon und Daimones bei Euripides*, Saeculum 34, 1983, 267–79

– (1985): *Der Stachel der Götter. Zum Problem des Wahnsinns in der Euripideischen Tragödie*, Poetika 17, 1985, 1–45 **

– (1988): *Die Bakchen des Hades. Dionysische Aspekte von Euripides' Hekabe*, Metis 3, 1988, 111–35

– (1993a): *Mixtures of masks. Maenads as tragic models*, in: Carpenter/Faraone 1993, 89–114 **

– (1993b): *Mischungen von Bakche und Bakchos. Zur Erotik der Mänaden in der antiken griechischen Tradition*, in: H.A. Glaser (Hg.), Annäherungsversuche, Bern/Stuttgart/Wien 1993, 7–29 **

– (1994): *Pathos und Wahrheit. Zur Rivalität zwischen Tragödie und Philosophie*, in: J. Huber/A.M. Müller (eds.), „Kultur" und „Gemeinsinn" (Interventionen 3), Zürich 1994, 127–48

– (1995): *Lust durch Leid. Aristoteles' Tragödientheorie und die Mysterien. Eine interpretationsgeschichtliche Studie*, in: Eder 1995, 389–415 **

– (1997): *Dionysos. I. Religion*, in: Der Neue Pauly 3, Stuttgart/Weimar 1997, 651–62

– (1998): *Die Seele im Thiasos. Zu Euripides, Bacchae 75*, in: J. Holzhausen (ed.), ψυχή - Seele - anima (FS K. Alt) (BzA 109), Stuttgart 1998, 37–72 **

Schmid (⁶1912), W.: *Wilhelm von Christs Geschichte der griechischen Literatur* (bearb. von W. Schmid), München ⁶1912

– /Stählin, O. (1920–48): *Geschichte der Griechischen Literatur* (Hb. d. Altertumsw. VII 1,1–2,2), München 1920–48 (= München 1961–81)

Schmidt (1886), F.W.: *Kritische Studien zu den griechischen Dramatikern II. Zu Euripides*, Berlin 1986 *

Schmidt (1989), J.: *Der Triumph des Dionysos. Aufklärung und neureligiöser Irrationalismus in den Bakchen des Euripides*, in: ders. (ed.), Aufklärung und Gegenaufklärung in der europäischen Literatur, Darmstadt 1989, 56–71 **

Schmidt (1997), J.-U.: *Der Mensch ohne Maßstäbe und in der Hand irrationaler Mächte? Überlegungen zur Handlungsfreiheit des Menschen und zur 'Krise' der dramatischen Dichtung bei Euripides*, Wort und Dienst 24, 1997, 133–58

Schmidt (1963), W.: *Der Deus ex machina bei Euripides*, Diss. Tübingen 1963
Schmidt-Berger (1973), U.: *Φιλία. Typologie der Freundschaft und Verwandschaft bei Euripides*, Diss. Tübingen 1973
Schmitt (1977), A.: *Zur Charakterdarstellung des Hippolytos im 'Hippolytos' von Euripides*, WJA N.F. 3, 1977, 17–42
– (1988a): *Menschliches Fehlen und tragisches Scheitern. Zur Handlungsmotivation im Sophokleischen 'König Öidipus'*, RhM 131, 1988, 8–30
– (1988b): *Bemerkungen zu Charakter und Schicksal der tragischen Hauptpersonen in der 'Antigone'*, A&A 34, 1988, 1–16
– (1994): *Aristoteles und die Moral der Tragödie*, in: Bierl/Möllendorff 1994, 331–45
– (1997): *Wesenszüge der griechischen Tragödie. Schicksal, Schuld, Tragik*, in: H. Flashar (ed.), Tragödie. Idee und Transformation (Colloquium Rauricum 5), Stuttgart/Leipzig 1997, 5–49
– (1998): *Mimesis bei Aristoteles und in den Poetikkommentaren der Ranaissance*, in: A. Kablitz/G. Neumann (eds.), Mimesis und Simulation (Rombach Litterae 52), Freiburg 1998, 17–53
Schmitz (2002), T.A.: *Moderne Literaturtheorie und antike Texte*, Darmstadt 2002
Schöne (1987), A.: *Der Thiasos*, Göteburg 1987 **
Schröder (1992), S.: *Zu zwei Athetesen in den 'Bakchen' des Euripides*, RhM 135, 192, 376–8 **
Schwartz (1887), E. (ed.): *Scholia in Euripidem I*, Berlin 1887
Schwinge (1968a), E.-R.: *Die Verwendung der Stichomythie in den Dramen des Euripides* (Bibl. der klass. Altertumswiss. II 27), Heidelberg 1968
– (1968b) (ed.): *Euripides* (WdF 89), Darmstadt 1968
– (1970): *Rez. H. Rohdich (1968)*, Poetica 3, 1970, 620–9
– (1977): *Aristophanes und die Utopie*, WJA 3, 1977, 43–67
– (1990): *Rez. C. Meier (1988)*, Gnomon 62, 1990, 678–86
– (1992): *Griechische Tragödie. Das Problem ihrer Zeitlichkeit*, A&A 38, 1992, 48–66
– (1996): *Aristoteles über Struktur und Sujet der Tragödie. Zum 9. Kapitel der Poetik*, RhM 139, 1996, 111–26
– (1997): *Griechische Tragödie und zeitgenössische Rezeption. Aristophanes und Gorgias* (Berichte d. J. Jungius-Ges. d. Wiss. 15,2), Hamburg 1997
Scodel (1984), R.S.: *Tantalus and Anaxagoras*, HSPh 88, 1984, 13–24 *
– (1993) (ed.): *Theater and society in the classical world*, Ann Arbor 1993
Scott (1975), W.C.: *Two suns over Thebes. Imagery and stage effects in the Bacchae*, TAPhA 105, 1975, 333–46 **
Scullion (1994), S.: *Three studies in Athenian dramaturgy* (BzA 25), Stuttgart 1994
– (2000): *Tradition and invention in Euripidean aitiology*, in: Cropp/Lee/Sansone 2000, 217–34
– (2002a): *'Nothing to do with Dionysos'. Tragedy misconceived as ritual*, CQ 52, 2002, 102–37 **
– (2002b): *Tragic dates*, CQ 52, 2002, 81–101
Scully (1973), S.F.: *Φιλία and χάρις in Euripidean tragedy*, Diss. Toronto 1973

Seaford (1981a), R.: *Dionysiac drama and the dionysiac mysteries*, CQ 31, 1981, 252–75 **
- (1981b): *The date of Euripides' Cyclops*, JHS 102, 1982, 161–72
- (1984): (ed.) *Euripides, Cyclops*, Oxford 1984
- (1987): *Pentheus' vision. Bacchae 918–22*, CQ 37, 1987, 76–8 **
- (1994): *Reciprocity and ritual. Homer and tragedy in the developing city-state*, Oxford 1994 **
- (1996a): (ed.): *Euripides Bacchae*, Warminster 1996 **
- (1996b): *Something to do with Dionysos. Tragedy and the Dionysiac*, in: Silk 1996, 284–94 **
- (1997): *Thunder, lightning and earthquake in the Bacchae and the Acts of the Apostles*, in: A.B. Lloyd (ed.), What is a God? Studies in the nature of Greek divinity, London 1997, 139–51 **
Sealey (1983), R.: *The Athenian courts for homicide*, CPh 78, 1983, 275–96 ***
- (1994): *The justice of the Greeks*, Ann Arbor 1994 ***
Seeck (1969), G.A.: *Rauch im Orestes des Euripides*, Hermes 97, 1969, 9–22 *
- (1979): (ed.): *Das griechische Drama*, Darmstadt 1979
- (1981): *Die griechische Tragödie*, in: E. Vogt (ed.), Griechische Literatur (N.Hb. d. Lit.-Wiss. 2), Frankfurt a.M. 1981, 143–86
Segal (1961), C.P.: *The character and cults of Dionysos and the unity of the Frogs*, HSPh 65, 1961, 207–47
- (1962): *Gorgias and the psychology of the logos*, HSCPh 66, 1962, 99–155
- (1968) (ed.): *Euripides*, Englewood Cliffs 1968
- (1977): *Euripides' Bacchae. Conflict and mediation*, Ramus 6, 1977, 103–20 **
- (1978): *The menace of Dionysos. Sex roles and reversals in Euripides' Bacchae*, Arethusa 11, 2978, 185–202 **
- (1982): *Etymologies and double meanings in Euripides' Bacchae*, Glotta 60, 1982, 81–93 **
- (1983) (ed.): *Oxford Readings in Greek Tragedy*, Oxford 1983
- (1985): *The Bacchae as metatragedy*, in: Burian 1985, 156–73 und 221–5 **
- (1986): *Interpreting Greek Tragedy. Myth, poetry, text*, London 1986
- (1987): *Euripides' Bakchen. Die Sprache des Selbst und die Sprache der Mysterien*, in: H.P. Duerr (ed.), Die wilde Seele, Frankfurt 1987, 140–62 (trans. C. Groffy) **
- (1990): *Dionysus and the gold tablets from Pelinna*, GRBS 31, 1990, 411–19 **
- (1993): *Euripides and the poetics of sorrow. Art, gender, and commemoration in Alcestis, Hippolytus, and Hecuba*, Durham/London 1993
- (1994): *Female mourning and Dionysiac lament in Euripides' Bacchae*, in: Bierl/Möllendorff 1994, 12–18 **
- (1996): *Catharsis, audience, and closure in Greek tragedy*, in: Silk 1996, 149–72
- ([2]1997): *Dionysiac poetics and Euripides' Bacchae*, Princeton [2]1997 (zuerst 1982) **
- (1997): *Chorus and community in Euripides' Bacchae*, in: Edmunds/Wallace 1997, 65–86 **

- (2000): *Lament and recognition. A reconsideration of the ending of the Bacchae*, in: Cropp/Lee/Sansone (2000), 273–91 **

Seidensticker (1972), B.: *Pentheus*, Poetika 5, 1972, 35–64 **

- (1978): *Comic elements in Euripides' Bacchae*, AJPh 99, 1978, 303–20 **
- (1979): *Sacrificial ritual in the Bacchae*, in: Arktouros (FS B. Knox), Berlin/New York 1979, 181–90 **
- (1982a): *Palintonos Harmonia. Studien zu komischen Elementen in der griechischen Tragödie* (Hypomn. 72), Göttingen 1982
- (1982b): *Die Zerstörung des tragischen Helden bei Euripides*, SB d. Braunschweigischen Wiss. Gesellschaft 1982, 51–69
- (1985): *The Authenticity of Euripides Orestes 1503–36*, in: J. Wiesner (ed.), Aristoteles, Werk und Wirkung, Bd. 1: Aristoteles und seine Schule (FS P. Moraux), Berlin 1985, 446–56 *
- (1991): *Über das Vergnügen an tragischen Gegenständen*, in: Hofmann 1991, 219–41
- (1992): *Peripetie und tragische Dialektik. Aristoteles, Szondi und die griechische Tragödie*, in: Zimmermann 1992, 240–63
- (1995): *Dichtung und Gesellschaft im 4. Jahrhundert*, in: Eder 1995, 175–98
- (1996): *Die Tragödie als literarischer Wettbewerb*, Berl. Brand. Ak. Wiss.: Berichte und Abh. 2, 1996, 9–35

Senoner (1960), R.: *Der Rede-Agon im Euripideischen Drama*, Diss. Wien 1960

Silk (1993–4), M.S.: *The 'six parts of tragedy' in Aristotle's Poetics. Compositional process and processive chronology*, PCPhS 40, 1993–4, 108–15

- (1996) (ed.): *Tragedy and the tragic. Greek theatre and beyond*, Oxford 1996

Simon (1978), B.: *Mind and madness in ancient Greece*, Ithaca 1978

Simon (1995), F.-J.: *Die Schöne und der Krieg in Euripides' 'Troaden' und 'Orest' sowie in W. Hildesheimers Hörspiel 'Das Opfer der Helena'*, in: G. Binder/B. Effe (eds.): Affirmation und Kritik, Trier 1995, 253–76 *

Slavitt/Bovie (1998), D./P. (eds.): *Euripides I (Medea, Hecuba, Andromache, The Bacchae)*, Philadelphia 1998 **

Smith (1993), L.P.: *A Duke papyrus of Euripides' Orestes 939–54*, ZPE 98, 1993, 15–18 *

Smith (1967), W.D.: *Disease in Euripides' Orestes*, Hermes 95, 1967, 291–307 *

Snell (^{5}1980), B.: *Die Entdeckung des Geistes. Studien zur Entstehung des europäischen Denkens bei den Griechen*, Göttingen ^{5}1980

- (^{2}1986) (ed.): *Tragicorum Graecorum Fragmenta I* (ed. corr. ... curavit R. Kannicht), Göttingen ^{2}1986

Söffing (1981), W.: *Deskriptive und normative Bestimmungen in der Poetik des Aristoteles* (Beih. zu Poetica 15), Amsterdam 1981

Solmsen (1964), F.: *Leisure and play in Aristotle's ideal state*, RhM 107, 1964, 193–220

Solomon (1977), J.: *Orestes 344–5. Colometry and Music*, GRBS 18, 1977, 71–83 *

Sommerstein (1989), A.H. (ed.): *Aeschylos. Eumenides*, Cambridge 1989

- (1993) u.a. (eds.): *Tragedy, comedy and the polis. Papers from the Greek drama conference. Nottingham 18–20 July 1990*, Bari Levante 1993
- (1996) (ed.): *Aristophanes, Frogs*, Warminster 1996

Sourvinou-Inwood (1994), C.: *Something to do with Athens. Tragedy and ritual*, in: R. Osborne/S. Hornblower (eds.), Ritual, Finance, Politics (FS D. Lewis), Oxford 1994, 269–90

Soyinka (1974), W.: *The Bacchae of Euripides. A communion rite*, New York 1974 **

Spira (1960), A.: *Untersuchungen zum Deus ex machina bei Sophokles und Euripides*, Regensburg 1960

Spoerri (1959), W.: *Späthellenistische Berichte über Welt, Kultur und Götter*, Basel 1959

Stanley-Porter (1973), D.P.: *Mute actors in the tragedies of Euripides*, BICS 20, 1973, 68–93

Stark (1972), R.: *Die ethische Leistung der Tragödie*, in: ders., Aristotelesstudien (Zetemata 8), München ²1972

Starr (1990), C.: *The birth of Athenian democracy*, New York/Oxford 1990 ***

Stebler (1971), U.: *Entstehung und Entwicklung des Gewissens im Spiegel der griechischen Tragödie*, Bern/Frankfurt a.M. 1971

Steidle (1968), W.: *Die Erfindung des Euripideischen Orest*, in: ders., Studien zum antiken Drama, München 1968, 96–117 *

Steiger (1898), H.: *Wie entstand der Orestes des Euripides?* (Progr. zum Jahresbericht des St. Anna-Gymnasiums), Augsburg 1898 *

- (1912): *Euripides. Seine Dichtung und seine Persönlichkeit*, Leipzig 1912

Stephanopoulos (1980), T.K.: *Umgestaltung des Mythos durch Euripides*, Athen 1980

Stevens (1956), P.T.: *Euripides and the Athenians*, JHS 76, 1956, 87–94

- (1976): *Colloquial expressions in Euripides* (Hermes Einzelschr. 38), Wiesbaden 1976
- (1988): *Whose laughter does Pentheus fear (Eur. Ba. 842)*, CQ 82, 1988, 246–7

Stinton (1975), T.C.W.: *Hamartia in Aristotle and Greek tragedy*, CQ 25, 1975, 221–54 (= ders., Collected Papers on Greek tragedy, Oxford 1990, 143–85)

Straten (1976), F.T. van: *Archeologische bijdrage tot de bestudering van Euripides' Bacchae*, Lampas 9, 1976, 51–77 **

Strohm (1957), H.: *Euripides. Interpretationen zur dramatischen Form*, München 1957

Stroud (1968), R.S.: *Drakon's law on homicide*, Berkeley/Los Angeles 1968 ***

- (1979): *The Axones and Kyrbeis of Drakon and Solon* (Univ. of California Publ., Cl. Stud. 19), Berkeley 1979 ***

Stump (1983), D.V. u.a. (eds.): *Hamartia. The concept of error on the Western tradition*, Toronto 1983

Sutton (1973), D.F.: *Supposed evidence that Euripides' Orestes and Sophocles' Electra were prosatyric*, RSC 21, 1973, 117–21 *

- (1980): *The Greek Satyr Play* (Beitr. zur Klass. Phil. 90), Meisenheim 1980

Synodinou (1988), K.: *Electra in the Orestes of Euripides. A case of contradictions*, Metis 3, 1988, 305–20 *

Szlezák (1982), T.A.: *Zweiteilige Dramenstruktur bei Sophokles und Euripides*, Poetica 14, 1982, 1–23

– (1986): *Mania und Aidos. Bemerkungen zur Ethik und Anthropologie des Euripides*, A&A 32, 1986, 46–59

Szondi (^{2}1964), P: *Versuch über das Tragische*, Frankfurt a.M. ^{2}1964

Taplin (1978), O.: *Greek tragedy in action*, London 1978

– (1983): *Tragedy and trugedy*, CQ 33, 1983, 331–3

– (1986): *Die Welt des Spiels und die Welt des Zuschauers in der Tragödie und Komödie des 5. Jh.*, WJA 12, 1986, 57–71 (≈ Fifth-century tragedy and comedy. A synkrisis, JHS 106, 1986, 163–74)

– (1993): *Comic Angels*, Oxford 1993

– (1996): *Comedy and the tragic*, in: Silk 1996, 188–202

Theodorou (1993), Z.: *Subject to emotion. Exploring madness in Orestes*, CQ 43, 1993, 32–46 *

Thiel (1993), R.: *Chor und tragische Handlung im 'Agamemnon' des Aischylos* (Beitr. z. Altertumskunde 35), Stuttgart 1993

Thür (1985), G.: *Rez. Gagarin, Drakon and the aly Athenian homicide law*, Zeits. d. Savigny-Stiftung für Rechtsgeschichte 102 (Rom. Abt.), 1985, 508–14 ***

– (1990): *Die Todesstrafe im Blutprozeß Athens*, Journ. of Juristic Papyr. 20, 1990, 143–56 ***

– (1991): *The jurisdiction of the Areopagos in homicide cases*, in: M. Gagarin (ed.), Symposion 1990. Vorträge zur gr. und hell. Rechtsgeschichte, Köln/Weimar/Wien 1991, 53–72 ***

Tierny (1922), M.: *A new ritual of the Orphic mysteries*, CQ 6, 1922, 77–87 **

Tietze (1933), F.: *Die Euripideischen Reden und ihre Bedeutung*, Diss. Breslau 1933

Tovar (^{2}1982), A. (ed.): *Euripides, Tragedias II (Las Bacantes, Hécuba)*, Madrid ^{2}1982 **

Tsantsanoglou (1972), *Φόνου φεύγειν*, in: Kernos (FS G. Bakalakes), Thessalonike 1972, 170–6 ***

Tschiedel (1977), H.: *Natur und Mensch in den Bakchen des Euripides*, AuA 23, 1977, 64–76 **

Tulin (1996), A.: *Δίκη φόνου. The right of prosecution and the Attic homicide procedure* (BzA 76), Stuttgart/Leipzig 1996 ***

– (1994): *A note on Euripides' Bacchae 39–42*, Mnem. 47, 1994, 221–2 **

Turcan (1986), R.: *Bacchoi ou bacchants? De la dissidence des vivants à la ségrégration des morts*, in: L'association dionysiaque dans les sociétés anciennes (École franç. de Rome 89), Rom 1986, 227–46 **

Tyrell (1892), R.Y.: *The Bacchae of Euripides*, London 1892 **

Usher (2000), M.D.: *στέλλεται at Bacchae 1000. The emperor's new clothes?*, CPh 95, 2000, 72–4 **

Valk (1984), M. van der: *Sur l'Oreste d'Euripide*, REA 86, 1984, 171–92 *

Vellacott (1972), P.: *Orestes and other plays (transl. with introd.)*, Baltimore 1972 *

– (1975): *Ironic Drama. A study of Euripides' method and meaning*, London 1975

Verdenius (1962), W.J.: *Notes on Euripides' Bacchae*, Mnem. 15, 1962, 337–63 **

- (1980): *Notes on the prologue of Euripides' Bacchae*, Mnem. 33, 1980, 1–16 **
- (1981): *Notes on the parodos of Euripides' Bacchae*, Mnem. 34, 1981, 300–15 **
- (1988): *Cadmus, Tiresias, Pentheus. Notes on Euripides' Bacchae 170–369*, Mnem. 41, 1988, 241–68 **

Verdier (1980–4), R. u.a. (eds.): *La Vengeance. Études d'ethnologie, d'histoire et de philosophie. I-II: Vengeance et pouvoir dans quelques sociétés extra-occidentales, III: Vengeance, pouvoirs et idéologies dans quelques civilisations de l'Antiquité, IV: La Vengeance dans la pensée occidentale*, Paris 1980–4

Vernant (1985), J.P.: *Le Dionysos masqué des Bacchantes*, L'Homme 93, 1985, 31–58 (= Vernant/Vidal-Naquet ³1986, 237–70) **

Vernant/Vidal-Naquet (³1986), J.-P./P.: *Mythe et tragédie en Grec ancienne*, Paris ³1986 (zuerst 1972, engl. New York ²1990)
- (1986): *Mythe et tragédie deux*, Paris 1986 (engl. New York 1988)

Verrall (1894), A.W.: *On the problem of the Bacchae*, CR 8, 1894, 85–9 **
- (1895): *Euripides the rationalist. A study in the history of art and religion*, Cambridge 1895
- (1905): *Essays on four plays of Euripides*, Cambridge 1905
- (1910): *The Bacchants of Euripides and other essays*, Cambridge 1910 **

Versnel (1976), H.S.: *Pentheus en Dionysos. Religieuze achtergronden en perspectiven*, Lampas 9, 1976, 8–41 **
- (1990): *Inconsistencies in Greek and Roman Religion I. Ter Unus, Isis, Dionysos, Hermes. Three studies in henotheism*, Leiden 1990 **

Vickers (1973), B.: *Towards Greek Tragedy*, London 1973 (Paperback 1979)

Villanueva Puig (1980), M.-C.: *À propos de nom de 'Bacchante'*, REA 82, 1980, 52–9 **
- (1986): *À propos des thyiades de Delphes*, in: L'association dionysiaque dans les sociétés anciennes (École franç. de Rome 89), Rom 1986, 31–51 **

Vogt (1994), S.: *Das Delphische Orakel in den Orestes-Dramen*, in: Bierl/Möllendorff 1994, 97–104 *

Wagner (1995), U.: *Reprisen im Dionysos-Theater*, in: E. Pöhlmann (ed.), Studien zur Bühnendichtung und zum Theaterbau der Antike (Studien zur klass. Phil. 93), Frankfurt a.M. 1995, 173–8

Waldner (1995), K.: *Masken und Phalloi. Geschlechterrollen im attischen Dionysoskult (6./5. Jh. v. Chr.)*, in: E. Bettinger/J. Funk (eds.), Maskeraden, Berlin 1995, 41–58 **

Wallace (1989), R.W.: *The Areopagos council to 307 B.C.*, Baltimore/London 1989 ***

Wankel (1974), H.: *Die Rolle der griechischen und lateinischen Epigraphik bei der Erklärung literarischer Texte*, ZPE 15, 1974, 79–97

Wassermann (1929), F.: *Die Bakchantinnen des Euripides*, Neue Jb. 5, 1929, 272–86 **

Way (⁸1958), A.S. (ed.): *Euripides*, London ⁸1958 *

Webster (1993), J.: *Euripides' Orestes. A question of judgement and responsibility*, Diss. Manchester

Webster (1967), T.B.L.: *The Tragedies of Euripides*, London 1967

Wecklein (1898), N. (ed.): *Euripidis fabulae II 3*, Lepzig 1898

- (1900) (ed.): *Euripidis fabulae III 3*, Leipzig 1900 *
- (^{2}1903) (ed.): *Euripides, Bakchen*, Leipzig ^{2}1903 (= 1879)
- (1906) (ed.): *Euripides, Orestes*, Leipzig/Berlin 1906 *

Wedd (1895), N.: *The Orestes of Euripides*, Cambridge 1895 (= ^{2}1942) *

Weil (^{2}1879), H. (ed.): *Sept tragédies d'Euripide*, Paris ^{2}1879 (^{3}1905 mir nicht erreichbar) *

West (1972), M.L.: *Iambi et Elegi Graeci I-II*, Oxford 1972
- (1981): *Tragica V*, BICS 28, 1981, 61–78 *
- (1982a): *Greek metre*, Oxford 1982
- (1982b): *The Orphics of Olbia*, ZPE 45, 1982, 17–29 **
- (1983): *The Orphic poems*, Oxford 1983 **
- (1987a) (ed.): *Euripides Orestes edited with translation and commentary*, Warminster 1987 (ND 1990) *
- (1987b): *Problems in Euripides' Orestes*, CQ 37, 1987, 281–93 *

Westman (1990), R.: *Das Adespoton TrGF II F 123b identifiziert*, Arctos 24, 1990, 179–82 *

Whitehorne (1986), J.E.G.: *The dead as spectacle in Euripides' Bacchae and Supplices*, Hermes 114, 1986, 59–72 **

Whitman (1974), C.H.: *Euripides and the full circle of myth* (Loeb class. Monographs), Cambridge Mass. 1974

Wilamowitz-Moellendorff (1893), U. v.: *Aristoteles und Athen I-II*, Berlin 1893
- (^{2}1895) (ed.): *Euripides, Herakles I-III*, Berlin ^{2}1895 (ND Darmstadt 1979–81)
- (1923): *Griechische Tragödien (Bd. 4)*, Berlin 1923
- (1924): *Lesefrüchte 182*, Hermes 59, 1924, 254–62 (= ders., Kleine Schriften IV, Berlin 1962, 348–55) *

Wildberg (2000), C.: *Piety as service, epiphany as reciprocity. Two observations on the religious meaning of the gods in Euripides*, in: Cropp/Lee/Sansone 2000, 235–56
- (2001): *Die Gerechtigkeit des Zeus in den Dramen des Euripides*, in: J. Jeremias, Gerechtigkeit und Leben im hellenistischen Zeitalter (Symposium für O. Kaiser), Berlin/New York 2001, 1–20
- (2002): *Hyperesie und Epiphanie. Ein Versuch über die Bedeutung der Götter in den Dramen des Euripides* (Zetemata 109), München 2002

Will (1961), F.: *Tyndareus in the Orestes*, Symb. Osl. 37, 1961, 96–9 *

Willink (1966), C.W.: *Some problems of text and interpretation in the Bacchae I-II*, CQ 16, 1966, 27–50. 220–42 **
- (1983): *Prodikos, 'Meteorosophists' and the 'Tantalos' paradigm*, CQ 33, 1983, 25–33 *
- (1986) (ed.): *Euripides, Orestes. With introduction and commentary*, Oxford 1986 (Paperback 1989) *

Wilson (1979), J.R.: *Eris in Euripides*, G&R 26, 1979, 7–20

Winiarczyk (1984), M.: *Wer galt im Altertum als Atheist?*, Philologus 128, 1984, 157–83

Winkler (1990), J.J.: *The ephebes' song. τραγῳδία and polis*, in: Winkler/Zeitlin 1990, 20–62

- /Zeitlin (1990), F.I. (eds.): *Nothing to do with Dionysos? Athenian drama in its social context*, Princeton 1990

Winnington-Ingram (1948), R.P.: *Euripides and Dionysos. An interpretation of the Bacchae*, Cambridge 1948 **

- (1966): *Euripides' Bacchae 877–81 = 897–901*, BICS 13, 1966, 34–7
- (1969a): *Euripides. ποιητὴς σοφός*, Arethusa 2, 1969, 127–42
- (1969b): *Tragica*, BICS 16, 1969, 44–54 *

Wohl (1998), V.: *Intimate commerce. Exchange, gender, and subjectivity in Greek tragedy*, Austin 1998

Wolff (1968), C.: *Orestes*, in: Segal 1968, 132–49 (= Segal 1983, 340–56) *

- (1979): *A Note on lions and Soph. Phil. 1436*, in: J.W. Bowersock u.a. (eds.), Arktouros (FS B. Knox), Berlin/New York 1979, 144–50

Wolff (1946), H.J.: *The origin of judical litigation among the Greeks*, Traditio 4, 1946, 31–87 ***

Woodbury (1986), L.: *The judgment of Dionysos. Books, taste, and teaching in the Frogs*, in: Cropp 1986, 241–57

Woodruff (1998), P.: *Euripides Bacchae (tranl. with introd. and notes)*, Indianapolis 1998 **

Wuhrmann (1940), W.: *Strukturelle Untersuchungen zu den beiden Elektren und zum Euripideischen Orestes*, Diss. Zürich 1940 *

Yates (1993), M.D.: *The son of the serpent. The Orestes-figure in the tragedies of Euripides*, Diss. Univ. of California at Los Angeles 1993 *

Yunis (1988), H.: *A new creed. Fundamental religious beliefs in the Athenian polis and Euripidean drama* (Hypomnemata 91), Göttingen 1988

Zeitlin (1965), F.I.: *The motif of the corrupted sacrifice in Aeschylus' Oresteia*, TAPhA 96, 1965, 463–508

- (1966): *Postscript to sacrificial imagery in the Oresteia (Ag. 1235–7)*, TAPhA 97, 1966, 645–53
- (1980): *The closet of masks. Role-playing and myth-making in the Orestes of Euripides*, Ramus 9, 1980, 51–71 *
- (1982): *Cultic models of the female. Rites of Dionysos and Demeter*, Arethusa 15, 1982, 129–87 **
- (1985a): *Playing the other. Theater, theatricality, and the feminine in Greek drama*, Representations 11, 1985, 63–94 (≈ Winkler/Zeitlin 1990, 63–96, ≈ Zeitlin 1996, 341–74)
- (1985b): *The power of Aphrodite. Eros and the boundaries of the self in Euripides' Hippolytos*, in: Burian 1985, 52–111 und 189–208 (≈ Zeitlin 1996, 219–84)
- (1986): *Thebes. Theater of self and society in Athenian Drama*, in: Euben 1986, 101–41 (≈ Winkler/Zeitlin 1990, 130–67)
- (1991): *The body's revenge. Dionysus and tragic action in Euripides' Hekabe*, Ramus 20, 1991, 53–94 (≈ Zeitlin 1996, 172–216)
- (1993): *Staging Dionysus between Thebes and Athens*, in: Carpenter/Faraone 1993, 147–82

- (1996): *Playing the Other. Gender and society in class. Greek Literature*, Chicago/ London 1996
Zielinski (1899), T.: *Die Orestessage und die Rechtfertigungsidee*, Neue Jb für das kl. Altertum 3, 1899, 81–100 und 161–85 *
Zierl (1994), A.: *Affekte in der Tragödie. Orestie, Oidipus Tyrannos und die Poetik des Aristoteles*, Berlin 1994
Zimmermann (1992), B. (ed.): *Antike Dramentheorien und ihre Rezeption* (Drama 1), Stuttgart 1992
- (^{2}1992): *Die griechische Tragödie. Eine Einführung*, München/Zürich ^{2}1992
- (1995) (ed.): *Griechisch-römische Komödie und Tragödie* (Drama 3), Stuttgart 1995
- (1998a): *Euripides*, in: Der Neue Pauly IV, Stuttgart/Weimar, Sp. 280–8
- (1998b): *Die Krise der Polis im Spiegel der attischen Tragödie (Euripides, Orestes; Sophokles, Philoktetes)*, in: . J.Vicente Banuls et al. (eds.), El teatre clàssic al marc de la cultura Greca... (le Rane 21), Bari 1998, 369–80 *
Zürcher (1947), W.: *Die Darstellung des Menschen im Drama des Euripides* (Schweizer Beitr. z. Altertumswiss. 2), Basel 1947
- (1956): *Furcht und Mitleid? Ein Nachwort*, Hermes 84, 1956, 49–74 178 (= ders., Kleine Schriften, Hildesheim 1965, II 562–87)
Zuntz (1955), G.: *The political plays of Euripides*, Manchester 1955
- (1968): *Euripides und die Politik seiner Zeit*, in: Schwinge 1968b, 417–27 (= *Contemporary politics in the plays of Euripides*, in: Act. Congr. Madvigiani 1, 1958, 155–62 = in: ders., Opuscula selecta, Manchester 1972, 54–61)
- (1971): *Persephone*, Oxford 1971 **
- (1985): *Zum Prolog von Euripides Bakchen*, Hermes 113, 1985, 119–21 **
Zylstra (1997), N.: *The Bacchae of Euripides. Ritual theatre*, Diss. Calgary 1997 **

Register der sprachlich oder textkritisch behandelten Stellen[1]

'Orestes'

1–3	1	561	185	979–80	591
12–13	584	580	225	1011	308
33	336	585–7	226	1024	S. 21 A. 90
37–8	6	585–90	241	1039	490
51	24	588	240	1041	338
56	538	591	240	1106	342
71	35	593	242	1149–52	435
74	35	602–4	S. 93–4	1173–6	347
110	35	613	32	1182	347
126–7	541	618	252	1196	351, 398
163	53	625–6	30	1219	381
192	53	644–5	273	1225–45	375
225	70	651	266	1227–30	376
268–70	11	663	270	1245	348
286	55	671	275	1246–1301	383
332–4	38	677	276	1255–7	382
335–7	52	686	282	1271	488
335–9	58	694	287	1293	383
361	S. 39–41	702–3	287	1297–1300	384
396	5	714–16	285	1302	385
410	71	718	297	1347–8	390
424	75	731	328	1363	538
435	25	763	520	1366–8	400
436	26	772–3	329	1394	403
441–2	34	782	332	1395–6	405
478	88	782–3	331	1491	406
491	89	804	327	1503–36	392
493–5	94	811	304	1512	409
508	144	816	305	1550	418
536–7	30	823	313	1510	420
544–56	S. 40–50	836–7	301	1527	421
545	165	847–8	21	1541–4	435
546	172	852	44	1547	586
550	175	904–13	45	1556–60	393
551	S. 72–3	932–42	221	1564–6	431
554	207	933	43	1579–84	393, 415
554–6	181	938–42	222	1589–90	S. 164–5
555	182	960–1012	306	1593–6	435
556	183	973	310	1598–1620	425

---

[1] Die Nummern beziehen sich, wenn nicht anders angegeben, beim 'Orestes' auf die Anmerkungen der S. 23–207, bei den 'Bakchen' auf die Anmerkungen der S. 209–95.

Pervertere: Ästhetik der Verkehrung

Literatur und Kultur neronischer Zeit und ihre Rezeption

Herausgegeben von
Luigi Castagna und Gregor Vogt-Spira

in Zusammenarbeit mit
Giovanna Biffino Galimberti und
Bettina Rommel

2002. XIX, 318 Seiten. 15,5 × 23,5 cm. Geb. € 72,–/SFr. 124,–
ISBN 3-598-77700-0 (Beiträge zur Altertumskunde 151)

Die kurze Zeit des neronischen Prinzipates ist, nicht zuletzt aus der Sicht späterer Rezeption, eine der herausragenden Phasen römischer Literatur und Kultur. Gleichwohl verfolgen die einzelnen altertumswissenschaftlichen Disziplinen dabei ganz unterschiedliche Problemstellungen. Der vorliegende Band, der die Ergebnisse eines interdisziplinären Symposions vom 3.–6. Mai 2001 in der Villa Vigoni (Menaggio) versammelt, sucht erstmals übergreifend nach einer kulturellen Klammer. Den Focus bildet dabei die auffallend häufige Verfahrensweise einer „Verkehrung". Für die unterschiedlichen Bereiche, von der neronischen Literatur bis zu archäologischen Zeugnissen, wird der Frage nachgegangen, inwieweit mit der Struktur der „Verkehrung" ein übergreifendes Leitkonzept der Zeit erfaßt ist. Dabei zeigt sich, daß viele Einzelphänomene unter diesem Paradigma in ganz neuer Weise verständlich werden.

K · G · Saur München · Leipzig

Metaphysik und Religion

Zur Signatur des spätantiken Denkens

Akten des Internationalen Kongresses
vom 13.–17. März 2001 in Würzburg

Herausgegeben von
Theo Kobusch und Michael Erler

unter Mitwirkung von
Irmgard Männlein-Robert

Register von
Dirk Cürsgen

2002. X, 736 Seiten. 15,5 × 23,5 cm. Geb. € 128,–/SFr. 220,–
ISBN 3-598-77709-4 (Beiträge zur Altertumskunde 160)

Die Spätantike ist noch immer fremd. Die hier vorliegenden Beiträge, die
auf einen Internationalen Kongreß in Würzburg zurückgehen, versuchen,
das Denken der spätantiken Zeit dem modernen Leser näherzubringen.
Der Titel repräsentiert die beiden Seiten dieses Denkens: Die „Meta-
physik" ist Repräsentantin der Theorie, die „Religion" verweist auf den
praktischen Teil. Die Spätantike d. i. das Denken der Neuplatoniker der
Aristoteleskommentatoren, d. i. die Verbindung von Platonismus und
Christentum, von Trinitätsspekulation und Ontologie. Aber Spätantike
d. i. auch Gebetstheorie und religiöse Praktiken, Ethik und Kosmologie,
Gnadenlehre und logische Analyse, Hagiographie und Texttheorie. Die
philosophiegeschichtliche Bedeutung dieser spätantiken Epoche steht
außer Frage. In dieser Vielfalt ist das spätantike Denken nämlich sowohl
bei den Arabern als auch im abendländischen Mittelalter breit aufgenommen worden. Der vorliegende Band versucht, dieser Vielfalt der Gegen-
stände durch interdisziplinäre Zusammenarbeit gerecht zu werden.

K · G · Saur München · Leipzig